헌법개정과 정치제도개혁

– 정부형태 개헌논의와 의회제도 개혁의 방향 –

정만희 저

pnc
publishing and culture
피앤씨미디어

머리말

이번에 출간하는 졸저 『헌법개정과 정치제도개혁』은 최근 수년 간 필자가 발표한 논문들 중에서 헌법개정문제에 관한 몇 편의 논문과 한국의 의회주의와 정당·선거제도의 개혁에 관한 논문들을 한데 묶어 단행본으로 발간하게 된 것이다. 우리 사회에서 작금의 헌법개정논의는 정치권에서 정부형태 개헌론을 중심으로 전개되고 있고 학계에서도 지난 10년간 개헌에 관한 연구와 토론이 활발하게 이루어져 상당한 연구성과도 축적되어 있다. 특히 제20대 국회에서 헌법개정특별위원회를 구성하여 헌법전반에 걸친 개헌논의가 본격화되고 있는 가운데 2017년 5월 문재인 대통령은 취임 직후 개헌문제에 대해 언급하면서 개헌논의의 공론화 과정을 거쳐 2018년 6월 지방선거시에 국민투표로 개헌을 확정하겠다는 의사를 표명하였다. 따라서 이번의 개헌논의는 어느 때보다도 개헌의 실현가능성이 높은 것으로 기대되고 있다.

필자는 정부형태를 중심으로 한 개헌논의가 다시 급부상하고 국민적 관심사로 부각되고 있는 현 시점에서 헌법개정 문제에 대해 그동안 몇 차례 학회지와 연구기관 등에 발표한 글들을 모아 다시 체계적으로 정리할 필요가 있다고 판단하였다. 그리고 필자의 평소 헌법학의 관심분야의 하나인 의회주의원리와 선거제도·정당제도의 헌법문제에 관한 글들을 이 책에 수록하였다. 여기에 수록된 12편의 논문은 현시점에 있어서 한국사회의 헌법논쟁의 핵심문제이며 정치개혁의 주요 이슈에 해당하는 것들이라는 점에서 졸저 발간의 의미가 있다고 생각한다.

아무튼 이 책이 정치권과 학계의 개헌논의에 하나의 참고자료가 될 수 있기를 기대하며, 일반 국민의 헌법개정 문제에 관한 이해를 높이고 건전한 시민으로서의 헌법지식과 교양을 넓히는 데 조금이나마 도움이 될 수 있기를 바라는 것이 필자의 마음이다. 아울러 이 책은 대학의 학부나 법학전문대학원의 헌법강좌의 참고문헌으로도 활용될 수 있도록 각 주제별 논문의 내용에 관련 헌법재판소 판례들을 빠짐없이 수록하였음을 밝혀둔다.

본서의 제1편은 헌법개정의 이론에 기초한 정부형태 개헌논의와 통일헌법을 위한 개헌방향에 관한 내용을 담고 있다. 제1장 '헌법규범과 헌법현실'에서는 1987년 개정된 현행헌법의 헌법사적 의미를 재조명하고 국가의 최고규범으로서의 헌법의 실질적 기능을 헌법현실과의 일치여부의 관점에서 평가하며, 우리 헌법현실의 구체적인 문제점들에 대한 검토를 통하여 대한민국헌법이 진정한 '규범적 헌법'(normative constitution)으로서의 위상과 실효성을 확보하기 위한 헌법적 과제와 대응방안을 제시하고 있다. 이 글의 내용은 헌법개정논의의 출발점이요 전제를 의미한다.

제2장 '이원정부제 정부형태의 검토'에서는 이원정부제의 개념과 프랑스 이원정부제의 원리 및 운용실제를 분석하고 이원정부제의 한국에의 도입론에 대해 비판적 입장에서 평가하고 있으며, 제3장 '정부형태에 관한 헌법개정의 방향'에서는 정부형태 개헌논의의 전개과정을 소개하고 이원정부제 개헌론의 문제점을 지적하여 바람직한 정부형태 개헌의 방향을 제시하고 있다.

제4장 '헌법개정조항의 개정필요성에 관한 검토'에서는 헌법상 헌법개정조항의 기능을 검토하고 헌법개정절차의 비교법적 분석을 통하여 한국헌법의 헌법개정조항의 개정 필요성을 제시하고 있다. 개정방향으로 헌법개정 발의권의 조정과 국민투표제의 제한적·선택적 실시 등을 제안하고 있다.

제5장 '통일헌법을 위한 단계적 헌법개정'에서는 한국헌법상 통일조항의 의미와 한계를 분석하고 통일과정에서 제기될 수 있는 헌법문제 해결을 위한 단계적 헌법개정의 필요성을 제안하고 있다. 통일과정이 현실화 될 때 통일합의서의 헌법적 근거와 통일과정의 경과조치에 관한 규정을 마련하기 위한 1단계 헌법개정과 통일이 실현되는 제2단계 통일헌법을 채택하는 방안을 제시한다.

제2편은 한국 의회주의와 정당제도 개혁방안에 관한 헌법이론적 접근을 내용으로 한다. 제6장 '국회 입법과정의 개선방안'은 한국 의회주의의 현실과 입법과정의 병리현상을 분석하고 국회선진화법의 문제점을 지적하여 입법과정의 개선방안을 제시한다. 입법과정의 민주성과 효율성의 조화적 실현을 위한 방안으

로 심사기간지정제와 안건신속처리제의 가중다수결 특별정족수 요건을 완화할 것을 제안하고 있다.

제7장 '국회의 국정통제기능 검토'에서는 우리 헌법상 의회주의원리 및 권력분립원리의 실질화와 헌법합치적 운용의 관점에서 국회의 행정부 통제기능과 재정통제기능을 중심으로 그 제도와 실제적 운용상의 문제점을 지적하고 합리적 개선방안을 제시하고 있다.

제8장 '국회의원의 자유위임과 정당기속'에서는 대의제원리와 자유위임의 원리의 성립과정과 현대헌법적 의의를 재조명하고, 오늘날의 정당국가적 민주주의에 있어서 의원의 지위의 변질에 따른 의원의 정당기속에 관한 구체적 문제들을 관련 학설과 헌법재판소 판례의 분석을 통하여 검토하고 한국의 현 헌법상황에 있어서 대의제원리와 정당제 민주주의의 규범조화적 해석의 필요성을 강조한다.

제9장 '선거구획정의 기본문제'에서는 선거구획정의 헌법적 의미와 기본원칙을 재검토하고, 선거구획정의 기준에 관한 각국의 사례를 분석하여 우리의 선거구획정의 기준과 절차에 관한 개선방향을 제시한다. 그리고 우리의 선거구획정위원회의 구성과 기능상의 문제점을 검토하며, 특히 우리의 선거구획정위원회제도의 취약점으로 지적되는 위원회획정안의 국회에 대한 기속력 확보방안을 제시한다.

제10장 '오픈 프라이머리 도입론의 헌법적 검토'에서는 한국의 정당정치개혁의 핵심과제를 의미하는 정당공천과정의 민주화를 위한 방안으로 오픈 프라이머리(완전국민경선제) 도입론에 대하여 헌법상 정당조항과의 관련 하에 그 위헌성 여부를 검토하고 바람직한 민주적 정당공천과정의 기본방향을 제시하고 있다.

제11장 '정당법상 정당의 자유 제한'에서는 오늘날 정당국가적 민주주의 하에서 국민의 정치적 의사형성에 참여하는 정당의 기능을 확보하기 위한 전제로서 중요한 의미를 갖는 '정당의 자유'라는 헌법적 가치의 실현이라는 관점에서 정당법상의 정당규제조항들을 분석하고, 이에 관한 최근 헌법재판소의 판례들을 비판적 시각에서 평석하고 앞으로의 입법개선의 방안도 제시하고 있다.

제12장 '정당해산심판의 헌법적 쟁점'에서는 정당해산제도의 헌법적 의의

와 본질을 재검토하고 정당해산의 실질적 요건으로서 '민주적 기본질서의 위배'와 정당해산의 효과로서 정당소속 의원의 '의원직상실 여부'문제에 관한 두 가지 쟁점에 대해 학계의 논의를 정리한 후 필자의 견해를 제시하고 있으며, 현행 정당해산제도에 관한 법률규정의 미비를 보완하기 위한 입법의 필요성을 기술하고 있다.

이 책에 수록된 글들은 주제 별로 시차를 두고 발표한 논문들을 한데 묶은 것이기 때문에 각 장별 서술된 내용이 세부적 논점에 있어서는 부분적으로 다른 장의 내용과 중복되는 경우가 있을 수 있으므로 독자 여러분의 양해를 구하는 바이다.

끝으로 졸저의 발간을 흔쾌히 수락해 주신 피앤씨미디어 박노일 사장님과 기획 및 편집 담당자 여러분께 깊이 감사드리고, 원고의 교정작업에 참여한 동아대학교 법학전문대학원 8기생 류홍수, 박수빈 군의 노고에 고마움을 표한다.

2017. 8.

동아대학교 부민캠퍼스 법학전문대학원 연구실에서

정만희 씀

차 례

제1편 헌법개정의 이론과 개헌논의

제 2 편 한국 의회주의와 정당제도의 개혁방안

제 1 편

헌법개정의 이론과 개헌논의

제 1 장 헌법규범과 헌법현실
제 2 장 이원정부제 정부형태의 검토
제 3 장 정부형태에 관한 헌법개정의 방향
제 4 장 헌법개정조항의 개정필요성에 관한 검토
제 5 장 통일헌법을 위한 단계적 헌법개정

제 1 장 헌법규범과 헌법현실

- 한국헌법의 규범과 현실의 괴리문제 -

Ⅰ. 머리말

우리나라가 일제의 지배로부터 해방되어 광복 70년이 지난 현시점에서 대한민국의 헌법규범과 헌법현실을 재조명하고 진단하는 것은 미래의 우리 헌법과 입헌주의의 성숙을 기대하는 입장에서 매우 의미있는 일이라 하지 않을 수 없다. 1948년 건국헌법의 제정 이래 우리 헌정사는 수많은 시행착오와 우여곡절을 겪어 왔지만 1987년 헌법의 채택을 계기로 하여 우리의 입헌민주주의는 안정적 정착과 성장의 초석을 마련하게 되었다고 할 수 있다. 제9차 개헌의 산물인 1987년 헌법은 국민적 합의에 바탕을 둔 것으로 대통령직선제의 환원을 통해 통치구조의 민주적 정당성을 확보하게 되었으며, 특히 헌법재판소제도의 도입으로 위헌법률심판과 헌법소원심판이 활성화됨으로써 획기적으로 권력통제규범과 기본권보장규범으로서의 헌법의 기능을 실질적으로 발휘할 수 있게 되었음은 상당히 긍정적으로 평가될 수 있다.

그렇지만 다른 한편 현행 헌법이 30년 가까이 시행되어 오는 과정에서 헌법에 규정된 기본원리 내지 기본질서와 헌법현실간의 괴리가 드러나고 있으며 국민통합규범으로서의 헌법의 기능이 제대로 작동되지 못하는 점도 노정되고 있다. 우리 사회에 민주화가 전개되면서 국민의 기본권이 신장되었음에도 정치적 자유와 사회적 기본권 영역에 있어 기본권보장이 충분하다고 할 수 없으며,

헌법상의 사회적 시장경제질서와 복지국가원리는 사회정의의 구현과 경제의 민주화를 그 이념으로 하고 있으나 현실적으로 우리 사회의 양극화현상과 사회적·경제적 약자의 증가, 복지와 분배정책 등에 있어서 헌법규범과 헌법현실 사이의 간극을 좁히지 못하고 있음을 부정하기 어렵다. 그리고 헌법상 탄핵심판제도가 헌법질서의 수호를 목적으로 하지만 노무현 대통령 탄핵심판사건에서 헌법재판소의 기각결정[1]은 결과적으로 국회의 탄핵소추권 남용의 문제점이 지적될 수 있는 것이며, 2014년 12월의 통합진보당 해산심판사건[2]의 경우 방어적 민주주의의 정신에 입각한 헌법질서의 수호라는 긍정적 평가와 함께 우리 사회의 이념적 대결구도와 국론분열을 더욱 조장하는 부작용을 초래하게 되었다는 지적도 없지 않다. 여기서 헌법의 국민통합기능이나 정치적 평화유지기능의 관점에서 제기되는 문제점은 헌법규범 자체의 문제점이라기보다는 헌법의 운용현실의 문제점이라 할 수 있다.

현행헌법 운용의 실제에서 나타나는 중요한 헌법문제 몇 가지를 검토해 보면, 먼저 국민주권과 대의제민주주의 원리의 현실은 의회주의와 대통령 권한행사 등의 여러 측면에서 문제점을 노정하고 있다. 정부형태와 권력구조의 개편을 위한 헌법개정논의는 그 개헌의 필요성에 관한 합리적 논거가 없는 것은 아니지만,[3] 국민주권의 원리에 비추어 헌법제정권자이며 헌법개정권자인 국민의 정치적 의사와 괴리된 것이라 하지 아니할 수 없다. 정치권의 당리당략과 정략적 이해관계 속에서 제기되는 문제로서 국민적 공감대를 결여한 것이며 개헌의 불가피성의 합리적 논거도 충분하다고 보기 어렵다.[4] 그 밖에 우리 헌법의 국

1) 헌재 2004. 5. 14. 2004헌나1.

2) 헌재 2014. 12. 19. 2013헌다1.

3) 2009년 국회의장 직속기구인 헌법연구자문위원회의 보고서에는 헌법개정의 필요성에 관하여 "지난 20여 년간 국내외의 정치, 경제, 사회적 환경의 급변으로 인해 기존의 사고와 패러다임으로는 해결할 수 없는 문제들이 도처에서 노정됐다. 헌법개정 당시 예견할 수 없었던 이런 문제들은 개별 법률의 개정이나 제도의 보완으로는 해결하기 어려운 것들이어서 국가시스템 전반에 걸쳐 헌법적 차원에서의 재검토가 불가피해졌다"고 하고, 구체적으로는 새로운 시대에 부응하기 위한 기본권보장의 강화와 권력구조에 있어서 "권력집중이 가져오는 헌정 운영상의 폐해와 5년 단임제가 초래한 정치적 책임성의 약화, 지나친 권력경쟁으로 인한 국민적 통합의 저해 등과 같은 문제점들을 바로 잡기 위해 합리적인 권력분산 등을 통해 국가시스템의 골간을 개혁해야 할 때가 됐다"고 기술하고 있다. 헌법연구자문위원회 결과보고서(2009. 8), 3면.

4) 정만희, 대안적 정부형태로서의 이원정부제 －이원정부제 개헌론에 대한 관견－ 헌법학연

제평화주의원칙과 평화통일조항에 비추어 볼 때 정부의 대북정책이나 평화통일정책의 수립과 추진의 현실은 헌법규범적 관점에서 재검토되어야 할 부분이 없지 않다고 할 것이다.

본고에서는 1987년 개정된 현행헌법의 헌법사적 의미를 재조명하고 국가의 최고규범으로서의 헌법의 실질적 기능을 헌법현실과의 일치여부의 관점에서 평가하며, 우리 헌법현실의 개별적인 몇 가지 문제점들에 대한 검토를 통하여 대한민국헌법이 더 이상 '명목적 헌법'(nominal constitution)이 아닌 진정한 '규범적 헌법'(normative constitution)[5]으로서의 위상과 실효성을 확보하기 위한 헌법적 과제와 대응방안을 제시하도록 한다.

Ⅱ. 현행 헌법(1987년헌법)의 헌법사적 의미

1. 한국 입헌주의의 전개와 헌법의 규범력

1948년 한국헌법이 제정된 이래 70년 가까운 헌법운용의 경험을 통해 우리의 입헌주의의 현상황을 진단하는 것은 앞으로의 한국헌법과 입헌주의의 발전방향을 가늠하는데 의미가 크다고 할 수 있다. 한국헌정사에 있어서 건국헌법의 제정은 서구적 민주주의의 교육과 훈련의 경험이 일천한 시대적 배경 속에서 새로운 입헌주의헌법을 채택한 것이었으나 그 헌법운용의 현실은 권력담당자의 권한남용과 장기집권의 욕구에 의해 헌법의 규범력은 약화되었고 헌법규범상의 원리와 제도는 통치권강화의 수단으로 이용됨으로써 국가의 최고규범인 헌법은 그 기능을 제대로 발휘하지 못하였다. 또한 헌법개정이 빈번하게 행해지고 그 개헌절차가 위헌적이고 반민주적으로 행해진 것도 집권자의 집권연장과 장기집권의 정치적 목적을 달성하기 위한 방법으로 무리하게 헌법개정을 택

구 제21권 제3호, 2015, 1~48면; 정만희, 이원정부제 정부형태의 검토, 동아법학 제52호, 2011, 143면 이하 참조.

5) 뢰벤슈타인의 존재론적 헌법분류론은 헌법규범(norms of constitutions)과 권력과정의 현실(reality of power process)의 일치여부를 기준으로 하여 각국헌법을 '규범적 헌법', '명목적 헌법', '장식적 헌법'으로 분류하는 것으로 1950년대 후반에 발표된 이론이지만 반세기가 지난 현시점에서도 정치적 후진국가들의 경우에는 이 기준에 따라 규범적 헌법의 범주에 들기 어려운 나라들이 적지 않다고 할 것이다. K. Loewenstein, Political Power and the Governmental Process, 2nd ed., Univ. of Chicago Press, 1965, pp.147~150.

했던 것을 의미한다. 헌법개정은 본래 헌법규범이 시대의 변화에 따라 헌법현실에 적응하지 못하고 괴리되는 경우 헌법의 현실적응성과 규범력확보를 위해 요청되는 것이지만, 우리의 빈번한 헌법개정사는 한마디로 권력담당자들의 집권연장욕구를 충족시키는 수단이었음을 말해 준다. 집권자의 권력행사의 범위와 한계를 부여한 수권규범이며 권력제한규범인 헌법 자체에 대한 불만 때문에 헌법개정이 네 차례나 단행되었고 군부의 쿠데타로 헌정이 여러 차례 중단되기도 했던 것이다.[6] 이처럼 오욕으로 점철된 한국헌정사 속에서 헌법은 권력과정에 대한 통제규범으로서의 기능을 상실하게 되고 헌법은 단지 정치적 현실을 반영하는 것에 그치고 말았던 것이다. 이러한 헌법은 명목적 헌법 내지 장식적 헌법에서 벗어나지 못함으로써 우리 헌법은 서구 민주주의국가들의 규범적 헌법의 범주에 진입할 수 없었던 것이다.

그럼에도 불구하고 우리 국민은 주권자로서의 강한 헌법수호의 의지를 가지고 그때그때 독재와 반민주에 저항함으로써 한국의 입헌주의는 시들지 않고 현재의 입헌주의의 수준을 유지할 수 있게 하였다.[7] 제1공화국 이승만 정부의 독재에 항거한 4·19 혁명과 전두환 정부의 권위주의체제에 반대한 1987년 6·10 시민항쟁은 한국헌정사적 관점에서 뿐만 아니라 20세기적 정치사에 있어서도 성공한 시민혁명의 사례로 평가될 수 있으며,[8] 이 두 차례의 시민혁명의 결과 우리의 입헌주의는 이제 서구형 입헌주의로 재정립하게 되었다고 할 수 있다. 여러 차례의 군사쿠데타와 정변 등에 의해 입헌주의가 중단 내지 퇴보를 거듭하면서도 마침내 1987년 시민항쟁에 나타난 국민의 민주주의와 헌법수호에의

6) 1987년의 헌법개정 이전의 8차에 걸친 헌법개정 중에서 제1차 개헌(1952)과 제2차 개헌(1954)은 이승만 대통령의 집권연장을 위한 것이었으며, 제6차 개헌(1969)은 박정희 대통령의 3선개헌이었고 제7차 개헌(1972)은 유신을 단행하여 중임제한규정이 폐지되고 대통령의 장기집권을 가능하게 하였다.

7) 1960년 4·19 혁명에 의한 민주적 개헌과 제2공화국헌법의 성립은 민주주의의 발전을 기대하게 하였으나 이듬해의 5·16 군사쿠데타로 우리의 입헌주의는 또 다시 후퇴하였고 1972년 친위쿠데타에 의한 유신헌법의 채택은 한국헌정사의 암흑기를 의미하였다. 1979년 10월 26일 박정희 대통령의 사망으로 1980년에는 입헌민주주의시대가 열리는 '서울의 봄'이 오기를 희망하였으나 신군부세력의 12·12사태와 5·17조치로 이어진 단계적 쿠데타는 다시 한번 입헌주의의 위기상황을 맞이하였다.

8) 권영성 교수는 1987. 6. 10 시민평화대행진은 "정치·경제·사회분야의 민주화와 더불어 대통령직선제 개헌이 더 이상 지체될 수 없는 이 시대의 범국민적 염원임을 절규한 시민혁명"이라고 기술하고 있다. 권영성, 헌법학원론, 법문사, 2010, 97면.

의지는 오늘날 한국입헌주의가 성공적으로 정착되는 토대를 확립하게 되었다고 할 것이다.

2. 현행헌법의 헌법사적 의미

현행헌법은 1987년 12월 제9차 개헌에 의해 성립되어 1988년 2월 25일부터 시행된 것으로서 그 헌법사적·헌정사적 의미는 매우 크다고 할 수 있다. 첫째, 주지하는 바와 같이 1987년 헌법은 그 이전의 1980년 헌법이나 1972년 헌법 등과는 달리 헌법개정의 과정과 절차가 국민적 합의에 바탕을 둔 민주적 개헌의 산물이라는 점에서 긍정적으로 평가되고 있다. 1960년 헌법(제2공화국헌법)의 경우에도 국민적 합의에 의한 민주적 개헌으로 평가되고 있지만 그 헌법은 제헌헌법상의 헌법개정절차에 따라 국민투표를 거치지 않고 개정된 점에서 1987년 헌법의 개정절차와 차이가 있다. 1987년 6월 시민항쟁의 결과 정치권의 여야간의 합의로 당시 국민적 열망이었던 대통령 직선제를 중심으로 한 개헌안이 채택되어 국회의 의결과 국민투표에서 유권자의 압도적 지지로 개헌안이 통과된 것이다.[9] 이와 같이 1987년 헌법은 그 성립과정에서의 절차적 정당성을 확보하고 그 내용에 있어서도 국민적 여망을 최대한 반영하여 민주적 정당성을 확보한 것이라 할 수 있다. 이 점에서 1987년 헌법은 "자유민주주의를 향한 국민적 의지가 구현된 입헌주의헌법의 재정립"[10]이라고 규정하는 것도 타당하다고 할 것이다. 그렇지만 다른 한편 그 구체적인 개헌과정을 들여다 보면 개헌안에 대한 공론화과정이 제대로 확보되지 못했으며, 대통령 직선제를 비롯한 통치구조의 문제에 한정하여 개헌논의가 이루어졌기 때문에 헌법전반에 걸친 합리적 개헌방향에 관한 논의가 미흡하였다는 점 등이 문제점으로 지적되고 있다.[11] 특

9) 1987년 10월 13일 국회에서 의결된 개헌안은 10월 27일 국민투표 결과 총투표인수의 78.2%가 투표하여 투표자 93.1%의 압도적 찬성으로 확정되었다.

10) 성낙인, 한국헌법사, 법문사, 2012, 137면.

11) 1987년 헌법은 시민운동의 산물을 의미함에도 불구하고 실제로 그 헌법의 성립과정은 시민사회의 요구가 반영되고 참여가 보장된 '심의'(deliberation)의 산물이었다기 보다는 시민사회의 대표들은 전혀 이 헌법개정과정에 참여하지 못하고 좁은 정치사회 내 엘리트들간의 탁상협상정치의 결과였기 때문에 이 협상과정에 참여한 자들의 단기적인 이해관계의 절충의 산물로서 1987년 헌법은 처음부터 태생적 문제점을 안고 있었다는 지적이 있다. 권력구조를 포함하여 많은 조항들이 충분한 심의의 과정을 거치지 아니하고 짧은 시간 안에 채택되었기 때문에 중요한 사회적 의제와 변화를 헌법에 반영하지 못하였고 당

히 1987년 헌법이 시민혁명의 산물이지만 혁명의 주체인 국민이 그 입법과정에의 참여가 배제되고 단지 국민투표절차에서 찬반만을 표시하는 고무인(rubber stamp)의 역할만 했을 뿐이므로 1987년 헌법은 '미완의 헌법'이라는 비판이 있다.[12)]

둘째, 1987년 헌법은 구 헌법에 비해 통치구조의 민주적 정당성이 크게 제고되었다는 점에서 헌법사적 의미가 크다고 할 수 있다. 1972년의 유신헌법이나 1980년 헌법은 민주적 정당성이 결여된 통치구조 하에서 권력분립원리가 명목화·형해화된 가운데 대통령의 독재를 허용하였으나 1987년 헌법은 이러한 권위주의체제에 대한 역사적 반성으로 국민적 합의에 의한 대통령 직선제를 채택함으로써 민주적 정당성이 제고되었다. 그리고 과거 우리 헌정사의 경험에 따른 반성에서 장기집권으로 인한 독재화를 막기 위해 단임제를 채택하였다는 점에서 그 헌정사적 의의가 크다. 이러한 대통령직선제와 5년 단임제를 중심으로 하는 개헌은 비록 형식적으로는 기존의 헌법개정절차에 따라 채택된 것이지만 그것은 주권자인 국민의 시민혁명에 의한 '정치적 결단'의 산물을 의미한다고 할 수 있으며, 이 점에서 제9차 개헌에 의한 87년헌법은 실질적으로 새로운 헌법의 제정이라고 보는 견해도 설득력이 있다고 하겠다.[13)] 그 밖에 권력분립

시 민주화 이후의 사회변화의 전망이나 헌법비전 등이 전혀 반영되지 못하였다는 것이다. 말하자면 1987년 헌법개정과정은 대통령직선제개헌 이외의 문제에 관한 개헌논의는 그 기간이 충분하지 못했으며 개방적이고 공개적인 논의가 제대로 이루어지지 못했다는 것이다.

87년 헌법은 당시 민정당과 민주당을 대표하는 8인정치회담의 주도하에 만들어지게 되었는데, 이 8인정치회담은 7월 31일부터 9월 16일까지 짧은 기간에 협상을 완료하고 새 헌법안에 합의하였다. 협상내용 중 가장 중요한 의제는 대통령임기와 단임제 여부에 관한 것이었는데 민정당은 6년단임제안을 제시했고 민주당은 부통령제도입과 4년 1차 중임제안을 제시하였으나 협살결과 5년 단임제로 결론이 나게 되었다. 이는 '87년헌법만들기'의 주역들(노태우, 김영삼, 김대중)이 자신의 집권가능성을 보장해줄 수 있는 권력구조로서 5년 단임 대통령제를 발견하였다는 것을 보여준다. 실제로 그 주역들이 그 후 모두 차례차례 대통령이 됨으로써 87년 헌법이 3자간 정략적 담합의 산물이라는 것을 말해주고 있다는 것이다. 이러한 관점에서의 분석은. 임혁백, 개헌의 필요성과 실현가능성, 대화문화아카데미 편, 새로운 헌법 필요한가, 2008, 46~48면.

12) 1987년 헌법의 입법과정에 혁명의 주체인 국민의 참여가 배제된 것에 대한 비판적 견해는 김선택, 헌법과 혁명 –시민입헌주의(Civic Constitutionalism), 동아법학 제58호, 2013, 5면 이하.

13) 제9차 개헌에 의한 1987년 헌법을 실질적인 새로운 헌법의 제정으로 보는 입장은 김철수, 헌법학개론, 박영사, 2008, 127~8면; 계희열, 헌법학(상), 박영사, 2005, 153면; 김학성, 헌

원리의 실질화를 위하여 국회의 지위와 권한이 강화되고 대통령의 국회해산권이 폐지되는 등 대통령의 권한이 상대적으로 축소됨으로써 권력간의 견제와 균형을 유지할 수 있게 되었다.

셋째, 1987년 헌법은 헌법재판제도를 도입하여 권력통제규범과 기본권보장규범으로서의 기능을 강화하였다는 점이 두드러진 특징이라 할 수 있다. 구 헌법시대의 헌법위원회제도 하에서는 헌법재판을 통한 권력통제기능을 거의 기대할 수 없었으나 현행 헌법의 헌법재판소제도는 실질적인 권력통제기능을 수행하고 헌법보장기관으로서의 역할을 충실히 수행하고 있다. 특히 위헌법률심판과 헌법소원심판을 통하여 국회의 입법권에 대한 통제가 이루어지고 있으며, 명령·규칙 등의 행정입법(법규명령)에 대해서도 법원과 헌법재판소에 의한 규범통제가 행해짐으로써 국민의 권리구제의 실현이 강화되고 있다. 다만 헌법 제107조 제2항에 의해 명령규칙에 대한 구체적 규범통제를 법원의 권한으로 하고 있으나 헌법재판소도 법규명령에 의한 기본권침해의 경우 헌법소원을 통해 위헌심판을 할 수 있으므로 이러한 헌법재판기능의 이원화에 따른 법원과 헌법재판소 간의 충돌과 갈등이 문제되고 있다.[14] 한편 권력통제규범으로서 현행 헌법은 여전히 대통령에의 권력집중에 의한 제왕적 대통령제의 위험성이 있다는 지적이 있으며,[15] 이 점에서 권력분산형 정부형태로의 개헌논의가 제기되는 이유를 찾을 수 있다.

넷째, 1987년헌법은 그 동안의 시행과정 속에서 헌법개정논의가 지속되어 왔다는 점이 특징이라 할 수 있다. 그러나 현행헌법 하의 개헌논의는 주로 정치권에서의 정부형태의 개편 내지 새로운 선택에 관한 논의를 의미하며, 헌법제정권자이며 헌법개정권자인 국민 다수의 정치적 의사에 바탕을 둔 것이 아니라는 점에서 문제가 있다고 할 것이다.[16] 헌법제정 이래 평균 4, 5년에 한 번씩 헌

법학원론, 피앤씨미디어, 2014, 84면.

14) 현행헌법은 사법부가 법원과 헌법재판소의 2원적 구조로 되어 있기 때문에 헌법해석을 둘러싼 양 기관의 충돌과 대립이 문제될 수 있는데 이 문제를 해결하기 위해서는 헌법재판소법을 개정하여 재판소원을 인정하고 변형결정의 기속력을 인정하는 것 등의 입법론적 개선 보완이 요구되며 궁극적으로는 헌법개정시 헌법재판기능의 일원화가 필요하다는 것이 학계의 지배적 견해이다.

15) 1987년 헌법의 헌법제도와 헌법정치에 대한 비판적 견해로는 김선택, 앞의 논문(주12), 9면 이하.

법을 개정해온 빈번한 헌법개정사를 내용으로 하는 한국헌정사에서 27년 이상 헌법개정 없이 헌법을 운용해 왔다는 사실만으로 현행헌법의 개정필요성을 인정할 수 있는 것은 결코 아니며, 헌법개정의 불가피성에 관한 국민적 합의가 전제되지 않는 한 통치체제의 기본사항에 관한 개헌은 신중을 기해야 하는 점에서 볼 때 정치권의 개헌논의에 대한 철저한 검토가 요구된다.

요컨대 1987년 헌법은 국민적 합의를 바탕으로 한 민주적 개헌절차를 통해 채택된 것이라는 점에서 헌정사적 의의가 크며, 특히 통치구조에 있어서는 권력분립원리의 실질화와 헌법재판제도의 도입 등으로 권력통제기능이 강화되었고, 기본권보장규범으로서의 기능이 괄목할 만큼 크게 확대되었다는 점에서는 긍정적으로 평가될 수 있다고 하겠다.

Ⅲ. 헌법규범의 기능 전반에 대한 평가

헌법규범의 기능에 관하여는 다양한 기준에 의해 설명될 수 있다. 국가의 최고규범인 헌법은 국가창설규범으로서 국가를 조직하고 구성하며, 국민적 합의를 바탕으로 국가공동체의 기본질서를 유지·형성하는 기능을 수행한다. 헌법규범은 근대 입헌주의헌법시대 이래 국가권력에 대한 통제기능을 그 핵심으로 하며, 국민의 기본권보장규범으로서 공동체의 공감대적 가치를 실현함으로써 사회통합기능을 하게 된다. 헌법규범은 또한 국가권력 간의 분쟁을 헌법질서 내에서 조정하고 해결함으로써 정치적 안정과 평화유지기능을 담당한다. 여기서는 현행 헌법의 기능을 권력통제규범, 기본권보장규범과 사회통합규범, 정치적 평화유지규범으로 구분하여 헌법의 기능상의 규범력을 평가하도록 한다.

1. 권력통제규범으로서의 기능

1987년 헌법의 권력통제규범으로서의 기능과 실효성은 역대 헌법 중에서 가장 긍정적으로 평가될 수 있다고 할 것이다. 입헌주의헌법의 본질이 권력과정의 통제(control of power process)를 위한 기본적 장치[17]라고 할 때 현행 헌법

16) 정만희, 헌법개정논의 －헌법개정의 필요성과 개헌절차·방법에 관한 검토－, 동아법학 제47호, 2010, 4면 이하.

은 입헌주의헌법으로서의 본질적 기능을 담당하고 있다고 할 수 있다. 현행 헌법은 통치구조의 기본원리로서 권력분립의 원리가 강화되어 권력 상호간의 견제와 균형의 메커니즘이 작동되고 있다. 국회의 헌법상 권한과 국정통제기능이 강화되어 국정조사권과 함께 국정감사권을 규정하였으며, 외국에서의 입헌례를 찾아볼 수 없는 국정감사제도의 채택은 국정 전반에 대한 국회의 광범위한 통제기능을 수행하게 되었다. 오히려 국정감사제도의 운용실태는 행정의 마비와 공백, 생산성 없는 비효율적 감사 등의 문제점이 지적되기도 한다.[18] 그리고 1972년 헌법과 1980년 헌법에서 채택된 국회해산권이 폐지됨으로써 국회의 지위가 강화되게 되었으며 정부형태에 있어서 대통령제의 본질적 원리에 충실한 권력구조를 갖게 되었다. 특히 헌정사상 최초로 국회가 대통령에 대한 탄핵소추를 의결함으로써 헌법운용의 실제에 있어서도 국회의 실질적인 국정통제기능을 기대할 수 있게 되었다.[19] 과거 한국의 헌법사에 있어서 탄핵제도는 헌법의 장식물로 간주되어 왔으나 노무현 대통령탄핵심판사건을 계기로, 탄핵소추권의 남용여부에 관한 논의는 별론으로 하고, 국민들은 탄핵제도의 강력한 국정통제기능에 대한 새로운 인식을 갖게 되었다. 1999년 이후 국회의 법률제정으로 도입된 특별검사제도는 특별검사의 임명방식이 권력분립원칙에 위배되는지의 위헌여부에 관한 논의가 있지만,[20] 그것은 권력형 부정사건이나 정치적 성격이 강한 사건에서 검찰의 기소독점주의와 기소편의주의에 대한 효과적인 통제수단이 되고 있다. 대통령의 인사권에 대한 국회의 동의권과 인사청문회제도도 행정권에 대한 국회의 통제기능을 담당함으로써 현행헌법은 권력통제규범으로서의 기능을 실질적으로 수행하고 있다.[21]

현행 헌법상 국회의 정부에 대한 통제기능과 관련하여 재정에 관한 국회의 권한이 중요한 의미를 갖는다. 국회의 재정에 관한 권한으로서 조세입법권(제59조)을 비롯하여 예산의결권(제54조 제1항)과 결산심사권(제99조), 정부의 중요 재

17) K. Loewenstein, op. cit., p.123.

18) 국정감사제도의 문제점에 관하여는 이관희, 국정감사제도의 문제점과 개선방안, 공법연구 제27집 제3호, 1999, 199면 이하; 정만희, 국정감사제도의 재검토, 공법학연구 제10권 제1호, 2009, 133면 이하.

19) 헌재 2004. 5. 14. 2004헌나1.

20) 헌재 2008. 1. 10. 2007헌마1468.

21) 정만희, 국회의 국정통제기능에 대한 검토, 헌법학연구 제20권 제3호, 2014, 210면 이하.

정행위에 대한 일련의 동의권·승인권(제55조, 제58조) 등을 규정하고 있다. 이러한 국회의 재정통제기능은 넓은 의미의 국정통제기능에 포함시킬 수 있다.[22) 국회의 재정통제기능 중에서 예산안에 대한 국회의 심의·의결은 그 자체로서 정부의 정책집행에 대해 광범위한 통제가 가능하게 되고 정부에 대한 통제의 실효성을 높일 수 있기 때문에 선진국일수록 정부활동에 대한 직접적인 통제보다는 예산·결산을 통한 간접적 통제가 강화되고 있는 경향을 볼 수 있다.[23) 그러나 현행헌법상 국회의 재정통제기능에는 그 운용상의 문제점이 지적될 수 있다. 첫째, 예산안에 대한 심사기능이 의원들의 예산에 관한 전문성부족 등으로 형식적으로 이루어짐으로써 실질적인 재정통제를 기대하기 어렵다는 것이고, 둘째, 결산심사에 있어서도 현실적으로 국회의 통제방식은 역사적 관행에 의거하여 그 심사가 형식적으로 이루어지는 것이 문제이다. 셋째, 우리 헌법상 예산제도는 예산특별형식주의 내지 예산비법률주의를 채택하고 있어서 예산과 법률의 불일치로 인한 문제뿐만 아니라 세출에 대한 국회의 실질적 통제기능을 확보하기 어려운 것이 문제점으로 지적되고 있다. 이러한 문제점을 해결하기 위해서는 서구의 각국에서 채택하고 있는 예산법률주의를 도입하는 것이 필요하다고 할 것이다.[24)

현행 헌법상 헌법재판소 제도의 도입은 헌법의 권력통제규범으로서의 강력한 기능을 수행하고 있다. 위헌법률심판과 헌법소원심판의 활성화는 입법권과 행정권에 대한 실질적인 통제가 가능하게 되었으며, 대통령에 대한 탄핵심판사건을 계기로 고위 공직자에 대한 책임추궁과 권력통제의 현실화를 기대할 수 있게 되었다.[25) 국가기관간의 권한쟁의심판을 통해서도 국가기관 상호간의

22) 정만희, 앞의 논문(주21), 204면 이하.

23) 장영수, 국회 기능의 합리화 방안, 헌법학연구 제16권 제3호, 2010, 347면.

24) 장영수, 앞의 논문(주23), 349면; 박재창, 한국의회개혁론, 오름, 2004, 81면; 권해호, 예산법률주의 도입방안 연구, 국회예산결산특별위원회 연구용역보고서, 2005.

25) 노무현대통령탄핵심판에서 헌법재판소는 탄핵소추사유와 탄핵의 정당화사유(중대한 법위반)를 구분하면서 "대통령을 제외한 다른 공직자의 경우에는 파면결정으로 인한 효과가 일반적으로 적기 때문에 상대적으로 경미한 법위반행위에 의해서도 파면이 정당화될 가능성이 큰 반면, 대통령의 경우에는 파면결정효과가 지대하기 때문에 파면결정을 하기 위해서는 이를 압도할 수 있는 중대한 법위반이 존재해야 한다"고 판시하였다. 이러한 탄핵의 정당화사유에 관한 2중기준에 따라서 대통령 이외의 고위공직자에 대한 탄핵심판에서는 탄핵사유로서 경미한 법위반행위에 대해서도 파면결정을 할 수 있으므로 이들 공직자

권한의 존부 및 범위에 관한 다툼을 해결하면서 국가기관의 헌법적 권한행사에 대한 통제기능을 수행할 수 있다. 헌법소원심판에 있어서 헌법재판소법상 재판소원금지규정(제68조 제1항 단서)에도 불구하고 헌법재판소가 위헌으로 결정한 법률을 적용하여 기본권을 침해한 재판에 대해서는 예외적으로 헌법소원심판청구를 인정함으로써 사법권에 대한 통제기능도 제한적으로 수행하게 되었다.[26)]

2. 기본권보장규범과 사회통합규범으로서의 기능

(1) 기본권보장규범으로서의 기능강화

1987년 헌법의 권리장전인 기본권조항을 보면 1980년 헌법에 비해 기본권보장이 확대·강화되었음은 주지의 사실이다. 1987년 헌법은 통치구조 내지 국가조직조항의 개정에 중점이 놓여지면서 기본권조항의 개정이 형식적으로 이루어진 면이 있음에도 불구하고 한국의 기본권보장사에 있어 가장 진보적인 내용을 갖추게 되었다.[27)] 그리하여 헌법상 새로운 기본권이 몇 개 추가되었으며, 신체의 자유에 대한 절차적 보장이 강화되고(제12조), 표현의 자유보장이 강화되어 언론·출판·집회·결사에 대한 허가제와 검열제를 금지하게 되었다(제21조 제2항).[28)] 또한 개별적 법률유보조항을 대폭 줄임으로써 보다 완전한 기본권보장을 기하고 있는 것이 특징이다. 새로운 기본권으로는 형사피의자의 형사보상청구권(제28조), 범죄피해자의 국가구조청구권(제30조)과 사회적 기본권으로서 노인·여자·청소년의 복지권(제34조 제3항, 제4항), 쾌적한 주거생활권(제35조 제

에 대한 책임추궁으로 탄핵심판이 활성화되기를 기대할 수 있다. 정만희, 앞의 논문(주21), 219면; 탄핵제도의 본질과 미국헌법상 탄핵심판의 사례에 관하여는 정만희, 미국헌법상의 탄핵제도, 공법연구 제30집 제1호, 2001, 195면 이하.

26) 헌재 1997. 12. 24. 96헌마172. 이 사건 결정에서 헌법재판소는 청구인의 기본권을 침해한 대법원판결을 헌법재판소법 제75조 제1항에 따라 취소하고, 동시에 대법원이 위헌적인 법률을 적용한 원행정처분도 취소한다는 획기적인 판단을 내리게 되었다.

27) 김선택, 대한민국에서 기본권보장의 발전과 과제, 한국공법학회 제145회 학술대회 발표논문, 2008. 10, 53면.

28) 헌법 제21조 제2항에 근거한 표현의 자유에 대한 사전제한금지의 원칙의 적용으로 영화·음반·비디오물의 사전심의제, 영화·비디오물의 등급분류보류제, 텔레비전 방송광고의 사전심의제 등에 대해 헌법재판소는 헌법상 금지되는 사전검열에 해당한다고 판시함으로써 표현의 자유보장이 크게 확대되었다. 헌재 1996. 10. 4. 93헌가13등; 1996. 10. 31. 94헌가6; 2000. 2. 24. 99헌가17; 2001. 8. 30. 2000헌가9; 2008. 10. 30. 2004헌가18; 2008. 6. 26. 2005헌마506.

1항) 등이 추가되었다.

헌법상 개별적 기본권보장의 목록이 추가되고 신체의 자유의 절차적 보장을 강화함과 동시에 헌법재판소의 사법적극주의적 헌법해석을 통해 기본권보장이 확대되고 있음을 볼 수 있다. 헌법 제10조의 인간의 존엄과 가치, 행복추구권을 규정한 포괄적 기본권조항과 헌법 제37조 제1항의 "헌법에 열거되지 아니한 자유와 권리의 경시금지"조항을 근거로 하여 생명권, 일반적 행동자유권,[29] 자기결정권,[30] 인격권,[31] 엑세스권[32] 등의 구체적 권리를 도출함으로써 국민의 기본권이 대폭 신장하게 되었으며, 행복추구권에 대해서도 헌법재판소는 포괄적 기본권의 성격과 함께 독자적 기본권성을 인정하는 태도를 보임으로써 기본권보장에 있어 괄목할 만한 진전을 보게 되었다.[33]

평등권의 보장에 있어서 헌법재판소는 평등의 원칙의 위반여부에 관한 판단기준으로 엄격한 심사기준과 완화된 심사기준이라는 이중기준을 적용하면서 헌법에서 특별히 평등을 요구하는 경우와 차별적 취급으로 인하여 관련 기본권에 중대한 제한을 초래하는 경우에는 엄격한 심사(비례성 심사)의 원칙을 적용하고 있다. 그리하여 동성동본금혼위헌결정에서 헌법재판소는 엄격한 심사기준을 적용하여 금혼의 범위를 남계혈족에 한정하여 성별에 의한 차별을 하는 것은 위헌이라고 결정하였으며,[34] 제대군인가산점제도에 대해서도 평등의 원칙에 위반하여 여성과 장애인의 기본권을 침해한다고 판시함으로써[35] 평등권실현이 확대되었다. 그 밖에 '적극적 평등실현조치'(affirmative action)가 역차별의 문제를 야기하기도 하지만 양성채용목표제, 여성공천할당제, 장애인고용할당제[36] 등의 도입은 평등권실현에 크게 기여하였다.

검사의 불기소처분에 대한 헌법소원심판에서 헌법재판소는 초기부터 적극

29) 헌재 1993. 5. 13. 92헌마90; 헌재 2003. 10. 30. 2002헌마518.
30) 헌재 1996. 12. 26. 96헌가18; 헌재 2009. 11. 26. 2008헌바58.
31) 헌재 2001. 7. 19. 2000헌마546; 헌재 2005. 12. 22. 2003헌가5등.
32) 헌재 1991. 9. 16. 89헌마165.
33) 헌재 1989. 10. 27. 89헌마56.
34) 헌재 1997. 7. 16. 95헌가6등.
35) 헌재 1999. 12. 23. 98헌마363.
36) 헌재 2003. 7. 24. 2001헌바96. 이 결정에서 헌법재판소는 완화된 심사의 원칙을 적용하여 장애인고용할당제는 평등의 원칙에 위배되지 않는다고 판시하였다.

적인 입장에서 청구인의 평등권과 재판절차진술권 침해를 이유로 인용결정[37]을 내림으로써 헌법재판소의 기본권보장기관으로서의 위상이 확립되고 헌법의 기본권보장규범으로서의 기능이 강화되었다. 신체의 자유와 관련하여 국가보안법의 반국가단체에 대한 찬양·고무죄조항에 대해 한정합헌결정[38]의 효과로서 동 법률조항이 합리적으로 개정되었으며, 헌법재판소는 적법절차의 원칙이나 무죄추정의 원칙을 폭넓게 적용하여 신체의 자유보장이 신장되었다.[39] 표현의 자유에 있어서 사전제한금지원칙이 엄격히 적용되고 있으며 집회시위의 자유와 관련하여 집시법상 야간옥외집회금지조항이 헌법불합치결정을 받게됨에 따라 집회시위의 자유가 확대되기에 이르렀다.[40]

재산권보장에 있어서 헌법 제23조 제1항 제2문, 제2항의 재산권의 내용한계형성규정과 제23조 제3항의 공용침해규정의 해석에 있어서 헌법재판소는 개발제한구역사건에서 종래의 경계이론에서 벗어나 새로운 분리이론의 입장에서 재산권의 내용한계형성규정에서도 보상이 필요한 경우를 인정함으로써 재산권보장이론이 발전하는 측면을 볼 수 있다.[41] 부부자산소득 합산과세사건에서는 혼인한 부부에게 가하는 조세부담은 혼인과 가족생활보호에 위배된다고 판시하였고,[42] 특별부담금제도에 대해서 헌법재판소는 헌법적 허용한계를 제시함으로써 문예진흥기금에 대해 위헌결정을 하였다.[43] 직업의 자유보장과 관련하여 안마사자격 사건에서 시각장애인의 안마사독점을 규정한 안마사규칙에 대해 헌법재판소는 비시각장애인의 직업선택의 자유를 침해하는 것으로 위헌이라고 결정

37) 헌재 1989. 4. 17. 88헌마3; 1995. 10. 26. 95헌마216; 1996. 8. 29. 96헌마45; 1997. 2. 20. 95헌마362; 1998. 7. 16. 97헌마162; 2001. 11. 29. 2000헌마91; 2002. 5. 30. 2002헌마64.

38) 헌재 1990. 4. 2. 89헌가113.

39) 헌재 1992. 12. 24. 92헌가8; 1994. 7. 29. 93헌가3등; 2010. 9. 2. 2010헌마418.

40) 헌재 2009. 9. 24. 2008헌가25. 이 사건에서 헌법재판소는 야간옥외집회금지조항에 대해 2010. 6. 30. 이전에 입법개선을 할 때까지 계속 적용하도록 하고 그때까지 입법개선이 이루어지지 않는 경우 2010. 7. 1.부터 그 효력을 상실한다고 판시하였으나 2015년 현재까지 국회의 입법개선이 이루어지지 않고 있다. 한편 최근 우리 사회에 있어서 노동단체를 비롯한 일부 진보세력들의 과격한 불법·폭력시위가 다시 등장하게 됨에 따라 합법적이고 평화로운 집회·시위문화정착을 위한 논의가 제기되고 있는데 차제에 평화로운 시위보장과 폭력시위근절을 위한 입법개선에 관한 검토가 필요하다고 할 것이다.

41) 헌재 1999. 4. 29. 94헌바37.

42) 헌재 2002. 8. 29. 2001헌바82.

43) 헌재 2003. 12. 18. 2002헌가2.

하였다.[44]

참정권의 보장에 있어 종래 재외국민의 선거권을 제한해 온 공직선거법규정에 대해 헌법재판소는 2007년 재외국민의 선거권과 평등권 침해를 이유로 위헌결정을 하였으며,[45] 2014년에는 집행유예자와 수형자의 선거권제한에 대해 선거권과 평등권침해를 인정함으로써 정치적 기본권이 더욱 확대되었다.[46] 재판청구권과 관련하여 2008년 '국민의 형사재판참여에 관한 법률'이 제정되어 우리나라에 미국형의 배심제가 도입되어 사법의 민주화와 형사피고인의 권익옹호에 기여하게 되었다.

그리고 기본권제한에 관한 헌법원칙으로서 헌법재판소는 과잉금지의 원칙을 비롯하여 의회유보의 원칙, 적법절차의 원칙, 명확성의 원칙, 신뢰의 원칙 및 국가의 기본권보호의무에 있어서 과소보호금지의 원칙[47] 등을 확립하여 실질적인 기본권보장이 확대되는데 크게 기여하고 있다.[48]

(2) 사회통합규범으로서의 기능적 한계성

헌법규범의 사회통합기능은 기본적으로 통합이론적 관점에서 강조되는 것으로, 헌법은 사회공동체의 공감대적 가치질서에 의해 통합되는 과정의 원리로 이해하기 때문에 사회공동체의 공감대적 가치가 헌법상의 기본권으로 보장될 때 사회공동체는 통합을 이루게 된다.[49] 즉 헌법이 규정하는 기본권적 가치는 곧 사회구성원 모두에 의해 수용될 수 있는 공감대적 가치이기 때문에 기본권

---

44) 헌재 2006. 5. 25. 2003헌마715등. 그러나 이 사건 결정에 대해서는 시각장애인이라는 소수자 및 사회적 약자의 권리보호에 역행하는 판결이라는 비판이 있다. 임지봉, 민주주의와 헌법재판소의 사법적극주의, 한국공법학회 제145회 학술대회 발표논문, 2008. 10. 102~103면.

45) 헌재 2007. 6. 28. 2004헌마644등.

46) 헌재 2014. 1. 28. 2012헌마409등.

47) 헌법 제10조 후단에 근거한 국가의 기본권보호의무에 관하여 헌법재판소는 "권력분립의 관점에서 과소보호금지의 원칙을, 즉 국가가 국민의 법익보호를 위하여 적어도 적절하고 효율적인 최소한도의 보호조치를 취하였는가를 기준으로 심사하게 된다"고 하고, 국가의 보호의무의 대상이 되는 기본권의 범위에 대하여는 개인의 생명, 신체, 재산 등의 자유권을 그 보호대상으로 한다고 판시하고 있다. 헌재 1997. 1. 16. 90헌마110등.

48) 헌법재판소의 기보권보장기관으로서의 기능에 대한 긍정적 평가로는 헌법재판소, 헌법재판소에 의한 헌법재판이 우리 사회에 미친 영향, 2010; 이헌환, 헌법재판제도의 도입배경과 정착 및 발전방향에 관한 연구, 헌법재판연구 창간호, 헌법재판연구원, 2014, 3면 이하.

49) 허영, 한국헌법론, 박영사, 2009, 21~22면.

보장규정과 그 기본권을 구체적으로 실현하기 위한 헌법재판제도 등의 제도적 장치가 마련 될 때 효율적으로 사회통합을 달성하게 된다. 현행 헌법은 그 채택 과정에서 국민의 공감대적 가치에 해당하는 기본권보장을 상당한 수준에서 반영하고 있다고 볼 수 있으나 기본권이 경시되거나 무시되는 헌법상황을 전혀 부정할 수 없는 현실에서 헌법규범의 사회통합기능은 만족할 만한 수준이라고 할 수 없다. 즉 기본권보장과 그 제한의 현실에 있어서는 여전히 기본권이 과도하게 제한되거나 국민의 공감대적 가치가 제대로 반영되지 못하는 부분들을 볼 수 있다.[50]

기본권에 관한 최근의 개헌논의에 있어서 현대사회에 있어서 세계적인 정치·경제 환경의 급변과 새로운 시대정신의 도래에 대응하기 위해서는 우리 헌법이 담아내지 못하고 있는 새로운 기본권목록을 추가하기 위한 헌법개정이 필요하다는 주장이 제기되는 것도 현행 헌법이 사회통합규범으로서의 기능을 충분히 발휘하지 못하고 있음을 반증하는 것이라 할 수 있다.[51]

개별적 기본권보장의 현실을 보면 정치적 기본권의 경우 관련 법률에 의해 광범위하게 제한을 받고 있지만 헌법재판소는 정치적 자유의 보장에 소극적 태도를 보이는 경향이 있다. 선거과정에서의 정치적 표현의 자유를 의미하는 선거운동의 자유가 공직선거법에 의해 과도하게 제한을 받고 있으며 선거운동의 기회균등이 침해되는 것 등이 지적되고 있다.[52] 정당의 자유에 있어서도 정당

50) 최근 정부의 교육정책으로 역사교과서 국정화문제를 둘러싼 사회적·이념적 갈등이 노정되었는데 국정교과서제도에 대해서는 헌법재판소가 학문의 자유나 언론출판의 자유를 침해하는 것이 아니고 교육의 자주성·전문성·정치적 중립성과도 양립될 수 없는 것이 아니라고 판시한 바 있지만(헌재 1992. 11. 12. 89헌마88), 국민의 여론이 부정적이고 정치권에서의 반대의견이 강할 때에는 충분한 공론화과정을 거쳐 국민적 공감대가 형성되는 방향으로 정책결정이 이루어져야 사회적 통합을 촉진할 수 있다고 할 것이다.

51) 국회 헌법연구자문위원회 보고서에 의하면 새로운 기본권으로 생명권과 안전에 대한 권리, 사상의 자유, 정보기본권(알 권리, 정보접근권), 소비자의 권리, 정치적 망명권, 출산양육을 위한 권리, 공교육 진흥을 위한 국가목표조항 등을 제시하고 있다. 위 보고서(주 3), 97~115면.

52) 공직선거법상 일련의 선거운동제한규정 중에서 특히 법정선거운동기간과 사전선거운동금지규정은 현실적으로 기성정치인과 정치신인간의 선거운동의 기회균등을 침해하게 되어 헌법 제116조 제1항의 선거운동의 기회균등보장과 제11조의 평등의 원칙에 위배되는 문제가 있다. 선거운동의 방법으로서 문서·도화 등에 의한 선거운동제한이나 여론조사공표금지 등도 정치적 표현의 자유를 지나치게 제한하는 것으로 위헌성문제가 제기된다. 그러나 헌법재판소는 선거운동제한의 위헌성여부에 관한 많은 사건들에서 거의 일관되게 합

등록요건과 정당등록취소제도는 정당설립과 활동의 자유를 과도하게 제한하는 문제가 있다.[53] 정당법에 의한 지구당의 폐지에 대해 헌법재판소는 정당의 자유의 본질적 내용을 침해하지 않는다고 판시하였으나,[54] 지구당폐지는 정당의 조직형태선택의 자유를 침해하는 것이 아닌가의 의문을 지우기 어렵다.[55]

사회적 기본권의 보장에 있어서는 구 헌법에 비해 사회국가의 원리와 사회적 시장경제질서의 규정들과 결합하여 그 기본권의 실현이 강화되었음에도 불구하고 현실적으로는 사회의 양극화현상이 심화되고 경제적 약자가 증가하게 됨에 따라 사회적 기본권이 구체적·현실적 권리로서의 실효성이 약하다고 볼 수 있다. 사회적 기본권의 법적 성격을 학계에서는 과거처럼 프로그램규정설이나 추상적 권리설로 보는 태도는 상당히 극복되었다고 볼 수 있으나, 실무적으로는 여전히 사회적 기본권을 국가목표설정조항으로 이해하여 재판규범성에 대해 소극적인 태도를 보이고 있음을 부정하기 어렵다.[56] 사회적 기본권보장에 있어서 그 기본권실현의 불완전성[57]이라는 현실적 제약이 있다 하더라도 사회

헌결정을 내리고 있어서 선거제도에 관한 헌법원칙(선거운동의 기회균등, 자유선거의 원칙 등)과 정치현실 사이에 상당한 괴리를 발견하게 된다. 정만희, 헌법과 통치구조, 법문사, 2003, 374면 이하.

53) 정당법상 정당등록취소의 요건(제44조 제1항) 중에서 "임기만료에 의한 국회의원선거에 참여하여 의석을 얻지 못하고 유효투표 총수의 100분의 2 이상을 득표하지 못한 때" 정당등록이 취소된다는 규정에 대해 헌법재판소는 2014년 위헌결정을 내림으로써 정당의 자유보장의 헌법정신이 정치현실에 어느 정도 구현되게 되었다. 헌재 2014. 1. 28. 2012헌가19.

54) 헌재 2004. 12. 18. 2004헌마456.

55) 이에 관하여는 정만희, 정당법상 정당의 자유제한의 문제점, 동아법학 제54호, 2012, 107면 이하.

56) 이에 관하여는 정태호, 사회적 기본권과 헌법재판소판례, 헌법논총 제9집, 1998, 655면 이하; 홍성방, 헌법재판소결정에 나타난 사회적 기본권, 서강법학연구 제4집, 2002, 35면 이하.

57) 사회적 기본권의 법적 성격에 관하여 학계의 논의가 있으나 사회적 기본권은 자유권적 기본권과 동일한 수준의 구체적 현실적 권리로 인정하기 어렵고, 구체적 권리성을 어느 정도 인정하더라도 '불완전한 구체적 권리' 또는 '잠정적인 구체적 권리'로 보는 것이 타당하다고 할 것이다. 즉 사회적 기본권을 구체화하는 법률이 없는 경우에 사회적 기본권조항을 근거로 직접 국가에 구체적 급부를 청구할 수 없으며, 단지 그 입법부작위에 의한 기본권침해에 대해 위헌확인을 구하는 헌법소원을 청구할 수 있다는 점에서 제한적 의미의 구체적 권리라 할 수 있다. 권영성, 앞의 책(주), 648면; 양건, 헌법강의, 법문사, 2011, 674면. 잠정적인 구체적 권리로 보는 견해는 알렉시(R. Alexy)의 '원칙'규범 이론에 근거한 것으로 사회적 기본권은 잠정적으로 개인에게 주관적 권리를 부여하는 것이지만 여기서 권리성은 곧바로 확정적인 권리가 되는 것이 아니라 여러가지 요소를 형량하여 각기 다양한 형태로 적정하게 실현될 수 있다는 것이다. 계희열, 헌법학(중), 박영사, 2002, 655~661면.

현실에서의 서민과 노동자계급 등의 사회적 약자와 고소득층 사이의 양극화는 사회통합을 저해하는 요인이 되고 있다. 헌법 제119조 제2항의 "국가는 균형있는 국민경제의 성장 및 안정과 적정한 소득의 분배를 유지하고, 시장의 지배와 경제력의 남용을 방지하며, 경제주체간의 조화를 통한 경제의 민주화를 위하여 경제에 관한 규제와 조정을 할 수 있다"는 사회적 시장경제질서의 헌법원칙도 사회양극화 현상, 대기업의 독과점과 횡포, 지역간의 불균형발전, 중소기업의 보호 육성에 관한 국가의 소극적 태도, 취업난과 청년실업문제 등의 사회적·경제적 현실과는 상당한 거리가 있음을 부정할 수 없다.[58)]

청구권적 기본권보장과 관련하여 국가배상청구권에 있어서 헌법 제29조 제2항의 군인과 경찰공무원 등의 국가배상청구권제한은 위헌적인 헌법규정이라는 논란이 계속되어 왔으며, 1995년 위 헌법조항에 근거한 국가배상법 제2조 제1항 단서에 대한 위헌소원에서 청구인측은 헌법 제29조 제2항의 위헌성을 주장하였으나 헌법재판소는 헌법조항의 위헌성을 심판대상으로 인정하지 않고 각하한 바 있다.[59)] 이러한 위헌적 헌법규범에 대해서도 위헌심사가 가능하다는 학계의 적극적인 견해가 제기되는 상황에서 위 헌법조항은 그 개정이 불가피하다고 할 것이다.[60)]

헌법의 기본권보장기능은 헌법소원제도의 채택으로 대폭 강화되었으나 우리의 헌법소원제도는 유럽형의 본래의 헌법소원제도와 비교할 때 기본권보장기능이 제한적으로 작동되고 있다는 점이 지적되고 있다. 헌법재판소법에 의한 재판소원금지원칙(제68조 제1항)에 따라 사법권의 행사에 대한 헌법소원청구가 제외되고, 행정권의 행사에 있어서도 보충성의 원칙상 행정처분은 행정소송으

58) 박근혜 대통령은 2012년 대선공약에서 경제민주화의 의지를 강하여 밝힌 바 있으나 취임 이후의 경제정책은 경제민주화의 헌법정신과는 거리가 있음을 부정하기 어렵다. 헌법 제119조 제2항의 '경제의 민주화'의 구체적 내용으로서 경제권력의 분산, 시장의 지배와 경제력의 집중·남용 방지, 양극화 해소, 경제영역의 법치의 실현에 관하여는 김형성, 현행 헌법에 있어서 경제민주화의 제도화에 관한 연구, 헌법학연구 제19권 제2호, 2013, 99면 이하.

59) 헌재 1995. 12. 28 95헌바3.

60) 헌법 제29조 제2항에 대한 위헌심사의 가능성에 관하여는 김선택, 형식적 헌법의 실질적 위헌성에 대한 헌법재판, 법학논집 제32집, 고려대학교 법학연구소, 1996, 329면 이하; 방승주, 소위 이중배상금지규정과 헌법규정의 위한심사가능성, 헌법소송사례연구, 박영사, 2002, 89면 이하.

로 권리구제가 되고 더 이상 헌법소원에 의한 권리구제절차를 밟을 수 없게 된다. 이러한 기본권보장규범으로서의 기능을 확대·강화시키기 위해서는 헌법소원제도의 개선이 이루어져야 하고, 나아가 현행헌법의 사후적·구체적 규범통제제도를 점차 사전적·추상적 규범통제제도로 확대하여야 할 것이다.[61]

그리고 헌법의 기본권보장과 사회통합기능은 주로 헌법소원심판 등의 헌법재판을 통해 실현되고 있지만 헌법소원심판을 통한 권리구제로 사회통합을 촉진시키기 위해서는 헌법재판소의 헌법분쟁에 대한 심판은 정치적 중립을 유지하면서 일관된 법원칙과 합리적인 법논리를 기준으로 삼아야 한다. 정치적으로 민감한 헌법소원심판사건에 있어서 헌법재판소가 파당적 입장을 은폐한 법적 논증으로 정치적 결정을 내린 것이 아닌가의 의혹을 받게 된다면 헌법재판소는 국민적 신뢰를 잃게 되고 헌법재판의 사회통합기능은 기대하기 어렵게 된다.[62] 헌법재판작용이 본래 정치적 사법작용의 성격을 배제하기 어렵지만 기본권보장기관으로서의 헌법재판은 정치적 편향성에서 벗어날 때 그 심판의 기속력은 강력한 힘을 발휘하게 되고 헌법의 사회통합기능은 실현된다고 할 것이다.

3. 정치적 평화유지 규범으로서의 기능

헌법은 국가의 정치적 기본질서를 설정하고 정치적 공동체의 평화를 유지하기 위하여 국가기관 상호간, 국가기관과 지방자치단체간 또는 국가기관과 국민간의 분쟁을 헌법질서 내에서 해결하기 위한 기구와 절차를 규정하고 있다. 현행헌법은 권한쟁의심판이나 탄핵심판 등을 헌법재판소 관장사항으로 규정함으로써 정치세력간의 분쟁을 헌법규범을 준거로 하여 조정하고 해결하는 기능을 강화하게 되었다는 점에서 긍정적으로 평가될 수 있다. 특히 헌법재판소는 권한쟁의심판을 통하여 국가기관 상호간의 권한의 존부와 범위에 관한 분쟁을

61) 이러한 관점에서의 헌법재판제도의 개선방안에 관하여는 김문현 외, 현행헌법상 헌법재판제도의 문제점과 개선방안(헌법재판연구 제16권), 2005; 이헌환, 앞의 논문(주48), 28면 이하.

62) 헌법재판소가 헌법소원을 통해 제기된 정치적으로 예민한 사건에서 법적 논증의 외관을 빌어 정치적 결정을 내렸다는 의심을 받는 재판으로 2004년 신행정수도건설을위한특별조치법사건(헌재 2004. 11. 10. 21. 2004헌마554등)에서 관습헌법의 법리를 제시한 것이라는 비판이 있다. 이에 관하여는 정태호, 인권보장제도로서의 헌법소원의 개념과 실제, 헌법학연구 제14권 제2호, 30면 이하.

해결함으로써 헌법질서를 수호하게 되는데, 실제로 일련의 권한쟁의심판사건을 보면 국가기관 간의 권한쟁의가 합리적으로 해결되지 못하고 권력간의 갈등과 대립이 제대로 해소되지 못하는 경우를 볼 수 있다. 예컨대 국회의 입법절차상의 하자문제를 둘러싼 국회의장과 국회의원간의 권한쟁의심판에서 이른바 날치기통과입법이 의원의 법률안 심의·표결권을 침해하였다고 인정하면서도 그것이 헌법상 의회주의원리에 위배되는 것은 아니라고 하여 기각결정[63]을 내림으로써 권한쟁의심판이 의회내 여당과 야당간의 갈등을 조정하는 데 한계를 드러내게 되었다. 또한 대통령의 국무총리임명에 있어서 국회의 동의를 요건으로 하는데 국회의 사전 동의를 거치지 않은 총리서리임명행위의 위헌성이 문제된 사건에서도 헌법재판소는 소극적인 입장에서 본안판단을 회피하여 각하결정을 내린 바 있다.[64] 탄핵심판의 경우에도 대통령과 국회가 정면 충돌하는 상황에서 국회의 탄핵소추권행사와 헌법재판소의 기각결정은 정치권력간의 다툼을 헌법질서 내에서 제도적으로 심판하게 되었다는 것만으로 정치적 안정과 평화가 유지되고 있다고 보기 어려운 측면이 있다. 노무현 대통령 탄핵심판사건의 기각결정 이후 정치권은 더욱 냉기류에 휩싸이게 되었고 탄핵정국의 여파는 정치권의 갈등을 더욱 심화시킨 바 있다. 정당해산심판제도는 방어적 민주주의 정신에 입각하여 헌법적대적 정당활동을 배제시킴으로써 민주적 기본질서를 수호하고 정치적 안정을 도모하는 기능을 수행하지만 통진당 해산심판사건의 결과 민주적 기본질서에 대한 현실적 위협이 제거되는 효과와는 관계없이 정치적 소수파와 다수파의 대립과 정치적 이념간의 갈등을 노정함으로써 헌법의 사회통합과 정치적 평화유지기능의 한계를 드러내고 있다.[65]

요컨대 현행헌법의 사회적 통합기능과 정치적 평화유지기능은 헌법재판제도를 통해 구 헌법에 비해 그 실효성이 강화되었다고 볼 수 있으나 헌법운용의

---

63) 헌재 1997. 7. 16. 96헌라2; 헌재 2009. 10. 29. 2009헌라8; 헌재 2010. 12. 28. 2008헌라7.

64) 헌재 1998. 7. 14. 98헌라1.

65) 헌재 2014. 12. 19. 2013헌다1 사건에서 헌법재판소가 통진당의 해산결정과 함께 당해 정당의 소속의원 전원에 대한 의원직상실을 결정하게 되자 우리 사회의 보수세력과 진보좌파세력 간의 이념적 갈등이 재현되기도 하였다. 정당해산결정의 효과로서 의원직상실여부 문제에 관하여는 정만희, 국회의원의 정당기속과 자유위임, 헌법재판연구 제2권 제1호, 2015, 117면 이하; 장영수, 통합진보당 해산결정과 소속 국회의원의 의원직상실 문제, 고려법학 제76호, 2015, 139면; 이준일, 헌법학강의, 홍문사, 2011, 242면.

실제에 있어서 그 기능은 일정한 한계를 드러내고 있음을 부정하기 어렵다. 특히 정치과정에서의 일상적인 여야간의 첨예한 대립과 충돌, 토론과 타협이 부재하고 관용의 정치문화가 결여된 고질적 정치풍토 속에서 헌법의 정치적 안정과 평화유지기능은 기대하기 어려운 실정이다. 더욱이 정부·여당과 야당이 대립하는 경우 야당은 의회주의를 사실상 포기하고 길거리 정치로 대중에 호소하는 정치행태를 보임으로써 국회와 정당정치를 통해 정치적 갈등을 해소하는 것을 어렵게 하고 있다. 현행헌법 하에서 여야간의 수평적 정권교체를 두 차례 경험하였음에도 불구하고 여야간의 극한 대결구도가 고착화되는 것은 지역적 균열구도와 이념적 양극화에 바탕한 한국 정당정치의 병폐에서 기인하는 바가 크다고 할 것이다.[66]

4. 소 결

1987년 헌법은 헌정사상 최초로 '규범적 헌법'의 유형과 범주에 속하는 것으로 평가할 수 있으며, 1987년 헌법 이전의 어느 헌법보다도 헌법의 규범력과 실효성이 강화되었다고 볼 수 있다.[67] 1987년 헌법은 권력통제규범과 기본권보장규범으로서의 기능을 실질적으로 수행함으로써 우리나라는 입헌민주주의가 정착되는 시대에 접어들었다고 해도 과언이 아닐 것이다. 특히 헌법재판제도의 활성화로 국회 입법권에 대한 실질적인 규범통제가 강화됨으로써 최고규범으로서의 헌법의 규범력을 확보할 수 있게 되었다.[68] 다만 권력통제규범과 기본권보장규범으로서의 헌법이 헌법현실과 일치되지 않는 부분의 괴리는 헌법규범의

66) 이 점에서도 헌법규범은 정당국가적 민주주의를 지향하면서 정당의 자유와 특권을 보장하고 정당운영자금의 국고보조 등을 규정함과 동시에 정당이 국민의 정치적 의사형성에 참여하는 공적 기능을 수행할 수 있도록 정당의 민주적 내부질서를 요구하고 있으나 정당정치의 현실은 헌법규범과 괴리되어 국민적 의사보다는 지역적 의사를 대변하고 정당내부의 민주화를 기대하기 어려운 실정이다. 헌법 제8조 제2항에 근거한 당내민주주의가 실현되지 않고서는 한국의 지역정당성과 붕당정치를 극복할 수 없고 의회민주주의의 정상화를 기대하기 어렵다. 정만희, 앞의 책(주52), 507면 이하.

67) 같은 견해로는 양건, 헌법강의, 법문사, 2011, 96면.

68) 헌법재판소가 입법권을 최대한 존중하면서 헌법수호자와 기본권보장자로서의 역할을 해온 것에 대한 긍정적 평가로는 방승주, 헌법재판소의 입법자에 대한 통제의 범위와 강도, 한국공법학회 제145회 학술대회「헌정 60년 헌법재판과 민주주의」발표논문, 2008, 113면 이하.

흠결이나 미비 등 그 자체의 문제점에서 비롯된 것이라기보다는 헌법규범과 헌법제도의 운용상 문제점에서 드러나는 것이라고 할 수 있다. 즉 헌법의 권력통제규범과 정치적 평화유지규범으로서의 한계는 주로 국가기관의 헌법수호의지의 결여와 헌법재판작용의 한계 등에서 그 이유를 찾을 수 있으며 기본권보장규범의 한계는 상당부분 국회의 소극적 입법작용과 입법형성의 자유에서 기인하며 사회적 기본권의 본질적 한계에서도 그 이유를 찾을 수 있다고 할 것이다.

생각건대 헌법규범은 본질적으로 자기보장규범성을 그 특질로 하는 것이므로 헌법의 규범력을 확보하기 위해서는 국가기관들의 '헌법에의 의지'가 필수적으로 요청된다.[69] 헌법은 헌법재판제도를 통해 헌법의 규범력을 관철시키려고 스스로 노력하지만 거기에는 일정한 제도적 한계가 있기 때문에 앞으로의 헌법 운용에 있어서는 권력담당자들은 헌법수호의 의무를 준수하면서 헌법규범과 헌법현실이 합치되도록 최대한의 노력을 해야 하며, 각 국가기관은 헌법현실의 각 영역에서의 헌법위반의 상황을 제거하기 위한 적극적인 태도를 보여야 하는 것이 중요하다.

Ⅳ. 헌법현실의 개별적 문제점과 과제

1. 국민주권과 대의제민주주의의 현실과 과제

헌법상 국민주권의 원리는 오늘날 통치권행사의 정당성의 근거를 의미하는 것으로 이해되고 있으므로 모든 통치권의 행사는 주권자인 국민의 의사를 근거로 하여야 한다. 국민의 다수의사를 존중하지 않고 그때그때의 정치적 이슈에 관한 여론을 무시하는 국가의사와 정책의 결정은 국민주권원리의 헌법정신에 위배되는 것으로 정당화되기 어렵다. 현대 민주주의를 여론의 지배라고 일컫는 이유도 바로 여기에 있다. 국민주권의 헌법이념이 헌법현실에서 구현되고 실질화되기 위해서는 먼저 국가기관의 구성을 위한 민주적 선거제도가 확립

69) 헌법의 자기보장규범성의 특성상 헌법의 규범력은 헌법내용의 실현가능성과 헌법내용을 실현하고자 하는 헌법생활에 참여하는 사람들의 "헌법에의 실천적 의지"(aktuelller Wille zur Verfassung)라는 두 가지의 조건에 결정적으로 달려있다고 보는 것이 타당하다. 이러한 견해는 계희열, 앞의 책(주13), 59~60면.

되어야 하고 대의기관의 의사결정이 국민의 정치적 의사를 왜곡되지 않게 올바르게 반영할 수 있어야 한다. 그러나 우리의 선거제도의 현실은 유권자의 자유로운 의사가 공정한 선거과정을 통해 바르게 반영되고 있다고 단정하기 어렵다. 국회의원선거제도에 있어 과거의 1인1표제에 의한 지역구선거와 비례대표선거제도가 2001년 위헌결정[70]을 받게 됨에 따라 2004년 공직선거법개정으로 1인2표제에 의한 지역구후보와 비례대표후보에 대한 투표를 별도로 하게 되어 정치적 소수파의 의회진출이 종전보다 확대되었다고 할 수 있으나, 현행 소선거구제 다수대표제 하에서는 유권자의 의사가 국회의석분포에 비례적으로 반영되기 어렵다. 종래 선거구의 획정에 있어서도 선거구간 인구불균형은 투표가치의 평등을 침해하여 왔는데, 다행히 1995년 이후 헌법재판소의 투표가치의 평등을 위한 인구편차의 합헌성판단기준의 제시는 국민의 대표기관 구성에 있어 유권자의 의사가 공평하게 반영될 수 있도록 하였다.[71]

우리 헌법은 정당국가적 민주주의를 지향하는 입장에서 정당조항을 채택하여 정당의 자유를 보장하면서 국민의 정치적 의사형성에 참여하는 정당의 기능을 수행하기 위한 정당의 민주적 내부질서(당내민주주의)를 요청하고 있으나 정당정치의 현실은 당내민주주의가 유지되지 못하고 있으며 정당의 공직선거후보자 추천과정의 민주화는 헌법 제8조 제2항에 근거한 정당의 헌법적 의무임에도 불구하고 당지도부에 의한 하향적 공천의 관행은 헌법규범과 상당한 거리가 있다. 이와 관련하여 최근 정치권에서의 '오픈 프라이머리' 도입논의는 정당의 민주적 공천을 위해 긍정적으로 평가할 수 있으나 정당 소속 당원뿐만 아니라 일반 유권자가 자유롭게 참여하는 완전 개방형 프라이머리의 도입은 정당의 자유와 정체성을 침해하게 되는 문제가 있으므로 일반당원 중심의 상향적 비밀투표에 의한 예비선거를 정착시켜 나가는 것이 바람직할 것이다.[72]

---

70) 헌재 2001. 7. 19. 2000헌마91등.

71) 헌법재판소는 1995년 최초의 결정에서 국회의원 지역선거구간 상한인구수와 하한인구수의 비율이 4 : 1(평균인구수기준 상하60%)을 초과하면 위헌이라고 판시하였고, 그 후 2001년 결정에서는 그 합헌성의 판단기준을 3:1(평균인구수기준 상하 50%)로 제한하였으며, 최근 2014년 결정에서는 2:1(평균인구수기준 상하33$\frac{1}{3}$%)의 엄격한 기준을 제시하였다. 헌재 1995. 12. 27. 95헌마224등; 헌재 2001. 10. 25. 2000헌마92등; 헌재 2014. 10. 30. 2012헌마190등.

72) 정만희, 정당의 민주적 공천제의 법리, 공법학연구 제4권 제1호, 2002, 62면.

의회주의의 운용에 있어서도 의원은 국민 전체의 대표자로서 자유위임의 원칙에 입각하여 자기의 양심에 따라 국가이익을 우선하는 입장에서 의정활동에 참여해야 하는 것이지만 실제로는 의원은 정당의 구성원으로서 사실상의 정당의 강제에 기속됨으로써 의원의 국민대표자의 지위보다 정당대표자의 지위가 우선하는 헌법현실은 의회주의에 대한 국민의 불신을 증폭시키고 있다.[73] 헌법상 국회의원의 의무로서 "국가이익을 우선하여 양심에 따라 직무를 행할 의무"(제46조 제1항)와 국회의원의 면책특권(제45조) 등에 근거한 의원의 자유위임 내지 무기속위임의 원칙은 현대의 정당국가적 현실에서도 그대로 유지되어야 하는 것이므로 헌법현실에서의 의원의 국민대표성과 그 자유로운 지위가 침해되지 않도록 의원에 대한 정당의 사실상의 기속력에는 일정한 한계를 인정하지 않으면 안 될 것이다.[74]

대통령의 권한행사와 정부의 정책결정에 있어서도 국민주권의 원리를 존중하는 태도가 중요하다고 할 것이다. 1987년 헌법체제 이후 대통령의 독재에 대한 우려는 불식시키게 되었다고 할 수 있으나 여전히 제왕적 대통령제로의 국정운용을 경계하는 입장이 있음을 부정하기 어렵다. 현행헌법하에서 대통령의 권한행사는 권력분립원리를 전제로 하여 입법부와 사법부에 의한 통제를 받고 있으며 특히 헌법재판소제도의 도입으로 강력한 국정통제기능이 이루어지고 있기 때문에 과거의 권위주의체제에서의 대통령권한의 오·남용이나 권력분립제의 형해화를 초래하는 상황은 허용되기 어렵다. 더욱이 우리 헌정사에 있어 1988년 제13대 총선 결과 최초로 등장한 이른바 여소야대의 분점정부(divided government)가 그 후 빈번하게 출현하게 됨에 따라 국회의 실질적인 행정통제

---

73) 이에 관하여는 정만희, 앞의 논문(주65), 117면 이하.

74) 국회 상임위원회 소속 의원을 그 의원의 의사에 반하여 교섭단체의 요청으로 국회의장이 사임시키고 다른 위원회로 보임시키는 조치가 의원의 자유위임원리에 위배되는 것이 아닌가의 문제가 제기되었는데 헌법재판소는 국회의원과 국회의장간의 권한쟁의심판(김홍신의원사건)에서 교섭단체의 필요에 의한 소속 의원의 상임위원회 사·보임 조치는 "헌법상 용인될 수 있는 정당내부의 사실상 강제의 범위내에 해당한다"고 판시하였다. 헌재 2003. 10. 30. 2002헌라1. 그러나 이 결정에서 권성 재판관의 반대의견에서 제시된 바와 같이 "정당기속보다는 자유위임관계가 우선하는 효력이 있다"고 할 것이며, 우리나라와 같이 의원에 대한 정당의 통제의 관대한 허용은 정당국가라는 부차적 명분을 내세워 "자유위임에 따른 국민대표성의 구현이라는 대의제 민주주의의 시원적 헌법규범을 침해할 수 있게 되는 문제가 있다"고 할 것이다. 정만희, 앞의 논문(주65), 148~149면.

기능이 강화되는 긍정적 측면에서 볼 때 제왕적 대통령제의 운용은 크게 우려할 바가 아니라 할 것이다.[75)]

다만 대통령의 인사권행사를 둘러싸고 국민적 여론이 제대로 반영되지 못하고 야당과 소수파의 의사가 무시되는 일방적이고 폐쇄적인 인사방식 등이 국민통합의 방향과는 배치되고 국민주권의 헌법이념에 비추어 문제가 있게 된다. 따라서 대통령의 광범위한 인사권이 합법적으로 행사된다고 하더라도 국민주권의 헌법이념에 비추어 정당성이 제고될 수 있도록 항상 국민의 소리와 여론을 존중하는 입장에서 합리적인 인사가 이루어지는 것이 요구된다. 대통령출신지역을 중심으로 한 지역주의와 연고주의를 벗어나지 못하는 편협하고 편중된 인사는 민주적 정당성을 갖기 어려우며 그렇게 임명된 공직자들에 대해서 헌법상 "국민전체에 대한 봉사자로서의 공무원"의 지위와 역할을 기대하기 어렵게 된다.[76)] 또한 대통령의 사면권행사에 있어서도 국회의 동의를 요하지 않는 특별사면의 경우 국민의 의사와 배치되는 사면권행사의 남용은 자제되어야 할 것이며 사면법상 특별사면의 대상에서 제외되는 범죄행위의 범위를 규정하는 등의 제도개선이 필요하다고 할 것이다.[77)]

2. 정부형태 개헌논의의 문제점과 과제

(1) 1987년 헌법 이후의 개헌논의

1987년 헌법 시행이후 오늘에 이르기까지 우리 헌법현실의 특징의 하나는 개헌논의가 계속되어 왔다는 점이고 그 개헌논의는 주로 정치권을 중심으로 대통령선거시의 선거공약으로 제시되어왔으며, 개헌논의의 대상은 정부형태의 개편 내지 변경에 관한 것이라는 점이다. 그리고 학계와 시민단체 등에서도 2000년대에 접어들어 기본권보장을 포함한 헌법 전반에 걸친 개헌논의가 전개되었으며,[78)] 2009년 국회 헌법연구자문위원회는 1년간의 연구성과를 토대로 헌법

75) 분점정부 내지 분열정부에 대한 긍정적 평가로는 정만희, 대통령제에 있어서 분열정부(divided government)의 헌법문제, 헌법학연구 제14권 제2호, 2008, 391면 이하.

76) 정만희, 차기정부의 헌법적 과제, 헌법학연구 제19권 제1호, 2013, 193면 이하.

77) 정만희, 앞의 논문(주76), 194~195면.

78) 학계와 시민단체 등에서의 개헌논의에 관한 주요 연구성과로는 한국헌법학회, 헌법개정연구, 2006; 한국공법학회, 헌법개정안 연구보고서, 2006: 한국헌법학회·법제처 공동학술

전반에 걸친 개정방안에 관한 보고서를 발간하였다. 현행헌법에 대한 개헌논의는 과거 헌정사에 있어서 개헌논의와는 그 성격이 다르다는 점을 지적할 수 있다. 우리의 헌법개정의 역사는 역사적 격변기에 있어 쿠데타나 정변 또는 시민혁명의 산물로서 개헌문제가 현실화되고 그 과정에서 개헌논의가 제한적으로 이루어지고 개헌논의의 공론화가 되지 못한 가운데 전격적으로 개헌이 행해져 왔으나 1987년 헌법 이후 작금의 개헌논의는 평화시에 있어서 헌정운영이 정상적으로 작동되는 가운데 간헐적이고 주기적으로 제기되어온 것이 특징이다.[79]

이러한 일련의 개헌논의는 1987년 헌법체제의 문제점과 한계를 극복하기 위한 방안으로 제기되었다고 할 수 있으나, 그 개헌논의의 핵심은 현행 정부형태의 대안으로서 이원정부제의 도입여부에 관한 것이다. 그리고 이원정부제 개헌론에 대한 부정적 입장에서는 현행 대통령제의 기본 골격을 유지하면서 부분적인 개헌을 제안하는 견해가 맞서고 있다. 한마디로 최근의 개헌논의는 현행 정부형태의 폐기에 의한 새로운 '제도의 선택'의 논리와 현행 대통령제의 문제점 보완을 위한 '제도의 개선'의 논리가 대립하고 있다고 볼 수 있다. 이원정부제 개헌론의 논거는 주로 현행 대통령제가 승자독식의 제로섬 게임에 의한 권력의 집중과 남용으로 제왕적 대통령제로 운용되는 문제 때문에 권력의 분산과 분점을 기대할 수 있는 권력분점형 정부형태를 채택해야 한다는 것이다.[80] 그러나 이러한 개헌논의는 주로 정치권을 중심으로 전개되어 온 것이지만 일반 국민의 개헌에 관한 공감대는 거의 형성되어 있지 않다는 것이 현실적 상황이

대회,헌법개정의 필요성과 방향, 2010; 대화문화아카데미, 새로운 헌법 필요한가, 2008; 함께하는 시민행동, 헌법 다시보기, 87년헌법 무엇이 문제인가, 2007; 헌법포럼, 헌법개정시안, 2006(월간조선 2006. 1월호 별책부록).

79) 현행헌법에 대한 개헌논의는 그동안 주기적인 대통령선거시마다 정치권을 중심으로 표출되었으며 2000년을 전후하여 제기된 개헌논의는 학계와 시민단체를 중심으로 헌법전반에 걸친 체계적인 연구활동이 활발하게 전개되었고 그 후에는 국회가 적극적으로 개헌문제의 공론화를 위한 연구활동에 참여해온 것이 특징이다. 이러한 개헌논의는 과거와는 달리 권력층의 개헌주도세력에 의한 하향적 논의가 아니라 정치권뿐만 아니라 학계와 시민단체 등도 자발적으로 각자의 개헌안에 관한 의견을 제시함으로써 사회적 합의를 도출하기 위한 공론화에 참여하고 있다는 점이 특징이다. 이러한 평상시에 있어서 개헌문제에 관한 자유로운 연구와 토론의 분위기가 조성된 것은 앞으로의 국민적 합의에 바탕을 둔 개헌을 위해 필수적으로 요청되는 공론화 과정이라는 점에서 의미가 있다. 정만희, 앞의 논문(주16), 13면 이하.

80) 정만희, 앞의 논문(주4), 16면 이하.

라고 할 수 있다.

(2) 이원정부제 개헌론에 대한 비판적 검토

현행 헌법의 시행과정에서 국민의 직선제로 선출된 전직 대통령들의 국정 운영방식에 문제가 없지 않았으며 제왕적 대통령제로의 변질적 운용에 대한 우려도 있었으나, 그것은 헌법규범과 제도상의 문제라기보다는 그 실제적 운용상의 문제에 기인한 것이라는 점을 인식할 필요가 있다. 오히려 1990년대 이후 거의 보편화된 여소야대의 '분점정부'(divided government) 하에서 대통령과 정부는 국회 다수파에 의한 실질적 견제를 받게 되었고 대통령의 독주나 권력남용의 가능성은 희박해지게 되었다. 2004년 노무현 대통령에 대한 탄핵심판사건에서 볼 수 있듯이 현행 헌법상의 권력통제장치는 그 이전의 어느 헌법보다도 강력하고 실효성 있게 작동되고 있음을 부정할 수 없다. 이렇게 볼 때 현행헌법의 대통령제 중심의 통치구조는 우리의 헌법현실에 제대로 적응하면서 정착되고 있다고 할 수 있다. 다만 현행 대통령제는 한국에 특유한 헌정사적 경험에 대한 반성에서 단임제를 규정하고 있으나 우리의 정치현실과 국민의 제고된 의식수준 등에 비추어 단임제의 시대적 사명은 다했다고 봐도 과언이 아니며,[81] 현행 헌법의 의원내각제적 요소는 대통령제 중심으로 작동되는 통치구조에 있어 독자적인 기능과 제도적 의의를 찾기 어렵기 때문에 대통령의 법률안제출권 규정과 국회의원의 겸직허용 등은 재검토되어야 할 것이다.[82]

프랑스 제5공화국헌법의 정부형태를 모델로 하는 이원정부제는 혼합형 정부형태이지만 그 혼합형의 원리는 그들의 전통적 의회제와 의원내각제적 체제의 기반 위에 대통령제 요소를 혼합한 것이 본질적 특징이다. 집행부의 이원적 구조도 원래의 의원내각제하에서의 집행부의 이원적 구조를 유지하되, 다만 그 이원적 구조를 종전의 명목상의 이원적 구조이었던 것을 실질적인 이원적 구조로 변경한 것에 불과하다. 따라서 이원정부의 성공조건에 관한 논의에 있어서도 의원내각제의 성공조건에 관한 논의가 그대로 적용된다. 이원정부제는 집행

81) 단임제가 일인장기집권의 예방책으로는 의의가 크다고 하더라도 대통령제의 본래의 목적인 정부의 안정이라는 관점에서 볼 때 너무나 일방적인 목적에 치우쳐 단임제가 채택되었다는 지적도 있다. 권영설, 헌법이론과 헌법담론, 법문사, 2006, 171면.

82) 정만희, 현행헌법상 정부형태의 의원내각제적 요소에 대한 검토, 동아법학 제44호, 2009, 37면 이하.

권의 분산으로 대통령의 권력남용을 막고 의원내각제적 운용에 의한 책임정치의 구현이 커다란 장점이지만, 동시에 권력의 분점으로 인한 갈등과 대결의 문제를 피할 수 없는 것이 제도적 취약점이라 할 수 있다. 프랑스의 경우 이러한 문제를 극복하고 이원정부제를 성공적으로 운용하고 있다고 말할 수 있는 것은 그 나라에 고유한 정치적 관용과 타협의 문화가 존재하기 때문이다. 따라서 정치적 관용이 없는 갈등의 정치문화와 이원정부제가 결합하는 경우에 예상되는 폐해는 심각해질 수 있다고 본다. 프랑스형 이원정부제는 프랑스의 고유한 정치적 환경과 역사적 조건 하에서 형성된 제도로서 프랑스와는 전혀 다른 이질적인 정치문화를 가진 우리의 정치현실에 이원정부제가 그대로 적용될 수 있는지는 의문이다. 이원정부제의 문제점으로 지적되는 '동거정부'(cohabitation)의 출현은 한국의 정치상황에서는 더욱 심각한 문제가 될 수 있다.[83] 이원정부제 개헌론뿐만 아니라 의원내각제 개헌론이나 미국형 정부통령제 도입론의 경우에도 신중한 접근이 필요한 것은 마찬가지다.[84] [85]

(3) 향후 개헌논의의 방향

생각건대 정부형태나 권력구조는 본질적으로 헌법제정권자의 근본적 결단으로 채택된 이상 그 제도의 운용과정에서 여러 문제점이 드러나더라도 제도 자체를 쉽게 폐기하고 새로운 제도로 선택할 수 있는 성질의 것은 아니라고 할 것이다.[86] 정부형태와 권력구조는 국가적 조직의 기본 틀을 의미하는 것으로

---

83) 같은 입장으로는 명재진, 국무총리제의 합리적 운용의 한계와 개헌필요성, 헌법학연구 제13권 제1호, 2007, 177면.

84) 독일의 의원내각제가 정치적 안정을 유지하면서 책임정치를 구현할 수 있는 정부형태라고 할 수 있지만 한국적 정치문화에 있어서 독일과 같은 의원내각제 성공의 전제조건의 성립을 기대할 수 없는 현실에서는 성공적 도입을 낙관하기 어렵다. 장영수, 의원내각제 정부형태 도입에 대한 검토의견, 헌법연구자문위원회 참고자료집, 2009. 8, 278면.

85) 미국형 정·부통령제 도입론의 경우에도 예상되는 문제점이 적지 않다. 미국의 부통령제는 미국헌법의 제정 이래 현재에 이르기까지 그 제도적 결함과 운용상의 문제점이 지적되어 왔음을 인식할 필요가 있다. 우리의 국무총리제가 갖고 있는 민주적 정당성의 취약성을 부통령제 도입으로 쉽게 극복할 수 있다는 논리는 일면의 타당성은 인정되나, 타면에 있어서 또 다른 문제점이 제기될 수 있다. 미국의 부통령제에 대하여는 헌정초기부터 비판의 목소리가 컸으며 실제 헌정운용에 있어서 행정부내의 대통령과 부통령간의 갈등관계 등의 문제가 제기되고 있다. 상세는 Robert Albert, The Evolving Vice Presidency, 78 Temple Law Review 811 (2005).

86) 정만희, 정부형태에 관한 헌법개정의 방향, 헌법학연구 제14권 제4호, 2008, 273면.

지속성과 안정성을 요구하는 것임은 두말할 나위도 없다. 기본적으로 통치의 헌장으로서 헌법은 '항구적이며 변경하기 곤란한'(permanent and unalterable) 것이어야 한다는 경성헌법주의의 관념과 보수적 사고를 반영한 것이라는 점을 간과해서는 안 될 것이다.[87] 이원정부제 개헌론자들의 견해 중에는 현행헌법상 정부형태가 이미 대통령제적 요소와 의원내각제적 요소가 혼합된 것이므로 이원정부제의 도입은 현행헌법의 본질적 요소를 유지하면서 권력분점을 확보하는 점진적 개혁방안이라고 주장하지만,[88] 이에 대해서는 동의하기 어려운 점이 있다. 왜냐하면 이원정부제가 의원내각제와 대통령제의 혼합형 정부형태라는 점에서 외견상 우리의 정부형태와 유사하다고 볼 수 있지만 이원정부제로 정부형태를 변경하는 것은 기본적으로 의원내각제의 토대를 새롭게 갖춘 상태에서 대통령제의 요소를 존치시키는 것이므로 이는 의원내각제가 정부형태의 기반으로 구축되어 있지 않은 우리의 정부형태에서는 근본적 개혁이며 새로운 제도의 선택에 해당하기 때문이다. 결국 이원정부제 도입론은 의원내각제 도입론과 마찬가지로 새로운 제도선택을 위한 논의를 의미하는 것이므로 이를 점진적 개혁론으로 보기는 어렵다는 것이 필자의 견해이다.[89] 따라서 우리의 정부형태 개헌논의도 이원정부제의 도입론에만 초점을 맞출 것이 아니라 현행 제도의 기본골격을 유지하면서 부분적·점진적 개선방안(대통령 4년 중임제)을 찾는 방향으로의 개헌논의도 포함시켜 개헌논의를 공론화해 나가는 것이 필요하다고 본다.

정부형태나 통치구조의 변경을 위한 헌법개정은 국민적 합의에 바탕을 두어야 하며, 그 합의도출을 위해서는 헌법개정의 필요성과 당위성에 관한 국민다수의 이해와 설득이 전제되어야 한다. 지난 수년간 정부형태 개헌논의가 활발하게 전개되면서 이원정부제 개헌론도 유력한 개헌안의 하나로 제시되었지만 그 정도의 논의의 성과만으로 국민적 공감대가 형성되었다고 보기 어렵다. 따라서 앞으로의 정부형태 개헌논의는 공론화과정을 확대해 나감으로써 국민의 다수의사를 확인하는 과정이 필요하다고 할 것이다.

---

87) Walter Dellinger, The Legitimacy of Constitutional Change: Rethinking the Amendment Process, 97 Harvard Law Review, 386, 427~430 (1983).

88) 성낙인, 이원정부제(반대통령제)의 구체화를 통한 권력분점의 구현, 제헌61주년기념 국제학술대회논문집, 2009, 271면.

89) 정만희, 앞의 논문(주4), 34면.

헌법개정에 관한 미래는 쉽게 예측할 수 없지만, 단기적으로는 현행 제도의 기본골격을 유지하면서 부분적이고 점진적 개혁의 방안을 찾는 것이 바람직하다고 보며, 장기적 관점에서는 통일한국시대의 국가형태와 통치구조 전반에 대한 논의를 시작해야 할 것이다. 그리고 정부형태의 개헌논의에 있어서는 정치문화적 조건과 역사적 배경을 달리하는 외국의 제도들을 그대로 수용하는 것에 대한 논의보다는 그 제도들을 참고하되 우리의 정치상황에 가장 적합한 방향으로 수정하고 변형시킬 수 있는 다양한 방안도 논의의 대상에 포함시키는 개방적이고 유연한 개헌논의의 자세가 필요하다.

3. 평화통일의 원칙과 통일정책의 과제

(1) 평화통일조항의 규범적 의미

현행헌법은 전문에 "조국의 평화적 통일의 사명"을 천명하고 제4조에 "대한민국은 통일을 지향하며 자유민주적 기본질서에 입각한 평화적 통일정책을 수립하고 이를 추진한다"라고 규정하고 있다. 제66조 제3항에는 대통령의 "평화적 통일을 위한 성실한 의무"를 규정하고, 제92조 제1항은 평화통일정책수립에 관한 대통령 자문기관으로 민주평화통일자문위원회를 명문화하고 있다.[90] 이와 같이 헌법은 조국의 평화적 통일을 국가적·민족적 과제로 삼고 있으며 이 평화통일원칙에 입각한 평화통일정책의 수립과 추진을 위한 대통령의 성실한 의무 등을 규정하고 있다. 헌법의 평화통일조항은 대한민국의 통일지향의지를 천명하고 그 통일은 자유민주적 기본질서에 입각한 평화적 통일이라는 점을 분명히 밝히고 있다. 평화통일조항은 국가목표인 동시에 헌법의 기본원리로서 평화통

---

90) 건국헌법은 영토조항만을 규정하고 평화통일에 관한 조항을 두지 않았으나 1972년 '7.4 남북공동선언' 직후 채택된 유신헌법에서 처음으로 헌법전문에 "조국의 평화적 통일의 역사적 사명"을 규정하고 평화적 통일을 추진하기 위한 주권적 수임기관으로 통일주체국민회의를 설치하였으며(제35조~제42조) 대통령의 헌법상 의무로서 "조국의 평화적 통일을 위한 성실한 의무"(제43조 제3항)를 규정하였다. 그러나 이 통일조항들은 대통령의 통치권 강화를 위해 이용된 측면이 있기 때문에 헌법규범으로서의 실질적 규범력을 갖는 데에는 한계가 있었다. 1980년 헌법에서는 1972년 헌법의 전문과 대통령의 평화적 통일을 위한 성실한 의무조항이 거의 그대로 계승되었고 평화통일정책자문회의가 신설되었다. 1987년 헌법은 1980년 헌법의 평화통일에 관한 조항들이 그대로 유지되면서 제4조의 평화통일조항을 추가로 신설함으로써 국가목표이며 국민적 과제로서 조국의 평화적 통일에의 강한 의지를 천명하고 있다.

일원칙을 규정한 것이다. 또한 평화통일조항은 우리 민족의 지상과제로서 평화통일의 책무를 헌법상 의무화한 것으로 모든 국가기관과 국민에 대한 구속력을 가진다고 할 것이다.[91] 헌법상 통일조항은 국가의 통일의무를 선언한 것이지만 그 통일조항으로부터 국민 개개인의 통일에 대한 기본권, 특히 국가기관에 대하여 통일과 관련된 구체적인 행동을 요구하거나 일정한 행동을 할 수 있는 권리가 도출되는 것은 아니다.[92]

이 평화통일조항의 내용으로는 첫째, 남북한의 통일은 평화주의에 기초한 평화통일의 원칙을 준수해야 함을 의미한다. 따라서 무력에 의한 통일이나 합의에 의하지 않은 흡수통일을 배제한다는 의미를 가진다. 무력에 의한 통일은 헌법 제5조 제1항에서 규정하고 있는 국제평화주의원칙과 침략적 전쟁의 부인과 조화될 수 없다.[93] 그러나 북한이 남한을 상대로 전쟁을 개시하거나 무력으로 침략하는 경우 남한은 무력을 행사하지 않을 수 없으며 그러한 쌍방의 무력행사 또는 전쟁의 상황에서 통일이 이루어지는 것은 평화통일원칙에 저촉되지 않는다고 할 것이다.[94] 둘째, 남북한의 통일은 자유민주적 기본질서에 입각해야 하므로 자유민주주의의 이념적 기초인 국민주권의 이념을 존중하는 입장에서 통일의 내용과 방향이 국민적 합의를 바탕으로 해야 한다는 것을 의미한다. 셋째, 자유민주적 기본질서에 입각한 통일은 북한이 지향하는 인민민주주의에 기초한 통일이 아니라 우리 헌법의 핵심적 가치질서로서 자유민주주의에 기초한 통일을 의미한다. 자유민주주의는 자유와 평등의 이념이 균형있게 실현되는 민주주의를 의미한다.[95] 따라서 통일실현으로 채택되는 통일헌법도 자유민주주의를 그 핵심내용으로 해야 한다. 넷째, 통일정책의 수립과 추진도 자유민주적 기본질서에 입각해야 하므로 대통령의 통일정책추진에 관한 권한과 책무도 대

---

91) 권영성, 앞의 책(주8), 180면.

92) 헌재 2000. 7. 20. 98헌바63.

93) 전광석, 헌법 제4조, 헌법주석[1], 한국헌법학회 편, 2013, 137면.

94) 정종섭, 헌법학원론, 박영사, 2014, 254면.

95) 헌법재판소는 자유민주적 기본질서의 개념을 자유주의와 민주주의의 결합개념으로 이해하면서 "모든 폭력적 지배와 자의적 지배, 즉 반국가단체의 일인독재 내지 일당독재를 배제하고 다수의 의사에 의한 국민의 자치, 자유·평등의 기본원칙에 의한 법치주의적 통치질서를 말한다. 구체적으로는 기본적 인권의 존중, 권력분립, 의회제도, 복수정당제도, 선거제도, 사유재산과 시장경제를 골간으로 한 경제질서 및 사법권의 독립 등을 의미한다"라고 정의하고 있다. 헌재 2001. 9. 27. 2000헌마238등.

통령의 배타적 독점권이 아니며 전체국민의 의사를 수렴하여 민주적이고 공개적으로 수립하여야 한다. 따라서 대통령의 통일정책추진에 있어서 국민적 합의를 요하는 중요한 사항은 헌법 제72조에 의한 국민투표를 거쳐 결정하는 것이 필요하다.[96] 우리 헌법의 통일정책에 관한 국민투표제도는 통일정책의 중요성 때문에 그 정책의 민주적 정당성을 확보할 수 있는 길을 열어놓고 있는 것이므로 국민은 통일정책에 관한 한 자유로운 의견개진과 토론을 통해 최종적인 결정권을 행사할 수 있는 헌법적 수권을 받고 있다고 할 수 있다.[97] 이 점에서 통일정책을 수립하는 데 있어서 정부의 독단은 한계를 가질 수밖에 없으며, 국민의 통일정책에 대한 적극적 참여의 정당성이 있는 것이다.[98]

(2) 남한의 대북·통일정책의 현실과 과제

위와 같은 평화통일원칙에 관한 헌법조항들에 근거한 국가의 통일정책과 대북정책은 1990년대에 접어들어 활발하게 전개되었다. 당시 국제정세에 있어서 냉전체제의 종식과 동서독의 통일, 남북한의 동시 유엔가입 등의 상황을 맞이하면서 남북간의 화해와 협력의 필요성에 관한 국민적 인식이 확산되면서 1990년 '남북교류협력에 관한 법률'이 제정되었고 1991년에는 '남북사이의 화해와 불가침 및 교류·협력에 관한 합의서'(약칭 남북합의서)가 채택되었다. 그리하여 대한민국 정부의 통일방안은 기본적으로 노태우 정부의 '한민족공동체 건설을 위한 3단계 통일방안'이나 김영삼 정부의 '민족공동체 통일방안'을 기조로 하면서 이를 계승하고 있다고 할 수 있다. 그것은 통일과정을 화해협력, 남북연합, 통일국가로 구분하여 점진적으로 통일국가를 완성하는 것을 내용으로 하는 것으로 이는 단계적·점진적 통일을 전제로 하고 있다. 이러한 평화통일을 지향하기 위해서는 남한은 북한을 대화의 상대로 인정해야 하므로 적대관계에서 접촉·대화를 무조건 피하는 것으로 일관할 수 없다. 헌법 제4조의 평화통일조항의 채택은 헌법 제3조의 영토조항과의 관계에서 상호 충돌하는 문제가 제기되었지만 헌법재판소가 양 조항의 규범조화적 해석을 통해 북한을 헌법 제3조에 근거한 반국가단체로 규정하면서 동시에 헌법 제4조에 근거하여 "조국의 평화적 통일

96) 권영성, 앞의 책(주8), 182면.
97) 허영, 앞의 책(주49), 173면.
98) 정만희, 통일헌법을 위한 단계적 헌법개정, 동아법학 제66호, 2015, 214면.

을 위한 대화와 협력의 동반자"라는 이중적 지위를 인정한 바와 같이, "자유민주적 기본질서에 입각한 통일을 위하여 때로는 북한을 정치적 실세로 인정함도 불가피하게 된다. 따라서 북한 집단과 접촉·대화 및 타협하는 과정에서 때로는 그들의 주장을 일부 수용하여야 할 경우도 나타날 수 있는 것이다."[99)]

'남북교류협력에 관한 법률'에 의하여 남한과 북한과의 왕래·교역·협력사업 및 통신업무의 제공 등 남북교류와 협력을 목적으로 하는 행위는 동법의 목적범위 안에서 대한민국정부의 허가를 받으면 가능하도록 함으로써 남북교류가 현실화되었다. 그러나 이 법률은 국가보안법과 충돌하는 문제가 제기됨에 따라 2005년 개정법에 의해 이러한 교류협력에 관한 행위에 대해 이 법이 우선하여 적용되도록 함으로써 이 부분에서는 국가보안법의 적용이 배제되게 되었다.[100)] 그 후 평화통일정책의 수립과 관련하여 1999년 김대중 정부는 통일교육지원법을 제정하였으며, 2005년 노무현 정부는 '남북관계발전에 관한 법률'을 제정하였다.[101)]

우리 정부의 대북정책은 이명박 정부 이후 변화를 가져오게 되어 현시점에서의 남북관계는 화해와 협력보다는 긴장관계 속에서 북한의 일련의 무력도발에 대한 강경한 입장과 대북제재조치를 강화하고 있다. 이러한 급랭해진 남북관계 개선을 위해서는 북한당국의 책임있는 사과가 전제되어야 하겠지만 우리 정부의 적극적인 대북관계 개선을 위한 노력도 필요하다고 할 것이다. 헌법상 천명된 평화통일지향의 국가목표와 대통령의 평화통일에의 성실한 의무조항에 비추어 정부는 국민적 의사에 바탕한 대북정책과 평화통일정책을 수립하고 추진해야 하는 헌법적 의무를 성실하게 수행해 나가는 자세가 필요하다고 본다. 그리고 통일정책의 수립에는 국민의 참여의 기회가 보장될 수 있도록 개방적인 정책수립과정이 요구된다.[102)]

---

99) 헌재 1990. 4. 2. 89헌가113.

100) 남북교류협력에 관한 법률의 제정으로 국가보안법과의 충돌과 마찰이 문제되는데 헌법재판소는 북한의 이중적 지위를 전제로 하여 두 법률은 상호 그 규제대상과 입법목적을 달리하는 것이라고 판시하였다. 헌재 1993. 7. 29. 92헌바48.

101) 남북교류발전에 관한 법률은 남북한 간의 관계를 국가간의 관계가 아닌 통일을 지향하는 과정에서 잠정적으로 형성되는 특수관계임을 명시하고, 남북한 간의 거래는 국가간의 거래가 아닌 민족내부의 거래로 본다고 규정하고 있다(제3조).

102) 이 점에서 헌법상 평화통일정책수립에 관한 대통령 자문기구인 민주평화통일자문회의

(3) 남북한 통일의 방식과 독일통일과정의 시사점

우리 헌법은 평화통일에의 강한 의지를 천명하고 있지만 통일의 실현이 현실로 다가오는 경우 헌법은 그 통일의 과정과 절차에 관하여 아무런 규정을 두고 있지 않다는 것이 문제로 지적될 수 있다.[103] 헌법상 평화통일원칙에 따라 우리의 통일방식은 대화를 통해 점진적·단계적으로 이루어져야 하지만 만일에 현시점에서 전격적으로 통일의 기회가 오게 되면 어떠한 법적 절차에 의하여 통일과정을 구체적으로 진행해 나갈 것인지에 대해 헌법적 근거가 마련되어 있지 않은 것이 문제이다. 헌법상 평화통일의 원칙에 의해 통일은 남북간의 합의에 의해 이루어져야 하며 그 합의의 법적 절차로 남북 당국간의 '통일합의서'의 체결과 인준을 통해 통일이 실현된다고 할 때 그 통일합의서에는 새로운 통일국가의 창설과 조직에 관한 기본원리 등을 규정하게 되므로 그 내용은 곧 헌법사항을 의미하게 된다. 그러므로 헌법사항을 내용으로 하는 통일합의서의 체결절차에 관하여는 미리 우리 헌법에 명문규정을 두는 것을 생각해 볼 필요가 있다. 왜냐 하면 남북간의 통일합의서의 체결이 국제조약의 성격을 갖는다고 보기 어려우며, 설사 그것이 헌법 제6조에 의해 체결되는 조약의 성격을 갖는다고 하더라도 그 규범적 효력은 법률과 동일한 효력을 인정할 수밖에 없는데,[104] 헌법사항을 내용으로 하는 통일합의서가 법률적 효력을 갖는다는 것은 헌법의 체계정당성에 위배되는 문제가 발생한다. 따라서 통일합의서는 그 내용이 헌법사항을 규정하게 되기 때문에 그 효력은 헌법적 효력에 준하는 것으로 보는 것이 타당하므로 현행 헌법상 평화통일조항 속에 통일의 절차와 통일합의서에 관한 기본사항을 규정하는 것을 적극 검토할 필요가 있다고 할 것이다.[105]

(제92조)의 실질적인 운영과 활동이 보장되어야 할 것이며, 대통령 통일정책자문위원회의 기능과 역할이 강화되어야 할 것이다.

103) 김승대, 헌법개정과 남북한 통일, 공법연구 제39집 제2호, 2010, 147면; 이승우, 통일에 대비한 헌법개정의 필요성과 방향, 공법연구 제39집 제2호, 2010, 236면 이하.

104) 헌법 제6조 제1항의 "헌법에 의해 체결 공포된 조약과 국제법규는 국내법과 같은 효력을 가진다"는 규정의 해석상 국내법과 같은 효력의 의미는 국내의 헌법과 동일한 효력을 가지는 것이 아니라 법률과 동일한 효력을 가지는 것으로 보는 것이 통설이며 헌법재판소 판례의 입장이기도 하다. 헌재 1999. 4. 29. 97헌가4; 2001. 9. 27. 2000헌바20.

105) 김승대 교수는 앞의 논문(주93) 147면 이하에서 통일에 대비한 헌법개정을 통해 통일합의서의 체결과 효력발생절차에 관한 규정을 신설하자고 주장하면서 통일합의서는 국회

다른 한편 통일합의서의 헌법적 근거조항 없이 통일과정에서 남북간의 통일합의서를 체결하는 방법도 가능할 것이다. 통일의 기회가 오는 경우에 평화통일의 방식으로 통일합의서를 체결하면서 그 효력발생절차를 그 합의서에 직접 규정하고 그 통일합의서에 근거하여 통일헌법을 제정할 수도 있을 것이다. 그러나 이러한 방법은 통일과정에서의 정치적·사회적 불안정성이나 혼란성에 기인한 신속한 통일실현절차의 요청 때문에 국민적 합의에 바탕을 둔 통일합의서의 내용과 효력발생절차를 규정하는 것이 용이하지 않을 수도 있다고 본다. 이렇게 볼 때 현행헌법의 통일조항은 국가목표조항의 성격이 강하지만 통일지향의지를 실현하기 위한 통일의 절차에 관한 규정이 전혀 없다는 점에서 그 통일조항의 한계성이 지적될 수 있다.

아무튼 우리의 통일방식은 북한의 체제변혁 여부와 관계없이 남북간의 대화를 통한 합의통일방식을 취할 수밖에 없으며 실력행사에 의한 흡수통일은 허용되지 아니한다. 그러나 흡수통일의 개념에는 북한이 타율적 의사에 따라 남한에 편입되는 통일이 아니라 북한이 자율적 의사로 남한체제를 수용하고 남한에 편입되는 것을 포함시킬 수 있다.[106] 동서독 통일의 사례에서 보듯이 서독이 동독을 강제로 흡수한 것이 아니라 동독의 자율적 의사에 따라 서독에 편입된

재적의원 3분의 2 이상의 찬성으로 하고 통일합의서의 내용에는 평화적 통일을 완수하기 위한 헌법개정사항을 포함할 것을 제안하고 있다. 이 견해는 독일통일의 사례에서 착안한 것으로 통일합의서 자체로 헌법개정의 효과를 가져오도록 하자는 주장인데 우리의 헌법개정절차(필수적 국민투표절차의 요건)에 비추어 통일합의서의 체결·비준만으로 헌법개정이 이루어지도록 하는 것은 곤란하다고 본다. 그렇지만 남북통일의 과제가 헌법이 명하는 국가목표이며 국가의 의무라고 할 때 그러한 국가적 의무를 실현하기 위해 통일합의서에 헌법개정의 효과를 부여하는 것이 정당화되기 위해서는 현행 헌법개정절차에 관한 규정(제128조~제130조)도 동시에 개정할 필요가 있다고 하겠다. 즉 현행의 필수적 국민투표절차를 이원화하여 국민투표를 요건으로 하는 경우와 국민투표를 요하지 않거나 임의적 국민투표의 경우로 분리하여 헌법개정의 핵심적 사항에 해당하지 않는 경우에는 국회의 의결만으로 헌법개정이 이루어지도록 하는 것이 시대적 요청에 부합하는 것이라 보며, 헌법 제4조의 평화통일조항을 보완하여 통일합의서의 근거를 마련하는 부수적 헌법개정 등은 국회의 의결만으로 헌법개정이 이루어지도록 하는 것을 검토할 필요가 있다고 본다. 정만희, 앞의 논문(주94), 237면; 정만희, 헌법개정조항의 개정 필요성에 관한 검토, 공법연구 제39집 제2호, 2010, 417~418면. 이와 관련하여 헌법개정절차에서 국민투표제의 폐지를 주장하는 견해로는 오호택, 헌법개정절차와 헌법개정의 가능성, 헌법학연구 제13권 제1호, 2007, 503면 이하.

106) 정만희, 앞의 논문(주98), 223면 이하.

것과 같은 흡수통일도 합의통일에 해당하는 것이다. 따라서 우리 헌법상 평화통일의 원칙 하에서 한반도의 남북통일은 합의통일이거나 독일식의 자율적 흡수통일의 방식이 될 수밖에 없을 것이다. 그러나 현실적으로 평화통일의 가능성이 높은 방식은 독일통일의 경우와 같이 남북간의 합의에 의해 북한이 남한체제에 편입되는 자율적 흡수통일일 수도 있다. 이 경우 북한의 자율적 의사의 여부는 북한 체제의 권력집단의 의사가 아니라 북한주민의 주권적 의사를 기준으로 판단해야 할 것이다.[107] 북한의 급변사태 등에 의한 전격적인 일회적 통일의 방식을 취하게 되는 경우에는 남북한이 통일헌법을 제정하기 위한 타협의 시간적 여유가 없을 것이므로 남한헌법의 개정으로 통일헌법을 채택할 가능성이 있다고 할 수 있다.[108] 독일통일의 과정에서 나타난 동독의 붕괴와 서독에의 편입, 서독기본법의 개정에 의한 독일헌법의 채택의 경우가 이에 해당한다. 그렇지만 독일통일의 경우 동독 공산정권이 붕괴되는 과정에서 새로운 개혁세력과 동독 국민의 자유와 민주화의 열망에 따라 동독지역이 서독에의 가입을 통해 통일이 실현될 수 있었던 것은 서독기본법의 국가목표로서의 독일통일을 예견한 가입조항[109]이 존재했기 때문이라고 할 때 그러한 통일의 절차에 관한 규정이 없는 현행 한국헌법 하에서 일시에 전격적으로 통일을 기대하는 것은 결코 쉬운 일이 아니라고 할 것이다.

그럼에도 불구하고 현실적으로 남북통일이 실현되는 방식은 남북간의 단계적 협상을 통한 새로운 통일헌법의 제정보다는 남한헌법을 일부 개정하여 그것이 통일헌법으로 북한지역에도 효력을 갖도록 하는 것이 바람직하다고 본다. 왜냐하면 자유민주주의 내지 자본주의체제와 사회주의체제라는 양극단의 국가

107) 이효원, 통일헌법의 제정방법과 국가조직, 서울대학교 법학 제55권 제3호, 2014, 37면.

108) 합의통일의 경우 단계적 통일뿐만 아니라 일회적 흡수통일의 경우에도 통일후유증을 줄이기 위해 새로운 통일헌법의 제정이 바람직하다는 견해도 있다. 도회근, 통일헌법의 권력구조, 공법연구 제40집 제2호, 2011, 37면 이하.

109) 서독은 1949년 기본법(Grundgesetz)을 제정하면서 기본법 전문에 독일의 분단현실과 통일의지를 천명하면서 두 개의 통일조항을 마련해 놓았다. 하나는 기본법 제23조의 가입조항으로서 기본법의 잠정적 공간적 효력범위를 규정하면서 독일의 다른 지역(동독지역)에는 그 지역이 서독에 가입한 후 기본법의 효력이 미친다는 규정이다. 또 하나는 기본법 제146조의 기본법의 유효기간에 관한 조항으로서 "이 기본법은 독일 국민이 자유로운 결정으로 새 헌법을 제정하고 그 새 헌법이 효력을 발생하는 날 그 효력을 상실한다"고 규정함으로써 서독 기본법이 임시헌법이라는 점을 밝힌 것이다.

체제를 일시에 통합하는 통일헌법의 제정은 사실상 불가능하다고 보며,[110] 남북의 합의과정에서 북한이 먼저 체제개혁을 단행하지 않고서는 자유민주주의에 기초한 통일은 기대하기 어렵기 때문이다.[111] 따라서 남북한의 현상황에서 현실성 있는 통일방법으로 상정할 수 있는 것은 북한의 급변사태 등에 의한 북한의 체제개혁이 선행되고 그 새로운 개혁세력과 남한간의 합의에 의한 통일방식으로 남한의 자유민주적 기본질서에 입각한 평화통일을 실현하는 길이라 할 수 있다.

여기서 우리의 남북한통일을 상정하는 경우 독일통일과정이 우리에게 주는 시사점을 생각해 볼 필요가 있다. 첫째, 한반도통일을 앞당기는 길은 먼저 북한의 체제변화 내지 헌법개혁이 선행되어야 한다는 점이다. 둘째, 우리 헌법은 서독기본법과 같은 통일을 대비한 가입조항이 없고 연방제를 채택하고 있지 않기 때문에 통일의 과정에서 북한이 자율적으로 남한에 편입하는 경우는 쉽게 예상할 수 없다는 점이다. 셋째, 남북간의 통일합의서를 체결하는 경우 독일처럼 경제적·사회적 통합에서부터 정치적 통합으로 단계적으로 진행되는 것이 바람직하다. 넷째, 독일은 통일조약에 의해 서독기본법이 개정되고 그 개정된 서독기본법이 통일헌법으로서 효력을 발생하게 되었지만 우리의 경우 통일합의서에 의해 바로 헌법개정의 효과를 가져오게 하는 것은 헌법논리상 정당화되기 어렵다. 독일은 통일조약에 의해 직접 헌법개정을 규정함으로써 별도의 헌법개정절차를 거치지 않고 헌법개정의 효과를 가져왔다는 점에서 그 통일조약은 헌법적 효력을 갖는 것으로 이해될 수 있다. 그러나 우리나라의 경우 통일조약 내지 통일합의서에 직접 헌법개정을 규정할 수 없으며, 통일합의서에 따른 통일작업을 추진하기 위해서는 헌법개정이 불가피하다고 본다.[112] 그렇지 않다면

110) 권영성, 남북통합과 국가형태·국가체제문제, 공법연구 제25집 제4호, 1997, 52면.

111) 장명봉 교수는 통일헌법의 기반조성을 위해서는 북한체제의 변화가 전제되어야 하므로 그 북한체제의 변화를 유도하기 위한 남한의 북한과의 교류·협력의 노력과 자세변화가 첫째 과제라고 강조하고 있다. 장명봉, 남북한 헌법체제의 비교와 통일헌법의 지향점 및 과제, 공법연구 제37집 제1호, 2008, 213면.

112) 서독기본법의 개정은 기본법을 개정하는 법률제정의 형식으로 행해지며 그 헌법개정법률은 연방의회와 연방참사원 재적의원 3분의 2 이상의 찬성으로 의결된다. 따라서 헌법개정을 내용으로 하는 통일조약이 연방의회 3분의 2 이상의 찬성으로 효력을 발생하게 된 것이다. 그러나 한국헌법의 개정은 국회의 의결과 국민투표절차를 거쳐야 하는 경성헌법주의를 취하고 있으므로 국민투표절차를 거치지 않고 헌법개정을 수반하는 통일합

통일합의서에 규정하는 사항이 헌법적 효력을 갖기 위해서는 미리 헌법개정을 통해 통일합의서의 체결절차와 효력 등에 관해 규정하는 것이 필요하다고 본다.

결국 한국의 남북통일은 독일통일의 경우처럼 북한의 급변사태가 발생한다고 하더라도 남북간의 통일을 위한 정치적 합의가 이루어지고 남북당국간의 통일합의서의 체결과 의회의 동의만으로 헌법개정이 이루어지고 그에 따라 신속하게 통일을 완성하는 과정을 기대하기 어렵다. 독일통일의 모델처럼 남한의 헌법질서에 따라 북한이 자율적으로 남한의 자유민주주의체제에 편입되기 위해서는 북한이 먼저 근본적인 체제변화와 헌법개혁이 선행되어야 하는 것이 중요하다. 그리고 우리 헌법은 평화통일을 국가목표와 민족적 지상과제로 삼고 있으나 통일의 실현을 예견한 어느 정도의 구체적 방법과 절차에 관한 규정이 전혀 없으므로 막상 통일의 시점에 접근했을 때 정치적 안정 속에서 어떻게 통일작업을 신속하게 진행할 것인가에 대한 의문이 있다. 따라서 통일문제에 대한 헌법적 접근은 통일을 전제로 한 통일시대의 통치구조와 정부형태 등에 초점을 맞출 것이 아니라 통일실현 이전의 통일과정에서 제기되는 다양한 통일현실에 대한 헌법문제에 대비하기 위한 심도 있는 연구·검토가 요구된다고 할 것이다.[113)]

Ⅴ. 맺음말

1987년 헌법은 국민적 합의에 의한 민주적 개헌의 산물이며 입헌주의헌법의 재정립을 의미한다는 점에서 헌정사적 의의가 크다. 또한 1987년 헌법은 1948년 건국헌법이 제정된 지 40년만에 비로소 뢰벤슈타인이 규정한 이른바 '규

의서의 효력을 인정하기 어렵다. 그리고 당시 독일통일과정에서 통일조약에 의해 서독기본법이 개정되고 그 개정된 기본법이 독일의 통일헌법으로서 효력을 가지게 된 데 대해 위헌성문제가 제기되어. 연방의회 의원들은 통일조약으로 서독기본법을 개정할 수 없다는 기관쟁의심판을 청구하였다는 점을 유념할 필요가 있다. 이에 대해 연방헌법재판소는 연방정부의 그러한 권한은 기본법 전문과 제23조에 내포된 통일지향명령에 근거한 것이며 연방정부는 독일통일의 역사적 기회를 활용하기 위한 넓은 정치적 형성재량권을 갖는 헌법기관으로서 그 정도의 통일조약 규정을 마련하는 것은 헌법정신에 위배되지 않는다고 판시하였다. BVerfGE 82, 316.

113) 다양한 통일현실에 대한 통일방안의 헌법적 검토로는 공진성, 통일과정과 헌법적 과제, 헌법연구 제1권 제1호, 헌법이론실무학회, 2014, 13면 이하.

범적 헌법'의 범주에 속하게 되었다고 볼 수 있다고 할 것이다. 헌법규범과 헌법현실이 거의 일치되거나 양자 간의 괴리가 최소화되는 시점에 이르게 되었다는 점에서 우리 헌법은 입헌주의의 제2의 도약 단계에 진입하였다고 평가할 수 있다.

현행 헌법을 규범적 기능의 관점에서 권력통제규범, 기본권보장규범과 사회통합규범, 정치적 평화유지규범으로 구분해서 분석해 볼 때, 먼저 우리 헌법은 권력통제규범으로서의 기능이 과거 헌법사의 어느 헌법보다도 강화되었다고 할 수 있다. 다만 헌법의 운용과정에서 헌법재판제도의 내재적 한계와 헌법재판관의 소극적 태도에 의해 권력통제규범으로서의 기능은 일정한 제약을 받고 있음을 부정할 수 없다. 기본권보장규범으로서의 기능도 구 헌법들에 비해 상당히 확대 강화되었다. 그럼에도 불구하고 헌법현실에서의 기본권보장의 불완전성과 불충분성은 사회통합규범으로서의 기능적 한계를 보이고 있다. 정치적 평화유지규범으로서의 기능도 위와 비슷한 수준이라 할 수 있다.

헌법의 운용과정 내지 헌법현실에서 제기되는 개별적 문제점으로는 첫째, 헌법상 국민주권원리와 대의제원리가 정치현실과 괴리되는 점을 지적할 수 있다. 우리의 선거제도와 정당정치의 현실은 국민의 자유로운 정치적 의사가 공정하게 국가기관의 구성과 그 의사결정에 반영되지 못하는 측면이 있으며, 의회주의의 현실은 국회가 국민의 불신에서 벗어나지 못하고 있고 의원은 전체 국민의 대표자로서의 지위와 국가이익우선의 의무에 반하여 정당원으로서의 활동에 치중하고 있다. 대통령의 권한행사와 정부의 정책결정도 국민주권의 이념에 입각하여 항시 국민의 다수의사와 여론을 존중해야 하는데 국민과 소통하지 않고 일방적이고 폐쇄적인 인사권의 행사는 권한남용의 문제가 된다.

작금의 헌법개정논의는 정부형태에 관한 정치권의 이해관계 속에서 제시되는 것으로 국민적 공감대가 형성되지 못하고 있다. 앞으로의 개헌논의는 국민의 의사가 상향적으로 반영되는 민주적 절차를 통해 공론화되어야 하며 정치권에서 하향적으로 국민에게 유도하는 개헌은 허용되기 어렵다. 이원정부제 도입론은 합리적인 대안으로 보기 어렵고 현행 대통령제의 점진적 개선방향을 모색하고 궁극적으로는 남북한 통일헌법의 제정에 초점을 맞추는 것이 필요하다고 할 것이다.

남북분단 70년의 상황에서 평화적 통일은 국가적·민족적 지상과제이며 현행 헌법의 평화통일조항은 국가목표조항이며 헌법의 기본원칙이다. 이러한 평화통일조항의 헌법정신에 비추어 보면 정부의 대북정책과 통일정책은 국민의 참여를 보장하면서 보다 개방적이고 적극적으로 추진되어야 할 것이다. 통일정책과 관련하여 향후 헌법개정의 문제는 통일과정을 대비하는 입장에서 현행 평화통일조항을 보완해 나가는 것이 필요하다.

끝으로 70년 가까운 한국헌정의 경험속에서 우리의 입헌주의는 이제 새롭게 뿌리를 내리고 성숙의 단계로 나가야 하는 시점에 와 있다고 할 수 있다. 헌법규범이 최고규범으로서 권력과정을 통제하고 기본권보장을 최대한 실현하고 사회통합을 통해 정치적 안정과 평화를 유지하는 규범으로서 실질적인 기능을 다하기 위해서는 헌법제도의 개선보완에 앞서 모든 국가기관은 헌법수호에의 의지를 확고히 하고 항상 국민주권의 이념을 실현하기 위한 적극적인 태도를 가져야 한다. 주권자인 국민은 권력에 대한 비판과 감시기능을 소홀히 해서는 안되며, 능동적 시민으로서 선거와 정당제도를 통해 국민주권의 이념을 실질화할 수 있도록 적극적으로 참여하는 것이 중요하다.

〈본 장의 글은 『안암법학』 제50호(안암법학회, 2016. 5) 1~52면에 게재된 논문임〉

제 2 장 이원정부제 정부형태의 검토

- 이원정부제 개헌론에 대한 비판적 관점에서 -

Ⅰ. 머리말

한국헌법사에 있어서 최근 수년간을 돌이켜 보면 헌법개정논의는 그 이전에 어느 때보다도 무성하였으나 개헌의 실현가능성은 아주 희박하다는 것이 현 시점에서의 올바른 진단이라고 할 수 있다.[1] 지난 2007년 1월 노무현정부 당시 대통령의 전격적인 원포인트 개헌제안이 무산된 이래 그 후의 이명박정부에 들어와서는 국회가 주도한 개헌논의가 활발하게 전개되었다. 2008년 6월 제18대 국회구성 직후 여야 국회의원 180여명은 자발적인 헌법연구단체를 결성하여 개헌논의를 전개하였으며,[2] 동년 9월에는 국회의장직속기구로 '헌법연구자문위원회'가 구성되어 1년간의 개헌연구조사를 진행하여 2009년 8월 연구결과보고서가 채택되었다.[3] 헌법관련 학계와 여러 시민단체 등에서도 개헌문제에 관심을 가지고 다양한 헌법개정안을 제시함으로써 우리 사회의 개헌논의가 본격적으로 전개되고 공론화될 것으로 예상되기도 하였다.[4] 그러나 2012년 12월 대선을 1

---

1) 정만희, 헌법개정 논의, 『동아법학』 제47호, 2010, 4면.

2) 국회의원 186명이 참여한 미래한국헌법연구회(공동대표: 이주영, 이낙연, 이상민)는 학계 전문가들과의 토론회 등을 거친 연구성과물로 『국민과 함께하는 개헌이야기』(2권)을 2010년 9월 발간하였다.

3) 국회헌법연구자문위원회, 『헌법연구자문위원회 결과보고서』(2009. 8).

4) 학계와 시민단체 등에서의 개헌논의에 관한 주요 연구성과로는 한국헌법학회, 『헌법개정연구』, 2006; 한국공법학회, 『헌법개정안 연구보고서』, 2006: 대화문화아카데미, 『새로운

년 반 정도 앞둔 현시점에서 볼 때, 그 동안의 개헌논의는 사실상 물 건너 간 것으로 인식되고 있다. 현정부에서의 개헌추진이 거의 불가능하게 된 배경으로는 정치지도자 개개인의 개헌을 둘러싼 상반된 이해관계와 여야간의 첨예한 대립구도하에서의 합의도출의 곤란성을 들 수 있겠으나, 무엇보다도 개헌에 관한 국민의 무관심으로 인하여 공감대형성이 이루어질 수 없었다는 데에서 그 원인을 찾을 수 있다. 종래의 정치권에서의 개헌논의의 유형과 특징으로 볼 때 앞으로의 대통령선거과정에서도 각 정당과 후보자들의 예외 없이 선거공약으로 개헌론을 들고 나올 것으로 예견되지만 현시점에서의 개헌논의는 중단 내지 정지된 상태에서 국민적 관심사가 되지 못하고 있다.

2009년 발표된 국회헌법연구자문위원회의 개헌안을 비롯한 학계와 시민단체 등의 개헌안들의 내용 중에서 정부형태와 통치구조의 개헌방향에 관하여는 현행의 대통령제를 프랑스형 이원정부제 정부형태로 바꾸자는 개헌론이 우세한 가운데 미국형 4년중임 대통령제 개헌론과 의원내각제개헌론 등이 다양하게 제시된 바 있다.5)

이원정부제 도입론은 우리의 대통령제가 권력의 집중으로 인한 제왕적 대통령제로 운용되는 위험성을 극복하기 위하여 행정부의 이원화와 실질적 권력분점을 내용으로 하는 권력분산형 정부형태가 바람직하다는 것이다.6) 그러나 필자는 기본적으로 통치구조와 정부형태에 관한 개헌은 매우 신중을 기해야 하는 문제라고 보며, 정부형태의 문제점을 해결하기 위한 방안으로 기존의 제도를 폐기하고 새로운 제도를 선택하자는 논리는 상당히 위험한 발상이라는 점을 강조하여 왔다.7) 필자의 정부형태에 관한 개헌방향에 관한 견해는 이미 밝힌

헌법 필요한 가』, 2008; 함께하는 시민행동, 『헌법 다시보기, 87년헌법 무엇이 문제인가』, 2007; 헌법포럼, 헌법개정시안, 2006(월간조선 2006. 1월호 별책부록).

5) 학계에서는 4년중임 대통령제를 선호하는 입장이 우세하다고 할 수 있으며 국회헌법연구자문위원회도 제2안으로 미국형 4년중임 대통제를 제시하고 있다. 의원내각제 개헌론도 일부 학자들에 의해 제기되고 있는데, 그 의원내각제 개헌론 중에는 현시점에서의 의원내각제개헌은 그 성공의 전제조건의 결여로 시기상조라고 보지만 장기적인 관점에서 통일헌법의 정부형태로서는 의원내각제가 바람직하다는 견해도 있다. 이러한 견해로는 장영수, 의원내각제 정부형태 도입에 대한 검토의견, 헌법연구자문위원회 참고자료, 2009, 278면 이하.

6) 헌법연구자문위원회 결과보고서, 5면, 204면 이하.

7) 정만희, 『헌법개정연구』, 세종출판사, 2010, 62면 이하.

바와 같이, 현행의 대통령중심제 원리의 기본골격을 유지하면서 부분적이고 점진적인 제도적 개선·보완의 방안을 찾는 것이다. 따라서 대통령제원리의 근본적 변질 내지 변경을 초래하는 이원정부제의 도입에 반대하는 입장을 표명한 바 있다.[8] 이원정부제라는 것은 바이마르 공화국헌법에서 그 성립기원을 찾을 수 있으며 프랑스를 비롯한 핀란드, 오스트리아, 아이슬란드 등 유럽의 여러 나라에서 채택하고 있는 제도이지만 그 제도의 역사적 성립배경이나 연혁을 보면 기본적으로 그들 나라의 오랜 의원내각제적 전통 위에서 그 제도의 운용과정을 통해 드러난 문제점을 극복하기 위한 방안으로 대통령제적 요소를 일부 가미한 혼합형 정부형태를 의미한다. 그렇기 때문에 의원내각제의 정치적 전통에 바탕을 두고 있지 않은 대통령제의 정치적 전통 하에서의 정부형태의 개혁방안으로 이원정부제를 제안하는 것은 이원정부제의 제도적 본질의 이해와는 상당히 거리가 있는 발상이라 하지 않을 수 없다.

비교헌법적 관점에서 볼 때 의원내각제를 대통령제로 변경한 사례들은 있지만, 대통령제 정부형태를 의원내각제로 변경한 사례를 거의 찾아 볼 수 없는 것으로 분석되고 있다.[9] 이와 마찬가지로 대통령제를 이원정부제로 변경한 경우도 쉽게 찾아보기 어렵다는 것을 주목할 필요가 있다. 대통령제의 전통이 강한 라틴아메리카에서는 대통령제의 실패에 대한 개혁논의가 없었던 것은 아니지만, 대통령제를 내각제로 바꾼 사례는 드물며 이원정부제로 수정한 경우도 흔치 않다. 브라질의 경우 대통령제의 실패에 대해서는 국민 대다수가 인정하고 있었지만 정치지도자들이 새로운 정치제도의 도입을 주장하지 않았으며 국민들은 잘 모르고 이해하기 힘든 제도보다는 이미 익숙한 제도를 선호하였기 때문에 1993년의 국민투표에서 내각제선택의 기회가 있었으나 무산된 바 있다.[10] 다만 우루과이와 볼리비아와 같은 일부 국가의 경우는 대통령제의 운용과정에서 드러난 문제점을 극복하기 위하여, 즉 다당제적 정당체계의 전통 속에서 정치적 불안정을 타파하기 위해 대통령제가 내각제와 가까운 형태로 운용

---

8) 정만희, 앞의 책, 110~112면.

9) Matthew Soberg Shugart and John M. Carey, President and Assemblies: Constitutional Design and Electoral Dynamics, 1992, p.3.

10) Juan J. Linz and A. Valenzuela ed., The Failure of Presidential Democracy: Comparative Perspectives, 1994 /신명순·조정관 공역, 내각제와 대통령제, 나남출판, 1995, 134면.

되도록 헌법적 규범과 정치관행을 수정한 사례를 볼 수 있다.[11]

이처럼 그 유례를 쉽게 찾기 어려운 대통령제로부터 의원내각제나 이원정부제로의 이행은 그만큼 위험부담이 클 것이며 그 운용상 적지 않은 시행착오를 거칠 수밖에 없다고 예상할 수 있다. 본고에서는 이원정부제 정부형태의 개념과 바이마르헌법에서의 성립기원을 살펴보고 유럽 각국의 이원정부제의 유형을 개관하며, 이원정부제의 전형이라 할 수 있는 프랑스 제5공화국헌법의 정부형태의 원리와 그 운용상의 문제점을 분석한 후, 이러한 프랑스형 이원정부제의 한국에의 도입가능성에 대하여 비판적 관점에서 검토하도록 한다.

Ⅱ. 이원정부제의 성립과 전개

1. 이원정부제의 개념

이원정부제(二元政府制)의 개념이 국내에 처음 소개된 배경은 1980년의 헌법개정과정에서 새로운 정부형태 도입논의 가운데에서 찾을 수 있다. 당시에는 '이원집정부제'라는 용어로 그 채택여부에 관한 논의가 일시적으로 전개된 바 있다.[12] 최근의 정부형태 개헌논의에서 다시 이원정부제 도입론이 정치권과 학계 등에서 활발하게 전개되었고, 국회 헌법연구자문위원회의 개헌안에도 이원정부제 도입을 제1안으로 채택하고 있다.[13]

정부형태의 하나로서 '이원정부제'라는 명칭은 뢰벤슈타인이 최초로 바이마르공화국헌법상에 나타난 혼합형 정부형태를 "the dual executive, die zweigeteilte Exekutive"[14]라고 명명한 데에서 비롯된 것으로, 이 표현을 국내 학자들에 따라 '이원집행부제' 또는 '이원집정제' 등으로 불려지게 된 것이다. 이원정부제란 집

---

11) Linz and Valenzuela/신명순·조정관 역, 앞의 책, 108~116면.

12) 당시 정치의 실권은 일부 정치군인들의 수중에 장악되어 있었던 상황에서 개헌을 통해 대통령은 군부의 실권자가 장악하고 국무총리는 민간인이 맡도록 하여 외견적인 입헌주의를 취하려 한다는 의구심이 널리 유포되어 있었기 때문에 이 이원정부제는 의심을 받게 되고 부정적 개념으로 받아들여지기도 하였다. 상세는 김효전, 헌법정치 60년과 김철수 헌법학, 박영사, 2005, 868면.

13) 헌법연구자문위원회 결과보고서, 208면 이하.

14) K. Loewenstein, Political Power and the Governmental Process, 1965, pp.95~96.

행부가 대통령과 내각(수상)의 두 기구로 구성되고 대통령과 내각이 각기 행정에 관한 실질적 권한을 나누어 가지는 정부형태를 말한다. 이러한 이원정부제는 의원내각제의 요소와 대통령제의 요소가 혼합된 혼합형 정부형태를 의미하는데, 여기서 혼합형은 의원내각제의 기초 위에 대통령제 요소가 혼합된 것을 의미하므로 '혼합형 의원내각제'(hybrid parliamentarism)라고 표현할 수도 있다.[15] 뒤베르제는 프랑스 제5공화국헌법의 이원정부제를 '반대통령제'(semipresidentialism)라고 설명하고 있다. 그에 의하면 프랑스의 정부형태는 "의원내각제와 대통령제의 중간형의 제도적 장치에 의한 것이라기보다는 의회의 다수파가 대통령을 지지하느냐 않느냐에 따라 대통령제와 의원내각제의 국면을 교대하는 정부형태(regime as alternating between presidential and parliamentary phases)"라고 한다.[16]

이원정부제의 구체적 원리와 내용은 이를 채택하고 있는 각국의 유형에 따라 어느 정도 차이가 있으나 그 공통적인 본질적 요소로는 1) 집행부가 대통령과 수상으로 이원적으로 구성되며, 2) 대통령은 국민에 의해 선출되어 그 자신의 고유한 권한을 가지고 의회에 대한 정치적 책임을 지지 아니하고, 3) 내각수상은 의회에 대하여 책임을 지며 의회는 내각불신임권을 행사한다는 것이다.[17]

이와 같이 이원정부제는 대통령과 수상이라는 집행부의 이원화를 통한 '행정권의 양두화(兩頭化)'에 그 본질적 특징이 있다. 여기서 행정권의 양두화란 정부 내에 대통령과 수상의 두 기관이 단순히 존재한다는 것이 아니라 양자가 서로 독립성을 가진다는 것을 의미한다. 그리하여 대통령은 국민에 의해 선출되

15) K. Loewenstein, op. cit., p. 95.

16) Matthew S. Shugart and John M. Carey, op. cit. p.23.

17) 이원정부제의 개념에 관하여 김철수 교수는 "원칙적으로 위기에 있어서는 대통령이 행정권을 전적으로 행사하나, 평상시에 있어서는 내각수상이 행정권을 행사하여 하원에 대하여 책임을 지는 의원내각제형식으로 운영되는 것을 말한다."라고 하며(김철수, 헌법학개론, 박영사, 876면), 권영성교수는 "이원집행부제란 집행부가 대통령과 내각의 두 기구로 구성되고 대통령과 내각이 각기 집행에 관한 실질적 권한을 나누어 가지는 정부형태를 말한다. 대통령은 외교 국방 등 국가안보에 관한 사항을 관장하고 국가긴급권을 보유하는데 대하여 수상은 법률이 집행권과 그 밖의 일반행정에 관한 사항을 관장한다"고 한다(권영성, 헌법학원론, 법문사, 776~777면). 성낙인 교수는 이원정부제의 본질적 요소로서 1)집행부의 실질적 이원화(양두제), 2)대통령의 사실상 직선제, 3)의회의 정부불신임권"의 셋을 들고 있다(성낙인, 헌법학, 법문사, 2010, 861면).

어 민주적 정당성을 가지고 국가 위기시에는 대통령이 전적으로 행정권을 행사하는 것이 일반적이며, 평상시에는 내각수상이 행정권을 행사하며 하원에 대하여 책임을 지는 의원내각제 형식으로 운영된다. 다시 말하면 이원정부제는 대통령제적 요소로서 국민의 보통선거제에 의해 선출된 대통령이 정부를 구성하며 헌법상 국가원로서의 고유한 실질적 권한과 비상시의 긴급권을 행사하고, 의원내각제적 요소로서 내각 수상이 의회의 불신임결의에 의해 책임을 지며, 내각불신임에 대항하여 대통령은 의회해산권을 행사할 수 있다는 것을 본질적 요소로 하는 정부형태를 의미한다.[18)]

2. 바이마르공화국헌법과 이원정부제의 등장

(1) 바이마르공화국헌법의 혼합형 정부형태

이원정부제는 유럽의 각국에서 각기 다른 정치적 상황에서 발생하여 발전해 온 것으로 오늘날 이 제도에 관한 논의는 주로 프랑스 제5공화국헌법을 모델로 하고 있으나, 실제로 이원정부제를 최초로 실험했던 민주체제는 바이마르공화국임을 인식할 필요가 있다. 바이마르공화국의 성립 당시 혼합형 정부형태를 도입하자는 주장은 막스 베버(Max Weber)가 최초로 전개하였으며, 바이마르헌법의 기초자인 프로이스(Hugo Preuss)는 베버의 주장과는 차이가 있었지만 전반적으로 베버의 주장을 수용하였다.[19)]

막스 베버를 비롯하여 1919년 바이마르헌법제정에 참여했던 사람들은 군주제가 붕괴된 독일에서 새로운 정치제도를 찾는 데 있어서 처음에는 영국의 모델을 본받은 입헌군주제적 내각제의 설립을 목표로 하였으나 이 목표가 불가능하게 되자 당시 독일의 정당체제의 특성과 국가의 연방제적 특성, 당시 독일의 어려웠던 국제적 위상에서 요구되었던 지도자에 대한 고려 등이 반영되어 독일의 기존의 내각제적 전통을 수용하면서도 국민에 의한 직선 대통령을 두게 하는 제도를 창조하도록 유도하였다. 즉 바이마르헌법의 제정 당시 미국헌법과

18) 슈거트와 케리는 프랑스 제5공화국 정부형태와 같이 대통령이 국민의 보통선거에 의해 선출되어 실질적 권한을 가지며 동시에 수상과 내각이 행정부의 기능을 수행하며 의회에 대해 책임을 지는 것을 본질적 요소로 하는 정부형태를 'premier－presidentialism'(수상－대통령제 정부형태)라고 기술하고 있다. Shugart and Carey, op. cit., pp.23~24.

19) Linz and Valenzuela/신명순·조정관 역, 앞의 책, 137면.

프랑스헌법은 독일의 새로운 정치제도의 도입에 큰 영향을 미쳤으며, 독일의 전통적인 입헌군주제에 있어서 군주의 역할을 대체할 수 있는 인물로 대통령을 두게 된 것이다. 제1차 대전의 종전과 함께 군주제가 종식된 상황에서 새로운 민주체제를 건설하는 데에는 강력한 지도자가 필요하였으므로 여기에 새로운 제도로서 국민에 의해 직접 선출되는 대통령제를 도입하였던 것이다. 그러나 여기서 대통령제의 도입은 엄격한 권력분립원리에 입각한 미국형의 순수 대통령제의 도입을 고려한 것은 아니었다.[20] 말하자면 바이마르헌법상의 정부형태는 미국과 같은 의회와 대통령의 거의 완전히 분리되는 형태는 아니면서, 그렇다고 해서 당시의 프랑스 제3공화국헌법처럼 대통령에 대한 의회우위의 내각제와도 구별되는 중간형의 정부형태를 선택한 것이라 할 수 있다.[21]

(2) 바이마르헌법의 정부형태의 내용

바이마르공화국헌법의 정부형태는 중간형 대통령제 내지 중간형 의원내각제 형태의 정부구조를 특징으로 한다. 대통령은 임기 7년으로 국민이 선출하고 재선이 가능하도록 한 점에서는 대통령제적 요소를 내용으로 하고 있다. 대통령은 국가원수로서 외국과의 조약을 체결하며 군최고사령관으로서 선전·강화의 권한을 가지며 의회해산권, 사면권, 연방의회가 의결한 법률에 대한 국민투표부의권 등을 갖는다. 그 밖에 비상조치권의 행사를 통해 광범위한 명령을 발하는 강력한 권한을 가지는 것이 특징이다.

대통령은 행정부의 구성에 있어서 수상(총리)임명의 권한을 가졌으며 수상은 내각선임의 권한을 가졌다. 그러나 수상은 의회의 신임을 필수적인 요건으로 하여 수상과 내각각료는 의회에 대하여 개별적으로 책임을 지도록 하였다. 대통령은 총리와의 공동서명으로 제국의회(Reichstag)를 해산할 수 있도록 하였으나, 만일 이 경우에 총리가 의회해산을 거부할 때에는 대통령은 총리를 교체하여 의회를 해산하고 총선을 실시할 수 있었다. 이때 교체된 총리는 선거에 의한 내각 성립시까지 과도기간을 통치할 수 있었다. 정부여당이 의회의 과반수 의석을 확보하는 경우에는 그 의회는 해산되지 않았다. 그러나 여당이 과반수 의석을 확보하지 못한 경우에는 대통령이 주도하는 내각과 단기간밖에 집권하

20) Linz and Valenzuela/신명순·조정관 역, 앞의 책, 139면.
21) 정만희 편, 비교헌법강의 (제2판). 세종출판사, 2009, 314~315면.

지 못하는 정부가 출현할 수 있었고, 의회내에 과반수 정파를 성립시키기 위한 목적에서 의회해산과 선거가 되풀이 되었다.

(3) 바이마르체제의 붕괴와 그 원인

바이마르헌법 하에서의 정치적 불안정은 정권의 빈번한 교체로 나타나게 되었다. 14년간 내각의 교체는 바이마르헌법의 성립이전인 샤이데만 내각을 포함하여 20회에 달하였다. 수상의 임명은 초기에는 의회의 제1당인 사민당에서 선임되었으나 1920년 이후 거의 대부분이 군소정당의 연립내각으로부터 수상이 나오게 되었고 소정당이나 무당파출신의 인물이 선출되기도 하였다. 그리고 1929년 이후의 위기시대에 있어서 의회는 경제불황에 대응하는 법률을 제정하지 못하게 되자 대통령의 긴급명령의 발동이 점차 증가하게 되었다. 긴급명령권의 빈번한 발동은 대통령의 독재에의 길을 여는 것을 의미하였고 국민의 기본권의 효력이 정지되는 결과를 초래하였다.

1933년 1월 나치당의 히틀러는 힌덴부르크대통령을 움직여 자신을 수상으로 임명하도록 하는데 성공하였으며, 동년 2월 의회는 해산되고 3월 5일의 총선거에서 나치당은 확고한 원내 제1당으로서 크게 약진하여 히틀러의 시대로 이행하게 되었다. 그리하여 1933년 3월 24일의 수권법의 성립은 히틀러에 의한 초헌법적인 전권위임법의 제정을 의미하였으며 이 수권법에 의해 바이마르체제는 사실상 붕괴하게 된 것이다.

바이마르헌법 이전의 독일은 고유한 입헌군주제의 역사만 있었고 서구의 시민적 자유주의적 이데올로기에 입각한 의원내각제의 역사가 존재하지 않았다. 바이마르헌법에 의해 비로소 서구적 의원내각제에 기초한 혼합형 정부형태를 채택한 것이었으나, 대통령의 직선에 의한 대통령제적 경향과 독일에 있어서의 의회주의적 전통의 결여는 결국 히틀러의 독재를 낳고 공화제가 무너지게 되는 원인이 되었다고 할 수 있다.[22)]

바이마르헌법의 제정자들은 혼합형정부형태의 채택을 통해 평상시에는 의원내각제의 민주성을, 비상시에는 대통령을 중심으로 하는 강력한 리더십을 기대하였던 것이나 그 결과는 반대로 나타나 평상시에는 리더십의 부재로 정국의

---

22) 정만희, 『현대헌법과 의회주의』, 법문사, 1995, 328~329면.

혼란이, 비상시에는 대통령의 독재가 바이마르공화국의 몰락을 부채질하게 되었던 것이다.[23] 바이마르헌법의 교훈은 이원정부제라는 것은 의원내각제와 대통령제의 장점과 함께 단점도 모두 가지고 있는 제도이기 때문에 그 제도의 장점을 발현시킬 수 있는 조건을 갖추지 못한 경우에는 단점들의 결합으로 인해 결국 그 제도는 성공하기 어렵다는 것을 확인시켜주었다는 데 있다.

3. 프랑스 제5공화국헌법과 이원정부제의 성립

(1) 이원정부제의 성립배경

프랑스에서 이원정부제의 성립배경을 이해하는 데에는 프랑스 헌정사에 있어 제3공화국과 제4공화국에서의 의원내각제의 원리와 헌정의 실제를 이해할 필요가 있다. 프랑스 제3공화국헌법은 영국의 의원내각제의 영향을 받아 의회우위의 의원내각제를 채택하였다. 의회제 중심의 통치구조 하에서 대통령은 임기 7년으로 의회에서 선출되었으며, 대통령에 의해 임명되는 내각의 수상과 각료는 의회에 책임을 지도록 규정하였다. 헌법상 대통령의 의회해산권이 규정되었으나 그것은 현실의 운용과정에서 명목화되어 1877년의 막마웅(MacMahon) 대통령의 의회해산권 행사를 끝으로 하여 그 이후에는 의회해산이 한 번도 행해지지 않았다. 그 결과 내각의 의회에 대한 자주성을 상실하게 되어 내각은 일방적으로 의회에 종속하는 지위에 놓이게 되었다. 이러한 의회의 집행부에 대한 절대적 우위의 의원내각제는 1848년 제2공화국헌법과 나폴레옹 3세의 제2제정에 대한 역사적 반동에서 비롯된 것이었다. 1848년 헌법이 대통령을 국민에 의해 선출하도록 규정한 결과 대통령은 의회를 무시하게 되고 결국 공화정을 전복시키게 된 쓰라린 역사적 경험을 가졌기 때문에 제3공화정에서는 운명적으로 절대적 의회우위의 의원내각제를 채택할 수밖에 없었던 것이다. 이러한 의회우위의 의원내각제는 제4공화국헌법에 이르기까지 지속되었다.

이러한 역사적 배경을 가진 의원내각제는 그 운용에 있어서 의회가 다수의 소정당으로 난립되어 있었기 때문에 단일의 정당이 단독내각을 구성할 수 없었고 항상 수개의 정당의 연립내각에 의존할 수밖에 없었으며 따라서 중요한 국정현안에 봉착할 때마다 내각은 빈번하게 교체되는 양상을 보이게 되었다. 예

---

23) 장영수, 『헌법학』, 홍문사, 2007, 1083면.

컨대 1875년부터 1940년 제3공화정이 붕괴될 때까지를 보면 65년간 무려 100여 개의 내각이 교체되었으며, 제4공화정에 있어서도 1945년 11월부터 1958년 6월까지의 13년간 26개의 내각이 교체되었다. 제3공화정시대에 한 내각의 평균수명이 8개월에 그쳤으며 제4공화정에 있어서는 평균 6개월 정도였고 1년 이상 지속된 내각은 하나밖에 없었다고 한다.[24]

따라서 프랑스 제5공화국헌법은 위에서 본 바와 같은 제3·제4공화국헌법에 있어서의 의회의 우위와 정부의 불안정성에 기인한 의원내각제 실패에 대한 역사적 반성으로 강력한 권한을 갖는 대통령을 둠으로써 집행권의 강화를 그 기조로 하면서 의원내각제와 대통령제를 혼합한 정부형태를 채택하게 된 것이다. 1958년 드골의 주도하에 안정되고 강력한 집행부의 구성을 의도한 제5공화국헌법은 의원내각제의 기본원리하에서 의회제의 합리적 이념에 따른 집행권강화 경향의 새로운 정치제도를 채택하게 되었다.

1958년 헌법에 따라 대통령은 선거인단을 통한 간접선거로 선출되도록 규정하였음에도 불구하고 대통령은 헌법상 실질적이고 강력한 권한을 부여받았다. 그러나 이러한 간선제는 국민으로부터 정당성을 확보하지 못한 대통령이라는 한계를 나타내자 드골대통령은 1962년 대통령직선제개헌을 통과시켰다. 대통령직선제 개헌에 의해 대통령은 민주적 정당성을 확보함으로써 그 지위가 강화되었다.[25]

(2) 이원정부제의 구성요소

프랑스 제5공화국헌법의 이원정부제의 주요 구성원리는 다음과 같이 요약될 수 있다. 첫째, 대통령은 헌법상 국가원수의 지위에서 강력한 실질적 권한을 행사할 수 있다. 헌법상 "공권력의 정상적인 기능과 국가의 계속성"을 자신의 중재에 의하여 보장하는 대통령은 국민적 정당성이 경합하는 또 하나의 권력의

24) 프랑스 제3, 제4공화국에서의 정부의 불안정성에 관하여는 K. Loewenstein, op. cit., pp. 91~93; 정만희, 현대헌법과 의회주의, 325~327면.

25) 뒤베르제에 의하면 1958년헌법은 집행부의 이원적 구조하에서 대통령의 권한을 인정하더라고 기본적으로는 의회제의 원칙을 기반으로 한 것으로 대통령과 정부의 협력관계는 애매한 것이었지만, 1962년의 대통령 직선제 개헌으로 대통령이 민주적 정당성을 확보하게 됨으로써 의회제 원칙이 크게 약화되는 것으로 되어 반의회제와 반대통령제의 혼합체제로 바뀌는 새로운 헌법해석이 이루어지게 되었다고 한다. 모리스 뒤베르제/김병규 역, 『정치제도와 헌법-제2권 프랑스 정치체계』, 삼영사, 1980, 218면 이하.

축인 의회의 통제로부터 벗어나 있다. 대통령은 국무회의를 직접 주재하며 수상을 임명하고 수상의 제청에 의하여 각료를 임명한다. 대통령은 의회에서 의결된 법률안의 재의요구권(제10조 제2항), 교서권(제18조), 국민투표부의권(제11조), 의회해산권(제12조), 의회의 회기에 관한 권한(제30조) 등을 가진다. 특히 의회해산권은 제3공화국과 제4공화국 하에서의 명목적 권한이었던 것과는 달리 대통령의 실질적인 고유한 권한에 해당한다.

둘째, 수상을 중심으로 한 정부(내각)는 대체로 전통적인 의원내각제적인 지위에서 권한을 행사한다. 헌법 제20조에는 "정부는 국가의 정책을 결정하고 지도한다"라고 규정하고 있으며, 제21조에는 "수상은 정부의 활동을 지휘한다"라고 규정하여 전통적인 의원내각제적 규범체제를 유지하고 있다. 그러나 대통령이 가지고 있는 고유의 실질적 권한과 국무회의를 주재하는 지위 및 공권력의 정상적인 기능과 국가의 계속성을 확보하는 지위에서 대통령은 정부를 실질적으로 통제할 수 있다. 이러한 의원내각제적 체제의 기초위에 새롭게 추가된 대통령의 실질적 권한과 지위는 국정운영과정에서 내각과 대통령의 관계정립이 문제될 수 있으며 헌정의 실제상 다양한 변용을 겪을 수도 있다.[26)]

셋째, 의회는 전통적으로 양원제로 구성되어 있으며 하원에 해당하는 국민의회에 최종적 우월성이 부여되어 있다. 의회의 의사일정이나 입법절차, 대정부불신임동의권 등에 대해서는 폭 넓은 제약이 가해져 있으며, 특히 입법사항에 대한 열기주의의 채택과 의회를 통과한 법률에 대한 헌법위원회의 합헌성통제 등 입법권에 대한 강한 통제장치가 제도화되어 있다. 그러나 의회는 대통령의 강력하고 실질적인 권한에 대한 아무런 통제수단을 가지고 있지 아니하므로 이 점에서 대통령은 의회에 대한 우월적 지위를 갖는다.[27)]

4. 유럽 각국에서의 이원정부제의 채택과 문제점

(1) 의원내각제적 전통과 이원정부제의 채택

유럽의 각국 정부형태는 영국처럼 고전적 군주제를 유지하면서 의원내각

26) 성낙인, 반대통령제(이원정부제)의 이론과 현실, 구병삭 편, 『의원내각제의 연구』, 화성사, 1991, 246~248면.

27) 성낙인, 앞의 논문, 248면.

제를 유지하고 있는 국가들의 유형이 있으며, 군주제를 폐지하고 공화제를 수립한 국가에서는 전통적 의회제와 의원내각제적 토대 위에 대통령제 요소를 혼합한 이원정부제를 채택하고 있는 국가들의 유형이 있다. 영국을 비롯하여 노르웨이, 스웨덴, 덴마크, 네덜란드, 벨기에 등 7개의 입헌군주국에서는 의회주의의 전통과 명목상의 군주제가 결합된 의원내각제 정부형태가 정착된 것은 당연한 논리적 귀결이라 할 수 있다. 이러한 입헌군주제 국가를 제외한 국가들은 대체로 혼합형의 정부형태 내지 이원정부제를 채택하고 있음을 볼 수 있다. 전술한 프랑스 제5공화국을 비롯한 핀란드, 오스트리아, 이탈리아, 포르투칼, 아일랜드, 그리스, 폴란드, 헝가리, 체코, 루마니아, 불가리아 등은 혼합형 정부형태를 취하고 있다.[28] 뒤베르제에 의하면 반대통령제의 모델로 바이마르공화국, 핀란드, 오스트리아, 아일랜드, 아이스란드, 프랑스 제5공화국, 포르투칼의 7개국을 들고 있다.[29] 이와 같이 이원정부제는 고전적 의원내각제를 채택한 국가들을 제외하고는 유럽의 다수 국가에서 도입하고 있는 제도이지만, 이들 국가들은 대부분 강력한 의회가 주도하는 의원내각제 정부형태 하에서 강한 규율의 이념적 정당을 장기간 갖고 있었다는 점이 두드러진 특징이라고 할 수 있다.[30] 다만 예외적으로 전후 독일은 바이마르공화국의 실패를 거울삼아 이원정부제를 그대로 계승하지 아니하고 의원내각제를 채택하게 되는데, 여기서의 의원내각제는 영국형과는 달리 건설적 불신임제에 의해 수상의 지위가 강화된 제도를 의미한다.

비교헌법적 관점에서 보면 이원정부제 국가별 대통령의 권한에는 차이가 있다. 프랑스, 핀란드, 슬로바키아, 헝가리, 체코 등은 대통령이 외교 국방에 관한 전권을 행사하고, 포르투칼, 오스트리아, 루마니아 등은 제한적으로 외교권한을 행사한다. 각료회의의 주재권한은 프랑스와 폴란드 정도가 완전한 권한을 행사하고 그 밖의 나라들은 제한적이거나 수상이 그 권한을 갖는다. 의회해산권은 바이마르, 프랑스, 오스트리아의 경우 대통령이 전권을 행사하지만 핀란드, 아이슬란드는 제한적으로 행사한다. 대통령의 비상대권을 전적으로 인정하는 국가는 프랑스, 루마니아, 슬로바키아, 헝가리 정도이다. 국민투표부의권은

28) 황태연, 유럽의 분권형대통령제와 4년 중임 분권형대통령제 개헌방안, 10면.
29) 뒤베르제의 반대통령제 모델 7개국에 관한 설명은 성낙인, 헌법학, 862면 이하.
30) 정진민, 한국의 정당정치와 대통령제 민주주의, 인간사랑, 2008, 180면.

핀란드, 루마니아, 불가리아, 이탈리아 등은 대통령의 전권이지만 그 밖의 나라에서는 제한적으로 행사되거나 인정되지 아니한다.[31] 핀란드와 아이슬란드는 대통령이 헌법상 조정자의 지위를 넘어 통치자로서의 지위와 권한을 갖는다. 특히 핀란드헌법은 대통령과 정부의 독자적 고유영역을 보장하고 있는 것이 특징이다. 대통령은 독자적으로 행정통제를 행할 수 있고 대통령 자신이 국무회의에서 법안제출, 명령제정, 고위공직자임명 등에 관한 결정권을 행사한다.[32]

(2) 이원정부제의 문제점

이원정부제를 채택하고 있는 각국에서의 그 구체적인 원리와 운용실태는 그들 나라의 정치문화와 정당체계 등에 따라 차이가 있다. 이원정부제의 구체적 운용에 있어 대통령과 수상간의 권한배분 등 관계정립에 있어서는 각국에 따라 차이가 있으며, 개별국가 내에서도 선거결과와 정당제의 현실과의 결합여하에 따라 이원정부제는 유동적이고 가변적으로 운용되기도 한다. 학자들의 분석에 따르면 이원정부제를 도입한 국가들은 도입당시의 이상과는 달리 그 운용의 실제에 있어서는 대통령제적 모델로 운영되든지 아니면 영향력은 있지만 권력을 갖지 못한 대통령을 둔 내각제의 모형에 가깝게 운영된다고 한다.[33] 즉 각 국가의 개별적 상황과 정당들 사이의 세력균형의 여하에 따라 서로 다른 체제로 운영되게 되는데, 대통령이 의회의 과반수 지지를 받고 있는 한에는 공화국 최고의 권력자이지만, 만약 야당이 의회의 과반수의석을 차지하게 되면 실제적 권력은 총리가 장악하게 된다는 것이다.[34] 결국 이원정부제는 어떠한 사례에서도 대통령과 수상이 동시에 공동으로 집행부를 지배하는 방식인 절반 대통령제와 절반 의원내각제로 운영된 적이 없다는 것은 매우 의미있는 분석이라 할 수 있다.

따라서 이원정부제가 대통령제로 운용되는 시기에는 의회해산권 및 새로운 총선실시권 등 통상적인 대통령제 하에서 대통령권한 이상의 과도한 권력집중으로 인한 제왕적 대통령의 문제가 나타나며, 내각제로 운용되는 시기에는

31) 황태연, 앞의 논문, 18면.

32) 성낙인, 헌법학, 863~864면.

33) Linz and Valenzuela/신명순·조정관 역, 앞의 책, 144~145면.

34) Reymond Aron, Alternation in Government in the Industrialized Countries, Government and Opposition 17 no.1 1981, pp.3~21.

실질적인 권한을 갖고 있는 직선 대통령이 존재함에 따라 내각제이면서도 대통령과 수상간의 권력배분을 둘러싼 갈등의 문제가 제기될 수 있다. 즉 이원정부제는 대통령제나 의원내각제의 장점을 살리지 못하면서 양제도의 문제점이 중첩적으로 나타날 수 있다는 점에서는 그 문제의 심각성이 지적되지 않을 수 없다.[35)]

또한 대통령과 수상이 동일한 정당 소속이라고 하더라도 대통령과 수상의 책임소재가 분산되어 있어 양자간에는 항상 갈등의 소지가 있으며 결국 이원정부제의 정상적 운영은 대통령의 개인적 성격이나 능력에 따라 좌우된다는 점에서도 문제가 있다.[36)]

Ⅲ. 프랑스 이원정부제의 원리와 운용의 실제

1. 집행부의 이원적 구조

(1) 대통령의 지위와 권한

1958년의 제5공화국헌법의 성립 당시에는 대통령의 선출방법은 선거인단에 의한 간선제이었으나 1962년 헌법개정으로 국민에 의한 직선제로 변경되었다. 대통령의 임기는 7년으로 중임제한이 없는 것이었으나 이러한 장기간의 임기에 대한 개혁논의가 1970년대부터 전개되어 1987년의 지스카르 데스탱의 개혁제안으로 결국 2000년 헌법개정이 이루어져 임기를 5년으로 단축하였다. 대통령은 임기중 정치적 책임을 지지 아니하며 의회는 대통령을 해임할 수 없다. 대통령은 대반역죄의 경우 탄핵소추되는 것을 제외하고는 재직중 권한행사에 대한 민·형사책임이 면제된다. 이러한 대통령의 정치적 면책의 전통은 의원내각제원리와 관련하여 대통령이 독자적으로 중요한 권한을 행사할 수 없었던 시대의 산물을 의미한다.[37)] 그러나 제5공화국헌법 하에서 대통령의 강력한 실질적 권한들을 인정하면서도 전혀 정치적 책임을 지지 않도록 한 것에 대하여는 헌법이론적으로 의문이 제기될 수 있다. 그리하여 대통령이 국민의 직접보통선

35) 정진민, 앞의 책, 183면.

36) Linz and Valenzuela/신명순·조정관 역, 앞의 책, 146면.

37) 山口俊夫, 概說フランス法 (上), 東京大學出版會, 1989, 147면.

거에 의해 선출되는 한 대통령은 적어도 국민 앞에 책임을 져야 한다는 주장이 지지를 받게 되었다. 즉 대통령은 재선을 위한 선거의 기회나 대통령이 제안한 국민투표의 기회 또는 의회해산에 따른 총선거의 기회에 국민으로부터의 신임 여부를 묻는 것이 되고 국민투표나 총선거에서 국민의 충분한 지지를 얻지 못하게 되면 대통령은 스스로 사임함으로써 국민에 대한 책임을 지는 것을 볼 수 있다. 1969년 드골 대통령이 국민투표가 부결되자 대통령직을 사임한 것이 그 전형적인 예라고 할 수 있다.

대통령은 제5공화국헌법 이전의 명목상의 지위와 권한과는 달리 헌법상 실질적이고 강력한 권한들을 행사한다. 첫째, 대통령은 총리임명권을 행사한다(제8조). 이 권한은 대통령의 고유한 권한으로서 의회에 의한 사전의 지명이나 승인을 필요로 하지 않기 때문에 그가 원하는 자를 총리로 임명할 수 있다. 그렇지만 대통령은 총리임명에 완전히 자유로운 것은 아니다. 그는 의회의 다수파를 규합할 수 있는 자가 누구인가를 감안해야 한다. 이러한 사정으로 1986년 미테랑 대통령은 의회의 다수파인 야당의 시라크를 임명하였고, 1993년에는 발라듀를 임명함으로써 동거정부를 출현시키게 되었다. 또한 이러한 임명이 항상 용이하게 행해지는 것은 아니다. 의회의 다수파 중 적당한 인물이 없거나 복수의 인물이 존재하는 경우가 있을 수 있기 때문이다. 정부 각료의 임명은 총리의 제안에 기초하여 대통령이 임명한다. 그러나 실제로 대통령은 총리의 각료후보 명부를 승인하는 것으로 만족하지 않는다. 대통령의 개성에 따라 차이는 있지만 일반적으로 대통령은 명부의 완성에 관여하며 각료의 면직에도 실질적인 권한을 행사한다.

둘째, 대통령은 국무회의를 주재한다(제9조). 대통령의 국무회의 주재는 명목적인 것이 아니며 실질적으로 국정의 중요사항에 대한 의결기구를 주재한다. 이러한 대통령의 주재권은 명확한 위임에 기초하여 특정한 의사일정에 한하여 총리에게 위임할 수 있다. 대통령은 국무회의에서 결정된 위임입법(법률명령과 데크레)에 대한 서명권을 가진다. 일반적인 법규명령을 의미하는 '데크레'(decret) 에는 대통령령과 국무총리령의 두 가지가 있는데 총리가 서명하는 데크레의 수가 더 많다.

셋째, 대통령은 국가원수의 지위에서 국방·외교상의 권한들을 행사한다.

대통령은 군통수권자의 지위에서 국방장관 등을 임명하고 국방고등평의회 등을 주재한다(제15조). 외국과의 분쟁상태에서의 중요 결정권, 특히 핵전력행사의 결정권을 갖는다. 대통령은 국제관계에서 외교사절의 신임접수, 조약의 체결·비준에 관한 실질적 권한을 행사한다(제14조).

넷째, 대통령은 법률의 제정에 관여한다. 대통령은 의회를 통과한 법률안에 대해 15일 이내에 서명함으로써 법률의 제정에 관여하며, 법률안에 이의가 있는 경우에는 서명을 하지 않고 거부권을 행사하여 의회에 재의를 요구할 수 있다(제10조). 대통령은 공권력의 조직에 관한 법률안 또는 헌법에 위반되지 않으면서 제도의 기능에 영향을 줄 조약의 비준동의에 관한 법률안에 대해서는 국민투표에 회부할 권한을 가진다(제11조).[38] 또한 대통령은 법률의 합헌성심사를 위하여 헌법위원회에 제소할 수 있다. 그리고 대통령은 국무회의에서 의결된 법률명령과 데크레에 서명함으로써 위임입법권을 행사한다(제38조).

다섯째, 의회해산권을 행사한다. 이 권한은 대통령의 고유한 권한으로 사실상 자유로이 행사할 수 있다. 의회해산권은 의회에 대해 책임을 지는 총리에게 부여하는 것이 보다 논리적일 수도 있으나, 대통령에게 부여된 의회해산권의 행사에는 총리의 부서도 필요없다. 다만 대통령이 이 권한을 행사할 수 없는 세 가지의 경우가 있다. 그것은 헌법 제16조에 의하여 긴급조치가 발동되는 경우, 전 의회의 해산으로부터 1년이 경과되지 아니한 경우, 상원의장 또는 정부가 대통령의 직무를 대행하고 있는 경우이다.[39]

여섯째, 대통령은 비상시의 권한으로서 긴급조치권을 행사한다(제16조). 제5공화국헌법 제16조는 "대통령은 공화국의 제도, 국가의 독립, 그 영토의 일체성 또는 국제협약의 이행이 중대하고 직접적인 위협을 받으며, 헌법상의 공권력의 정상적인 기능이 중단되는 경우에 총리, 양원의장 및 헌법위원회의 공식

38) 대통령의 국민투표부의권에 관한 상세한 내용은 성낙인, 프랑스헌법학, 371면 이하.

39) 프랑스 제5공화국 하에서 의회해산권이 발동된 것은 네 차례 있었다. 최초의 해산은 1962년 의회의 퐁피두 내각에 대한 불신임동의가 가결되자 행해진 것이며 불신임가결의 이유는 헌법 제11조에 의한 헌법개정에 대한 비판이었다. 두 번째 해산은 1968년의 학생소요사태의 종식을 위한 것이었으며, 그 후에는 1981년과 1988년의 대통령선거후 각각 발동되었다. 대통령의 의회해산권은 대통령이 국정의 중재자로서의 중요한 역할을 수행하는 수단이며 의회해산을 통한 새로운 선거는 대통령의 신임을 묻는 직접민주제적 성격을 갖는다는 점에서 그 의의가 있다. 성낙인, 앞의 책, 387면.

적인 자문을 거친 후 당면상황에 필요한 조치를 취한다"라고 규정하여 대통령의 긴급조치권을 인정하고 있다. 이러한 긴급권행사에는 헌법상 두 가지 요건이 충족되어야 하지만 그 요건충족의 판단에는 상당한 재량의 여지가 있음을 부정할 수 없으며, 결국 헌법 제16조에 의한 긴급권발동의 여부는 대통령의 판단에 달려있다고 할 수 있다. 대통령은 긴급권발동의 결정에 총리와 양원의장, 헌법위원회의 의견을 구해야 하지만, 대통령은 그 의견에 구속되지 않으며 그 결정에는 총리의 부서도 필요하지 않다. 다만 헌법위원회의 의견은 관보에 공표되고 대통령은 그 결정을 국민에 대하여 교서로서 공표하여야 한다. 그러나 이러한 절차적 요건이 일정한 윤리적 억제의 효과는 있을지 모르지만, 대통령의 결정권에 대한 중요한 법적 제약으로 작용하기는 어렵다고 할 수 있다.[40)]

(2) 정부의 구성과 권한

정부는 대통령에 의해 임명된 총리 및 각료로 구성한다. 제5공화국헌법은 정부 각료의 국회의원겸직을 금지하고 있는 것이 특징이다(제23조). 이러한 겸직금지는 정부의 안정성확보를 위한 드골의 의지가 반영된 것으로 의원들의 이른바 '장관병'을 억제하고 안정된 행정권의 확립을 의도한 것이다. 국회의원이 장관으로 임명되면 1개월 이내에 하나의 직을 선택해야 하며 그가 장관직에서 물러나더라도 원래의 의원직으로 복귀할 수 없도록 하고 있다. 내각은 총리의 교체 또는 의회에 의한 정부불신임에 기초하여 대통령에게 제출된 내각의 사표수리에 의해 그 직무를 집단적으로 종료한다. 또한 내각은 총선거 및 대통령선거 후에도 사표를 제출하는 것이 일반적이다. 각료의 해임은 총리의 제청에 의해 대통령이 행하지만 총리의 제청 없이도 대통령이 스스로 행할 수도 있다.

총리는 내각의 활동을 지휘한다(제21조). 이 권한은 대통령과의 관계에서 상당히 약화되어 있다고 할 수 있으나, 각료의 임명 및 해임의 제안, 의회에 대한 내각의 신임요구, 대통령이 임명하는 공무원을 제외한 문·무관의 임명, 각료간의 대립의 조정 등과 같은 중요한 권한들이 포함되어 있다. 총리는 내각의 대표자로서 의회에 출석·발언하며, 법률안을 발안하는 권한을 갖는다. 그리고 그는 임시국회의 개회를 요구할 수 있고 법률의 채택에 있어 양원의 의견이 일치

40) 정만희, 비교헌법강의, 270면.

되지 않는 경우 합동위원회의 소집을 요구할 수 있다. 그 밖에 헌법개정안의 제안, 합헌성심사를 위한 법률의 헌법위원회에의 회부, 대통령이 의회해산을 희망하는 경우 의견의 제시 등의 권한을 행사한다.

총리는 또한 법률을 집행하는 데 있어서 명령제정권을 행사한다. 이 권한에는 두 종류가 있다. 하나는 전통적인 권한으로서 법률을 집행하기 위한 집행명령을 발하는 것이고, 다른 하나는 현행 헌법에 의해 새롭게 도입된 것으로 법률의 집행과 관계없는 명령이다. 이 명령은 자주적 명령제정권이라 불리는 것으로, 헌법은 의회가 제정하는 법률의 소관사항과 자주적 명령의 소관사항을 명확히 구분하여 헌법에 열거된 법률의 소관사항이 아닌 것은 이 자주명령권으로 행사할 수 있도록 하였다. 실제에 있어 이러한 명령제정권은 대통령과 총리가 공유하여 행사한다.

(3) 대통령과 총리의 권력관계

위와 같이 프랑스 제5공화국헌법의 이원정부제는 집행부의 구성을 2원화하여 대통령과 정부(수상)에게 집행권을 분산시킨다는 것이 본질적 요소이다. 그러나 여기서 집행부 내에서의 두 개의 권력의 축은 근본적으로 긴장과 갈등관계에 놓이게 되는 것이 문제이다. 그 갈등관계의 주된 이유는 대통령과 수상의 권한의 헌법상 한계가 모호하다는 점에서 찾을 수 있다.[41] 그리고 프랑스의 정치적 전통으로서 다당제적 정당체계의 특성상 대통령과 의회가 서로 다른 정당에 의해 지배되는 정치적 역학관계에서도 그 갈등관계의 원인을 찾을 수 있다. 그 밖에 대통령과 수상이 동일정당 소속인 경우에도 정치적 야심을 가진 인물들의 개인적 성향 등에 따라 미묘한 갈등관계가 나타나게 된다.

대통령은 헌법상 국가원수로서의 지위에서 헌법의 준수를 보장하고 그의 중재로서 공권력의 정상적인 작동과 국가의 영속성을 보장하고 국가의 독립성과 영토의 보전, 국제협약의 준수를 보장하며, 수상과 각료임명권을 통해 정부를 구성하고 의회해산권과 국민투표부의권, 긴급조치권 등의 강력한 실질적 권한을 행사한다. 한편 수상은 대통령에 의해서 임명되지만 내각의 수반으로서 정부활동을 지휘한다. 헌법상 대통령이 군통수권자이지만 수상이 국방에 대한

41) 김정기, 프랑스의 이원정부제, 『국민과 함께하는 개헌 이야기』(2권), 61면.

책임을 지며, 수상은 각료의 임면을 제안하고 대통령이 위임하는 경우 국무회의를 주재한다. 그밖에 수상은 의회와의 관계에서 법률안발안권 등 상당한 권한을 행사하며, 대통령과 함께 자주적 명령권과 집행명령권 등 실질적 입법기능을 갖는다. 이와 같이 수상과 정부는 실제로 국가의 정책을 이끌어 가는데 필요한 거의 모든 권한을 부여받고 있다고 할 수 있다. 헌법상 대통령의 권한과 수상의 권한이 명확하게 구분되지 않고 모호하고 추상적으로 규정되어 있고 양자가 권한행사를 공유하는 경우가 있기 때문에 헌법규범보다는 현실의 헌정운용과정에서의 정치적 관행에 의해 권한의 배분이 이루어지는 것이 현실이다.

대통령은 헌법상 자신의 의사에 따라 총리를 임명할 수 있지만 역대 총리 임명과정을 보면 대통령의 자유의사에 따른 임명이라기보다는 당시의 정치적 역학관계가 크게 작용하고 있음을 부정할 수 없다. 대통령이 의회의 다수파를 확보하고 있더라도 총리의 임명은 선거결과의 보상이라는 측면을 무시할 수 없다.[42] 특히 동거정부가 출현하게 되면 대통령의 수상임명권은 더욱 제약을 받게 된다. 이 경우 대통령은 자신에게 충성하는 자를 총리로 임명할 수 없고 의회에서 받아들여질 수 있는 사람을 선택할 수밖에 없기 때문이다. 총리가 대통령에 의해 임명되지만 일단 총리로 임명된 후에는 총리는 대통령에 종속된 지위에 머무는 것이 아니라 양자는 현실적으로 경쟁관계로 변모하게 된다. 이러한 경쟁관계는 각료의 선택과 임명과정에서 드러나게 되며 결국 대통령은 총리와의 타협을 통해 각료를 임명하게 되며 의회와의 관계도 고려할 수밖에 없다.

또한 대통령은 국무회의를 주재하지만 총리는 수시로 각료회의를 주재하고 매일 관계부처회의를 주재함으로써 행정의 집행은 사실상 총리중심으로 행해지고 있다고 해도 과언이 아니다. 대통령의 실질적 권한 행사는 외교·국방 이외의 분야에서는 사실상 총리와 경합관계에 놓일 수밖에 없다.

이와 같이 대통령과 총리의 관계는 헌법규범적 측면보다는 정치제도 운용의 실제적 측면에서 파악되어야 하는 점이 많다고 할 수 있다. 헌법상 대통령에게 강력한 지위와 위상을 정립해 놓았다고 하더라도 그 정치제도의 실제에 있

42) 일반적으로 대통령이 그의 임기 중 두 번째 총리의 임명을 기술관료 중에서 선택하기를 원한다고 하는데 이러한 사실은 곧 대통령에 의해 임명된 총리가 급속도로 성장하여 대통령의 경쟁자로 되기 때문이라는 것을 말해 준다. 상세는 성낙인, 프랑스헌법학, 569면.

어서는 대통령이 집행권의 절대적 지배자라기보다는 총리와의 관계에 있어서 '양두제'의 형태 내지 탄력적이고 상대적인 우위에 있는 것으로 이해될 수 있다.[43]

2. 의회와 집행부의 관계

(1) 의회의 구성

프랑스 제5공화국헌법상의 의회는 양원제로서 상원에 해당하는 원로원과 하원인 국민의회로 구성된다. 양원의 지위는 평등한 것이 아니라 하원은 상원에 인정되지 않는 권한을 가진다. 상원은 정부의 책임을 추궁할 수 없고 예산안의 심의에 있어 하원보다 짧은 기간이 부여된다. 양원의원의 입후보자격은 국민의회의원이 23세 이상이며 상원의원이 35세 이상이다. 임기는 국민의회의원이 5년이고 상원의원은 9년으로 3년마다 3분의 1씩 개선된다. 국민의회의원(577명)의 선거는 그 임기만료 또는 의회해산으로 실시되며, 투표방식은 단기·다수 2회투표제를 채택하고 있다. 제1차투표에서 유효투표의 과반수, 동시에 유권자의 4분의 1이상의 표를 획득한 후보자는 당선되며, 이러한 후보자가 없는 경우에는 제2차투표가 행해지며 이 때에는 1차투표에서 유권자의 12. 5% 이상 득표한 후보자들 중에서 상대다수의 득표로 당선이 결정된다. 상원의원(321명)의 선거는 주단위로 소정의 선거인단에 의하여 행해진다.

(2) 의회의 입법권

제5공화국헌법은 의회의 합리주의화를 의도하여 의회의 독점적 입법권에 대한 상당한 제약이 가해지게 된 것이 특징이다. 종전에는 의회가 입법을 위해 관심있는 모든 사항에 대하여 법률을 제정할 수 있었으나 제5공화국헌법은 의회가 제정할 수 있는 법률사항의 범위를 제한하였다(제34조 제1항). 즉 헌법은 법률이 개입할 수 있는 사항을 열거하고 또한 그 열거는 제한적이며 그 외의 사항에 대하여는 정부의 명령의 소관사항으로 하였다. 헌법 제34조에 의한 법률의 소관사항은 일반적 법률사항과 원칙적 법률사항으로 구분된다. 일반적 법률사항으로는 시민권, 공적 자유(기본권보장)와 공적 의무, 중죄·경죄의 정의 및

43) 성낙인, 앞의 책, 560면.

그에 적용되는 형벌, 형사소송절차, 조세의 세율 및 기준, 국회 및 지방의회의 선거제도, 기업의 국유화 등의 사항이 포함된다(제34조 제2항, 3항). 원칙적 법률사항에는 국방의 일반조직, 지방공공단체의 자유로운 행정이나 권능 및 재원, 교육, 소유제도, 노동법 및 사회보장제도 등의 사항이 포함된다(제34조 제4항). 이러한 제5공화국헌법상의 법률의 소관사항의 제한적 열거는 의회의 입법권에 대한 대폭 축소를 의미할 뿐만 아니라, 나아가 그것은 일반적 법규범의 정립에 관한 의회의 법률은 예외이며 정부의 명령이 원칙이라는 관념을 드러낸 것이라 해도 과언이 아닌 것이다.44)

법률안의 발안은 총리와 의원의 권한에 속한다. 총리가 제출하는 법률안은 국무회의의 의결을 거쳐 양원 중의 하나의 원으로 제출되며, 다만 예산안에 관하여는 하원인 국민의회가 선의권을 갖는다. 의원이 제출하는 법안은 법률의 소관사항에 해당하는 것이어야 하며 예산을 수반하는 법안은 수리되지 않는다. 최근의 입법과정은 의원제출법안보다 정부제출법안이 압도적으로 증가하는 경향을 보이고 있다.

헌법은 또한 의회의 입법권에 대한 예외로서 정부가 의회의 위임을 받아 법률의 효력을 갖는 명령(법률명령)을 제정할 수 있도록 규정하고 있다(제38조). 즉 정부는 국회에 대하여 헌법상 법률사항으로 규정된 것에 관하여 정부의 예정된 정책의 실시를 목적으로 법률의 효력을 갖는 명령을 정부가 발할 수 있도록 요구할 수 있다. 이에 따라 국회는 수권법에 의해 명확하게 특정된 사항에 관하여 기간을 한정하여 입법권을 위임할 수 있다. 이 법률명령은 국무회의의 심의를 거쳐 대통령이 서명함으로써 공포와 동시에 시행된다. 다만 이 경우 법률명령은 일정 기간 내에 국회의 추인을 받아야 한다. 이러한 정부의 법률명령권은 예외적인 것이기는 하지만 통상의 행정입법권과는 달리 법률의 효력을 갖는 것이므로 이 점에서도 의회의 입법기능은 상당히 위축되고 있다.

의회의 입법권에 대하여는 행정부에 의한 광범위한 통제수단이 마련되어 있다. 국회에서 통과된 법률안에 대하여 대통령은 서명하기 전에 재의를 요구할 수 있으며(제10조), 대통령은 또한 그 법률안에 대하여 헌법위원회에 합헌성 심사를 청구할 수 있다(제61조). 그리고 제5공화국헌법에 의해 새롭게 채택된

---

44) 山口俊夫, 앞의 책, 181면.

제도로서 대통령은 헌법에 열거된 특정한 사항에 관한 법률안에 대하여 국민투표에 회부할 수 있는 권한을 가진다(제11조).[45)]

이러한 의회입법권의 범위의 축소와 입법권에 대한 행정부의 통제장치 등은 과거의 제3, 제4공화국시대의 의회의 정부에 대한 절대적 우위에 대한 역사적 반동으로 이루어진 것이라 할 수 있으며, 의회중심의 의원내각제원리의 수정을 의미한다.

(3) 의회의 행정통제권

의회의 정부활동에 대한 통제수단으로는 우선 의회가 정부활동에 관한 정보의 수집을 내각에 요구하기 위한 조사위원회나 통제위원회를 설치할 수 있다. 의원은 질문권을 행사하여 내각의 각료에 대한 정보를 요구하며 내각은 정부의 정책을 의회에서 설명하여야 한다. 그리고 현행헌법의 의회의 내각에 대한 책임추궁에 관한 규정들을 보면 내각의 불안정성을 회피하려는 취지가 농후하다는 것을 볼 수 있다. 내각에 대한 책임추궁의 절차로는 세 가지의 경우가 있다. 첫째, 총리가 의회에 대하여 국무회의의 심의를 거친 정부의 일반강령 또는 일반정책에 관한 내각의 신임을 물을 수 있다. 이 경우 표결은 유효투표의 과반수에 의해 결정되고 이 신임안이 부결되면 총리는 대통령에게 내각의 사직을 제출해야 한다. 둘째, 하원의원이 보유하고 있는 공격적인 방법으로 하원의원 10% 이상의 서명으로 내각불신임결의안을 제출하는 것이다. 이 결의안은 의원총수 과반수의 찬성으로 가결되는데, 가결되면 내각은 사직하고 부결되면 내각은 존속하게 된다. 이 불신임결의안은 40회 정도 제출되었다. 셋째, 총리가 특정한 법안의 채택에 있어서 내각의 신임을 묻는 것이다. 이러한 정부의 선제공격에 대하여 하원의원은 의원 10%이상의 서명으로 불신임결의안을 24시간 이내에 제출할 수 있다. 이 동의에 대하여 의원총수 과반수로 가결되지 않는 한 내각은 신임을 받게 됨과 동시에 당해 법안은 가결된 것으로 간주된다.[46)] 그러나

45) 헌법 제11조에 근거한 한정된 영역의 법률안에 대한 국민투표는 7회 행사되었는데, 그 중 4회는 드골대통령에 의한 것이다. 1962년의 대통령선거방법에 관한 국민투표와 1969년의 상원개혁을 위한 국민투표는 헌법개정에 관한 국민투표로서 위헌성의 논란이 있는 것이었다. 드골은 1969년의 국민투표가 부결되자 대통령직을 사임하였다. 정만희, 비교헌법강의, 280~282면.

46) 이 동의는 최근까지 30회 이상 제출되었다. 좌파정권은 이 절차를 이용하는데 소극적이었

지금까지 이러한 책임추궁동의가 가결된 경우는 없다.

3. 동거정부의 문제

(1) 동거정부의 출현

프랑스의 이원정부제는 1958년 출범이후 1986년까지는 대통령 소속의 정당이 의회의 과반수의석을 점하는 다수당을 구성하였기 때문에 대통령은 의회와의 갈등 없이 전권을 행사할 수 있었다. 그러나 1986년 이후 오늘에 이르기까지 대통령이 소속하는 정당과 의회의 다수당이 일치하지 않게 되는 경우가 세 차례나 발생하였고 그때마다 대통령은 야당의 지도자를 총리로 임명하는 동거정부(cohabitation)체제를 출현시키게 되었다.[47)]

제1차 동거정부는 1986년부터 1988년까지 형성되었다. 당시 미테랑 대통령 재임기간 중 1986년의 총선에서 집권당인 사회당이 패배하고 야당이었던 공화국연합과 민주연합이 의회의 다수파를 차지하게 되자 미테랑 대통령은 공화국연합의 당수인 자크 시락을 총리로 임명함으로써 최초의 동거정부체제가 출범하게 되었다. 프랑스 제5공화국 헌정사상 처음으로 경험한 동거정부는 적지 않은 혼란을 야기하였다. 좌파대통령과 우파총리는 매우 불편한 동거체제로 운영되었으며 양자의 이념적 차이 때문에 처음부터 주요 정책결정을 둘러싸고 대립을 거듭하였다. 특히 대통령과 총리의 권한이 헌법상 중복되는 모호한 경우에 혼선이 빚어지기도 하였으며 미테랑 대통령은 국방과 외교영역에서 그의 권한행사를 주장하였다. 시락총리는 동거정부 이전에 대통령에게 포기했던 외교적 권한을 주장하였으며 국제적 정상회담에 대통령과 함께 동석하기도 하였다. 다행히 외교현안에 대해서는 한목소리를 냈기 때문에 큰 문제는 없었다. 1차 동거체제는 1988년 대선에서 승리한 미테랑 대통령이 의회를 해산하고 총선을 실시하여 좌파가 다수의석을 차지함으로써 막을 내리게 되었다.

제2차 동거정부는 1993년 미테랑 대통령 임기중 실시된 총선에서 우파가

다. 제1,2차의 모루와(P. Mauroy) 및 파비우스(I. Fabius)의 세 개의 내각에서 7개의 법안에 대하여 이 절차가 사용되었음에 반하여 시라크 내각에서만 7개의 법안에 대하여 사용되었다.

47) 프랑스의 동거정부의 문제에 관하여는 정재황, 프랑스에서의 동거정부에 대한 헌법적 일고찰, 『공법연구』 제27집 제1호, 1999, 153면 이하.

다시 다수의석을 점하게 되자 대통령이 시락의 측근인 발라뒤르를 총리로 임명함으로써 출현하게 되었다.

제2차 동거체제 하에서는 미테랑 대통령이 차기 대선에 출마하는 것이 어렵게 되자 대통령과 총리간의 갈등은 크게 심화되지 않았다. 대통령과 총리는 국익을 위하여 상호 존중하는 자세를 보여주었다고 평가되고 있다.[48] 2차 동거정부는 1995년 대선에서 우파인 자크 시락이 승리함으로써 종지부를 찍게 되었다. 제2차 동거정부는 제1차 동거정부에 비해서 평화적 동거체제라고 할 수 있다.

제3차 동거정부의 출현은 제1차, 제2차 동거체제와는 달리 우파의 시락 대통령이 우파가 압도적 다수를 이루고 있는 의회를 1997년 해산하고 조기총선을 실시하였으나 선거결과 패배함으로써 동거정부를 형성하게 된 점에서 차이가 있다.

(2) 동거정부에 대한 평가

동거정부체제에 대한 프랑스 내에서의 평가는 매우 다양하게 내려지고 있다. 최초의 동거정부출현 당시에는 동거정부 자체를 인정할 것인가의 여부를 둘러싼 논의가 전개되기도 하였으나, 3차에 걸친 동거정부를 경험하게 되자 동거정부의 출현을 정상적인 제도의 정착으로 평가하는 입장도 있다. 동거정부에 대한 국민의 여론도 그때그때 마다 달리 나타나고 있는데 동거정부는 과도기적인 것으로 그쳐야 한다는 의견도 적지 않으며, 정국의 안정성확보에 관점에서 부정적으로 보는 견해도 있다는 것이다.

그러나 동거정부에 대한 학자들의 일반적 평가는 긍정적 평가가 우세하다고 할 수 있다. 동거정부하에서 대통령과 총리간의 의견대립이 적지 않았으나 대체로 큰 위기 없이 넘어갈 수 있었으며 동거정부가 헌법제도를 마비시키지 않았다고 보는 것이다. 동거정부의 상황에서 대통령과 총리간의 권한분배문제가 많이 거론되었으나 이 권한분배의 문제가 프랑스 정치체제의 위기를 가져온 경우는 없었다는 평가이다.[49]

---

48) 예컨대 1993년의 이민규제법안을 두고 대통령과 정부간에 이견이 있었는바 이 법률에 대해 헌법위원회의 위헌결정이 내리게 되자 총리는 이 위헌결정에도 불구하고 입법을 가능하게 하기 위하여 헌법개정을 시도하였다. 대통령은 이 헌법개정을 막을 수도 있었으나 총리와 합의하는 길을 택하였고 결국 1993년의 헌법개정에 의해 이 문제는 해결되었다. 정재황, 앞의 논문, 191면.

49) 정재황, 앞의 논문, 195면.

한편 동거정부의 경험은 헌법규정보다 오히려 헌법관행 내지 헌법현실이 더 우선하고 강한 힘을 발휘한다는 의식을 형성하게 된 측면도 부정할 수 없다. 동시에 그러한 의식의 형성은 동거정부의 정당성과 그 운영에 대한 논의에 있어서 헌법규범에 대한 새로운 검토와 헌법해석을 요청하게 되었다는 점이 중요한 의미를 갖는다. 즉 대통령과 총리간의 권한배분의 문제해결을 위한 논의는 헌법에 대해 재고(再考)하고 새로운 검토를 요구하는 계기가 되었다는 점에서 프랑스의 입헌주의의 실현과 관련하여 의의가 크다고 할 수 있다. 그리하여 통치구조에 관한 헌법규정은 살아있는 헌법의 가장 중요한 법원(法源)으로서의 자리를 확고히 하게 되었다고 할 수 있다.

요컨대 동거정부의 출현에 대하여는 병리적인 현상으로 분석되기도 하였으나, 3차에 걸친 동거정부의 경험은 대통령과 총리간에, 의회 다수파와 소수파 사이에 인내와 타협의 정치를 받아들이도록 하였으며 건전한 민주주의의 실천을 충실하게 하는 결과를 가져오게 되었다는 긍정적 평가가 가능하다고 본다.

4. 소 결

프랑스 제5공화국헌법의 이원정부제는 의원내각제와 대통령제의 혼합형 정부형태로서 이는 프랑스에 고유한 헌정사적 배경과 정치문화 속에서 필연적으로 탄생할 수밖에 없었던 제도이다. 여기서 혼합형의 정부형태는 전통적인 의회제에 기초한 의원내각제의 토대 위에 의회에 대한 행정부의 종속과 약체화를 극복하고 국정수행의 안정성을 확보하기 위한 방안으로 대통령제의 요소를 반영한 제도임을 유념할 필요가 있다. 한국에서의 정부형태 개헌논의에 있어 프랑스형 이원정부제 도입론의 주장은 우리의 대통령제가 갖고 있는 대통령에의 권력집중의 폐해를 극복하기 위해 집행권을 실질적으로 이원화하여 권력분점이 제도화된 이원정부제가 바람직하다는 논리라고 할 수 있다. 그러나 서구형 의회주의가 확립되었다고 보기 어렵고 의원내각제 경험이 거의 없는 한국적 정치상황에서는 이원정부제의 제도적 취약점으로서의 동거정부의 출현에 따른 대통령과 수상간의 갈등관계와 집행부의 불안정성의 문제라든지 대통령의 대권적 권한의 남용의 우려는 프랑스의 경우보다 훨씬 심각한 문제로 대두될 소지가 있다. 이렇게 볼 때 이원정부제의 개헌논의에 앞서 유럽의 이원정부제의 이론과 실제에 관한 보다 심도있고 체계적인 연구가 선행되어야 한다고 생각한다.

Ⅳ. 이원정부제의 한국에의 도입론에 대한 평가

1. 정부형태 개헌논의와 이원정부제 도입론의 대두

우리나라의 헌법학계에서 이원정부제에 관한 최초의 논의는 제4공화국헌법 당시 일부 헌법학자들에 의해 '이원적 집정부제'를 소개한 데에서 비롯되었으며, 1980년 헌법논의과정에서 이원집정부제가 일시적으로 논의된 바 있다. 당시 제3의 정부형태의 모델로서 의원내각제와 대통령제의 혼합형을 의미하는 '이원집정부제'라는 용어는 그 후의 학계 논의과정에서 학자들에 따라 각기 다르게 표현되기도 하여 반대통령제, 준대통령제, 이원집행권제, 권력분산형 대통령제, 분권형 대통령제 등의 용례로 사용되기도 하였지만 최근의 학계논의에서는 '이원정부제'라는 용어로 통일되어 가는 추세에 있다.[50)]

개헌논의에 있어서 이원정부제 도입이 본격적으로 주장된 것은 불과 몇 년 전의 일이다. 2007년 노무현대통령의 원포인트 개헌제안의 당시만 하더라도 4년중임제를 골간으로 하는 순수대통령제의 개헌론이었으며 그 이전의 개헌논의도 의원내각제냐 순수대통령제냐에 관한 것이 논의의 중심이 되었다. 이원정부제 개헌론은 2008년 이후부터는 급부상하게 되었으며 국회 헌법연구자문위원회가 이원정부제를 제1안으로 제안한 것을 비롯하여 일부 정치권과 학자들도 이원정부제를 선호하는 입장을 보이고 있다.

2. 이원정부제 개헌론의 논거

정부형태의 개헌논의에 있어서 프랑스형 이원정부제를 도입하자는 주장의 논거들을 정리하면 다음과 같다. 첫째, 현행의 대통령제에 있어서의 권력집중이

50) 이에 관하여 일반적 의미에서의 절충형 정부형태가 아니라 제3의 정부형태로서 '이원정부제'라는 용어로 통일할 것을 주장하는 대표적인 학자로는 성낙인 교수를 들 수 있다. 성낙인, 이원정부제(반대통령제)의 구체화를 통한 권력분점의 구현, 제헌61주년 기념 국제학술대회 논문집, 2009, 257면; 성낙인, 헌법학, 858면 이하.

가져오는 헌정운영상의 폐해를 극복하기 위해 권력분산형 정부형태가 필요하다는 것이다. 국회헌법연구자문위원회가 채택한 보고서도 정부형태의 개헌방향에 관한 제1안으로 이원정부제를 제안하면서 그 이유를 "그동안 5년 단임 대통령제 아래에서의 국정운영 경험은 권력집중에 따른 국정운영의 비효율성이 국가선진화의 걸림돌로 작용하였음"을 여실히 보여주었기 때문이라고 밝히고 있다.[51] 따라서 이원정부제 개헌은 현행 정부형태의 권력집중의 문제를 개혁할 수 있는 가장 현실적인 대안이라는 것이다. 특히 현행헌법의 정부형태는 대통령제 요소와 의원내각제 요소가 혼합된 정부형태이므로 현행헌법의 기본적인 골격을 유지하는 가운데 대통령제로 집중된 권력을 분점하는 형태로 점진적 개혁이 가능한 것이 이원정부제의 도입이라는 것이다. 즉 집행권을 국민으로부터 직선된 대통령과 국회로부터의 신임에 기초한 국무총리를 중심으로 하는 내각에 분점시키는 방안은 설득력을 가지며 이는 현행헌법의 본질적 요소를 유지하는 가운데 권력분점을 확보하는 방안이라는 것이다.[52]

둘째, 이원정부제는 의원내각제와 같은 책임정치의 실현이 가능하다는 것이다. 이원정부제는 대통령이 주로 외교 국방에 관한 권한을 가지며 수상은 일반 행정에 관한 권한을 행사하는데, 평상시에는 의원내각제와 같은 방식으로 운영됨에 따라 수상을 정점으로 하는 정부가 의회의 신임 위에 행정을 책임지고 의회의 내각불신임결의에 따라 내각은 사직하게 됨으로써 책임정치의 구현에 적합한 정부형태가 된다는 것이다.[53]

셋째, 이원정부제는 대통령직선제에 관한 국민의 강한 욕구를 충족시키면서 현행 대통령제의 폐해를 극복할 수 있는 정부형태라는 것이다. 6. 10항쟁으로 얻어진 대통령 직선제는 시민혁명의 산물로 간주되는 것으로 대통령직선제를 폐지해야 하는 의원내각제개헌은 국민적 공감대가 형성될 수 없는 것이 현실이므로 대통령직선제를 유지하면서 대통령의 독점적 권한을 분산시키는 정부형태로 이원정부제가 타당하다는 것이다.[54]

넷째, 한국의 권위주의 정치문화와 지역주의를 극복하고 통일 이후를 대비

51) 국회헌법연구자문위원회보고서, 5면.
52) 성낙인, 앞의 논문, 271면.
53) 전학선, 분권형 대통령제 도입을 위한 제언, 『국민과 함께하는 개헌 이야기』(2권), 272면.
54) 전학선, 앞의 논문, 272면.

하는 데 있어서는 분권형 대통령제를 의미하는 이원정부제가 바람직하다는 것이다. 대통령제는 분단된 현실에서 우리의 권위주의적 정치문화와 맞물려 광포화된 정치권력을 행사하려 할 것이고, 의원내각제는 의회민주주의의 성숙된 모습을 보여주지 못하는 현실에서 망국적인 지역주의와 맞물려 또 다른 엄청난 시행착오를 요구하게 될 것이므로, 21세기의 통일한국의 실정에 맞는 헌법의 권력구조는 우리 사회의 다양한 욕구와 구조적 한계를 수용할 수 있는 분권형 대통령제라고 한다.[55]

3. 이원정부제 개헌론에 대한 반론

(1) 이원정부제 성립의 배경에 대한 이해의 필요성

정부형태의 논의에 있어서 이원정부제의 출현은 유럽에서의 의회주의에 기초한 의원내각제 국가에서, 그것도 입헌주의의 전개과정에서 군주제가 부정되고 공화제를 수립한 국가에서 그들 국가의 전통적인 의원내각제에 대한 수정보완의 논리로서 채택된 것을 의미한다. 서구에서 최초의 이원정부제의 유형으로 간주되는 독일 바이마르공화국헌법의 정부형태도 고전적 의원내각제의 전통을 유지하면서 새로운 공화국에서의 군주의 대체자로서 대통령제를 도입하면서 집행권의 이원적 구조를 갖게 된 것이다. 프랑스 제5공화국헌법의 이원정부제도 제3, 제4공화국하의 전통적 의원내각제하에서의 의회의 내각에 대한 우위에 따른 행정부의 약체화와 불안정성의 문제를 극복하기 위한 개혁방안으로 미국의 대통령제에서의 국민에 의해 선출되는 대통령의 요소를 가미한 정부형태임은 앞에서 기술한 바와 같다. 그 밖의 핀란드, 오스트리아, 아일랜드 등 혼합형 정부형태도 전통적인 의원내각제의 경험 속에서 행정권의 안정성확보를 위한 개선방안으로 이원정부제가 출현하게 된 것이다.

그러나 우리의 이원정부제 도입논의는 서구와 같은 의원내각제의 오랜 전통과 경험이 없는 가운데 건국이후 지금까지 제2공화국헌법의 1년 미만의 짧은 의원내각제경험을 제외하고는 대통령제 중심의 정부형태를 줄곧 운용해 온 헌정의 현실에서 서구형 이원정부제 도입의 주장이 설득력을 갖는 것인지 의문이

---

55) 장성호, 통일시대의 대한민국헌법 권력구조모색, 『국민과 함께하는 개헌 이야기』(2권), 263~265면.

다. 우리의 대통령제의 권력집중문제를 해결하기 위해 집행부를 이원적 구조로 개편하고 권력을 분산시키는 방안은 그 성공의 사례를 찾기 어려우며, 오히려 한국적 정치문화적 여건하에서는 집행부의 이원적 구조는 새로운 갈등요인을 초래할 위험성을 배제할 수 없다고 본다.[56] 비교헌법적 관점에서 볼 때 라틴아메리카의 경우 대통령제를 도입하여 실패를 경험한 여러 나라에서 그 개혁방안으로 대통령제원리를 수정한 사례들이 있기는 하지만 그것은 서구의 이원정부제와는 거리가 먼 제도라고 할 수 있다.

또한 우리의 현행헌법상 정부형태가 순수 대통령제가 아니고 대통령제의 원리에 의원내각제적 요소가 가미된 점에서는 혼합형 정부형태라 할 수 있지만 우리의 혼합형은 프랑스 제5공화국헌법의 경우처럼 역사적 경험을 통한 현실적 필요성에서 채택된 제도가 아니라, 단지 헌법제정과정에서의 우연한 '정치적 타협의 산물'을 의미한다. 더욱이 우리의 대통령제의 문제점이 바로 이 의원내각제적 요소에 기인한다고 보는 것이 일반적 분석임[57]에 비추어 볼 때 의원내각제적 요소를 더욱 강화하는 방향으로의 개헌논의는 의원내각제적 요소를 배제하고 순수 대통령제로 이행하는 것이 필요하다고 보는 견해와는 정반대의 논리로서 국민적 합의를 도출하기 어렵다고 본다.

(2) 집행부의 이원적 구조의 문제

이원정부제 옹호론자들은 집행권의 이원화와 실질적 권력분점으로 대통령의 독재화를 막을 수 있다고 주장하지만 그것은 이상론에 가까운 논리이며 현실적으로는 그 역기능도 간과할 수 없다. 이원정부제에서는 실제로 집행권을 명확하게 이원화하기가 어렵고 대통령과 수상간의 권한분배의 모호성으로 인하여 양자간의 갈등을 초래하게 된다. 다시 말하면 이원정부제는 정책의 책임소재가 분산되어 있기 때문에 그 자체가 갈등의 요인이 됨을 부정할 수 없다. 더욱이 대통령의 임기가 고정되어 있기 때문에 이러한 갈등상황은 더욱 악화될

56) 정치학자들 중에도 우리의 대통령제의 문제를 내각제와의 혼합에 있다고 보는 입장에서 본격적인 대통령제와 의원내각제의 혼합을 의미하는 이원정부제는 문제를 치유하기 보다는 확대할 가능성이 높다는 견해가 있다. 조정관, 순수대통령제로의 권력구조 개편을 위한 제안, 『국민과 함께하는 개헌이야기』(제2권), 320면.

57) 정만희, 현행헌법상 정부형태의 의원내각제적 요소에 대한 검토, 『동아법학』 제44호, 2009 참조.

가능성이 있다.[58] 이러한 갈등관계는 대통령과 수상이 동일한 정당이나 동일한 정당연합 출신인 경우에도 불안정과 비효율의 요소가 존재한다. 대통령은 스스로의 보좌진을 거느리고 수상과 상충되는 정책을 개발할 수 있으며 내각의 각료들이 직접 대통령과 접촉할 수 있으므로 경우에 따라서는 각료들이 수상을 경유하지 않고 직접 대통령에게 가서 총리가 내린 결정을 기각해 달라고 요청함으로써 수상을 곤경에 빠뜨릴 수도 있다. 이는 필연적으로 정치공작과 음모가 이루어지게 되고 정책결정이 지연되며, 대통령과 수상 사이의 갈등 때문에 상호모순되는 정책들이 시행될 수 있게 된다. 미테랑 대통령시대의 프랑스의 경험은 이런 이원정부제 체제가 최대의 효율을 보장하지 않는다는 것을 잘 보여준다.[59] 대통령은 수상과의 공존과 협력을 위해 노력을 경주해야 하는 것이 요구되는데 한국정치에서는 정부와 정당에서 2명의 최고지도자가 권력을 공유하고 목표달성을 위해 협력한 경험이 거의 없다. 이 점에서 이원정부제가 한국정치에 적합할 것이라는 판단이 서지 않는다는 견해가 타당하다고 본다.[60] 요컨대 이원정부제를 채택한 국가들의 경우 권력 분산은 대통령과 수상 사이에 상생적인 견제와 균형보다는 비효율적인 대결과 갈등으로 비화되거나 정치적 불안정과 비효율로 귀결되는 경향이 있음을 부정할 수 없다.[61]

대통령에의 권력의 집중과 독재화의 문제는 현행 체제하에서도 대통령의 권한 자체를 축소하는 방안과 권력분립원리에 따른 의회와 사법부에 의한 통제장치의 강화, 국가권력의 수직적 분배를 위한 지방자치제의 강화 등으로 해결할 수 있는 것이며, 굳이 의원내각제적 원리에 바탕을 둔 집행권의 이원화와 권력분점만이 근본적 해결방안이라고 볼 수는 없다.

(3) 동거정부의 문제점 극복의 한계성

이원정부제의 가장 큰 제도적 단점은 동거정부가 출현하는 경우에 드러난다. 프랑스의 경우 동거정부가 세 차례 출현하였으나 비교적 안정적인 국정운영을 기할 수 있었던 것은 서구형의 높은 정치적 의식수준과 문화적 여건에 의

58) Linz and Valenzuela/신명순·조정관 역, 앞의 책, 146면.

59) Linz and Valenzuela/신명순·조정환 역, 앞의 책, 151~152면.

60) 박찬욱, 정부형태와 개헌과제, 『국민과 함께하는 개헌이야기』(2권), 128면.

61) 이준한, 『개헌과 민주주의』, 한울아카데미, 2007, 64면.

해 가능했던 것이지, 후진적이고 낙후된 의회민주주의와 정당정치의 현실에서는 프랑스와 같은 동거정부의 국정운용을 기대하기 결코 쉽지 않을 것이다.

한국의 현행 대통령제하에서도 빈번한 여소야대에 의한 분열정부 내지 분점정부(divided government)현상이 나타나고 있고 이러한 분열정부가 국회와 정부간의 대립과 갈등관계로 인하여 국정운영의 마비와 비효율성 등의 문제가 지적되고 있으나, 여기서의 갈등관계는 의회와 행정부간의 문제로서 엄격한 권력분립원리에 입각한 대통령제에 있어서 필연적인 현상이라고 할 수 있다. 그러나 이원정부제에 있어서의 동거정부현상은 의회와 행정부의 대립과 갈등뿐만 아니라 행정부 내에서 대통령과 총리간의 또 다른 갈등과 대립을 야기하게 되는 것으로 '이중적 갈등관계'를 초래하게 되는 심각한 문제가 있는 것이다.

따라서 한국의 정치상황에서 이원정부제를 채택하는 경우 지역균열구도에 기초한 다당제적 정당정치의 특성상 동거정부의 출현은 사실상 피하기 어렵다고 보며, 그 동거정부의 폐해는 현재의 대통령제하에서의 여소야대의 경우보다 훨씬 클 것으로 예상된다고 본다. 이원정부제를 주장하는 학자들 중에는 동거정부가 제도적으로 강제된 '대연정'을 의미하기 때문에 대통령제에서 나타나는 여소야대의 문제점을 해결할 수 있다고 주장하지만,[62] 이에 대해서는 쉽게 수긍하기 어렵다. 프랑스의 경우를 보더라도 선거결과 동거정부가 형성되면 대통령과 수상은 집행부의 정책방향을 결정하는 데 있어서 상호협력을 모색하기 보다는 정치적 경쟁자로서 늘 차기 대선을 의식하며 상대방을 공격하는 데 열중하게 되는 현상들이 나타난다.[63] 동거정부의 이론과 현실 사이에는 상당한 거리가 있음은 세 차례의 동거정부의 경험에서 잘 드러나고 있다.

(4) 대통령의 대권적 권한에 대한 통제의 결여

이원정부제의 두드러진 특징의 하나는 대통령에게 강력한 권한으로 긴급조치권 내지 비상대권을 부여하고 있다는 점에 있다. 헌법상 제도화되어 있는 합헌적 독재(constitutional dictatorship)는 국가적 위기상황에서 국가의 존립과 헌법질서를 수호한다는 데에서 그 정당화 사유를 찾을 수 있는 것이지만, 정치지도자의 강한 집권욕구는 헌법수호의 차원이 아닌 정권유지 차원에서 긴급권을

62) 황태연, 앞의 논문, 12면.

63) 오일환, 프랑스 이원정부제 권력구조 분석, 『국민과 함께하는 개헌이야기』(2권), 192면.

남용 오용하게 되면 이러한 긴급권제도는 헌법의 자살을 의미하게 된다. 더욱이 앞에서 기술한 바와 같이 동거정부의 상황에서 대통령과 총리간의 갈등과 대립이 격화되고 의회와 대통령간의 첨예하게 대립하게 되면 대통령은 의회해산권을 발동하거나 긴급조치권을 행사하여 국면을 전환시키려 할 것이다. 대통령과 의회의 다수파가 일치하지 않고 국정의 교착과 분열상태가 심각해진 경우 대통령이 의회해산을 하더라도 총선결과 다시 야당 또는 야당연합이 과반수의석을 점하게 되면 의회의 지지를 받는 정부의 구성이 사실상 불가능하게 되어 대통령은 그에게 부여된 비상대권에 의존하여 집권하는 합헌적 독재의 상황이 발생한다.[64]

프랑스의 이원정부제에 있어서도 대통령의 긴급조치권에 대하여는 의회로부터의 통제수단이 거의 존재하지 않는 것이 문제로 지적되고 있다. 이러한 제도적 취약점을 안고 있는 대통령의 대권적 권한을 그대로 우리 헌법에 수용하기는 어려우며, 만일 이원정부제 개헌이 이루어지는 경우에도 대통령의 긴급권 행사는 의회로부터의 통제수단 확보가 전제되어야 할 것이다. 즉 우리의 현행 대통령제 헌법상 대통령의 긴급명령권과 계엄선포권 행사에 있어서의 국회의 사전적·사후적 통제장치는 그대로 유지되어야 할 것으로 생각된다.

(5) 제도의 새로운 선택과 제도의 유지·개선의 문제

최근까지의 정부형태 개헌논의의 특징은 한마디로 현행 대통령제가 문제점과 폐해가 크기 때문에 이제는 그 제도를 폐기하고 새로운 정부형태로서 이원정부제나 의원내각제로라는 새로운 정치제도를 선택하자는 주장이 논의의 중심이 되고 있고, 그에 맞서서 현행제도의 문제점 극복은 새로운 제도선택으로 해결할 것이 아니라 현행제도의 기본골격을 유지하면서 부분적인 개선·보완책을 찾자는 논리가 대립하고 있다는 것이다.

그러나 정부형태나 권력구조는 본질적으로 헌법제정권자의 근본적 결단으로 채택된 이상 그 제도의 운용과정에서 여러 문제점이 드러나더라도 제도 자체를 쉽게 폐기하고 새로운 제도로 선택할 수 있는 성질의 것이 아니다.[65] 정부

---

64) Linz and Valenzuela/신명순·조정관 역, 앞의 책, 149면.

65) 정만희, 정부형태에 관한 헌법개정의 방향, 『헌법학연구』 제14권 제4호, 2008; 정만희, 『헌법개정연구』, 112면 이하.

형태와 권력구조는 국가적 조직의 기본 틀을 의미하는 것으로 지속성과 안정성을 요구하는 것임은 두말할 나위도 없다. 이원정부제 개헌론자들의 견해 중에는 현행헌법상 정부형태가 이미 대통령제적 요소와 의원내각제적 요소가 혼합된 것이므로 이원정부제의 도입은 현행헌법의 본질적 요소를 유지하면서 권력분점을 확보하는 점진적 개혁방안이라고 주장하지만,[66] 이에 대해서는 동의하기 어려운 점이 있다. 왜냐하면 이원정부제가 의원내각제와 대통령제의 혼합형 정부형태라는 점에서 외견상 우리의 정부형태와 유사하다고 볼 수 있지만 이원정부로 정부형태를 변경하는 것은 기본적으로 의원내각제의 토대를 새롭게 갖춘 상태에서 대통령제의 요소를 존치시키는 것이므로 이는 의원내각제가 정부형태의 기반을 구축하고 있지 않은 우리의 정부형태에서는 근본적 개혁이며 새로운 제도의 선택에 해당하기 때문이다. 결국 이원정부제 도입론은 의원내각제 도입론과 마찬가지로 새로운 제도선택을 위한 논의를 의미하는 것이므로 이를 점진적 개혁론으로 보기는 어렵다는 것이 필자의 견해이다.

외국의 예를 보더라도 20세기 이후의 입헌주의국가에서 정부형태에 관한 기존의 제도를 폐기하고 새로운 제도를 선택한 경우는 드물며 기존 제도의 틀을 유지하면서 문제점을 개선하고 보완하기 위한 부분적 수정방법을 채택하는 것이 일반적이다. 슈거트와 케리가 지적한 바와 같이 대통령제를 시행해 오다가 의원내각제로 바꾼 사례는 거의 찾아볼 수 없다는 것이 이를 말해 주고 있다.[67] 라틴 아메리카의 경우 미국형 대통령제를 도입한 많은 국가에서 다당제적 전통에 기인한 정치적 불안정을 극복하기 위하여 대통령제를 수정한 사례들을 볼 수 있으나 그 경우에도 대통령제를 포기하는 것이 아니라 정치인과 정당들 사이의 협상과 타협을 통하여 선거제도와 정치적 관행을 수정해 온 것이 특징이다. 예외적으로 볼리비아의 경우를 보면 순수대통령제를 채택해 오면서 다당제적 전통과 유권자의 극단적인 투표분산의 경향으로 인해 국민의 직선에 의한 대통령선거의 1차투표에서 과반수득표자가 없는 경우에 제1위에서 제3위까지의 득표자를 대상으로 의회에서 선출하는 제도를 1967년의 헌법개정으로 채택한 것을 볼 수 있다. 이러한 대통령선출방식은 대통령제원리에 반하는 것이

66) 성낙인, 앞의 논문, 271면.

67) Matthew S. Shugart and John M. Carey, op. cit., p.3.

며 헌정의 실제에서도 대통령의 내각구성은 정당들의 연합에 의해 이루어지므로 대통령이 유권자 과반수의 득표로 당선되지 못하는 경우에 볼리비아의 정부형태는 사실상 의원내각제적으로 운용되는 것이다.[68)]

V. 맺음말

프랑스의 이원정부제를 모델로 하는 서구형의 이원정부제는 혼합형 정부형태이지만 그 혼합형의 원리는 그들의 전통적 의회제와 의원내각제적 체제의 기반 위에 대통령제 요소를 혼합한 것이 본질적 특징이다. 집행부의 이원적 구조도 원래의 의원내각제하에서의 집행부의 이원적 구조를 유지하되, 다만 그 이원적 구조를 종전의 명목상의 이원적 구조이었던 것을 실질적인 이원적 구조로 변경한 것에 불과하다. 따라서 이원정부의 성공조건에 관한 논의에 있어서도 의원내각제의 성공조건에 관한 논의가 그대로 적용된다.

이원정부제는 집행권의 분산으로 인한 갈등과 대결의 문제를 피할 수 없는 것이 제도적 취약점이라 할 수 있으며, 프랑스의 경우 이러한 문제를 극복하고 이원정부제가 성공하고 있다고 말할 수 있는 것은 그 나라에 고유한 정치적 관용과 타협의 문화가 존재하기 때문이라고 할 수 있다. 따라서 정치적 관용이 없는 갈등의 정치문화와 이원정부제가 결합하는 경우에 예상되는 폐해는 매우 심각해질 수 있다고 본다.

우리나라의 건국 이래의 헌정경험을 통해 국민들은 이미 대통령제에 친숙해져 있으며 의원내각제나 이원정부제라는 새로운 정부형태의 선택에 소극적 태도를 보이고 있음은 부정하기 어렵다. 헌법개정논의에 있어서 이원정부제 도입의 주장은 일견, 현행 대통령제의 문제점과 폐해를 극복할 수 있는 합리적 방안으로 보일 수도 있으나 그 새로운 제도선택에 있어서 우리의 정치상황에 적합한 구체적 제도설계는 결코 용이한 일이 아니다. 왜냐하면 이원정부제라는 것은 헌법규범에 의해 기본골격이 정해져 있지만 그 제도의 운용실제는 정치적 관행에 의해 상당한 부분 그 내용이 형성되고 구체화되고 있으며, 헌법상 통치구조의 기반을 이루는 정당체계와 선거제도와의 결합관계에 따라 유동적이고

68) Linz and Valenzuela /신명순·조정관 역, 앞의 책, 112면 이하.

가변적으로 운용되는 제도라는 점에서 고도의 정치적 기술을 요하는 정부형태임에 틀림없기 때문이다.

정부형태나 통치구조의 변경을 위한 헌법개정은 국민적 합의에 바탕을 두어야 하지만 그 합의도출을 위해서는 헌법개정의 필요성과 당위성에 관한 국민다수의 이해와 설득이 전제되어야 한다. 지난 수년간 정부형태 개헌논의가 활발하게 전개되면서 이원정부제 개헌론도 유력한 개헌안의 하나로 제시되었지만 그 정도의 논의의 성과만으로 국민적 공감대가 형성되었다고 보기 어렵다. 우리 사회에서 앞으로의 개헌의 실현가능성은 누구도 예측하기 어렵지만 2012년의 총선과 대선과정에서 개헌론은 다시 점화될 소지가 충분히 있다고 본다. 그렇지만 앞으로의 정부형태 개헌논의는 보다 더 신중을 기하여야 할 것이며, 성급한 이원정부제 개헌론에 앞서 이원정부제의 이론과 실제에 관한 철저한 조사연구가 더 진행되어야 할 것이다.

앞으로의 개헌문제에 관한 논의와 연구는 개헌의 실현가능성 여부와 관계없이 지속되어야 할 것이다. 우리의 미래 정치는 쉽게 예측할 수 없지만, 다시 개헌논의가 공론화된다면 단기적으로는 현행 제도의 기본골격을 유지하면서 부분적이고 점진적 개혁의 방안을 찾는 것이 바람직하다고 보며, 장기적 관점에서는 미래의 통일한국시대의 청사진을 그리는 통치구조 전반에 대한 논의를 시작해야 할 것이다. 그리고 정치문화적 조건과 역사적 배경을 달리하는 외국의 제도들을 그대로 수용하는 것에 대한 논의보다는 그 제도들을 참고하되 우리의 정치상황에 가장 적합한 방향으로 수정하고 변형시킬 수 있는 다양한 방안도 논의의 대상에 포함시키는 개방적이고 유연한 개헌논의의 자세가 필요하다.

〈본 장의 글은 『동아법학』 제52호(동아대학교 법학연구소, 2011. 8) 143~187면에 게재된 논문임〉

제 3 장 정부형태에 관한 헌법개정의 방향

Ⅰ. 머리말

1987년헌법의 채택(1988. 2. 25. 시행) 이후 오늘에 이르기까지 30년에 가까운 헌법운용과정 속에서 헌법개정논의는 빈번하게 전개되어 왔다. 1997년 대통령선거과정에서 처음으로 내각제개헌론이 대두된 바 있으며,[1] 2002년 대선과정에서도 각 정당후보들은 권력구조개편에 관한 개헌론을 제시하였다. 그 후 2007년 1월 노무현 대통령은 잔여임기 1년을 앞두고 전격적인 '원포인트 개헌'을 제안하였으나 무산되고 말았으며, 이명박정부에 들어와서는 국회가 주도한 개헌논의가 활발하게 전개되었다. 2008년 6월 제18대 국회구성 직후 여야 국회의원 180여명은 자발적인 헌법연구단체(미래한국헌법연구회)를 결성하여 개헌논의를 전개하였고,[2] 동년 9월에는 국회의장직속기구로 '헌법연구자문위원회'가 구성되어 1년간의 개헌연구조사를 진행하여 2009년 8월 연구결과보고서가 채택되었다.[3] 헌법관련 학계와 여러 시민단체 등에서도 2006년부터 개헌문제에 관심을 가지고 다양한 헌법개정안을 제시함으로써 우리 사회의 개헌논의가 본격

1) 1997년 대선과정에서의 내각제개헌론에 대한 평가로는 정만희, 의원내각제 개헌론에 대한 비판적 분석, 헌법학연구 제6권 제1호, 2000, 302면 이하.

2) 미래한국헌법연구회(공동대표: 이주영, 이낙연, 이상민)는 학계 전문가들과의 토론회 등을 거친 연구성과물로 『국민과 함께하는 개헌이야기』(2권)을 2010년 9월 발간하였다.

3) 국회헌법연구자문위원회, 『헌법연구자문위원회 결과보고서』(2009. 8).

적으로 전개되고 공론화될 것으로 예상되기도 하였다.[4] 2012년 12월 대선과정에서도 각 정당과 후보자들은 예외 없이 선거공약으로 정부형태 개헌론을 제안하였으나 박근혜 정부의 출범 이후 개헌논의는 사실상 중단되었다. 2017년 5월 문재인 정부의 출범과 함께 다시 개헌논의가 재개되고 있는 가운데 개헌문제에 대한 국민의 관심은 오히려 소극적이라 할 수 있다.

작금의 개헌논의의 대상은 권력구조와 정부형태 개편에 관한 것이고 그 핵심적 내용은 현행의 대통령제를 프랑스의 이원정부제와 같은 분권형 정부형태로 바꾸자는 개헌론이 우세한 가운데 미국형 4년중임 대통령제 개헌론과 의원내각제개헌론 등이 다양하게 제시되어 왔다.[5] 이원정부제 도입론은 우리의 대통령제가 권력의 집중으로 인한 제왕적 대통령제로 운용되는 위험성을 극복하기 위하여 행정부의 이원화와 실질적 권력분점을 내용으로 하는 권력분산형 정부형태가 바람직하다는 것이다.[6] 그러나 필자는 기본적으로 통치구조와 정부형태에 관한 개헌은 매우 신중을 기해야 하는 문제라고 보며, 정부형태의 문제점을 해결하기 위한 방안으로 기존의 제도를 폐기하고 새로운 제도를 선택해야 한다는 논리는 상당히 위험한 발상이라는 점을 강조하여 왔다.[7] 필자의 정부형태 개헌방향에 관한 견해는 기발표논문을 통해 밝힌 바와 같이, 현행의 대통령중심제 원리의 기본골격을 유지하면서 부분적이고 점진적인 제도적 개선·보완

---

4) 학계와 시민단체 등에서의 개헌논의에 관한 주요 연구성과로는 한국헌법학회,『헌법개정연구』, 2006; 한국공법학회,『헌법개정안 연구보고서』, 2006: 한국헌법학회·법제처 공동학술대회,『헌법개정의 필요성과 방향』, 2010; 대화문화아카데미,『새로운 헌법 필요한가』, 2008; 함께하는 시민행동,『헌법 다시보기, 87년헌법 무엇이 문제인가』, 2007; 헌법포럼,『헌법개정시안』, 2006(월간조선 2006. 1월호 별책부록).

5) 정치권에서는 주로 이원정부제 도입을 주장하고 있으며, 학계에서는 4년중임 대통령제를 선호하는 입장이 우세하다고 할 수 있다. 2009년 국회헌법연구자문위원회도 제1안으로 이원정부제, 제2안으로 미국형 4년중임 대통제를 제시하고 있다. 의원내각제 개헌론도 일부 학자들에 의해 제기되고 있는데, 그 의원내각제 개헌론 중에는 현시점에서의 의원내각제개헌은 그 성공의 전제조건의 결여로 시기상조라고 보지만 장기적인 관점에서 통일헌법의 정부형태로서는 의원내각제가 바람직하다는 견해도 있다. 이러한 견해로는 장영수, 의원내각제 정부형태 도입에 대한 검토의견, 헌법연구자문위원회 참고자료, 2009, 278면 이하.

6) 헌법연구자문위원회 결과보고서, 5면, 204면 이하.

7) 정만희, 헌법개정논의, 동아법학 제47호, 2010, 36면 이하; 정만희,『헌법개정연구』, 세종출판사, 2010, 62면 이하; 정만희, 이원정부제 정부형태의 검토, 동아법학 제52호, 2011, 143면 이하.

의 방안을 찾는 것이다. 따라서 대통령제원리의 근본적 변질 내지 폐기를 의미하는 이원정부제의 도입에 소극적 입장을 표명한 바 있다.[8] 이원정부제라는 것은 바이마르 공화국헌법에서 그 성립기원을 찾을 수 있으며 프랑스를 비롯한 핀란드, 오스트리아, 아이슬란드 등 유럽의 일부 국가에서 채택하고 있는 제도이지만 그 제도의 역사적 성립배경이나 연혁을 보면 기본적으로 그들 나라의 오랜 의원내각제적 전통 위에서 그 제도의 운용과정을 통해 드러난 문제점을 극복하기 위한 방안으로 대통령제적 요소를 일부 가미한 혼합형 정부형태를 의미한다. 그렇기 때문에 의원내각제의 정치적 전통에 바탕을 두고 있지 않은 대통령제의 정치적 전통 하에서의 정부형태의 개혁방안으로 이원정부제를 제안하는 것은 상당한 정치적 모험을 수반하는 것이라 하지 않을 수 없다.

비교헌법적 관점에서 볼 때 의원내각제를 대통령제로 변경한 사례들은 있지만, 대통령제 정부형태를 의원내각제로 변경한 사례를 거의 찾아 볼 수 없는 것으로 분석되고 있다.[9] 이와 마찬가지로 대통령제를 이원정부제로 변경한 경우도 쉽게 찾아보기 어렵다는 것을 주목할 필요가 있다. 대통령제의 전통이 강한 라틴아메리카에서는 대통령제의 실패에 대한 개혁논의가 없었던 것은 아니지만, 대통령제를 내각제로 바꾼 사례는 드물며 이원정부제로 수정한 경우도 흔치 않다. 브라질의 경우 대통령제의 실패에 대해서는 국민 대다수가 인정하고 있었지만 정치지도자들이 새로운 정치제도의 도입을 주장하지 않았으며 국민들은 잘 모르고 이해하기 힘든 제도보다는 이미 익숙한 제도를 선호하였기 때문에 1993년의 국민투표에서 내각제선택의 기회가 있었으나 무산된 바 있다.[10]

이처럼 그 유례를 쉽게 찾기 어려운 대통령제로부터 의원내각제나 이원정부제로의 이행은 그만큼 위험부담이 클 것이며 그 운용상 적지 않은 시행착오를 거칠 수밖에 없다고 예상할 수 있다. 현시점에서 국민의 여론이 과연 대통령제보다 이원정부제나 의원내각제를 선호하는지도 의문이다.[11] 그러므로 정부형

8) 정만희, 앞의 책(주7), 110~112면.

9) Matthew Soberg Shugart and John M. Carey, President and Assemblies: Constitutional Design and Electoral Dynamics, 1992, p.3.

10) Juan J. Linz and A. Valenzuela ed., The Failure of Presidential Democracy: Comparative Perspectives, 1994 /신명순·조정관 공역, 내각제와 대통령제, 나남출판, 1995, 134면.

11) 한국헌법학회, 헌법개정연구(2006 헌법개정연구위원회 최종보고서), 2006, 35면 참조. 이 보고서에 의하면 국민 60% 이상이 대통령제를 선호하고 있으며 공법학자들도 65% 정도

태의 개헌논의는 새로운 정부형태의 선택에 초점을 맞출 것이 아니라 우리에 현행 정부형태의 골격을 유지하면서 그 개혁방안으로서 합리적인 대안을 찾기 위한 개방적 자세가 필요하며 나아가 거시적 관점에서 통일시대의 정부형태를 구상하는 관점에서 논의가 이루어져야 한다고 본다. 따라서 앞으로의 개헌논의는 그 논의과정에서부터 국민적 공감대가 형성되는 것을 전제로 해야 할 것이며 정치권에서 특정 정부형태의 선택을 유도하는 방향으로 국민여론을 하향적으로 형성해 나가는 것은 곤란하다.

본고에서는 1987년헌법 채택 이후의 개헌논의과정을 살펴보고 이원정부제 도입론을 분석한 후 앞으로의 정부형태의 바람직한 개선방향과 헌법개정의 방법을 제시하도록 한다.

Ⅱ. 정부형태에 관한 개헌논의의 전개

1. 1987년 헌법의 헌정사적 의의

1987년 6월 시민항쟁을 계기로 하여 채택된 1987년 헌법은 1980년 헌법에 비해 대통령의 권한을 약화시키고 국회의 지위를 강화함으로써 권위주의에서 탈피하고 권력구조를 합리적으로 개편하였으며, 정부형태는 대통령직선제를 부활하여 미국형 대통령제에 좀 더 접근하게 되었다. 그러나 구 헌법상의 의원내각제적 요소가 여전히 잔존하게 됨으로써 결코 미국형 대통령제와 같은 범주에 속한다고 할 수 없으며, 그것은 대통령제를 기본으로 하면서 의원내각제적 요소가 가미된 혼합형 정부형태의 하나라고 할 수 있다. 이러한 정부형태는 외국의 입헌례를 찾기 어려운 변형된 대통령제의 일종으로 한국의 정치문화에 특유한 '한국형대통령제'[12]라는 표현도 타당하다고 할 것이다.

가 대통령제를 선호하는 것으로 나타나고 있다고 기술하고 있다. 그리고 최근의 여론조사(조선일보·서울대아시아연구소 광복70년 국민의식조사)에 의하면 개헌 추진의 필요성에 관하여 '필요하다'(48.9%)와 '필요하지 않다'(51.1%)는 의견 중 개헌이 필요하지 않다는 의견이 약간 우세하게 나타났으며, 개헌에 찬성하는 응답자들이 원하는 개헌방향은 분권형 대통령제(38.4%), 대통령 4년 중임제(32.1%), 내각제(17.3%) 등으로 나타났다. 조선일보 2015. 8. 10. A4면.

12) 권영성, 「헌법학원론」, 법문사, 2010, 786면.

1987년 헌법은 당시 국민의 직선제개헌의 열망을 반영해야 하는 당위성에 의해 서둘러서 개헌작업이 진행되었기 때문에 통치구조 전반에 걸친 충분한 개헌논의가 이루어지지 않았으며, 중임여부에 관한 논의에 있어서는 여야간의 타협으로 1980년 헌법상의 대통령 단임제가 유지되고 다만 임기를 7년에서 5년으로 단축하는 5년 단임제가 채택된 것이다. 요컨대 현행헌법은 국민의 다수의사에 따른 민주적 개헌을 통해 대통령직선제로 환원됨에 따라 통치구조의 민주적 정당성을 확보하게 되었으며, 과거 우리 헌정사의 경험에 따른 반성에서 장기집권으로 인한 독재화를 막기 위해 단임제를 채택하였다는 점에서 그 헌정사적 의의를 찾을 수 있다. 이러한 대통령직선제와 5년단임제를 중심으로 하는 개헌은 비록 형식적으로는 기존의 헌법개정절차에 따라 채택된 것이지만 그것은 주권자인 국민의 시민혁명에 의한 '정치적 결단'의 산물을 의미한다고 할 수 있으며, 이 점에서 제9차 개헌에 의한 87년헌법은 실질적으로 새로운 헌법의 제정이라고 보는 견해도 설득력이 있다고 하겠다.[13]

그러나 1987년 헌법은 시민운동의 산물을 의미함에도 불구하고 실제로 그 헌법의 성립과정은 시민사회의 요구가 반영되고 참여가 보장된 '심의'(deliber-ation)의 산물이었다기 보다는 시민사회의 대표들은 전혀 이 헌법개정과정에 참여하지 못하고 좁은 정치사회 내 엘리트들 간의 탁상협상정치의 결과였기 때문에 이 협상과정에 참여한 자들의 단기적인 이해관계의 절충의 산물로서 1987년 헌법은 처음부터 태생적 문제점을 안고 있었다는 지적이 있다.[14] 그리하여 1987년 헌법은 권력구조를 포함하여 많은 조항들이 충분한 심의의 과정을 거치지 아니하고 짧은 시간 안에 채택되었기 때문에 중요한 사회적 의제와 변화를 헌법에 반영하지 못하였고 당시 민주화 이후의 사회변화의 전망이나 헌법비전 등이 전혀 반영되지 못하였다는 것이다. 말하자면 1987년 헌법개정과정은 대통령직선제개헌 이외의 문제에 관한 개헌논의는 그 기간이 충분하지 못했으며 개방적이고 공개적인 논의가 제대로 이루어지지 못했다는 것이다.[15] 이렇게 볼

13) 제9차 개헌에 의한 1987년 헌법을 실질적인 새로운 헌법의 제정으로 보는 입장은 김철수, 「헌법학개론」, 박영사, 2008, 127-8면; 계희열, 「헌법학(상)」, 박영사, 2007, 144면.

14) 박영림, 헌법개혁과 한국 민주주의, 함께하는 시민운동, 『헌법 다시보기』, 70면.

15) 87년 헌법은 당시 민정당과 민주당을 대표하는 8인정치회담의 주도하에 만들어지게 되었는데, 이 8인정치회담은 7월 31일부터 9월 16일까지 짧은 기간에 협상을 완료하고 새 헌

때 1987년 헌법은 시민항쟁의 산물이라는 헌정사적 의미를 갖는 것이지만 국민의 다양한 민주적 의사를 수렴하여 통합하는 데는 성공했다고 보기 어렵다고 할 것이다. 즉 당시 시대적 요구로서 '독재 체제의 변혁' 이외의 다른 어떠한 헌법적 가치에 대한 진지한 논의를 헌법개정과정 가운데 충분히 포함시키지 못했으며, 헌법개정의 주도세력이 극히 제한되었고 개헌논의의 기간이 매우 짧아 개헌과정에 국민의 참여가 배제되었다는 점에서 1987년 헌법은 태생적 한계가 있음을 부정하기 어렵다고 할 것이다. 그럼에도 불구하고 1987년 헌법은 국민적 합의를 바탕으로 한 민주적 개헌절차를 통해 채택된 것이라는 점을 부정할 수 없으며, 특히 통치구조에 있어서는 권력분립원리의 실질화와 헌법재판제도의 도입 등으로 권력통제기능이 강화되었다는 점에서는 매우 긍정적으로 평가될 수 있다고 하겠다.

2. 정부형태에 관한 개헌논의의 전개

(1) 의원내각제 개헌론의 대두

1987년 헌법 시행이후 최초의 개헌논의는 1988년 4.26 총선 결과 여소야대 국회가 출현하게 됨에 따라 3당합당으로 거대여당인 민주자유당을 만들면서 3당대표들이 내각제개헌에 합의한 것을 들 수 있으나,[16] 본격적인 개헌논의는 1997년 12월의 제15대 대통령선거과정에서 제기된 내각제 개헌론이라 할 수 있

법안에 합의하였다. 협상내용 중 가장 중요한 의제는 대통령임기와 단임제 여부에 관한 것이었는데 민정당은 6년단임제안을 제시했고 민주당은 부통령제도입과 4년 1차 중임제안을 제시하였으나 협살결과 5년 단임제로 결론이 나게 되었다. 이는 '87년헌법만들기'의 주역들(노태우, 김영삼, 김대중)이 자신의 집권가능성을 보장해줄 수 있는 권력구조로서 5년단임 대통령제를 발견하였다는 것을 보여준다. 실제로 그 주역들이 그 후 모두 차례차례 대통령이 됨으로써 87년 헌법이 3자간 정략적 담합의 산물이라는 것을 말해주고 있다. 임혁백, 개헌의 필요성과 실현가능성, 대화문화아카데미 편, 『새로운 헌법 필요한가』, 2008, 46~48면.

16) 1990년 1월 당시 여당인 민정당과 야당인 민주당과 공화당이이 합당하여 거대여당 민주자유당을 설립하면서 3당대표들이 내각제개헌을 합의하였으나 합당 이후 대각제 개헌논의는 내부 정파간의 권력투쟁양상으로 변모하여 갔으며, 당시 야당인 평민당의 김대중 총재는 내각제개헌은 정부 여당의 장기집권음모라고 반박하면서 대통령직선제만이 국민의 뜻이라고 주장하였다. 결국 내각제개헌 논의는 야당의 반대와 국민여론에 밀려 정치적 합의를 도출하지 못했다. 이종찬, 한국 권력구조개편의 허상과 실상, 국제평화전략연구원 편, 『한국의 권력구조논쟁』, 1997, 28면.

다. 당시 선거전이 치열하게 벌어지던 중 야당후보인 새정치국민회의의 김대중 총재와 자유민주연합의 김종필 총재가 서명한 이른바 공동정부 및 내각제 추진 선언문과 협약은 내각제 개헌논쟁의 시발점이 되었다. 그 협약 속에는 의원내각제로 개헌할 것을 선언하고 있는데, 그 내용은 내각 성립후 1년 동안은 내각 불신임결의를 금지하고 독일식의 건설적 불신임제도를 도입할 것을 공약으로 내걸었던 것이다. 이 양당의 합의문에 의해 대통령후보의 단일화가 이루어지게 되었으며 그 결과 김대중후보가 대통령에 당선되었다. 그러나 당시의 합의문에 의한 내각제 개헌은 진정한 의미의 양당의 합의에 의한 공약이라 할 수 없으며, 더욱이 그것은 국민의 여론수렴을 전제로 한 공약의 제시로 볼 수 없었던 것이다. 그것은 단지 두 정치실력자의 권력욕구충족을 위한 타협의 산물로서 내각제개헌론을 제시한 것이지 정치지도자로서의 확고한 정치적 신념에 입각하여 민주적 헌정의 발전을 바라는 안목에서 제시되었다고 보기 어렵다. 왜냐하면 이 합의문의 주역인 양 김씨는 그 동안의 정치역정과 정치적 입장에서 볼 때 적어도 정부형태의 선호에 관한 투철한 정치철학이나 이념이 지배하는 뚜렷한 일관성 내지는 지향성을 찾을 수 없기 때문이다.[17] 김대중 대통령은 취임 후 내각제개헌공약은 유효하다고 하면서 그 공약의 실천에 있어서는 극히 소극적이고 모호한 입장을 취해 왔으며, 의원내각제로의 정부형태개편을 강력히 주장한 김종필씨는 대통령제 하에서의 희박한 집권가능성을 전제로 한 권력에의 의지표명으로밖에 볼 수 없다고 하겠다. 한마디로 당시의 내각제 개헌논의는 미래지향적 관점에서의 정부형태선택의 논의가 아니라 소수 실력자의 정치적 욕구충족을 위한 미시적이고 정략적 입장을 벗어나지 못하고 있음에 그 본질적 한계를 지적하지 않을 수 없다.[18]

(2) 4년 중임 대통령제 개헌론

내각제개헌론 수그러진 이후 노무현 정부에 들어와서는 대통령 5년 단임제를 4년 중임제로 변경하는 개헌논의가 제기되었다. 2007년 1월 9일 노무현 대통령은 전격적으로 '대통령 4년 연임제' 원포인트 개헌을 제안하였고 3월 8일에는 원포인트 개헌안의 시안이 정부의 헌법개정추진지원단에 의해 공개되었다. 노

17) 권영설, 한국헌법 50년의 발자취, 한국헌법학회「헌법학연구」제4집 제1호, 1998, 37면.
18) 정만희, 앞의 논문(주1), 302면 이하.

무현 대통령의 개헌론의 주요 내용과 의미는 다음과 같다.

첫째, 1987년 헌법체제 하에서의 권력구조의 비효율성과 불완전성을 극복하고 효율적인 정치체제를 구축하기 위한 개헌이 불가피하다는 것이며, 둘째, 그러나 개헌의 시기와 내용에 대해 이견이 있으므로 가장 합의를 이루기 쉽고 현재까지 문제조항으로 지적되어온 대통령 임기조항만을 일차적으로 4년 연임제로 개정한다는 것이다. 셋째, 대통령 임기조항에 대한 개헌의 목적은 대통령과 국회의원의 임기를 동일하게 함으로써 향후 각각의 임기단축을 이유로 정치권이 개헌논의에 착수하지 못하는 현실적인 장애물을 제거하는 것이며, 넷째, 향후 제2차적 개헌의 내용에 대해서는 전면적으로 개방되어 있으며 내각제 개헌에 대한 논의도 가능하다는 것이다.[19] 이러한 개헌론의 의미는 개헌의 방법론과 관련하여 볼 때 점진적 개헌론에 해당하는 것으로서 일차적으로 원포인트 개헌을 제안하고 장기적으로는 내각제개헌을 포함한 향후의 전면적 개헌론을 예정하고 있는 것이 특징이라 할 수 있다.[20]

노 대통령의 개헌구상이 제시된 헌법개정추진지원단의 시안에 의하면 첫째, 대통령 5년 단임제를 4년 1차 연임제로 개정하며, 둘째, 보궐선거에서 당선된 대통령은 전임자의 잔여임기만을 채우는 것으로 하되 잔여임기가 1년 미만인 경우에는 그 잔여임기동안 국무총리가 대통령의 권한을 대행한다. 셋째, 대통령당선자가 사망하거나 판결 등의 사유로 그 자격을 상실함에 따라 실시된 선거에서 선출된 대통령의 임기는 전임 대통령의 임기 만료 다음날부터 시작한다. 넷째, 대통령 궐위 확정절차를 명확히 하여 궐위확정권한을 헌법재판소에 부여한다. 그밖에 대통령과 국회의원의 임기를 일치시키기 위한 선거시기와 방식에 관한 대안을 제시하고 있다. 이 시안에서 특기할 점은 대통령 4년 연임제와 함께 대통령과 국회의원의 임기 주기의 일치화에 초점을 맞추고 있다는 점을 들 수 있다.

노무현 대통령의 개헌 제안은 그 내용의 타당성여부를 떠나 시기상의 문제점이 지적되었으며 개헌에 관한 국민의 문제의식이 충분히 성숙되지 않은 상태

19) 대통령비서실, 개헌관련 대통령담화 설명자료, 2007.

20) 김종철, 대통령 4년 연임제 '원 포인트' 개헌론에 대한 비판적 검토, 헌법학연구 제13권 제1호, 2007, 78면.

에서 성급하게 개헌을 제안한 것은 개헌의 전제조건으로서 사회적 합의가 결여된 것으로 문제가 있었다고 하겠다.[21)]

(3) 이원정부제 개헌론

우리나라에서 이원정부제에 관한 최초의 논의는 제4공화국헌법 당시 일부 헌법학자들에 의해 '이원적 집정부제'를 소개한 데에서 비롯되었으며, 1980년 헌법논의과정에서 이원집정부제가 일시적으로 논의된 바 있다. 당시 제3의 정부형태의 모델로서 의원내각제와 대통령제의 혼합형을 의미하는 '이원집정부제'라는 용어는 그 후의 학계 논의과정에서 학자들에 따라 각기 다르게 표현되기도 하여 반대통령제, 준대통령제, 이원집행권제, 권력분산형 대통령제, 분권형 대통령제 등의 용례로 사용되기도 하였지만 최근의 학계논의에서는 '이원정부제'라는 용어로 통일되어 가는 추세에 있다.[22)]

최근의 개헌논의에 있어서 이원정부제 도입이 본격적으로 주장된 것은 불과 몇 년전의 일이다. 2007년 노무현대통령의 원포인트 개헌제안의 당시만 하더라도 4년중임제를 골간으로 하는 순수대통령제의 개헌론이었으며 그 이전의 개헌논의도 의원내각제냐 순수대통령제냐에 관한 것이 논의의 중심이 되었다. 이원정부제 개헌론은 2008년 이후부터는 급부상하게 되었으며 2009년 국회 헌법연구자문위원회가 이원정부제를 제1안으로 제안한 것을 비롯하여 정치권과 일부 학자들도 이원정부제를 선호하는 입장을 보이고 있다.

이원정부제를 도입하자는 주장의 논거는 다음과 같이 정리할 수 있다. 첫째, 현행의 대통령제에 있어서의 권력집중이 가져오는 헌정운영상의 폐해를 극복하기 위해 권력분산형 정부형태가 필요하다는 것이다. 국회헌법연구자문위원

---

21) 노무현 대통령의 개헌안에 대한 비판적 입장은 김종철, 앞의 논문, 79면 이하.

22) 제3의 정부형태로서 '이원정부제'라는 용어는 바이마르헌법상의 혼합형 정부형태에 대하여 뢰벤슈타인이 "the dual executive, die zweigeteilte Exekutive"라고 명명한 데서 비롯된 것이다(K. Loewenstein, Political Power and the Governmental Process, 1965, p.95). 이 표현을 국내 학자들에 따라 이원집정부제로 등으로 불려지게 된 것이나, 행정부 내지 정부를 의미하는 'executive'를 집정부로 표현하는 것은 타당하다고 보기 어렵다. 이원집정부제의 명칭을 이원정부제로 통일할 것을 주장하는 대표적인 견해로는 성낙인, 이원정부제(반대통령제)의 구체화를 통한 권력분점의 구현, 제헌61주년 기념 국제학술대회 논문집, 2009, 257면; 성낙인, 『헌법학』, 법문사, 2015, 388면 이하; 강원택, 『대통령제, 내각제와 이원정부제』, 인간사랑, 2006, 168면.

회가 채택한 보고서도 정부형태의 개헌방향에 관한 제1안으로 이원정부제를 제안하면서 그 이유를 "그동안 5년 단임 대통령제 아래에서의 국정운영 경험은 권력집중에 따른 국정운영의 비효율성이 국가선진화의 걸림돌로 작용하였음"을 여실히 보여주었기 때문이라고 밝히고 있다.23) 따라서 이원정부제 개헌은 현행 정부형태의 권력집중의 문제를 개혁할 수 있는 가장 현실적인 대안이라는 것이다. 특히 현행헌법의 정부형태는 대통령제 요소와 의원내각제 요소가 혼합된 정부형태이므로 현행헌법의 기본적인 골격을 유지하는 가운데 대통령제로 집중된 권력을 분점하는 형태로 점진적 개혁이 가능한 것이 이원정부제의 도입이라는 것이다. 즉 집행권을 국민으로부터 직선된 대통령과 국회로부터의 신임에 기초한 국무총리를 중심으로 하는 내각에 분점시키는 방안은 설득력을 가지며 이는 현행헌법의 본질적 요소를 유지하는 가운데 권력분점을 확보하는 방안이라는 것이다.24)

둘째, 이원정부제는 의원내각제와 같은 책임정치의 실현이 가능하다는 것이다. 이원정부제는 대통령이 주로 외교·국방에 관한 권한을 가지며 수상은 일반 행정에 관한 권한을 행사하는데, 평상시에는 의원내각제와 같은 방식으로 운영됨에 따라 수상을 정점으로 하는 정부가 의회의 신임 위에 행정을 책임지고 의회의 내각불신임결의에 따라 내각은 사직하게 됨으로써 책임정치의 구현에 적합한 정부형태가 된다는 것이다.25)

셋째, 이원정부제는 대통령직선제에 관한 국민의 강한 욕구를 충족시키면서 현행 대통령제의 폐해를 극복할 수 있는 정부형태라는 것이다. 6.10항쟁으로 얻어진 대통령 직선제는 시민혁명의 산물로 간주되는 것이기 때문에 대통령직선제를 폐지해야 하는 의원내각제개헌은 국민적 공감대가 형성될 수 없는 것이 현실이므로 대통령직선제를 유지하면서 대통령의 독점적 권한을 분산시키는 정부형태로 이원정부제가 타당하다는 것이다.26)

넷째, 한국의 권위주의 정치문화와 지역주의를 극복하고 통일 이후를 대비하는 데 있어서는 분권형 대통령제를 의미하는 이원정부제가 바람직하다는 것

23) 국회헌법연구자문위원회보고서, 5면.
24) 성낙인, 앞의 논문, 271면.
25) 전학선, 분권형 대통령제 도입을 위한 제언, 『국민과 함께하는 개헌이야기』(2권), 272면.
26) 전학선, 앞의 논문, 272면.

이다. 21세기의 통일한국의 실정에 맞는 헌법의 권력구조는 우리 사회의 다양한 욕구와 구조적 한계를 수용할 수 있는 분권형 대통령제라는 것이다.[27)]

3. 개헌논의의 특징과 시사점

1987년헌법 시행 이후 지금까지의 개헌논의의 특징은 대체로 다음과 같이 요약될 수 있다. 첫째, 개헌논의가 주로 정치권에서 대통령선거를 배경으로 선거공약의 형태로 정치적 이해관계와 정략적 차원에서 정부형태와 통치구조를 중심으로 주기적인 개헌논의를 주도해 온 것을 지적할 수 있다. 이러한 선거공약으로서의 개헌론은 대통령선거 이후에는 소멸되고 마는 것이 문제이며, 국민적 공감대형성이 전제되지 아니한 선거주기적인 개헌론은 실현가능성이 희박할 수밖에 없는 것이다. 둘째, 2000년대에 접어들어서는 학계가 중심으로 헌법개정의 문제를 적극적 입장에서 제기하면서 헌법전반에 걸쳐 광범위한 개헌논의가 전개되었으며 학계와 시민단체에 의한 상당한 연구성과가 축적되어 있다는 점을 들 수 있다. 셋째, 개헌논의의 주체에 있어서 최근에는 국회내 의원들의 헌법연구단체가 결성되어 활발한 개헌논의가 이루어지고 있으며,[28)] 제18대 국회 구성 직후 국회의장 직속기구로 '헌법연구자문위원회'가 설치되어 국회중심의 본격적인 개헌연구가 행해졌다는 점이 과거의 개헌논의과정과는 상당한 차이가 있다. 넷째, 현행헌법에 대한 개헌논의의 특징은 과거 한국헌정사에 있어 구 헌법들의 개헌논의와 비교할 때 혁명이나 쿠데타 등 정치적 격변의 시기가 아닌 비교적 헌정질서의 평온과 안정이 유지되는 평상시에 있어서 개헌논의가 전개되고 있다는 점을 지적할 수 있다.[29)] 이러한 개헌논의는 과거와는 달리 개헌주

27) 장성호, 통일시대의 대한민국헌법 권력구조모색, 『국민과 함께하는 개헌 이야기』(2권), 263~265면.

28) 2008년 6월 창립된 국회 미래한국헌법연구회(공동대표: 이주영, 이낙연, 이상민 의원)는 "미래의 정부형태 무엇이 바람직한가"라는 주제와 '21세기 미래헌법, 무엇이 바람직한가 -기본권, 통일, 경제, 지방자치 조항을 중심으로"라는 주제로 여러 차례 세미나와 토론회 등을 개최하면서 활발한 헌법개정논의에 참여하였다.

29) 제헌헌법 하에서 행해진 제1차 개헌은 전시의 비상계엄하에서 국민적 공감대 형성과는 전혀 관계없이 대통령의 권력욕구에 따른 개헌이었으며, 제2차 개헌도 국민적 합의를 도출하지 않고 집권자의 의지에 따른 강압적 개헌이었다. 제3차 개헌은 4.19혁명의 산물로서 민주적 개헌을 의미하지만 제5차 개헌은 5.16 군사쿠데타에 의한 것으로 개헌주도세력은 군부였으며 개헌과정의 공론화는 기대할 수 없었음은 물론이다. 이른바 유신헌법과 제

도세력에 의한 하향적 논의가 아니라 정치권뿐만 아니라 학계와 시민단체 등도 자발적으로 각자의 개헌안에 관한 의견을 제시함으로써 사회적 합의를 도출하기 위한 공론화에 참여하고 있다는 점이 특징이다. 이러한 평상시에 있어서 개헌문제에 관한 자유로운 연구와 토론의 분위기가 조성되고 있음은 앞으로의 국민적 합의에 바탕을 둔 개헌을 위해 필수적으로 요청되는 공론화 과정이라 할 수 있다.[30]

이와 같이 1987년 헌법 하에서의 개헌논의는 그 주도세력이 정치권뿐만 아니라 학계와 시민단체 등 민간 차원에 이르기까지 확대되고 있으며 개헌논의 대상과 범위도 헌법전반에 걸쳐 광범위하게 이루어지고 있다는 것이 과거의 개헌과정과 뚜렷이 구별되는 점이다.[31] 정치권의 주된 관심사인 정부형태나 통치구조에 국한하지 않고 현행헌법 전반의 문제점에 대한 분석을 통하여 국가공동체의 생활규범으로서 헌법의 내용을 보완하고 나아가 미래지향적 헌법비전을 제시하는 새로운 헌법안을 제안하고 있다는 것이 특징이라 할 수 있다. 아무튼 최근 수년간의 개헌논의는 상당한 수준의 연구성과를 축적하게 되었다는 점에서 의미가 있으며, 앞으로 정치권에서 개헌에 관한 합의를 전제로 국회에서 개헌특위가 구성되어 본격적인 개헌논의가 공론화되는 경우에 지금까지의 연구성과는 매우 귀중한 자료로써 활용될 수 있다는 점에서 작금의 우리 사회에서의 개헌논의는 헌법사적 의의가 크다고 할 수 있다. 특히 개헌논의가 국회가 중심이 되어 있고 상당수의 국회의원들 개개인이 개헌문제에 관심을 가지고 연구와 토론 활동에 참여하고 있다는 것은 곧 국민의 대표기관이며 입법기관인 국회가 개헌논의를 주도하는 것으로서 바람직한 일이라 할 수 있다.

5공화국헌법의 성립을 의미하는 제7차 개헌과 제8차 개헌도 개헌의 공론화과정 없이 비상적 상황에서 전격적인 개헌작업이 이루어진 것이다.

30) 정만희, 앞의 논문(주7), 14면.

31) 시민단체 중심의 개헌논의는 87년헌법체제의 한계성과 낙후성을 지적하고 시민적 헌법개혁의 필요성을 주장하면서 새로운 헌법은 국가활동의 비전을 설정하는 '국가미래의 기획으로서의 헌법'을 제안하고 있다는 점에서 의미가 있다고 할 수 있다. 시민단체가 중심이 된 개헌논의의 대표적인 성과로는 대화문화아카데미 편, 『새로운 헌법 필요한가』, 2008 참조.

Ⅲ. 이원정부제 개헌론에 대한 평가

1. 정부형태 개헌의 필요성에 대한 검토

(1) 제도의 문제인가? 운용의 문제인가?

현행헌법의 개헌론의 핵심영역인 정부형태에 관한 개헌논의에 있어서는 우선 현행 정부형태의 문제점이 제도 자체의 문제점에서 비롯된 것인지, 아니면 제도 운용상의 문제점에서 기인한 것인지를 엄밀히 분석해 볼 필요가 있다. 왜냐하면 현행헌법상 정부형태의 문제점이 제도의 운용상 극복가능한 것이라면 헌법개정의 절차를 밟지 않더라도 헌법의 운용과정에서 개선방안을 찾을 수 있기 때문이다. 즉 국정의 난맥상이나 정국파행의 주된 원인을 헌법의 제도나 규정에서 찾는 것은 정확한 진단이 될 수 없음을 이해할 필요가 있다.[32)]

개헌론의 주된 논거로서 현행 대통령제가 권력의 집중에 의한 대통령의 독주와 제왕적 대통령제의 폐해가 우려되기 때문에 권력분점형 정부형태로 개헌이 필요하다는 견해에 대하여는 전적으로 수긍하기 어려운 점이 있다. 첫째, 대통령의 독주와 제왕적 대통령제로의 운용은 헌법규정상 대통령의 우월적 지위를 규정하고 있는 것과 무관한 것은 아니지만, 그보다는 헌법운용의 실제에서 나타나는 문제점이라는 것을 인식할 필요가 있다.[33)] 오히려 현행 헌법은 그 이전의 헌법에 비해 철저한 권력분립원리에 입각하여 대통령의 권력행사에 대한 의회와 사법부로부터의 통제장치가 대폭 강화되어 있으며, 의회와 행정부 간의 관계에 있어서 민주화과정 이후 빈번하게 출현하는 '분열정부' 내지 '분점정부'(divided government)의 현상(여소야대 현상)은 국회에 의한 실질적 행정통제가 효과적으로 이루어지고 있음을 말해주고 있다. 노무현 정부 시대부터 대통령에 대한 국회의 탄핵소추권 발동과 헌법재판소의 탄핵심판은 헌법상 탄핵제도

32) 이와 같은 취지의 입장으로는 박찬욱, 대통령제의 정상적 작동을 위한 개헌론, 진영재 편, 『한국 권력구조의 이해』, 나남출판, 2004, 179면 이하.

33) 제왕적 대통령제(imperial presidency)라는 표현은 미국의 대통령제에 관하여 사용된 것으로 닉슨 대통령 당시 베트남전의 확전이나 예산집행의 독선, 워터게이트사건 등에서 드러난 행정부의 권한남용을 비판하면서 슐레징거(Arthur Schlesinger, Jr.) 교수가 1973년 그의 저서 "the Imperial Presidency)"에서 처음 사용한 것이다. 그러나 국내에서의 제왕적 대통령제라는 표현은 이승만 대통령의 독재를 비롯하여 역대 대통령들의 권위주의적 통치방식을 모두 포함하는 개념으로 사용하는 것으로 보인다.

가 더 이상 장식물에 불과한 것이 아니라는 점을 확인시켜 주었다.[34] 또한 헌법재판제도의 도입과 활성화를 통해 대통령과 행정권행사에 대한 실효성 있는 통제장치가 작동하고 있어서 과거 권위주의시대와 같은 대통령의 독재는 거의 출현하기 어렵게 되었다. 다만, 이러한 분열정부현상과 반대되는 통합정부(unified government), 즉 여대야소의 정국이 형성되는 경우에는 한국적 정치현실에서 헌법상 의회의 대통령에 대한 통제수단은 명목화·형해화 될 수밖에 없고 대통령의 독주를 가능하게 하는 점은 부인하기 어렵다. 여기서 분열정부는 대통령에 대한 유효한 권력통제를 기대할 수 있다는 순기능적 관점에서 긍정적으로 평가되어야 한다고 본다. 물론 분열정부가 의회와 정부간의 대립과 갈등으로 국정의 교착상태와 마비를 초래할 수 있다는 문제점은 부정할 수 없으나, 이러한 문제는 현행의 통치구조 하에서도 의회주의원리가 정상적으로 작동하고 서구형의 정당정치와 정치문화가 확립되고 대통령의 정치적 리더십이 발휘되면 상당부분 해결될 수 있는 것이다.[35] 분열정부의 출현을 배제하기 위한 제도개혁으로 헌법개정의 방법이 우선적으로 요구되는 것은 아니라고 할 것이다.[36]

둘째, 87년 직선제개헌 이후 노태우 대통령을 비롯하여 그 후임대통령들의 헌법운용은 권위주의 통치방식에서 크게 벗어나지 못하였고 대통령 1인에 의한 권력의 집중이 국정의 실패를 반복하게 되었다는 지적은 부정할 수 없으나, 이러한 헌법운용의 현실은 대통령이 국정최고책임자와 행정부의 수반으로서 인사권을 남용하고 대통령에게 부여된 모든 법적 권한을 대통령이 직접 행사해 왔다는 점에서 그 직접적 원인을 찾을 수 있다. 따라서 현행 제도하에서도 대통령은 광범위한 인사권행사에 있어서 헌법상 국민주권의 이념을 존중하고 권력분립원리와 권력에 대한 통제의 원리를 준수하면서, 대통령의 광범위한 법적 권한을 직접 행사하지 아니하고 헌법의 테두리 안에서 국무총리와 행정각부의 장에게 일정 부분 위임하는 경우에는 대통령제를 성공적으로 운용할 수도 있는

---

34) 헌재 2004. 5. 14. 2004헌나1.

35) 정만희, 대통령제에 있어서 분열정부(divided government)의 헌법문제, 『헌법학연구』 제14권 제2호, 2008, 409면 이하.

36) 개헌론자들이 현행 대통령제의 문제점으로 대통령에의 권력집중과 제왕적 대통령제의 운용에 대한 우려를 지적하는 것은 분열정부의 출현을 배제한 상황에서의 논리라는 점에 문제가 있으며, 다른 한 편 분열정부출현의 경우 우려되는 문제점을 극복하기 위해 개헌을 해야 한다는 논리는 분열정부에 대한 부정적 개념을 전제로 한 것으로 납득하기 어렵다.

것이다.[37] 이 점에 대하여 부정적 견해의 입장에서는 대통령의 광범위한 권한위임의 헌법운용은 한국의 정치문화적 현실에서 기대하기 어려운 것으로 보고 있으나, 필자는 현행 대통령제하에서도 집권자의 권한위임에 관한 국정운영의 철학과 의지, 그리고 이를 지지하는 국민의 의사에 따라 새로운 헌법적 관행을 확립해 나갈 수 있는 문제라고 본다.[38]

(2) 정부형태의 문제점 극복방안으로서 제도의 '선택'과 제도의 '개선'

개헌론의 입장에서는 기본적으로 현행 대통령제의 문제점을 극복하기 위해서 현행 제도를 폐기하고 새로운 제도를 도입하자는 논리를 취하고 있다. 대통령 1인에게 과도한 권력이 집중되어 있는 문제점을 극복하기 위해 권력분점형 정부형태인 프랑스식 이원정부제를 도입해야 한다는 견해라든지, 승자독식을 위한 대통령선거과정의 국론분열을 막고 책임정치를 구현할 수 있는 의원내각제로 개헌하자는 주장 등은 일견 타당한 것으로 보이지만 새로운 정부형태의 선택에 있어서는 보다 더 신중한 검토가 필요하다고 본다. 헌법상 권력구조의 문제점을 해결하는 방안으로 기존의 제도를 폐기하고 새로운 제도를 채택하는 경우에는 그 새로운 제도의 도입과 시행에 따른 위험부담이나 그 역기능의 폐해라든지, 새로운 제도의 성공적 도입을 위한 전제조건의 조성여부에 관한 충분한 논의와 검토가 필요하다. 특히 정치적 변혁이나 혁명적 상황이 아닌 평상시의 정치적 평온이 유지되는 가운데 정부형태의 새로운 선택을 위한 개헌은 헌정질서의 안정을 해칠 위험이 크다.

프랑스형 이원정부제는 프랑스의 고유한 정치적 환경과 역사적 조건 하에서 형성된 제도로서 프랑스와는 전혀 다른 이질적인 정치문화를 가진 우리의 정치현실에 이원정부제가 그대로 적용될 수 있는지는 의문이 제기될 수 있다. 이원정부제의 문제점으로 지적되는 '동거정부'(cohabitation)의 출현은 한국의 정치상황에서는 더욱 심각한 문제가 될 수 있다.[39] 이원정부제 개헌론뿐만 아니

37) 정종섭, 한국 대통령제의 성공을 실현하기 위한 운영모델, 서울대학교『법학』제43권 제3호, 2002, 265면 이하.

38) 상세한 내용은 정만희, 현행헌법상 정부형태의 의원내각제적 요소에 대한 검토,『동아법학』제44호, 2009, 57면 이하.

39) 같은 입장으로는 명재진, 국무총리제의 합리적 운용의 한계와 개헌필요성,『헌법학연구』, 제13권 제1호, 2007, 177면.

라 의원내각제 개헌론이나 미국형 정부통령제 도입론의 경우에도 신중한 접근이 필요한 것은 마찬가지다.[40] 미국형 정부통령제 도입론의 경우에도 예상되는 문제점이 적지 않다. 미국의 부통령제는 미국헌법의 제정 이래 현재에 이르기까지 그 제도적 결함과 운용상의 문제점이 지적되어 왔음을 인식할 필요가 있다. 우리의 국무총리제가 갖고 있는 민주적 정당성의 취약성을 부통령제 도입으로 쉽게 극복할 수 있다는 논리는 일면의 타당성은 인정되나, 타면에 있어서 또 다른 문제점이 제기될 수 있다.[41]

요컨대 정부형태의 문제점을 해결하기 위한 방법으로 현행제도를 폐기하고 새로운 제도를 도입하는 것보다는 현행제도를 기본적으로 유지하면서 개선방안을 모색하는 것이 바람직하다고 본다. 특히 헌법상 통치구조의 기본 골격과 틀은 헌법제정권자의 근본적 결단의 산물을 의미하는 것으로 가능한 한 그 골격은 그대로 유지하는 것이 국가의 존립과 국정의 안정성확보를 위해 중요하다고 할 것이다. 외국의 사례를 보더라도 정부형태의 변경은 기존의 제도를 폐기하고 새로운 제도를 선택하는 경우는 드물며 기존 제도의 기본 틀을 유지하면서 문제점을 보완하고 개선하기 위해 다른 나라 제도의 요소를 부분적으로 도입하여 접목시키는 방법이 일반적이라 할 수 있다.

그렇게 볼 때 우리 대통령제의 문제점에 대해서는 철저한 분석과 검토가 요구되지만 그 개혁방안은 현행 제도를 버리고 조급하게 외국의 새로운 정부형태를 선택할 것이 아니라 지금의 대통령제의 장점을 살리면서 문제점을 좀 더 보완하고 정부형태와 결합된 정치제도를 개혁하고 성숙한 정치문화를 뿌리내리는 방향을 모색하는 것이 우선적으로 필요하다고 본다.[42]

---

40) 독일의 의원내각제가 정치적 안정을 유지하면서 책임정치를 구현할 수 있는 정부형태라고 할 수 있지만 한국적 정치문화에 있어서 독일과 같은 의원내각제 성공의 전제조건의 성립을 기대할 수 없는 현실에서는 성공적 도입을 낙관하기 어렵다. 장영수, 의원내각제 정부형태 도입에 대한 검토의견, 헌법연구자문위원회 참고자료집, 2009. 8, 278.

41) 미국의 부통령제에 대하여는 헌정초기부터 비판의 목소리가 컸으며 실제 헌정운용에 있어서 행정부내의 대통령과 부통령간의 갈등관계 등의 문제가 제기되고 있다. 상세는 Robert Albert, The Evolving Vice Presidency 78 Temple Law Review 811, 2005.

42) 대통령제를 선호하는 입장에 있는 슈거트와 케리는 대통령제는 의원내각제와 달리 국민이 직접의 행정부를 구성하고 대통령은 국민에 대해 직접적 책임(accountability)을 지며, 정부선택의 인지성(identifiability)이 보장되고, 의회와 행정부간의 상호견제(mutual checks)를 통해 권력적 균형이 유지된다는 점이 장점이라고 한다. 또한 세계정치사를 볼 때 대통

(3) 정부형태의 개헌에 관한 국민적 공감대형성 여부

작금의 개헌논의가 현실적으로 개헌작업으로 이어지기 위해서는 헌법제정권자이며 헌법개정권자인 국민의 헌법개정에의 의지 내지 공감대가 형성되어 있는가의 여부에 달려있다고 할 수 있다. 현재 정치권에서의 개헌논의가 국민의 개헌에 관한 정치적 의사를 반영한 것이라고 보기 어렵고, 일반 국민의 정치적 불신과 불만이 있다고 해서 그것이 곧 정부형태의 개헌에 관한 국민의 의사로 간주될 수도 없는 것이다. 전세계적 경기침체 속에서 국내 경제사정이 악화되고 있는 현 상황에서 개헌의 필요성에 관한 국민적 공감대는 형성되기 어려운 것이 사실이라고 할 수 있다. 따라서 현시점에서의 정부형태 개헌에 관한 국민의 적극적 의사가 확인되지 않고 있음에도 불구하고 정치권에서 일방적인 개헌논의를 주도하는 것은 국민적 합의를 도출하기 어렵게 만든다.

헌법의 개정은 헌법운용과정에서 현실적응성을 위해 필요하고 그 필요성의 이유와 근거에 관하여 정치권에서 논의되고 학계의 이론적 검토를 통해 지지를 받는다고 해서 바로 헌법개정절차로 이행할 수 있는 것은 아니다. 헌법의 개정은 주권자인 국민이 그 주체가 되는 것이므로 국민적 합의가 도출되지 않은 상황에서 정치권에서 개헌안을 발의하는 것은 정당화되기 어렵다. 예컨대 정치권에서 주도적으로 정치적 세력간의 타협과 협상으로 헌법개정안에 잠정적 합의가 이루어졌다고 해서 그 개헌안이 국민적 공감대를 바탕으로 한 국민적 합의가 전제된 것이라고 말할 수 없다. 국민의 다수의사에 기초한 민주적 개헌이 이루어지기 위해서는 개헌논의가 국민으로부터 정치권에 대하여 상향적으로 공론화되어야 하는 것이 요구되며, 과거의 권위주의시대의 헌정사에서 빈번하게 나타난 바와 같은 권력담당자들에 의한 하향적 개헌논의는 더 이상 허용되기 어렵다.[43)]

렁제에서 의원내각제로 이행한 나라는 거의 없지만 그 반대의 사례는 무수히 많다고 기술하고 있다. Matthew Soberg Shugart and John M. Carey, op. cit.(주9), p.3, pp.44~48.

43) 개헌논의의 공론화를 통한 국민적 합의의 도출을 위해서는 기본적으로 각 정당의 적극적 활동이 필요하며, 특히 민주적 정당조직에 의한 여론수렴과 상향적 의사결정과정에 의해 국민의 개헌에 관한 의사가 반영되어야 한다. 학계와 언론기관 및 시민단체 등도 여론조사와 공청회·토론회 등을 개최하여 공론화과정에 능동적으로 참여해야 할 것이다. 특히 공법학계는 과거 헌법개정논의에서 수수방관했던 병폐에서 벗어나 적극적으로 개헌논의

헌법개정의 민주적 정당성을 확보하기 위해서는 국민의 대표기관인 국회가 주도하여 개헌안의 발의가 이루어져야 할 것이지만, 그 과정에 국민의 활발한 참여가 보장되어야 하는 것이 중요하다. 헌법개정사항에 관한 다양한 이해관계를 고려하여 국민이 이를 숙지하고 충분한 의견교환이 이루어질 수 있는 '열린 공론의 장'을 통해 개헌을 추진해야 할 것이다.[44] 결국 개헌이 정당화되기 위해서는 먼저 개헌의 필요성에 관한 국민적 합의가 전제되어야 하는 것이며, 따라서 "지금 개헌이 필요한 시기인가?"에 관한 판단도 개헌의 필요성에 관한 국민적 합의과정을 거쳤는가의 여부에 달려있다고 할 수 있다. 즉 국민적 합의는 개헌의 '필수조건'을 의미한다.[45]

현시점에서 정부형태 개헌의 필요성에 관한 국민적 공감대가 형성되었다고 보기 어렵기 때문에 앞으로도 지속적인 개헌논의의 공론화를 통해 시민사회의 다양한 의견과 요구를 수렴하고 집약하여 국민의 개헌의사를 확인하는 것이 필요하다.

2. 이원정부제의 본질과 장·단점에 대한 이해의 필요성

이원정부제 개헌론의 주요논거는 현행 대통령제의 권력집중과 그에 따른 제왕적 대통령제로의 국정운용의 폐해를 막기 위해서는 권력분산 또는 권력분점형 정부형태의 도입이 필요하다는 것이며, 그 구체적 정부형태로는 프랑스형 이원정부제 도입을 주장하는 것이다. 정치권에서는 이원정부제 개헌을 지지하는 세력이 확산되고 있고, 2009년 국회 헌법연구자문위원회도 정부형태 개헌안의 제1안으로 이원정부제를 제안한 바 있다.[46] 이원정부제는 일반적으로 행정

에 참여하고 개헌방향을 제시하는 것이 필요하다. 헌법개정논의에 학계의 참여를 강조하는 김철수 교수는 헌법개정이 공론화되면 '판도라의 상자' 처럼 좌·우파간의 이념 대립이 심화될 우려가 있으므로 공법학계가 좌·우파간의 이데올로기적 대립을 중화시키는 역할을 하여야 한다고 주장한다. 김철수, 한국헌법 60주년과 헌법개정문제, 한국헌법학회 제145회 학술대회 발표논문「헌정 60년회고, 헌법재판과 민주주의」, 2008, 11~12면.

44) 헌법연구자문위원회 결과보고서, 7면.

45) 오호택, 헌법개정의 절차와 헌법개정의 가능성,『헌법학연구』제13권 제1호, 2007, 490~491면.

46) 헌법연구자문위원회 결과보고서, 15~16면. 이원정부제 도입론의 대표적 견해로는 성낙인, 한국헌법과 이원정부제,「헌법학연구」제5집 제1호, 1999, 70면 이하; 성낙인, 새로운 헌법의 모색과 방향: 87년 체제의 극복, 국회입법조사처『입법과 정책』제1권 제1호, 2009, 18면 이하.

부가 대통령과 수상(내각)으로 이원화되어 양자는 서로 독립하여 행정권을 분점하며, 대통령은 국민의 의해 직선되어 민주적 정당성을 확보하고 국가위기시에 행정권을 전적으로 행사할 수 있으나, 평상시에는 수상이 행정권을 행사하며 의회에 대해 책임을 지는 의원내각제로 운영되는 정부형태라고 일컬어지고 있다.[47] 이원정부제 정부형태는 프랑스를 비롯하여 유렵의 일부 국가에서 채택하고 있는데 그 공통적 개념징표의 요소는 다음과 같이 정리할 수 있다. 첫째, 이원정부제란 의원내각제적 요소와 대통령제적 요소가 혼합되어 있으나 그 혼합의 형태는 의원내각제의 기반 위에 대통령제적 요소를 절충한 것을 의미한다. 둘째, 집행부가 이원적으로 구성되어 대통령과 내각(수상)이 실질적인 권한을 나누어 갖는다. 셋째, 대통령은 국민으로부터 직접 선출되어 의회에 대한 정치적 책임을 지지 아니하며, 넷째, 내각은 의회의 정부불신임권에 의해 정치적 책임을 지게 된다. 넷째, 대통령은 의회해산권을 가지고 국가위기시에 비상대권(국가긴급권)을 행사한다. 요컨대 이원정부제는 집행부의 실질적 이원화(양두제), 대통령의 사실상 직선제, 의회의 정부불신임권을 본질적 요소로 하는 정부형태라고 할 수 있다.[48] 이와 같이 이원정부제의 본질적 특징은 대통령과 수상이라는 집행부의 이원화를 통한 '행정권의 양두화'에 있으며 그것은 집행부 안에 대통령과 수상의 두 기관이 단순히 존재한다는 의미가 아니라 양자가 서로 독립성을 가진다는 데 있다. 이러한 집행부의 양두체제가 이원정부제 본질이라고 할 수 있으나, 그것은 이원정부제의 장점인 동시에 단점으로 작용하게 된다는 점에서 적지 않은 문제성을 내포하고 있는 제도임을 인식할 필요가 있다.

---

47) 이원정부제의 개념에 관한 국내 학자들의 견해는 약간의 차이를 보이고 있다. 김철수 교수(헌법학개론, 박영사, 2007, 1227면)는 이원정부제란 원칙적으로 위기시에는 대통령이 행정권을 전적으로 행사하나 평상시에는 수상이 행정권을 행사하며 하원에 대해 책임을 지는 의원내각제형식으로 운영되는 것으로 이해하고 있으나, 권영성교수(헌법학원론, 법문사, 2010, 783면)는 대통령의 고유권한으로서 외교·국방 등 국가안보에 관한 사항을 관장하고 국가긴급권을 보유하는 데 대하여 수상은 법률의 집행권과 그 밖의 일반행정에 관한 사항을 관장한다고 이해하고 있다. 허영교수(한국헌법론, 박영사, 2009, 713면 이하)는 대통령제와 의원내각제를 제외한 나머지 정부형태는 모두가 절충형정부형태라고 하면서 이원정부제도 독자적인 제3의 정부형태로 보지 않고 절충형정부형태의 하나로 보고 있다. 그러면서 프랑스와 핀란드의 정부형태는 대통령제중심의 절충형에 속하고 오스트리아의 정부형태는 의원내각제중심의 절충형이라고 보고 있다.

48) 성낙인 헌법학, 법문사, 2015, 380면; 성낙인, 한국헌법과 이원정부제(반대통령제), 「헌법학연구」 제5집 제1호, 1999, 70면.

이원정부제의 장점으로서는 일반적으로 평상시에 있어서 의원내각제적으로 운영될 수 있기 때문에 입법부와 행정부의 대립에서 오는 마찰을 피할 수 있고 책임정치의 구현이 가능하다고 할 수 있으며, 국가 위기시에는 대통령이 직접 통치함으로써 신속하고도 안정된 국정처리를 가능하게 한다는 점을 들고 있다. 반면에 이원정부제의 단점으로는 대통령이 국가긴급권과 의회해산권을 가지고 있어서 독재화의 우려가 있으며, 집행권의 이원화로 인하여 대통령과 수상 사이의 명확한 권한의 분배나 획정이 없는 상태에서 상호간의 갈등이 심화될 소지가 있고 그것은 결국 정치적 불안정으로 이어질 수 있다는 점을 들 수 있다.[49] 특히 대통령제에 있어서 여소야대의 분점정부의 경우와 마찬가지로 이원정부제에 있어 의회의 다수당과 대통령 소속 정당이 일치하지 않는 상황에서 '동거정부'(cohabitation)의 출현은 대통령과 수상간의 갈등과 충돌을 야기하는 문제가 있다.

이원정부제의 원리는 이론상 권력의 분점이라는 장점적 요소에도 불구하고 그 운용의 실제에 있어서는 여러 가지 문제점이 드러나고 있음을 깊이 인식할 필요가 있다. 이원정부제를 채택하고 있는 각국에서의 그 구체적인 원리와 운용실태는 그들 나라의 정치문화와 정당체계 등에 따라 차이가 있으며 대통령과 수상간의 권한배분 등 관계정립에 있어서도 각국에 따라 차이가 있다. 학자들의 분석에 따르면 이원정부제를 도입한 국가들은 도입당시의 이상과는 달리 그 운용의 실제에 있어서는 대통령제적 모델로 운영되든지 아니면 영향력은 있지만 권력을 갖지 못한 대통령을 둔 내각제의 모형에 가깝게 운영된다고 한다.[50] 즉 각 국가의 개별적 상황과 정당들 사이의 세력균형의 여하에 따라 서로 다른 체제로 운영되게 되는데, 대통령이 의회의 과반수 지지를 받고 있는 한에

49) 예컨대 프랑스의 이원정부제를 보면 헌법 제5조에 "대통령은 헌법준수를 감독한다. 대통령은 중재에 의하여 공권력의 정상적인 기능과 국가의 영속성을 보장한다. 대통령은 국가의 독립과 영토의 보전 그리고 조약준수의 보장자이다"라고 규정하여 대통령이 국정 전반에 대한 중재 조정자로 규정하고 있으며, 헌법 제20조 제1항은 "행정부는 국가의 정책을 결정하고 인도한다"라고 규정하고, 제21조 제4항에서는 "수상은 행정부의 활동을 지휘한다"라고 규정하고 있다. 따라서 위 헌법조항을 해석 적용하는데 있어서 대통령과 수상의 권한이 어디까지인지가 명확하지 않다. 이에 관하여는 전학선, 이원정부제 도입가능성에 관한 연구, 국회미래한국헌법연구회 창립기념토론회 발제문 (2008.7.16,), 8면.

50) Linz and Valenzuela/신명순·조정관 역, 앞의 책, 144-145면.

는 공화국 최고의 권력자이지만, 만약 야당이 의회의 과반수의석을 차지하게 되면 실제적 권력은 총리가 장악하게 된다는 것이다.[51] 결국 이원정부제는 어떠한 사례에서도 대통령과 수상이 동시에 공동으로 집행부를 지배하는 방식인 절반 대통령제와 절반 의원내각제로 운영된 적이 없다는 것은 매우 의미있는 분석이라 할 수 있다.[52] 따라서 이원정부제가 대통령제로 운용되는 시기에는 의회해산권 및 새로운 총선실시권 등 통상적인 대통령제 하에서 대통령권한 이상의 과도한 권력집중으로 인한 제왕적 대통령의 문제가 나타나며, 내각제로 운용되는 시기에는 실질적인 권한을 갖고 있는 직선 대통령이 존재함에 따라 내각제이면서도 대통령과 수상간의 권력배분을 둘러싼 갈등의 문제가 제기될 수 있다. 즉 이원정부제는 대통령제나 의원내각제의 장점을 살리지 못하면서 양제도의 문제점이 중첩적으로 나타날 수 있다는 점에서는 그 문제의 심각성이 지적되지 않을 수 없다.[53] 또한 대통령과 수상이 동일한 정당 소속이라고 하더라도 대통령과 수상의 책임소재가 분산되어 있어 양자간에는 항상 갈등의 소지가 있으며 결국 이원정부제의 정상적 운영은 대통령의 개인적 성격이나 능력에 따라 좌우된다는 점에서도 문제가 있다.[54]

3. 이원정부제 개헌론에 대한 평가

(1) 긍정적 측면

이원정부제 개헌에 대한 국민적 합의기 도출되어 개헌이 실현될지의 여부는 쉽게 예측할 수 없지만 이원정부제를 도입하게 되는 경우에는 우선 행정권의 이원화에 의한 권력의 분산과 분점을 통해 현행 대통령제의 문제점으로 지적되는 권력의 집중과 남용의 폐해를 극복할 수 있다는 점에서 긍정적으로 평가할 수 있다. 실질적인 행정권의 행사를 대통령과 총리의 이원적 구조로 분산

51) Reymond Aron, Alternation in Government in the Industrialized Countries, Government and Opposition 17 no.1 1981, pp.3~21.

52) 이 점에서 이원정부제를 권력분점형 정부형태로 보는 것은 오해의 소지가 있다고 하고 한국에서의 이원정부제 도입에 신중론을 강조하는 견해로는 강원택, 앞의 책(주22), 185면 이하.

53) 정진민, 『한국의 정당정치와 대통령제 민주주의』, 인간사랑, 2008, 183면.

54) Linz and Valenzuela/신명순·조정관 역, 앞의 책, 146면.

시킴으로써 대통령의 독주를 막을 수 있으며, 나아가 총리와 내각이 의회의 불신임권 행사에 의해 정치적 책임을 지게 함으로써 책임정치를 구현할 수 있다는 점에서 커다란 장점이 있다고 할 수 있다. 또한 이원정부제는 의회와 행정부가 대립하는 경우, 즉 여소야대의 분점정부가 출현하는 경우 대통령과 총리는 동거정부를 구성하여 정부형태를 사실상 의원내각제로 전환시킴으로써 대통령과 총리 간의 갈등과 교착을 해결하는 유연함이 있다는 점이 긍정적으로 평가될 수 있다. 대통령제에 있어서는 분점정부가 출현하게 되면 의회와 행정부 간의 대립과 갈등을 대통령 임기 중 해결하기 어려운 기간적 경직성(temporal rigidity)이 심각한 문제가 되지만,[55] 이원정부제는 동거정부의 출현시 총리는 의회를 장악한 야당이 임명하게 됨으로써 총리 중심의 의원내각제로 운용될 수 있다는 것이 장점적 요소라 할 수 있다.[56]

국회 헌법연구자문위원회 보고서에서도 "우리 헌정사에 있어서 대통령과 국무총리의 매커니즘은 55년 이상 유지되었으므로 국무총리제를 없애기는 어려우며 국무총리는 대통령과 국회의 이중적 신임에 기초하고 있다는 점을 적극적으로 현실화하기 위해서 이원정부제적 시각이 필요하다고 하고, 국무총리의 헌법상 위상을 마련해 주는 방안으로 헌법을 개정하는 것이 집행부 내부의 권력배분, 권력분점 차원에서 바람직하며 장기적으로 국정운영에 폭넓은 탄력성, 유연성을 부여한다는 점에서 이원정부제를 도입하는 것이 필요하다"고 기술하고 있다.[57]

또한 프랑스형 이원정부제 개헌을 지지하는 견해 중에는 국민주권원리의 실질화의 관점에서 이원정부제를 긍정적으로 평가하고 있다.[58] 즉 이원정부제는 행정부의 이원적 구조에 있어서 대통령우월체제로 되느냐 아니면 동거정부에 의한 수상우월체제로 되느냐의 문제는 전적으로 선거시 주권자인 국민의 의

---

55) 대통령제 정부형태의 문제점에 관하여는 정만희, 『헌법과 통치구조』, 법문사, 2003, 171~172면.

56) 사르토리(Sartori)는 이원정부제의 장점을 국민이 직접 선출한 대통령과 안정된 임기라는 대통령제의 장점에 더하여 동거정부가 출현하는 경우 사실상 의원내각제로 전환되므로 대통령과 총리간의 갈등과 충돌을 해결할 수 있는 유연성에 있다고 주장한다. 강원택, 앞의 책(주22), 197면에서 재인용.

57) 국회 헌법연구자문위원회 결과보고서, 206면.

58) 조병륜, 이원정부제 개헌의 본질, 세계헌법연구 제14권 2호, 2009, 279면.

사에 의해 직접 결정된다는 점에서 실질적 국민주권의 헌법체제의 핵심원리로 기능한다는 것이다. 이와 같이 이원정부제를 도입하게 되면 국민이 국회의원과 대통령 선거시 마다 직접 집권자를 선택할 뿐만 아니라 집권자의 권한범위(정부형태)까지도 결정하게 되므로 수준 높은 정치민주화를 기대할 수 있는 측면에 대해서는 긍정적으로 평가할 수 있다.

그러나 이원정부제가 채택되는 경우에도 그 성공의 전제조건에 대한 충분한 검토가 필요하며, 이원정부제의 전형인 프랑스 이원정부제의 원리를 그대로 도입하는 것은 신중을 기해야 할 것이다. 프랑스의 이원정부제는 대통령과 총리의 권한배분이 불명확하고 추상적으로 규정되어 있으며 실제로 대통령과 총리의 권력관계는 정치적 관행에 의해 정해지는 것이 현실이기 때문에 우리의 이원정부제 도입의 경우에는 대통령과 총리의 권한배분을 명확하게 규정할 필요가 있다. 프랑스의 이원정부제는 대통령의 총리임명에 의회의 동의를 요건으로 하고 있지 않으나 우리가 이원정부제를 도입하는 경우에는 대통령의 총리임명절차에 의회의 동의를 규정할 필요가 있다.[59] 그리고 동거정부의 출현 시 대통령과 총리 간의 갈등을 유연하게 해결할 수 없게 되게 되면 이원정부제의 최대의 단점으로 작용하게 되므로 대통령과 총리 간의 원활한 협력관계를 유지할 수 있는 방안을 강구해야 할 것이다. 그 밖에 이원정부제는 의원내각제적 원리를 기반으로 하기 때문에 의원내각제 성공의 조건으로서 민주적인 정당체계와 토론과 타협이 정치문화가 확립되어야 하는 것이 선결과제라 할 것이다.

(2) 부정적 측면

가. 정치적 모험으로서 새로운 제도의 선택

전술한 바와 같이 이원정부제 개헌론의 입장은 기본적으로 현행 대통령제의 문제점을 극복하기 위해서 현행 제도의 개선방안을 찾는 것이 아니라 새로운 제도를 도입한다는 논리를 취하고 있다. 헌법상 권력구조의 문제점을 해결하는 방안으로 기존의 제도를 폐기하고 새로운 제도를 선택하는 경우에는 그 새로운 제도의 도입과 시행에 따른 위험부담이 크다고 할 수 있다.[60] 본질적으

59) 프랑스 이원정부제에서의 대통령과 총리의 관계, 대통령의 총리임명절차에 관하여는 정만희, 이원정부제 정부형태의 검토, 동아법학 제52호, 2011, 160~162면.

60) 정만희, 앞의 논문(주59), 172면 이하.

로 국가의 통치구조나 정부형태에 관한 헌법개정은 신중을 기해야 하며, 기본적으로는 제도의 유지를 전제로 한 개선방안을 모색하는 것이 바람직하다. 특히 헌법상 통치구조의 기본 골격과 틀은 헌법제정권자의 근본적 결단의 산물을 의미하는 것으로 가능한 한 그 골격은 그대로 유지하는 것이 국가의 존립과 국정의 안정성확보를 위해 중요하다고 할 것이다.[61)]

우리의 이원정부제 도입논의는 서구와 같은 의원내각제의 오랜 전통과 경험이 없는 가운데 건국이후 지금까지 제2공화국헌법의 1년 미만의 짧은 의원내각제경험을 제외하고는 대통령제 중심의 정부형태를 줄곧 운용해 온 헌정의 현실에서 설득력을 갖는 것인지 의문이다. 우리의 대통령제의 권력집중문제를 해결하기 위해 집행부를 이원적 구조로 개편하고 권력을 분산시키는 방안은 그 성공의 사례를 찾기 어려우며, 오히려 한국의 정치문화적 여건하에서는 집행부의 이원적 구조는 새로운 갈등요인을 초래할 위험성을 배제할 수 없다고 본다.[62)] 외국의 사례를 보더라도 20세기 이후의 입헌주의국가에서 정부형태에 관한 기존의 제도를 폐기하고 새로운 제도를 선택한 경우는 드물며 기존 제도의 틀을 유지하면서 문제점을 개선하고 보완하기 위한 부분적 수정방법을 채택하는 것이 일반적이다. 슈거트와 케리가 지적한 바와 같이 대통령제를 시행해 오다가 의원내각제로 바꾼 사례는 거의 찾아볼 수 없다는 것이 이를 말해 주고 있다.[63)] 라틴 아메리카의 경우 미국형 대통령제를 도입한 많은 국가에서 다당제

61) 입헌주의헌법의 전형인 미국헌법은 1787년 제정된 이래 220여 년간 헌법운용과정에서 27개 조항의 헌법개정이 있었으나 그 내용은 주로 기본권보장을 강화하기 위한 권리장전의 증보가 대부분이며 통치구조의 틀은 그대로 유지되고 있는 점에서 경성헌법주의의 모범을 보여주고 있다. 그것은 미국헌법의 엄격한 개정절차에 기인하는 것이지만 기본적으로는 헌법의 운용과정에서 헌법의 흠결이 문제되더라도 가능한 한 헌법전을 그대로 유지하면서 헌법해석과 헌법운용의 묘를 살려 헌법제정자의 정신을 준수하면서 헌법규정의 의미를 보충해 왔기 때문이다. 즉 통치의 헌장으로서 헌법은 본질적으로 "항구적이며 변경하기 어려운"(permanent and unalterable) 것이어야 한다는 헌법제정자들의 보수적 사고를 반영한 것이 세계에서 헌법개정이 가장 어려운 미국헌법의 개정절차조항이라 할 수 있다. 상세는 Walter Dellinger, The Legitimacy of Constitutional change: Rethinking the Amendment Process, 97 Harvard Law Review 386, 430~432 (1983).

62) 정치학자들 중에도 우리의 대통령제의 문제를 내각제와의 혼합에 있다고 보는 입장에서 본격적인 대통령제와 의원내각제의 혼합을 의미하는 이원정부제는 문제를 치유하기 보다는 확대할 가능성이 높다는 견해가 있다. 조정관, 순수대통령제로의 권력구조 개편을 위한 제안, 『국민과 함께하는 개헌이야기』(제2권), 320면.

63) Matthew S. Shugart and John M. Carey, op. cit., p.3.

적 전통에 기인한 정치적 불안정을 극복하기 위하여 대통령제를 수정한 사례들을 볼 수 있으나 그 경우에도 대통령제를 포기하는 것이 아니라 정치인과 정당들 사이의 협상과 타협을 통하여 선거제도와 정치적 관행을 수정해 온 것이 특징이다.[64]

나. 집행부의 이원적 구조와 권력분점의 문제성

이원정부제 도입론자들은 집행권의 이원화와 실질적 권력분점으로 대통령의 독재화를 막을 수 있다고 주장하지만 그것은 이상론에 가까운 논리이며 현실적으로는 그 역기능도 간과할 수 없다. 이원정부제에서는 실제로 집행권을 명확하게 이원화하기가 어렵고 대통령과 수상간의 권한분배의 모호성으로 인하여 양자간의 갈등을 초래하게 된다. 다시 말하면 이원정부제는 정책의 책임소재가 분산되어 있기 때문에 그 자체가 갈등의 요인이 됨을 부정할 수 없다. 더욱이 대통령의 임기가 고정되어 있기 때문에 이러한 갈등상황은 더욱 악화될 가능성이 있다.[65] 이러한 갈등관계는 대통령과 수상이 동일한 정당이나 동일한 정당연합 출신인 경우에도 불안정과 비효율의 요소가 존재한다. 미테랑 대통령 시대의 프랑스의 경험은 이런 이원정부제 체제가 최대의 효율을 보장하지 않는다는 것을 잘 보여준다.[66] 대통령은 수상과의 공존과 협력을 위해 노력을 경주해야 하는 것이 요구되는데 한국정치에서는 정부와 정당에서 2명의 최고지도자가 권력을 공유하고 목표달성을 위해 협력한 경험이 거의 없다. 이 점에서 이원정부제가 한국정치에 적합할 것이라는 판단이 서지 않는다는 견해가 타당하다고 본다.[67] 요컨대 이원정부제를 채택한 국가들의 경우 권력 분산은 대통령과 수상 사이에 상생적인 견제와 균형보다는 비효율적인 대결과 갈등으로 비화되

---

64) 예외적으로 볼리비아의 경우를 보면 순수대통령제를 채택해 오면서 다당제적 전통과 유권자의 극단적인 투표분산의 경향으로 인해 국민의 직선에 의한 대통령선거의 1차투표에서 과반수득표자가 없는 경우에 제1위에서 제3위까지의 득표자를 대상으로 의회에서 선출하는 제도를 1967년의 헌법개정으로 채택한 것을 볼 수 있다. 이러한 대통령선출방식은 대통령제원리에 반하는 것이며 헌정의 실제에서도 대통령의 내각구성은 정당들의 연합에 의해 이루어지므로 대통령이 유권자 과반수의 득표로 당선되지 못하는 경우에 볼리비아의 정부형태는 사실상 의원내각제적으로 운용되는 것이다. Linz and Valenzuela /신명순·조정관 역, 앞의 책, 112면 이하.

65) Linz and Valenzuela/신명순·조정관 역, 앞의 책, 146면.

66) Linz and Valenzuela/신명순·조정환 역, 앞의 책, 151~152면.

67) 박찬욱, 정부형태와 개헌과제, 『국민과 함께하는 개헌이야기』(2권), 128면.

거나 정치적 불안정과 비효율로 귀결되는 경향이 있음을 부정할 수 없다.[68] 특히 권력분점의 훈련을 거치지 못하고 대통령 1인독주체제에 익숙해진 한국의 정치문화적 현실에서 권력분점형 정부형태는 대통령과 내각간의 권력투쟁이 상존할 가능성이 높다고 할 것이다.[69]

대통령에의 권력의 집중과 독재화의 문제는 현행 체제하에서도 대통령의 권한 자체를 축소하는 방안과 권력분립원리에 따른 의회와 사법부에 의한 통제장치의 강화, 국가권력의 수직적 분배를 위한 지방자치제의 강화 등으로 해결할 수 있는 것이며, 굳이 의원내각제적 원리에 바탕을 둔 집행권의 이원화와 권력분점만이 근본적 해결방안이라고 보기는 어렵다.[70] "권력의 분점은 듣기엔 그럴 듯하지만 현실적으로는 끊임없는 권력투쟁을 낳기 쉽다"는 우려의 목소리를 경청할 필요가 있다.[71]

다. 동거정부 출현과 이중적 갈등관계

이원정부제의 가장 큰 제도적 단점은 동거정부가 출현하는 경우에 드러난다. 프랑스의 경우 동거정부가 세 차례 출현하였으나 비교적 안정적인 국정운영을 기할 수 있었던 것은 서구형의 높은 정치적 의식수준과 문화적 여건에 의해 가능했던 것이지, 후진적이고 낙후된 의회민주주의와 정당정치의 현실에서는 프랑스와 같은 동거정부의 국정운용을 기대하기 결코 쉽지 않을 것이다.

한국의 현행 대통령제하에서도 빈번한 여소야대에 의한 분열정부 내지 분점정부(divided government)현상이 나타나고 있고 이러한 분열정부가 국회와 정부간의 대립과 갈등관계로 인하여 국정운영의 마비와 비효율성 등의 문제가 지적되고 있으나, 여기서의 갈등관계는 의회와 행정부간의 문제로서 엄격한 권력분립원리에 입각한 대통령제에 있어서 필연적인 현상이라고 할 수 있다. 그러나 이원정부제에 있어서의 동거정부현상은 의회와 행정부의 대립과 갈등뿐만 아니라 행정부 내에서 대통령과 총리간의 또 다른 갈등과 대립을 야기하게 되는 것으로 '이중적 갈등관계'를 초래하게 되는 심각한 문제가 있는 것이다.

68) 이준한, 『개헌과 민주주의』, 한울아카데미, 2007, 64면.

69) 임지봉, 정부형태 개헌의 필요성과 방향, 한국헌법학회·법제처 공동학술대회 발표논문, 2010. 5. 91면.

70) 정만희, 앞의 논문(주59), 174면.

71) 강원택, 앞의 책(주22), 211면.

따라서 한국의 정치상황에서 이원정부제를 채택하는 경우 종래의 여소야대 현상과 마찬가지로 동거정부의 출현은 사실상 피하기 어렵다고 보며, 그 동거정부의 폐해는 현재의 대통령제하에서의 여소야대의 경우보다 훨씬 클 것으로 예상된다고 본다. 프랑스의 경우를 보더라도 선거결과 동거정부가 형성되면 대통령과 수상은 집행부의 정책방향을 결정하는 데 있어서 상호협력을 모색하기 보다는 정치적 경쟁자로서 늘 차기 대선을 의식하며 상대방을 공격하는 데 열중하게 되는 현상들이 나타난다.[72] 동거정부의 이론과 현실 사이에는 상당한 거리가 있음은 세 차례의 동거정부의 경험에서 잘 드러나고 있다.[73]

---

72) 오일환, 프랑스 이원정부제 권력구조 분석, 『국민과 함께하는 개헌이야기』(2권), 192면.

73) 제1차 동거정부는 1986년부터 1988년까지 형성되었는데 당시 미테랑 대통령 재임기간 중 1986년의 총선에서 집권당인 사회당이 패배하고 야당이었던 공화국연합과 민주연합이 의회의 다수파를 차지하게 되자 미테랑 대통령은 공화국연합의 당수인 자크 시락을 총리로 임명함으로써 최초의 동거정부체제가 출범하게 되었다. 프랑스 제5공화국 헌정사상 처음으로 경험한 동거정부는 적지 않은 혼란을 야기하였다. 좌파대통령과 우파총리는 매우 불편한 동거체제로 운영되었으며 양자의 이념적 차이 때문에 처음부터 주요 정책결정을 둘러싸고 대립을 거듭하였다. 특히 대통령과 총리의 권한이 헌법상 중복되는 모호한 경우에 혼선이 빚어지기도 하였으며 미테랑 대통령은 국방과 외교영역에서 그의 권한행사를 주장하였다. 시락총리는 동거정부 이전에 대통령에게 포기했던 외교적 권한을 주장하였으며 국제적 정상회담에 대통령과 함께 동석하기도 하였다. 1차 동거체제는 1988년 대선에서 승리한 미테랑 대통령이 의회를 해산하고 총선을 실시하여 좌파가 다수의석을 차지함으로써 막을 내리게 되었다. 제2차 동거정부는 1993년 미테랑 대통령 임기중 실시된 총선에서 우파가 다시 다수의석을 점하게 되자 대통령이 시락의 측근인 발라뒤르를 총리로 임명함으로써 출현하게 되었다. 제2차 동거체제 하에서는 미테랑 대통령이 차기 대선에 출마하는 것이 어렵게 되자 대통령과 총리간의 갈등은 크게 심화되지 않았다. 제2차 동거정부는 1995년 대선에서 우파인 자크 시락이 승리함으로써 종지부를 찍게 되었으며 제1차 동거정부에 비해서 평화적 동거체제라고 할 수 있다. 제3차 동거정부의 출현은 제1차, 제2차 동거체제와는 달리 우파의 시락 대통령이 우파가 압도적 다수를 이루고 있는 의회를 1997년 해산하고 조기총선을 실시하였으나 선거결과 패배함으로써 동거정부를 형성하게 된 점에서 차이가 있다. 동거정부에 대한 국민의 여론은 그때그때 마다 달리 나타나고 있는데 동거정부는 과도기적인 것으로 그쳐야 한다는 의견도 적지 않았으며, 정국의 안정성확보에 관점에서 부정적으로 보는 견해도 제시되었다. 학계의 견해도 동거정부의 출현에 대하여는 병리적인 현상으로 분석되기도 하였으나, 3차에 걸친 동거정부의 경험은 대통령과 총리간에, 의회 다수파와 소수파 사이에 '인내와 타협의 정치'를 받아들이도록 하였으며 건전한 민주주의의 실천을 충실하게 하는 결과를 가져오게 되었다는 점에서는 긍정적으로 평가되고 있다고 볼 수 있다. 프랑스 동거정부의 문제에 관한 상세는 정재황, 프랑스에서의 동거정부에 대한 헌법적 일고찰, 공법연구 제27집 제1호, 1999, 153면 이하.

라. 대통령의 대권적 권한과 그 통제장치의 취약성

일반적으로 이원정부제의 두드러진 특징의 하나는 대통령에게 강력한 권한으로 긴급조치권 내지 비상대권을 부여하고 있다는 점에서 대통령제원리와 구별된다. 헌법상 제도화되어 있는 합헌적 독재(constitutional dictatorship)는 국가적 위기상황에서 국가의 존립과 헌법질서를 수호한다는 데에서 그 정당화 사유를 찾을 수 있는 것이지만, 정치지도자의 강한 집권욕구는 헌법수호의 차원이 아닌 정권유지 차원에서 긴급권을 오용·남용하게 되면 이러한 긴급권제도는 헌법의 자살을 의미하게 된다. 더욱이 앞에서 기술한 바와 같이 동거정부의 상황에서 대통령과 총리간의 갈등과 대립이 격화되고 의회와 대통령간의 첨예하게 대립하게 되면 대통령은 의회해산권을 발동하거나 긴급조치권을 행사하여 국면을 전환시키려 할 것이다. 대통령과 의회의 다수파가 일치하지 않고 국정의 교착과 분열상태가 심각해진 경우 대통령이 의회해산을 하더라도 총선결과 다시 야당 또는 야당연합이 과반수의석을 점하게 되면 의회의 지지를 받는 정부의 구성이 사실상 불가능하게 되어 대통령은 그에게 부여된 비상대권에 의존하여 집권하는 합헌적 독재의 상황이 발생한다.[74] 프랑스의 이원정부제에 있어서도 대통령의 긴급조치권에 대하여는 의회로부터의 통제수단이 거의 존재하지 않는 것이 문제로 지적되어 왔다.[75]

따라서 만일 우리나라에 이원정부제 개헌이 이루어지는 경우에는 대통령의 대권적 권한에 대한 의회와 헌법재판소 등에 의한 실질적인 통제수단이 확

74) Linz and Valenzuela/신명순·조정관 역, 앞의 책, 149면.

75) 프랑스 제5공화국헌법상 대통령의 긴급조치권(제16조)은 "대통령은 공화국의 제도, 국가의 독립, 영토의 일체성 또는 국제협약의 이행이 중대하고 직접적인 위협을 받거나 헌법상의 공권력의 정상적인 기능이 중단되는 경우에 총리, 양원의장 및 헌법위원회의 공식적인 자문을 거친 후 당면상황에 필요한 조치를 취한다"고 규정하고 있다. 이러한 긴급권발동의 여부는 대통령의 재량적 판단에 달려있으며, 긴급권발동의 결정에 총리, 양원의장 및 헌법위원회의 자문을 구해야 하지만 대통령은 그 의견에 구속되지 않고 그 결정에는 총리의 부서도 필요하지 않는 것이다. 그러나 이 긴급조치권조항은 2008년 헌법개정으로 제6항을 신설하여 의회와 헌법위원회에 의한 통제기능이 강화되었다. 동법 제16조 제6항은 대통령의 국가긴급권이 행사된지 30일이 지나면 하원의장, 상원의장, 60인의 하원의원 또는 60인의 상원의원은 비상대권행사의 조건들이 여전히 존속되고 있는지 여부에 대한 심사를 헌법재판소에 청구할 수 있고 헌법재판소는 최단기간 내에 공식적인 의견을 공표하도록 규정하고 있다. 2008년 프랑스헌법 개정에 관하여는 정재황, 프랑스 대통령에 관한 2008년 헌법개정, 성균관법학 제21권 제1호, 2009, 495면 이하.

보되어야 하는 것이 중요하다고 할 것이다. 다만 우리의 현행 대통령제에 있어서도 헌법상 대통령의 대권적 권한에 해당하는 긴급명령권과 계엄선포권 등을 규정하고 있고 그 권한 행사에 있어서 국회의 사전적·사후적 통제장치는 그대로 유지될 수 있으므로 문제가 되는 것은 결국 의회해산권에 대한 통제수단의 확보라 할 수 있다.[76]

(3) 소 결

정부형태나 권력구조는 본질적으로 헌법제정권자의 근본적 결단으로 채택된 이상 그 제도의 운용과정에서 여러 문제점이 드러나더라도 제도 자체를 쉽게 폐기하고 새로운 제도로 선택할 수 있는 성질의 것이 아니다.[77] 정부형태와 권력구조는 국가적 조직의 기본 틀을 의미하는 것으로 지속성과 안정성을 요구하는 것임은 두말할 나위도 없다. 이원정부제 개헌론자들의 견해 중에는 현행 헌법상 정부형태가 이미 대통령제적 요소와 의원내각제적 요소가 혼합된 것이므로 이원정부제의 도입은 현행헌법의 본질적 요소를 유지하면서 권력분점을 확보하는 점진적 개혁방안이라고 주장하지만,[78] 이에 대해서는 동의하기 어려운 점이 있다. 왜냐하면 이원정부제가 의원내각제와 대통령제의 혼합형 정부형태라는 점에서 외견상 우리의 정부형태와 유사하다고 볼 수 있지만 이원정부제로 정부형태를 변경하는 것은 기본적으로 의원내각제의 토대를 새롭게 갖춘 상태에서 대통령제의 요소를 존치시키는 것이므로 이는 의원내각제가 정부형태의 기반을 구축하고 있지 않은 우리의 정부형태에서는 근본적 개혁이며 새로운 제도의 선택에 해당하기 때문이다. 결국 이원정부제 도입론은 의원내각제 도입론과 마찬가지로 새로운 제도선택을 위한 논의를 의미하는 것이므로 이를 점진적

---

76) 프랑스의 경우 대통령의 의회해산권은 대통령의 고유한 권한으로서 사실상 자유로이 행사할 수 있으며 그 행사에 총리의 부서도 필요없다. 다만 의회해산권을 행사할 수 없는 경우로는 대통령의 긴급조치권이 발동되는 경우, 전 의회의 해산으로부터 1년이 경과되지 아니한 경우, 상원의장 또는 정부가 대통령의 직무를 대행하고 있는 경우로 한정하고 있다. 따라서 의회가 해산된지 1년이 경과된 이후에는 긴급조치권을 발동하지 않는 한 사실상 대통령이 자유롭게 의회해산권을 행사할 수 있는 것이 된다. 실제로 프랑스 제5공화국헌법하에서 의회해산권은 4회밖에 행사되지 않았으나 이러한 제도는 의회해산권 행사가 남용될 가능성이 있다는 점에서 문제가 있다.

77) 정만희, 정부형태에 관한 헌법개정의 방향, 『헌법학연구』 제14권 제4호, 2008; 정만희, 앞의 책(주7), 112면 이하.

78) 성낙인, 앞의 논문(주22), 271면.

개혁론으로 보기는 어렵다는 것이 필자의 견해이다. 따라서 우리의 정부형태 개헌논의도 이원정부제의 도입론에만 초점을 맞출 것이 아니라 현행 제도의 기본골격을 유지하면서 부분적·점진적 개선방안을 찾는 방향으로의 개헌논의도 포함시키는 개방적인 태도가 필요하다고 할 것이다.

Ⅳ. 정부형태에 관한 헌법개정의 방향과 방법

1. 대통령제의 보완과 부분적·단계적 헌법개정

(1) 제1단계 헌법개정의 내용

작금의 개헌논의는 과거의 경험과는 달리 정치적 변혁기의 개헌논의가 아니고 평상시의 개헌논의이며, 1987년헌법의 시행 이후 30년 가까운 기간의 운용과정에서 드러난 문제점을 보완하기 위한 논의라는 점에서 앞으로 개헌문제가 현실화되는 경우에는 전면적 개헌보다는 부분적·점진적 개헌의 방법이 바람직하다고 할 것이다.[79)]

따라서 지금까지의 개헌논의를 통해 드러난 정부형태 개헌의 필요성에 대한 국민적 합의가 이루어진다면 제1단계 개헌으로 현행 대통령제의 문제점 극복을 위한 부분적 개헌이 가능하다고 본다. 동시에 제1단계 개헌과정에서는 통일시대에 대비하여 통일과정에서 예상되는 헌법문제의 해결방안과 통일헌법 제정 이전의 단계적 헌법개정의 필요성 등을 함께 논의의 대상에 포함시킬 수 있을 것이다.[80)] 그리고 통일실현 후의 통일헌법의 기본원리와 국가형태 및 통치구조에 관한 헌법논의는 제2단계 개헌과제로 다루는 것이 필요하다고 본다.

현행 대통령제는 한국에 특유한 헌정사적 경험에 대한 반성에서 단임제를 규정하고 있으나, 우리의 정치현실과 국민의 제고된 의식수준 등에 비추어 단임제의 시대적 사명은 다했다고 봐도 과언이 아니며, 이론적으로도 4년 중임제로 변경하는 것이 타당하다고 본다.[81)] 87년 헌법의 5년 단임 대통령제에 대하

---

79) 같은 입장으로는 김문현, 헌법개정의 기본방향, 공법연구 제34집 제4권 제2호, 2006, 52면.

80) 통일헌법의 제정방법에 관하여는 정만희, 통일헌법을 위한 단계적 헌법개정, 동아법학 제66호, 2015, 205면 이하.

81) 5년 단임제의 문제점에 관하여는 정만희, 정부형태에 관한 헌법개정의 방향, 헌법학연구

여 그것을 '영구적'인 제도로 보는 사람은 거의 없으며 '잠정적이고 과도적인 제도'로 간주하는 것이 일반적이므로[82] 5년 단임제를 우선적 개헌대상으로 삼는 것이 필요하다고 본다.[83] 또한 현행 헌법은 제헌헌법 이래의 의원내각제적 요소가 가미된 혼합형의 대통령제를 특질로 하고 있으나, 이 내각제적 요소는 대통령제 중심으로 작동되는 통치구조에 있어 독자적인 기능과 제도적 의의를 찾기 어렵기 때문에 대통령의 법률안제출권 규정과 국회의원의 겸직허용과 같은 내각제적 요소는 개헌과정에서 그 폐지방안을 검토할 필요가 있다. 다만 국무총리제의 폐지와 미국형 부통령제의 도입론에 대해서는 신중을 기해야 한다고 본다.[84]

정부형태의 개헌논의에 있어서 현행 대통령제를 이원정부제로 변경해야 한다는 주장은 통일헌법시대를 향한 거시적 안목에서 검토할 필요가 있다고 본다. 다만 현행 정부형태의 대안으로서 이원정부제 도입의 필요성에 대한 국민적 공감대가 일찍이 형성된다면 제1단계 개헌의 대상에 포함시킬 수 있을 것이다.

(2) 제2단계 헌법개정 논의

제2단계의 헌법개정을 위한 개헌논의는 통일시대를 대비한 통일헌법을 준비하는 데 초점을 맞춰야 할 것이다. 그 동안의 통일헌법에 관련된 학계의 연구동향은 주로 통일헌법의 통치구조와 정부형태를 중심으로 논의가 전개되어 온 것이 특징이다. 그러나 정치권에서의 개헌논의의 초점이 되고 있는 정부형태 개편에 관한 논의는 거시적으로 통일에 대비하거나 통일 이후를 상정한 정부형태의 논의는 거의 찾아볼 수 없고 단지 미시적이고 정략적인 입장에서의 정치논리로서 개헌논의가 이루어지고 있다는 점에서 그 한계가 발견된다. 따라서 제2단계 개헌논의는 거시적 관점에서 통일시대를 대비하여 통일과정에서의 바

제14권 제4호, 2008, 269면 이하; 정만희, 앞의 책(주7), 89면 이하.

82) 한배호, 『한국정치사』, 일조각, 2008, 388면.

83) 정부형태 개헌에 관하여 필자는 현행 대통령제의 유지를 전제로 4년 중임제를 채택하고, 국무총리제를 존치하되 민주적 정당성의 제고를 위해 국회의 임명동의절차에 가중다수의 특별정족수를 도입하고, 대통령의 권한제한을 위해 의원내각제적 요소에 해당하는 국회의원의 국무위원 겸직을 금지하고 대통령의 법률안 제출권을 폐지하는 수준에서의 최소한 개헌의 의견을 제시한 바 있다. 정만희, 앞의 논문(주7), 302면 이하.

84) 부통령제 도입에 대한 신중론의 입장은 정만희, 앞의 책(주7), 94면 이하; 김문현, 앞의 논문(주80), 67면.

람직한 정부형태와 통일실현 후의 국가형태와 권력구조에 초점을 맞추면서 범국민적 개헌논의가 전개되어야 할 것이다.

통일헌법의 정부형태에 관한 헌법학계의 논의는 대통령제를 유지하는 방안과 의원내각제 또는 이원정부제의 도입방안, 그 밖의 회의정부제 등의 도입을 제안하고 있다. 대통령제를 유지하자는 입장의 논거는 첫째, 통일과정에서 해결하여야 할 여러 가지 과제들을 안정적이고 효율적으로 수행하기 위해서는 강력한 리더십을 바탕으로 신속하게 정책을 수립하고 집행해야 하므로 대통령제가 바람직하다는 것이다. 둘째, 통일과정과 통일실현 이후의 사회통합과 남북한의 갈등을 치유하기 위해서는 대통령과 부통령의 연합을 통해 남북한의 정치세력 간의 타협을 기대할 수 있다는 것이며, 셋째, 의원내각제를 채택하게 될 경우에는 그 성공조건이 결여된 상황에서 정국의 혼란을 가져오기 쉽다는 것이다.[85)]

통일헌법의 정부형태로 의원내각제가 적합하다는 주장의 논거로는 첫째, 의원내각제는 의회와 정부의 권력공화를 통해 책임정치와 권력분점을 실현할 수 있으며 북한지역에서 등장하는 정치세력의 의사를 안정적으로 반영할 수 있다는 것이다. 둘째, 대통령제의 단점을 극복하고 합의제 민주주의를 실현하기 위해서도 의원내각제 도입이 필요하다는 것이다. 대통령제를 채택하게 되면 남한이 인구수에 따라 권력을 독점하게 되고 소수인 북한주민의 의사가 무시될 가능성이 크다는 것이다. 셋째, 의원내각제는 통일과정이나 통일 후의 통합과정에서 남북간의 협상과 합의를 비교적 쉽게 할 수 있다는 것이다. 의원내각제에서는 국회의 제1정당이 단독으로 내각을 구성할 수 없을 때 연립내각을 구성할 수 있으므로 북한이 통일협상에 쉽게 응할 수 있다는 것이다.[86)] 그밖에 의원내각제가 성공적으로 운영되기 위한 전제조건이 갖추어지게 되면 남북한의 사회통합과 균형발전을 위해서 의원내각제가 바람직하다는 견해도 있다.[87)]

---

85) 통일헌법의 정부형태로 대통령제를 선호하는 입장으로는 권영설, 통일지향적 정부형태로서의 대통령제, 『공법연구』 제27집 제3호, 1999, 45면 이하.

86) 통일헌법의 정부형태로서 의원내각제를 지지하는 견해로는 박수혁, 통일한국에서의 통일헌법상 통치구조에 관한 연구, 통일과 법률 제2호, 2010, 42면 이하; 허경, 내각제 개헌의 당위성, 『공법연구』 제27집 제3호, 1996, 23면.

87) 장영수, 앞의 논문(주40), 40면 이하. 이 글에서 의원내각제가 성공하기 위한 전제조건으로 사회적 동질성의 확보, 민주적 정당제도의 발달, 정당간의 협조적 국정운영을 들고 있다.

통일헌법의 정부형태로서 이원정부제의 도입을 주장하는 견해도 설득력이 있다. 이원정부제를 지지하는 논거로는 첫째, 이원정부제는 권력분점형 정부형태이기 때문에 통일국가의 국가통합에 유리하고 대통령제와 의원내각제의 폐해를 막을 수 있다는 것이다. 둘째, 이원정부제에 있어서 대통령은 통일국가의 상징적 인물로서 통일국가 초기의 갈등을 조정하고 중재하여 혼란을 해소할 수 있으며 의원내각제적 요소인 의회주의를 기초로 남북간의 갈등을 제도권 내부로 흡수하여 안정적인 국정운영을 할 수 있다는 것이다. 셋째, 이원정부제는 남북한이 권력을 분점할 수 있으므로 통일과정에서 남북이 보다 쉽게 절충하고 합의할 수 있다는 것이다.[88]

위와 같이 통일헌법의 정부형태에 관한 논의에는 다양한 견해가 제시되고 있으나, 어떠한 정부형태가 통일한국에 가장 적합한 것인가는 쉽게 판단하기 어렵다고 할 것이다. 그렇지만 남북통일이 남북간의 합의로 새로운 통일헌법의 제정을 통해 일회적으로 완성되는 것은 현실적으로 쉬운 일이 아니므로 합의통일을 하더라도 남한헌법에 기초한 흡수통일이 바람직하다고 보는 입장에서는 남한헌법의 대통령제를 유지하면서 통일과업을 수행해 나가는 것도 의미가 있다고 생각한다.[89]

2. 국민적 공감대형성을 위한 민주적 개헌논의기구의 설치

작금의 개헌논의는 주로 국회 차원의 논의와 함께 그와 별도로 조직된 학계와 시민사회 중심의 개헌논의가 따로따로 전개되어 온 것이 특징이다. 국회 중심의 개헌논의는 국회내 국회의장 직속기구로 헌법연구자문위원회와 헌법개정자문위원회의 연구조사활동 및 국회의원들의 자발적인 헌법연구단체에 의해 전개되어 왔으며, 학계와 시민단체 중심의 헌법개정논의도 10여 년전부터 정치권과 무관하게 독자적인 개헌안을 제시해오고 있다. 이러한 개헌논의 양상과

88) 통일헌법의 정부형태로서 이원정부제를 주장하는 견해로는 성낙인, 앞의 논문(주5), 478면; 강현철, 『통일헌법 연구』, 한국학술정보, 2006, 195면 이하.

89) 통일과정에서의 안정적이고 효율적인 업무를 추진하는 데는 대통령제의 장점을 최대한 발휘할 수 있어야 하며 통일과정에서의 새로운 정부형태 선택에 관한 국민적 논의는 시간적 낭비와 정치적 혼란을 초래하고 신속한 통일의 완수에 걸림돌로 작용할 수 있다. 정만희, 앞의 논문(주81), 242면.

그 연구성과는 과거의 개헌과정에서는 전례를 찾아보기 어려운 것으로 그 자체로서도 개헌논의의 민주성이 상당히 확대되어 가고 있음을 말해주고 있다. 이러한 개헌논의는 앞으로의 개헌을 위한 준비작업으로서 의미가 크다고 할 수 있다.

그렇지만 아직 일반 국민의 헌법개정에 관한 관심과 문제의식은 충분히 형성되어 있다고 볼 수 없으며, 단지 정치권의 개헌론 제기에 대해 소극적이고 미온적인 반응을 보이는 정도라고 할 수 있다. 그 동안의 몇 차례 여론조사 결과만 가지고는 국민의 개헌에 관한 의사를 확인하기 어렵고 학계에서도 개헌론에 대해서 찬반양론이 팽팽히 맞서고 있다고 할 수 있다.[90)]

따라서 앞으로의 개헌논의의 방법에 관하여 개헌의 실현가능성 여부와 상관없이 필자는 다음과 같은 개헌논의기구의 설치를 제안한다. 즉 개헌에 관한 국민적 공감대를 형성하여 민주적 개헌을 실현하기 위해서는 우선 범국민적·초당파적·중립적 헌법논의기구를 구성하는 것이 필요하다고 본다. 이 점에 관하여는 1982년 미국에서의 헌법개정논의를 위한 헌법제도검토위원회(Committee on the Constitutional System)의 결성을 주목할 필요가 있다.[91)] 이 위원회의 보고서 제안은 헌법제도 개혁안의 즉각적인 실현을 목표로 한 것이라기보다는 현행의 미국 헌법제도를 근본적으로 재검토하기 위한 폭넓은 논의를 환기시키는 데 있었다고 할 수 있다. 실제로 이 보고서를 계기로 하여 학계에서는 헌법개정문제를 포함한 연방정치제도개혁에 관한 논의가 활발해지게 되었다는 점에서 동 위원회의 업적은 높이 평가되고 있다.

---

90) 도회근, 헌법개정의 쟁점과 과제－공법학자 설문조사 결과분석－『공법연구』제34집 제1호, 2005, 49면 이하.

91) 이 위원회는 미국헌법의 제정 이래 2세기 동안의 격변을 거치면서 내정·외교상 위기의 연속과 연방정부의 대응전략의 실패 등 여러 가지 국가적 난제에 직면하게 되자 이를 극복하고 유효하게 대처하기 위하여 헌법개정을 비롯한 정치제도 전반의 근본적 개혁가능성 추구를 목적으로 하는 초당파적 비영리적 단체로 결성된 것이다. 이 위원회에는 전·현직 상원 및 하원의원, 정부각료와 백악관 수석비서, 주지사, 대학교수, 법조인, 역사학자, 언론인 등 전국적 지명인사들로 구성되었으며 5년간의 연구검토를 거쳐 1987년 미국헌법 제정 2백주년을 맞는 시점에 연구보고서를 출간하였다. 이 보고서「미국정치기구 2세기의 분석: 헌법제도검토위원회의 제언」(A Bicentennial Analysis of the American Political Structure : Report and Recommandations of the Committe on the Constitutional System, 1987)의 내용에 관한 소개는 정만희, 미국헌법상 정치제도의 개혁논의,『동아법학』제20호, 1996, 21면 이하.

우리도 미국의 헌법제도검토위원회와 같은 헌법논의기구의 결성을 적극 검토할 필요가 있다고 본다. 때늦은 감이 없지 않으나 이제라도 정계, 학계전문가, 정부관료, 법조계, 언론계, 경제계, 노동계, 시민단체 대표 등 우리사회의 다양한 각계 인사가 참여하는 범국민적이고 초당파적인 헌법논의기구를 결성하여 장기적인 헌법연구조사활동을 계획하여 추진해 나가는 것이 요구된다.[92] 그리고 헌법논의기구는 국회나 대통령 직속기구로 설치할 것이 아니라 정치적 중립성을 가지는 독립기구로 결성하는 것이 바람직하다.

Ⅴ. 맺음말

우리의 정치사회에 있어 작금의 개헌논의는 1987년 헌법체제의 문제점과 한계를 극복하기 위한 방안으로 제기되어 온 것으로, 그 개헌논의의 핵심은 현행 정부형태의 대안으로서 이원정부제의 도입여부에 관한 것이다. 그리고 이원정부제 개헌론에 대한 부정적 입장에서 현행 대통령제의 기본 골격을 유지하면서 부분적인 개헌을 제안하는 견해가 맞서고 있다. 한마디로 최근의 개헌논의는 현행 정부형태의 폐기에 의한 새로운 '제도의 선택'의 논리와 현행 대통령제의 문제점 보완을 위한 '제도의 개선'의 논리가 대립하고 있다고 볼 수 있다. 이원정부제 개헌론의 논거는 주로 현행 대통령제가 승자독식의 제로섬 게임에 의한 권력의 집중과 남용으로 제왕적 대통령제로 운용되는 문제 때문에 권력의 분산과 분점을 기대할 수 있는 이원정부제를 채택해야 한다는 것이다. 그러나 이러한 개헌논의는 주로 정치권과 학계를 중심으로 이루어지고 있을 뿐 일반 국민의 개헌에 관한 공감대는 거의 형성되어 있지 않다는 것이 현실적 상황에 가깝다고 할 수 있다. 그리고 현행 헌법의 시행과정에서 국민의 직선제로 선출된 전직 대통령들의 국정운영방식에 문제가 없지 않았으며 제왕적 대통령제로의 변질적 운용에 대한 우려도 있었으나, 그것은 헌법규범과 제도상의 문제라기보다는 그 실제적 운용상의 문제에 기인한 것이 라는 점을 인식할 필요가 있다. 오히려 1990년대 이후 거의 보편화된 여소야대의 '분점정부' 하에서 대통령

92) 이와 같은 견해로는 정종섭, 헌법개정 논의의 쟁점: 필요성, 방법, 내용, 『새로운 헌법 필요한가』, 32면.

과 정부는 국회 다수파에 의한 실질적 견제를 받게 되었고 대통령의 독주나 권력남용의 가능성은 희박해지게 되었다. 2004년 노무현 대통령과 2017년 박근혜 대통령에 대한 탄핵심판사건에서 볼 수 있듯이 현행 헌법상의 권력통제장치는 그 이전의 어느 헌법보다도 강력하고 실효성 있게 작동되고 있음을 부정할 수 없다. 이렇게 볼 때 현행헌법의 대통령제 중심의 통치구조는 우리의 헌법현실에 제대로 적응하면서 정착되고 있다고 할 수 있다.

다만 현행 대통령제는 한국에 특유한 헌정사적 경험에 대한 반성에서 단임제를 규정하고 있으나 우리의 정치현실과 국민의 제고된 의식수준 등에 비추어 단임제의 시대적 사명은 다했다고 봐도 과언이 아니며, 현행 헌법의 의원내각제적 요소는 대통령제 중심으로 작동되는 통치구조에 있어 독자적인 기능과 제도적 의의를 찾기 어렵기 때문에 대통령의 법률안제출권 규정과 국회의원의 겸직허용 등은 재검토되어야 할 것이다.

프랑스 제5공화국헌법의 정부형태를 모델로 하는 이원정부제는 혼합형 정부형태이지만 그 혼합형의 원리는 그들의 전통적 의회제와 의원내각제적 체제의 기반 위에 대통령제 요소를 혼합한 것이 본질적 특징이다. 집행부의 이원적 구조도 원래의 의원내각제하에서의 집행부의 이원적 구조를 유지하되, 다만 그 이원적 구조를 종전의 명목상의 이원적 구조이었던 것을 실질적인 이원적 구조로 변경한 것에 불과하다. 따라서 이원정부의 성공조건에 관한 논의에 있어서도 의원내각제의 성공조건에 관한 논의가 그대로 적용된다. 이원정부제는 집행권의 분산으로 대통령의 권력남용을 막고 의원내각제적 운용에 의한 책임정치의 구현이 커다란 장점이지만, 동시에 권력의 분점으로 인한 갈등과 대결의 문제를 피할 수 없는 것이 제도적 취약점이라 할 수 있다. 프랑스의 경우 이러한 문제를 극복하고 이원정부제를 성공적으로 운용하고 있다고 말할 수 있는 것은 그 나라에 고유한 정치적 관용과 타협의 문화가 존재하기 때문이다. 따라서 정치적 관용이 없는 갈등의 정치문화와 이원정부제가 결합하는 경우에 예상되는 폐해는 심각해질 수 있다고 본다.

정부형태나 통치구조의 변경을 위한 헌법개정은 국민적 합의에 바탕을 두어야 하며, 그 합의도출을 위해서는 헌법개정의 필요성과 당위성에 관한 국민다수의 이해와 설득이 전제되어야 한다. 지난 수년간 정부형태 개헌논의가 활발하게 전개되면서 이원정부제 개헌론도 유력한 개헌안의 하나로 제시되었지만 그 정도의 논의의 성과만으로 국민적 공감대가 형성되었다고 보기 어렵다. 따라서 앞으로의 정부형태 개헌논의는 공론화과정을 확대해 나감으로써 국민의 다수의사를 확인하는 과정이 필요하다고 할 것이다.

헌법개정에 관한 미래는 쉽게 예측할 수 없지만, 단기적으로는 현행 제도의 기본골격을 유지하면서 부분적이고 점진적 개혁의 방안을 찾는 것이 바람직하다고 보며, 장기적 관점에서는 통일한국시대의 국가형태와 통치구조 전반에 대한 논의를 시작해야 할 것이다. 끝으로 정부형태의 개헌논의에 있어서는 정치문화적 조건과 역사적 배경을 달리하는 외국의 제도들을 그대로 수용하는 것에 대한 논의보다는 그 제도들을 참고하되 우리의 정치상황에 가장 적합한 방향으로 수정하고 변형시킬 수 있는 다양한 방안도 논의의 대상에 포함시키는 개방적이고 유연한 개헌논의의 자세가 필요하다.

〈본 장의 글은 『헌법학연구』 제21권 제3호(한국헌법학회, 2015. 9) 1~48면에 게재된 논문 "대안적 정부형태로서의 이원정부제 -이원정부제 개헌론에 대한 관견"의 제목을 바꾸고 일부 내용을 수정·보완한 것임〉

제 4 장 헌법개정조항의 개정필요성에 관한 검토

Ⅰ. 머리말

현행 헌법상의 헌법개정조항(제128조~제130조)은 한국헌법사에 나타난 역대 헌법 중에서 1962년 헌법 및 1980년 헌법과 함께 강한 경성헌법주의를 채택하고 있음을 특징으로 한다. 건국헌법은 헌법개정절차에 국민투표절차를 규정하지 않고 국회의 가중다수 의결만으로 헌법개정을 확정할 수 있었다(제98조). 1954년 제2차 개헌에 의해서도 이러한 헌법개정절차는 유지되었으나, 예외적으로 주권의 제약 또는 영토의 변경을 가져올 국가안위에 관한 중대사항의 헌법개정에 대해서는 국민투표에 붙일 수 있도록 하였다(제7조의2). 1962년 헌법에서는 헌법개정에 민주적 정당성을 확보하고 경성헌법주의를 강화하기 위하여 국민투표를 필수적인 절차로 규정하였다(제121조 제1항). 1972년 유신헌법에서는 경성헌법주의가 크게 후퇴하여 대통령이 개헌안을 발의한 경우에는 국회의 의결을 거치지 아니하고 직접 국민투표에 붙이도록 하였고, 국회가 발의한 경우에는 국회의 의결을 거쳐 통일주체국민회의에서 확정하도록 하여 국민투표절차를 거치지 않도록 하였다(제124조). 그 후 1980년 헌법에서 헌법개정절차는 현행헌법과 같이 경성헌법주의를 다시 강화하여 국회의 의결과 국민투표에 의한 확정 절차를 규정하게 된 것이다(제129조, 제131조).[1)]

---

1) 건국헌법이래 1980년 헌법에 이르기까지의 헌법개정과정에 관한 상세한 내용은 김철

역대 헌법의 헌법개정안 발의절차를 보면 건국헌법은 국회와 대통령에게 발의권을 인정하였으나, 1962년 헌법은 대통령에게 발의권을 인정하지 않았으며, 대신에 1954년 개정헌법과 마찬가지로 국회의원선거권자 50만명 이상의 찬성으로 헌법개정 제안권을 일반국민에게도 인정하였다(제119조 제1항). 현행헌법은 국민의 헌법개정 제안권을 인정하지 않고 있으나 대통령에게 발의권을 인정하는 것이 1962년 헌법과 구별되는 점이고, 국회의 의결과 국민투표절차를 필수적 절차로 거치게 하는 점에서 동일한 수준의 경성헌법주의를 채택하고 있다고 할 수 있다. 다만 현행헌법은 일반 국민의 개헌안 제안권이 인정되지 않고 있다는 점에서 헌법개정안 발의단계에서부터 국민의 의사에 바탕을 둔 민주적 개헌논의가 현실적으로 제약을 받게 된다는 점을 부정하기 어렵다.

이와 같은 현행헌법의 경성적 헌법개정절차는 최근 10여 년간 우리 사회에서 지속되어온 개헌논의에도 불구하고 그 개헌의 실현가능성에 대해 부정적 입장이 강하게 자리잡게 된 이유의 하나가 되고 있다고 본다. 특히 그 동안의 많은 개헌논의 중에서 헌법개정조항 자체의 개정문제에 관한 논의는 거의 없었으며 헌법개정조항의 개정문제에는 관심조차 두지 않은 것이 현실이라고 할 수 있다.[2)]

현행헌법 시행 20여 년을 경과하면서 우리 사회에서 개헌논의는 정치권뿐만 아니라 학계 및 시민단체 등 민간 영역의 지식인 사회를 중심으로 헌법전반에 걸친 광범위한 헌법개혁방안들이 제시되어 왔으나,[3)] 현시점에서의 개헌가능성은 거의 희박하다고 할 수 있다. 초기의 개헌논의의 주체와 동기는 정치권에

수, 『헌법개정, 회고와 전망』, 대학출판사, 1986; 송우 편, 『한국헌법개정사』, 집문당, 1980 참조.

2) 학계에서도 헌법개정조항의 문제점이나 그 개정논의에 관심을 갖는 학자는 극소수에 불과하며, 이와 관련된 문헌도 다음과 같은 몇 편에 지나지 않는다. 오호택, 우리 헌법개정절차의 문제점, 『안암법학』 제2집, 1994, 181면 이하, 오호택, 헌법개정의 절차와 헌법개정의 가능성, 『헌법학연구』 제13권 제1호, 2007, 487면 이하, 정만희, 헌법개정논의, 『동아법학』 제47호, 2010, 38~42면; 대화문화아카데미, 『새로운 헌법, 무엇을 담았나』, 2010, 48~49면; 김선화, 헌법개정의 절차적 방법론-헌법개정안의 형성과정을 중심으로, 『헌법학연구』 제16권 제2호, 2010, 265면 이하.

3) 학계와 시민단체 등의 개헌의 필요성과 방향에 관한 주요 연구성과로는 한국헌법학회, 『헌법개정연구』, 2006; 한국공법학회, 『헌법개정안 연구보고서』, 2006; 대화문화아카데미, 『새로운 헌법 필요한가』, 2008; 함께하는 시민행동, 『헌법 다시보기, 87년 헌법 무엇이 문제인가』, 2007 참조.

서 대통령선거시마다 5년단임 대통령제의 문제점을 배경으로 한 것이었으나, 그 후 점차 개헌논의의 대상과 범위가 확대되어 정부형태와 권력구조뿐만 아니라 헌법총강과 기본권보장, 지방자치제 등 국가시스템의 전면적 개혁을 위한 개헌논의가 활발하게 전개되어 왔다. 특히 헌정사상 최초로 제18대 국회 구성 후 국회의장 자문기구로 '헌법연구자문위원회'가 설치되어 개헌연구조사를 진행하였으며 2009년 8월 결과보고서가 출간되어 헌법전반에 걸친 개헌의 필요성과 개헌 방향을 제시한 바 있다.[4)]

이와 같이 작금의 개헌논의의 두드러진 특징은 종래와는 달리 정부형태의 개헌논의에 치우친 것이 아니라 헌법전문·총강·기본권 등을 포괄하는 헌법전반의 광범위한 개헌논의라는 점에 있다. 특히 학계와 시민단체 등에서는 급변하는 시대적 환경의 변화에 따른 헌법의 현실적응성의 요청에서 기본권보장체계의 정비·강화와 새로운 인권의 헌법규범화를 요구하고 있는 것이 특징적 현상이다. 그렇지만 그 동안의 개헌논의가 전례없이 각계각층에서 다양한 개헌안들이 제시되어 왔음에도 불구하고 개헌의 실현가능성이 극히 불투명한 현실은 정치권의 여·야간의 대립구도라든지 국민의 개헌에 관한 소극적 태도 등과 함께 헌법상 규정된 매우 어렵고 까다로운 헌법개정절차에서 그 이유를 찾을 수 있다.[5)]

생각건대 헌법상의 경성적 헌법개정절차는 입헌주의 이념에 기초하여 헌법제정권자의 헌법수호의 의지를 반영하고 헌법질서의 안정성을 확보한다는 중

---

4) 이 보고서는 개헌의 필요성에 관하여 "지난 20여 년간 국내외의 정치, 경제, 사회적 환경의 급변으로 인해 기존의 사고와 패러다임으로는 해결할 수 없는 문제들이 도처에서 노정됐다. 헌법개정 당시 예견할 수 없었던 이런 문제들은 개별 법률의 개정이나 제도의 보완만으로 해결하기 어려운 것들이어서 국가시스템 전반에 걸쳐 헌법적 차원에서의 재검토가 불가피해졌다"고 기술하고 있다. 국회헌법연구자문위원회, 『헌법연구자문위원회 결과보고서』(2009. 8), 3면.

5) 현행헌법 시행 이후 민주화가 진행되면서 권위주의체제가 타파됨에 따라 집권자의 권력욕구를 충족시키기 위한 개헌은 사실상 불가능하게 되었으며, 그간 몇 차례의 평화적 정권교체를 경험하면서 구축된 여·야간의 권력적 견제와 균형은 정치권에서의 개헌논의가 탄력을 받지 못하고 쉽게 수그러지는 경향을 나타내게 되었다. 특히 현행헌법의 '5년 단임 대통령제' 정부형태에 대해서는 20여 년 이상의 경험 속에서 드러난 문제점들과 그 개편의 필요성에 관하여 정치권은 공통의 인식을 하고 있으나, 현실적으로 이 문제에 관한 개헌 제안은 여·야간에 차기 대통령선거를 둘러싼 정치적 이해관계 속에서 국회재적의원 '3분의 2 이상'의 찬성이라는 합의를 도출하는 것은 거의 불가능하다고 본다.

요한 가치를 내포하고 있다. 그러나 다른 한편, 헌법의 운용과정에서의 급격한 시대의 변화에 따른 헌법의 현실적응성과 탄력성의 요청도 헌법질서의 안정성만큼 중요한 가치라 하지 않을 수 없다. 따라서 현대사회의 급격한 변화의 시대에 있어서는 헌법질서의 안정성과 함께 헌법규범의 현실적응성 내지 탄력성이 아울러 요청된다고 할 수밖에 없으므로 이 양자를 조화적으로 실현할 수 있는 방법을 강구하는 것이 중요한 헌법적 과제라 할 수 있다.[6)]

따라서 본 연구에서는 위와 같은 헌법개정조항에 내재되어 있는 양면적 가치의 조화적 실현의 관점에서 현행 헌법개정조항의 개정방향을 모색하도록 한다. 비교헌법적 관점에서 헌법개정안의 발의와 국회의결절차 전반에 대한 문제점과 대안을 제시하며, 특히 헌법개정절차의 핵심적 요소로서 국민투표제에 대한 근본적인 재검토와 그 개정방향을 제시한다. 국민투표제의 개선방안으로는 헌법개정사항의 이원화를 통하여 헌법운용의 탄력성과 현실적응성을 확보하는 방안을 제시하도록 한다.

Ⅱ. 헌법개정조항의 의의와 기능

1. 경성헌법과 헌법개정조항

근대 입헌주의헌법은 성문헌법(written constitution)과 경성헌법(rigid constitution) 주의를 보편적으로 채택하여 발전해 왔으며, 오늘날의 각국 헌법전은 거의 예외 없이 경성헌법주의를 헌법개정조항을 통해 반영하고 있다. 헌법제정권자는 입헌주의의 이념에 기초하여 국민의 자유와 권리를 보장하기 위한 국가권력과정 통제의 기본적 장치로서의 헌법을 제정하면서 그 헌법규범에 의해 국가공동체의 안정성과 지속성을 유지하게 할 수 있도록 헌법개정조항을 규정하여 '헌법개정의 곤란성'을 확보하고 있다. 그러므로 헌법개정조항에 나타난 경성헌법주의 내지 헌법개정의 곤란성의 정도는 국가형태와 통치구조의 선택 등과 함께 헌법제정권자의 근본적 결단에 해당하는 것으로 최대한 존중되어야 하며, 현실의 헌법운용과정에서 권력담당자는 그 권력행사의 근거가 되는 헌법규범에 만

6) 양건, 『헌법강의』, 법문사, 2009, 67면, 정만희, 앞의 논문 40면.

족하지 못하더라도 그 헌법개정조항에 의하지 않고서는 집권자의 의도대로 헌법을 수정하거나 변경할 수 없는 것이다.7)

한편, 헌법개정조항은 미래의 헌법운용상황을 미리 예측하여 시대의 변화에 따른 헌법규범과 현실의 불일치나 괴리의 문제를 해결하기 위한 헌법개정의 방법과 절차를 제시함으로써 헌법규범의 현실적용성에 대한 헌법제정자의 배려를 내포하고 있다. 여기서 헌법개정조항은 헌법의 안정성이라는 측면에서 '강한' 경성헌법주의를 요구하게 되고, 그와 상반되는 헌법의 변화와 현실적응성의 측면에서 '약한' 경성헌법주의 내지 '보다 용이한' 헌법개정의 가능성을 요구하게 된다. 이처럼 헌법개정조항은 대립되는 두 가지의 가치를 어떻게 조화적으로 실현시킬 수 있는가의 관점에서 이해되어야 하는 것이다.

과거 어두운 헌법개정사의 경험 속에서 우리 국민은 헌법개정이 권력자의 집권욕구를 위한 수단으로 악용되어 온 사실을 통해 헌법의 안정성과 개정의 곤란성에 대한 집착이 강하다고 할 수 있다. 그러나 1987년 헌법체제 이후 민주화가 정착되면서 정치권의 욕구충족의 수단으로 개헌을 단행한다는 것은 거의 생각할 수 없게 된 지금의 향상된 정치수준의 현실에서는 헌법의 안정성의 가치만큼 시대적 변화에 따른 국민적 요구에 탄력적으로 적응할 수 있는 헌법에 대한 기대가 크다고 해도 과언이 아닐 것이다. 따라서 현시점에서의 헌법개정조항의 개정논의는 급변하는 시대상황에 대응하기 위한 헌법의 현실적응성에 초점을 맞출 필요가 있다고 본다.

2. 헌법개정조항의 기능

(1) 권력의 통제와 헌법의 최고규범성 수호

헌법개정의 곤란성을 통한 헌법규범의 지속성과 헌법질서의 안정성을 확보하기 위한 경성헌법주의는 입헌주의의 이념에 기초하여, 국가권력과정의 기

7) 그러나 현실적으로 헌법개정의 빈도와 용이성을 보면 강한 경성헌법이라고 해서 헌법개정이 실제로 잘 행해지지 않는 것은 아니며 연성주의하에서도 헌법개정 없이 헌법의 안정성이 유지되는 국가도 있다. 결국 특정 국가에 있어서 헌법의 안정성은 경성헌법주의 여하가 아니라 그 국가의 정치세력들이 헌법에 순응하는 태도와 국민의 헌법수호의 의지에 달려있다고 할 수 있다. 이에 관한 대표적 견해는 K. C. Wheare, Modern Constitutions, 2nd ed., 1966, P23.

본적 통제장치이며 국가조직의 기본 틀을 의미하는 헌법이 권력담당자의 자의적 권력행사에 의해 쉽게 변경되거나 훼손되지 않도록 함으로써 헌법의 규범력과 실효성을 확보하기 위한 것을 의미한다.[8)]

다시 말하면 헌법상의 헌법개정절차에 관한 조항은 일반 법률의 개정절차와는 달리 엄격한 개정절차를 규정하여 헌법운용과정에서 헌법의 내용이 용이하게 변경될 수 없도록 함으로써 헌법의 '최고규범성'을 존중하기 위한 것이다.[9)] 즉 국가의 최고규범으로서의 헌법의 규범력과 제도적 항구성을 확보한다는 데에서 경성헌법주의의 기능을 찾을 수 있다. 동시에 경성적 헌법개정조항은 그 헌법조항에 의하지 않고서는 어떠한 경우에도 권력자의 정치적 목적을 위한 수단으로서의 헌법개정을 허용하지 않는다는 점에서 권력통제적 기능을 수행한다고 할 수 있다. 말하자면 뢰벤슈타인의 표현처럼 헌법이 "정치권력의 통제를 위한 기본적 수단"(basic instrumentality for the control of power process)[10)] 을 의미하기 때문에, 헌법개정조항 자체도 집권자의 자의적 권력에 의한 헌법내용의 변경을 방지함으로써 헌법의 규범력을 유지하는 헌법수호의 기능을 담당한다는 데에 그 의의가 있는 것이다.

헌법의 개정은 헌법개정조항이 정하는 절차와 방법에 따라 기존 헌법과 기본적 동일성을 유지하면서 개정될 때 그 헌법개정은 정당화될 수 있는 것이지만, 그 경우에도 헌법의 개정은 주권자인 국민의 합의를 바탕으로 한 민주적 개헌이 이루어져야만 그 개정헌법의 민주적 정당성을 인정받을 수 있게 된다. 따라서 형식적 헌법개정절차에 따르더라도 국민의 다수의사에 의한 공감대형성 없이 최고권력자의 일방적 권력욕구에 의한 개헌의 단행이나 소수의 정치세력간의 밀실타협에 의한 개헌논의에 국민이 수동적으로 따라가는 개헌은 허용될 수 없는 것이다. 또한 헌법개정조항을 무시한 권력자의 실력행사에 의한 헌법의 변경은 헌법의 파괴나 침해를 의미하기 때문에 헌법제정권자이며 헌법개정권자를 의미하는 국민은 이러한 헌법파괴행위에 대해 최후의 비상적 헌법수호의 수단으로서 저항권을 행사할 수밖에 없는 것이다.

---

8) 권영성, 『헌법학원론』,법문사, 2010, 51면.

9) 허영, 『한국헌법론』, 박영사, 2009, 53면

10) K. Loewenstein, Political Power and the Governmental Process, 1965, p123.

(2) 헌법의 흠결 예측과 헌법규범의 현실적응성 확보

헌법상 헌법개정조항의 또 하나의 의미는 헌법은 그 운용과정에서 언젠가는 결함이 발견될 것이라는 '헌법제정자의 예측'을 반영하고 있다는 데에 있다.[11] 헌법은 본질적으로 국가적 조직의 기본 틀로서 어느 정도 고정성과 안정성·지속성이 요구되는 것이지만, 다른 한편 헌법은 그때그때의 사회적 수요와 시대적 환경의 변화에 적응할 수 있어야만 살아있는 규범으로서 헌법의 규범력과 실효성을 확보할 수 있게 된다. 헌법의 운용과정에서 헌법규범과 헌법현실의 불일치로 인한 괴리가 발생하는 경우 그 헌법에 대한 불만과 불신의 방치는 결국 폭력에 의한 헌법의 파괴로 이어질 우려가 있기 때문에 헌법 자체에 합헌적인 방법과 절차에 의한 헌법개정을 규정함으로써 헌법의 흠결을 극복할 수 있도록 하는 것이 필요하게 된다.

다시 말하면 헌법개정조항은 헌법의 운용상 불가피하게 요청되는 헌법개정의 필요성과 불가피성을 헌법제정자가 미리 예측하여 헌법규범의 테두리 안에서 헌법의 현실적응성과 탄력성을 확보하기 위한 제도적 장치라고 할 수 있다. 즉 헌법개정조항은 헌법이 국가가 처한 현실적 변화에 적응하도록 하되 지나치게 자주 개정되지 않도록 하는 '제도적 안정장치'로서의 기능을 담당하는 것이다.[12] 따라서 헌법규범은 제도적 안정장치를 통해 시대의 변화와 사회적 요구에 탄력성 있게 적응할 수 있어야 하는 것이다.

그러나 헌법개정절차가 지나치게 엄격한 경성헌법주의를 채택한 경우에는 헌법의 현실적응성을 확보하기 어렵게 되는 문제가 있다. 미국연방헌법은 세계에서 가장 엄격한 경성헌법주의를 채택하고 있기 때문에 헌법개정절차에 의한 헌법개정은 현실적으로 매우 어려운 실정이다. 그렇기 때문에 미국의 헌법은 공식적인 헌법개정절차에 의한 개정이 아니라 헌법외적 개정절차로서 헌법의 해석을 통해 헌법규정의 의미를 새롭게 해석하고 보완해 나감으로써 실질적으로 광범위한 헌법상의 변화가 계속적으로 이루어지고 있는 것이 특징적 요소라고 할 수 있다.[13]

---

11) David D. Meyer, Constitutional Change in the American Experience 헌법개정·미국의 경험, 『헌법학연구』, 제16권 제3호, 2010, 226면.

12) 성낙인, 『헌법학』(제10판), 법문사, 2010, 47면

13) David D. Mayer, 앞의 논문, 227면 이하.

헌법규범의 추상성과 개방성의 특성상 헌법의 해석이 필요하게 되고 헌법해석을 통하여 헌법의 의미내용이 구체화되고 보완될 수 있지만, 그렇다고 해서 헌법의 해석이 항상 헌법개정의 효과를 가져 오는 것은 아니다. 헌법의 해석은 기본적으로 당해 헌법조문 자체를 벗어날 수 없는 한계가 있으며,[14] 그 해석을 통해 헌법의 의미내용이 보완되더라도 해석에 의한 의미내용은 고정적인 것이 아니라 판례의 변경에 의해 달라질 수 있는 유동적 개념이기 때문에 헌법해석으로 헌법개정의 효과를 가져 오는 데는 일정한 한계가 있을 수밖에 없다. 따라서 시대적 상황의 변화에 따른 헌법의 현실적응성에 관한 사회적 욕구가 강하게 되면 헌법개정은 불가피하다고 할 수 있다. 특히 오늘날의 세계화·정보화의 급격한 시대적 상황의 변화는 그 어느 때보다도 헌법의 탄력적 현실적응성이 요구되기 때문에 이러한 현실적응성의 가치는 경성헌법주의의 가치만큼 중요하다.

3. 헌법개정조항의 개정가능성

헌법의 개정에 있어서 헌법개정조항 자체를 개정할 수 있는가의 문제가 있다. 이에 관한 학설로 다음과 같은 세 가지의 견해가 나뉘고 있다. 제1설은 헌법개정조항은 개정의 대상이 될 수 없다고 보는 견해이다. 즉 헌법개정권력의 근거가 되는 헌법개정조항은 헌법제정권력에 의해 만들어진 것으로 헌법개정권력에 의한 헌법개정조항을 개정하게 되면 이는 헌법제정권력과 헌법개정권력의 구별을 부정하는 것이 되므로 허용될 수 없다는 견해이다. 칼 슈미트(C. Schmitt)의 헌법제정권력과 헌법개정권력의 구별이론에 근거한 것이다.[15] 그러나 이 견해는 헌법제정권력과 헌법개정권력의 구별이 오늘날 민주주의국가에서는 무의미하다고 보는 입장에서는 비판을 받게 된다.[16]

제2설은 헌법개정조항은 헌법개정권자의 자의적 개정으로부터 헌법의 핵심적 가치를 수호하기 위한 규정이므로 경성헌법을 연성헌법으로 변경하는 것은 금지되지만, 연성헌법을 경성헌법으로 변경하는 것은 가능하다는 견해이

14) 헌법해석의 한계에 관하여는 장영수, 『헌법학』, 홍문사, 2007, 114면 이하.

15) 권영성, 앞의 책, 56면.

16) 계희열, 『헌법학』(상), 박영사, 2005, 122면.

다.[17] 그러나 연성헌법주의를 채택할 것인가 아니면 경성헌법주의를 채택할 것인가는 그 자체가 헌법제정권자의 중요한 의사 결정이라 할 수 있으므로 연성헌법을 경성헌법으로 개정하는 문제도 헌법제정의 방법을 통해야 한다는 반론이 제기될 수 있다.

제3설은 헌법개정조항 중에서 '비본질적인 부분'은 헌법개정의 방법으로 변경할 수 있으나, '본질적인 부분'은 헌법제정의 방법으로 변경해야 한다는 견해이다.[18] 따라서 헌법개정을 국회만이 할 수 있게 하고 국민투표를 폐지하거나, 경성헌법을 연성헌법으로 변경하거나 연성헌법을 경성헌법으로 변경하는 것은 본질적 부분에 해당하는 것으로 헌법제정권력의 주체가 정할 성질이어서 이에 관한 조항은 헌법개정의 방법으로 변경할 수 없다고 한다. 다만 헌법개정안의 공고기간 또는 의결에서의 기간제한이나 헌법개정안 발의권자를 대통령이 아닌 국회에만 부여할 것인가의 문제 등은 비본질적 부분에 해당하여 헌법개정조항에 따라 이를 변경할 수 있다는 것이다.

생각건대 헌법개정의 방법과 절차를 정한 헌법개정조항은 기본적으로 헌법제정권자의 헌법에의 의지를 반영한 것이므로 원칙적으로 헌법개정의 형식을 통해 그 조항의 본질적 내용을 변경할 수 없도록 하는 것이 타당하다고 본다. 따라서 헌법개정권력의 주체와 그 행사방법이라든지 경성헌법주의를 어느 정도의 수준으로 정할 것인가와 같은 헌법개정조항의 본질적 부분은 헌법제정권자의 근본적 결단에 포함될 수 있는 것으로 헌법개정의 한계를 벗어나는 것이 된다. 그러나 헌법개정에 관한 사항 중 비본질적 부분은 헌법개정절차를 통해 변경할 수 있도록 하는 것이 헌법의 탄력적 운용과 현실적응성 확보를 위해 필요하다고 본다. 이 점에서 제3설이 타당하다고 본다.

제2설과 제3설의 차이점은 연성헌법을 경성헌법으로 변경하는 헌법개정을 인정하는가의 여부에 관한 것인데, 제2설은 이를 인정하지만 제3설은 이를 인정하지 않는다. 그리고 경성헌법을 연성헌법으로 변경하는 것에 대하여 제2서과 제3설은 모두 이를 허용할 수 없다고 보는 것이다. 헌법의 개정방법에 관한 경성헌법주의와 연성헌법주의의 선택은 헌법제정당시의 헌법제정권자의 중요

17) 권영성, 앞의 책, 56면; 김철수, 『헌법학개론』, 박영사, 2007, 50면.

18) 계희열, 앞의 책, 122면; 정종섭, 『헌법학원론』, 법문사, 2010, 103면.

한 의사결정이라고 볼 수 있으며, 따라서 헌법개정조항의 변경은 헌법제정권자의 새로운 의사결정이 필요하기 때문에 헌법개정의 방법으로는 변경할 수 없다고 할 것이므로 제3설이 타당하다.

이와 관련하여 필자가 앞에서 제시한 헌법개정절차의 이원화의 가능성을 검토할 필요가 있다. 현행 헌법의 헌법개정절차는 국회의 의결과 국민투표절차라는 강한 경성헌법주의를 채택하고 있어서 시대적 변화와 사회적 수요에 탄력적으로 적응하기 어렵기 때문에 헌법개정절차를 이원화하여 기본적으로는 국회의 의결과 국민투표에 의한 확정이라는 경성헌법주의를 유지하면서, 헌법개정의 대상 중에서 정치적 이해관계가 첨예하게 대립하는 권력구조와 정부형태라든지 영토의 변경과 같은 국가안위에 관한 중요사항 등을 제외한, 국민적 합의가 쉽게 이루어질 수 있는 기본권조항의 보완이라든지 헌법의 체계와 문구에 관한 부분적 수정 등은 국민투표를 거치지 않고 국회의 특별정족수 의결로 확정하는 방안이 허용될 수 있는지가 문제된다. 요컨대 헌법개정절차의 이원화는 국민투표절차를 전면적으로 폐지하는 것이 아니어서 헌법제정권자의 의사에 반한다고 할 수 없으며, 전통적 경성헌법주의의 가치를 유지하면서 급변하는 사회현실의 헌법운용에 있어서 탄력성과 현실적응성의 확보라는 또 다른 가치를 조화적으로 실현할 수 있는 방안이라는 점에서 헌법개정의 이원적 절차를 허용하는 것이 바람직하다고 생각한다.[19)]

그리하여 헌법개정의 한계를 벗어나지 않는 범위 내에서 헌법개정의 대상이 되는 내용들을 국민투표를 거쳐 최종적으로 확정하는 사항과 국민투표를 거치지 않고 확정할 수 있는 사항으로 구분하는 것이 가능하다고 할 수 있다.

Ⅲ. 헌법개정절차의 비교법적 분석

1. 개 설

각국 헌법상의 헌법개정절차는 그 나라의 국가형태의 여하라든지, 또는 헌정사와 정치문화적 조건과 상황에 따라 다양한 유형으로 나타나고 있다. 헌법

19) 정만희, 앞의 논문, 41~42면.

개정절차에 있어서 개정안 발의권은 주로 의회가 가지지만 의회와 행정부의 양 기관이 행사하는 경우와 국민에게도 발의권을 부여하는 경우도 있다. 발의된 헌법개정안이 의회의 의결만으로 확정되는 유형이 있으며 의회의 의결과 국민투표를 요구하는 유형도 있다. 그 밖에 헌법개정을 위해 의회 이외에 특별한 헌법회의를 소집하는 유형도 있다.[20]

개별 국가별로 보면 연방국가원리를 채택하고 있는 미국헌법은 세계에서 가장 엄격한 경성헌법주의를 채택하고 있다. 연방주의를 수호하기 위하여 연방헌법의 개정안에 대하여 연방을 구성하는 전체 주 가운데 4분의 3이상의 주의회 또는 주헌법회의의 승인을 받도록 규정하고 있기 때문에 현실적으로 헌법개정의 실현가능성은 아주 낮다.

독일의 경우도 연방국가를 채택하고 있지만 헌법개정절차는 연방의회의 의결만으로 헌법개정이 이루어지고 있는 것이 특색이다. 즉 독일기본법의 개정은 기본법의 문구를 명시적으로 변경 또는 보충하는 기본법개정법률에 의해서만 가능하며 이러한 기본법개정법률은 연방의회의원 3분의 2 이상의 찬성과 연방참사원 3분의 2 이상의 찬성을 필요로 한다(독일기본법 제79조). 이처럼 독일은 통상적인 법률의 개정절차를 통하되 의회의 의결정족수를 가중다수로 강화하는 유형을 취하고 있다.[21] 독일 외에도 통상의 의회의 의결만으로 헌법개정이 이루어지고 있는 나라는 포르투갈, 스웨덴, 벨기에, 브라질 등 상당한 국가들이 있다.

프랑스의 경우는 의회의 의결과 국민투표절차를 거쳐 헌법개정이 확정되는 경성헌법주의 유형을 채택하고 있으나, 여기서의 국민투표절차는 임의적 국민투표를 의미한다. 이탈리아, 오스트리아, 호주, 일본 등도 국민투표절차를 규정하고 있는 국가이다.

스위스는 헌법개정안 제안절차에 의회뿐만 아니라 일반 국민에게도 발의권을 인정하고 있는 것이 특징이다. 한국도 1954년 헌법과 1962년 헌법에 국민발안을 채택한 바 있다. 대통령에게 발의권을 부여하고 있는 나라는 프랑스, 한

---

20) 각국의 헌법개정절차에 관한 비교헌법적 연구의 주요 문헌으로는 竹花光範, 憲法改正の法理と手 續, 成文堂, 1981 참조

21) 정만희, 『비교헌법강의』(제2판), 세종출판사, 2009, 336면.

국 등 몇몇 국가에 불과하다.

2. 의회에 의한 헌법개정의 유형

헌법개정의 방법으로 많은 국가에서 일반적으로 채택하고 있는 제도는 의회가 헌법개정의 권한을 가지고 의회의 의결만으로 헌법개정이 확정되는 것이며, 그 개정절차는 일반 법률의 경우보다 어렵게 하는 것이다. 즉 국민의 대표기관인 의회에서 일반 법률과는 달리 특별다수에 의해 헌법개정안이 발의되고 의결정족수도 특별다수를 요건으로 하는 것이다. 독일기본법을 비롯하여 유럽과 중남미의 여러 나라의 헌법들이 이러한 방법을 채택하고 있다.

의회의 의결만으로 헌법개정이 확정되는 유형도 세부적으로는 다음과 같은 몇 가지 유형으로 구분된다. 1) 의회의 1회기에서 헌법개정안이 의결되면 헌법개정이 확정되는 유형(독일, 캐나다, 레바논, 헝가리, 불가리아, 폴란드, 인도, 말레이시아, 중국 등 30여개국), 2) 동일한 의회의 2회기에 걸쳐 반복 의결하는 유형(페루, 콜럼비아, 브라질 등), 3) 의회에서 헌법개정안이 의결되면 그 의회의 회기만료 후 차기 총선거로 새로 구성된 의회가 헌법개정안을 의결하도록 하는 유형(스웨덴, 노르웨이, 핀란드 등), 4) 의회에서 헌법개정안이 의결되면 즉시 의회가 해산되고 새로 구성된 의회에서 다시 의결하는 유형(벨기에, 네덜란드, 룩셈부르크) 등이 있다.[22] 여기서 헌법개정안의 의결을 당해 의회의 회기만료 또는 의회해산 후 새로 구성된 의회에서 확정하도록 하는 것은 헌법개정안을 국민투표에 회부하는 것과 동일한 효과를 가져오는 것이라 할 수 있다. 또한 총선 후 새로 구성된 의회는 형식상으로는 통상의 의회에 해당하지만 그 실질은 일종의 헌법회의의 성격을 가진다고 볼 수 있다.

우리나라의 경우 과거 1948년 건국헌법(제98조 제3항)과 1960년 제2공화국헌법(제98조 제3항)이 국회의 의결만으로 헌법개정이 이루어지는 방법을 채택하였다. 건국헌법과 제2공화국헌법에 의하면 헌법개정안의 발의는 대통령과 국회재적의원 3분의 1 이상의 찬성으로 하고 그 의결정족수는 국회의원 3분의 2 이상의 찬성이라는 가중다수를 요건으로 하였다.

의회가 국민의 대표기관이며 최고입법기관으로서 주권자의 위임을 받아

22) 竹花光範, 앞의 책, 80면 이하.

헌법개정권을 행사하는 것은 국민주권의 원리와 대의제 민주주의에 부합되는 것으로 정당화될 수 있음은 당연하다고 할 것이다. 그러나 여기서 한 가지 생각해야 할 것은 의회의 의결만으로 확정되는 헌법개정이 정당화되기 위해서는 다음과 같은 몇 가지 전제조건이 있다는 점이다. 그 전제조건으로는 첫째, 의회의 구성이 국민의 의사에 따라 민주적으로 이루어져야 하며, 민주적이고 공정한 선거제도가 확립되어야 한다. 둘째, 의회주의원리가 활성화되고, 의회내에서의 자유로운 토론의 장이 확보되어야 한다. 셋째, 복수정당제가 보장되어야 하며, 여·야간의 평화적 정권교체를 통한 정당간의 권력적 균형이 유지되어야 한다. 넷째, 정당내부의 민주화, 즉 당내민주주의가 확립되어 국민의 의사에 기초한 상향적 정당의사결정이 이루어져야 하는 것 등이다.

이렇게 볼 때 건국헌법상의 헌법개정절차는 의회주의와 민주적 정당정치가 뿌리내리지 못한 상황에서 권력자의 정치적 목적을 위한 수단으로 헌법개정이 악용되는 것을 억제하는 데에는 기능적 한계를 노정할 수밖에 없었다.[23]

3. 국민투표에 의한 헌법개정의 유형

헌법개정의 두 번째 방법으로 의회의 의결을 거친 헌법개정안에 대해 최종적으로 국민투표에 붙이는 제도가 있다. 국민투표의 절차는 직접민주제 요소의 도입으로서 주권자인 국민의 직접적 의사에 의해 헌법개정이 이루어지는 것을 의미한다. 프랑스, 이탈리아, 오스트리아, 일본, 한국 헌법 등이 이 유형에 속한다.

헌법개정에 있어서 국민투표제를 채택하고 있는 경우에도 그 구체적 내용은 국가에 따라 동일하지 않으며 여러 유형으로 구분될 수 있다. 일반적으로 의회의 의결을 거친 모든 헌법개정안에 대해 필수적으로 국민투표절차에 붙일 것을 요구하는 강제적 국민투표제(compulsory referendum)의 유형과, 그와 반대로

23) 요컨대 의회의 의결에만 의존하는 헌법개정의 방법은 독일 등 서구형의 의회주의와 민주적 정당정치가 확립된 정치문화적 조건하에서 실질적인 국민적 정당성을 부여받을 수 있는 제도이며, 그렇지 않고 의회주의와 정당정치의 후진성을 탈피하지 못하는 상황에서의 의회에 의한 헌법개정방법은 실력자의 권력욕구를 정당화시키는 도구로 전락하게 될 가능성이 높다. 이는 한국헌정사에서 건국헌법상의 개헌절차와 제1차·제2차 개헌의 경험 속에서 입증되었다고 할 수 있다.

선택적으로 국민투표에 붙일 수 있는 임의적 국민투표제(optional referendum)의 유형이 있다. 그 밖에 일정한 조건이 충족되는 경우 국민투표를 필수적으로 거치게 하는 유형과 헌법의 일부 특정조항에 대해서만 국민투표에 붙이는 유형 등이 있다. 24)

임의적 국민투표제의 대표적 유형에 해당하는 프랑스 제5공화국헌법의 헌법개정절차는 헌법개정의 발의권을 수상의 제안에 따라 대통령과 의회의원이 행사할 수 있으며 헌법개정안은 의회의 양원에서 가결되어야 한다. 의회에서 의결된 헌법개정안은 국민투표를 거쳐 확정되거나, 대통령이 의회의 양원합동회의에 부의할 것을 결정하게 되면 국민투표에 붙이지 않고, 양원합동회의의 표결에서 5분의 3이상의 찬성으로 확정된다(제89조). 즉 의회의 양원에서 각각 의결된 헌법개정안은 국민투표에 붙여 확정하는 방법과, 대통령이 국민투표에 붙이지 아니하고 의회의 양원합동회의에 부의하여 5분의 3의 찬성으로 확정짓는 방법의 두 가지 경우가 있다. 그러나 1958년 제정된 제5공화국헌법하에서 행해진 헌법개정과정을 보면, 1993년의 제8차 개헌에 이르기까지 헌법 제89조의 헌법개정을 위한 국민투표에 의해 확정된 경우는 한 번도 없으며, 대부분 양원합동회의의 의회에서 확정되었고, 헌법 제11조의 대통령의 국민투표부의권을 통해 헌법개정이 이루어진 경우가 한 차례 있을 뿐이다.25)

프랑스에 있어서 헌법개정절차는 발의된 헌법개정안에 대하여 선택적 국민투표제를 채택하고 있으나 이 방법은 전혀 이용되지 않고 있으며, 의회의 양원합동회의에서의 5분의 3찬성이라는 특별다수의 정족수로 확정하는 방법을 주로 활용하고 있음을 볼 수 있다. 다만 1962년 11월의 제2차 개헌은 드골대통령의 제안에 의해 대통령간선제를 직선제로 바꾸는 개헌으로서 통상의 헌법개정절차인 헌법 제89조에 의하지 않고 제11조의 국민투표부의권을 통해 개헌을 단행한 것으로 위헌의 논란이 있다. 당시 헌법 제89조의 정상적인 헌법개정절차가 있음에도 불구하고 헌법 제11조의 국민투표규정을 통해 헌법개정을 단행한 것은 분명히 헌법의 문리해석에 반하는 것이지만 이를 헌법관습으로 용인할 수

24) 헌법개정절차에 강제적 국민투표제를 채택하고 있는 국가는 한국을 비롯하여 스위스, 오스트레일 리아, 필리핀, 아일랜드, 스페인, 우루과이, 덴마크, 모로코, 리베리아, 알제리아, 일본 등 10여 개국에 불과하다. *竹花光範*, 앞의 책, 119면 이하 참조.

25) 정만희, 앞의 책, 259~259면.

있다는 주장도 있다.[26]

프랑스 이외에 임의적 국민투표제를 채택하고 있는 국가들 중에는 헌법상 특정기관이 임의로 국민투표를 요구한 경우에만 국민투표에 붙이는 유형(스웨덴, 태국, 세네갈, 토고 등)이 있으며, 일정한 조건이 충족되는 경우에만 임의로 국민투표를 요구할 수 있는 유형(이탈리아, 중앙아프리카 등)이 있다. 이탈리아헌법은 의회가 의결한 헌법개정안에 대하여 유권자 50만명의 요구로 국민투표에 붙일 수 있도록 하고 있으며, 다만 헌법개정안이 의회의 3분의 2 이상 특별다수로 의결된 경우에는 국민투표에 회부하지 않는 제도를 두고 있다.[27]

강제적 국민투표제를 채택하고 있는 경우에도 모든 헌법개정사항을 국민투표에 붙이지 아니하고 일부 특정조항의 개정의 경우에만 국민투표에 붙이는 유형(스페인, 아이스란드, 서사모아, 말타, 잠비아, 자마이카 등)이 있고, 헌법의 전면개정의 경우에만 국민투표에 붙이게 하는 유형(오스트리아, 베네주엘라)도 볼 수 있다. 전자의 경우에 해당하는 유형으로 스페인은 헌법개정사항을 '기술적 개정'과 '본질적 개정'으로 구분하여 본질적 개정에 한하여 국민투표에 붙이는 제도를 채택하고 있다. 본질적 개정에 관한 사항으로는 헌법의 전면개정의 경우와 헌법 제168조에 규정된 특별한 사항으로서 "헌법총강의 헌법의 기본원리, 제1편의 국민의 기본적 권리와 의무에 관한 사항, 제2편의 국왕에 관한 사항"으로 한정하고 있다.[28] 아이스란드는 국교(國敎)에 관한 규정의 개정에만 국민투표를 필요로 하고 있으며, 그 밖의 나라들은 권력분립원리에 관한 사항이나 입법권과 행정권에 관한 규정 등의 헌법개정에 국민투표를 요구하고 있다. 후자에 해당하는 오스트리아는 연방헌법의 전면개정의 경우에만 강제적 국민투표에 붙이고, 일부개정의 경우에는 국민의회 또는 연방의회 의원 3분의 1이상의 요구가 있는 때에 한하여 국민투표에 붙이도록 하고 있다.[29]

한국헌법상의 헌법개정절차로서 국민투표제는 필수적 국민투표제를 의미한다는 점에서 프랑스 등의 임의적 국민투표제와 구별된다. 현행의 필수적 국

26) 성낙인, 『프랑스헌법학』, 법문사, 1995, 55면

27) 樋口洋一/吉田善明 編, 『解説世界憲法集』, 三省堂, 1998, 165면.

28) 스페인의 헌법개정절차에 관하여는 野口健格, スペインにおける二つの憲法改定手續條項の意義, 慶應義塾大學, 『法學政治學論究』 제82호, 2009, 133면 이하 참조.

29) 竹花光範, 앞의 책, 120~121면.

민투표절차는 1962년 제3공화국헌법에서 처음 채택되었으나 1972년 헌법의 이원적 헌법개정절차에 의해 변질되었던 것이 1980년 헌법에 의해 다시 환원된 제도이다.[30)]

4. 연방국가의 헌법개정의 유형

연방국가원리를 채택하고 있는 대표적 국가인 미국의 경우 헌법개정절차는 강한 경성헌법주의를 유지하고 있다. 연방헌법 제5조에 의하면 연방의회는 상원의원과 하원의원 3분의 2 이상의 찬성으로, 또는 연방을 구성하는 전체 주 가운데 3분의 2 이상의 주의회가 요청할 때 헌법개정회의(Convention for proposing Amendments)를 소집하여 개정안을 발의할 수 있다. 발의된 헌법개정안에 대한 비준절차는 연방을 구성하는 전체 주(States) 4분의 3이상의 주의회의 승인 또는 주헌법회의의 승인을 요건으로 규정하고 있다. 따라서 미국의 연방을 구성하는 50개 주 중에서 38개 주 이상의 승인을 받아야 하기 때문에 헌법개정이 현실적으로 실현되기는 매우 어렵다.

이러한 엄격한 헌법개정절차로 인하여 1789년 이래 최근까지 5,000건 이상의 헌법개정안이 연방의회에 제안되었으나 그 중 33건만이 연방 양원의원 3분의 2 찬성요건을 충족하여 헌법개정발의가 의결되었을 뿐이다. 그 중에서 각 주의회 4분의 3의 찬성으로 개정안이 비준된 수정조항은 지금까지 27개 조에 불과하다.[31)] 27개 조의 수정조항 중에서 최초의 수정헌법 10개조항은 1787년의 원헌법에 명문화하지 않았던 권리장전의 내용을 규정한 것으로 1789년에 채택되었기 때문에 그 후의 헌법운용과정에서 개정된 조항은 17개 조항에 불과하다. 특히 마지막 개정조항인 수정헌법 제27조는 1789년에 발의되었으나 4분의 3의 비준요건으로 인하여 1992년에 와서야 겨우 승인을 받아 발효되었다는 사실에

---

30) 1972년 유신헌법상의 헌법개정절차는 경성헌법주가 대폭 후퇴한 것으로 실력자의 권력욕구에 따른 자의적 개헌의 우려가 있었으나, 1979년 10. 26사건에 의해 일찍이 유신체제가 막을 내리게 되었다. 그 후 1980년의 헌법개정과정은 유신헌법의 헌법개정절차에 따라 행해지게 되었으나, 국회의 제안으로 통일주체국민회의에서 확정하는 절차로는 갈 수 없었기 때문에 1980년 5. 17 비상조치로 국회를 무력화시키고 신군부세력의 정부안을 밀어붙여 국민투표로 확정하게 된 것이 1980년 제5공화국헌법이다.

31) Walter Dellinger, The Legitimacy of Constitutional Change: Rethinking the Amendment Process, 97 Harvard Law Review, 386, 427(1983).

서도 미국헌법의 개정곤란성을 쉽게 이해할 수 있다.[32)]

미국연방헌법의 개정조항에 대해서는 헌법개혁론자들에 의해 비판의 대상이 되고 있다. 헌법제도의 개혁의 필요성에 관한 논의가 꾸준히 전개되어 왔으나, 헌법개정조항이 요구하는 '4분의 3' 이상의 주의회의 비준이라는 "매우 높은 수준의 합의"(so high a degree of consensus)는 가공할만한 장벽(formidable barrier)이 되어 더 이상 개혁논의가 진전되지 못하고 좌절되거나 봉쇄되기 때문에 헌법개정절차 자체의 개정논의가 학계에서 제기되기도 하지만 그 개정조항의 개정 역시 실현가능성이 거의 희박하다고 할 수 있다.[33)]

그렇지만 연방을 구성하는 각 주의 헌법은 연방헌법과는 달리 현실적으로 비교적 용이하게 개정이 이루어지고 있다는 것이 대조적인 현상이다. 1989년까지 전체 주에서의 헌법개정이 행해진 것은 5,807건으로, 평균 한 주에서 116회의 주헌법개정이 이루어졌으며, 이는 연방헌법의 개정횟수의 거의 6배에 해당하는 것이다.[34)] 그러나 미국의 각 주헌법상의 헌법개정절차는 주헌법에 따라 차이가 있긴 하지만 상당히 엄격한 경성헌법주의를 채택하고 있음을 볼 수 있다. 헌법개정의 발의는 주의회 양원의 특별다수의 의결 또는 주헌법회의의 의결을 거쳐 주민(州民)투표(referendum)로 확정하는 것이 일반적인 절차라 할 수 있다. 주민투표의 가결은 투표자의 과반수 찬성으로 확정하는 주가 많은데 이 점은 우리의 국민투표제의 개선방안의 검토에 참고가 될 수 있다.[35)]

---

32) 수정 제27조(연방의원 보수의 변경)는 1789년 9월 제임스 매디슨에 의해 제안되었기 때문에 통칭 '메디슨 수정안(Madison Amendment)으로 불려지는 것으로, 당초에는 13개 주 중 6개 주에서만 승인을 받게 되었고, 수정안 제안 후 200년 이상이 지난 1992년 비준에 필요한 마지막 주의 승인이 미시간주에 의해 이루어짐에 따라 수정 제27조는 효력을 발생하게 된 것이다.

33) 미국헌법의 개정조항의 개혁논의에 관하여는 James L. Sundquist, Constitutional Reform and Effective Government, The Brookings Institution, 1992, pp325f, Michael Stokes Paulsen, A General Theory of Article V: The Constitutional Lesson of the Twenty－seventh Amendment, 103 Yale L.J. 677(1993).

34) James L. Sundquist, op. cit., p.326.

35) 주헌법의 개정절차로서 의회의 의결과 주민투표절차를 보면 캘리포니아주와 알래스카주, 하와이주 등은 주의회 양원의원 '3분의 2'의 찬성와 주민투표의 투표자 과반수의 찬성을 요건으로 하며, 뉴저지주, 일리노이주, 알라바마주 등은 주의회 양원의 '5분의 3'의 찬성과 주민투표 투표자 과반수의 찬성을 요건으로 한다. 코네티컷주는 주의회 양원의 '4분의 3'의 찬성과 주민투표로 확정되는데, 주의회 4분의 3의 찬성에 미달하는 경우에는 차기 의회선거 결과 새로 구성된 의회에서 양원 과반수의 찬성을 얻은 때에 주민투표로 확정되

독일도 연방국가헌법을 채택하고 있지만 미국과 같은 강한 경성헌법주의를 취하고 있지 않으며 헌법의 현실적응성이 비교적 잘 확보되고 있는 점이 특징이다. 헌법개정절차(제79조)는 연방의회(Bundestag) 의원 3분의 2의 의결과 연방참사원(Bundesrat) 3분의 2의 동의로 헌법개정이 확정된다. 연방참사원은 연방을 구성하는 각 주정부의 대표로 구성되는데, 이 참사원은 양원제 의회에 있어서의 상원과 유사하지만 연방의 입법과 행정에 협력하기 위한 기관으로서의 성격을 가진다. 독일 기본법은 1951년 제1차 개정이래 1993년까지 총 39회의 개정이 행해졌다. 특히 1950년대와 1960년대에 빈번한 헌법개정이 행해졌으며, 1969년에는 총 8회의 개정이 이루어졌다.[36] 독일 기본법의 헌법개정조항의 또 하나의 특징은 헌법에 헌법개정의 한계를 명문화하고 있다는 점이다. 제79조 제3항은 연방제원리를 비롯하여 기본법 제1조의 인간의 존엄성존중 및 제20조 국가형태와 국민주권원리, 저항권 등은 헌법개정으로 개정할 수 없다는 것을 명확하게 밝히고 있다.

5. 소 결

각국의 헌법개정절차에 관한 비교고찰을 통해서 이해될 수 있는 사항들은 다음과 같이 정리할 수 있다. 첫째, 국민투표절차 없이 의회의 특별다수 의결만으로 헌법개정이 이루어지는 유형은 독일을 비롯한 유럽의 민주주의국가들과 같이 대의제원리가 확립되어 있는 국가에서 성공적으로 운용되고 있다. 또한 의회에 의한 헌법개정의 문제점을 보완하는 방법으로 일부 국가에서 채택하고 있는 2의회의 의결방식도 합리적인 제도라고 할 수 있다. 둘째, 헌법개정절차에 국민투표제를 채택하고 있는 유형은 각국에 일반적으로 보급되어 있는 것은 아니며, 특히 우리나라와 같은 강제적 국민투표제를 도입하고 있는 경우는 10여 개국에 지나지 않는다. 셋째, 국민투표절차에 있어서는 프랑스의 경우와 같은 임의적 국민투표제라든지, 스페인의 경우와 같은 특정조항에 대한 제한적 국민투표제, 또는 이탈리아의 경우처럼 일정수의 유권자의 요구가 있는 때에만 국민투표에 회부되는 제도 등도 우리나라의 국민투표제의 개선방안과 관련하여

는 강한 경성주의 절차를 두고 있다.

36) 정만희, 앞의 책, 337면.

충분히 검토할 가치가 있다고 본다.

Ⅳ. 한국헌법의 헌법개정조항의 개정필요성

1. 현행헌법상 헌법개정절차의 문제점

현행헌법의 헌법개정조항 하에서 헌법개정이 현실적으로 이루어지는 것은 결코 용이하지 않다고 할 수 있다. 개헌안이 국회 제적 과반수의 찬성 또는 대통령에 의해 발의되더라도 국회 재적 3분의 2 이상의 찬성을 요구하는 특별정족수는 과거의 독제체제나 권위주의 시대와는 달리, 오늘날의 정치적 민주화 시대에 있어서는 여당의 독주가 사실상 불가능한 상황에서 여·야간의 협상과 타협이 전제되어야 하는 헌법개정은 매우 어려운 문제임에 틀림없다.[37] 선거과정을 보더라도 대통령선거와 국회의원선거에 있어서 유권자의 분리투표의 성향에서 나타나는 정치적 의사는 '여소야대'라는 분열정부 내지 분점정부(divided government)를 빈번하게 출현시키게 되었기 때문에 '3분의 2'의 특별다수 의결정족수는 실제로 개헌을 저지하는 커다란 장벽이 되고 있다.[38]

우리의 헌법개정절차는 과거의 암울했던 헌정사가 말해주는 빈번한 개헌의 역사에 대한 반성으로 철저한 경성헌법주의를 고수함으로써 헌법의 안정성을 추구하고 있다는 점은 긍정적으로 평가할 수 있으나, 21세기 급속한 시대의 변화에 따른 새로운 헌법적 가치와 사회적 욕구를 적시성 있게 반영할 수 있는 헌법의 탄력적 현실적응성을 확보하기 어렵다는 점이 부정적 요소로 지적될 수 있다.

(1) 헌법개정안 발의단계의 문제점

현행헌법은 대통령과 국회만을 헌법개정발의권의 주체로 규정하고 있어서 국민이 직접 헌법개정안을 발의할 수 없으므로 헌법개정에 관하여 국민의 의사를 적극적으로 형성하기 어렵다는 문제가 있다. 국민이 일정 수의 유권자와 찬성으로 헌법개정안을 발의할 수 없기 때문에 국민은 헌법개정문제에 소극적일 수밖에 없으며 정치권의 개헌논의에 수동적으로 따라가게 되는 현실은 개헌논

37) 오호텍, 헌법개정절차의 문제점(주2), 185면, 200면.

38) 우리나라에서의 분열정부의 출현과 그에 대한 평가로는 정만희, 대통령제에 있어서 분열정부의 헌법문제, 『헌법학연구』, 제14권 제2호, 2008, 391면 이하.

의의 공론화의 한계를 말해 주는 것이다.

생각건대 헌법개정권력은 헌법제정권자인 국민의 의사에 따라 부여되고 구체화되는 것으로서 헌법개정권력의 행사를 대통령과 국회에 위임할 수 있지만, 국민이 헌법개정권자로서 직접 헌법개정의 발의단계에서부터 참여할 수 있는 것이며, 직접민주주의를 제한적으로 도입하고 있는 우리의 정치과정에 있어서 헌법개정에 국민발안을 인정하는 것은 국민주권원리의 실질화를 위해 바람직하다고 생각한다. 더욱이 국민에게 헌법개정발의권을 인정하게 되면 개헌논의가 활성화되어 국민적 공감대형성에 기초한 헌법개정을 기대할 수 있게 된다.

또한 대통령이 헌법개정발의권을 행사하는 것은 대통령의 우월적 지위를 강화하는 것으로 문제될 수 있다. 대통령도 국민의 대표자이지만 1인의 독임기관인 대통령이 합의제기관으로서 강력한 민주적 정당성을 가진 국회와 동일한 비중의 권한을 행사하는 것은 문제가 있다고 본다.[39]

(2) 국회의 의결과정의 문제점

현행헌법의 하에서 헌법개정이 아직 한 번도 행해지지 않았지만 국회 재적의원 3분의 2 이상의 찬성이라는 의결정족수 요건은 헌법개정의 곤란성을 더욱 강화하는 요인이 되고 있다.[40] 1987년 헌법개정 이래 지금까지 국회의원선거결과 제1당이 과반수 의석을 얻은 경우가 없으며, 1988년 제13대 총선 이후 등장한 여소야대현상의 빈번한 출현은 현실적으로 국회에서의 헌법개정안 발의에 대한 정치적 협상과 타협을 불가능하게 하고 있다. 특히 한국정당정치의 지역균열구도에 따른 다당제적 현실이나 비타협적 정치문화의 특성상 국가이익을 우선하는 초당파적 입장에서의 개헌논의는 기대하기 어렵다. 더욱이 정치권에서의 개헌논의는 정부형태와 권력구조 등 당파적 이해관계와 기득권 수호의 차원에서 개헌문제를 접근함으로써 국민의 기본권강화라든지 지방분권화 등에는

39) 정종섭, 앞의 책, 97면.

40) 1987년 헌법개정 이후 실시된 1988년 제13대 총선에서 헌정사상 최초로 여소야대가 출현하였으며 현재의 제18대 국회에 이르기까지 제1당이 국회의석 3분의 2를 확보한 경우는 한 번도 없다. 1990년에 이른바 3당합당이라는 인위적 정계개편에 의해 민자당의 거대야당이 출현하였으나 1992년 14대 총선에서 149석을 얻는데 그쳐 과반수의석확보에도 실패하였다. 15대에서 17대까지의 국회에서도 제1당이 과반수를 얻지 못하고 여소야대가 이어졌으며, 현재의 제18대 국회는 집권당인 한나라당이 과반수 의석을 차지하고 있다.

관심이 적기 때문에 국민적 공감대를 형성하기 어렵게 된다. 이 점에서도 유권자에 의한 헌법개정발의의 필요성이 인정된다.

그리고 헌법 제129조는 제안된 헌법개정안은 대통령이 20일 이상의 기간 이를 공고하여야 한다고 규정하고 있다. 여기서의 공고기간의 의미는 헌법개정안의 내용에 대해 국회의 의결에 앞서 일반 국민의 여론을 묻기 위한 충분한 시간을 두는 것이며, 대통령이나 국회 다수당이 국민의 여론을 무시하고 졸속으로 헌법개정을 단행하는 폐해를 막기 위한 것이라는 데에 그 기본취지가 있다.[41] 건국헌법의 헌법개정조항은 공고기간을 '30일 이상'으로 규정하였으나 현행헌법은 '20일 이상'으로 단축하고 있어서 국민의 공감대형성을 위한 충분한 토론과 여론형성의 기간이 확보되지 못할 우려가 없지 않다.

(3) 국민투표절차의 문제점

국회에서 의결된 헌법개정안에 대해 필수적 국민투표절차를 거치게 하는 것은 헌법개정문제와 같은 중요한 국가의사결정은 최종적으로 주권자인 국민의 의사에 의해 확정되어야 한다는 국민주권원리의 구현 제도라 할 수 있다. 국민투표제는 그 투표결과에 나타난 유권자의 자유로운 정치적 의사에 근거하여 헌법개정행위에 대해 민주적 정당성을 부여하게 되고, 그와 반대의 경우로 의회의 다수파나 실력자에 의한 헌법개정의 시도에 대해 국민투표를 통해 이를 부결시킴으로써 국민의 의사에 반하는 헌법개정에 대한 통제기능을 수행하는 점에서 그 의의와 중요성은 매우 크다고 할 수 있다.

그러나 현실적으로 국민투표가 개헌을 저지시키는 효과를 거의 가져오지 못한다고 할 수 있으며, 권위주의 시대에는 다분히 신임투표적 성격으로 변질되기도 하였음을 과거 헌정사의 경험을 통해 잘 알 수 있다. 헌법개정절차로서의 국민투표제는 이론적으로는 국민주권사상에 충실한 것처럼 보이지만 실제로는 "국민투표적 정당성을 구실로 헌법의 규범력과 제도적 항구성이 오히려 더 쉽게 침해될 수 있다"는 문제성을 부인하기 어렵다.[42] 또한 국민투표절차는 개헌에 관한 국민의 통합된 의사를 제대로 반영할 수 없는 문제가 있다.[43]

41) 유진오, 『헌법해의』, 명세당, 1949, 203면.

42) 허영, 앞의 책, 61면.

43) 조정찬, 일류국가를 위한 헌법개정의 방향과 과제 −헌법개정절차 중심으로−, 국회미래

뿐만 아니라 모든 헌법개정사항에 대하여 필수적으로 국민투표를 요구하는 제도는 현실적으로 헌법개정의 필요성이 제기되더라도 그 실현가능성을 어렵게 한다고 할 수 있다. 특히 헌법개정의 대상 중에서 핵심적 내용에 해당하지 않는 것으로서 헌법체계의 부분적 수정이나 헌법문구나 용어의 수정에 대한 개정의 필요성이 제기되더라도 그에 대한 개정은, 헌법개정의 핵심적 사항에 대한 개정이 동시에 행해지지 않는 한, 사실상 불가능하게 된다. 그 밖에도 현대 민주정치에 있어서 유권자의 정치적 무관심과 선거과정에의 저조한 투표율 등의 정치기피현상은 국민투표절차에 있어서도 예외가 아니라고 할 때 국민투표에 의한 헌법개정절차는 재검토할 필요가 있다고 생각한다.[44]

한국헌정사에 있어 건국헌법은 직접민주제의 요소를 일체 채택하지 아니하였기 때문에 헌법개정절차에서도 국민투표를 규정하지 아니하였다. 이러한 헌법개정절차는 일반 법률의 개정절차보다는 곤란하기 때문에 경성헌법이라 할 수 있으나, 비교적 용이하게 개정할 수 있도록 규정하였다.[45] 제2공화국헌법에서도 헌법개정절차는 건국헌법과 마찬가지로 국민투표제를 도입하지 아니하였으며, 1962년 제3공화국헌법에 와서 처음으로 필수적 국민투표절차에 의한 헌법개정을 규정하게 되었다. 이는 5.16 군사 쿠데타의 성공에 의한 새로운 집권세력과 그들에 의한 헌법개정에 대하여 민주적 정당성을 부여하기 위한 것이었다고 할 수 있다. 1972년 유신헌법에서는 헌법개정절차의 이원화로 대통령이 헌법개정안을 발의한 경우에만 국민투표에 붙이도록 하였으나, 1980년 제5공화국헌법에서부터 다시 필수적 국민투표에 의한 일원적 헌법개정절차를 규정하게

한국헌법연구회, 『국민과 함께하는 개헌이야기』(1권), 2010, 105면.

44) 국민투표절차의 문제점에 대한 개혁방안으로 헌법개정절차에서 국민투표제를 폐지하자는 주장으로는 오호택, 헌법개정의 절차와 헌법개정의 가능성(주2), 503-505면.

45) 이 점에 관하여 건국헌법의 기초자인 유진오박사는 다음과 같이 기술하고 있다. "우리나라의 제도는 국회의 다수파가 자기의 이익을 위하여 함부로 헌법을 개정하는 것과 같은 우려가 있다고 하겠으나 일면으로 고찰할 때에는 우리나라는 지금 처음으로 헌법을 제정하여 민주정치를 앞으로 건립하여야 할 단계에 처해 있는 것이므로 너무 헌법의 개정을 곤란하게 하면 헌법의 운용도중에 실제적 필요에 의하여 그를 개정하여야 할 필요가 있어도 그것을 합법적으로 개정하지 못하고 부득이 헌법파괴와 같은 불상사가 일어나지 아니할 것으로 단언할 수 없으므로 현하의 우리나라의 국정으로서는 헌법개정을 너무 곤란하게 하는 것보다는 이 정도의 柔性을 부여하는 것이 차라리 시의에 적합하다 할 것이다." 유진오, 앞의 책, 204-205면.

된 것이다.

생각건대 1980년 헌법의 헌법개정조항은 그 이전의 유신헌법에 대한 역사적 반동의 의미를 가지며, 또한 1980년 헌법이 당시의 신군부세력에 의한 비민주적 개헌의 산물이었기 때문에 국민투표절차에 의한 민주적 정당성 확보는 필연적으로 요청되었던 것이라 할 수 있다. 이러한 국민투표에 의한 헌법개정의 정당성의 요청은 현행헌법에까지 그대로 유지되어 왔으나, 현행헌법 시행 20여 년이 경과된 현시점에 있어서 이러한 헌법개정의 곤란성은 급변하는 시대적 상황 속에서 요청되는 헌법의 유연한 현실적응성의 관점에서 재고되어야 할 것이다.

그리고 현행의 국민투표제는 헌법개정안 전체에 대한 찬반투표의 성격을 띠고 있기 때문에 국민투표에서 헌법개정안이 부결될 가능성은 매우 낮다는 것이 문제로 지적될 수 있다.[46] 헌법개정안 전체에 대한 찬반투표는 국민의 의사를 정확하게 반영하기 어려우며, 정치적 선동 등에 의해 국민투표에 참여하는 국민이 올바른 판단을 내리지 못할 경우에는 오히려 국민투표가 독재의 정당화를 위해 악용될 수도 있는 점이 문제로 지적될 수 있다.[47] 국민투표절차가 도입된 제5차 개헌 이래 제9차 개헌에 이르기까지를 보면 제6차 개헌인 1969년의 대통령 '3선개헌'을 제외하고는 사실상의 전면개헌안들이 투표자의 압도적 다수로 통과되었다는 점이 시사하는 바는 크다고 할 수 있다.[48]

헌법개정에 대한 국민투표에서 국민의 정확한 의사를 반영하기 위해서는 조문별로 또는 사항별로 몇 개 조문을 묶어서 찬반의사를 묻는 방식으로 국민투표의 방법이 바뀌어야 하는 것이 타당하다고 할 것이다. 이러한 국민투표의 구체적 개선방안에 관하여는 헌법개정을 요하지 않고 국민투표법의 개정으로 가능하다고 할 것이며, 그와 같이 사항별로 헌법개정안에 대한 국민투표가 행해지게 된다면 사항에 따라 헌법개정이 부결되는 경우가 쉽게 나타날 수 있다고 본다.

---

46) 오호택, 헌법개정의 절차와 헌법개정의 가능성(주2), 503면.

47) 장영수, 앞의 책, 66면.

48) 헌정사상 가장 비민주적인 헌법으로 평가받는 1972년 유신헌법은 국민투표에서 유권자의 95.5%가 투표에 참여하였고, 투표자의 93.1%인 1,864만여 표의 압도적 다수의 찬성으로 통과되었다. 1980년 헌법도 유권자의 95.9%의 투표와 투표자의 93.1%의 찬성으로 확정되었다.

국민투표에 참여하는 투표율도 평균적으로 매우 높은 수준이었으나 1987년 헌법개정의 경우 투표율이 78.2%로 그 이전의 90% 이상의 투표율에 비해 낮게 나타났는데, 최근의 각종 공직선거의 저조한 투표율을 감안할 때, 앞으로의 헌법개정을 위한 국민투표의 참여율이 더욱 저조해 질 수 있다고 예상된다면 국민투표제는 헌법개정을 방해하는 결정적 요인이 될 수도 있다.

2. 헌법개정절차의 개선방안

(1) 헌법개정논의의 공론화 보장

헌법개정이 국민적 합의를 바탕으로 한 민주적 개헌이 되기 위해서는 개헌논의 자체가 공론화의 장을 통해 다원적 사회에 있어서의 다양한 국민의 욕구와 의사가 자유로운 공개토론을 거쳐 공감대를 형성하는 과정이 보장되어야 한다. 향후의 헌법개정문제는 국민이 개헌의 주체로서 적극적으로 개헌논의에 참여하는 것이 중요하며, 과거와 같은 권력층에 의한 하향적 개헌논의가 아니라 '상향적 개헌논의'의 기회가 보장되어야 한다.

따라서, 헌법개정안 발의단계에서는 사전에 충분한 국민적 논의와 토론을 통해 개헌에 관한 국민의 의사와 여론을 확인하고 수렴하는 것이 필요하고, 헌법개정안이 발의된 경우에도 충분한 시간을 가지고 개헌안의 내용에 대한 전국적 규모의 공청회와 토론회 등을 통해 국민의 여론을 묻는 기회를 가져야 한다.

헌법개정안에 대한 공론화과정은 개정안이 국회나 대통령에 의해 발의되기 전의 단계인 헌법개정안의 형성과정에서의 국민의 다양한 의사를 수렴하는 공론화가 중요하다.[49]

국민의 의사에 따른 민주적 개헌이 되기 위해서는 개헌안이 확정되어 국회의 의결을 거치기 이전에 국민의 소수의견을 비롯한 다양한 의사를 수렴하고 존중하면서 국민의 잠정적 합의를 이룬 개헌안에 대해 헌법상의 개헌절차를 밟는 것이 요구된다. 과거의 헌법개정사를 보더라도 개헌안의 발의단계 이전에 헌법개정발의권자와 국민과의 의사소통은 거의 이루어지지 않은 채 소수의 정치집단에 의한 폐쇄적 논의를 통해 개헌안이 제안되었던 사례들은 그 절차적 정당성을 결여한 것이다. 따라서 개헌안 형성과정에서의 공론화를 확보할 수

49) 김선화, 앞의 논문, 265면 이하.

있는 제도적 장치를 강구하는 것이 중요한 과제라 하지 않을 수 없다.

헌법개정안이 발의된 이후의 공론화과정을 위해 현행헌법은 국회 재적의원 과반수 또는 대통령의 발의로 제안된 헌법개정안은 대통령이 20일 이상 공고하도록 하고, 공고한 날부터 60일 이내에 의결하도록 규정하고 있다(제129조, 제130조 제1항). 따라서 실제로 헌법개정안이 발의된 경우 단시일 내에 전격적으로 개헌을 밀어붙이기 위해 20일의 최소기간 공고절차를 거치고 나서 곧바로 의결절차로 들어가는 경우에는 '60일 이내의 의결'이라는 헌법 제130조 제1항의 취지에 반하는 것이 되므로 60일 이내의 의결기간은 개헌안에 대한 공론화의 관점에서 최대한 보장하는 것이 요구된다.[50)]

그리고 헌법개정논의가 광범위하게 범국민적으로 전개될 수 있는 초당파적·중립적 논의기구를 결성하는 것이 필요하다고 본다. 정계, 학계, 언론계, 종교계, 재계, 노동계, 시민단체 대표 등 각계각층을 대표하는 인사들로 범국민적이고 정치적 중립을 유지할 수 있는 헌법논의기구를 구성하여 중장기적 관점에서 헌법개혁의 방향에 관한 공론화를 지속적으로 전개해 나갈 수 있는 방안을 검토할 필요가 있다.[51)]

(2) 헌법개정 발의권 조정

헌법개정의 발의권자에 관하여 대통령과 국회로 한정하고 있는 현행 제도는 수정할 필요가 있다. 현행 헌법하에서는 국민이 직접 헌법개정 발의를 할 수 없으므로 아무리 일반 국민의 특정한 헌법사항에 관한 개헌의 욕구와 의사가 강하더라도 국회나 대통령이 이에 대해 소극적 입장을 취하게 되면 개헌은 어렵게 된다. 국회가 국민의 의사를 반영하여 개헌안을 제안할 수 있지만 개헌에 관한 정당간의 이해가 대립하게 되면 국회 내에서의 여야합의가 쉽지 않게 된다. 그리고 대통령에게 개헌안 발의권을 인정하는 것도 재고할 필요가 있다.[52)] 경우에 따라서는 포플리즘과 결합하여 대통령의 독선적 태도에 의해 개헌의 방향이 결정될 수 있는 우려가 있다.

---

50) 이 점과 관련하여 건국헌법상 헌법개정절차로서 규정된 '30일 이상'의 공고기간이 바람직하다고 본다.

51) 정만희, 헌법개정논의(주2), 42면.

52) 정종섭, 앞의 책, 97면.

한국 헌법사에 있어서도 국민발의에 의한 헌법개정을 인정한 입헌례를 볼 수 있다. 1954년 제2차 개헌으로 유권자 50만명의 찬성으로 헌법개정을 발의할 수 있도록 하였으며, 1962년 제3공화국헌법에서도 유권자의 헌법개정발의권을 유지하였으나 1972년 헌법부터 이를 폐지하였다. 외국의 경우 헌법개정에 국민발의를 인정하는 대표적인 국가는 스위스를 들 수 있다. 스위스헌법은 의회뿐만 아니라 투표권자 10만인 이상의 찬성으로 헌법개정을 발의할 수 있도록 규정하고 있다(제120조, 제121조). 이탈리아는 헌법개정이 의회에서 의결된 후 3개월 이내에 유권자 50만명의 요구 또는 의회의원 5분의 1이상이나 5개주 의회의 요구가 있으면 국민투표에 붙여야 한다고 규정하고 있다(제138조 2항). 즉 이탈리아는 일반국민의 헌법개정발의는 인정하지 않으나, 의회에서 발의하고 의결된 개헌안에 대해 유권자 50만명의 요구로 국민투표에 붙일 수 있도록 한 것이 특징이다.[53)]

생각건대 우리의 역대 헌법 중에서 바람직한 헌법개정절차를 규정한 것은 제3공화국 헌법이라고 할 수 있다. 헌법개정발의권을 국회뿐만 아니라 일반 국민에게도 인정하여 유권자 50만명의 찬성으로 발의할 수 있었으며, 그 대신 대통령의 헌법개정발의권을 인정하지 아니한 것이 특색이다. 필자는 앞으로의 헌법개정조항의 개정에 있어서는 제3공화국헌법의 헌법개정조항을 모델로 삼는 것이 옳다고 생각한다. 다만 인구증가를 감안하여 50만명 이상을 '70만명 이상' 정도로 유권자수를 확대할 필요는 있을 것이다.[54)]

대통령의 헌법개정발의권을 폐지하고 국민에게 헌법개정발의권을 인정하는 것은 대통령의 우월적 지위와 권한을 제한하는 의미와 함께 우리 헌법에서의 직접민주제적 요소의 점진적 확대의 필요성에 비추어 바람직한 개헌방향의 제시라 할 수 있다.

(3) 국민투표제의 제한적 실시

전술한 바와 같이 현행의 헌법개정절차에서의 국민투표는 국민의 개헌에 관한 의사가 정확하게 반영되기 어려운 점이 있으며, 국민의 정치참여도가 점차 낮아져가는 경향이 있는 상황에서 필수적 국민투표는 현실적으로 헌법개정

53) 樋口洋一·吉田善明 編, 앞의 책, 134면, 165면.

54) 같은 취지로는 대화문화아카데미, 발표자료집『새로운 헌법, 무엇을 담았나』, 2010. 7, 49면.

의 곤란성을 더욱 강화시키는 문제가 있으므로, 급변하는 시대적 상황에 실효적으로 대처하기 위한 헌법개정절차를 새롭게 검토할 필요가 있다고 본다.

헌법개정절차의 개선방안으로는 첫째, 헌법개정의 대상 중에서 중요도가 높은 핵심적 사항과 그렇지 않은 사항을 구분하여 전자의 경우에는 국민투표절차를 거치도록 하고 후자의 경우에는 국민투표절차를 거치지 않고 국회의 가중다수 의결로 확정하는 것을 생각할 수 있다. 여기서 중요도에 관한 판단기준이 문제되는데, 그 기준은 헌법개정발의권자가 임의로 결정할 수 있는 것이 아니므로 헌법개정조항에 직접적으로 국민투표를 요하는 개정사항을 명문화할 필요가 있다. 중요도가 높은 헌법개정사항으로는 주권의 제약이나 영토의 변경을 가져올 국가안위에 관한 중요사항,[55] 권력분립원리의 수정이나 정부형태의 변경에 관한 사항, 국민의 기본권을 제약하는 사항이나 새로운 의무를 부과하는 사항 등이 이에 해당한다고 할 수 있다. 프랑스헌법의 경우 제안된 헌법개정안에 대해 대통령의 판단으로 국민투표에 붙이지 아니하고 의회 양원합동회의에 회부할 수 있도록 하고 있는데, 이러한 임의적 국민투표의 방법도 대안이 될 수 있으나, 대통령의 자의적 판단으로 중요한 헌법개정사항을 국민투표에 붙이지 않고 의회 다수파의 지지만으로 가결시킬 수 있으므로 신중을 기해야 한다고 본다.

둘째, 위와 같이 헌법개정사항의 중요도에 따라 특정사항에 대해서만 국민투표에 붙이는 경우에도, 국민투표의 대상에서 제외되어 국회의 의결만으로 통과된 헌법개정안에 대해서 국회의결 후 일정기간 내에 국민의 일정수의 요구가 있는 경우에는 국민투표에 회부하도록 하는 방법을 고려할 수 있다. 이탈리아헌법의 헌법개정절차처럼 의회 양원의 절대다수로 의결된 헌법개정법률안에 대해서 3개월 이내에 유권자 50만명의 요구로 국민투표에 붙이도록 하고 있는 제도는 우리의 새로운 헌법개정방법을 모색하는데 참고가 될 수 있다.

---

55) 이것은 1954년 제2차 헌법개정에 의해 채택된 국민투표제에 있어서 국민투표를 거쳐야 하는 헌법 개정사항에 해당된다. 1954년 헌법 제7조의2: 「① 대한민국의 주권의 제약 또는 영토의 변경을 가져올 국가안위에 관한 중대사항은 국회의 가결을 거친 후에 국민투표에 부하여 민의원의원선거권 자 3분지 2 이상의 투표와 유효투표 3분지 2 이상의 찬성을 얻어야 한다. ② 전항의 국민투표의 발의는 국회의 가결이 있은 후 1개월 이내에 민의원의원선거권자 50만인 이상의 찬성으로써 한다.」

셋째, 헌법개정사항을 그 중요도를 기준으로 국민투표에의 회부 여부를 결정하는 것은 현실적으로 매우 어려운 문제라 하지 않을 수 없으므로 모든 헌법개정사항을 국민투표에 붙이도록 하되, 국민투표에 의한 확정 요건을 완화하여 유권자의 투표율은 그 요건에서 제외하고 '투표자의 과반수의 찬성'만으로 확정하도록 하는 방안을 생각할 수 있다.

넷째, 헌법개정의 곤란성을 완화하기 위하여 국민투표절차를 전면적으로 폐지하는 방안은 헌법개정의 한계를 벗어난 것으로 채택되기 어렵다고 본다. 헌법개정의 방법과 절차에 있어서 국민투표에 의한 최종적 국민의 의사를 확인하는 제도는 헌법제정권자의 근본적 결단 내지 중요한 의사결정이라 할 수 있으므로 이를 전면적으로 부정하는 것은 허용될 수 없다. 따라서 헌법제정권자의 헌법수호의 의지를 존중하면서 동시에 헌법의 현실적응성을 확보하기 위해 헌법개정의 곤란성을 완화하는 방안으로 국민투표의 제한적 실시라든지 국민투표 요건의 완화와 같은 제안은 이론적으로 무리가 없다고 하겠다.

3. 헌법개정조항의 구체적 개정안 제시

위에서 검토한 내용을 기초로 우리 헌법의 헌법개정조항을 개정하는 경우에 그 구체적 개정안은 다음과 같이 제시될 수 있다.

(1) 헌법개정발의

현행헌법 제128조 제1항의 "헌법개정은 국회재적의원 과반수 또는 대통령의 발의로 제안된다"라는 규정을 다음과 같이 개정안을 제시한다.

(제1안) "헌법개정은 국회 제적의원 과반수 또는 대통령의 발의로 제안되거나, 국회의원선거권자 70만명 이상의 찬성으로 제안된다."

(제2안) "헌법개정은 국회재적의원 과반수의 발의 또는 국회의원선거권자 70만명 이상의 찬성으로 제안된다."

(2) 공고기간

현행헌법 제129조의 "제안된 헌법개정안은 대통령이 20일이상의 기간 이를 공고하여야 한다"를 다음과 같이 개정안을 제안한다.

(개정안) "제안된 헌법개정안은 대통령이 30일이상의 기간 이를 공고하여

야 한다."

(3) 국민투표절차

현행헌법 제130조 제2항의 "헌법개정안은 국회가 의결한 후 30일 이내에 국민투표에 붙여 국회의원선거권자 과반수의 투표와 투표자 과반수의 찬성을 얻어야 한다"를 다음과 같이 개정할 수 있다.

(제1안) "헌법개정안은 국회가 의결한 후 30일 이내에 국민투표에 붙여 국회의원선거권자 과반수의 투표와 투표자 과반수의 찬성을 얻어야 한다. 다만 영토의 변경에 관한 사항이나 권력분립과 정부형태에 관한 사항, 국민의 기본권제한에 관한 사항 등과 같은 중요한 헌법개정사항에 해당하지 아니하는 헌법개정안에 대하여는 대통령의 제안에 따라 국민투표에 붙이지 아니할 수 있다."

(제2안) "헌법개정안은 국회가 의결한 후 30일 이내에 국민투표에 붙여 국회의원선거권자의 유효투표 과반수의 찬성을 얻어야 한다."

Ⅴ. 맺음말

헌법개정조항은 헌법질서의 수호와 헌법의 안정성확보를 목적으로 하면서 동시에 헌법의 흠결의 예측과 헌법의 현실적응성을 추구하기 위한 헌법제정권자의 의지를 반영한 것으로서, 그 헌법개정조항의 개정은 이론적으로 헌법개정의 한계문제로 연결되는 것이므로 크게 신중을 기하지 않으면 안 된다고 할 것이다. 그렇기 때문에 최근 10여 년간 우리 사회에서의 헌법개정논의가 지속되어 오면서 헌법전의 전반에 걸친 개헌논의가 있었음에도 불구하고 헌법개정조항 자체에 대한 본격적인 개헌논의는 거의 찾아볼 수 없었으며, 그 논의는 극소수의 학자들에 의한 문제제기의 수준에 머물러 있는 정도이다.

그러나 작금의 개헌논의는 과거 우리 헌정사의 어느 때보다도 활발하게 정치권뿐만 아니라 학계, 시민단체 등에 의해 헌법전반에 걸친 다양하고 포괄적인 논의가 심도 있게 전개되었음에도 불구하고 그 개헌의 실현가능성에 대하여는 매우 부정적 시각이 지배적이라 할 수 있다. 이러한 개헌의 실현가능성에 대한 부정적이고 회의적인 견해는 정치권의 대립적 구도라든지 정치일정상의 이유, 국민의 개헌에 관한 기본적 정서 등에서 그 배경적 요인을 찾을 수 있으며, 현행헌법상 헌법개정절차의 곤란성도 그 주된 요인으로 작용하고 있다고 본다. 여기서 헌법개정조항의 개정필요성에 관한 논의가 개헌논의의 중심영역에 포함되어야 하는 이유를 발견할 수 있다.

경성적 헌법개정조항을 완화하여 헌법개정을 현실적으로 보다 용이하게 하는 것은 오늘날의 급변하는 시대적 상황 속에서 헌법의 유연한 현실적응성을 확보한다는 이점이 있으나, 반면에 실력에 의한 자의적 개헌으로 헌법의 안정성을 침해할 우려가 있게 되므로 헌법의 안정성과 현실적응성의 조화적 실현을 도모하는 것이 헌법개정조항 개정의 기본과제임은 말할 것도 없다.

헌법개정조항의 개정방향으로는 개헌논의와 공론화를 보장하기 위한 제도적 장치를 마련하고, 국민이 직접 개헌안을 발의할 수 있도록 하며 대통령의 헌법개정발의권을 폐지하는 등의 검토는 국민주권원리의 실질화와 권력통제의 강화라는 관점에서 긍정적으로 평가될 수 있다고 본다. 헌법개정조항 개정의 핵심적 내용에 해당하는 국민투표제의 개선방안 검토는 헌법개정의 한계문제에 해당하는 것으로 신중을 기해야 하지만, 비교헌법적 분석을 토대로 현행의 강제적 국민투표제를 수정하여 임의적 국민투표제로 변경하거나 특정조항에 한정하여 국민투표를 실시하는 방안 등에 대한 긍정적 검토가 필요하다고 할 것이다.

〈본 장의 글은 『공법연구』 제39집 제2호(한국공법학회, 2010. 12) 395~424면에 수록된 논문임〉

제 5 장 통일헌법을 위한 단계적 헌법개정

Ⅰ. 머리말

현행헌법은 1987년 개정헌법으로 한국헌법사에 있어서 가장 오랜 기간 시행되어온 것으로서 헌정질서의 안정과 입헌주의의 발전이라는 측면에서 볼 때 긍정적으로 평가할 수 있는 측면이 있다. 대한민국헌법 제정 이래 1987년 헌법에 이르기까지 평균 4, 5년 마다 헌법을 개정해온 우리 헌정사에 있어서 27년간의 헌법운용은 성문헌법주의와 경성헌법주의의 기본정신에 부합하는 것이라 아니할 수 없다.[1] 그러나 현행헌법의 운용과정에서도 개헌논의는 지속적으로 전개되어 왔으며 특히 정치권을 중심으로 권력구조와 정부형태에 관한 개헌의 필요성이 줄곧 주장되어 왔다. 대통령선거 때마다 각 정당의 후보들은 권력구조 개편을 공약으로 내세웠으며, 최근의 박근혜 정부 하에서도 여당과 야당의 의원들 중심으로 정부형태 개헌의 방안으로 권력분점형 대통령제 내지 이원정부제 도입을 제안하고 있다. 학계에서도 2000년도 이후부터 개헌논의가 활발하게 전개되어 개헌연구의 성과는 상당한 정도로 집적되어 있다고 할 수 있다.

이러한 정치권을 중심으로 한 개헌논의의 특징은 한마디로 정파적 이익과 당리당략에 따른 미시적이고 즉흥적인 개헌주장이라는 점에 있다고 할 수 있다.

---

1) 경성헌법주의의 기능에 관하여는 정만희, 헌법개정조항의 개정필요성에 관한 검토, 『공법연구』 제39집 제2호, 한국공법학회, 2010, 398면 이하.

그리고 헌법제정권자이며 헌법개정권자인 국민의 의사와는 상관없이 수시로 개헌의 당위성을 역설하는 것은 오히려 국민의 반감을 사고 정치적 불신을 심화시키는 원인이 되고 있다. 일반 국민의 시각에서는 권력구조의 헌법개정 필요성에 대한 공감대가 형성되어 있다고 볼 수 없으며, 국정운영에 대한 국민의 불만과 불신이 헌법제도에 기인하는 것이 아니라 그 제도의 운용의 문제이며 정치인에 대한 불신에서 비롯되었다고 보는 것이 타당하다.[2)]

그렇다면 이제부터의 현행헌법에 관한 개헌논의의 출발점은 거시적이며 미래지향적인 관점에서 통일한국시대를 그리면서 통일헌법의 제정에 초점을 맞추어야 하는 것이 옳다고 본다. 1987년 헌법은 구 헌법에 비해 통일관련 규정을 강화하고 평화통일조항을 신설하는 등 평화통일을 국가적 사명과 과제로 명문화한 것이 특징이다. 헌법 제4조에 "대한민국은 통일을 지향하며 자유민주적 기본질서에 입각한 평화적 통일정책을 수립하고 이를 추진한다"고 규정하여 한반도의 통일에 관한 사항을 헌법상의 기본원리로 채택하였다. 즉 국가와 민족의 지상과제로서 남북통일의 기본원칙으로 평화통일의 원칙과 자유민주적 기본질서에 입각한 통일을 규정하고 있으며, 그 밖에 대통령의 헌법상 의무로서 조국의 평화적 통일을 위한 성실한 의무(제66조 제3항, 제69조), 대통령의 통일에 관한 중요정책의 국민투표부의권(제72조), 평화통일정책 수립에 관한 대통령의 자문기구로서 민주평화통일자문회의(제92조 제1항) 등을 규정하고 있다. 이와 같은 일련의 통일조항에 근거하여 헌법상의 통일원칙에 입각한 평화통일정책을 수립하고 추진하는 것이 국가목표이자 헌법의 기본원칙임에 틀림없으며, 동시에 그것은 국가의 평화통일의무를 규정한 것이라 할 수 있다.[3)] 따라서 정부는 통일정책의 수립과 추진에 성실한 태도를 국민 앞에 보여야 할 책무가 있으며 통일정책의 수립과 추진에 소극적이거나 무관심을 보이는 경우에는 헌법상 평화통일의무에 반하는 것이 된다.[4)]

---

2) 현행헌법 하에서의 개헌논의의 특징과 문제점에 관하여는 정만희, 헌법개정 논의, 『동아법학』 제47호, 2010, 13면 이하.

3) 헌법재판소도 평화통일조항을 헌법상의 원칙으로 보기도 하고, 국가의 의무로 보기도 한다. 헌재1997. 1. 16. 92헌바6등; 2000. 7. 20. 98헌바63.

4) 국가의 의무로서 평화통일의무를 강조하는 입장은 도회근, 남북관계의 현실과 국가의 평화통일의무, 『공법연구』 제39집 제2호, 2010, 165면 이하.

통일정책과 통일헌법에 관한 학계의 연구는 1990년 동독통일을 계기로 하여 관심을 갖게 되었으며, 특히 1994년 김영삼 정부의 '민족공동체 통일방안'의 제시 이후 활발하게 전개되어 왔다고 할 수 있다.[5] 그러나 그 동안의 통일헌법 연구에 관한 학계의 성과와 실적을 보면 주로 통일을 전제로 한 통일 이후의 헌법에 담겨질 국가형태와 권력구조 내지 정부형태의 방향 및 기본권과 경제질서에 관한 내용들을 중심으로 하고 있음을 볼 수 있다. 통일에 대비하여 통일과정에서 예상되는 제반 법적 문제의 해결을 위한 헌법적 연구가 미진한 것이 문제라 할 수 있다. 통일의 방식은 기본적으로 우리 헌법상의 평화통일원칙에 따라 합의통일이 되어야 하지만 그 합의통일의 구체적 방법도 여러 가지 방안이 있을 수 있고 통일을 위한 헌법개정도 점진적·단계적 개헌방법과 단 한 번의 헌법개정 또는 새로운 헌법의 제정으로 통일헌법을 완성하는 길이 가능할 것이므로 이러한 통일을 완수해 나가는 과정과 절차에 있어서의 헌법문제에 중점을 둔 연구가 보다 더 활성화되어야 한다고 본다.[6]

본고에서는 통일을 전제로 한 통일헌법의 원리와 내용에 관한 방향제시에 초점을 맞추지 않고 남북통일로 가는 과정에서 제기될 수 있는 헌법문제를 중

---

5) 1990년대 이후 통일헌법 관련 연구의 주요문헌으로는 김철수, 한국통일과 통일헌법제정문제, 『헌법논총』 제3집, 헌법재판소, 1992; 권영성, 남북통합과 국가형태 국가체제문제, 『공법연구』 제21집, 1993; 국순옥, 통일국가의 헌법과 기본적 인권의 체계, 『공법연구』 제21집, 1993; 변해철, 남북한통합과 통치구조 문제, 『공법연구』 제21집, 1993; 허영(편), 『독일통일의 법적 조명』, 박영사, 1994; 김승대, 『통일헌법이론－동서독과 남북한통일의 비교법론』, 법문사, 1996; 장명봉, 『분단국가의 통일헌법연구－독일과 예멘의 통일사례와 자료』, 국민대 출판부, 1998; 장명봉, 통일법 연구의 동향과 과제, 통일부, 2004; 박정원, 통일헌법에 관한 골격구상, 『공법연구』 제27집 제1호, 1998; 정영화, 『평화통일과 경제헌법』, 법원사, 1999; 최용기, 『통일헌법』, 창원대 출판부, 1996; 김철수, 『독일통일의 정치와 헌법』, 박영사, 2004; 이효원, 『남북교류협력의 규범체계』, 경인문화사, 2006; 성낙인, 통일헌법상 권력구조에 관한 연구, 『공법연구』 제36집 제1호, 2007.

6) 2010년대에 들어와 최근 통일헌법에 관한 논의가 다시 활발하게 전개되고 있으며 통일헌법의 제정방법이나 통일에 대비한 헌법개정의 필요성 등에 중점을 둔 연구성과도 보이고 있다. 김승대, 헌법개정과 남북한 통일, 『공법연구』 제39집 제2호, 2010; 박수혁, 통일한국에서의 통일헌법상 통치구조에 관한 연구, 『통일과 법률』 제2호, 2010; 이효원, 통일헌법의 제정방법과 국가조직, 『서울대학교 법학』, 제55권 제3호, 2014; 이승우, 통일에 대비한 헌법개정의 필요성과 방향, 『공법연구』 제39집 제2호, 2010; 성낙인, 통일시대를 대비한 헌법과 통일법의 과제, 『세계헌법연구』 제20권 제2호, 2013; 성낙인, 통일헌법의 기본원리 소고, 『서울대학교 법학』 제53권 제1호, 2012; 도회근, 통일헌법의 권력구조, 『공법연구』 제40집 제2호, 2011.

심으로 하여 특히 통일과정이 현실화될 때 남북간의 '통일합의서' 체결절차의 헌법적 의미와 중요성에 비추어 통일합의서의 헌법적 근거를 마련하기 위한 헌법개정의 필요성에 대해 검토한다. 그리고 통일헌법의 채택에 관하여 실현가능성이 크다고 할 수 있는 남한헌법에 기초한 합의통일의 방식에 따라 2단계의 헌법개정 과정을 거친 단계적인 통일헌법의 정립방안을 제시하도록 한다.

Ⅱ. 한국헌법상 통일조항의 의미와 한계

1. 건국헌법 이래의 통일조항의 변천

1948년의 건국헌법은 통일에 관한 명문규정을 두지 않았으며 영토조항만을 규정하여 "대한민국의 영토는 한반도와 그 부속도서로 한다"(제4조)라고 하여 북한지역도 대한민국 영토의 일부라는 것을 선언하였다.[7] 이러한 영토조항은 남한의 대한민국이 한반도의 유일한 합법정부이며 북한은 불법적으로 대한민국의 영토의 일부를 점령하고 있는 불법단체로 보는 것을 전제로 한 것이다. 남북관계에 대한 이러한 현실인식에 기초하여 이승만 정부는 무력·북진통일을 주장하였으며, 6·25전쟁 이후 승공통일론을 통일정책으로 채택하였던 것이다. 그러나 1960년 4·19혁명으로 집권한 민주당 정부는 승공통일론을 폐기하고 유엔 감시하의 인구비례에 의한 남북한 총선거를 통한 통일방안을 제시하였다.[8]

그 후 1972년 유신헌법에 들어와 헌법전문에 "조국의 평화적 통일의 역사적 사명에 입각하여"라는 규정을 신설하여 조국의 평화적 통일이 역사적 사명이며 새로운 국가공동체를 형성하는 이념적 토대와 정당성의 기초가 된다는 것을 선언하였다. 그리고 제3장에서는 조국의 평화적 통일을 추진하기 위한 국민

---

7) 이 영토조항에 관하여 건국헌법의 기초자인 유진오박사는 "헌법에 영토에 관한 규정을 설치하는 것은 다수국가가 결합하여 일국가를 형성한 연방국가에서 특히 필요한 것인데 우리나라는 연방국가도 아니고 또 우리나라의 영토는 역사상 명료함으로 헌법에 그에 관한 규정을 설치할 필요가 없다는 주장도 일리가 있다고 할 수 있다. 그러나 대한민국의 헌법은 결코 남한에서만 시행되는 것이 아니라 우리나라 고유의 영토 전체에 시행되는 것이라는 것을 명시하기 위하여 특히 본조를 설치한 것이다"라고 기술하고 있다. 俞鎭午, 『憲法解義』, 明世堂, 1949, 22~23면 이하.

8) 분단 이후의 정부의 평화통일정책에 관하여는 정영화, 분단 이후 정부의 평화통일정책의 비교 및 헌법적 평가, 『공법연구』 제39집 제2호, 2010, 257면 이하.

의 주권적 수임기관으로 통일주체국민회의를 설치하였으며(제35조~제42조), 대통령에게 조국의 평화적 통일을 위한 성실한 의무를 부과하는 규정(제43조 제3항) 등을 두었다. 이 헌법은 1972년 '7·4남북공동성명'에서 천명된 '자주·평화통일·민족대단결'이라는 통일의 3대 원칙을 반영한 것이라 할 수 있다. 1972년 헌법은 한반도의 남북분단의 현실을 최초로 인정하고 평화통일을 민족의 역사적 사명으로 명시하였다는 점에서 남북관계와 통일에 있어서 중요한 의미를 가진다. 그러나 1972년 헌법개정은 통일을 명분으로 초헌법적 조치를 단행한 것으로서 박정희 대통령의 통치권 강화를 위해 정치적으로 이용되었다는 측면을 부정할 수 없으므로 이 점에서 남북관계와 통일에 관한 헌법규정이 실질적으로 규범력을 갖는 데에는 한계가 있었다고 할 수 있다.[9)]

1980년 헌법은 1972년 헌법의 통일관련 조항을 그대로 계승하면서 통일주체국민회의를 폐지하고 대통령 자문기구로서 평화통일정책자문회의를 임의적 헌법기관으로 신설하였다(제68조). 또한 대통령의 국민투표부의권의 대상으로 "외교·국방·통일 기타 국가안위에 관한 중요정책"을 규정하여 통일에 관한 내용을 포함시켰다(제47조). 전두환 정부는 1982년 '민족화합민주통일방안'을 발표하여 민족자결의 원칙에 입각한 통일헌법의 제정과 남북한 총선거를 통한 통일민주공화국을 건설하는 방안을 제시하였다.

1987년 개정된 현행헌법은 1980년 헌법상의 통일관련 조항을 거의 그대로 계승하면서 제4조에 평화통일조항을 신설한 것이 특징이다. "대한민국은 통일을 지향하며, 자유민주적 기본질서에 입각한 평화적 통일을 수립하고 이를 추진한다"라고 규정된 평화통일조항은 통일의 기본원칙과 통일의 방법을 제시하고 있으나, 다른 한편 기존의 영토조항(제3조)과 관련하여 헌법해석상 상호 모순되고 충돌하는 문제가 제기됨에 따라 영토조항의 규범적 의미에 대한 학계의 다양한 해석론이 제시되고 있다.[10)]

---

9) 이효원, 『통일법의 이해』, 박영사, 2014, 56면.

10) 영토조항의 해석론에 관한 학계의 다양한 견해에 관한 상세한 것은 도회근, 헌법 제3조(영토조항)의 해석, 권영성교수 정년기념논문집 『헌법규범과 헌법현실』, 법문사, 1999, 849면 이하; 도회근, 헌법의 영토와 통일조항 개정론에 대한 비판적 검토, 『헌법학연구』 제12권 제4호, 2006, 35면 이하.

2. 현행 헌법상의 평화통일조항의 의의와 성격

(1) 평화통일조항과 영토조항의 관계

건국헌법에 영토조항이 채택된 이래 그 영토조항의 의미는 대한민국헌법이 남한뿐만 아니라 북한을 포함한 한반도 전역에 그 효력을 보유한다는 명백한 헌법적 선언의 표명이라고 해석되어 왔다. 1972년 헌법에 의해 평화통일의 의지가 적극적으로 표명되었지만 대한민국헌법이 북한지역에도 효력을 미친다는 해석은 미수복영토론과 유일합법정부론에 기초한 다수의 학설과 판례에 의하여 여전히 유지되어 왔다. 그러나 1987년 헌법에 의해 평화통일조항이 신설된 이후 국제적으로 동구권의 붕괴와 독일통일, 냉전체제의 해소와 국내적으로 남북교류협력에 관한 법률의 제정(1990), 남북한의 UN동시가입(1991), 남북합의서의 체결과 발효(1992) 등 일련의 해빙분위기 속에서 영토조항의 새로운 해석론이 제시되기 시작하였고, 2000년의 김대중 대통령과 김정일 국방위원장의 6.15선언 이후에는 남북화해분위기의 고조와 함께 영토조항이 통일에 걸림돌이 된다는 주장도 제기된 것이다. 그리하여 2000년대 이후의 개헌논의에 있어서는 영토조항의 개정론도 함께 제기되기도 하였는데 그 개정론의 논거를 보면 이미 남북이 동시에 UN에 가입함으로써 국제적으로 독립된 국가로 인정되고 있는 북한을 남한이 국가로 인정하지 않는다는 것은 현실관계와 부합되지 않는다는 것이며, 헌법 제4조의 평화통일조항의 신설은 영토조항과 모순되는 것으로 두 조항은 양립할 수 없는 상충관계에 놓이게 된다는 것이다. 그리고 영토조항은 북한체제를 부정하는 것으로 북한의 입장에서는 남한이 북한을 흡수통일하겠다는 의미로 해석될 수밖에 없으므로 남북간의 교류협력과 통일논의에 걸림돌이 된다는 것이다.[11)]

그러나 영토조항과 평화통일조항은 일견 상호 모순되는 것으로 볼 수 있는 측면이 있다 하더라도 양 조항에 대해서는 모두 헌법규범으로서 현실적 구체적

---

11) 영토조항개정론의 입장은 헌법해석만으로 변화된 현실을 고려하여 휴전선 이남의 지역만을 대한민국영역으로 보려는 것은 헌법의 명문규정에 반하여 허용될 수 없으므로 헌법개정이 필요하다는 것이다. 그 개정의 방향은 구 서독기본법 제23조의 규정, 즉 기본법의 적용범위를 서독지역에만 한정하고 그 밖의 지역은 서독에 편입될 때 적용하도록 한 규정을 참고할 수 있다고 한다. 이러한 견해로는 홍성방, 『헌법학』, 현암사, 2007, 59면.

효력을 인정할 수 있다고 할 것이다. 헌법재판소도 북한정권의 '2중적 지위론'에 입각하여 양조항의 규범조화적 해석방법을 제시하고 있는데 이러한 해석방법이 타당하다고 할 수 있으며 학계에서도 이러한 규범조화적 해석방법이 상당한 지지를 얻고 있다.[12] 따라서 현 단계에서 북한은 "조국의 평화적 통일을 위한 대화와 협력의 동반자임과 동시에 대남적화노선을 고수하면서 우리 자유민주체제의 전복을 획책하고 있는 반국가단체라는 성격도 함께 갖고 있음이 엄연한 현실인 점에 비추어 헌법 제4조가 천명하는 자유민주적 기본질서에 입각한 평화적 통일정책을 수립하고 이를 추진하는 한편 국가의 안전을 위태롭게 하는 반국가활동을 규제하기 위한 장치로서, 전자를 위하여는 남북교류협력에 관한 법률 등의 시행으로써 이에 대처하고 후자를 위하여는 국가보안법의 시행으로써 이에 대처하고 있는 것이다."[13]

이러한 규범조화적 해석방법과 맥락을 같이 하는 입장에서 양 조항이 모순되지 않고 조화된다고 보는 다양한 견해들이 제시되고 있다. 그 하나는 영토조항에 의하여 북한지역도 대한민국의 영토의 일부분이고 장애로 인하여 대한민국의 주권적 권력의 실현이 방해되고 있으나 장애요인이 소멸할 경우 당연히 대한민국의 주권적 권력이 북한지역에도 미치게 된다고 하고 대한민국의 통일방안으로 무력통일을 포함하게 되면 영토조항과 평화통일조항이 충돌하지만 평화적 통일방안이라면 두 조항은 상충되지 아니하고 상호 조화된다는 견해이다.[14] 또 하나는 영토조항은 통일한국의 영역범위를 규범적으로 밝힌 것이고 영토조항과 통일조항에 의하면 우리의 통일방식은 통일합의서의 체결과 북한지역에 대한 우리 헌법의 효력을 사실상 확대하는 것이라는 견해도 있다.[15] 그 밖에 양 조항의 조화적 해석을 시도하는 견해로는 통일조항은 역사성의 표현이며 미래지향적이고 초시대적인 청사진을 의미하는 규정이고 평화통일조항은 가치지향개념으로 보는 견해가 있으며,[16] 영토조항은 미래지향적·역사적·미완성적·개방적·프로그램적 규정으로 보고 평화통일조항은 현실적·구체적 법적 규정으

12) 권영성, 『헌법학원론』, 법문사, 2010, 124~125면.
13) 헌재 1993. 7. 29. 92헌바48.
14) 최대권, 『헌법학강의』, 박영사, 2001, 105면.
15) 김승대, 앞의 책(주5), 295면 이하.
16) 허영, 『한국헌법론』, 박영사, 2009, 188면.

로 이해하는 견해[17] 등도 주목되고 있다.

생각건대 헌법 제3조의 영토조항은 1948년 건국헌법에서부터 규정된 독특한 조항으로 우리 헌법의 역사성을 말해주는 매우 의미있는 조항이다. 영토조항은 통일에의 의지와 염원을 담은 것으로서 통일에 장애가 되는 것이 아니라 오히려 통일을 조장하는 조항으로 보는 것이 타당하다.[18] 영토조항이 헌법 제4조의 평화통일조항과의 관계에서 규범조화적 해석방법에 의할 때 논리적으로 모순된다고 할 수 없으므로 영토조항의 개정이 불필요하다는 학계의 다수의견은 지당하다고 할 수 있다.[19]

(2) 평화통일조항의 규범적 성격

헌법 제4조의 평화통일조항은 대한민국의 통일지향의지(統一指向意志)를 천명하고 그 통일은 자유민주적 기본질서에 입각한 평화적 통일이라는 점을 분명히 밝히고 있다. 평화통일조항은 국가목표인 동시에 헌법의 기본원리로서 평화통일원칙을 규정한 것이다. 또한 평화통일조항은 우리 민족의 지상과제로서 평화통일의 책무를 헌법상 의무화한 것으로 모든 국가기관과 국민에 대한 구속력을 가진다.[20] 헌법상 통일조항은 국가의 통일의무를 선언한 것이지만 그 통일조항으로부터 국민 개개인의 통일에 대한 기본권, 특히 국가기관에 대하여 통일과 관련된 구체적인 행동을 요구하거나 일정한 행동을 할 수 있는 권리가 도출되는 것은 아니다.[21]

이 평화통일조항의 내용으로는 첫째, 남북한의 통일은 평화주의에 기초한 평화통일의 원칙을 의미한다. 따라서 무력에 의한 통일이나 합의에 의하지 않은 흡수통일을 배제한다는 의미를 가진다. 무력에 의한 통일은 헌법 제5조 제1항에서 규정하고 있는 국제평화주의원칙과 침략적 전쟁의 부인과 조화될 수 없

17) 도회근, 헌법 제3조(영토조항)의 해석(주9), 867면.

18) 한국헌법학회, 『헌법개정연구』, 2006, 72면.

19) 이와 관련하여 영토조항은 법규범적인 성격을 갖는 것이며 평화통일조항은 사실적인 성격을 가지는 것으로 이 양자 사이에 서로 충돌하는 바가 발생하지 않는다고 보고 헌법 제3조와 제4조가 서로 충돌한다는 문제제기는 그 자체가 사이비문제라고 지적하는 견해가 있다. 정종섭, 『헌법학원론』, 박영사, 2014, 257면.

20) 권영성, 앞의 책(주12), 180면.

21) 헌재 2000. 7. 20. 98헌바63.

다.[22] 그러나 북한이 남한을 상대로 전쟁을 개시하거나 무력으로 침략하는 경우 남한은 무력을 행사하지 않을 수 없으며 그러한 쌍방의 무력행사 또는 전쟁의 상황에서 통일이 이루어지는 것은 평화통일원칙에 저촉되지 않는다고 할 것이다.[23] 둘째, 남북한의 통일은 자유민주적 기본질서에 입각해야 하므로 자유민주주의의 이념적 기초인 국민주권의 이념을 존중하는 입장에서 통일의 내용과 방향이 국민적 합의를 바탕으로 해야 한다는 것을 의미한다. 셋째, 자유민주적 기본질서에 입각한 통일은 북한이 지향하는 인민민주주의에 기초한 통일이 아니라 우리 헌법의 핵심적 가치질서로서 자유민주주의에 기초한 통일을 의미한다. 자유민주주의는 자유와 평등의 이념이 균형있게 실현되는 민주주의를 의미한다.[24] 따라서 통일실현으로 채택되는 통일헌법도 자유민주주의를 그 핵심내용으로 해야 한다. 넷째, 통일정책의 수립과 추진도 자유민주적 기본질서에 입각해야 하므로 대통령의 통일정책추진에 관한 권한과 책무도 대통령의 배타적 독점권이 아니며 전체국민의 의사를 수렴하여 민주적이고 공개적으로 수립하여야 한다. 따라서 대통령의 통일정책추진에 있어서 국민적 합의를 요하는 중요한 사항은 헌법 제72조에 의한 국민투표를 거쳐 결정하는 것이 필요하다.[25] 우리 헌법의 통일정책에 관한 국민투표제도는 통일정책의 중요성 때문에 그 정책의 민주적 정당성을 확보할 수 있는 길을 열어놓고 있는 것이므로 국민은 통일정책에 관한 한 자유로운 의견개진과 토론을 통해 최종적인 결정권을 행사할 수 있는 헌법적 수권을 받고 있다고 할 수 있다.[26] 이 점에서 통일정책을 수립하는 데 있어서 정부의 독단은 한계를 가질 수밖에 없으며, 국민의 통일정책에 대한 적극적 참여의 정당성이 있는 것이다.

---

22) 전광석, 헌법 제4조, 『헌법주석[1]』, 한국헌법학회 편, 2013, 137면.

23) 정종섭, 앞의 책(주19), 254면.

24) 헌법재판소는 자유민주적 기본질서의 개념을 자유주의와 민주주의의 결합개념으로 이해하면서 "모든 폭력적 지배와 자의적 지배, 즉 반국가단체의 일인독재 내지 일당독재를 배제하고 다수의 의사에 의한 국민의 자치, 자유·평등의 기본원칙에 의한 법치주의적 통치질서를 말한다. 구체적으로는 기본적 인권의 존중, 권력분립, 의회제도, 복수정당제도, 선거제도, 사유재산과 시장경제를 골간으로 한 경제질서 및 사법권의 독립 등을 의미한다" 라고 정의하고 있다. 헌재 2001. 9. 27. 2000헌마238등.

25) 권영성, 앞의 책(주12), 182면.

26) 허영, 앞의 책(주16), 173면.

(3) 통일실현과정에서의 평화통일조항의 한계성

현행헌법상 평화통일조항을 비롯한 일련의 통일관련조항에 비추어 보면 우리 헌법은 민족의 지상과제이며 국가적 목표로서 남북한의 평화통일지향의 의지를 천명하고 있음을 알 수 있다. 그러나 우리 헌법은 이러한 평화통일에의 강한 의지에도 불구하고 통일의 실현이 현실로 다가오는 경우 그 통일의 과정과 절차에 관하여 아무런 규정을 두고 있지 않다는 것이 문제로 지적될 수 있다.[27] 현 시점에서 전격적으로 통일의 기회가 오게 되면 어떠한 법적 절차에 의하여 통일과정을 구체적으로 진행해 나갈 것인지에 대해 헌법적 근거가 마련되어 있지 않은 것이 문제이다. 헌법상 평화통일의 원칙에 의해 통일은 남북간의 합의에 의해 이루어져야 하며 그 합의의 법적 절차로 남북 당국간의 '통일합의서'의 체결과 인준을 통해 통일이 실현된다고 할 때 그 통일합의서에는 새로운 통일국가의 창설과 조직에 관한 기본원리 등을 규정하게 되므로 그 내용은 곧 헌법사항을 의미하게 된다. 그러므로 헌법사항을 내용으로 하는 통일합의서의 체결절차에 관하여는 미리 우리 헌법에 명문규정을 두는 것을 생각해 볼 필요가 있다. 왜냐 하면 남북간의 통일합의서의 체결이 국제조약의 성격을 갖는다고 보기 어려우며, 설사 그것이 헌법 제6조에 의해 체결되는 조약의 성격을 갖는다고 하더라도 그 규범적 효력은 법률과 동일한 효력을 인정할 수밖에 없는데,[28] 헌법사항을 내용으로 하는 통일합의서가 법률적 효력을 갖는다는 것은 헌법의 체계정당성에 위배되는 문제가 발생한다. 따라서 통일합의서는 그 내용이 헌법사항을 규정하고 있기 때문에 그 효력은 헌법적 효력에 준하는 것으로 보는 것이 타당하므로 현행 헌법상 평화통일조항 속에 통일의 절차와 통일합의서에 관한 기본사항을 규정하는 것이 바람직하다고 할 것이다.[29]

---

27) 이 점에 관하여는 김승대, 앞의 논문(주6), 147면; 이승우, 앞의 논문(주6), 236면 이하.

28) 헌법 제6조 제1항의 "헌법에 의해 체결 공포된 조약과 국제법규는 국내법과 같은 효력을 가진다"는 규정의 해석상 국내법과 같은 효력의 의미는 국내의 헌법과 동일한 효력을 가지는 것이 아니라 법률과 동일한 효력을 가지는 것으로 보는 것이 통설이며 헌법재판소 판례의 입장이기도 하다. 헌재 1999. 4. 29. 97헌가4; 2001. 9. 27. 2000헌바20.

29) 김승대 교수는 앞의 논문(주6) 147면 이하에서 통일에 대비한 헌법개정을 통해 통일합의서의 체결과 효력발생절차에 관한 규정을 신설하자고 주장하면서 통일합의서는 국회 재적의원 3분의 2 이상의 찬성으로 하고 통일합의서의 내용에는 평화적 통일을 완수하기 위한 헌법개정사항을 포함할 것을 제안하고 있다. 이 견해는 독일통일의 사례에서 착안한

반면에 통일합의서의 헌법적 근거조항 없이 통일과정에서 남북간의 통일합의서를 체결하는 방법도 가능할 것이다. 통일의 기회가 오는 경우에 평화통일의 방식으로 통일합의서를 체결하면서 그 효력발생절차를 그 합의서에 직접 규정하고 그 통일합의서에 근거하여 통일헌법을 제정할 수도 있을 것이다. 그러나 이러한 방법은 통일과정에서의 정치적·사회적 불안정성이나 혼란성에 기인한 신속한 통일실현절차의 요청 때문에 국민적 합의에 바탕을 둔 통일합의서의 내용과 효력발생절차를 규정하는 것이 용이하지 않을 수도 있다고 본다. 이렇게 볼 때 현행헌법의 통일조항은 국가목표조항의 성격이 강하지만 통일지향의지를 실현하기 위한 통일의 절차에 관한 규정이 전혀 없다는 점에서 그 통일조항의 한계성이 지적될 수 있다.

3. 구 서독기본법상의 통일조항과 한국헌법의 통일조항 비교
– 독일통일과정이 한국의 통일과제에 주는 시사점 –

(1) 독일의 통일과정 개관

1990년의 독일통일은 당시 세기적인 의외의 사건이고 기적적인 사건으로 평가되었다. 1989년 11월 9일 동서독 사이의 국경이 개방되면서 부터 1990년 10월 3일 독일통일이 법적으로 완성될 때까지의 동서독의 통일과정은 1년도 걸리지 않은 짧은 기간에 급속도로 전개된 것이다. 구 서독기본법상 통일조항에 기초한 독일통일과정에서 우리는 남북한 통일을 준비하는 데 있어 많은 교훈과 시사점을 찾을 수 있다고 본다.[30)]

독일의 통일과정은 먼저 동독의 체제개혁에서 그 출발점을 찾을 수 있다. 1989년 동구권의 자유화와 민주화의 물결 속에서 체제붕괴에 직면한 동독공산정권은 서독과의 국경을 개방하고 모드로우(Hans Modrow)를 새 수상으로 선출

것으로 통일합의서 자체로 헌법개정의 효과를 가져오도록 하자는 주장인데 우리의 헌법개정절차(필수적 국민투표절차의 요건)에 비추어 통일합의서의 체결·비준만으로 헌법개정이 이루어지도록 하는 것은 곤란하다고 본다. 그렇지만 남북통일의 과제가 헌법이 명하는 국가목표이며 국가의 의무라고 할 때 그러한 국가적 의무를 실현하기 위해 통일합의서에 헌법개정의 효과를 부여하는 것이 정당화되기 위해서는 후술하는 바와 같이 현행 헌법개정절차에 관한 규정(제128조~제130조)도 동시에 개정할 필요가 있다고 하겠다.

30) 허영, 통일독일과 법질서통합과정, 허영 편, 앞의 책(주5), 81면.

하여 과감한 개혁정책을 추진하였다. 개혁세력은 동서독의 점진적 통일을 전제로 동독이 먼저 새로운 개혁 헌법을 만들고 이 개혁 헌법에 의해 정치·경제적 토양을 자유민주주의 시장경제질서에 접근하도록 개선함으로써 서독과의 통일이 순조롭게 이루어질 수 있는 과도기의 헌법적 기반을 조성하였던 것이다. 동독의 이러한 점진적 통일에의 접근은 서독에서도 긍정적으로 받아들이게 되었고 그에 따라 1989년 11월 서독의 콜(Helmut Kohl) 수상은 '10단계 통일방안'을 제시하였으며 그 해 12월 동독과 서독 수상은 드레스덴에서 만나 동서독의 '조약공동체'(Vertragsgemeinschaft)에 합의하게 되었다. 그러나 동독 국민들은 자유와 민주주의를 갈망하면서 빠른 통일을 지지하였고 동독은 1990년 3월 새로운 선거법에 의한 인민회의의 자유선거 결과 동독기민당(CDU) 당수 데미지에르(Rothar de Maiziere)를 수상으로 하는 5개 정당의 연립정부를 구성하였으며 새로운 연립정부는 통일정책으로 서독 기본법 제23조에 의한 가입통일방안을 결정하였다. 그리하여 동독인민의회는 1990년 8월 23일 재적의원 3분의 2의 찬성으로 서독에 가입할 것을 의결함으로써 동독은 서독에 흡수통일되기 위한 절차를 마무리하게 되었다.[31)]

한편 서독은 1949년 기본법을 제정하면서 기본법 전문에 독일의 분단현실과 통일의지를 천명하면서 두 개의 통일조항을 마련해 놓았다. 하나는 기본법 제23조의 가입조항으로서 기본법의 잠정적 공간적 효력범위를 규정하면서 독일의 다른 지역(동독지역)에는 그 지역이 서독에 가입한 후 기본법의 효력이 미친다는 규정이다. 또 하나는 기본법 제146조의 기본법의 유효기간에 관한 조항으로서 "이 기본법은 독일 국민이 자유로운 결정으로 새 헌법을 제정하고 그 새 헌법이 효력을 발생하는 날 그 효력을 상실한다"고 규정함으로써 서독 기본법이 임시헌법이라는 점을 밝히고 있다.[32)] 1989년 말부터 독일의 통일방법에 관

31) 허영, 앞의 논문(주30), 84면.

32) 독일은 제2차 세계대전 후 전범국가로서 미·소·영·불의 4강국에 의해 영토가 분할 점령되었으며 그 중에서 소련군이 진주했던 지역에 동독정권이 수립되었고, 미국·영국·프랑스가 점령했던 지역을 묶어서 서독정권이 수립되었다. 특히 서독의 경우는 외세에 의해 분단된 현실을 잠정적인 것으로 인식하고 서독의 헌법질서를 잠정적인 것으로 구성하였던 것이다. 서독의 헌법을 헌법(Verfassung)이라고 하지 않고 '기본법'(Grundgesetz)이라는 명칭으로 사용한 이유도 독일이 통일될 때까지 서독지역에서만 통용되는 잠정적인 법이라는 인식을 반영한 것이라 할 수 있다. 장영수, 독일의 통일과정과 의원내각제 정부형태,

한 논의가 활발하게 전개되는 가운데 서독의 국민들 사이에 확산된 빠른 통일에의 열망은 기본법 제146조에 따른 새 헌법의 제정에 의한 통일방법은 너무 지루하고 먼 길로 평가되었다. 그리하여 기본법 제23조에 의한 가입통일의 방법이 채택될 수밖에 없었고 결국 동독의회가 서독가입을 의결하고 동서독간의 통일조약이 체결됨에 따라 서독기본법은 1990년 10월 3일부터 동독지역에까지 효력을 확장하게 되었고 마침내 독일통일이 헌법적으로 완성된 것이다.

동서독의 법적 통일과정은 동서독간의 3차에 걸친 조약의 체결에 의해 이루어진 것이 특징이다. 즉 제1단계의 '화폐·경제 및 사회통합에 관한 조약'과 제2단계의 '선거조약'을 거쳐 최종적으로 '통일조약'에 의해 동서독간의 법적 통일이 완성된 것이다. 1990년 5월 18일 체결된 '화폐·경제 및 사회통합에 관한 조약'(Vertrag über die Schaffung einer Währungs−, Wirtschafts−, und Sozialunion)은 7월 1일 발효되었는데 그 내용은 서독의 마르크화가 동독지역에서도 유일한 지불수단이 되게 한 것이다.[33] 이는 서독의 풍요롭고 자유로운 경제생활에 참여하기를 바라는 동독 국민들의 열망에 부응하기 위한 조치였다. 이 조약의 동서독의 정치적 통일의 전단계로서 경제와 사회통합을 이루기 위한 것이었기 때문에 필연적으로 동독의 경제 사회체제의 개편과 대폭적인 법제도의 개혁이 단행될 수밖에 없었다. 그리하여 동독은 1990년 6월 17일 헌법개정법률을 제정하여 자유민주주의와 시장경제질서를 바탕으로 하는 사회국가체제로의 전환에 필요한 기본적인 원칙을 선언하면서 이 기본원칙에 어긋나는 동독 헌법규정은 별도의 폐기절차 없이 효력을 상실하도록 하였다.

제2단계 '선거조약'(Wahlvertrag)은 통일 후 전체 독일에 실시될 최초의 연방의회구성을 위한 총선거 준비와 그 법적 기초를 마련하기 위하여 서독의 연방선거법과 정당법을 일부 개정한 형태로 동독지역에도 그대로 적용하는 것을 내용으로 하는 독일통일 연방의회의원 선거에 관한 조약을 1990년 8월 3일 체결하였다. 그러나 이 선거조약에 따라 일부 개정된 서독연방선거법에 대해 동서독의 일부 정당이 이의를 제기하여 헌법소원과 기관쟁의심판을 청구하게 되

『유럽헌법학회연구논집』 제2호, 2007, 27~28면 참조.

33) 동독이 서독에 흡수통일되면서 동독의 경제도 서독으로 흡수될 수밖에 없었으며 그 과정에서 동독의 화폐의 평가가 문제되었고 서독 정부는 동독 주민들의 통일에 대한 기대와 지지를 얻기 위해 실질화폐가치를 무시하고 동독 화폐를 서독 화폐와 1 : 1로 교환하였다.

었고 이에 대해 서독연방헌법재판소는 1990년 9월 29일 선거조약에 따른 연방선거법의 두 조항에 대해 위헌결정을 하였다.[34] 이 위헌결정 직후 서독연방의회는 1990년 10월 8일 연방선거법과 정당법을 재수정하여 통일 후 첫 번째 연방의회의원 총선거가 1990년 12월 2일 성공적으로 실시되었다.[35]

동서독의 법적 통합을 위한 마지막 단계의 '통일조약'(Einigungsvertrag)은 1990년 8월 31일 체결되었으며 9월 23일에는 서독연방의회가 연방참사원의 동의하에 통일조약을 비준·동의하는 '통일조약에 관한 법률'을 제정함에 따라 동년 10월 3일 발효되었다. 동독과 서독은 이 통일조약에 의하여 비록 짧은 기간이지만 진지하고 집중적인 협상을 통해 통일 후 독일의 전체적인 법질서의 통합에 대해 구체적이고 세부적인 합의를 이루게 되었다. 이 조약이 발효됨에 따라 국가로서의 동독은 소멸되고 동독헌법도 효력을 완전히 상실하였고 서독 기본법이 통일조약에 의해 그 일부 조항의 개정만으로 통일독일의 헌법으로서 동독지역에까지 그 효력을 미치게 되었다. 그러나 여기서 동서독의 조약당사국은 동서독의 법질서의 통합이 가져올 어려운 문제점을 충분히 인식하고 법질서의 점진적인 통합방법에 합의하고 서독 기본법의 일부 조항에 대해서는 동독지역에의 효력확대를 일정기간 유예하는 조치를 취하였다는 것이 주목되는 점이다. 즉 동독 지역에 적용되던 법률이 서독 기본법상의 기본권에 어긋나는 것이라 하더라도 통일과 동시에 위헌을 이유로 그 효력을 상실시킬 수 없도록 하였다. 그리고 서독 기본법상 연방과 주와의 관계(제2장), 연방법률의 집행과 연방행정(제8장), 사법부(제9장), 재정(제10장) 등에 관한 조항은 1995년 12월 31일까지 동

---

34) 동독지역에도 적용되는 연방의회선거법상 문제가 된 규정의 핵심은 비례대표의석 배분기준인 '5% 저지조항'이다. 이 저지조항에 대한 위헌성의 논거는 이 조항을 40년 동안이나 전혀 다른 정당구조와 정당문화를 가진 동독지역에 확대적용하게 되면 서독의 군소정당과 동독의 정당들에게 의회진출에 불리한 조건을 마련해 주는 것이 되므로 정당간의 기회균등에 반한다는 것이다. 또한 5% 저지조항 때문에 발생하는 군소정당과 동독정당들의 불이익을 줄여주기 위해 예외적으로 도입한 비경쟁관계에 있는 정당들간의 '연합명부제도'가 동서독 정당구조의 현실을 무시한 제도로서 오히려 대정당에 의한 선거조작의 위험성이 있으므로 자유평등선거의 원칙에 위배된다는 것이다.

35) 서독연방의회는 연방헌법재판소의 위헌결정에 따라 신속하게 연방선거법과 정당법을 개정하여 통일 후 처음 실시되는 총선거에서만은 서독지역과 동독지역의 정당별 득표를 분리하여 계산하도록 함으로써 '5% 저지조항'의 확대적용으로 인한 군소정당과 동독정당의 불이익을 최소화하는 조치를 취하게 되었다.

독지역에의 효력발생을 유예하였다. 그리하여 서독 기본법의 내용은 통일조약(제4조)에 의해 헌법전문을 포함한 6개 조항이 수정·삭제·증보된 형태로 1990년 10월 3일부터 독일통일헌법으로서 효력을 갖게 되었다. 다만 동독 지역에서는 1995년말까지는 하나의 과도기적 헌법으로서의 성격을 갖도록 하고 1996년 1월 1일부터 동독지역에서도 완전한 규범적 효력을 발생하도록 하였다.

그런데 이러한 독일통일과정은 헌법이론적으로 두 가지 관점에서 문제가 제기될 수 있는데, 하나는 동서독간의 통일조약에 의해 서독 기본법을 개정하고 그 개정된 서독 기본법이 통일헌법으로서 효력을 가지게 된 점이고, 또 하나는 통일헌법으로서의 서독 기본법의 일부 조항의 효력을 동독지역에서는 일시 정지시키는 것을 어떻게 헌법적으로 정당화할 것인가의 문제이다. 실제로 서독에서는 통일조약 제4조에 의한 서독 기본법 개정에 대해 법적 논란의 대상이 되었으며 서독 기민당과 기사당 의원들의 문제제기로 이에 대한 기관쟁의심판이 청구되었다. 즉 통일조약 제4조는 의원들의 헌법상 권리인 법률안개정발의권을 침해한 것이고, 서독 기본법은 기본법이 정하는 개정절차에 의해서만 개정할 수 있으며 통일조약으로 개정할 수 없다는 주장에 대하여 서독연방헌법재판소는 이 기관쟁의사건을 기각하면서 두 가지 논리를 제시했다. 첫째, 서독연방정부는 통일조약 제4조의 내용을 포함시킬 수 있는 권한을 갖고 있는데 그 권한의 헌법적 근거로는 서독 기본법 전문(前文)과 제23조에 내포된 '통일지향명령'(Wiedervereinigungsgebot)이라는 것이다. 둘째, 서독연방정부는 독일통일의 역사적 기회를 활용하기 위한 넓은 정치적 형성재량권을 갖는 헌법기관으로서 그 정도의 통일조약 규정을 마련하는 것은 헌법정신에 위배되지 않는다는 것이다.[36)]

동독지역에 서독기본법의 효력을 일시적으로 정지시키는 문제에 대해서는 서독연방헌법재판소의 '접근이론'(Annäherungstheorie)에 의해 정당화되고 있다. 동독의 서독연방 가입 이전에 이미 1956년 자르란트(Saarland)가 서독에 가입했을 때 서독기본법이 그 지역에 단계적으로 효력을 갖도록 한 것에 대해 서독연방헌법재판소는 접근이론을 제시하였다. 즉 기본법의 일부 조항이 일정지역에서 일시적으로 효력이 정지되는 것은 원칙적으로 허용될 수 없지만, 그것이 "통

36) BVerfGE 82, 316.

일이라는 우월한 헌법적 정책목표를 실현하는 과정에서 통일 성취에 보다 접근해 가기 위해서" 불가피하게 일시적으로 발생하는 과도기적 현상이고 그것으로 인해 현실적으로도 보다 통일에 가까운 법상태가 실현된다면 헌법적으로도 허용된다는 것이다.[37] 이 접근의 이론은 그 후 통일관련 서독 기본법조문을 해석하고 통일정책을 추진하는 데 있어서 하나의 이론적 기준으로 기능하게 되었으며, 통일조약에 따라 서독기본법의 효력을 동독지역에 단계적으로 확대해 나가는 것도 이 이론에 의해 정당화된 것이다.[38]

(2) 독일통일의 법적 절차가 남북한 통일과정에도 적용될 수 있는가?

상술한 독일의 통일과정을 간단히 정리해 보면 1) 동독주민의 민주화운동에 따른 체제개혁과 자유민주주의 체제로의 헌법개정이 먼저 행해지고, 2) 동독이 서독 기본법 제23조에 의한 서독가입을 결정하고 동서독간의 3단계에 걸친 통일조약의 체결로 통일과정이 경제적·사회적 통합에서부터 정치적 통합으로 점진적으로 전개되었으며, 3) 1990년 10월 제3차 통일조약이 발효됨으로써 통일이 법적으로 완성되고 서독 기본법 내용이 일부 개정되는 형태로 통일독일의 헌법으로 규범력을 가지게 되었고, 4) 동독지역에는 통일헌법(개정된 서독기본법)의 효력이 단계적으로 확대되도록 한 것으로 요약할 수 있다. 이러한 통일과정이 1년도 안 되는 짧은 기간에 신속하게 진행된 것 자체가 경이로운 일이지만, 기본적으로는 서독기본법 제23조와 같은 통일에 대비한 조항이 있었기 때문에 신속한 통일과정을 진행할 수 있었다고 본다.

우리의 남북한통일을 상정하는 경우 독일통일과정에서 얻을 수 있는 시사점을 생각해 볼 필요가 있다. 첫째, 한반도통일을 앞당기는 길은 먼저 북한의 체제변화 내지 헌법개혁이 선행되어야 한다는 점이다. 둘째, 우리 헌법은 서독기본법(제23조)과 같은 가입조항이 없고 연방제를 채택하고 있지 않기 때문에 통일의 과정에서 북한이 자율적으로 남한에 편입하는 경우는 쉽게 예상할 수 없다는 점이다. 셋째, 남북간의 통일합의서를 체결하는 경우 독일처럼 경제적·사회적 통합에서부터 정치적 통합으로 단계적으로 진행되는 것이 바람직하다.

---

37) BVerfGE 4, 157.

38) 독일의 통일조약에 관한 상세한 내용은 허영 편, 앞의 책(주5), 81면 이하; 김철수, 앞의 책(주5), 263면 이하 참조.

넷째, 독일은 통일조약에 의해 서독기본법이 개정되고 그 개정된 서독기본법이 통일헌법으로서 효력을 발생하게 되었지만 우리의 경우 통일합의서에 의해 바로 헌법개정의 효과를 가져오게 하는 것은 헌법논리상 정당화되기 어렵다. 독일은 통일조약에 의해 직접 헌법개정을 규정함으로써 별도의 헌법개정절차를 거치지 않고 헌법개정의 효과를 가져왔다는 점에서 그 통일조약은 헌법적 효력을 갖는 것으로 이해될 수 있다. 그러나 우리나라의 경우 통일조약 내지 통일합의서에 직접 헌법개정을 규정할 수 없으며, 통일합의서에 따른 통일작업을 추진하기 위해서는 헌법개정이 불가피하다고 본다.[39] 그렇지 않다면 통일합의서에 규정하는 사항이 헌법적 효력을 갖기 위해서는 미리 헌법개정을 통해 통일합의서의 체결절차와 효력 등에 관해 규정하는 것이 필요하다고 본다.

결국 한국의 남북통일은 독일통일의 경우처럼 북한의 급변사태가 발생한다고 하더라도 남북간의 통일을 위한 정치적 합의가 이루어지고 남북당국간의 통일합의서의 체결과 의회의 동의만으로 헌법개정이 이루어지고 그에 따라 신속하게 통일을 완성하는 과정을 기대하기 어렵다. 독일통일의 모델처럼 남한의 헌법질서에 따라 북한이 자율적으로 남한의 자유민주주의체제에 편입되기 위해서는 북한이 먼저 근본적인 체제변화와 헌법개혁이 선행되어야 하는 것이 중요하다. 그리고 우리 헌법은 평화통일을 국가목표와 민족적 지상과제로 삼고 있으나 통일의 실현을 예견한 어느 정도의 구체적 방법과 절차에 관한 규정이 전혀 없으므로 막상 통일의 시점에 접근했을 때 정치적 안정 속에서 어떻게 통일작업을 신속하게 진행할 것인가에 대한 의문이 있다. 예컨대 남북간의 통일합의서를 채택하게 되는 경우에 우리의 헌법이론상 통일합의서의 체결·인준만으

39) 서독기본법의 개정은 기본법을 개정하는 법률제정의 형식으로 행해지며 그 헌법개정법률은 연방의회와 연방참사원 재적의원 3분의 2 이상의 찬성으로 의결된다. 따라서 헌법개정을 내용으로 하는 통일조약이 연방의회 3분의 2 이상의 찬성으로 효력을 발생하게 된 것이다. 그러나 한국헌법의 개정은 국회의 의결과 국민투표절차를 거쳐야 하는 경성헌법주의를 취하고 있으므로 국민투표절차를 거치지 않고 헌법개정을 수반하는 통일합의서의 효력을 인정하기 어렵다. 또한 통일합의서를 조약의 성격으로 이해하더라도 국회의 동의를 얻어 체결하는 조약은 헌법과 동일한 효력을 갖는 것이 아니라 법률과 같은 효력을 갖는 것이므로 헌법개정사항을 내용으로 하는 조약의 체결은 허용되기 어렵다. 따라서 남북한의 통일합의서 내지 통일조약으로 헌법이 개정되는 것을 규정할 수 없으므로 통일합의서를 실현하기 위해서는 통일헌법의 제정이나 남한헌법의 개정을 통해 그 내용을 규정해야 할 것이다.

로 헌법개정을 규정할 수 없으므로 독일통일과 같은 신속하고 안정적인 법질서의 통합이 이루어지기 어렵다. 이 점에서 북한의 급변사태가 발생하게 되면 남북통일도 독일의 경우처럼 쉽게 올 수 있다는 생각은 환상에 불과하다는 점을 깊이 인식할 필요가 있다. 따라서 통일문제에 대한 헌법적 접근은 통일을 전제로 한 통일시대의 통치구조와 정부형태 등에 초점을 맞출 것이 아니라 통일실현 이전의 통일과정에서 제기되는 다양한 통일현실에 대한 헌법문제에 대비하기 위한 심도 있는 연구·검토가 요구된다고 할 것이다.[40]

Ⅲ. 통일과정의 헌법적 문제

1. 평화통일원칙과 통일의 방식

(1) 평화통일원칙과 합의통일

남북간의 통일이 이루어지는 시점이나 통일의 방식 등에 관하여 예측하는 것은 매우 어려운 문제이다. 그러나 통일의 방식은 헌법상 평화통일의 원칙에 따라 기본적으로 합의통일이 될 수밖에 없다. 합의통일과 구별되는 흡수통일은 평화적 통일방법이라고 할 수 없다. 합의통일은 남북한이 자율적 의사에 따라 합의하여 통일이 이루어지는 것이고, 흡수통일은 북한이 타율적으로 남한의 의사에 따라 흡수되는 방식을 의미한다. 그러나 흡수통일의 개념에는 북한이 타율적 의사에 따라 남한에 편입되는 통일이 아니라 북한이 자율적 의사로 남한체제를 수용하고 남한에 편입되는 것을 포함시킬 수 있다. 동서독 통일의 사례에서 보듯이 서독이 동독을 강제로 흡수한 것이 아니라 동독의 자율적 의사에 따라 서독에 편입된 것과 같은 흡수통일도 합의통일에 해당하는 것이다. 따라서 우리 헌법상 평화통일의 원칙 하에서 한반도의 남북통일은 합의통일이거나 독일식의 자율적 흡수통일의 방식이 될 수밖에 없을 것이다. 우리 헌법의 평화통일원칙에 입각할 때 남북통일은 남북간의 대화를 통한 단계적·점진적 통일방식을 취하는 것이 타당하다. 대한민국 정부의 통일방안은 기본적으로 노태우

40) 다양한 통일현실에 대한 통일방안의 헌법적 검토로는 공진성, 통일과정과 헌법적 과제, 『헌법연구』 제1권 제1호, 헌법이론실무학회, 2014, 13면 이하.

정부의 '한민족공동체 건설을 위한 3단계 통일방안'이나 김영삼 정부의 '민족공동체 통일방안'을 기조로 하면서 이를 계승하고 있다고 할 수 있다. 그것은 통일과정을 화해협력, 남북연합, 통일국가로 구분하여 점진적으로 통일국가를 완성하는 것을 내용으로 하는 것으로 이는 단계적 점진적 통일을 전제로 하고 있다.[41] 이러한 단계적 점진적 통일방식을 취하게 될 때 남북한은 합의에 의한 새로운 헌법의 제정으로 통일헌법을 채택할 가능성이 적지 않다.

그러나 현실적으로 평화통일의 가능성이 높은 방식은 독일통일의 경우와 같이 남북간의 합의에 의해 북한이 남한체제에 편입되는 자율적 흡수통일일 수도 있다. 이 경우 북한의 자율적 의사의 여부는 북한 체제의 권력집단의 의사가 아니라 북한주민의 주권적 의사를 기준으로 판단해야 할 것이다.[42]

(2) 실현가능한 통일방식으로서 독일식의 흡수통일

점진적이고 단계적인 방식에 의한 새로운 통일헌법의 제정은 남북간의 합의과정에서 상당한 기간이 지체되어 신속한 통일을 완수하는데 어려움을 겪을 수 있다. 이와 반대로 북한의 급변사태 등에 의한 전격적인 일회적 통일의 방식을 취하게 되는 경우에는 남북한이 통일헌법을 제정하기 위한 타협의 시간적 여유가 없을 것이므로 남한헌법의 개정으로 통일헌법을 채택할 가능성도 있다고 할 수 있다.[43] 동일통일의 과정에서 나타난 동독의 붕괴와 서독에의 편입, 서독기본법의 개정에 의한 통일헌법의 채택의 경우가 이에 해당한다. 그렇지만 독일통일의 경우 동독 공산정권이 붕괴되는 과정에서 새로운 개혁세력과 동독국민의 자유와 민주화의 열망에 따라 동독지역이 서독에의 가입을 통해 통일이 실현될 수 있었던 것은 서독기본법의 국가목표로서의 독일통일을 예견한 가입조항이 존재했기 때문이라고 할 때 그러한 통일의 절차에 관한 규정이 없는 현행 한국헌법 하에서 일시에 전격적으로 통일을 기대하는 것은 결코 쉬운 일이 아니라고 할 것이다.

---

41) 정영화, 앞의 논문(주8), 263면 이하.

42) 이효원, 앞의 논문(주6), 37면.

43) 합의통일의 경우 단계적 통일뿐만 아니라 일회적 흡수통일의 경우에도에 통일후유증을 줄이기 위해 새로운 통일헌법의 제정이 바람직하다는 견해도 있다. 도회근, 앞의 논문(주6), 37면 이하.

그럼에도 불구하고 현실적으로 남북통일이 실현되는 방식은 남북간의 단계적 협상을 통한 새로운 통일헌법의 제정보다는 남한헌법을 일부 개정하여 그것이 통일헌법으로 북한지역에도 효력을 갖도록 하는 것이 바람직하다고 본다. 왜냐하면 자유민주주의 내지 자본주의체제와 사회주의체제라는 양극단의 국가체제를 일시에 통합하는 통일헌법의 제정은 사실상 불가능하다고 보며,[44] 남북의 합의과정에서 북한이 먼저 체제개혁을 단행하지 않고서는 자유민주주의에 기초한 통일은 기대하기 어렵기 때문이다.[45] 따라서 남북한의 현상황에서 현실성 있는 통일방법으로 상정할 수 있는 것은 북한의 급변사태 등에 의한 북한의 체제개혁이 선행되고 그 새로운 개혁세력과 남한간의 합의에 의한 통일방식으로 남한의 자유민주적 기본질서에 입각한 평화통일을 실현하는 길이라 할 수 있다.[46]

2. 통일의 법적 절차로서 통일합의서의 채택

한반도 통일은 남북 당국간의 통일합의서의 체결과 그 인준을 위한 각각의 내부절차를 완료함으로써 비로소 법적으로 완성된다고 할 수 있다. 실제로 예멘의 통일과 독일의 통일과정에서도 모두 통일합의서 또는 통일조약을 체결하여 통일을 완성하였다. 남북 통일합의서에는 통일에 의해 남북한이 하나의 정치공동체를 창설하는 것을 목적으로 하므로 거기에는 기본적인 헌법사항이 규정될 것으로 예견할 수 있다. 통일합의서의 핵심적 내용은 남북한 법질서의 전체적 통합이므로 국가조직의 기본사항을 다루게 되는데 이는 곧 헌법개정사항

44) 권영성, 앞의 논문(주5), 52면.

45) 장명봉 교수는 통일헌법의 기반조성을 위해서는 북한체제의 변화가 전제되어야 하므로 그 북한체제의 변화를 유도하기 위한 남한의 북한과의 교류·협력의 노력과 자세변화가 첫째 과제라고 강조하고 있다. 장명봉, 남북한 헌법체제의 비교와 통일헌법의 지향점 및 과제, 『공법연구』 제37집 제1호, 2008, 213면.

46) 독일통일의 사례에서 얻을 수 있는 교훈은 통일은 단계적·점진적으로 이루어지는 것이 아니라 예고없이 일시에 올 수 있다는 것이다. 국제정세의 변화와 함께 북한 사회의 성숙된 인권의식과 자유에의 열망에 따른 체제개혁과 민주화운동이 전개되면 전격적인 남북간의 합의로 통일을 실현할 수 있으며 이 경우에 신속한 통일과정의 추진은 너무나 이질적인 남북 헌법질서를 통합하는 제3의 새로운 헌법의 제정에 시간을 소모할 것이 아니라 자유민주적 기본질서를 바탕으로 하는 남한헌법을 중심으로 남북한 법질서의 통합이 이루어지는 것이 훨씬 효과적이고 현실성 있는 방안이라 생각한다. 이와 비슷한 입장의 견해로는 이효원, 앞의 논문(주6), 39면.

을 의미한다.[47] 따라서 통일합의서에 규정되는 기본사항에 의해 통일헌법의 방향과 내용이 정해지게 될 것이다. 통일합의서에는 통일헌법을 제정하는 구체적인 절차를 마련하여야 할 것이며 그 절차에는 북한주민의 주권적 의사가 제대로 반영될 수 있도록 해야 할 것이다.[48]

통일합의서의 내용으로는 통일국가의 이념과 헌법적 가치, 기본원리 등이 규정될 수 있으며, 통일과정에서 발생할 수 있는 혼란을 예방하고 통일과 관련된 법률관계의 효력범위를 명확하게 하기 위해 통일실현의 시기를 단계적으로 규정할 필요가 있다. 독일통일의 사례처럼 화폐와 경제적 통합에서부터 정치적·법적 통합의 단계별로 통일합의서의 효력을 발생하도록 하는 것이 바람직하다고 할 것이다. 그리고 통일국가의 국호, 국기, 국가(國歌) 등 국가정체성의 기본사항에 것도 통일합의서에 직접 규정할 수 있다.[49] 통일국가의 수도는 남북한의 정치적·경제적·사회적 통합을 위해 매우 중요한 사안이며 한반도에 있어서 국가의 정통성과도 밀접한 관련이 있으므로 통일헌법에 명문화하기 위한 전제로서 통일합의서에 규정하는 것이 필요하다고 본다.

3. 통일합의서의 법적 성격과 체결절차

(1) 통일합의서의 법적 성격

남북간의 통일합의서는 위와 같이 새로운 국가공동체를 창설하기 위한 기본사항, 즉 통일헌법에 규정될 실질적인 헌법사항을 내용으로 하게 되는데, 이 통일합의서의 법적 성격이 문제된다. 먼저 통일합의서가 국제조약으로서의 성격을 갖는 것인지, 아니면 민족내부의 남북관계의 특수성을 고려하여 국제법적 관계도 아니고 국내법적 관계도 아닌 특수합의서로서의 성격을 갖는 것인지에 대한 논의가 필요하다. 이와 관련하여 1992년 2월 발효된 남북기본합의서에 대해 헌법재판소는 일종의 공동성명 또는 신사협정에 준하는 성격을 가짐에 불과하여 법률이 아님은 물론 국내법과 동일한 효력이 있는 조약이나 이에 준하는 것으로 볼 수 없다고 판시한 바 있다.[50] 이러한 남북기본합의서의 법적 성격에

47) 김승대, 앞의 논문(주6), 138면.
48) 이효원, 앞의 논문(주6). 51면.
49) 이효원, 앞의 논문(주6), 41면.
50) 헌재 2000. 7. 20. 98헌바63. 판례집 12－2, 52(53).

비추어 통일합의서의 법적 성격도 기본적으로는 남북기본합의서와 유사하다고 볼 수도 있다. 생각건대 남한과 북한이 비록 국가성을 갖추고 국제사회에서 별개의 국가로 활동해온 것이 사실이지만 남북간의 관계는 한민족 국가의 내부적 특수성 때문에 완전한 국제관계로 보기 어려우므로 통일합의서의 법적 성격을 국제조약으로 보는 것은 곤란하다. 그리고 현행 '남북관계 발전에 관한 법률' 제3조 제1항에도 "남한과 북한의 관계는 국가간의 관계가 아닌 통일을 지향하는 과정에서 잠정적으로 형성된 특수관계이다"라고 규정하고 있으므로 통일합의서는 이전의 남북합의서와 마찬가지로 국가간에 체결되는 조약이라고 할 수 없다.[51]

그러나 다른 한편 통일합의서는 기존의 남북합의서와는 성격이 매우 다른 측면이 있음을 인식할 필요가 있다. 남북합의서는 점진적인 통일정책을 추진해 나가는 과정에서 남북 당국간의 신사협정에 해당하지만, 통일합의서는 남북통일의 합의를 전제로 통일실현에 관한 기본사항에 법적 기속력을 부여하는 것이며 통일합의서의 내용은 새로운 통일한국의 구성과 조직에 관한 헌법개정사항을 규정한 것으로서 본질적으로 그 성격이 다르다고 보아야 할 것이다. 독일의 경우 통일조약은 그 자체로서 헌법개정을 수반하는 것으로서 헌법개정적 성격을 갖는 것이었다.[52] 이 점에서 통일합의서의 체결·인준은 우리 헌법의 기본적 동일성(민주공화국과 자유민주적 기본질서 등)을 유지하면서 새로운 통일국가 형성에 관한 국민의 헌법개정권력의 행사에 해당하는 것이라고 볼 수 있다.[53]

따라서 남북 정부 당국간의 통일합의서는 그 체결 절차에 있어서 국민적 정당성을 확보하는 것이 중요하게 된다. 즉 남한과 북한에서 각각 국민적 합의 절차에 의한 정당성을 확보해야 하며, 최소한 국민대표기관인 의회의 동의를 얻도록 함으로써 그 효력을 발생할 수 있도록 해야 한다. 통일합의서의 내용이 새로운 정치적 공동체의 조직에 관한 기본사항을 규정하는 것으로서 주권자 국

---

51) 전술한 바와 같이 독일통일과정에서는 동서독간의 통일합의서를 '통일조약'(Einigungsvertrag)이라는 명칭으로 표현하고 있다.

52) 김철수, 앞의 책(주5), 302면.

53) 독일통일의 경우를 보더라도 통일조약의 내용에 직접 서독기본법의 개정을 규정한 것은 서독기본법의 자유민주적 기본질서라는 헌법의 기본적 동일성을 유지하면서 일부 헌법조항의 개정을 통해 통일독일헌법을 채택한 것이므로 통일조약의 체결은 헌법개정권자의 정치적 결단에 의한 것으로 볼 수 있다.

민이 헌법제정권자 내지 헌법개정권자의 지위에서 내리는 정치적 결단에 관한 사항을 의미하므로 국민적 합의를 얻어야 하는 것이 당연히 요구된다. 다시 말하면 헌법상 헌법개정절차에 있어서 국회의 특별정족수에 의한 의결과 국민투표에 의한 확정이 요구되는 것과 마찬가지로 통일합의서의 인준에도 헌법개정절차가 준용되어야 한다고 보는 것이 타당한 법리라 할 수 있다. 따라서 통일합의서 체결의 헌법적 의미의 중요성에 비추어 현행 헌법상 통일과정의 절차와 통일합의서 체결의 근거조항이 없는 가운데 남북 당국간의 통일합의서를 체결한다는 것은 곤란한 문제라 하지 않을 수 없다.

또한 다른 한편 남북합의서를 헌법 제60조 제1항에 의해 체결하는 조약이 아니지만 이에 준하는 조약으로서의 성격을 인정하여 국회의 일반정족수에 의한 동의만으로 그 효력을 인정하게 된다면 그 통일합의서는 헌법 제6조 제1항의 해석에 의해 법률의 효력을 갖는 것에 불과하게 된다. 그렇게 보는 경우 헌법사항을 내용으로 하는 통일합의서가 법률의 효력을 가진다는 것 자체가 헌법의 체계정당성에 반하는 모순적 상황이 발생하게 된다.[54)]

그렇다면 통일합의서는 헌법개정사항을 내용으로 하는 헌법개정적 성격을 갖는 것이며, 헌법에 의해 체결되는 조약의 성격을 갖는 것은 아니라고 볼 수 있다.

(2) 통일합의서 체결절차

위와 같이 헌법사항을 내용으로 하는 통일합의서가 조약이나 법률과 같은 규범적 효력을 갖는 것으로 볼 수 없기 때문에 통일합의서에 헌법적 효력을 부여하도록 하는 것이 필요하게 된다. 이를 위해서는 대통령이 체결한 통일합의서에 국회의 동의를 얻도록 하는 것만으로는 헌법적 효력을 인정하기 어렵다고 할 수 있다. 이 점에서 통일합의서가 헌법적 효력을 갖도록 하기 위해서는 적어

54) 독일의 통일조약은 직접 헌법개정의 내용을 규정하고 있으므로 그 점에서 통일조약의 효력은 법률의 효력보다 상위의 헌법적 효력을 갖는 것으로 볼 수 있다. 전술한 바와 같이 통일조약에 의해 헌법개정을 규정한 것에 대해 위헌이라는 주장이 제기되었으나 이에 대해 서독연방헌법재판소는 연방정부가 통일조약으로 헌법개정을 규정하는 권한을 갖는 것은 헌법상의 통일조항에 내포된 통일지향명령에 근거한 것으로 정당화되며, 연방정부는 독일통일의 역사적 기회를 활용하기 위한 넓은 정치적 재량권을 가지므로 그 정도의 통일조약을 규정하는 것은 헌법정신에 반하지 않는다고 판시한 바 있다. BVerfGE 82, 316 (320).

도 헌법개정절차에 요구되는 민주적 정당성을 확보하는 것이 요구된다는 주장이 제기될 수 있다. 즉 통일합의서가 헌법개정사항을 내용으로 하므로 그 통일합의서의 체결과 비준에 헌법개정절차에 요구되는 국회 재적의원 과반수에 의한 제안과 20일 이상의 공고절차, 국회재적 3분의 2 이상의 찬성에 의한 의결, 국민투표절차 등을 거쳐야 한다는 견해가 헌법이론적으로는 틀린 것이라 할 수 없다. 그러나 현실적으로 남북간에 통일합의서에 의한 통일이 실현되는 상황에서 신속하게 통일을 완성하기 위해서는 이러한 복잡한 헌법개정절차를 모두 거치게 하는 것은 오히려 통일작업에 커다란 장애가 될 수 있다. 통일논의 기간이 지나치게 길어지게 되면 외세의 개입과 국론의 분열 등 역효과를 가져올 수 있으므로 국민투표절차를 생략하는 것이 현실적 대안이라 할 수 있으며 국회의 동의절차만으로 그 효력의 정당성을 부여하는 것이 바람직하다고 할 수 있다. 다만 국회의 의결절차에 있어 조약이나 법률안의 의결정족수가 그대로 적용되기는 어렵고 국회 재적의원 3분의 2 이상의 찬성을 요건으로 하는 것은 타당하다고 본다.[55)]

통일합의서의 체결과 그 효력에 민주적 정당성을 부여하기 위한 방법으로 또 한 가지 생각할 수 있는 것은 헌법 제72조의 국민투표절차에 관한 것이다. 이 헌법조항에 의해 대통령은 통일정책에 관한 국민투표부의권을 행사할 수 있으므로 남북 당국이 체결한 통일합의서를 국민투표에 의해 확정함으로써 그 효력을 발생하게 하는 방법을 고려할 수 있다고 본다. 국민투표에 붙이는 경우에도 남북 당국간에 체결된 통일합의서를 국회의 동의절차 없이 바로 국민투표에 붙이는 경우와 통일합의서를 국회의 동의절차를 거친 후 헌법 제72조의 국민투표에 의해 확정하는 방법을 생각할 수 있다. 통일합의서의 효력과 정당성을 국민투표에 의해 부여하는 방법은 민주적 정당성 확보의 관점에서 바람직하다고 할 수 있다. 그러나 통일과정의 신속성의 요청상 국회의 의결을 거치지 않고 바로 국민투표에 의해 확정하는 방안도 가능하다고 할 것이다.

그렇게 본다면 결국 통일합의서의 인준절차로는 국회의 재적 3분의 2 이상의 찬성으로 의결하는 방법과 헌법 제72조의 국민투표에 의해 확정하는 방법 중에서 하나를 선택하는 문제로 귀결된다. 필자는 통일합의서의 효력을 국민투

55) 같은 취지로는 김승대, 앞의 논문(주6), 149면.

표에 의해 부여하는 방법은 민주적 정당성 확보의 관점에서 타당한 것이지만 통일에 접근해가는 시점에서 통일완수의 헌법적 사명을 다하기 위해서 시간적 지체로 인한 통일에의 장애요인을 제거할 수 있는 신속한 처리과정이 필요하므로 독일의 사례와 같이 국민의 대의기관의 특별정족수 의결만으로 효력을 가지게 하는 것이 바람직하다고 생각한다.

4. 통일합의서 효력의 근거로서 헌법개정의 필요성 여부

위에서 살펴 본 바와 같은 통일합의서의 체결절차와 관련하여 한 가지 검토해야 하는 사항은 통일합의서의 정당성 확보절차를 그 통일합의서에 직접 규정할 수 있는가, 아니면 통일에 대비하여 미리 헌법개정을 통해 통일과정에서의 통일합의서의 효력발생절차에 관한 헌법규정을 신설하는 것이 필요한가의 문제이다. 우선 통일합의서의 작성과정에서 그 합의서의 효력발생절차를 직접 규정할 수도 있다고 본다. 그러나 남북 당국간의 협상과정에서 그러한 민주적 정당성 확보절차에 대한 합의가 이루어지지 않는 경우 그 민주적 절차의 이행을 강제할 수 없는 문제가 있다. 예컨대 북한체제의 급변사태로 인하여 급작스럽게 통일과정이 전개되는 경우 통일합의서의 내용과 그 효력발생절차에 관한 논의가 졸속으로 이루어지고 그에 따라 통일합의서가 채택되게 되면 그러한 통일합의서에 의한 통일과정은 민주적 정당성이 결여되는 문제가 있게 된다.

그렇다면 통일합의서의 효력발생절차나 민주적 정당성확보에 관한 내용은 통일합의서에 규정하더라도 통일현실이 오기 전에 미리 통일과정에 대비하여 헌법상에 통일합의서에 관한 근거조항을 두고 그 통일합의서의 체결방법과 효력발생절차를 규정하는 헌법개정을 행하는 것이 보다 합리적이고 실효성 있는 방안이 될 수 있다고 하겠다.[56)]

전술한 바와 같이 통일합의서는 남북간의 합의에 의한 새로운 통일국가의 조직과 기본원리에 관한 기본사항을 규정하는 것이므로 그것은 헌법사항에 해당하는 것이며, 그 통일합의서의 내용이 통일이 실현된 후 채택되는 통일헌법의 방향을 제시해 주고 통일헌법 속에 그대로 담겨질 수밖에 없으므로 그것은 실질적인 헌법개정행위의 성격을 갖는다고 볼 수 있다. 따라서 이러한 중요한

56) 이와 같은 입장의 견해로는 김승대, 앞의 논문(주6), 148~149면.

헌법적 의미를 가지는 통일합의서 체결과 비준절차는 우리의 헌법전 속에 명문규정을 두는 것이 바람직하다고 본다. 우리 헌법이 평화통일을 국가목표로 삼고 있으며 국민적·민족적 지상과제로 규정하고 있으나 그 구체적 통일의 과정과 절차에 관한 규정의 헌법적 불비(不備) 상황에서 이제는 통일현실에 대비한 통일합의서의 헌법적 근거를 마련할 필요가 있다. 통일에 대비한 통일 전의 헌법개정의 필요성을 인식하면서 통일방식과 절차, 통일과정에서의 경과규정 등을 미리 헌법개정의 내용으로 삼아야 할 것이다.[57]

Ⅳ. 통일헌법을 향한 단계적 헌법개정

1. 헌법개정논의의 우선순위와 방법

최근 정치권에서 제기되는 정부형태 개헌논의는 국민적 공감대를 바탕으로 하지 않은 것으로 정략적 이해관계 속에서 거론되는 수준에 불과하다고 볼 수 있다. 정부형태의 개헌논의에 있어서 현행 대통령제를 이원정부제로 변경해야 한다는 주장도 통일헌법시대를 향한 거시적 안목에서 제기되는 것이 아니라 단지 현행 대통령제의 부분적 문제점을 부각시켜 차기 정권을 겨냥한 정치논리에 지나지 않는다고 하겠다. 적어도 현시점에서의 개헌논의는 통일시대를 대비하여 통일과정에서의 헌법문제와 통일헌법상의 국가형태와 권력구조에 초점을 맞추면서 초당파적 입장에서 범국민적 개헌논의가 전개되어야 한다.

학계에서의 최근 10여년간의 개헌논의는 괄목할 만한 연구실적을 보이고 있으나 통일헌법에 중점을 둔 헌법개정의 방향에 관한 연구는 아직 충분하다고 보기 어렵다. 통일헌법 관련 연구동향을 보면 통일헌법의 국가형태로서 연방제 도입여부와 정부형태로서 대통령제와 의원내각제, 이원정부제 등에 관한 논의가 중심이 되고 있고, 의회제도에 있어서 양원제 도입 여부에 관하여 다루고 있는 정도이다. 통일실현 이전의 통일과정에서 제기되는 헌법문제라든지 통일헌법의 제정방법 등에 관한 연구는 미흡하다고 할 수 있다. 따라서 앞으로의 개헌논의는 먼저 통일시대에 대비한 통일과정에서의 예상되는 헌법문제의 해결방안

57) 이승우, 앞의 논문(주6), 237면.

과 통일헌법 제정 이전의 단계적 헌법개정의 필요성 등을 우선적 논의대상으로 삼아야 할 것이다. 그리고 통일실현 후의 통일헌법의 기본원리와 국가형태 및 통치구조에 관한 헌법논의는 제2단계 연구과제로 다루는 것이 필요하다고 본다.

개헌논의의 방법에 있어서는 정치권이 주도하는 개헌논의를 경계하여야 하며, 범국민적 기구로서 중립적이고 초당파적이고 개방적인 헌법연구위원회를 결성하여 일반 국민의 개헌논의에의 적극적 참여가 보장되어야 할 것이다. 과거의 한국헌법개정사에 나타난 바와 같은 소수의 개헌주도세력에 의한 폐쇄적이고 비민주적인 개헌논의는 더 이상 허용되기 어려우며 앞으로의 개헌논의는 주권자이며 헌법개정권자인 국민의 정치적 의사를 존중하면서 국민적 공감대를 형성해 나가는 방향으로 개헌논의가 전개되어야 할 것이다.[58]

2. 통일에 대비한 제1단계 헌법개정의 내용

(1) 평화통일조항의 보완

상술한 바와 같이 우리 헌법상의 통일관련조항은 남북한통일을 국가목표이며 민족적 지상과제로 천명하면서 평화통일의 원칙과 자유민주적 통일정책을 규정하고 있으나, 북한체제의 현상황에서 급변사태발생을 상정하는 경우에 통일의 현실에 대비하여 통일의 법적 절차에 관한 기본조항이 전혀 없기 때문에 통일과정에서의 실효적이고 신속한 통일과업을 수행하는 데 어려움을 겪을 수도 있다. 따라서 점진적 통일뿐만 아니라 일회적 통일의 경우도 예상한 통일합의서의 헌법적 근거와 그 체결절차에 관한 규정을 미리 헌법에 명문화할 필요가 있다고 본다. 이 점에서 전술한 바와 같은 독일의 통일과정은 우리에게 시사하는 바가 크다고 하겠다. 독일통일 이전의 구 서독기본법에는 향후 동서독의 재통일을 전제로 하여 두 가지 방법을 정해 놓았다. 하나는 서독 이외의 다른 지역의 서독연방으로의 가입조항(제23조)이고 또 하나는 새로운 통일헌법의 제정에 관한 규정(제146조)이다. 그 중에서 서독기본법 제23조는 독일통일을 신속하게 이룩할 수 있었던 결정적 조항이 되었다고 할 수 있다. 한마디로 동서독의 통일은 서독 기본법 제23조에 따라 동독이 서독에 가입하는 방식에 의해 이루

58) 개헌논의의 방법에 관하여는 정만희, 앞의 논문(주2), 42면 이하.

어지게 된 것이다. 이러한 가입에 의한 통일방법은 가장 신속하고 절차에 있어서 간단한 방안이기 때문에 동독주민의 '하나의 민족'(Wir sind ein Volk!)에 대한 요구를 충족시키는 최선의 방법이었던 것이다. 그리고 서독 기본법 제23조를 적용함으로써 서독 기본법의 동질성을 그대로 유지하면서 통일을 실현하게 된 것도 커다란 장점으로 평가되었던 것이다.[59)]

우리 헌법은 구 서독기본법 제23조와 같은 가입조항이 없기 때문에 통일이 실현되는 과정에서 독일통일의 경우와 같이 신속한 절차에 의한 통일의 완성은 기대하기 어려울 것이다. 우리 헌법은 영토조항에서 대한민국의 영토를 한반도 전체로 규정하고 있기 때문에 통일에 대비하여 서독기본법 제23조와 같은 조항을 규정할 수 없기 때문이다.[60)] 더욱이 우리 헌법은 연방제원리를 채택하고 있지 않으므로 북한지역의 남한에의 가입에 의한 통일방식을 규정할 수 없다. 오랜 기간 이데올로기적 대결에 의한 남북분단으로 민족적 동질성이 상실되었음을 이유로 통일한국의 국가형태를 연방국가로 가야 한다는 논리에 대해서는 상당한 반론이 있을 뿐만 아니라, 통일의 기반조성을 위해 미리 연방제를 도입하자는 주장에 대해서도 국민적 공감대가 형성되기 어렵다고 본다.

그렇지만 적어도 통일을 위한 남북간의 통일합의서의 체결절차를 미리 헌법에 규정하는 헌법개정은 필요하다고 본다. 헌법개정에 의한 통일합의서의 체결방법을 규정한다는 것은 국민적 합의를 바탕으로 통일과정의 방법과 절차를 정하는 것이므로 통일의 현실에서 안정적이고 신속하게 통일을 완성할 수 있을 것으로 기대할 수 있다.

(2) 통일과정에 대한 예측가능성 확보

통일에 대비한 통일이전의 헌법개정에 있어서는 위의 통일합의서의 근거와 체결절차에 관한 규정뿐만 아니라 다음과 같은 사항들을 검토할 수 있다. 첫째, 남북간의 통일합의서 채택 이후 통일실현을 위한 통일헌법의 제정방법과 절차에 대해 규정하는 것이 필요할 것이다. 남북통일을 완성하기 위한 통일헌

59) 전광석, 독일통일의 방법론에 대한 헌법논의, 허영 편, 앞의 책(주5), 33면.

60) 이 점에 관하여 통일에 대비한 헌법개정의 필요성은 인정하면서 그 개정방향으로는 필자와 다른 관점에서 통일전에 연방국가를 채택하고 서독기본법 제23조와 같은 가입조항을 두어 통일이 합의되는 경우 북한지역이 연방에 가입하도록 하자는 견해도 있다. 이승우, 앞의 논문(주6), 239~241면.

법의 채택은 새로운 통일헌법을 제정하는 방법과 남한헌법을 일부 개정하여 그 헌법이 북한지역에 확대적용되도록 함으로써 남한헌법이 통일헌법으로 효력을 발생하도록 하는 방법이 있을 수 있다. 필자는 후자의 방법에 의한 헌법개정으로 통일헌법을 마련하는 것이 바람직하다고 생각한다. 즉 통일합의서의 근거를 마련하는 제1단계 헌법개정에 이어 제2단계 헌법개정으로 통일을 실현하는 것인데, 제2단계 헌법개정은 자유민주적 기본질서에 입각한 남한헌법의 개정으로 통일을 완성하는 것이다. 그렇게 통일이 실현된 이후 일정 기간 경과된 시점에 남북의 전체국민의 자유로운 의사에 의한 완전한 통일헌법 제정의 필요성이 제기되면 그때 가서 새로운 통일헌법제정을 고려할 수 있을 것이다. 따라서 통일을 위한 제1단계 헌법개정에서 통일합의서의 체결방법을 규정하고 그 통일합의서에 따른 제2단계 통일헌법을 위한 헌법개정의 방법과 절차를 밝힘으로써 국민의 통일헌법에 대한 예측가능성을 보장하는 것이 필요할 것이다.

둘째, 통일 이후의 북한정권에 대한 과거청산의 문제를 검토할 필요가 있을 것이다. 과거청산의 문제는 북한정권의 비법치국가적 가해행위에 대한 처벌과 그로 인한 피해자의 복권과 보상 및 몰수재산권의 회복 등의 처리문제가 예상된다. 이러한 문제는 통일실현 이후에 본격적으로 논의될 사항이지만 통일 이전에도 북한의 기득권층에 대한 심리적 영향력이 크기 때문에 통일 이전의 헌법개정에 의해 분단시대의 가해행위에 대한 정치적 보복금지 등의 민족적 화해와 관용의 정신을 미리 헌법조항으로 마련해 놓는 것이 바람직할 것이다.[61] 특히 몰수재산권의 처리문제는 매우 민감한 사안이므로 통일 이전의 헌법개정으로 그 기본원칙을 제시해 주는 것이 필요하다고 할 것이다.[62]

---

61) 이에 관하여 김승대 교수는 통일후 과거청산에 관한 포용적 원칙으로 "통일은 분단에 의한 민족적 고통을 민족적 화해와 용서의 숭고한 정신에 의하여 해소시키는 것이 되어야 하며 보복의 기회로 활용되어서는 안된다"라는 내용의 헌법조항을 미리 신설하자는 견해를 밝히고 있다. 김승대, 앞의 논문(주6), 150면.

62) 몰수재산권의 처리문제에 대해 독일의 해결방식은 원물반환을 원칙으로 하였으나 이 방법은 남북한의 경제적 사정에 적합하지 않다는 견해들도 제시되고 있다. 정영화, 남북한 통일과 재산권문제에 관한 헌법적 논의, 『공법연구』 제25집 제4호, 1997, 486면 이하; 표명환, 통일한국의 헌법적 과제– 북한주민의 재산권형성을 위한 방법론적 기초를 중심으로 하여–, 『공법연구』 제32집 제2호, 2008, 331면 이하.

(3) 헌법개정조항의 개정문제

위와 같은 통일과정에 따른 단계적·점진적 헌법개정으로 통일헌법을 완성하기 위해서는 현행헌법상의 헌법개정조항 자체에 대한 개정문제를 적극적으로 검토할 필요가 있다고 본다. 현행의 경성헌법주의 하에서 개헌안의 발의절차와 그 개헌안에 대한 20일 이상의 공고기간, 공고 후 60일 이내의 국회의 의결, 국회의결 후 30일 이내의 국민투표절차에 의해 확정하는 개헌절차로는 통일과정에서의 그때그때의 남북정세의 변화와 통일의 현실에서 신속하고 실효성 있는 헌법개정은 기대하기 어렵다. 따라서 급변하는 시대상황에서 탄력적인 현실적 응성과 신속성 있는 헌법개정으로 통일과정을 완수해 나가기 위해서는 경성적 헌법개정절차를 연성적 개정절차로 변경하는 것을 신중하게 검토할 필요가 있다고 하겠다.[63] 그리하여 현행 헌법개정절차를 '2원화'하여 헌법개정사항으로서 중요도가 높은 핵심적 사항에 해당하는 것은 기존의 경성절차로 개정하되, 그 밖의 개정사항은 국민투표절차를 거치지 않도록 하거나 국민투표를 필수적 국민투표에서 임의적 국민투표로 바꾸고 국회의 의결만으로 헌법개정이 이루어질 수 있도록 하는 것이 시대적 요청에 부합하는 것이라 생각한다.[64]

그러한 2원적 헌법개정절차를 전제로 하여 필자가 제시한 제1단계의 헌법개정에 있어서는 국민투표절차를 제외하도록 하는 것을 검토할 필요가 있다고 본다. 헌법 제4조의 평화통일조항을 보완하기 위하여 남북간의 통일합의서의 체결절차와 효력 등을 규정하는 것은 통일정책에 관한 새로운 조항을 신설하는 것이 아니어서 핵심적 헌법개정사항으로 보기 어려우며 통일의 기회가 현실화될 때 신속하게 이에 대처하기 위해서는 국민투표절차를 거치지 않는 연성적 헌법개정절차가 필요하다고 보기 때문이다.[65] 다만 통일실현을 위한 헌법개정

63) 필자는 이미 수년 전에 통일헌법을 위한 헌법개정의 문제와 관련 없이 헌법개정조항의 개정필요성을 제시한 바 있다. 정만희, 앞의 논문(주1), 395면 이하.

64) 헌법개정절차에서 국민투표제를 폐지하자는 주장으로는 오호택, 헌법개정절차와 헌법개정의 가능성, 『헌법학연구』 제13권 제1호, 2007, 503면 이하.

65) 헌법개정절차에 있어서 국민투표절차를 거쳐야 하는 핵심적 개정사항으로는 주권의 제약이나 영통의 변경을 가져올 국가안위에 관한 중요사항, 권력분립원리의 수정이나 정부형태의 변경, 국민의 기본권을 제약하는 사항이나 새로운 의무를 부과하는 사항 등으로 한정할 수 있으며(정만희 앞의 논문(주1), 417면), 남북통일에 대비하여 평화통일조항을 보완하기 위하여 그 부수적 내용인 통일합의서를 규정하는 것은 헌법개정의 핵심적 사항이

이나 통일 이후의 완전한 통일헌법의 채택에 있어서는 전국민적 합의를 바탕으로 국민투표에 의해 확정되도록 하는 것이 필요하다고 할 것이다.

3. 제2단계 헌법개정에 의한 통일헌법의 정립

(1) 통일합의서의 헌법규범화 여부

통일에 대비한 제1단계 헌법개정으로 통일합의서의 근거와 체결절차 및 효과 등을 규정하고, 그 후 남북통일의 현실이 다가오게 되면 제2단계 헌법개정으로 법적 통일이 완성된다고 할 수 있다. 통일헌법을 의미하게 되는 제2단계 헌법개정의 내용에는 우선 남북간에 체결된 통일합의서의 기본사항을 규정하는 것이 필요한 것인가를 검토해야 할 것이다. 통일합의서의 체결·인준에 헌법개정적 성격과 효과를 인정하게 되면 독일통일의 사례처럼 그 통일합의서 자체가 통일실현의 헌법개정으로 볼 수 있으므로 제2단계 헌법개정으로 그 내용을 규정할 필요가 없게 된다.[66] 그러나 통일합의서가 비록 헌법개정사항을 내용으로 하고 있다 하더라도 그 체결·인준 절차는 형식적 헌법개정절차가 아니므로 별도의 헌법개정으로 통일합의서의 핵심적 사항을 규정함으로써 통일헌법으로서의 규범력을 갖게 하는 것이 필요하다고 본다. 그리고 통일합의서의 체결이 통일의 추진방향과 기본원칙에 관한 남북간의 합의로서 새로운 통일한국의 실질적인 헌법사항을 규정하고 있다고 하더라도 그것이 헌법규범과 동일한 법적 구속력을 갖는다고 보기 어려우므로 통일실현의 헌법에 명문화하는 것이 바람직하다고 할 것이다.

전술한 바와 같이 독일의 경우 헌법개정절차를 거치지 않고 통일조약으로 헌법개정을 규정하였지만 이에 대해 위헌성 문제가 제기된 점을 유념할 필요가 있다. 당시 서독연방헌법재판소는 연방정부가 그와 같은 헌법개정을 수반하는

라 하기 어려우며, 예상치 못한 시기에 북한의 급변사태 등으로 통일의 기회가 다가올 때 신속하고 효율적인 통일과정을 추진하기 위해서는 연성적 헌법개정절차로 통일합의서의 헌법적 근거를 마련하는 것이 필요하다고 본다. 독일의 사례에서 본 바와 같이 헌법개정을 내용으로 하는 통일조약이 의회의 의결만으로 발효되었기 때문에 통일과업을 신속하게 처리할 수 있었던 것도 같은 맥락에서 이해될 수 있는 것이다.

66) 김승대 교수는 통일합의서의 체결과 인준절차를 완료함으로써 통일실현의 헌법개정이 이루어지는 것으로 보고 통일합의서에 의해 헌법의 전면개정을 도모할 수도 있다고 기술하고 있다. 김승대, 앞의 논문(주6), 137~138면.

통일조약을 체결하는 권한을 갖는 것은 헌법상 통일지향정책 수행명령에 근거한 것이며, 그것은 통일의 역사적 기회를 활용하기 위한 정치적 재량권으로서 정당화된다고 판시한 바 있다. 그러나 주지하는 바와 같이 우리 헌법의 헌법개정절차는 독일의 그것과 다르며, 평화통일의 과제가 헌법적 명령이라 하더라도 국회의 의결만으로 채택된 통일합의서가 헌법개정의 효과를 통일실현 이후에도 지속적으로 유지하는 것은 허용되기 어렵다. 따라서 통일합의서에 의해 통일이 실현된 시점의 통일헌법에는 통일합의서의 기본사항이 통일국가의 기본원칙으로서 그대로 규정되어야 할 것이다.

(2) 연방제 도입문제

통일헌법의 내용에 관한 논의의 핵심은 국가형태로서 연방국가 내지 연방제의 도입 여부에 관한 문제라 할 수 있다. 이에 대한 학계의 논의는 연방제도입을 찬성하는 긍정적인 입장과 연방제도입에 반대하는 부정적인 입장이 팽팽하게 맞서고 있다고 볼 수 있다. 1987년 헌법에 평화통일조항이 채택된 이래 우리 정부의 통일정책을 보면 단계적 통일방안을 제시해 왔으며 최종적인 통일국가의 완성도 단일국가를 전제로 한 것이지, 그것이 연방제를 전제로 한 통일방안을 제시한 것으로 볼 수 없다.

통일헌법에 연방제를 채택해야 한다는 학계 주장의 주된 논거로는, 원래 한반도의 남과 북은 하나의 민족으로 이루어진 단일민족국가이지만 두 세대에 걸친 오랜 분단상태를 거치면서 너무나 많은 갈등과 차이를 보여 왔기 때문에 이러한 남북의 분단에서 다시 통일국가로 가는 길은 원래의 단일국가로 환원하는 것이 이상적이지만, 그 동안의 오랜 이념적 갈등과 대결에서 비롯된 민족적 이질성을 극복할 수 있는 현실적인 대안은 연방국가로부터 출발할 수밖에 없다는 것을 들 수 있다. 즉 통일한국은 연방국가를 통해 너무나 이질적인 남북간의 사회적 통합을 달성할 수 있다는 것이다. 그 밖의 연방제도입의 논거로는 연방제를 통해 통일한국의 미래상을 실현할 수 있으며, 남북간의 합의통일을 위해서는 상대방을 존중해야 하므로 연방국가로 통일할 수밖에 없는 것이 현실적인 방안이라는 것이다.[67] 그리고 연방제를 주장하는 입장 중에는 합의통일의 경우

67) 연방제 도입에 찬성하는 입장으로는 김철수, 앞의 논문(주5), 104면; 김형성, 한반도통일

에는 '1국 2체제'에서 출발하여 궁극적으로는 '1국 1체제 2연방제'로 정착될 수 있다고 하고 흡수통일의 경우에도 연방제적 운용이 불가피하며 '1국 1체제 2연방'의 국가체제를 구축해 나가고 그 후 일련의 문제점을 극복한 다음에 단일국가로 가는 논의를 할 수 있다는 견해도 있다.[68)]

이에 대해 통일한국의 국가형태에 대해 단일국가를 주장하는 견해들도 설득력을 가진다. 그 논거는 첫째, 남북한은 오랜 기간 단일민족으로 지내왔고 통일한국은 민족동질성을 회복하여 단일한 민족공동체를 실현하는 작업이므로 연방국가를 채택할 필요성이 없다는 것이다. 둘째, 남북한 모두 연방국가를 경험한 바가 없기 때문에 연방국가를 시험적으로 도입하는 것은 오히려 비효율과 부작용만을 초래하게 된다는 것이다. 셋째, 연방국가의 도입은 남북 지방(支邦) 간의 동일한 헌법적 가치와 정치이념의 공유가 전제되어야 하는데 그 전제조건이 실현되지 않고서는 연방이 해체되거나 분리 독립되어 재분단의 위험성도 있게 된다는 것이다.[69)]

생각건대 통일한국의 국가형태의 결정문제는 남한헌법의 개정방식에 의하든지 새로운 통일헌법을 제정하든 간에 헌법개정권자 내지 헌법제정권자의 근본적 정치적 결단에 해당하는 사항으로서 국민적 합의를 바탕으로 정해져야 하는 문제이다. 그리고 남한헌법의 개정으로 통일헌법을 채택하는 경우 단일국가에서 연방국가로 변경하는 것은 헌법개정의 한계문제가 제기될 수 있다고 본다. 단일국가에서 연방국가로의 국가형태의 변경은 헌법의 '기본적 동일성'을 유지하는 것으로 보기 어려우므로 헌법개정의 방식으로 이를 채택하는 것은 곤란하다고 본다. 독일기본법에는 연방제를 단일국가로 변경하는 것은 허용되지 않는다는 헌법개정의 한계에 관한 명문규정(제79조 제3항)을 두고 있는 것을 보더라도 연방국가를 분할하여 단일국가로 변경하는 것과 마찬가지로 전통적인 단일국가를 전혀 역사적 경험이 없는 연방국가로 변경하는 것은 헌법의 기본적 동

의 헌법적 과제, 『헌법학연구』 제4권 제2호, 359면 이하; 강원택, 『통일 이후의 한국 민주주의』, 나남, 2011, 109면 이하; 이승우 앞의 논문(주6), 239면; 정철, 통일헌법의 권력구조, 『법학논총』 제25권 제2호, 국민대 법학연구소, 2012, 178면 이하.

68) 성낙인, 앞의 논문(주5), 472~473면.

69) 통일헌법의 국가형태가 단일국가로 되어야 한다는 견해로는 권영성, 앞의 논문(주5), 49면 이하; 이효원, 앞의 논문(주6), 55면; 변해철, 앞의 논문(주5), 81면; 김병록, 통일헌법의 국가형태에 관한 연구, 『공법연구』 제25집 제4호, 1997, 647면.

일성이 유지되는 것으로 보기 어렵다. 따라서 새로운 통일헌법을 제정하는 경우 남북 전체 국민의 합의로 연방제를 도입하는 것은 가능하지만 현행 남한헌법의 개정으로 연방제를 도입하는 것은 곤란하다고 본다.[70] 설사 연방제 도입이 헌법개정의 한계를 벗어나지 않는다고 하더라도 남한헌법의 개정으로 통일헌법을 채택하는 경우 통일과정에서의 사회적 혼란 속에서 국민생활에 익숙하지 않은 새로운 연방제 도입보다는 현행의 단일국가를 전제로 한 민주공화국의 국가체제를 그대로 유지하는 것이 타당하다고 본다. 단일국가 하에서 남북간의 법질서의 통합이 보다 신속하게 이루어질 수 있으며 연방국가에 의한 통합은 현재의 남북간의 민족적 이질성과 갈등관계가 극복되기 어렵다고 할 수 있다. 그리고 본래 연방제도는 다양한 가치관에 대한 관용과 타협의 정신, 즉 고도로 발달된 민주정치의식을 기초로 하여야만 비로소 그 유지가 가능한 제도인데, 중앙집권적 정치전통 하에서 지방자치가 아직 성숙되지 못한 우리의 현실에 연방제가 적합한 제도인지 의문이 남는다.[71] 그러므로 연방제 도입문제는 통일 이후 일정 기간 과도기를 거친 뒤 국민적 공감대가 형성되는 경우에 그때부터 논의할 수 있는 장기적 헌법과제로 남겨두는 것이 바람직하다고 본다.

(3) 정부형태 선택에 관한 헌법논의

통일헌법에 관련된 학계의 연구동향은 주로 통일헌법의 통치구조와 정부형태를 중심으로 논의가 활발하게 전개되고 있는 것이 특징이다. 그러나 정치권에서의 개헌논의의 초점이 되고 있는 정부형태 개편에 관한 논의는 거시적으로 통일에 대비하거나 통일 이후를 상정한 정부형태의 논의는 거의 찾아볼 수 없고 단지 미시적이고 정략적인 입장에서의 정치논리로서 개헌논의가 이루어지고 있다는 점에서 그 한계가 발견된다.

통일헌법의 정부형태에 관한 헌법학계의 논의는 대통령제를 유지하는 방안과 의원내각제 또는 이원정부제의 도입방안, 그 밖의 회의정부제 등의 도입을 제안하고 있다. 대통령제를 유지하자는 입장의 논거는 첫째, 통일과정에서 해결하여야 할 여러 가지 과제들을 안정적이고 효율적으로 수행하기 위해서는

---

70) 그러나 이 점에 대하여 단일국가에서 연방국가로의 변경이 헌법개정의 한계를 벗어나는 것이 아니하는 견해도 있다. 이효원, 앞의 논문(주6), 55면.

71) 권영성, 앞의 논문(주5), 49면.

강력한 리더십을 바탕으로 신속하게 정책을 수립하고 집행해야 하므로 대통령제가 바람직하다는 것이다. 대통령은 국민에 의해 선출되어 강한 민주적 정당성을 확보하여 임기동안 안정적으로 통일과업을 수행할 수 있다는 것이다. 둘째, 통일과정과 통일실현 이후의 사회통합과 남북한의 갈등을 치유하기 위해서는 대통령과 부통령의 연합을 통해 남북한의 정치세력 간의 타협을 기대할 수 있다는 것이다. 셋째, 의원내각제를 채택하게 될 경우에는 그 성공조건이 결여된 상황에서 정국의 혼란을 가져오기 쉽다는 것이다. 남북한은 독일처럼 민주적 정당제도가 정착되지 않았기 때문에 의원내각제가 성공하기 어려우며 통일상황에서 다양한 이해관계의 대립으로 군소정당이 난립할 가능성이 있다는 것이다.[72)]

통일헌법의 정부형태로 의원내각제가 적합하다는 주장은 다음과 같은 논거를 제시하고 있다. 첫째, 의원내각제는 의회와 정부의 권력공화를 통해 책임정치와 권력분점을 실현할 수 있으며 북한지역에서 등장하는 정치세력의 의사를 안정적으로 반영할 수 있다는 것이다. 통일시대에도 정당제도는 지역정당성에 기초한 다당제가 예상되므로 통합의 정치를 실현하기 위해서는 의원내각제가 적합하다는 것이다. 둘째, 대통령제의 단점을 극복하고 합의제 민주주의를 실현하기 위해서도 의원내각제 도입이 필요하다는 것이다. 의원내각제는 권력의 독점에 의한 제왕적 대통령제의 폐해를 막고 북한 주민의 정치적 의사와 이익을 국정에 충실히 반영할 수 있다는 것이다. 대통령제를 채택하게 되면 남한이 인구수에 따라 권력을 독점하게 되고 소수인 북한주민의 의사가 무시될 가능성이 크다는 것이다. 셋째, 의원내각제는 통일과정이나 통일 후의 통합과정에서 남북간의 협상과 합의를 비교적 쉽게 할 수 있다는 것이다. 의원내각제는 국회의 제1정당이 단독으로 내각을 구성할 수 없을 때에는 정당별 의석수에 따라 연립내각을 구성할 수 있으므로 북한이 통일협상에 쉽게 응할 수 있다는 것이다.[73)] 통일헌법의 정부형태로 의원내각제를 선호하면서도 그 전제조건을 강조

---

72) 통일헌법의 정부형태로 대통령제를 선호하는 입장으로는 권영설, 통일지향적 정부형태로서의 대통령제, 『공법연구』 제27집 제3호, 1999, 45면 이하; 변해철, 앞의 논문, 84면; 김병록, 앞의 논문, 650면; 김상겸/정윤선, 독일 통일헌법 제정상의 교훈을 통한 한반도 통일헌법 구상, 『한독사회과학논총』, 제22권 제1호, 2012, 169면 이하.

73) 통일헌법의 정부형태로서 의원내각제를 지지하는 견해로는 박수혁, 앞의 논문(주6), 42면

하는 견해도 보인다. 즉 의원내각제가 성공적으로 운영되기 위한 전제조건이 갖추어지게 되면 남북한의 사회통합과 균형발전을 위해서 의원내각제가 바람직하다는 것이다.[74]

통일헌법의 정부형태로서 의원내각제와 대통령제의 혼합형을 의미하는 이원정부제의 도입을 주장하는 견해도 있다. 이원정부제를 지지하는 논거로는 첫째, 이원정부제는 권력분점형 정부형태이기 때문에 통일국가의 국가통합에 유리하고 대통령제와 의원내각제의 폐해를 막을 수 있다는 것이다. 둘째, 이원정부제에 있어서 대통령은 통일국가의 상징적 인물로서 통일국가 초기의 갈등을 조정하고 중재하여 혼란을 해소할 수 있으며 의원내각제적 요소인 의회주의를 기초로 남북간의 갈등을 제도권 내부로 흡수하여 안정적인 국정운영을 할 수 있다는 것이다. 셋째, 이원정부제는 남북한이 권력을 분점할 수 있으므로 통일과정에서 남북이 보다 쉽게 절충하고 합의할 수 있다는 것이다.[75]

그 밖에 통일헌법의 정부형태로 스위스의 회의정부제나 예멘의 대통령평의회와 같은 집단지도체제를 제시하는 견해도 있다. 이러한 견해는 대통령제가 권력집중과 권력투쟁의 우려가 있고 의원내각제는 민주적 정당제도의 미비 등으로 정국의 혼란을 가져올 수 있기 때문에 통일헌법의 정부형태로 적합하지 않으므로 통일한국의 화합과 통합을 달성할 수 있는 집단지도체제를 모색해야 한다는 것이다.[76]

위와 같이 통일헌법의 정부형태에 관한 논의에는 다양한 견해가 제시되고 있으나, 어떠한 정부형태가 통일한국에 가장 적합한 것인가에 관한 지배적 다수의견을 찾기가 매우 어렵다고 할 수 있다. 그렇지만 전술한 바와 같이 남북통일이 남북간의 합의로 새로운 통일헌법의 제정을 통해 일회적으로 완성되는 것은 현실적으로 쉬운 일이 아니므로 합의통일을 하더라도 남한헌법에 기초한 흡수통일이 바람직하다고 보는 입장에서는 남한헌법의 대통령제를 유지하면서 통

이하; 허경, 내각제 개헌의 당위성, 『공법연구』 제27집 제3호, 1996, 23면. 이승우, 앞의 논문, 244면 이하; 정철, 앞의 논문(주67), 187면 이하.

74) 장영수, 앞의 논문(주32), 40면 이하. 이 글에서 의원내각제가 성공하기 위한 전제조건으로 사회적 동질성의 확보, 민주적 정당제도의 발달, 정당간의 협조적 국정운영을 들고 있다.

75) 통일헌법의 정부형태로서 이원정부제를 주장하는 견해로는 성낙인, 앞의 논문(주5), 478면; 강현철, 『통일헌법 연구』, 한국학술정보, 2006, 195면 이하.

76) 스위스의 회의정부제 도입에 관하여는 박정원, 앞의 논문(주5), 326면 이하.

일과업을 수행해 나가는 것이 필요하다고 생각한다. 통일과정에서의 안정적이고 효율적인 업무를 추진하는 데는 대통령제의 장점을 최대한 발휘할 수 있어야 하며 통일과정에서의 새로운 정부형태 선택에 관한 국민적 논의는 시간적 낭비와 정치적 혼란을 초래하고 신속한 통일의 완수에 걸림돌로 작용하게 될 것이다.

V. 맺음말

지금까지의 통일헌법에 관한 학계의 논의는 대체로 통일을 전제로 한 통일시대의 국가형태와 권력구조 및 정부형태를 중심으로 다루어져 왔으며 그 연구성과도 상당한 수준에 이르렀다고 할 수 있다. 그러나 앞으로의 통일헌법의 논의는, 비록 통일의 현실이 언제 어떻게 다가올지 쉽게 예측할 수 없는 일이라 하더라도, 김정은 체제의 등장 이후 북한의 급변사태 등의 요인들을 상정할 때 전혀 예상치 못한 상황에서 조기에 통일기회가 올 수도 있다는 점을 인식하면서 철저하게 통일에 대비한 통일과정 전반에 대한 헌법적 검토가 요청된다고 하겠다.

통일의 방식에 있어서 현행 헌법상 평화통일원칙을 전제로 할 때 남북간의 합의에 의한 통일방식을 택하여야 하며 동시에 자유민주적 기본질서에 기반을 둔 통일이 실현되어야 하므로 현실적으로 기대할 수 있는 통일방식은 점진적이고 단계적 통일방식과 독일통일의 사례와 같은 북한이 남한헌법질서에 편입되는 자율적 흡수통일의 방식의 두 가지가 가능하다고 볼 수 있다. 그러나 현실적으로 합의에 의한 점진적 통일방식은 분단 이후 현재까지의 경과기간보다도 오랜 시간을 요하는 장기적 통일방안이 될 수도 있으며 조기의 실현가능성은 희박하다고 볼 수 있다. 그렇다면 점진적 통일방안에 대한 헌법적 접근은 충분한 시간을 두고 거시적 관점에서 검토하는 것이 타당하다고 할 것이다.

반면에 북한체제의 붕괴 등 급변사태의 발생으로 전격적으로 통일의 기회가 다가오게 되는 경우 남북간의 합의에 의한 통일과정을 진행해야 하는 상황도 어렵지 않게 상정할 수 있으므로 독일통일의 사례와 같은 통일현실이 실제로 나타날 수도 있다. 여기에서 우리는 통일독일의 역사적 경험에서 남북한의 통일에 도움이 될 수 있는 교훈과 시사점을 찾아야 함은 당연한 것이다. 이 점에서 독일에서의 1990년 통일조약의 체결과정에 대한 이해는 남북통일을 준비하기 위한 헌법이론적 검토에 필수적으로 요구되는 것이라 할 수 있다.

우리의 남북통일이 독일식의 편입통일 내지 흡수통일의 방식이 고려될 수 있다고 할 때 통일과정에서 남한헌법의 개정은 2단계의 과정을 거치는 것이 필요하다고 본다. 제1단계는 통일합의서의 체결절차와 효력에 관한 헌법적 근거를 마련하는 것이고, 제2단계의 헌법개정은 통일이 실현되는 통일헌법을 채택하는 것이다.

제1단계 헌법개정시에는 통일에 대비한 통일합의서에 관한 규정뿐만 아니라 통일과정에서의 경과조차에 관한 규정을 둘 필요가 있다. 그리고 현행헌법의 경성적 헌법개정조항의 개정문제를 검토해 볼 필요가 있다고 본다. 제2단계의 헌법개정에 의한 통일헌법의 정립은 새로운 통일헌법의 제정이 아니라 남한헌법의 일부 개정을 통해 그것이 북한지역에 효력을 확장하도록 하는 것이 바람직하다. 제2단계 헌법개정에는 통일합의서의 기본사항을 규범화하는 것이 요구되며, 국가형태로서 연방제도입이 논의될 수 있으나 연방제 도입여부는 통일헌법 이후 상당한 기간이 경과된 시점에 남북한 전체 국민의 합의로 결정할 수 있다. 통일헌법의 정부형태에 관하여는 다양한 논의가 있으나 어느 제도이든 장·단점과 문제점이 지적되는 것이므로 당위론적으로 특정 정부형태가 채택되어야 한다는 국민적 공감대가 형성되기도 어렵다. 그렇지만 통일실현과정에서 통일과업의 안정적이고 실효성 있는 추진은 대통령제의 장점에 의해 발휘될 수 있으며, 통일과정에서의 이질적인 남한과 북한의 사회적 통합은 권력분점형 정부형태나 의원내각제가 바람직할 수 있으나 그러한 정부형태는 사회적 동질성이나 민주적 정당제도가 확립되지 못한 한반도의 정치상황에서 오히려 그 폐해가 크다고 할 것이므로 통일실현헌법의 정부형태도 현행의 대통령제를 그대로 유지하는 것이 타당하다고 본다. 다만 통일실현 이후 남북간의 사회적·경제적 통합이 이루어진 다음에 완전한 통일한국의 정부형태문제는 앞의 연방제도입문제와 마찬가지로 그때 가서 새로운 국민적 합의를 도출하는 국민투표로 새로운 통일헌법을 제정할 수 있다고 할 것이다.

끝으로 우리 헌법의 통일관련조항은 평화통일에 대한 헌법적 명령으로서 정부는 평화통일정책을 지속적으로 추진해야할 책무가 있으며 국민들도 평화통일이라는 국가적·민족적 과제를 수행하는 데에 적극적인 관심을 가지고 통일에 대한 강한 열망과 의지를 보여야 할 것이다. 그리고 평화통일의 기회를 앞당기는 일은 북한이 먼저 변화하는 것이 전제되어야 하지만 그렇다고 북한의 변화를 기다리고만 있을 것이 아니라 북한이 빠르게 변화하고 체제개혁이 이루어질 수 있도록 우리 남한이 역할을 해야 한다는 것이다. 북한 정권에 대한 '이중적 지위론'의 입장을 견지하면서 북한의 개방과 개혁을 위해 남한과 북한간의 대화와 협력관계가 진전되도록 노력하는 것이 중요하다.

〈본 장의 글은 『동아법학』 제66호(동아대학교 법학연구소, 2015. 2) 205~251면에 수록된 논문임〉

제 2 편

한국 의회주의와 정당제도의 개혁방안

제 6 장 국회 입법과정의 개선방안에 관한 소고

-국회선진화법의 개정논의를 중심으로-

Ⅰ. 머리말

한국의 의회주의의 현실은 입헌주의헌법과 대의제민주주의를 채택한지 70년에 가까운 헌정경험 하에서도 여전히 그 후진적 병리현상을 탈피하지 못하고 국민의 불신 속에서 의회주의의 위기적 상황을 맞고 있다. 헌법상 의회주의 원리의 구성요소로서 국민대표의 원리를 비롯한 심의의 원리와 다수결의 원리는 본래의 기능을 수행하지 못하고 변질·왜곡되고 있으며, 국민의 입장에서 절실히 요구되는 그때그때의 입법수요에 적극적으로 대처하지 못하는 입법부작위와 입법태만 등으로 국회무용론까지 대두되고 있는 실정이다. 또한 국민의 대표자의 지위를 갖는 국회의원 개개인은 소속 정당에 철저하게 예속되어 정당의 사실상의 강제에서 벗어나지 못함으로써 의원은 국민의 대표자의 지위보다 정당 구성원의 지위를 우선하게 되었다. 헌법상 국회의원은 국가이익을 우선하여 양심에 따라 직무를 수행하여야 하는 헌법적 의무(제46조 제2항)를 지게 됨에도 불구하고 국민전체에 대한 봉사자로서 국가이익을 우선하는 의원의 의정활동은 기대하기 어려운 것이 현실이다. 오직 당리당략과 정파적 이익에 따른 의원의 정당기속은 의원의 소신있는 자유투표를 제한함으로써 의회주의의 핵심원리로서 자유위임 내지 무기속위임의 원칙이 변질되는 상황에 처하게 되었다.[1)]

1) 국회의원의 자유위임과 정당기속의 충돌문제에 관하여는 정만희, 국회의원의 정당기속과

종래 우리나라 의회주의와 의회제도의 운용상 고질적 병폐로 지적되어 왔던 입법과정에 있어서의 이른바 '날치기'통과 입법과 이를 저지하기 위한 의회폭력 등의 문제를 해결하기 위해 2012년 5월 '국회선진화법'이란 이름으로 국회법 개정이 이루어졌다. 이 국회선진화법은 고질적인 한국 의회정치의 병폐를 극복함으로써 의회제도 발전을 위한 획기적인 입법으로 채택된 것을 의미한다. 국회선진화법 시행 이전의 국회 입법과정은 토론과 타협의 정치문화가 결여된 가운데 여야간의 극한대립으로 인하여 통상적인 입법과정으로 법안처리를 할 수 없었으며 결국 국회의장의 직권상정제도를 이용하여 여당은 일방적으로 법률안들을 날치기 통과시키고 야당의원들은 이에 물리적으로 저항하는 행태를 반복해 왔음을 부정할 수 없다. 이러한 날치기 통과 입법에 대해서는 1990년대 초부터 사법적 통제의 필요성이 제기되어 여러 차례 헌법재판이 청구된 바 있으나 헌법재판소의 소극적 태도 등으로 인하여 입법절차에 대한 통제는 그 실효성을 기대하기 어려웠다.[2] 그 후 1997년 7월 헌법재판소는 판례를 변경하여 국회의원에 대하여 권한쟁의심판의 청구인적격을 인정하면서 날치기통과 입법은 의원들의 법률안 심의·표결권을 침해한 것이라고 판시하였다. 그러나 그 법률안 가결선포행위에 대해서는 명백한 헌법위반이 아니어서 무효로 볼 수 없다고 판단하였다.[3] 이 결정 이후에도 헌법재판소는 입법절차상의 하자에 대한 권한쟁의심판에서 토론절차를 생략하기 위한 의결을 거치지도 않은 채 법률안에 대한 표결절차를 강행한 것이 국회의원의 법률안 심의·표결권을 침해하였다고 인정하면서도 위헌·무효로 볼 수 없다고 판시하였다.[4] 이와 같은 헌법재판소

자유위임, 헌법재판연구 제2권 제1호, 헌법재판연구원, 2015, 117면 이하.

2) 국회의장의 직권상정과 날치기 통과입법에 대하여 처음에는 야당의원들이 헌법소원심판을 청구하였으나 국회의원의 헌법상 권한은 국민의 기본권이 아니므로 적법성 결여를 이유로 각하되었다(헌재 1995. 2. 23. 90헌마125). 동시에 야당의원들은 날치기 통과입법에 대해 국회의장을 상대로 권한쟁의심판을 청구하였으나 국회의원은 국가기관간의 권한쟁의심판의 당사자가 될 수 없다는 이유로 각하되었다(헌재 1995. 2. 23. 90헌라1). 그 후 입법절차상의 하자에 대해 법원이 직권으로 위헌법률심판을 제청하였으나 재판의 전제성 요건을 갖추지 못하였다고 하여 각하된 바 있다(헌재 1997. 9. 25. 97헌가4). 입법절차의 하자에 대한 사법적 통제에 관하여는 정만희, 헌법과 통치구조, 법문사, 2003, 246면 이하; 홍완식, 헌법재판소에 의한 입법절차 통제, 공법학연구 제12권 제2호, 2011, 249면 이하.

3) 헌재 1997. 7. 16. 96헌라2.

4) 헌재 2011. 8. 30. 2009헌라7.

의 소극적 태도에 따라 입법절차상의 하자에 의한 날치기통과 입법은 그대로 그 효력이 유지되었던 것이다. 그리하여 2012년 국회법개정으로 심사기간지정 제도와 신속처리제도, 자동상정제 등을 채택하여 입법과정을 개선함으로써 국회의장의 법안 직권상정과 강행처리가 사실상 불가능하게 되었으며 국회내 폭력행위를 방지할 수 있게 된 것이다.[5)]

그렇지만 다른 한편 이러한 입법절차의 개선은 오히려 입법의 지연과 부작위로 인한 '식물국회'를 탄생시킴으로써 그 역기능이 문제되고 있다. 국회법상 심사기간지정제는 종래의 의장에 의한 직권상정제의 폐해를 막기 위해 도입된 것으로 천재지변의 경우나 전시·사변 또는 이에 준하는 국가비상사태의 경우, 의장이 각 교섭단체 대표의원과 합의하는 경우에 한하여 의장이 위원회에 회부되는 안건에 대하여 심사기간을 지정할 수 있도록 한 것이다(동법 제85조 제1항). 안건의 신속처리제도는 위원회에 회부된 안건을 180일 이내에 위원회 심사를 마치도록 하는 신속처리대상안건으로 지정하고자 하는 경우 의원은 재적의원 과반수가 서명한 신속처리안건 지정요구 동의를 의장에게, 안건의 소관위원회 소속위원은 소관위원회 재적의원 과반수가 서명한 신속처리안건지정 동의를 소관 위원회 위원장에게 제출하여야 한다. 이 경우 의장 또는 소관 위원회 위원장은 지체없이 신속처리안건지정동의를 무기명투표로 표결하되 재적의원 '5분의 3' 이상 또는 안건의 소관위원회 재적위원 '5분의 3' 이상의 찬성으로 의결하도록 한 것이다(동법 제85조의2 제1항). 이러한 심사기간지정제는 천재지변이나 전시사변 등의 비상사태가 아닌 경우와 의장이 각 교섭단체 대표의원과 합의하지 못하는 경우에는 여야간의 극한대립으로 법률안에 대한 합의가 이루어지지 않음으로써 국회의 입법기능은 마비되고 마는 문제가 있다. 특히 신속처리대상안건 지정제의 경우에는 일반다수결이 아닌 5분의 3 이상의 찬성이라는 가중다수결을 요구함으로써 의회주의의 원리로서 헌법 제49조에 규정된 일반정족수(재적의원 과반수의 출석과 출석의원 과반수의 찬성)에 의한 다수결원칙에 위배되는 것이 아닌가의 의문이 제기되어 왔다.

---

5) 이 점에서 국회선진화법은 물리적 충돌을 방지하기 위하여 소수당에게 법안심의의 합법적 지연권을 준 반면, 다수당에게 예산안의 본회의 자동부의제를 준 것이라고 보는 견해가 있다. 이현출, 국회선진화법 도입 이후의 국회운영평가, 현대정치연구 제7권 제2호, 2014, 13면.

이러한 국회선진화법의 문제점을 시정하기 위해 최근 일부 정치권에서는 관련 국회법규정의 재개정의 필요성을 주장하고 있으며, 2016년 7월에는 국회선진화법의 일부 개정법률안이 발의되었다.[6] 특히 심사기간지정제와 안건신속처리제의 위헌성여부를 둘러싸고 19대 국회의 과반수 의석을 가진 새누리당 국회의원들은 법률안에 대한 심사기간지정 요청을 거부한 국회의장을 상대로 권한쟁의심판을 청구하였으며, 이에 대해 2016년 5월 헌법재판소는 각하결정을 내렸다.[7]

본고에서는 한국 의회주의의 두드러진 병폐로 지적되는 국회의 입법기능의 형해화 내지 입법교착 등의 문제점을 극복하기 위한 제도개선의 방안을 모색하기 위하여 의회주의의 운용실태를 분석하고 특히 국회선진화법의 핵심적 내용에 해당하는 의안의 심사기간지정제와 신속처리안건지정제의 합헌성과 타당성여부에 관하여 검토한 후 입법과정의 합리적 개선방안을 제시하도록 한다.

Ⅱ. 의회주의의 현실과 국회 입법기능의 병리현상

1. 의회주의 원리의 헌법규범과 정치현실

우리 헌법상 통치구조는 대의제민주주의와 권력분립원리에 입각한 의회주의를 중심으로 국정이 운영되고 있으며 국민의 대표기관인 국회는 입법기관임과 동시에 국정통제기관으로서의 지위에서 헌법상의 권한들을 행사하고 있다. 입법기관으로서의 국회는 헌법 제40조의 국회입법의 원칙에 따라 국가의 실질적 입법권을 헌법에 특별한 규정이 없는 한 원칙적으로 국회의 권한에 속하게 하며, 특히 국가의 입법작용의 핵심을 이루는 형식적 의미의 법률의 제정은 국회가 단독으로 의결하는 권한을 행사하게 된다. 또한 법률의 효력을 갖는 조약의 체결에 국회의 동의를 얻도록 규정한 것도 국회가 입법기관으로서의 지위를 갖는 것을 전제로 한 것이다.

---

6) 2016. 7. 6. 조배숙 의원 외 16인의 야당의원들은 국회선진화법의 일부개정법률안을 발의하였는데 그 내용은 신속처리대상안건지정동의의 가중다수결을 일반다수결로 의결하도록 하고 신속처리대상안건의 위원회 심사기간을 180일에서 60일로, 법제사법위원회의 신속처리대상안건에 대한 체계·자구 심사기간을 90일에서 15일로 단축하는 것 등이다.

7) 헌재 2016. 5. 26. 2015헌라1.

그러나 우리 헌법상 국회의 입법기관으로서의 지위와 그 입법에 관한 권한은 대통령제의 원형인 미국 대통령제에 있어서 의회가 갖는 입법권한에 비해 상대적으로 약화되거나 실질적인 최고입법자의 지위를 유지하지 못하는 측면이 있음을 부정하기 어렵다. 현행 헌법은 법률안제출권을 국회와 정부에게 부여함으로써(제52조) 정부가 발의한 법률안이 증가되거나 주요 법률안을 정부가 주도적으로 제안하는 경우 입법기관으로서의 국회의 지위가 침해받을 수 있다.[8] 정부의 법률안제출권은 엄격한 권력분립원리에 입각한 대통령제 정부형태와 체계적으로 조화될 수 없는 제도이나 우리 헌법의 의원내각제적 요소로서 인정되고 있는 것이라 할 수 있다. 실제로 제13대 국회(1988~1992) 이래의 입법과정을 보면 정부제출 법안의 가결건수가 의원발의 법안의 가결수에 비해 압도적으로 많게 나타나고 있다. 최근에는 의원발의 법안의 가결건수가 증가하고 있으나 법안의 가결률은 여전히 정부제출 법안의 경우가 훨씬 높다. 이는 실질적인 입법기관으로서의 국회의 기능저하를 단적으로 보여주는 것이라 할 수 있다. 다만 의원발의 입법이 대폭 증가하고 있는 점은 국회가 입법부로서의 기능을 제대로 한다는 긍정적 평가가 가능하다고 볼 수 있다. 그렇지만 의원발의 입법의 증가에 대하여는 의원의 과시성 발의와 부실입법 및 졸속입법이 양산된다는 부정적 평가가 있음을 볼 때 국회의 입법기능에 여전히 문제가 있음을 부정하기 어렵다.[9]

더욱이 대통령의 긴급재정·경제명령권(제76조 제1항)과 긴급명령권(제76조 제2항)은 법률의 효력을 갖는 대통령의 국가긴급권을 인정함으로써 행정부가 실질적인 입법의 주도권을 행사하게 되는 문제가 있다. 특히 오늘날 행정입법에 의한 위임입법의 비약적 증가는 국회의 입법기능을 형해화시키는 문제점이 지적될 수 있다. 헌법상 포괄적 위임입법금지의 원칙에도 불구하고 실제로는 적지 않은 포괄적 위임입법금지에 위배되는 행정입법이 행해지고 있음을 볼 수 있다.[10]

8) 정부의 법률안제출권의 문제점에 관하여는 정만희, 현행헌법상 정부형태의 의원내각제적 요소에 대한 검토, 동아법학 제44호, 2009, 60면 이하.

9) 국회의 입법기능의 문제점에 관하여는 음선필, 헌정사에 나타난 의회민주주의, 한국헌법학회·국회 법제실 주최 제헌 68주년 기념학술대회 발표논문, 2016. 7, 50면.

10) 국회의 입법에 있어서 포괄적 위임입법금지원칙에 위반되는 사례는 경제적·사회적 영역

그 밖에 국회의 입법권을 제약하는 요소로서 대통령의 법률안거부권(제53조 제2항) 행사가 남용되는 경우를 지적할 수 있다. 대통령의 법률안거부권 제도의 기본취지는 첫째로 국회 입법권 행사의 남용으로부터 헌법수호의 목적에서 위헌적인 입법에 대한 사전 예방적 수단으로 인정되는 것이며, 둘째로는 자의적인 입법권행사로부터 행정부의 자기방어의 수단으로 행사하는 데 있다.[11] 그러므로 대통령의 법률안거부권 행사가 위와 같은 정당한 이유없이 발동되는 경우에는 입법부와 행정부 사이의 견제와 균형의 원리에 반하는 것이 되어 정당화되기 어렵다. 우리 헌법상 법률안거부권 행사의 요건에 관한 명문규정이 없지만 법률안거부권의 제도적 연혁과 본질에 비추어 신중하게 행사되어야 한다. 실제로 대통령의 법률안거부권 행사는 여소야대의 경우 야당이 정부의 기본정책 방향과 모순되는 입법을 강행하는 등 여야간의 협상과 타협을 기대할 수 없는 때 제한적으로 행사되고 있음을 볼 수 있다. 여소야대의 정국이 아닌 가운데 여야간의 합의로 법안이 통과된 경우 거부권을 행사하더라도 국회의 재의결을 예측할 수 있는 상황에서는 대통령의 거부권 행사는 자제되어야 하는 것이 바람직하다.

요컨대 현행 헌법의 대통령제 하에서 의회주의 원리와 국회입법의 원칙은 미국의 대통령제와 비교할 때 국회가 입법기능의 주도권을 장악하지 못하고 있으며 행정부가 오히려 실질적인 입법자로서 행동하고 있음을 볼 수 있다. 특히 우리 헌법의 통치구조가 대통령제와 의원내각제의 혼합형을 의미하고 대통령의 국가긴급권은 프랑스헌법의 이원정부제적 요소에 가깝기 때문에 정부의 법률안 제출권과 대통령의 긴급명령권 등은 국회의 입법기능을 제약하는 요소로 작용하고 있다. 나아가 헌법현실에 있어서 행정입법의 증대와 그 결과 행정입법(법규명령)에 의한 국민의 기본권 침해의 위험성 및 행정입법에 대한 통제의 한계성 등이 문제되고 있다.

국회의 입법권 이외의 의회주의 원리를 구성하는 주요 내용으로서 헌법상 국회의 국정통제권과 재정권 등에 있어서도 그 헌법규범과 제도적 운용의 현실

의 입법에 있어서 상당히 많이 나타나고 있다. 이에 관한 주요판례로는 헌재 2004. 1. 29. 2002헌가20; 헌재 2003. 4. 24. 2002헌가6; 헌재 1998. 7. 16. 96헌바52; 헌재 2007. 7. 26. 2006헌가4; 헌재 2000. 7. 20. 99헌가15.

11) 정만희, 앞의 책(주2), 291면 이하.

사이에는 일정한 괴리를 볼 수 있다. 우리 헌법상 국회의 국정통제기능은 입법기능에 비해 상당히 강화되어 있다고 할 수 있다. 국회의 국정조사권과 함께 규정된 국정감사권은 외국의 입헌례를 찾아보기 어려운 제도로서 국정전반에 대한 강력한 통제기능을 수행하고 있으며, 인사청문회제도의 도입은 대통령의 인사권행사에 대한 주요한 통제수단이 되고 있다. 또한 국회의 탄핵소추권은 현실적으로 2004년 노무현 대통령에 대한 탄핵소추 의결을 계기로 탄핵제도가 더 이상 헌법상의 장식물이 아니라 실질적 행정통제기능으로서 결정적인 역할을 수행할 수 있음을 보여준 바 있다. 그렇지만 국정감사제도는 과다한 감사대상기관의 선정과 정책감사기능의 상실 등으로 행정의 마비와 생산성 없는 비효율적 감사 등 역기능의 문제점이 드러나고 있다.[12] 대통령에 대한 탄핵소추권 행사에 있어서도 당시 헌법재판소가 기각결정[13]을 함으로써 국회가 여소야대의 상황에서 탄핵소추권을 남용한 것이라는 비판을 면하기 어려웠다. 또한 국회의 국정통제기능은 여소야대의 분점정부 상황에서 더욱 활성화될 수 있지만 그 통제기능이 야당에 의한 정쟁의 도구로 이용되는 경우에는 정국의 교착상태로 인해 국정운용의 효율성과 안정성을 해치게 되는 문제가 있다. 반대로 여대야소의 상황에서는 권력의 집중현상으로 권력분립원리가 구현되기 어렵고 국회의 국정통제기능이 형해화되는 것이 현실화되고 있다. 이러한 문제점은 헌법상 국회의원의 국민대표자의 지위와 자유위임의 원칙이 준수되지 않고 오히려 의원의 정당기속이 강한 현실에서 기인하는 것이라 할 수 있다.[14]

2. 국회 입법기능 전반의 병리적 현상

한국의 의회주의와 국회제도의 운용이 후진성을 면치 못하고 국민적 불신에서 벗어나지 못하는 근본적인 이유는 의회의 본질적 기능인 입법기능이 정상적으로 작동하지 못하고 쇠퇴와 형해화의 길을 걷고 있기 때문이라고 말할 수 있다. 전술한 바와 같이 오늘날 각국의 의회주의의 쇠퇴 내지 위기적 상황은 보

---

12) 국정감사제도의 문제점에 관하여는 정만희, 국정감사제도의 재검토, 공법학연구 제10권 제1호, 2009, 133면 이하.

13) 헌재 2004. 5. 14. 2004헌나1.

14) 상세한 내용은 정만희, 국회의 국정통제기능에 대한 검토, 헌법학연구 제20권 제3호, 2014, 193면 이하.

편적 현상으로 나타나고 있지만 우리 헌법상 대통령제 하에서 정부의 법률안제출권의 인정은 정부가 실질적 입법기능을 주도하게 되었음을 의미하며, 여기에 행정입법의 비약적 증가와 대통령의 법률안거부권 행사는 국회의 입법기능을 상당히 약화시키는 요인이 되고 있다. 전술한 바와 같이 역대 국회의 입법과정을 보면 정부제출 법안의 가결건수가 의원발의 법안의 가결수에 비해 압도적으로 많았으며, 제16대 국회(2000~2004)부터는 의원발의 법안의 가결건수가 증가하였으나 법안의 가결률은 정부제출 법안의 경우가 훨씬 높다. 이는 실질적인 입법기관으로서의 국회의 기능저하를 단적으로 보여주는 것이라 할 수 있다. 이러한 국회의 입법기능의 저하는 정부의 법률안제출권에서 그 원인을 찾을 수 있으며 또 하나는 국회의 입법활동을 지원하는 전문인력의 부족에서도 그 원인을 찾을 수 있다고 할 것이다.[15] 정부의 법률안제출권에 대하여는 오랜 기간 법률안 작성을 담당해온 법제처의 노하우가 활용된 결과 임기 4년의 국회의원들이 발의한 법률안보다 정부제출 법률안이 훨씬 완성도가 높다는 평가도 없지 않으나, 정부의 법률안제출권은 국회의 입법기능을 약화시키게 되는 우려를 금하기 어렵다.

다행히 최근 의원발의 입법이 대폭 증가하고 있는 점은 국회가 입법부로서의 기능을 제대로 한다는 긍정적 평가가 가능하다고 볼 수 있다. 그렇지만 동시에 의원발의 입법의 대폭 증가는 의원의 과시성 발의와 부실입법 및 졸속입법이 양산된다는 부정적 평가가 존재한다.[16] 최근 입법조사처의 신설은 국회의 입법활동을 지원하는 전문인력을 확보하는 데 기여하고 있으나 아직 국회내 입법지원 전문인력은 상당히 부족하다고 할 수 있다.[17]

위와 같은 법률안제출과정의 이원화에 따른 국회 입법기능의 구조적 문제점뿐만 아니라 우리나라 국회의 입법과정의 일반적 병리현상으로 지적되어온 것은 의회주의 원리의 기본정신이 제대로 구현되지 못하여 이성적이고 자유로운 토론이 보장되지 않고 여야간에 대화와 협상을 통한 합의가 이루어질 수 없었다는 것을 의미한다. 헌법상 다수결원리가 형식적인 수적 다수의 지배로 전

15) 장영수, 국회 기능의 합리화 방안, 헌법학연구 제16권 제3호, 2010, 338면.

16) 음선필, 앞의 논문(주9), 50면; 최대권, 우리나라 법치주의 및 의회주의의 회고와 전망, 서울대학교 법학 제49권 제4호, 2008, 238면 이하.

17) 장영수, 앞의 논문(주15), 339면.

락하고 이성적·논리적 토론과 소수의사의 존중을 전제로 한 다수결의 의사결정을 기대할 수 없었던 것이 문제이다. 종래 우리 국회가 '폭력국회'의 오명을 벗지 못한 이유도 국회의장의 무제약적인 직권상정에 의한 날치기 통과입법과 이를 저지하는 과정에서의 의회내 폭력이라는 고질적인 병폐를 근절할 수 없었기 때문이다. 그리하여 2012년 '국회선진화법'이란 이름으로 국회법이 개정되었고 그에 따라 직권상정의 요건을 엄격하게 제한하는 등의 제도적 개선이 이루어지게 되었다. 구법상의 직권상정제는 직권상정의 대상이나 시기에 아무런 제약을 두지 않았기 때문에 의장은 위원회에 회부되는 모든 안건 또는 이미 회부된 안건에 대하여 심사기간을 정하여 언제든지 직권상정할 수 있었으며 이러한 직권상정제도가 본회의에서 날치기통과를 허용하는 제도적 기초로 활용되었던 것이다.[18]

국회 입법과정의 또 하나의 문제점은 법안심의에 있어서 충분한 시간을 들여 법안의 내용을 제대로 검토하지 못하여 졸속입법이 이루어지고 있다는 것이다. 이러한 졸속입법은 법의 체계정당성이나 합리성을 갖추지 못함으로써 국민의 권익을 보호하지 못하거나 국가의 재정건전성을 해치는 등 정상적인 국가작용을 저해하는 결과를 초래하는 입법을 의미하게 된다.[19] 졸속입법의 폐해는 일단 시행된 후에 나타난 문제점을 사후에 헌법재판소의 위헌결정을 내리거나 국회가 스스로 그 법률을 개정·폐지할 때까지는 고스란히 막대한 사회적 비용을 지불해야 한다는 데 있으므로 이러한 졸속입법을 양산하는 입법과정의 문제점은 심각하다고 하지 않을 수 없다. 이러한 졸속입법은 입법과정에 대한 감시의 눈을 피하기 위하여 의사일정을 파행적으로 운영하다가 기한에 쫓겨 많은 법률안을 일시에 신속하게 처리하는 정기국회에서 주로 발생하고 있다.[20]

---

18) 구 국회법 제85조 제1항은 "의장은 위원회에 회부하는 안건 또는 회부된 안건에 대하여 심사기간을 지정할 수 있다. 이 경우 의장은 각 교섭단체대표의원과 협의하여야 한다"라고 규정하였고, 제2항은 "제1항의 경우 위원회가 이유 없이 그 기간 내에 심사를 마치지 아니한 때에는 의장은 중간보고를 들은 후 다른 위원회에 회부하거나 바로 본회의에 부의할 수 있다"라고 규정하였다. 이 규정에 근거하여 의장은 각 교섭단체간에 협의를 거치기만 하면 합의가 이루어지지 않더라도 직권상정이 가능하였던 것이다.

19) 음선필, 국회 입법과정의 분석과 개선방안, 홍익법학 제13권 제2호, 2012, 154면.

20) 졸속입법의 대표적인 예로는 2011년 제18대 국회 당시 문화산업진흥법, 소기업 및 소상공인 지원을 위한 특별조치법, 농업소득의 보전에 관한 법률, 국립대학법인 인천대학교 설립운영에 관한 법률 등을 들 수 있다. 음선필, 앞의 논문(주19), 155면.

Ⅲ. 입법과정의 선진화를 위한 국회법 개정

1. 국회선전화법의 채택

(1) 국회선진화법(2012년 5월 개정 국회법)의 주요 내용

2012년 5월 2일 제18대 국회는 마지막 임시회에서 입법과정의 선진화를 위한 국회법의 일부 개정안을 통과시켰다. 이 개정 법률은 국회운영의 선진화를 지향한다는 의미에서 '국회선진화법'으로 불리고 있으며, 또한 종래의 우리 국회운영에 있어서 폭력국회라는 오명을 씻기 위해 몸싸움을 방지한다는 의미에서 일명 '몸싸움방지법'으로도 불리게 되었다. 이 개정 법률의 기본취지와 목표는 첫째, 국회운영에 있어서 의회주의 원리의 실질화를 위하여 법률안의 심의과정에서 대화와 타협을 통해 심의하며 물리적 충돌을 방지하고 소수당의 의사를 개진할 수 있는 기회를 보장하는 데 있다. 둘째, 의안 심의과정에 있어 효율성을 확보하기 위해 예산안 등에 대하여 법정기한 내에 처리될 수 있도록 하는 의안자동상정제를 채택하고 있다. 셋째, 폭력국회를 불식시키기 위하여 의장석 내지 위원장석의 점거금지 등으로 국회내 질서유지를 강화하는 데 그 입법목적이 있다.[21)]

그리하여 입법과정의 선진화를 위한 개정 국회법의 구체적 내용은 다음과 같다. 첫째, 국회의장의 법률안 심사기간 지정 및 직권상정의 남용을 막기 위하여 직권상정의 요건을 제한하여 천재지변, 전시·사변 또는 이에 준하는 국가비상사태 및 각 교섭단체 대표의원간의 합의가 있는 경우로 한정하되, 천재지변이나 국가비상사태의 경우에는 각 교섭단체대표의원간의 협의를 하도록 규정하였다(동법 제85조 제1항, 제86조 제2항).

둘째, 개정 국회법은 입법과정의 효율화를 위하여 자동상정제와 의안신속처리제를 도입하였다. 자동상정제는 위원회에 회부되어 상정되지 아니한 의안(예산안, 기금운용계획안, 및 임대형 민자사업 한도액안은 제외)은 국회법상의 숙려기간(제59조)[22)] 경과 후 30일이 경과한 날 이후 처음으로 개회하는 위원회 의사

21) 음선필, 앞의 논문(주19), 161면.

22) 국회법 제59조(법률안의 상정시기) "위원회는 발의 또는 제출된 법률안이 그 위원회에 회부된 후 일부개정법률안의 경우에는 15일, 제정법률안 및 전부개정법률안의 경우에는 20

일정으로 상정된 것으로 간주하는 것이다. 다만 위원장이 간사와 합의하는 경우에는 그러하지 아니하다(제59조의2). 위원회는 예산안, 기금운용계획안, 임대형 민간사업 한도액안, 세입예산안 부수 법안으로 지정된 법률안을 매년 11월 30일까지 심사를 마쳐야 하고, 심사를 마치지 아니한 경우 해당 의안은 그 다음날에 본회의에 바로 부의된 것으로 간주한다(제85조의3). 그리고 의안신속처리제에 의하면 위원회에 회부된 안건을 신속처리대상안건으로 지정하고자 하는 경우 의원은 재적의원 과반수가 서명한 신속처리안건 지정요구 동의를 의장에게, 안건의 소관위원회 소속 위원은 소관 위원회 재적위원 과반수가 서명한 신속처리안건지정동의를 소관 위원회 위원장에게 제출하도록 규정하고 있다. 이 경우 의장 또는 소관 위원회 위원장은 지체없이 신속처리안건지정동의를 무기명투표로 표결하되 재적의원 5분의 3 이상 또는 안건의 소관 위원회 재적위원 5분의 3 이상의 찬성으로 의결한다. 위원회는 신속처리대상안건에 대한 심사를 그 지정일로부터 180일 이내에 마쳐야 한다(동법 제85조의2 제1항, 제2항).

셋째, 법안심의에 있어 소수당의 자유로운 토론을 보장하기 위하여 위원회 차원에서 안건에 대한 이견을 조정하기 위한 안건조정위원회를 두고 있으며(동법 제57조의2), 본회의 차원에서 심의안건에 대하여 재적의원 3분의 1 이상의 요구가 있는 경우 무제한토론을 허용하도록 하였다(동법 제106조의2). 무제한토론의 종결은 더 이상 토론할 의원이 없거나 재적의원 3분의 1 이상이 제출한 토론동의를 재적의원 5분의 3 이상의 찬성으로 의결한 경우 또는 무제한 토론 중 회기가 종료한 경우에 이루어진다. 무제한토론 종결이 선포된 후에는 해당 안건은 지체없이 표결되어야 한다. 다만 예산안 등 세입예산안 부수 법률안에 대하여는 위의 사항을 매년 12월 1일까지 적용하고 이에 대하여 실시중인 무제한토론, 계속 중인 본회의, 제출된 무제한토론의 종결동의에 대한 심의절차 등은 12월 1일에 종료한다.

(2) 국회선진화법의 특징과 기대효과

국회선진화법은 종전 국회법상 국회의장의 직권상정의 폐해를 방지하기

일(법제사법위원회의체계·자구심사의 경우에는 5일)을 경과하지 아니한 때에는 이를 의사일정으로 상정할 수 없다. 다만 긴급하고 불가피한 사유로 위원회의 의결이 있는 경우에는 그러하지 아니하다."

위하여 국회의장의 안건 심사기간 지정요건을 강화하였으며 소수의견을 존중하기 위해 예외적으로 본회의의 무제한토론을 허용함으로써 국회 입법과정의 심의기능을 강화한 것이 특징이다. 다른 한편 의안심의과정에서의 효율성 확보를 위하여 의안 자동상정제와 신속처리제를 도입한 것이 또 하나의 특징이다. 말하자면 국회선진화법은 국회 입법기능의 실질화를 위하여 법률안 심의과정에서의 토론과 타협 및 소수의사의 존중을 최대한 보장함과 동시에 이와 상반되는 입법과정의 효율성의 관점에서 의안 신속처리제 등을 두고 있다는 것이 두드러진 특징이라 할 수 있다. 즉 국회선진화법은 의안심의에 있어서 합의제적 요소와 다수제적 요소라는 서로 이질적인 두 요소를 동시에 규정한 것이라고 할 수 있다.[23] 이러한 상반되고 이질적인 두 요소를 균형 있게 조화적으로 실현하는 것이 국회선진화법의 목표라고 할 수 있으나 현실적으로 합의제적 요소와 다수제적 요소의 조화적 실현은 쉽게 기대하기 어려운 것이라 하지 않을 수 없다. 예컨대 의사진행방해제도에 있어서 토론종결을 위한 가중다수결은 여야합의와 의원들의 교차투표 등으로 5분의 3 이상이라는 여야 공동의 다수를 형성하라는 취지를 담고 있으나 의원의 정당기속이 강한 한국의 정치현실에 있어서 이러한 이상적인 시스템이 제대로 작동할 수 있는지 의문이다.[24]

생각건대 국회법 개정에 의해 국회의장의 직권상정을 대폭 제한한 것과 소수당의 무제한 토론을 허용한 것은 소수당에 유리한 제도로서 의안심의에 있어 여야간의 실질적인 대화와 토론을 통한 합의를 도출함으로써 국회운영의 선진화를 지향한다는 점에서 바람직한 것이다. 그러나 현실적으로 여·야간의 쟁점법안에 대한 대립과 충돌로 인하여 입법의 지연과 교착상태가 발생하는 경우 야당의 협조 없이는 안건신속처리제로 이 문제를 해결하는 것은 사실상 불가능하게 된다. 의안이 신속처리대상으로 지정되기 위해서는 재적의원 5분의 3 이상 또는 소관 위원회 5분의 3 이상의 찬성이 요구되므로 실제로 안건신속처리제를 통해 입법의 효율성과 신속성을 기대하기 어렵게 된다. 그렇다면 국회선진화법은 소수당의 지위를 보호하고 다수당과 소수당의 대화와 토론을 보장함

---

23) 최정인, '국회선진화법' 법안처리 관련규정(국회법 제85조, 제8조의2 등)에 대한 헌법적 검토, 헌법학연구 제22권 제2호, 2016, 293면.

24) 홍완식, 국회선진화법에 관한 고찰, 헌법학연구 제18권 제4호, 2012, 339면.

으로써 입법과정의 심의기능을 합리적으로 강화시키게 되지만, 다른 한편 쟁점 법안에 대한 여·야간의 대립으로 입법의 지연과 교착이 나타나는 경우 다수제적 요소에 의한 입법과정의 효율성을 기대하는 것은 사실상 어렵게 된다. 결국 국회선진화법은 합의제적 요소에 바탕을 둔 입법과정의 합리성과 신중성을 기대할 수 있다고 하겠으나, 입법과정의 효율성을 기대하기에는 제도적 한계가 있음을 부정하기 어렵다.[25)]

2. 국회선진화법 운용의 실제와 문제점

국회선진화법이 시행된 후 제19대 국회운영은 그 이전의 국회와 비교해 볼 때 직권상정을 통한 여당의 강행처리가 거의 불가능하게 되었다는 점이 확인되고 있다. 국회의장의 심사기간 지정요건이 엄격해짐에 따라 종래의 빈번한 직권상정과 날치기 통과입법은 거의 사라지게 되었다. 제18대 국회의 경우 국회의장이 심사기간을 지정한 법안수가 98건이었으나 제19대 국회에서는 6건에 불과하였다.[26)] 이처럼 직권상정에 의한 법안 강행처리가 어렵게 되고 폭력국회의 오명이 사라지게 되었다는 점에서는 긍정적으로 평가할 수 있다.

그러나 다른 한편 법안처리의 효율성의 관점에서 볼 때 법안처리가 지연되고 법안의 가결률이 저조해지는 현상이 문제점으로 지적될 수 있다. 법률안의 제안과 가결률을 볼 때 제18대 국회에서는 13,913건이 제안되어 2,353건 가결되어 가결률이 16.9%이었으나, 제19대 국회에서는 17,822건 제안되어 2,793건 가결됨으로써 15.6%의 가결률을 보이고 있다.[27)] 구체적으로 제19대 국회의 법률안 제안과 가결건수 중에서 정부제출 법안의 가결률은 35%인데 이는 제17대 국회의 경우 51%나 제18대의 41%에 비해 상당히 낮은 가결률이다. 의원발의 법안에 있어서도 제19대 국회의 14% 가결률은 그 이전의 국회에 비해 점차 낮아지

---

25) 이 점에서 국회선진화법 채택 당시 국회운영에 있어 입법의 교착과 비생산성에 따른 식물국회와 입법불임증의 우려가 적지 않았으며 실제 제19대 국회의 국회선진화법 시행과정에서도 이러한 문제점이 노정되었던 것이다.

26) 역대 국회의 입법과정에서 국회의장의 법안에 대한 심사기간 지정과 직권상정의 건수를 보면 제13대 국회 40건, 제14대 국회 21건, 제15대 국회 87건, 제16대 국회 5건, 제17대 국회 29건, 제18대 국회 98건으로 나타나고 있다. 이 자료는 최정인, 앞의 논문(주23), 288면, 296면에서 재인용.

27) 최정인, 앞의 논문(주23), 296면.

고 있음을 볼 수 있다.[28)] 특히 정부제출 법안의 가결률의 경우 과거 13대 국회나 제14대 국회의 87% 내지 92%에 비해 30%대로 떨어진 것은 정부제출 법안에 대한 국회의 통제기능이라는 관점에서는 긍정적으로 볼 수 있는 측면도 있으나, 정부제출 법안의 내용이나 성격이 직접 국민생활과 관련된 주요 법안을 의미한다고 할 때 이러한 법률안에 대한 가결률의 저하는 국회 입법기능이 제대로 작동되지 않고 있음을 말해주는 것이다. 법률안의 통과 시간을 기준으로 분석한 자료에서도 제19대 국회에서 의원발의 법안이 정부제출 법안보다 두 배 이상 오랜 시간이 소요되었음을 볼 수 있다.[29)] 의원발의안의 통과가 일반적으로 더 오랜 시간이 소요되는 이유는 정부발의안에 비해 의원발의안의 통과에 정치적 이해관계 등을 포함하는 복잡한 요인들이 작용하고 있기 때문이라는 것이다. 이러한 결과는 국회선진화법이 의원발의안의 효율성을 제고하는데 영향을 미치지 못했다는 것을 의미한다.[30)]

안건신속처리제의 도입은 입법과정의 효율성과 신속성을 확보하기 위한 것이지만 실제로 제19대 국회에서 신속처리대상안건으로 지정된 사례는 1건도 없었음은 입법의 지연과 교착상태의 경우 이를 해결할 수 있는 실효적인 수단을 기대하기 어렵다는 것을 말해 준다. 신속처리대상안건 지정요건으로 '5분의 3' 이상이라는 가중정족수 규정 때문에 여당이 국회 재적의원 과반수의 의석을 갖고 있다고 하더라도 3분의 2 이상의 의석을 확보하지 못하는 경우에는 소수야당이 반대하게 되면 법안처리는 사실상 불가능하게 된다. 그렇기 때문에 제19대 국회는 식물국회의 오명을 씻기 어려웠으며 그러한 국회의 입법기능의 저하는 국민적 불신을 심화시키는 원인이 되고 있다. 이 안건신속처리규정에 대하여는 2014년 9월 헌법소원심판이 청구되기도 하였으며, 이 사건에서 청구인은 국회법 제85조의2 제1항이 단순다수결에 위반되고 국민의 의사와 권리를 침해하며 민주공화국의 가치를 상실시키는 것으로, 이로 인하여 국회가 거듭 파행되고 있다고 주장하였다.[31)]

---

28) 이에 관한 자료는 음선필, 앞의 논문(주3), 50면.

29) 김준석 외, 국회선진화법 1년과 정치제도에의 함의, 2013년도 국회사무처 연구용역보고서, 한국의회발전연구회, 2013. 12, 84~85면.

30) 김준석 외, 앞의 보고서, 85면.

31) 헌재 2014. 10. 6. 2014헌마800. 그러나 이 사건의 심판청구는 청구인의 기본권침해의 법적

이러한 입법교착의 문제상황 속에서 2014년 12월 집권당인 새누리당 의원들은 국회의장에게 각 소관 상임위원회에 계류중인 북한인권법을 비롯한 11건의 법률안에 대해 심사기간 지정 및 본회의 부의를 요청하였고 국회의장은 이에 대해 국회법 제85조 제1항의 심사기간 지정요건을 충족하지 못하였다는 이유로 심사기간지정과 본회의 부의를 거부하였다. 그 후 국회 기획재정위원회 소속 새누리당 의원 11명은 기재위 위원장에게 서비스산업발전 기본법안을 신속처리대상안건으로 지정할 것을 요청하였으나 위원장은 기재위 재적위원 과반수가 서명한 것이 아니라는 이유로 지정동의안에 대해 표결을 실시할 수 없다고 하였다. 이에 새누리당 의원들은 국회법 제85조 제1항 제3호 및 제85조의2 제1항 중 '재적의원 5분의 3이상의 찬성'부분이 헌법상 다수결원리 등에 반하여 위헌이며 이러한 위헌인 법률조항들에 근거하여 심사기간을 지정하지 아니하거나 신속처리대상안건으로 지정하지 아니한 행위는 국회의원의 법률안 심의·표결권을 침해하였다고 주장하면서 2015년 1월 국회의장 등을 상대로 권한쟁의심판을 청구하였다.[32] 이 사건은 국회선진화법 시행 이후 쟁점법안에 대해 과거처럼 다수당 주도로 직권상정에 의해 법률안을 강행처리를 하던 것이 거의 불가능하게 되자 국회선진화법의 관련조항의 위헌성문제를 제기한 것을 의미한다.

3. 국회선진화법의 합헌성 여부에 관한 논의

(1) 국회선진화법의 위헌론과 개정론의 대두

국회선진화법의 법안처리 관련 규정 중에서 문제가 되는 것은 국회의장의 법률안 심사기간지정요건에 관한 것과 안건신속처리제의 가중다수결 규정에 관한 것이다. 지난 2015년 새누리당 의원들이 국회의장과 기재위원장을 상대로 청구한 권한쟁의심판에서의 쟁점도 바로 이 두 가지의 문제에 관한 것이다. 제20대 총선 결과 여소야대의 현상이 출현하게 됨에 따라 국회운영의 주도권을 쥐게 된 야당에서도 국회선진화법 개정의 필요성이 제기되어 안건신속처리제의 실효성을 확보하기 위한 일부개정법률안 1건이 국회에 발의되어 있다.[33] 학계

관련성을 갖추지 못하여 각하되었다.

32) 헌재 2016. 5. 26. 2015헌라1.

33) 제19대 국회에서는 여당인 새누리당이 입법교착을 문제삼아 국회선진화법의 개정필요성

에서도 국회선진화법 관련규정의 문제점과 위헌성 여부 등에 관한 논의가 있다.

첫째, 국회법 제85조 제1항의 심사기간지정제는 국회의장이 위원회에 회부되는 안건에 대해 심사기간을 지정할 수 있는 경우를 다음의 세 가지로 한정하고 있다. 1) 천재지변의 경우, 2) 전시·사변 또는 이에 준하는 국가비상사태의 경우, 3) 의장이 각 교섭단체대표의원과 합의하는 경우로 제한하고 있는데, 여기서 천재지변이나 국가비상사태가 아닌 경우에는 각 교섭단체대표의원과 합의하는 경우에만 국회의장이 안건의 심사기간을 정하고 그에 따라 직권상정할 수 있도록 규정한 것이 문제가 되고 있다. 통상적으로 법률안의 의결은 국회 재적의원 과반수의 출석과 출석의원 과반수의 찬성으로 이루어지는데 쟁점법안에 대하여 각 교섭단체간에 합의가 이루어지지 않으면 그 법안의 심사기간지정과 본회의상정이 이루어지지 않게 되므로 여당이 국회 재적의원 과반수의 의석을 갖고 있더라도 결과적으로 과반수 의석을 가진 여당 국회의원들의 법률안 심의·표결권을 행사할 수 없게 됨에 따라 이는 헌법 제49조의 다수결원리에 반하게 된다는 주장이 가능하게 된다. 그리하여 국회법 제85조 제1항에 국회 재적의원 과반수가 요구하는 경우 국회의장이 해당 법안에 대한 심사기간을 의무적으로 지정하도록 규정하지 않은 것은 위헌이며, 위헌인 법률조항에 근거하여 심사기간지정을 거부한 국회의장의 행위도 의원의 법률안 심의·표결권을 침해한 것이라고 주장하는 것이다.[34)]

우리의 국회법은 상임위원장이 위원회 운영 및 의사진행에 관한 권한을 행사함에 있어 각 교섭단체대표의원과 협의하도록 정함으로써 위원회 운영에 있어서 이른바 '협의주의'를 채택하고 있으며 이러한 협의주의에 따른 위원회 운영으로 말미암아 국회 내 다수파와 소수파 사이에 의견이 대립되는 논쟁적 안건, 즉 쟁점안건의 경우 위원회 단계에서 국회 다수파와 소수파 간에 협의 내지 합의가 이루어지지 못하여 그에 대한 심사·표결이 정상적으로 진행되지 못하는 교착상태가 발생하게 된다. 이러한 위원회 단계에서 발생하는 쟁점안건의 교착상태를 해소하기 위하여 안건의 비상처리절차로서 안건심사기간 지정제가

을 제기하였으나 야당의 반대로 무산되었다. 그러나 제20대 국회가 여소야대의 정국으로 바뀌게 됨에 따라 이번에는 야당으로서 원내 제1당 된 민주당 의원들이 국회선진화법 개정법률안을 발의하게 되었다.

34) 헌재 2016. 5. 26. 2015헌라1 사건에서의 청구인측의 주장이다.

존속되어 왔다. 그런데 국회선진화법은 국회의장의 심사기간 지정 요건을 천재지변의 경우 등으로 엄격하게 제한하여 극히 예외적인 경우에만 심사기간 지정이 가능하다는 점에서 심사기간 지정제도의 비상처리절차로서의 기능은 사실상 사라지게 된 것이 문제로 지적되고 있다. 이러한 심사기간 지정제로 인해 국회의 다수파가 책임을 지고 다수결원리에 따라 국회를 운영하지 못하고, 오히려 국회의 소수파가 사실상 의안의 처리 여부를 결정하게 되어 국민주권주의와 대의민주주의 및 책임정치의 구현이 어렵게 되었다는 점을 부인하기 어렵다.[35]

둘째, 국회법 제85조의2 제1항의 안건신속처리제의 경우에도 '5분의 3' 이상의 찬성이라는 가중다수 의결정족수 규정은 헌법 제49조의 일반다수결원리에 위반하는 것으로 입법의 교착과 지연의 원인이 되고 있으므로 국회법의 재개정이 필요하다는 것이다. 이 5분의 3 이상이라는 가중다수결 규정은 국회법 제106조의2의 의사진행방해제도에 있어서 토론종결에 관한 의결정족수에도 적용되는데 이 토론종결의 가중다수결도 헌법 제49조의 다수결원리에 위반하는 것이라는 주장이 있다.[36]

이 두 가지 쟁점에 관한 헌법학계에서의 논의는 아직 활발하게 전개되고 있다고 볼 수 없으나, 일부 학자들의 위헌론과 합헌론이 맞서고 있다.[37] 위헌론의 입장에서는 안건신속처리제에 있어서 5분의 3 이상의 가중다수결은 한정된 사안에 대하여 예외적으로 적용되는 것이 아니라 사실상 모든 의안에 적용될 수 있는 구조라는 점에서 다수결원리의 기본적 요청에 반하며 5분의 3 이상의 가중다수결은 투표의 등가성에도 위배되어 민주주의원리에 반하는 것이라고 한다.[38] 그리고 헌법 제49조의 단순다수결 규정은 헌법에서 별도의 정족수를 규정하고 있지 아니하는 모든 의안에 대한 일반원칙을 선언하고 있는 것으로 해석되어야 한다는 주장도 있다.[39] 이 견해에 의하면 헌법 제49조의 "법률에 특별

35) 헌재 2015헌라1 사건에서의 재판관 서기석, 재판관 조용호의 기각 및 인용의견.

36) 토론종결에 요구되는 가중다수결을 위헌이라고 보는 견해는 박찬주, 토론종결과 가중다수결, 인권과 정의 제428호(2012. 9), 71면 이하.

37) 국회법 제85조와 제85조의2에 대한 위헌론으로는 장영수, 국회선진화법(국회법 제85조, 제85조의2)의 합헌성 여부에 대한 검토, 고려법학 제80호, 2016, 103면 이하; 합헌론의 입장으로는 홍완식, 앞의 논문(주24), 315면 이하; 최정인, 앞의 논문(주23), 297면 이하.

38) 장영수, 앞의 논문(주37), 131면.

39) 박찬주, 앞의 논문, 제429호(2012. 11), 37면 이하.

한 규정이 없는 한"의 의미는 법률에서 특별한 규정을 하고 있는 경우에는 언제나 가중다수결제도를 도입할 수 있다는 취지가 아니고 단순다수결의 원칙을 훼손하여야 할 필요성이 단순다수결의 원칙을 유지해야 할 당위성을 압도하는 경우에 한하여 가중다수결을 도입할 수 있다는 것으로 해석하여야 한다는 것이다. 따라서 "법률에 특별한 규정이 없는 한"이라는 부분에서의 '법률'은 헌법에서 특히 의결정족수에 관하여 법률로써 정할 수 있도록 수권한 경우에 한정된다고 보는 것이다.[40]

합헌론의 입장은 헌법 제49조는 일반정족수와 특별정족수를 구분하고 있으며 법률에 특별정족수를 규정하는 것 자체가 위헌이라고 단정할 수 없다고 한다. 무제한토론규정의 토론종결에 관한 가중정족수도 입법형성의 자유에 속한다고 한다.[41]

정치학계의 국회선진화법의 문제점에 관한 논의는 일반적으로 위헌성 여부에 관한 문제로 인식하기보다는 합헌성을 전제로 하여 국회선진화법이 강조하는 합의제에 따른 입법의 비효율성을 어떻게 극복할 것인가의 문제로 인식하고 있다. 일부 견해는 국회선진화법의 합의제의 강화는 헌법의 다수결원칙과 잘 부합한다고 보기 힘들다고 하면서도, 기존의 한국의 정치제도의 다수제적 경향이 입법 갈등의 원인이 되어 왔고 입법 주체인 국회의원의 대다수가 합의제를 국회운영의 올바른 방향으로 인식하고 있으므로 합의제의 강화를 긍정적으로 평가할 수 있다는 입장도 있다.[42] 그리고 국회선진화법 채택 이후 예상되는 문제점을 극복하기 위한 방안으로서 국회법상 제도적 개선을 비롯하여 국회운영방식의 변화 및 정치인의 의식개혁 등을 제시하고 있음을 볼 수 있다. 국회법상 제도개선에 관한 사항으로는 2014년 국회개혁자문위원회 결과보고서의 건의내용에 의하면 연중 상시국회의 운영, 위원회 청문회제도의 활성화, 무쟁점법안의 신속처리제도 도입, 헌법재판소의 위헌결정에 대한 국회심사제도 도입 등이 제안되고 있다.[43] 그 밖의 제도적 보완으로서 법제사법위원회 업무의 재조정, 국회의장의 선출방식의 변화 및 권한강화 등이 제시되고

40) 박찬주, 앞의 논문(주39), 41~43면.

41) 홍완식, 앞의 논문(주24), 334면.

42) 김준석 외, 앞의 보고서(주29), 86면.

43) 국회개혁자문위원회, 국회개혁자문위원회 결과보고서, 2014, 25면 이하.

있다.[44] 또한 국회선진화법의 기본정신이 다수당과 소수당의 합의에 의한 의회운영에 있으므로 이러한 합의제 국회운영을 위한 여·야간의 상호 절충과 타협의 정신이 강조되고 있으며, 국회운영에 있어서 국회와 대통령의 관계변화를 요구하고 있다.[45]

(2) 국회선진화법에 대한 헌법재판소의 소극적 태도

헌재 2015헌라1 사건에서 청구인들의 주장은 이 사건 심사기간 지정 거부행위의 근거조항인 국회법 제85조 제1항 제3호가 '각 교섭단체 대표의원과의 합의'를 심사기간 지정사유로 규정한 것과 국회법 제85조 제1항에 국회 재적의원 과반수가 의안에 대하여 심사기간 지정을 요청하는 경우 국회의장이 그 의안에 대하여 의무적으로 심사기간을 지정하도록 규정하지 아니한 입법부작위가 다수결원리 등에 반하여 위헌이므로 위헌인 위 국회법 조항에 근거한 이 사건 심사기간 지정 거부행위가 청구인들의 법률안 심의·표결권을 침해한다는 것이다. 그리고 국회법 제85조의2 제1항의 안건신속처리제의 가중다수결이 헌법 제49조의 다수결원리에 반하여 위헌이므로 이러한 법률조항의 가결선포행위가 국회의원의 심의·표결권을 침해한다는 것이다.

이에 대해 헌법재판소는 이 사건 심사기간 지정 거부행위가 국회의원의 법률안 심의·표결권을 침해하거나 침해할 위험성이 없다고 판단하여 각하결정을 하였다. 그 논거는, 국회법 제85조 제1항 각 호의 심사기간 지정사유는 국회의장의 직권상정권한을 제한하는 역할을 하는 것일 뿐, 국회의원의 국회 본회의에서의 법안에 대한 심의·표결권을 제한하는 내용을 담고 있지는 않다는 것이다. 이에 관한 헌법재판소의 판단은 다음과 같다. "국회법 제85조 제1항에 따르면 국회의장은 심사기간 지정사유가 있더라도 얼마든지 자신의 직권상정권한을 행사하지 않을 수 있으므로, 국회의장이 해당 법안을 직권상정하지 않는 경우에는 통상적인 입법절차를 통해, 즉 상임위원회의 전체회의에서 재적위원 과반수의 출석과 출석위원 과반수의 찬성으로 의결하여(국회법 제54조, 제58조), 본회의에 부의되고 상정된 법안에 대하여 법률안 심의·표결권을 행사할 수 있을 뿐

44) 정진민, 국회선진화법과 19대 국회의 과제: 국회운영방식과 대통령-국회 관계의 변화를 중심으로, 현대정치연구 제6권 제1호, 2013, 5면 이하.

45) 정진민, 앞의 논문, 15면 이하.

인 것이다. 그러므로 이 사건 심사기간 지정 거부행위로 말미암아 청구인들의 법률안 심의·표결권이 직접 침해당할 가능성은 없다고 할 것이다. 종래 국회의장의 직권상정권한이 상임위원회에서 발생한 입법교착을 타개하여 쟁점법안을 신속하게 처리하는 수단으로 이용되던 것을 방지하고자, 국회법 제85조 제1항이 심사기간 지정요건을 엄격하게 규정한 결과 과거에 비해 국회의원이 본회의에서 쟁점법안에 대하여 심의·표결권을 행사할 수 있는 빈도가 줄었다 하더라도, 이는 사실적·부수적으로 발생하는 간접적인 불이익에 불과하므로, 이를 이유로 청구인들의 법률안 심의·표결권이 현저하게 침해될 위험성이 있다고 보기도 어렵다. 그렇다면 이 사건 심사기간 지정 거부행위 자체만으로는 국회의원인 청구인들의 법률안 심의·표결권을 침해하거나 침해할 위험성이 없으므로, 이 사건 심사기간 지정 거부행위에 대한 심판청구는 부적법하다."[46]

요컨대 헌법재판소의 판단은 국회선진화법상 심사기간 지정제는 쟁점법안에 대하여 쉽사리 국회의장의 직권상정권한을 동원하던 과거의 관행을 시정하고, 대화와 타협에 의한 의회정치의 정상화를 위하여 국회법 제85조 제1항 제3호에 의장이 각 교섭단체대표의원과 합의하는 경우라는 심사기간 지정사유를 두어 합의제를 강화한 것으로서, 국회의 입법형성권이나 의사자율권을 벗어난 것으로 볼 수 없다는 것이다. 그러므로 국회 재적의원 과반수가 요구하면 국회의장이 의무적으로 해당 법안을 본회의에 상정하여야 한다는 의견은, 다수파 의원들이 원하는 법안은 상임위원회의의 논의 등 모든 입법절차를 생략한 채 본회의를 통과할 수 있어야 한다는 결론에 도달하는 것으로서 다수파의 독재를 허용하여야 한다는 것과 다름없고, 이는 결국 국회 의사의 형성과정에서 소수의 참여 및 토론과 설득의 기회를 배제하자는 것이어서 오히려 다수결의 원리의 정당성 근거를 정면으로 부인하는 것이라고 판시하고 있다.

다음으로 안건신속처리제의 가중 다수결 요건의 위헌여부에 관하여 헌법재판소는 직접 판단하지 않았으나 헌법상 다수결원리에 대하여 언급하면서 일반정족수는 다수결원리를 실현하는 국회의 의결방식 중의 하나에 불과하고 그 자체가 헌법상의 원칙이라고 할 수 없다고 판시하였다. 즉 의회민주주의의 기본원리 중 하나인 다수결의 원리는 의사형성과정에서 소수파에게 토론에 참가

---

46) 헌재 2016. 5. 26. 2015헌라1.

하여 다수파의 견해를 비판하고 반대의견을 밝힐 수 있는 기회를 보장하여 다수파와 소수파가 공개적이고 합리적인 토론을 거쳐 다수의 의사로 결정한다는 데 그 정당성의 근거가 있다(헌재 2010. 12. 28. 2008헌라7 참조)고 전제하면서 일반정족수는 다수결의 원리를 실현하는 국회의 의결방식 중 하나에 불과하고, 그 자체가 헌법상의 원칙이나 원리라고 볼 수는 없다고 하였다. 그리고 국회가 자신의 의사절차에 관한 제도를 스스로 입안하면서 가중다수결과 일반다수결 중 어느 것을 선택할 것인지는 국회의 자율영역에 속하는 것이라고 판시하였다.[47)]

결국 헌법재판소는 국회선진화법의 심사기간지정의 요건을 엄격히 규정한 것이 국회의 의사절차에 관한 자율권의 행사로서 정당한 것이며 국회 재적의원 과반수의 의원이 의안의 심사기간지정을 국회의장에게 요구하더라도 이를 거부한 것이 헌법상 다수결원리를 위반하여 국회의원의 법률안 심의·표결권을 침해하는 것이 아니라고 판단하고 있다. 의안신속처리제의 요건으로 '5분의 3 이상'이라는 가중다수 의결정족수가 헌법상 다수결원리에 위배된다는 주장에 대해서도 일반정족수의 다수결원리는 그 자체가 헌법상의 원칙이 아니라고 하면서 국회의 의사절차로서 가중다수결도 국회가 자율적으로 선택할 수 있는 것이라고 하였다.

그러나 이 사건에서 재판관 2인의 소수의견은 국회법 제85조의 심사기간 지정제도가 헌법에 위반된다는 위헌의견을 제시하였다. 즉 심사기간 지정제는 위원회 단계에서의 쟁점안건에 관한 교착상태를 해소하고 본회의에서 그 안건에 대한 심의·표결이 가능하도록 하는 비상처리절차인데, 국회선진화법은 국회의장의 심사기간 지정 요건을 천재지변의 경우 등으로 지나치게 엄격하게 제한함으로써 극히 예외적인 경우에만 심사기간 지정이 가능하다는 점에서 심사기간 지정제도의 비상처리절차로서의 기능은 사실상 사라지게 되었으며, 그로 인해 국회의 다수파가 책임을 지고 다수결원리에 따라 국회를 운영하지 못하고, 오히려 국회의 소수파가 사실상 의안의 처리 여부를 결정하게 되어 국민주권주의와 대의민주주의 및 책임정치의 구현이 어렵게 되었다고 한다. 따라서 국회법 제85조 제1항이 그 요건으로 천재지변이나 국가비상사태의 경우만을 마련하

---

47) 헌재 2016. 5. 26. 2015헌라1.

고 있을 뿐, 위원회 단계에서 교착상태에 빠진 쟁점안건에 대하여 재적의원 과반수가 심사기간 지정요구를 하는 경우 국회의장이 의무적으로 심사기간을 지정하도록 하는 내용의 규정을 마련하지 아니함으로써, 당해 안건에 대하여 재적의원 과반수가 요구하더라도 그 안건에 대한 국회의원의 본회의에서의 심의·표결을 원천 봉쇄하고 있는바, 이는 헌법 제49조에 의한 국회 의사결정방식으로서의 다수결원리와 헌법상의 본회의 결정주의에 위반되고, 나아가 국민주권주의와 대의민주주의 및 의회민주주의 원리에도 위반된다는 것이다. 그리고 안건의 신속처리제도는 심사기간 지정제도의 요건이 강화됨에 따라 초래될 부작용을 막기 위하여 함께 도입된 제도이나, 재적의원 5분의 3 이상의 찬성이라는 가중다수결을 요건으로 함으로써 사실상 국회 다수파와 소수파의 합의를 요구하고, 가중다수결 요건을 통과하더라도 상임위원회와 법제사법위원회에서 각각 상당한 기간 동안 심사와 표결을 모두 거쳐야 하는 점에서 심사기간 지정제도를 대신하여 위원회 단계에서 교착상태에 빠진 쟁점안건에 대한 비상처리절차로서의 역할은 수행하지 못하고 있다고 판단하고 있다.[48]

(3) 헌법 제49조의 다수결원리의 의미와 국회선진화법의 가중다수결의 문제점

국회선진화법의 위헌성과 개정필요성을 주장하는 입장의 논거는 심사기간 지정과 안건신속처리 요건에 관한 규정이 헌법상 다수결원리에 위배되기 때문이라고 주장하므로 헌법 제49조의 다수결원리의 의미에 관한 명확한 해석이 필요하게 된다. 헌법 제49조는 “국회는 헌법 또는 법률에 특별한 규정이 없는 한 재적의원 과반수의 출석과 출석의원 과반수의 찬성으로 의결한다. 가부동수인 때에는 부결된 것으로 본다”고 규정하여 일반정족수에 의한 다수결의 원리를 선언하고 있다. 그런데 위 조항은 “헌법 또는 법률에 특별한 규정이 없는 한”이라고 규정하여, 헌법 또는 법률로 일반정족수와 달리 의결정족수를 정할 수 있는 가능성을 열어 두고 있다. 이 규정에 따라 국회의 특별한 의결정족수에 관한 헌법의 다른 조항들은 다음과 같다. 첫째, 법률안의 재의결은 국회 재적의원 과반수의 출석과 출석의원 3분의 2 이상의 찬성으로 의결한다(제53조 제4항). 둘

48) 헌재 2016. 5. 26. 2015헌라1 사건에서의 재판관 서기석, 재판관 조용호의 인용의견.

째, 국무총리 및 국무위원의 해임건의와 대통령을 제외한 탄핵소추는 국회 재적의원 3분의 1 이상의 발의와 재적의원 과반수의 찬성으로 의결한다(제63조 제2항, 제65조 제2항). 셋째, 계엄의 해제 요구는 국회 재적의원 과반수의 찬성으로 의결한다(제77조 제5항). 넷째, 대통령에 대한 탄핵소추와 헌법개정안은 국회 재적의원 과반수의 발의와 재적의원 3분의 2 이상의 찬성으로 의결한다(제65조 제2항, 제128조 제1항, 제130조 제1항). 다섯째, 국회의원 제명 처분은 국회 재적의원 3분의 2 이상의 찬성으로 의결한다(제64조 제3항). 그리고 국회법의 특별정족수에 관한 조항을 살펴보면, 국회선진화법을 통하여 도입된 가중다수결 외에도 본회의의 번안동의는 국회 재적의원 과반수의 출석과 출석의원 3분의 2 이상의 찬성으로 의결하며(국회법 제91조), 의원자격상실은 국회 재적의원 3분의 2 이상의 찬성으로 의결한다(국회법 제142조 제3항).

이러한 헌법과 법률의 조항들을 볼 때 헌법 제49조의 일반정족수 규정은 다수결의 원리를 실현하는 국회의 의결방식 중 하나에 불과하고, 그 자체가 헌법상의 원칙이나 원리라고 볼 수는 없다는 견해가 있을 수 있다. 따라서 국회가 자신의 의사절차에 관한 제도를 스스로 입안하면서 가중다수결과 일반다수결 중 어느 것을 선택할 것인지는 국회의 자율영역에 속한다고 보아야 한다는 것이다. 헌법재판소의 위 2015헌라1 사건에서의 법정의견이 이에 속한다.[49] 학계의 입장을 보면 헌법 제49조의 일반정족수 규정을 헌법상의 원칙조항으로 보지 않는 것이 다수적 견해라 할 수 있다. 즉 헌법은 여러 형태의 다수결을 규정하고 있으며 가중 다수결에 대한 구체적 요구는 결정의 의미와 중요성에 상응하는 것이라고 보고 있으며,[50] 이와 비슷한 입장에서 다수결에는 본질적으로 단순다수결로 의사의결정이 정당화되지만 사안의 성격상 신중을 요하고 단순다수결만으로는 그 결정의 정당성을 확보하기 어려운 경우에는 특별다수결을 채택한다고 보고 있다.[51]

그러나 헌법 제49조의 일반정족수가 다수결원리를 실현하는 하나의 방식에 불과하다는 견해에 대해서는 이견을 제기할 수 있다. 생각건대 헌법은 일반

---

49) 헌재 2016. 5. 26. 2015헌라1 사건에서의 재판관 5인의 각하의견.

50) 한수웅, 헌법학, 법문사, 2016, 122면.

51) 성낙인, 헌법학, 법문사, 2016, 431면; 정종섭, 헌법학원론, 박영사, 2015, 134면.

정족수에 의한 단순다수결 규정 이외에 특별정족수의 가중다수결을 직접 여러 가지 규정하고 있기 때문에 단순다수결이 다수결원리를 실현하는 하나의 방식에 불과하다는 논리가 가능하지만, 헌법 제49조의 의미는 헌법에서 특별정족수를 따로 규정한 경우 이외에는 국회의 의사결정방식은 법률안의 의결을 비롯한 대부분의 의안을 원칙적으로 일반정족수 다수결방식에 의하여야 한다는 것으로 해석할 필요가 있다. 다만 국회법에 의해 예외적으로 국회의 자율권 행사로 가중다수결을 규정할 수 있는데 그 경우는 국회의 의결대상이 그 의미와 내용에 있어서 헌법적으로 중요한 것으로 평가되는 경우에 한하여 제한적으로 허용될 수 있다고 할 것이다. 따라서 국회법에 의한 가중다수의 특별정족수를 규정하는 경우에는 특히 신중을 기해야 하며, 헌법에서 특별정족수를 규정한 사항을 구체화하는 경우와 헌법에서 특별정족수를 법률에 위임한 경우 이외에는 가중다수결을 규정하는 것은 극히 제한적인 범위 내에서만 허용될 수 있는 것이라고 할 수 있다.[52)]

말하자면 국회의 본질적 권한으로서 입법권의 행사를 의미하는 법률의 제정과정에서의 의결절차에 관하여 헌법 제49조와 국회법 제109조에 의해 일반다수결을 규정하고 있는데 이는 헌법에서 특별한 가중 다수결을 규정한 경우 이외에는 원칙적으로 모든 의안의 의결정족수를 일반정족수로 한다는 것으로 이해되어야 할 것이다. 그러므로 국회법에 의해 가중 정족수를 규정하는 것은 헌법에서 가중 정족수를 규정한 사항을 확인하거나 구체화하는 경우와 국회에 의한 의사결정의 대상인 특정 안건이 그 내용과 의미에 비추어 가중다수결이 요구될 정도로 헌법상 중요하다고 평가되는 경우에 한정하여 국회법으로 가중 정족수를 둘 수 있는 것으로 해석되어야 할 것이다.

그렇다면 국회의 의사절차에 관한 자율권의 행사로서 가중 정족수를 폭넓게 인정하는 것은 헌법 제49조의 다수결원리의 정신에 반하게 된다고 할 것이다. 우리 헌법의 다수결원리의 기본정신은 합의체 국가의사결정기구인 국회의

---

52) 국회선진화법 이전의 국회법상 재적의원 3분의 2 이상의 찬성이라는 가중다수 특별정족수를 규정한 것은 오직 한 가지의 경우로서 의원자격상실(제142조 제3항)에 관한 것인데, 이는 헌법 제64조 제3항에서 국회의원의 제명 처분에 관한 특별정족수를 규정한 것을 근거로 의원자격상실에 관한 의결정족수를 그와 같은 수준의 가중다수결로 규정한 것을 의미한다고 할 때 법률에 의한 가중다수결은 엄격하게 제한적으로 허용도리 수밖에 없다.

의사결정에 있어 합의를 도출하기 위한 전제로서 자유토론과 소수의사를 보호하면서 궁극적으로는 다수제로 의사결정을 하는데 있으므로 소수보호와 합의제를 강조한 나머지 법률로써 가중다수결을 확대해 나가는 것은 다수제 의사결정을 근본적으로 부정하는 결과가 되기 때문이다.[53] 따라서 법안의 신속처리절차를 밟을 것인가의 여부를 결정하는 사안에 대해서 법률안의 의결정족수보다 가중된 의결정족수를 규정하는 데에는 정당한 사유가 있다고 보기 어렵다. 안건의 신속처리여부를 가중 다수결로 의결한다는 것은 사실상 소수당이 반대하는 쟁점법안의 경우 신속처리절차를 허용하지 않는 것과 다를 바 없으므로 의안신속처리제의 실효성을 기대할 수 없다. 더욱이 법률의 제정이나 개폐 등 입법과정이 일반정족수의 의결절차를 규정하고 있는데 법률안 자체의 의결보다 결정의 의미와 중요성이 크다고 볼 수 없는 입법과정의 의사절차로서 의안신속처리제를 채택할 것인가의 여부를 가중다수 정족수로 의결한다는 것은 논리적으로 타당하다고 보기 어렵다. 국회의 의사절차에 관한 규정은 국회의 자율권의 행사로 입법형성의 자유에 속한다고 하더라도 그 자율권의 행사도 헌법적 한계를 벗어날 수 없으며, 헌법 제49조의 다수결원리의 함의에 비추어 의안신속처리제의 특별정족수 규정은 자율권의 범위를 벗어난 것이라 하지 않을 수 없다. 외국의 입법례를 보더라도 미국 의회의 안건의 비상처리절차로서 하원의 위원회심사배제 동의제도가 있는데 하원 위원회에 회부된 안건을 30일 이상 계류시킬 때 하원 재적의원 과반수의 서명으로 소관 위원회의 심사권한을 배제하는 동의를 본회의에 제출할 수 있고 이 동의안은 통상의 의결정족수인 재적의원 과반수의 출석과 출석의원 과반수의 찬성으로 의결된다.[54] 일본이나 독일의 경우에

---

53) 다수결원리가 정당화되기 위해서는 이성적이고 논리적인 자유토론과 함께 소수의사의 존중이 전제되어야 하는 것이며 우리 헌법은 특히 의회주의에 있어서 소수보호를 위한 규정들을 두고 있다. 국회 임시회 집회요구를 국회재적의원 4분의 1이상(제47조 제1항)으로 하고, 국무총리와 국무위원 해임건의를 국회재적의원 3분의 1이상의 발의로 규정하며(제63조 제2항), 대통령 이외의 자에 대한 탄핵소추를 국회재적의원 3분의 1이상의 발의로 규정(제65조 제2항)하고 있다, 그밖에 법률안제출권의 주체를 '국회의원'과 정부로 규정(제52조)한 것도 소수보호의 정신으로 보는 견해가 있다(허영, 한국헌법론, 박영사, 2009, 868면). 이러한 소수보호의 정신이 다수결을 정당화하는 조건이 되는 것이지만 그렇다고 그러한 합의제 방식이 다수제 원리에 우선하는 것으로 볼 수 없으며 법률에 의한 가중다수결로 합의제 방식을 강조하는 것은 헌법 제49조의 다수결원리에 부합한다고 보기 어렵다.

54) 미국 헌법상 다수결원칙의 해석과 관련하여 가중다수결을 요하는 의회의결규칙에 대한

도 안건의 비상처리절차를 두고 있으나 이러한 비상처리절차 동의안의 의결정족수는 통상적인 의결정족수로 하며 특별정족수를 요구하지 않고 있다.[55]

헌법재판소 2015헌라1 사건에서의 반대의견에서도 안건신속처리제도를 규정한 국회법 제85조의2 중 재적의원 5분의 3 이상의 찬성을 요구하는 부분은 가중다수결을 규정한 헌법 및 기존 국회법 규정들과 달리 국회의 의결을 요하는 '특정 안건'의 내용과 의미가 특별히 중요한지 여부와 관계없이 국회의 일반적인 의안처리절차에 따라 심의되는 '모든' 안건을 대상으로 한다는 점에서 헌법 제49조에 의한 다수결원리에 위반된다고 보고 있다. 즉 우리 헌법은 국회의 기본적인 의사결정이 다수결원리에 의하여 이루어지도록 하면서, 국회에 의한 의사결정의 대상인 '특정 안건'이 그 내용과 의미에 비추어 가중다수결이 요구될 정도로 헌법상 중요하다고 평가되지 않는 한 절대다수결을 의사결정방식의 원칙으로 삼고 있기 때문에 특정한 안건의 내용과 의미가 특별히 중요한 경우에 한하여 특별정족수에 의한 가중다수결을 규정하고 있다는 것이다. 또한 우리 헌법상의 본회의 결정주의 원칙에 비추어 위원회 단계에서 교착상태에 빠진 쟁점안건에 대하여 적어도 재적의원 과반수가 본회의 부의·상정을 요구하면 의무적으로 본회의에 부의·상정하여 전체 국회의원이 당해 안건에 대하여 심

위헌론의 입장은 헌법에서 다수결원칙을 명확히 선언하고 있지는 않으나 이는 헌법에 내재된 원리이며 의회 결정에 가중다수결을 필요로 하는 것으로 헌법에 열거된 경우를 제외하고는 당연히 의회는 단순다수결로 의결하여야 한다고 주장하고 있다. 위헌론에 의하면 미국 헌법제정자들의 의도에서도 부분이익이나 소수의 파당에 의해 국정이 좌우되지 않도록 단순다수결원칙을 헌법의 기본원리로 하고 있으며 특정 입법사항에 대해 가중다수결을 요구하는 것에 반대하였음을 찾아볼 수 있다고 주장한다. 미국 의회의 가중정족수 의결규칙에 대한 위헌성 논쟁에 관한 소개는 박찬주, 앞의 논문(주39), 80면 이하; 최정인, 앞의 논문(주23), 304면 이하 .

55) 일본의 국회법(제56조의3)은 중의원과 참의원이 위원회 심사중인 안건에 관하여 특히 필요가 있을 때에는 중간보고를 요구할 수 있고 중간보고가 요구된 안건에 대하여 바로 본회의에서 심의하거나 위원회심사에 기한을 붙여 그 기한내에 심의를 마치지 못한 때에는 본회의에서 심의하도록 하는 중간보고제도를 규정하고 있다. 이 중간보고요구 동의의 가결 및 본회의 표결은 모두 통상의 의결정족수인 재적의원 3분의 1 이상의 출석과 출석의원 과반수의 찬성으로 정하고 있다. 독일의 경우에도 연방의회 의사규칙으로 의안이 위원회에 회부된 날로부터 회기중 10주의 기간이 지난 때에 교섭단체 또는 재적의원 100분의 5 이상의 의원들이 당해 위원회를 상대로 심사보고서 작성을 요구할 수 있고 그러한 요구가 있는 때에는 그 보고서는 연방의회의 의사일정에 의무적으로 상정되도록 규정하고 있다. 헌재 2016. 5. 26. 2015헌라1 사건의 재판관 서기석, 재판관 조용호의 심사기간 지정거부행위에 대한 인용의견 참고.

의·표결할 수 있도록 하는 비상처리절차가 마련되어야 한다는 점에서 우리의 안건신속처리제는 헌법상의 본회의 결정주의에 위반되며 나아가 국민주권주의와 대의민주주의 및 의회민주주의 원리에도 위반된다고 보고 있다.[56)]

요컨대 위 헌재 2015헌라1 사건에서의 법정의견은 헌법 제49조의 다수결원리와 일반정족수 규정의 해석에 있어 일반정족수는 다수결원리를 실현하는 의결방식의 하나라고 이해하고 국회의 의결절차로서 일반정족수와 특별정족수의 선택은 국회의 자율영역에 해당한다고 보는 것이다. 이에 반하여 소수 재판관의 반대의견은 국회의 의사절차에 관한 규정이 자율권에 속한다고 하더라도 그 자율권의 행사는 헌법적 한계가 있으며 국회선진화법의 안건신속처리제의 특별정족수 규정은 국회의 의결대상이 헌법상 중요한 의미를 갖는 특별 안건이 아닌 모든 안건을 대상으로 하므로 다수결원리에 위배된다고 보는 것이다.

생각건대 다수결원리에 관한 헌법 제49조의 해석상 국회법에 의한 의사절차로서 일반정족수와 가중다수 특별정족수의 선택이 광범위한 국회의 자율영역으로 보는 입장에 대하여 찬성하기 어렵다. 헌법 제49조의 일반정족수에 의한 다수결원리는 헌법에서 특별한 규정을 두고 있는 경우를 제외하고는 국회에서의 의결방식의 원칙이라 할 수 있다. 다만 예외적으로 법률에 의해 특별정족수를 규정할 수 있지만 그것은 헌법상 중요한 의미를 갖는 특정 안건의 경우에 제한적으로 허용될 수 있는 것으로 이해되어야 할 것이다.[57)] 헌재 2015헌라1 사건의 각하결정으로 국회선진화법의 관련규정이 그 효력을 유지하게 되었지만 그 위헌성의 의문은 해소되지 않고 있으며, 위헌여부와 관계없이 제도적 개선의 필요성이 강하게 제기된다고 할 것이다.

---

56) 헌재 2015헌라1 사건에서의 재판관 서기석, 재판관 조용호의 기각 및 인용의견.

57) 헌법상 특별정족수를 규정하고 있는 경우 중에서 법률안의 재의결은 국회 재적의원 과반수의 출석과 출석의원 3분의 2 이상의 찬성(제53조 제4항)을 요구하고 있는데 국회법상 안건신속처리제나 무제한토론종결의 경우에는 법률안재의결의 경우보다 가중다수결인 국회 재적의원 5분의 3 이상의 찬성을 요구하고 있다. 여기서 국회법상 의사절차에 관한 안건신속처리제나 무제한토론종결이 헌법상 대통령이 거부한 법률안에 대한 재의결의 문제보다 중요한 헌법적 의미를 갖는 것으로 보기 어렵기 때문에 헌법이 가중다수결을 규정한 경우 이외에 국회법으로 가중다수결을 정할 수 있는 경우는 매우 드물 것으로 생각된다.

Ⅳ. 향후 입법과정의 제도적 개선방안

1. 입법과정의 민주성과 효율성의 조화적 실현

국회선진화법은 국회 입법과정에서의 토론과 타협을 통한 여·야간의 합의를 도출함으로써 입법과정의 민주적 정당성을 확보하는 것을 목표로 하고 있으나, 현실적으로 심사기간 지정제와 안건신속처리제는 결과적으로 입법교착을 더욱 심화시키는 원인이 되고 있음을 부정할 수 없다. 국회선진화법의 긍정적인 입법취지에도 불구하고 실제의 국회운영은 당초 우려했던 바와 같이 식물국회와 입법교착의 결과를 초래하게 되었기 때문에 앞으로의 국회법 개정논의에 있어서는 입법과정의 민주성과 효율성을 동시에 확보할 수 있는 방향으로 제도개선이 필요하다고 할 것이다.

따라서 국회법 제85조의 심사기간 지정제는 다수당의 횡포를 막고 소수당의 의사를 존중함으로써 의안심의의 민주성을 확보하게 된 것으로 긍정적으로 평가할 수 있지만 그 심사기간 지정제의 요건을 약간 완화하여 국회 재적의원 과반수가 요청하는 경우에도 국회의장은 심사기간을 지정하도록 하는 것이 바람직하다. 여·야간의 대립으로 타협이 어려운 쟁점법안의 경우에는 상임위원회 단계에서 지나치게 입법지연이 되지 않도록 심사기간 지정으로 국회의장이 의무적으로 본회의에 상정하도록 하여 본회의에서 토론과 협상이 이루어지도록 하는 것이 필요하다. 이러한 의견에 대하여 부정적인 입장은 다수파 의원들이 원하는 법안을 상임위원회의의 논의라는 입법절차를 생략한 채 본회의를 통과할 수 있게 하는 것은 다수파의 독재를 허용하게 되고, 이는 결국 국회 의사의 형성과정에서 소수의 참여 및 토론과 설득의 기회를 배제하는 것이라고 주장하지만 이는 설득력이 약하다고 하겠다. 위원회 과정에서의 토론이 생략되더라도 본회의에서 필리버스터의 장치를 통해 야당의원들의 무제한 토론이 보장되며 신속한 입법이 요구되는 민생·경제관련 법안 등이 여·야간의 합의가 되지 않는다는 이유로 본회의에 상정되지 못하는 입법교착은 위원회과정에서의 논의가 생략되는 문제보다 훨씬 커다란 법익의 침해가 인정된다고 할 것이다. 그렇다면 위원회 단계에서 교착상태에 빠진 쟁점안건에 대하여 적어도 국회 본회의에서 의결할 수 있는 재적의원 과반수가 당해 안건의 본회의 부의·상정을 요구하면 의무적으로 본회의에 부의·상정하여 전체 국회의원이 당해 안건에 대하여 심의·표결하도록 하는 비상처리절차가 마련되어야 하는 것이 타당하다고 본다.

그리고 안건신속처리제에 있어서도 위헌성의 소지가 있는 가중다수결에 대한 재검토가 요구되며 '재적의원 5분의 3 이상'을 '재적의원 과반수'의 찬성으로 신속처리 동의 정족수를 완화할 필요가 있다. 현행 국회선진화법의 안건신속처리제는 안정적인 양당제가 확립되지 않은 우리나라 정당정치의 현실에서 다수당이 180석 이상을 얻기 어려운 상황에서는 사실상 안건신속처리제는 무의미한 것으로 그 실효성을 기대할 수 없으며, 전술한 심사기간 지정제의 엄격한 요건이 완화되지 않는 경우에 현행의 안건신속처리제의 가중다수결을 그대로 유지하는 것은 입법과정에서의 합의제 정신을 지나치게 강조한 나머지 식물국회와 입법교착을 더욱 고착화시킬 뿐이다.[58)]

국회선진화법에 의해 국회의장의 무분별한 직권상정의 남용과 다수당에 의한 안건의 일방적인 강행처리의 폐해는 방지하게 되었으며, 입법과정의 대화와 토론, 소수의사의 존중을 통한 민주적 절차를 확보하게 되었으나 동시에 입법과정의 효율성의 측면에서 노정된 입법의 교착상태의 심각한 문제를 해결하기 위한 합리적인 개선방안으로 실질적인 비상입법절차를 마련함으로써 입법과정의 민주성과 효율성을 조화적으로 실현하는 것이 요구된다.

2. 위헌입법의 방지를 위한 대책 강화

입법과정의 선진화를 위해서는 입법과정의 민주성과 효율성 못지않게 입법행위의 결과인 법률의 내용에 있어서 위헌적인 입법이 행해지지 않도록 방지하는 것이 중요하다. 위헌입법의 방지는 사전적·예방적 대책과 사후적·교정적 대책이 동시에 요구된다고 할 것이다. 1987년 헌법으로 헌법재판소제도가 도입된 이래 국회 입법에 대한 규범통제는 상당히 활발하게 이루어져 왔으며 위헌법률심판과 헌법소원심판을 통해 국회입법이 위헌으로 선언된 것이 예상 외로

58) 다수결원리가 성공할 수 있는 전제조건의 하나로 공동체의 동질성과 정치적 이념이나 가치에 대한 기본적 합의를 들 수 있는데(계희열, 헌법학(상), 박영사, 2005, 252면), 우리나라와 같이 공동체의 동질성을 기대할 수 없고 이념적·계층적·지역적 대립구도가 심화된 정치사회의 현실에서 가중다수결의 적용은 더욱 성공하기 어렵다고 하지 않을 수 없다.

크게 증가하고 있음은 심각한 문제라 하지 않을 수 없다.[59] 국회선진화법에 의해 의회주의원리가 실질화되고 법안의 강행처리가 사실상 불가능하게 됨으로써 입법절차상의 하자로 인한 위헌적인 입법은 거의 사라지게 되었음은 다행이라 할 수 있다. 그렇지만 우리 국회의 입법을 보면 입법의 형식과 내용에 있어서 위헌성이 여전히 문제되고 있다.[60]

입법행위에 대한 사전적 통제로는 법안의 입안단계에서부터 심의과정과 의결에 이르는 모든 절차가 민주적이고 합법적이며 합리적인 투명한 절차가 확보되어야 할 것은 물론이고,[61] 의원발의 입법의 증가와 졸속입법이 문제되는 상황에서 법안의 발의 및 위원회심사 단계에서부터 위헌입법 여부의 사전적 심사기능을 강화할 필요가 있다. 헌법재판에 의한 사전적 규범통제제도를 채택하고 있지 않는 우리나라에 있어서 국회 자체내에서의 위헌입법을 방지할 수 있는 실효성 있는 방안을 강구하는 것이 필요하다. 이를 위해서는 국회 내에 입법지원기관을 강화할 필요가 있으며 국회 법제실과 입법조사처의 기능을 활성화시키고 입법전문가를 대폭 확충해 나가는 것이 요구된다.[62]

법률에 대한 사후적 통제로는 위헌법률심판과 헌법소원심판을 통해서 위헌법률에 대한 위헌선언으로 법률의 효력을 상실시킴으로써 실질적인 규범통제가 이루어지고 있다. 그러나 우리의 규범통제제도는 구체적 규범통제와 사후적 규범통제만을 인정하고 있기 때문에 위헌입법의 통제기능에 한계가 있으며 헌법 제107조 제1항에 의한 구체적 규범통제는 규범통제의 대상이 되는 법률의 영역이 크게 축소될 수밖에 없다.[63]

---

59) 1988년 9월 헌법재판소법이 발효된 후 2014년 현재 헌법재판소는 총 717건의 위헌결정(한정위헌, 헌법불합치, 헌법소원사건포함)을 하였으며, 그 중 법률에 대한 위헌결정은 자그마치 493건에 이른다. 상세는 이헌환, 헌법재판제도의 도입배경과 정차 및 발전방향에 관한 연구, 헌법재판연구 창간호, 2014, 22면.

60) 우리 국회의 위헌입법의 문제에 관하여는 방승주, 위헌입법의 현황과 대책, 저스티스 통권 제106호, 2000, 254면 이하; 홍완식, 현행 입법과정의 문제점과 개선방향. 법제연구 제37호, 2009, 14면 이하.

61) 이 점에서 국회 입법과정 개선의 지향점으로 '민주성', '적법성', '합리성'을 강조하는 견해로는 음선필, 국회 입법과정의 분석과 개선방안, 홍익법학 제13권 제2호, 2012, 157면 이하.

62) 입법전문가의 양성과 입법지원조직의 강화에 관하여는 전학선, 입법절차에의 효율성 제고를 위한 방안, 세계헌법연구 제14권 제3호, 2009, 461면 이하.

63) 법률의 위헌여부가 재판의 전제가 되는 경우에 한하여 규범통제가 이루어지는 구체적 규

법률에 대한 사후적 통제와 관련하여 헌법재판소의 위헌결정의 기속력이 문제될 수 있다. 헌법재판소의 위헌결정은 법원 기타 국가기관 및 지방자치단체를 기속하는 기속력을 갖게 된다(헌법재판소법 제47조 제1항). 여기서 먼저 위헌결정의 기속력이 국회의 입법권에도 미치는가에 관하여 견해가 나뉘고 있으나, 기본적으로는 위헌결정의 기속력이 국회에 대해서도 미친다고 보는 것이 타당하다. 국회도 헌법재판소의 위헌결정을 무시해서는 안 되며 헌법질서의 수호를 위해서 입법자도 헌법재판소의 결정을 최대한 존중해야 함이 마땅하다 할 것이다. 다만 극히 예외적인 경우로서 헌법재판소의 판단에도 오류가 있을 수 있기 때문에 그러한 오류를 수정하기 위해서는 국회가 위헌결정의 대상이 된 것과 동일한 또는 유사한 내용을 재입법하는 것이 허용될 수 있어야 하므로 이 점에서 국회는 헌법재판소의 위헌결정에 기속되기 어렵다는 논리도 가능하다고 본다.[64] 그렇게 본다면 위헌결정의 기속력은 원칙적으로 국회를 비롯한 모든 국가기관에 미치는 것으로 이해해야 하며, 다만 예외적인 상황으로 헌법재판소의 판단에 오류가 있는 경우에는 그 기속력이 입법자인 국회에 대해서는 약화된다고 보는 것이 타당하다.[65] 민주적 정당성에 기초한 국회는 입법형성의 자유에 의해 국민적 의사를 바탕으로 헌법재판소의 판단과 다른 재입법이 가능하다고 할 것이다. 그러나 실제로 헌법재판소의 판단에 오류가 있음을 전제로 한 국회의 재입법은 헌법재판소에 의해 재차 위헌심판을 받을 수 있으므로 매우 신중을 기해야 하며 국회 내의 사전적 위헌입법심사기능을 대폭 강화하여야 할 것이다. 또한 법률의 위헌결정의 기속력과 관련하여 헌법재판소가 잠정적인 계속적용을 명하는 헌법불합치결정을 내리고 입법자에게 일정한 기간 내에 입법개선을 요구하였으나 입법자가 이를 준수하지 않는 경우가 문제된다. 위헌결정의 유형에 속하는 헌법불합치결정의 경우 헌법재판소가 요구하는 일정 기간 내

범통제제도는 일반 국민의 법률생활에 있어서 민사·형사·행정 사건 등에 적용되는 법률이나 국민의 기본권을 제한하는 법률이 아닌 통치구조 전반에 걸친 많은 입법의 영역은 재판의 전제성이 없기 때문에 사실상 위헌법률심판의 대상이 되지 아니하므로 우리의 규범통제의 범위는 상당히 제한되고 있다.

64) 이러한 비기속설의 입장으로는 정종섭, 앞의 책(주51), 1510면.

65) 이 점에서 위헌결정의 국회에 대한 기속력은 상대적 기속력 긍정설이 타당하다고 할 것이다. 이러한 상대적 기속설은 허영, 헌법소송법론, 박영사, 2009, 235면; 한수웅, 앞의 책(주50), 1393면.

의 개선입법을 행하지 않음으로써 국회가 위헌적인 상태를 계속 유지하는 것은 위헌결정의 기속력에 반하는 것이므로 입법자는 법개정시한내에 합헌적 입법을 행하는 노력을 다해야 할 것이다.[66]

따라서 헌법재판소의 위헌결정이나 헌법불합치결정의 경우 국회의 후속조치가 바로 이루어져야 할 것이며 이를 위해서는 국회의 상임위원회 심사절차를 신설할 필요가 있으며,[67] 구체적으로는 위원회에서 검토보고·소위원회자료 작성에서도 위헌성항목을 추가하고 법제사법위원회의 체계자구심사를 실질화하고 법률안에 대한 합헌성심사의 기능을 담당하는 전문가의 자문기구 설치 등 대책이 필요하다.[68]

3. 국회입법에 대한 평가제도의 도입

오늘날 각국의 입법과정은 입법을 통해 미래에 발생할 수 있는 법적 효과에 대하여 사전에 예측하고 판단하여 입법에 반영하는 입법영향평가제도를 도입하고 있다. 입법과정에서의 입법자의 예측판단이 사후의 법률시행 과정에서 사실과 예측판단이 부합하지 않는 경우가 있으며 그 결과 위헌입법이 될 가능성도 있게 된다. 그러므로 위헌입법을 가급적 방지하기 위하여 입법의 영향이나 부작용 등을 사전적·사후적으로 평가하는 입법영향평가제도를 적극적으로 도입할 필요가 있다.[69] 입법평가제도의 도입은 입법자로 하여금 입법과정에서 부여되는 헌법의 기본원리 준수나 국민의 의견수렴여부 또는 법률 시행 후 사회에 미치는 영향 등을 관찰하여 반영하게 함으로써 질 낮은 법안이 입안되는 것을 방지할 수 있는 방안이 될 수 있다.[70]

우리나라에서 입법평가제도의 일환으로 볼 수 있는 것으로 규제영향분석

66) 헌법재판소의 헌법불합치결정의 경우 국회가 법개정시한을 준수하지 못한 경우가 드물지 않게 보이고 있다. 대표적인 사례로서 집회및시위에관한법률의 야간옥외집회금지조항의 헌법불합치결정을 2009년 9월 선고하면서 2010년 6월 30일까지 개선입법을 할 것을 요구하였으나(헌재 2009. 9. 24. 2008헌가25) 아직까지 개선입법이 행해지고 있지 않다.

67) 국회개혁자문위원회, 앞의 보고서(주43), 44면.

68) 허병조, 위헌결정법률에 대한 국회의 입법절차와 입법방향, 헌법학연구 제22권 제1호, 2016, 299면 이하.

69) 방승주, 앞의 논문(주60), 282면.

70) 임중호, 입법과정의 개선 및 발전방향, 공법연구 제34집 제3호, 2006, 48면.

과 법안비용추계제도 등이 있다. 여기서 규제영향평가의 대상이 되는 것은 정부제출 법안만이 해당되고 의원발의 법안은 대상이 되지 않고 있는 것이 문제로 지적될 수 있다. 정부제출 법안에 비해 전문성이 떨어지는 의원발의 법안의 경우에도 규제영향평가의 대상이 되도록 하는 것이 바람직하다고 할 것이다.[71] 법안비용추계제도에 관하여 국회법은 의원 또는 위원회가 예산 또는 기금상의 조치를 수반하는 의안을 발의 또는 제안하는 경우에는 그 의안의 시행에 수반될 것으로 예상되는 비용에 대한 추계서를 아울러 제출하도록 규정하고 있다(동법 제79조의2 제1항). 그러나 이에 대한 국회의 실천이 미약하여 제도의 실효성을 기대하기 어려운 현실이다. 입법영향평가제도의 활성화를 위하여 법안비용추계의 실효성 제고방안이 검토되어야 할 것이다.[72]

Ⅴ. 결 어

2012년 채택된 국회선진화법은 국회운영에 있어서 다수제 운영방식 보다는 합의제 방식을 지향하는 것을 특징으로 하고 있다. 이 법의 시행으로 과거의 국회의장의 직권상정과 법안 강행처리의 관행은 사라지고 폭력국회의 오명을 씻을 수 있게 되었다. 안건의 심사기간지정제의 요건을 엄격히 제한하여 사실상 여·야간에 합의가 이루어지지 않으면 법안이 본회의에 상정되지 못하게 됨에 따라 소수당의 지위와 소수의견이 보호될 수 있게 되었다. 무제한 토론제도(필리버스터)가 도입되고 토론종결에 재적의원 5분의 3이상의 찬성이라는 가중다수결을 요구함에 따라 소수파의 정치적 참여가 보장되고 소수의견의 존중이 전제되는 의회주의원리의 실질화를 기대할 수 있게 된 점에서 긍정적으로 평가되고 있다. 또한 입법과정의 효율성의 입장에서 의안자동상정제가 채택되어 입법교착을 방지하는 기능을 수행하게 된 것도 긍정적으로 평가될 수 있다.

---

71) 전학선, 앞의 논문(주62), 468면.

72) 입법영향평가제도에 관하여는 박영도, 입법평가제도에 관한 연구, 입법학연구 제2집, 2002, 59면 이하; 정창화, 입법영향평가제도(GFA)에 관한 연구, 유럽연구 제25권 제2호, 2007, 97면 이하; 김수용, 우리나라 입법과정의 문제점과 입법평가제도의 활용방안 검토, 공법연구 제39집 제4호, 2011, 175면 이하; 홍완식, 입법평가의 현황과 과제, 법제와 입법 제2호, 2007, 109면 이하.

그러나 다른 한편 국회의 입법기능에 있어서 심사기간지정제의 엄격한 요건은 직권상정을 억제시킴으로써 쟁점법안의 경우 본회의에 부의되지 못하고 위원회 과정에서 장기간의 입법교착이 나타남으로써 입법의 효율성이 크게 저하되는 역기능이 심각한 문제로 제기되고 있다. 개정 국회법은 위원회 단계에서의 입법교착을 방지하기 위한 수단으로 안건신속처리제를 도입하고 있으나 이 제도 역시 재적의원 5분의 3 이상이라는 가중다수결을 요건으로 하고 있기 때문에 실제로 안건신속처리의 실효성을 기대하기 어려운 실정이다. 토론종결의 가중다수결 요건도 합의제의 정신에 따른 것으로 입법과정의 효율성과는 거리가 멀다.

이러한 국회선진화법의 법안처리관련 규정에 대해 가중다수결이 헌법 제49조의 다수결원리에 위반하는 것인가에 관한 학계의 논의가 있으나 합헌으로 보는 것이 다수적 견해이다. 헌법재판소는 최근 2015헌라1 사건에서 국회선진화법의 심사기간지정 요건을 엄격히 규정한 것이 국회의 의사절차에 관한 자율권의 행사로서 정당한 것이며 국회 재적의원 과반수의 의원이 의안의 심사기간 지정을 국회의장에게 요구하더라도 이를 거부한 것이 헌법상 다수결원리를 위반하여 국회의원의 법률안 심의·표결권을 침해하는 것이 아니라고 판단하였다. 의안신속처리제의 요건으로 '5분의 3' 이상이라는 가중다수 의결정족수가 헌법상 다수결원리에 위배된다는 주장에 대해서도 일반정족수의 다수결원리는 그 자체가 헌법상의 원칙이 아니라고 하면서 국회의 의사절차로서 가중다수결도 국회가 자율적으로 선택할 수 있는 것이라고 판시하였다.

헌법재판소의 이러한 소극적 태도에도 불구하고 현행 국회선진화법은 합의제 국회운영 방식을 지나치게 강조한 나머지 입법과정의 효율성을 거의 기대하기 어려운 문제가 있으므로 국회 의 입법기능을 강화하고 실질화하기 위한 제도적 보완이 필요하다. 앞으로의 국회선진화를 위한 제도개선의 기본방향은 첫째, 입법과정의 민주성과 효율성을 조화적으로 실현할 수 있도록 심사기간지정제의 동의요건을 완화하고 안건신속처리제의 가중다수결 요건도 약간 완화할 필요가 있다. 둘째, 입법과정의 민주성과 효율성 못지않게 입법행위의 결과인 법률의 내용에 있어서 위헌적인 입법이 행해지지 않도록 위헌입법을 방지하는 것이 중요하다. 우리나라는 사전적 규범통제제도를 채택하고 있지 않으므로 국회 내에서의 사전적 위헌입법 방지를 위한 실효성 있는 방안을 강구하는 것이 필요하다. 이를 위해서는 국회에 입법지원기관을 강화할 필요가 있으며 국회 법제실과 입법조사처의 기능을 활성화시키고 입법전문가를 대폭 확충해 나가는 것이 요구된다. 셋째, 위헌입법과 질 낮은 입법을 가급적 방지하기 위하여 입법의 영향이나 부작용 등을 사전적·사후적으로 평가하는 입법영향평가제도를 적극적으로 도입할 필요가 있다. 끝으로 국회운영의 선진화는 입법과정과 의사절차에 관한 제도적 개선만으로 달성되는 것이 아니라 국회를 구성하는 의원들의 의회주의원리의 본질에 대한 재인식이 필요하며, 서구형의 토론과 타협의 정치문화를 정착시키기 위한 노력이 무엇보다도 우선되어야 할 것이다.

〈본 장의 글은 『공법학연구』 제17권 제4호(한국비교공법학회, 2016. 11) 33~68면에 게재된 논문임〉

제 7 장 국회의 국정통제기능에 대한 검토

Ⅰ. 서 설

현행 헌법의 정부형태와 통치구조에 있어서 국회의 지위와 권한은 과거 1972년 헌법이나 1980년 헌법에 비해 상당히 강화된 것이 특징이다. 헌법상 권력분립원리의 구체적 적용에 있어서 국회와 행정부의 관계는 실질적으로 견제와 균형을 유지할 수 있게 되었으며 국회는 대통령과 대등한 입장에서 국가최고기관성과 국민의 대표기관으로서의 지위를 가지게 되었다고 할 수 있다.[1] 국회는 헌법상 입법기관으로서의 지위뿐만 아니라 국정통제기관의 지위에서 대통령과 정부의 권한행사에 대한 일련의 통제권을 행사함으로써 정부와 권력적 균형을 유지하고 있다. 국회의 국정감사권과 조사권(제61조)을 비롯하여 탄핵소추권(제65조), 국무총리 임명동의권(제86조 제1항), 국무총리 또는 국무위원 해임건의권(제63조), 국무총리·국무위원에 대한 출석·답변 요구권(제62조 제2항) 등은 헌법상 국회의 주요한 국정통제기능을 수행하는 권한에 해당한다. 특히 대통령의 인사권행사에 대한 통제기능으로서 국회의 임명동의 절차와 관련하여 2000년부터 새로 도입된 국무총리와 국무위원 및 주요 공직자에 대한 인사청문회제도는 대통령의 인사권에 대한 효과적인 통제수단으로 자리잡게 되었음은 부인하기 어렵다.

1) 권영성, 헌법학원론, 법문사, 2010, 872면; 김철수, 헌법학개론, 박영사, 2007, 1262면.

이러한 국회의 국정통제수단은 대통령의 권한 남용과 독주를 억제하는 실질적 기능을 수행함으로써 권력분립원리의 견제와 균형을 실현하고 있으나, 다른 한편 국회의 통제권 자체가 불합리하게 행사되거나 남용되는 경우에는 그 부작용과 역기능의 문제가 제기될 수 있다. 예컨대 국회의 국정조사권과 함께 부여된 국정감사권은 서구 의회제도에서는 그 입헌례를 찾아 볼 수 없는 것으로 국정통제기능으로서의 실효성이 매우 강한 것이지만, 한편으로는 국정전반에 대한 정례적인 국정감사가 과다한 감사대상기관의 선정 및 과다한 자료제출 요구 등으로 행정업무의 마비와 공백 등을 초래하게 되는 문제점이 지적되기도 한다.[2] 그리고 김대중 정부에서 처음 도입된 미국형의 인사청문회제도는 지난 10여 년간의 운용과정에서 그 긍정적 평가와 함께 적지 않은 개선과제에 관한 논의가 제기되고 있다. 인사청문회제도가 국무총리후보자를 비롯한 고위공직자의 자질과 공직수행능력 등의 검증을 통하여 부적격자를 걸러냄으로써 대통령의 인사권행사에 대한 적절한 통제기능을 수행하는 데 그 의의가 있으나 실제로 청문회의 운용과정에서는 공직수행에 요구되는 자질이나 능력에 대한 검증을 중심으로 하는 것이 아니라 인사청문회를 '정쟁의 대상'으로 이용하는 등 청문회의 취지가 왜곡되고 있다.[3] 또한 공직비리 등에 대한 공정하고 중립적인 수사를 목적으로 하는 특별검사제 도입도 검찰의 수사권행사에 대한 결정적인 통제기능을 수행하는 점에서 의의가 크다고 할 수 있지만, 대통령의 공무원임면권을 제약하는 빈번한 특별검사제 실시는 권력분립원리에 위배되는 문제점이 지적될 수 있다.[4] 그 밖에 노무현 대통령에 대한 국회의 탄핵사건에서 확인된

2) 정만희, 국정감사제도의 재검토, 공법학연구 제10권 제1호, 2009, 133면 이하.

3) 인사청문회제도의 문제점에 관하여는 손병권, 국회 인사청문회의 정치적 의미, 기능 및 문제점, 의정연구 제16권 제1호, 2010, 20면 이하; 이선우, 인사검증 및 인사청문제도의 현황과 개선방안, 한국인사행정학회보 제12권 제1호, 2013, 23면 이하.

4) 특별검사제는 1999년에 처음 도입되어 그동안 8차례에 걸쳐 특검실시를 위한 법률이 제정된 바 있다. 헌법재판소는 2008년의 이른바 '이명박특검법' 사건에서 대법원장의 추천에 의한 특별검사임명을 합헌이라고 하였으며, 기소독점주의와 기소편의주의에 대한 예외로서 특검사제도를 인정할지의 여부와 특별검사에 의한 수사와 기소여부를 결정하게 하는 것은 국회의 입법재량영역에 해당하는 것이라고 판시하였다(헌재 2008. 1. 10. 2007헌마1468). 최근 2014년 3월에는 '특별검사의 임명 등에 관한 법률'을 제정(2014. 6. 19 시행)하여 상설특검제를 채택하게 되었으며, 특별검사는 특별검사후보추천위원회(법무부차관, 법원행정처 차장, 대한변호사협회장, 국회추천 4명 등 7명으로 구성)에서 2명의 후보자를 대통령에게 추천하도록 규정하고 있다(동법 제3조, 제4조).

바와 같이 당시 국회의 탄핵소추의결은 결국 국민의 여론에 의한 역풍을 맞게 되었으며 탄핵소추권 남용의 문제가 제기된 바 있다.[5]

반면에 헌법상 국회의 국정통제기능이 요구되는 영역에 있어서 그 통제기능이 제대로 작동되지 못하거나 형식적으로 작동됨으로써 대통령과 정부의 권한남용을 억제시키지 못하는 상황도 문제되고 있다. 예컨대 대통령의 사면권행사에 있어서 특별사면의 경우에는 그에 대한 국회의 통제기능이 상당히 제약을 받게 되기 때문에 그 사면제도의 개성방안에 관한 논의가 제기되고 있다.[6] 그리고 국회의 재정에 관한 권한으로서 예산심의·의결권(제54조)과 결산심사권을 비롯한 일련의 국회동의권과 승인권도 국가재정작용에 대한 주요한 통제수단이 되고 있으나, 예산심의·의결이나 결산심사 등이 실질적인 국회의 통제기능으로서 제대로 수행되는지에 대해서도 의문이 제기되고 있다.[7]

오늘날 고도의 행정국가화의 현실에서 행정권의 비대화는 상대적으로 입법기능이 약화 내지 쇠퇴되는 경향을 노정하게 됨에 따라 이러한 의회주의의 위기상황을 극복하기 위해서 국회의 입법기능 대신에 국정통제기능의 강화가 요청되고 있기 때문에 우리 헌법상의 국회의 국정통제기능에 관한 규정들은 의회주의의 활성화와 권력분립원리의 실질화를 위하여 긍정적으로 평가되어야 할 것이다. 특히 우리의 대통령제의 운용에 대하여 과거의 '제왕적 대통령제'로의 회귀를 막기 위해서도 국회의 국정통제기능의 강화는 당연히 요구되는 것이다. 그 밖에 오늘날의 격동기 사회(turbulent society)에 있어서 의회의 행정부에 대한 통제강화의 '정치적 수요'가 확대된다는 관점에서도 행정통제기능의 중요성이

5) 노무현 대통령 탄핵사건에 대한 비판적 검토로는 장영수, 대통령탄핵의 헌법적 쟁점과 우리의 과제, 고려법학 제42호, 2004, 45면 이하; 장영수, 정치적 책임과 법적 책임은 별개의 것이다. 인물과 사상 제30호, 2004, 16면 이하.

6) 대통령의 사면권 행사의 실태와 그 통제방안에 관하여는 고문현, 사면권 행사의 실태분석을 통한 사면권 통제방안, 공법학연구 제11권 제2호, 2010, 3면 이하; 박진애, 헌법에 합하는 사면제도의 모색, 헌법학연구 제15권 제3호, 2009, 321면 이하.

7) 국가재정에 대한 국회의 통제기능에 대한 비판적 분석과 개선방안의 논의에 관하여는 정종섭/황승흠/황성기, 국가재정에 관한 국회의 기능강화 방안에 관한 연구, 국회예산결산특별위원회 연구용역보고서, 2006; 정영화, 헌법상 결산에 대한 국회통제의 비판적 고찰, 세계헌법연구 제14권 제1호, 2008; 박정수, 국회 예산제도 평가와 개선방안, 이화여자대학교 사회과학연구논총 제29권 제1호, 2013; 김용만, 예산법률주의도입을 통한 재정민주주의확립에 관한 연구, 한국행정사학지 제30호, 2012 참조.

강조되고 있다. 즉 오늘날 급변하는 시대상황에 있어 의회가 의안심의과정에서 미처 예상하지 못했던 요인들을 정부가 정책집행 단계에서 반영해야 할 필요성이 커지게 되고 그에 따라 행정권의 자의적 행사의 가능성이 더 커지게 되었기 때문에 여기에 국회의 행정부에 대한 통제의 수요가 그만큼 증대하게 된다는 분석은 설득력이 있다고 할 것이다.[8]

그렇지만 국회의 국정통제에 관한 권한행사도 헌법상 권력분립원리에 의한 일정한 내재적 한계가 있으므로 대통령과 정부의 고유한 권한행사를 침해하지 않도록 국회의 통제권의 오용과 남용을 억제할 필요가 있다. 국회의 국정통제기능을 강조한 나머지 국정운영의 효율성과 안정성을 지나치게 침해하게 되는 것은 국가이익의 관점에서도 문제가 있게 된다. 더욱이 정당정치의 현실에서 이른바 '여소야대'의 분점정부 내지 분열정부(divided government)가 출현하게 되면 야당이 주도하는 국회의 행정부에 대한 강한 통제권의 행사는 국정운영의 정체와 갈등을 초래하게 되는 요인이 된다.[9] 이와 반대로 국회의 국정통제기능이 요구되는 상황에서 실제로 그 기능이 정상적으로 작동되지 못하는 경우에는 그 기능이 활성화되도록 하는 것이 필요하게 된다. 특히 대통령제 하에서 집권당이 국회의 과반수 의석을 확보하는 '여대야소'의 통합정부(unified government)가 나타나는 경우에는 국회의 국정통제기능의 행사가 명목적이거나 형해화되는 경향이 문제로 제기된다. 이러한 여대야소의 경우에는 집권당의 의원들이라 하더라도 의원 개개인이 국민의 대표자의 지위에서 소속정당보다는 국가이익을 우선하면서 정당에 기속되지 않는 자유로운 의정활동을 하는 것이 중요하다.

본고에서는 우리 헌법상 의회주의원리 및 권력분립원리의 실질화와 헌법합치적 운용의 관점에서 국회의 행정부 통제기능과 재정통제기능을 중심으로 그 제도와 실제적 운용상의 문제점을 지적하고 합리적 개선방안에 관한 몇 가지 논점에 한정하여 필자의 소견을 제시하도록 한다. 필자가 국회의 국정통제기능을 검토하면서 국회의 재정에 관한 권한을 포함하여 다루는 것은 재정에

8) 박재창, 한국의회개혁론, 오름, 2004, 47~49면.

9) 여소야대의 분열정부 내지 분점정부에 대한 헌법적 평가로는 정만희, 대통령제에 있어서 분열정부의 헌법문제, 헌법학연구 제14권 제2호, 2008, 391면 이하.

관한 국회의 권한과 기능이 넓은 의미의 국정통제기능에 속하는 것으로 볼 수 있기 때문이며, 국회의 국정통제기능의 강화 내지 활성화의 관점에서 재정통제기능의 중요성이 매우 크다고 판단하기 때문이다.

Ⅱ. 국회의 국정통제기능의 헌법적 구조와 성격

1. 권력분립원리에 기초한 국회와 행정부와의 관계

우리 헌법은 대통령제 중심의 정부형태를 채택함으로써 통치구조에 있어서 권력분립원리가 엄격하고 경성적(硬性的)으로 적용되고 있는 것이 특징임은 주지하는 바와 같다. 이러한 경성적 권력분립의 적용 하에서 입법기관인 국회는 집행부의 수반인 대통령과의 관계에서 기본적으로 상호 대등한 입장에서 권력적 균형을 유지하고 있다. 입헌주의헌법의 최고원리인 국민주권원리를 구현하는 방법으로서 의회주의를 핵심으로 하는 대의제원리는 국회가 국민대표기관의 지위에서 입법권을 비롯하여 재정에 관한 권한 및 광범위한 국정통제권을 행사하도록 한다. 의회주의를 통치구조의 기본원리로 하고 있는 헌법하에서 국민은 그 대표기관인 의회를 통하여 주권자로서의 정치적 의사를 간접적으로 실현하고, 의회는 대의기관으로서 다수결원리에 따라 규범적 국가의사를 결정하게 된다.[10)]

국회는 국민대표기관으로서 국가최고기관의 성격을 가지게 되지만 대통령제 정부형태에 있어서 국회만이 유일한 국민대표기관이며 국가최고기관의 지위를 가진다고 볼 수는 없다. 대통령제의 본질적 특징은 국회와 대통령의 관계가 국민으로부터 2원적인 민주적 정당성(dual democratic legitimacy)을 부여받고 있다는 데에 있으므로 국회는 대통령과 수평적 관계에서 상호 견제와 균형을 유지하여야 하는 것이 기본적으로 요청되는 것이다.[11)] 이 점에서 대통령의 권한

---

10) 의회주의원리에 관한 상세는 정만희, 헌법과 통치구조, 법문사, 2003, 19면 이하.

11) 대통령제의 원리가 의회와 정부의 구성에 있어 이러한 2원화된 민주적 정당성에 기초하기 때문에 의회와 정부간의 대립과 갈등이 불가피하다는 점에서 의원내각제를 선호하는 입장에서는 이를 대통령제의 단점으로 보고 있으나, 대통령제를 선호하는 입장에서는 이러한 2원적 민주적 정당성에 기초한 의회와 행정부 간의 상호견제(mutual checks)가 오히려 국정운영의 수준을 높일 수 있는 장점적 요소로 작용한다고 주장한다. Mathew Soberg Shugart & John M. Carey, President Assemblies: Constitutional Design and Electoral

남용과 독주를 억제하기 위한 국회의 행정부에 대한 통제기능은 매우 중요한 의미를 가지게 된다. 말하자면 견제와 균형의 원리에 기초하여 국회는 국정통제기관으로서의 성격이 부각될 수밖에 없으며 국회의 국정통제기능은 '대정부 통제기능'에 중점을 두게 된다.12)

이처럼 대통령제의 원리가 국회와 대통령의 상호 독립에 기초하여 수평적 관계에서 권력에 의한 권력의 통제를 본질로 하는 것이지만 우리의 현행헌법 하에서의 대통령과 국회의 관계는 완전한 수평관계로 보기 어렵다. 즉 우리의 대통령제는 대통령제의 원형인 미국 대통령제에 비하여 대통령의 국회에 대한 상대적 우월형의 정부형태라고 할 수 있다.13) 헌법상 대통령은 행정부의 수반의 지위뿐만 아니라 국가원수로서 실질적인 국정의 조정·통합자로서 강력한 권한들을 행사한다. 대통령에 부여된 국가긴급권으로서 긴급명령권(제76조 제2항)과 긴급재정경제처분권 및 명령권(제76조 제1항), 계엄선포권(제77조)과 국민투표부의권(제72조) 등은 의회주의와 법치주의에 대한 예외를 인정하는 것으로 이러한 권한들은 대통령의 우월적 지위를 전제로 하는 것이라 할 수 있다.

그러나 이러한 대통령의 긴급권은 국가비상사태나 국가위기 상황에서 발동될 수 있는 것이며 그 경우에도 국회에 의한 사후통제장치(제76조 제3항~제4항, 제77조 제5항)를 헌법에서 직접 규정하고 있다. 그러므로 평상시에 있어서 국회는 대통령과 대등한 지위에 있으며 국가위기시에도 국회의 대통령의 긴급권행사에 대한 통제기능이 작동하도록 규정한 것을 볼 때 결코 대통령의 지위가 국회에 대하여 항상 우월적 지위에 놓이는 것은 아니라고 할 것이다.14) 특히 1987년 헌법 이후의 빈번한 여소야대현상에 따른 국회의 강력한 통제기능이 발휘되는 정치현실에서는 결코 대통령의 우월적 지위를 단정적으로 말하기 어렵다고 할 것이다.15)

Dynamics,1992, p.48.

12) 성낙인, 헌법학, 법문사, 2014, 412면.

13) 권영성, 앞의 책, 872면; 정종섭, 헌법학원론, 박영사, 2014, 952면.

14) 다만 국가위기시가 아닌 평상시에도 대통령은 법률안제출권, 국민투표부의권, 헌법개정안 제안권 등을 통해 국회에 대한 우월적 지위를 갖게 되는 점은 부인하기 어렵다. 이러한 관점에서 정종섭 교수는 국회의 현행 헌법상 행정부 통제기능만으로는 현실적으로 대통령의 권력우위를 통제하기에는 부족한 면이 있다고 지적하고 있다. 정종섭, 앞의 책, 952면.

15) 이와 같은 맥락에서 1987년 헌법체제 이후 우리의 대통령제의 핵심적 문제는 제왕적 대통

2. 국회기능의 변질과 국정통제기능의 중요성

근대 의회주의의 성립 이후 각국 의회는 기본적으로 입법기능과 국정통제기능(재정통제기능 포함)을 중심으로 국정의 중심에서 활동하여 왔으나, 오늘날 행정국가화의 진전과 복지국가 내지 사회국가의 등장에 따른 행정권의 비대화는 결과적으로 의회의 입법기능이 약화되고 행정부에 의한 위임입법이 증대되면서 실질적인 입법의 주도권을 행정부가 갖게 되는 현상이 두드러지게 되었다. 20세기 이후의 이러한 행정국가와 적극국가의 경향에 따른 의회의 입법기능의 약화와 통법부화(通法府化)는 의회주의의 위기상황을 맞게 되는데, 이러한 의회주의 위기의 극복 방안으로 의회의 입법기능 대신에 국정통제기능의 강화를 절실히 요청하게 되었다. 즉 의회의 국정통제기능의 강화는 의회주의의 위기를 극복하기 위한 헌법적 과제로서의 의미를 갖는 것이다.[16] 다시 말하면 의회의 지위가 저하되고 있는 현대국가적 상황에서 의회에 가장 기대되는 역할은 "집행부에 대한 감독과 통제"라고 할 수 있다.[17] 의회는 국민 다수의 희망이나 불만을 토론의 광장에 반영시켜 권력의 남용으로부터 국민의 자유를 수호하고 토론을 통한 여론형성을 지도하며 법률집행을 감독하는 데에서부터 의회주의가 기능할 수 있는 길을 찾을 수 있는 것이다.[18]

우리 헌법의 의회주의에 있어서도 국회입법의 원칙을 규정(제40조)하고 있으나 동시에 행정입법으로서 대통령령(제75조)과 총리령·부령(제95조)을 근거로 하여 광범위하게 법규명령이 제정되고 있다. 더욱이 우리 헌법은 제52조에 "국회와 정부는 법률안을 제출할 수 있다"라고 규정하여 국회만이 법률안 제출권을 갖는 것이 아니라 정부도 법률안제출권을 행사할 수 있도록 하고 있다. 이 규정은 의원내각제적 요소로서 대통령제원리와 부합되기 어려운 제도이지만 이

령의 폐해가 아니라 모든 대통령이 임기 초반의 제왕적 대통령에서 18~24개월 사이의 시점을 전후하여 급격하게 레임덕 대통령으로 전락하여 대통령의 통치력을 상실한다는 데 있다는 분석은 대통령제의 개선방안의 논의에 크게 참고될 수 있다. 장훈, 20년의 실험－한국 정치개혁의 이론과 역사, 나남, 2010, 205~230면.

16) 김철수 교수도 정부형태의 여하와 관계없이 오늘날 국회의 정부에 대한 정책통제기능이 가장 중요한 기능이라고 한다. 김철수, 헌법과 정치, 진원사, 2012, 335면.

17) 芦部信喜, 議會政治と國民主權, 法學セミナー 增刊/現代議會政治, 1977, 21면.

18) 정만희, 앞의 책(주10), 30면.

러한 정부의 법률안제출권 보장은 정부가 실질적으로 입법과정을 주도하게 되어 의회의 입법기능의 형해화를 초래하는 요인이 될 수 있다.[19]

이렇게 본다면 우리의 의회주의의 현실에 있어서 그 발전방향의 모색은 의회의 본질적 기능인 입법기능의 정상화에도 관심을 가져야 하겠지만 그보다는 국정통제기능의 활성화와 합리화에 초점을 맞추는 것이 필요하게 된다. 근대입헌주의헌법시대 이래의 헌법이란 뢰벤슈타인이 기술한 바와 같이 "권력과정의 통제(control of power process)를 위한 기본적 수단"를 의미하는 것이다.[20] 여기서 권력통제의 핵심을 이루는 것은 권력분립에 입각한 기관간의 수평적 통제(horizontal control)를 말하며, 그 중에서 특히 민주적 정당성에 기초한 의회의 정책통제는 국민주권과 대의제민주주의 원리를 구현하고 국민의 기본권보장을 실현하는 불가결의 요소를 의미하는 것이다.

3. 국회의 국정통제기능의 유형

(1) 행정부에 대한 통제와 사법부에 대한 통제

국회의 국정통제기능은 우선 행정부에 대한 통제와 사법부에 대한 통제로 나누어 볼 수 있다. 국회의 국정통제의 핵심적 기능은 대통령과 정부에 대한 통제기능을 의미하지만 헌법상의 권력분립원리에 의하여 국회는 사법부에 대하여도 일정한 통제기능을 수행한다. 국회의 행정통제기능는 각국 헌법의 통치구조에 따라 다르게 규정될 수밖에 없으며 정부형태의 선택여하에 따라 행정통제의 방법과 정도는 다르게 나타난다. 의원내각제에 있어서는 의회를 중심으로 국정이 운영되며 집행부를 의미하는 내각이 의회의 신임을 기초로 구성되고 의회의 내각불신임권에 의해 강한 행정통제가 이루어지고 있으나, 대통령제에 있어서는 의회와 행정부의 상호독립의 원칙에 따라 의회의 행정통제는 상대적으로 약하다고 할 수 있다. 그러나 우리 헌법은 순수한 대통령제를 채택하고 있는 것이 아니라 의원내각제적 요소가 가미된 혼합형의 정부형태를 의미하기 때문에 이 점

19) 최근의 헌법개정논의에서도 정부의 법률안제출권의 문제점을 지적하고 그 폐지를 주장하는 견해가 우세하다고 할 수 있다. 헌법연구자문위원회, 결과보고서, 2009, 141면 이하; 정만희, 현행 헌법상 정부형태의 의원내각제적 요소에 대한 검토, 동아법학 제44호, 2009, 60~63면.

20) K. Loewenstein, Political Power and the Governmental Process, 2nd ed., 1965, p.123.

에서 국회의 행정통제기능은 상대적으로 강하다고 할 수 있다. 예컨대 국회의 국무총리 및 국무위원에 대한 해임건의권은 대통령제의 요소로 보기 어려우나 국회에 의한 행정통제기능을 수행한다는 점에서 의의가 있다고 할 수 있다.[21]

국회의 사법통제기능에 있어서는 사법부구성과 관련하여 대법원장과 대법관의 임명동의권, 헌법재판소장 임명동의권, 헌법재판소 재판관 3인의 선출권 등이 있으며, 법원과 헌법재판소의 설치 조직에 관한 법률제정으로 사법부를 통제할 수 있다. 또한 법관이나 헌법재판관의 직무집행에 있어서 헌법이나 법률에 위배될 때에는 탄핵소추권을 통하여 사법부를 통제할 수 있으며, 사법부의 운영과 관련하여 법원과 헌법재판소의 예산안의 심의·의결권을 행사하고, 국정조사·감사권을 행사하여 사법행정에 대한 통제가 이루어질 수 있다. 그러나 국회의 사법부통제는 헌법상 사법권의 독립의 원칙에 따른 일정한 한계가 있으므로 재판의 내용에 관여하기 위한 국정조사나 국정감사는 허용될 수 없음은 물론이다.

위와 같은 국회의 국정통제기능 중에서 사법부에 대한 통제는 사법부의 구성에 관한 통제와 사법행정에 대한 통제를 의미한다. 그리고 사법작용은 본질적으로 국민의 권리구제를 통하여 기본권을 실현하는 '기본권보호자로서의 기능'을 갖는 것이므로 행정작용의 '잠재적 기본권침해자로서의 기능'과 구별되기 때문에[22] 사법부에 대한 국회의 통제는 행정부에 대한 통제만큼 강한 권력적 통제를 요하지 않는다고 할 수 있다. 따라서 국회의 국정통제기능은 행정부에 대한 통제가 중심이 될 수밖에 없으며, 특히 우리의 대통령우월형의 정부형태에 있어서 대통령과 정부의 권력남용을 억제하기 위한 국회의 행정통제기능은 중요한 의미를 가지게 된다.[23] 본고에서는 국회의 국정통제기능을 사법부에 대한 통제기능 제외한 행정부에 대한 통제기능을 중심으로 다루도록 한다.

(2) 국회의 국정통제기능과 재정통제기능

전술한 바와 같이 국회의 국정통제기능은 일반적으로 행정부에 대한 통제

21) 우리 헌법의 대통령제에 있어서 의원내각제 요소가 갖는 순기능과 역기능에 관해서는 정만희, 앞의 논문(주19), 37면 이하.

22) 헌재 1997. 12. 24. 96헌마172등.

23) 성낙인, 앞의 책, 412면.

기능과 사법부에 대한 통제기능을 내용으로 하지만, 헌법상 국회의 재정에 관한 권한들은 국가재정에 대한 통제기능으로 이해할 수 있으므로 이 재정통제기능을 넓은 의미의 국정통제기능 속에 포함시켜 설명할 수 있다. 다시 말하면 국회의 예산안의결권 등과 같은 재정에 관한 권한은 본래 정책결정기관으로서의 국회의 지위에서 행사되는 권한이지만 오늘날 정책통제기관으로서의 국회의 지위가 강조되면서 그것은 정책통제 권한에 해당한다고 할 수 있다.[24] 따라서 국회의 재정통제기능은 국정통제기능 내지 정책통제기능에 포함되는 개념으로 볼 수 있다.

국회의 재정에 관한 권한에 해당하는 조세입법권, 예산심의·의결권, 결산심사권 등은 의회주의의 성립과정에서부터 의회에 부여된 본질적 권한을 의미하는 것으로서 이러한 재정에 관한 권한은 국민에 대한 조세부과를 법률로 정하도록 하고 정부가 편성한 예산안을 국회가 심사하여 확정하도록 하여 국가재정작용에 대한 중요한 통제기능을 수행한다. 재정작용은 본질적으로 국민의 재산권을 제한하는 등 기본권보장과 관련하여 커다란 영향을 미치게 되기 때문에 정부의 재정행위에 대해 국회의 관여와 통제가 불가피하게 요청되는 것이다. 본고에서는 국회의 재정에 관한 권한을 광의의 국정통제기능에 내포되는 재정통제기능의 관점에서 다루도록 한다.

4. 정당정치와 국회의 국정통제기능의 양면성

(1) 정당국가화에 따른 권력의 통합과 국정통제기능의 소극성

헌법상 권력분립원리에 입각한 국회와 정부간의 견제와 균형을 유지하기 위한 권력적 통제기능은 오늘날 정당국가적 민주주의에 있어서 상당히 변질되는 문제가 있다. 즉 정당정치의 보편화에 따라 정당(집권당)을 매개로 하여 입법권과 행정권이 통합되는 현상이 나타나게 됨으로써 헌법상 의회의 국정통제기능은, 집권당이 의회의 다수당인 경우에는, 사실상 의회내의 소수정당인 야당이 담당하게 된다. 그렇게 되면 의회의 국정통제기능은 활성화되지 못하고 소극성을 띨 수밖에 없게 된다. 이러한 현상은 대통령제뿐만 아니라 의원내각제 정부형태에 있어서도 마찬가지로 나타나게 되는 문제라 할 수 있다. 영국과 같은 양

24) 양건, 헌법강의, 법문사, 2011, 826면.

당제의 의원내각제 하에서 집권당은 의회와 내각을 장악함으로써 정당을 통한 권력의 집중과 통합현상이 나타나게 되고 이러한 권력의 통합현상은 결과적으로 의회의 행정통제기능이 약화될 수밖에 없게 된다.[25)]

우리의 헌정사에 있어서 1987년 헌법 이전의 경우에는 대통령선거에서의 집권당이 항상 국회의 다수당을 유지하였기 때문에 이러한 집권당에 의한 권력의 통합은 사실상 국회의 국정통제권한을 행사하지 못하였으며 따라서 국회는 '행정부의 시녀'에서 벗어나지 못하였던 것이다. 이와 반대로 미국의 정당정치에 있어서는 집권당이 의회의 다수당이 되는 통합정부(unified party government)의 현상이 나타나더라도 의회는 실질적으로 행정부를 통제하고 비판하는 기능을 제대로 수행하고 있는 것이 특징적인 현상이다. 이러한 미국형의 정당정치와 의회주의의 운용은 의원들이 소속정당에 기속되지 않고 자유위임의 원칙에 입각한 의원의 자유로운 의정활동이 보장되기 때문이다.[26)]

따라서 우리의 정당정치에 있어서도 집권당이 의회의 과반수의석을 확보한 여대야소라 하더라도 여당소속 의원들은 정당기율에 철저하게 기속될 것이 아니라 국회의 의결과정에 사안별로 자유투표가 보장되도록 하여야 하며, 헌법 제46조 제2항에 규정된 국가이익우선의 의무를 준수하면서 국회의원의 양심에 따라 직무를 수행해야 할 것이다. 국회법은 제114조의2에 "의원은 국민의 대표자로서 소속정당의 의사에 기속되지 아니하고 양심에 따라 투표한다"라고 하여 국회의원의 자유위임 내지 무기속위임의 원칙에 입각한 자유투표를 규정하고 있으나, 우리의 정당정치는 의원에 대한 정당기율이 강하기 때문에 이러한 자유투표를 기대하기 어렵다. 또한 국회법상 국회의 표결방법(제112조)으로 전자투표에 의한 기록표결을 원칙으로 하고 무기명투표가 예외로 인정되고 있기 때문에 실제로 자유투표의 원칙이 실현되기 어려운 것이 문제이

---

25) 영국의 양당제와 의원내각제의 운용에 있어서 의회에 대한 내각의 우위와 내각의 독재화의 위험성에 관한 논의로는 정만희, 앞의 책(주10), 85~88면.

26) 미국의 정당정치는 20세기에 접어들어 정당에 대한 충성과 결속력이 크게 약화된 것이 특징인데, 그 원인은 정치개혁에서 찾을 수 있다는 분석이 있다. 1913년 수정헌법 제17조에 의한 연방 상원의원의 직선제는 정당의 결속에 타격을 가하였으며, 대통령후보지명에 있어 직접 예비선거의 도입은 정당의 보스와 조직이 정치과정을 지배할 수 없게 됨에 따라 헌법상 권력분립원리의 원심적 경향을 중화시켜왔던 정당의 기능이 상실되었다는 것이다. 상세한 내용은 정만희, 앞의 책(주10), 122면 이하.

다.[27] 물론 정당소속 의원에게 자유투표를 최대한 허용하게 되면 정당의 정체성과 결속력이 침해될 우려가 없지 않으나, 정당의 정체성은 정당조직이 국민 속에 뿌리를 내리고 일반 당원의 저변이 확대되어 국민의 신뢰를 받게 될 때 확고하게 정립되는 것이며 소속의원의 양심에 따른 자유투표가 곧 정당의 정체성을 침해하는 것이라 할 수 없다. 다만 표결과정의 투명성이나 표결에 대한 의원의 책임성을 강조하는 입장에서는 전자투표에 의한 기록표결을 확대해 나가는 것이 필요하다고 하지만, 그렇게 하는 경우 의원의 자유위임과 자유투표의 원칙이 훼손될 수 있으므로 자유투표의 원칙을 우선하면서 표결의 투명성과 책임성 확보를 조화적으로 실현할 수 있는 방안을 모색하는 것이 필요하다.[28]

(2) 분점정부와 국정통제기능의 적극성

국회의 국정통제기능은 이른바 '여소야대'의 분점정부상황에서 더욱 활성화될 수 있다고 볼 수 있다. 야당이 단일정당의 형태이든 2개 이상의 야당이 결합하여 과반수 의석을 점하게 되면 국회는 임기동안 지속적으로 정부와 충돌하고 갈등관계를 이어가게 된다. 이러한 대립관계에 있어서 국회는 야당이 중심이 되어 정부에 대한 통제권한을 실질적으로 행사하게 되지만, 경우에 따라서

27) 국회법 제112조에 의하면 표결할 때에는 전자투표에 의한 기록투표로 가부를 결정하고 다만 투표기기의 고장 등 특별한 사정이 있을 때에는 기립표결로 결정할 수 있으며(제1항), 중요한 안건으로 의장의 제의 또는 의원의 동의로 본회의의 의결이 있거나 재적의원 5분의 1이상의 요구가 있을 때에는 기명·호명 또는 무기명투표로 표결한다(제2항). 그리고 대통령으로부터 환부된 법률안과 기타 인사에 관한 안건, 국회에서 실시하는 각종 선거, 국무총리 또는 국무위원에 대한 해임건의안에 대해서는 무기명투표로 표결하여야 하며(제5항~제7항), 헌법개정안은 기명투표로 표결한다(제4항). 이 규정에 의하면 무기명투표를 하는 경우는 제한되어 있으며, 전자투표에 의한 기록투표를 원칙으로 하고 있다. 학계에서는 투표과정의 투명성과 투표의 책임성 등을 이유로 전자투표에 의한 기명투표의 확대를 주장하는 견해가 우세하지만 이는 자유투표의 보장과 관련하여 문제가 있다고 본다. 표결의 투명성 강화를 주장하는 견해로는 홍완식, 의원입법에 대한 합리적인 통제방안, 저스티스 제106호, 2008, 125면.

28) 헌법재판소는 국회의원의 자유위임과 정당기속과 관련하여 국회의원이 당론이나 정당기속에 위반하는 정치활동을 한 이유로 제재를 받더라도 그것은 헌법상 용인될 수 있는 정당내부의 사실상의 강제라고 하고, 의원의 자유위임이 정당의 지시에 기속되는 것을 배제하는 근거가 되는 것이 아니라고 판시하고 있다(헌재 2003. 10. 30. 2002헌라1). 그러나 이러한 헌재의 논리가 정당화되기 위해서는 정당의 민주화, 즉 당내민주주의 확립이 전제되어 당론의 상향적 의사결정과정이 보장되어야 하는데 당내민주주의가 전제되지 않은 채, 소속의원에 대한 정당의 사실상의 강제를 용인하는 것은 의원의 자유위임의 원칙을 침해할 위험성이 크다고 할 것이다.

는 통제권을 남용하게 되어 국정의 혼란과 교착상태를 초래할 수도 있다. 미국 대통령제를 보면 양당제의 전통 속에서 대통령이 속한 집권당이 의회의 다수당이 되지 못한 경우, 즉 서로 다른 정당이 입법부와 행정부를 각각 지배하는 상황을 의미하는 분점정부 내지 분열정부(divided government)는 오늘날 거의 보편적인 현상으로 나타나고 있다.29) 이러한 분점정부에 대해서는 대통령과 의회간의 대립과 갈등, 정국의 교착상태 등을 초래하게 된다는 비판적 시각이 존재하지만, 그 반대로 분열정부 현상은 강력한 대통령에 대한 견제를 위하여 유권자가 의도적으로 형성시킨 것으로 긍정적으로 평가해야 한다는 견해도 상당한 지지를 받고 있다.30)

대통령제의 핵심적 개념요소를 의미하는 의회와 행정부간의 '견제와 균형'에 입각한 의회의 행정통제권한은, 오늘날 정당을 통한 권력의 집중과 통합이 이루어지기 쉬운 정당제민주주의의 현실에 있어서는, 통합정부의 경우보다는 분점정부의 경우에 보다 더 실질적으로 행사될 수 있으며 그에 따라 대통령의 독재화나 제왕적 대통령제로의 변질을 막을 수 있는 긍정적인 측면을 부정할 수 없다. 우리나라 헌정사에 있어서 1988년 제13대 총선결과 최초로 여소야대가 등장한 이후의 빈번한 여소야대의 출현으로 말미암아 과거 권위주의시대의 제왕적 대통령제의 운용을 찾아보기 어렵게 된 것도 바로 그러한 이유 때문이라고 할 수 있다. 따라서 분열정부현상에 대해서는 그것이 대통령제의 운용에 있어 의회가 행정통제기능을 충실히 발휘할 수 있는 긍정적 요인이 되고 있음을 인식할 필요가 있다.31)

국회의 국정통제기능으로서 강력한 수단에 해당하는 대통령에 대한 탄핵소추의결이 노무현 정부 때 헌정사상 최초로 행해진 것도 당시 국회는 여소야

---

29) 분점정부는 20세기 후반부터 미국정치의 두드러진 특징이 되고 있다. 1946년부터 1990년까지의 22회 연방선거(대통령선거와 연방의회선거 포함)를 보면 9회의 선거결과에서만 통합정부가 출현하였고 나머지 13회는 분점정부를 출현시켰다. 그 중 10회의 선거결과는 공화당의 대통령과 민주당의 연방 상하원 의회로 분점정부가 나타났으며, 3회는 공화당이 대통령과 상원을 지배하고 민주당이 하원을 지배하는 분점정부가 등장하였다. 미국의 분점정부에 관한 대표적인 문헌은 Robert Elgie ed., Divided Government in Comparative Perspective, Oxford Univ. Press, 2001 참조.

30) 상세는 정만희, 앞의 논문(주9), 398면 이하.

31) 정만희, 앞의 논문(주9), 409면 이하.

대의 상황에서 가능하였던 것이다.[32] 노무현 대통령에 대한 탄핵심판사건에서 나타난 바와 같이 여소야대의 상황에서 국회와 정부가 첨예하게 대립하게 되면 국회의 정부에 대한 통제기능은 적극적으로 작동될 수밖에 없으며 나아가 국회의 국정통제권이 남용되는 문제가 발생하게 된다. 노무현 대통령에 대한 탄핵소추를 주도한 야당들이 국민의 지지를 얻지 못한 가운데 탄핵소추권을 남용한 결과 역풍을 맞게 되어 소수당으로 전락하게 된 사실에서도 분점정부에서의 국정통제권의 남용문제는 한국의 정당정치와 의회주의의가 극복해야 할 과제라 아니할 수 없다.

Ⅲ. 국회의 행정부 통제기능과 그 문제점

1. 국회의 행정부 통제에 관한 권한

(1) 국회의 입법권에 의한 행정통제

국회의 행정통제기능에 있어서는 우선 국회의 입법권행사에 의한 행정통제를 생각할 수 있다. 국회는 그 본질적 권한인 법률의 제정을 통해 적극적으로 정부를 통제할 수 있으며, 그 반대로 정부제안의 입법을 거부함으로써 소극적으로 정부를 통제할 수 있게 된다. 또한 국회의 법률안에 대해 정부가 거부권을 행사하는 경우에도 국회가 특별정족수로 재의결(제53조 제4항)함으로써 행정통제기능을 수행할 수 있다. 입법부와 행정부의 관계에서는 기본적으로 "입법부가 제정한 법률에 따라 행정부가 그 집행을 하도록 함으로써 입법부에 의한 행정권력의 통제가 이루어지도록 하는 것이 권력분립원리에 부합"함은 당연하다.[33] 이 점에서 국회의 입법기능과 행정통제기능은 별개의 기능이 아니라 상호 밀접한 관련성을 가지는 것이라 할 수 있다. 학계에서는 일반적으로 국회의 입법권과 국정통제권을 구별하고 있지만 입법권이 국정통제적 기능을 수행한다

32) 노무현 대통령이 2003년 2월 취임한 당시 국회는 야당인 한나라당과 민주당이 과반수 의석을 확보한 상황이었고 2004년 3월 한나라당과 민주당은 공조하여 대통령탄핵소추를 의결하였다. 탄핵소추의결 직후 2004년 4월 제17대 총선에서 여당인 열린우리당이 152석의 과반수의석을 확보하게 되었고 탄핵소추를 주도한 두 야당은 다수파의 지위를 잃게 되었다.

33) 헌재 2005. 12. 22. 2005헌바50.

는 점은 틀림이 없다고 할 수 있다. 입법작용에 의한 정부통제로는 기본권제한에 있어서 법률유보의 원칙, 조세법률주의, 포괄적 위임입법금지 등을 들 수 있다.[34]

국회의 입법에 의한 국정통제기능을 제대로 수행하기 위해서는 국회의 입법 그 자체에 대한 통제가 요구된다. 국회입법에 대한 핵심적 통제수단으로 위헌법률심판과 같은 사법적 통제가 있지만, 입법부 자체에 의한 기관내적 통제도 중요한 의미를 가진다. 특히 최근의 의원입법의 양적 증대는 부실입법과 졸속입법을 양산할 우려가 있으므로 의원입법에 대한 합리적인 통제방안이 강구되어져야 할 것이다.[35]

(2) 행정부 구성에 대한 통제권

현행 헌법상 행정부 구성에 있어서 국회의 통제권한으로는 첫째, 대통령의 국무총리임명에 대한 국회의 동의권(제86조 제1항)과 감사원장임명에 대한 동의권(제98조 제2항)이 있다. 국회는 행정부의 구성뿐만 아니라 사법부의 구성에 있어서도 대법원장과 대법관에 대한 임명동의권(제104조 제1항, 제2항), 헌법재판소장 임명동의권(제111조 제4항) 등을 통해 국가기관구성에 있어서 통제기능을 수행한다. 이러한 행정부와 사법부의 구성에 있어 국회의 동의권행사는 인사청문회절차를 통해 대통령의 인사권에 대한 실질적 통제기능을 담당하게 된다. 국무총리임명에 있어서 문제가 되는 것은 국회의 사전 동의를 받지 아니하고 대통령이 국무총리서리를 임명하는 행위에 관한 것이다. 과거 역대 정권에서 정치적 관행으로 대통령의 국무총리서리 임명을 인정해 왔으나 그러한 서리임명행위는 헌법 제86조 제1항에 반하는 것으로 위헌임을 면하기 어렵다.[36]

둘째, 대통령선거에 있어서 극히 예외적인 경우로서 유권자의 투표결과 최

---

34) 장영수, 국회의 기능 활성화와 제어, 공법연구 제32집 제5호, 2004, 116면 이하.

35) 홍완식, 앞의 논문(주27), 109면 이하.

36) 1998년 김대중 대통령은 취임 후 김종필 씨를 총리서리로 임명하였으나 당시 야당의원들은 총리서리임명행위는 국회 및 국회의원의 헌법상 권한인 국무총리임명동의권을 침해하여 위헌이라고 주장하여 권한쟁의심판을 청구하였고 이에 대해 헌법재판소는 각하결정을 내림으로써 이 문제에 대한 위헌여부의 판단을 회피하게 되었다(헌재 1998. 7. 14. 98헌라1). 그러나 학계의 입장은 대통령의 국무총리서리임명행위는 위헌이라는 것이 지배적 견해이다. 상세는 정만희, 앞의 책, 229면 이하.

고득표자가 2인 이상인 때에는 국회가 대통령을 선출할 권한을 가진다(제67조 제2항). 그러나 대통령제의 원리에 비추어 예외적인 국회 간선제는 체계적 정당성에 부합되지 않는 것이라 할 수 있다. 셋째, 국회의 국무총리와 국무위원에 대한 해임건의권(제63조 제1항)도 행정부 구성에 관한 통제기능의 관점에서 이해할 수 있다. 이 해임건의권은 대통령의 보좌기관에 대한 국회의 책임추궁의 수단이지만 동시에 행정부의 구성에 대한 통제기능을 수행하게 된다.

(3) 행정부의 권한행사에 대한 통제권

국회의 행정통제기능의 핵심적 내용은 대통령과 정부의 헌법상 권한행사에 대한 통제기능을 의미한다. 대통령의 권한행사에 대한 강력한 통제기능으로는 첫째, 탄핵소추권(제65조 제1항, 제2항)을 들 수 있다. 종래의 탄핵제도는 헌법상의 장식물에 불과한 것으로 간주되기도 하였으나 노무현 대통령에 대한 탄핵소추의결과 헌법재판소의 탄핵심판을 통해 탄핵소추권이 결코 국회의 형식적이고 명목상의 권한이 아니라 실질적이고 결정적인 통제권한임을 확인하게 되었다. 헌법상 탄핵제도는 국회의 국정통제수단으로서 중요한 기능을 수행함은 물론이고, 고위공직자에 의한 헌법침해로부터 헌법을 수호하는 기능을 담당하며 나아가 책임정치의 구현이라는 측면에서도 중요한 의미를 가지는 제도이다.[37)]

둘째, 국회의 국정조사권 및 감사권(제61조)은 대통령과 정부에 대한 중요한 통제기능을 수행한다. 일반적으로 국회의 국정조사권은 국회의 본래적 권능을 행사하는 데 요구되는 부수적 권한으로서 당연히 인정되는 권한이지만, 국정감사권은 외국의 입헌례를 찾아 볼 수 없는 것으로 한국의 의회제에서만 볼 수 있는 특유한 제도이다. 이 국정감사권은 실질적으로 강력한 행정통제수단으로 기능한다는 점에서 긍정적으로 평가할 수 있지만 반면에 행정의 마비와 공백을 초래하는 등 부정적 측면이 문제되고 있다.[38)]

셋째, 국회의 국무총리·국무위원에 대한 해임건의권도 행정부의 권한행사에 대한 통제기능을 수행한다. 헌법 제63조 제1항은 "국회는 국무총리 또는 국무위원 해임을 대통령에게 건의할 수 있다"고 규정하여 대통령을 보좌하는 국

37) 탄핵제도에 관하여는 이승우/정만희/음선필, 탄핵심판제도에 관한 연구, 헌법재판연구 제12권, 2001, 참조.

38) 이관희, 국정감사제도의 문제점과 개선방안, 공법연구 제27집 제3호, 1999, 139면 이하.

무총리와 국무위원에 대하여 국회가 정치적 책임을 추궁함으로써 대통령과 행정부를 견제할 수 있도록 하고 있다. 이러한 국회의 해임건의권은 대통령제 정부형태에서는 인정되기 어려운 것으로 의원내각제적 요소로 간주되는 것이다. 다만 이 제도는 국회가 국무총리나 국무위원에 대한 해임건의를 의결하더라도 그 해임건의가 법적 구속력이 없기 때문에 의원내각제에서의 국무총리 해임의결제도와는 구별된다. 헌법재판소도 현행 헌법상의 해임건의권을 법적 구속력이 없는 것으로 보고 있다.[39] 그러나 이 해임건의권의 해석에 있어서 법적 구속력을 인정해야 한다는 학계의 견해가 있다. 즉 해임건의권은 임기 중 책임을 지울 수 없는 대통령 대신에 국무총리와 국무위원에게 책임을 물어 대통령을 견제하기 위한 목적에서 채택된 의원내각제 요소의 수용으로 이해하여야 한다는 것이다.[40] 그리고 해임건의제도를 헌법상 제도로 명시한 것은 이 제도가 헌정질서에서 유효하게 기능할 것을 전제로 한 것이지 단순히 그 효과가 사실상 무의미한 상황을 염두에 두고 설정된 제도로 이해해서는 안 된다는 견해도 있다.[41]

넷째, 국무총리·국무위원에 대한 국회의 출석요구도 행정부에 대한 통제기능을 수행한다. 국회나 그 위원회의 요구가 있을 때에는 국무총리·국무위원 또는 정부위원은 출석·답변하여야 하며, 국무총리 또는 국무위원이 출석요구를 받은 때에는 국무위원 또는 정부위원으로 하여금 출석·답변하게 할 수 있다(제62조 제2항). 이 제도는 대통령과 행정부에 대한 국회의 견제장치이며 동시에 국회와 행정부간의 의사소통을 원활하게 하는 기능을 수행한다. 대통령제에 있어서는 국회와 대통령간의 대화의 단절과 오해가 발생하기 쉽기 때문에 이 출석요구제도를 생산적으로 활용하는 것은 의미가 있다.[42]

다섯째, 대통령의 긴급명령 등에 대한 국회의 승인권(제76조 제3항)과 대통령의 계엄선포에 대한 국회의 계엄해제요구권(제77조 제4항)은 대통령의 국가긴급권에 대한 중요한 통제수단이 된다. 대통령이 긴급재정·경제상의 처분이나 명령(제76조 제1항) 또는 긴급명령(제76조 제2항)을 발한 때에는 지체없이 국회에 보고하여 그 승인을 얻어야 하며, 국회의 승인을 얻지 못한 때에는 그 처분 또

39) 헌재 2004. 5. 14. 2004헌나1.
40) 김철수, 앞의 책, 1344면.
41) 성낙인, 앞의 책, 949면 이하.
42) 정종섭, 앞의 책, 1123면.

는 명령은 그때부터 효력을 상실하도록 규정함으로써 대통령의 강력한 긴급권 행사에 대한 통제기능을 수행한다.[43] 대통령의 계엄선포에 대해 국회가 재적의원 과반수의 찬성으로 계엄해제를 요구한 때에는 대통령은 계엄을 해제하여야 하는데(제77조 제5항), 이러한 계엄해제요구권은 대통령의 계엄선포권 남용을 통제하는 중요한 수단이 된다. 그 밖에 국회는 대통령의 조약체결·비준에 대한 동의권(제60조 제1항), 선전포고와 국군의 해외파견 등에 대한 동의권(제60조 제2항)을 통해 대통령의 국방 및 외교정책에 대한 통제기능을 수행한다. 여섯째, 대통령의 사면권행사에 대한 국회의 동의도 대통령의 사면권 남용을 견제하기 위한 통제수단이 된다. 헌법 제79조 제1항은 "대통령은 법률이 정하는 바에 의하여 사면·감형 또는 복권을 명할 수 있다"라고 하여 국가원수로서의 대통령에게 사면권을 부여하고 있다. 그러나 대통령의 사면권행사는 일반사면을 명할 경우에 국회의 동의를 얻도록 규정하고 있으나(제79조 제2항), 사면법상 특별사면의 경우에는 국회의 동의를 받지 않음으로써 대통령의 사면권 남용에 대한 통제수단의 한계가 문제되고 있다.[44] 대통령의 사면권행사에는 헌법이나 법률에 사면의 사유에 관하여 명문규정을 두고 있지 아니하지만 그 사면권행사에는 일정한 헌법내재적 한계가 인정된다. 사면권은 국가이익과 국민화합의 차원에서 행사되어야 하고 정치적으로 남용되거나 당리당략적 차원에서 행사되어서는 안 되며, 권력분립의 원리에 비추어 사법권의 본질적 내용을 침해하는 결과가 될 정

43) 대통령의 긴급명령 또는 긴급재정·경제명령과 그 처분은 헌법 제76조 제3항에 따라 국회의 승인을 얻어야 하는데 여기의 의결정족수에 관해서는 헌법에 명문의 규정이 없기 때문에 해석상 견해가 갈릴 수 있다. 권영성 교수는 긴급명령 등이 국민의 기본권에 대한 중대한 제한가능성을 내포하고 있기 때문에 의결정족수를 엄격히 해석하여 헌법 제77조 제5항의 계엄해제요구에 관한 의결정족수인 재적의원과반수의 찬성을 요하는 것으로 해석하여야 한다고 주장하고 있으나(권영성, 앞의 책, 979면), 이 견해는 타당하다고 보기 어렵다. 긴급명령 등의 절차적 요건에 관한 해석이 엄격해야 하는 것은 당연한 것이지만, 그렇다고 해서 의결정족수에 관한 명문규정이 없는 경우에 적용되는 헌법 제49조의 다수결원칙(재적의원 과반수의 출석과 출석의원 과반수의 찬성)의 규정을 무시하고 헌법 제77조 제5항의 계엄해제요구의 의결정족수와 균형을 맞추어야 한다는 해석방법은 헌법해석의 한계를 벗어난 것으로 보지 않을 수 없다.

44) 대통령의 사면권행사에 대한 통제를 강화하는 방안으로는 현행 사면법상 사면심사위원회의 구성과 기능에 있어서 정치적 중립성과 독립성이 제고되어야 하며, 대통령의 특별사면의 대상에서 제외되는 범죄행위를 규정할 필요가 있고, 대통령의 특별사면은 대법원장의 자문을 얻어 행할 수 있도록 하는 것 등이 요구된다. 정만희, 차기정부의 헌법적 과제, 헌법학연구 제19권 제1호, 2013, 194~195면.

도의 사면권행사는 허용되기 어렵다.[45]

2. 국회의 행정부 통제의 문제점

(1) 권력분립원리의 적용에 있어서의 문제점

가. 권력통제기능의 강화와 권력적 균형상실의 우려

현행헌법상 국회는 그 권한과 기능이 강화됨에 따라 행정에 대한 통제기능이 활성화되었음을 부정할 수 없다. 국정조사권과 함께 국정감사권이 채택되어 강력한 행정통제기능을 기대하게 되었고 국정조사의 방법으로 청문회제도를 도입함으로써 정부의 고위 인사에 대한 인사청문회절차는 대통령의 인사권에 대한 실질적인 통제수단이 되고 있다. 더욱이 이러한 국회의 국정통제기능은 통치구조와 정당정치와의 결합관계에서 '여소야대'의 분점정부가 출현하게 되면 야당에 의한 강력한 통제기능을 의미하게 된다. 따라서 한국의 헌법현실에 있어서 국회의 행정통제에 관한 권한은 여소야대의 상황에서는 강력한 통제기능을 수행하게 되고 결과적으로 정부의 원활한 국정수행이 어렵게 된다. 분점정부 하에서의 야당이 주도하는 국회에 의한 강력한 행정통제는 행정의 마비와 공백을 가져오고 국정의 교착상태를 초래할 수 있다. 이러한 경우 국회가 행정부와 균형을 취하기보다는 행정부에 대한 비생산적인 견제만 과도하게 행하게 되어 결국 대통령의 '통치력 약화'가 문제되는 것이다.[46]

현행 헌법상의 대통령제가 국회에 대한 대통령의 우월형으로 간주되는 것은 기본적으로 대통령의 비상적 권한 내지 국가긴급권이 인정되기 때문이지만 이러한 비상적 권한은 극히 예외적인 상황에서 발동될 수 있는 것이며, 권위주의시대를 청산하고 민주정치가 정착되고 있는 현실에서 대통령의 비상대권행사의 가능성은 희박하기 때문에 대통령이 항상 국회에 대한 우월적 지위를 가진다고 볼 수 없다. 1987년 헌법체제 이후의 통치구조는 대통령의 독주와 전제가 사실상 허용되기 어렵다고 할 수 있으며,[47] 분점정부의 빈번한 출현은 의회와

---

45) 권영성, 앞의 책, 1020면.

46) 강원택, 한국 대통령제의 문제점과 제도적 대안에 대한 검토, 진영재 편, 한국권력구조의 이해, 나남출판, 2004, 333면.

47) 1987년 헌법체제 이후 국회의 지위와 권한의 강화와 아울러 헌법재판제도의 채택에 의한 행정권에 대한 사법적 통제의 실질화에 따라 대통령의 권한남용과 독재화의 가능성이 거

정부의 대립과 충돌로 인해 정국의 교착상태를 가져오고 오히려 국회가 주도하는 국정운영이 될 수 있다. 노무현 정부의 시기에 여소야대의 상황에서 대통령에 대한 탄핵소추가 의결됨으로써 대통령의 직무정지에 따른 행정공백을 경험한 바와 같이 국회의 행정통제권한이 분점정부의 상황에서는 과잉적으로 행사될 수 있다는 것이 문제임을 알 수 있다. 국무총리나 국무위원 후보 등에 대한 인사청문회과정에서 야당에 의한 적극적 반대입장 표명은 사실상 대통령의 인사권행사를 상당히 저지시키게 된다.[48]

이와 같이 국회의 행정통제기능이 과도하게 작동되거나 불합리하게 행해지게 되면 결과적으로 국정운영의 효율성과 안정성을 해치게 되고 국가이익에 반하게 된다. 권력분립과 권력통제기능이 권력의 억제를 통한 권력의 남용과 전제를 방지하는 데 있지만, 그렇다고 해서 그것이 국가이익에 반하여 효율적이고 원활한 국정수행을 방해하는 것까지 허용하는 것은 아니기 때문에 국회의 행정통제기능은 적정하고 합리적으로 수행되어야 하는 것이다.

그러나 이와 같은 문제점에도 불구하고 분점정부 하에서 국회의 정부에 대한 통제기능이 실질적으로 작동될 수 있다는 점에서 볼 때에 분점정부의 출현을 부정적 시각만으로 평가하기 어렵다. 미국 대통령제에 있어서 1940년대 후반부터 오늘에 이르기까지 분점정부가 보편적 현상으로 나타나고 있지만 기본적으로 의회와 정부의 권력적 균형이 유지되면서 대통령의 지도력이 상실되지 않는 정치과정을 볼 때 우리는 분점정부 운용에 관한 많은 시사점을 얻을 수 있다.[49] 현대적 정당국가적 민주주의에 있어서 국회의원들이 사실상 정당에 기속되는 현실에서도 헌법상 의회주의의 자유위임원칙 내지 무기속위임의 원칙이

의 희박하게 되었다고 볼 수 있다. 그리고 대통령선거와 국회의원선거 주기의 불일치와 유권자의 의식적 분리투표의 성향에 따른 빈번한 분점정부의 출현은 대통령의 권력행사에 대한 강력한 억제요인이 되고 있다.

48) 이명박 정부의 경우 2008년 2월부터 2011년 3월까지 89건의 인사청문회가 실시되었으나 그 중 임명동의안이 가결되거나 보고서가 채택된 것은 63건이며, 보고서가 채택되지 못한 것이 17건, 임명동의안이 철회된 것이 4건, 후보자가 사퇴한 것이 2건에 이른 것을 볼 때 대통령의 인사권에 대한 국회의 강한 통제기능이 행해지고 있음을 알 수 있다. 그리고 청문회 보고서가 미채택된 경우에 대통령은 예외없이 임명를 강행함으로써 대통령과 국회간의 갈등이 심화되는 등 인사청문회제도의 문제점이 드러나게 되었다. 인사청문회제도의 운영실태에 관하여는 이선우, 앞의 논문, 34면 이하.

49) 정만희, 앞의 논문(주9), 396면 이하.

적용되고 국가이익을 우선하는 의원의 헌법적 의무가 준수될 때에는 분점정부의 부작용은 크게 우려할 염려가 없는 것이다. 따라서 우리의 헌법운용에 있어서도 분점정부가 출현하더라도 그것은 의회의 정부에 대한 권력적 통제기능을 활성화할 수 있는 순기능의 관점에서 이해할 필요가 있으며, 분점정부에 따른 국회의 지나친 행정통제권의 남용을 피하기 위해서는 의원의 정당기속에서 벗어나 국가이익을 우선하여 양심에 따라 활동하는 의원의 국민대표성과 자유위임의 원칙이 준수되어야 하는 것이 중요하다.[50)]

나. 권력통제기능의 약화와 권력분립의 형해화

위와는 반대로 국회의 행정통제기능의 약화되거나 실제로 작동되지 못하는 경우도 생각해 볼 수 있다. 현행 헌법상 국회의 행정통제기능 중에서 대통령의 사면권에 대한 통제는 상대적으로 그 기능을 제대로 발휘하지 못하고 있는 것이 아닌가의 문제가 있다.[51)] 대통령의 일반사면의 경우에는 국회의 동의를 얻어야 하기 때문에 국회의 통제기능이 인정되지만 대통령의 특별사면의 경우에는 국회에 의한 통제기능이 사실상 기대되기 어렵다. 대통령의 사면권이 남용되기 쉬운 특별사면에 국회의 통제수단이 존재하지 않는다는 것은 심각한 문제가 될 수 있다. 본래 대통령의 사면권행사는 권력분립원리와 법치주의에 대한 예외를 인정하는 것이며 법원의 판결 결과에 변경을 가져오는 것으로서 신중하게 한정적으로 이루어져야 하기 때문에 이에 대한 국회의 통제기능은 매우 중요하다고 할 수 있다.

그리고 현행 헌법은 국회의원의 국무위원 겸직금지를 규정하지 않고 있어

---

50) 우리의 정치현실에서의 여소야대 현상에 대해서는 정국의 교착상태와 마비, 국정운영의 비효율성 등을 초래하는 요인으로서 부정과 배척의 대상으로 보는 시각이 우세하다고 할 수 있으나, 그 반대의 입장에서 분점정부 상황에서의 실질적인 국회의 국정통제기능의 활성화의 측면에서 새롭게 이해하는 것이 필요하다고 본다. 이 점과 관련하여 분점정부 상황에서 입법과정을 분석한 것을 보면 분점정부에서 대치정국이 존재한 것은 사실이지만 극단적인 대립상황은 통합정부의 경우가 더 많았으며 분점정부가 입법과정에 영향을 미치는 것은 국정운영을 좌우할 만큼 압도적인 것은 아니며 중요법안의 상당수가 분열정부 상황에서 가결되었다고 한다. 이는 분점정부하에서 집권당과 야단간의 협상이 활발했다는 것을 의미하며 오히려 통합정부에서 개혁입법조치가 후퇴한 것을 볼 수 있다는 것이다. 이러한 분석에 관하여는 오승용, 한국분점정부의 입법과정 분석: 13대~16대 국회를 중심으로, 한국정치학회보 제38집 제1호, 181면 이하.

51) 이에 관하여는 정만희, 앞의 논문(주44), 194면.

서 법률에 의해 의원의 장관겸직을 허용하고 있는데, 이는 대통령의 국회에 대한 영향력을 강화하게 되고 행정부에 대한 국회의 통제기능을 약화시키는 문제가 있으므로 이러한 겸직허용은 엄격한 권력분립을 전제로 한 대통령제원리에 부합되지 않는 제도라 할 수 있다. 따라서 현행 대통령제 하에서 권력분립원리의 실질화를 위해서는 의원의 장관겸직을 허용하지 않는 입법이 필요하다고 본다.[52]

(2) 국회의 행정통제장치의 개별적 문제점

가. 국정감사제도

헌법 제61조 제1항의 국정감사권은 국회의 강력한 국정통제수단으로서 작용될 수 있는 순기능적 측면에도 불구하고 그동안의 운용실태를 통해 적지 않은 문제점을 노정시켜 왔다. 국정감사제도는 제헌헌법 이래 한국의 정치과정에서 뿌리를 내려왔고 국정전반에 대한 감사와 비판, 견제라는 국정통제기능을 수행하는 데에서 국민의 공감을 얻고 있으며, 특히 국정감사가 국회의 예산의 결권과 연계하여 예산안 심의를 위한 선행기능으로 제도화되어 있다는 점에서도 강력한 재정통제기능을 수행하는 긍정적 측면이 인정된다.[53] 반면에 이 제도는 서구 민주주의국가에서는 그 예를 찾아볼 수 없는 것으로서 국정감사의 실시가 과다한 감사대상기관의 선정과 정책감사기능의 상실 등으로 행정의 마비와 생산성 없는 비효율적 감사 등 역기능의 문제점이 적지 않게 드러나고 있다.[54] 그러한 국정감사제도의 문제점 때문에 국정감사 폐지론의 주장이 제기되기도 하지만,[55] 그렇다고 해서 국정감사제도 자체를 폐지할 것이 아니라 1987년 헌법에 의한 국정감사제도 부활의 헌법정신은 여전히 현시점에서도 중요한 의미를 가지므로 우리의 독창적 헌법조항에 해당하는 국정감사제도의 존치를 전제로 한 제도개선의 노력은 필요하다고 본다.[56]

52) 정만희, 앞의 논문(주19), 204~205면.

53) 허영, 한국헌법론, 박영사, 2008, 904면.

54) 국정감사제도의 문제점에 관하여는 이관회, 앞의 논문, 1999, 139면 이하; 정만희, 앞의 논문(주2), 133면.

55) 이관희, 앞의 논문, 139면.

56) 헌법연구자문위원회, 앞의 보고서(주19), 159면.

나. 탄핵소추권

우리 헌법상의 탄핵제도는 2004년 노무현 대통령에 대한 탄핵소추의결 이전까지의 한국헌법사에 있어서 단지 '헌법상의 장식물'로 간주되기도 하였으나 노무현 대통령 탄핵사건을 계기로 우리의 탄핵제도가 더 이상 장식물이 아니라 실질적이고 강력한 국정통제수단으로서의 의미를 가지게 되었다. 그러나 노무현 대통령 탄핵사건에서 드러난 바와 같이 당시 국회의 탄핵소추의결에 대해서는 여소야대의 상황에서 소추권의 남용이 아닌가의 비판이 제기될 수 있다. 당해 사건에 대한 헌법재판소의 기각결정에서 나타난 국회의 대통령에 대한 탄핵소추요건의 헌법해석을 보더라도 국회는 대통령에 대한 탄핵소추권을 정당하게 행사하였다고 보기 어렵다. 헌법 제65조 제1항의 탄핵소추사유로서 "직무집행에 있어서 헌법이나 법률을 위배한 때에는 국회는 탄핵의 소추를 의결할 수 있다"고 규정하고 헌법재판소법 제53조 제1항은 "탄핵심판청구가 이유있는 때에는 헌법재판소는 피청구인을 당해 공직에서 파면하는 결정을 선고한다"고 규정하고 있는데, 여기서 탄핵심판청구가 이유있는 때란 "모든 법위반의 경우가 아니라 단지 공직자의 파면을 정당화할 정도로 '중대한 법위반'의 경우"를 말하며, 결국 파면결정을 할 것인가의 여부는 "공직자의 법위반의 중대성과 파면결정으로 인한 효과 사이의 법익형량을 통하여 결정한다"고 헌법재판소가 판시한 바 있다.[57)]

그러나 이 사건에서 국회는 당시 대통령이 그 직무집행에 있어서 헌법이나 법률을 위배하기만 하면 바로 탄핵소추를 의결할 수 있다는 것으로 판단하였으며 헌법상 법익형량의 원칙을 고려하지 않고 여소야대의 상황에서 정략적으로 탄핵소추를 의결한 것에 문제가 있었던 것이다. 노무현 대통령 탄핵사건에 대한 헌법재판소의 판단기준에 비추어 볼 때 향후의 헌정운영에 있어서 대통령에 대한 국회의 탄핵소추는 쉽게 행해지지 못할 것으로 예상할 수 있다. 그리고 앞으로의 탄핵제도의 운용에 있어서 대통령 이외의 탄핵대상자에 대해서는 탄핵의 국정통제기능으로서의 실효성에 비추어 보다 적극적으로 활용될 필요가 있다고 할 것이다.[58)]

57) 헌재 2004. 5. 14. 2004헌나1.

58) 미국 헌법사에 있어서 탄핵제도의 운영실제를 보면 1998년 클린턴 대통령에 대한 탄핵소

다. 국무총리·국무위원 해임건의권

상술한 바와 같이 국회의 국무총리·국무위원에 대한 해임건의권은 대통령제 원리에 반하는 의원내각제적 요소에 해당하지만 효과적인 행정통제기능을 수행할 수 있는 요소라 할 수 있다. 그러나 국회의 해임건의는 법적 구속력이 없기 때문에 대통령이 국회의 해임건의를 무시하는 경우 국회와 정부간의 충돌로 정국의 혼란을 가중시키며 국정통제기능의 효과를 기대하기 어렵게 된다. 이 점에서 이 제도의 폐지를 주장하는 견해도 있다.[59] 생각건대 현행 헌법상 국회의 해임건의권은 조문의 어의적 해석이나 제도의 연혁상 역대 헌법의 규정들과 비교해 볼 때 법적 구속력을 갖는 해임건의권으로 해석되기 어렵다고 할 수 있다. 그러나 이 제도의 기본취지가 대통령을 수반으로 하는 행정부의 독선과 전제를 견제하는 데 있는 것이므로 비록 해임건의권이 법적 구속력이 없다 하더라도 행정부에 대한 통제수단으로서의 기능은 존중되어야 할 것이며, 따라서 실제로 국무총리나 국무위원에 대한 해임건의가 의결된 경우에는 대통령은 사실상 이에 기속되어야 하는 것이 헌법정신에 합치된다고 할 것이다.[60] 헌법 제63조 제2항에서 "제1항의 해임건의는 국회 재적의원 3분의 1 이상의 발의에 의하여 국회재적의원 과반수의 찬성이 있어야 한다"는 특별의결정족수 규정도 사실상의 기속력을 전제로 한 것이라 할 수 있어 해임건의가 의결된 경우에는 대통령은 당해 국무총리나 국무위원에 대한 새로운 인사를 단행하는 헌법적 관행을 확립해 나가야 할 것이다.

라. 인사청문회제도

인사청문회제도의 도입은 대통령의 인사권 남용과 전횡을 억제함으로써 도덕성과 전문성, 직무수행능력을 갖춘 공직의 적임자를 선정하는 데 기여해

추에 이르기까지 총 17건이 있었으나 그 중 대통령에 대한 탄핵소추는 3건에 불과하고 연방법원 판사에 대한 소추가 12건에 해당하였다. 즉 대통령이나 고위 공직자에 대한 탄핵보다는 연방 법원 판사에 대한 탄핵소추와 의결이 훨씬 많은 것으로 나타나고 있다. 사법권의 독립을 전제로 한 법관의 신분보장 때문에 사실상 법관에 대한 통제와 책임추궁의 방법은 국회의 탄핵소추 이외에는 효과적인 수단이 없다고 할 때 법관에 대한 탄핵소추는 우리나라의 향후 탄핵제도의 운용에 시사하는 바가 크다고 할 것이다. 미국의 탄핵제도에 관하여여는 정만희, 미국헌법상의 탄핵제도, 공법연구 제30집 제1호, 2001, 195면 이하.

59) 장영수, 앞의 논문(주34), 136면.

60) 정만희, 앞의 책, 216면.

왔으나, 그동안 10여 년간의 운용과정에서 드러난 문제점도 적지 않게 지적되고 있다. 인사청문회제도가 본래 공직후보자의 인사에 있어 공직자로서의 자질과 능력을 공정하고 객관적으로 심사하는 제도이기 때문에 충분한 심사기간을 두고 정밀하고 철저한 검증이 이루어져야 하는데, 이점에서 우리의 인사청문회는 문제가 있다. 미국의 경우 상원의 인사청문회는 심사기간이 길고 심사대상이 광범위한 것이 특징이다.[61] 청문회 기간은 평균 70여 일이 걸리며 6개월 이상의 심사기간을 요하는 경우도 적지 않지만, 우리의 인사청문회법은 고위공직자 임명동의안이 제출된 후 20일 이내에 인사청문회가 완료되어야 하고 3일간의 인사청문회의를 포함하여 위원회의 심의기간은 15일로 제한되어 있어서 사실상 심도 있는 인사검증이 어렵게 된다. 또한 인사청문회가 기본적으로 공직후보자의 도덕성과 정책수행능력을 검증하는 것이지만 실제로는 청문 내용이 후보자의 도덕적 흠결을 집중적으로 들춰내는 데 편중되어 있다는 것이 문제이다.[62] 후보자의 도덕성에 대한 심사는 인사청문회 이전의 사전검증을 통해 이루어지고 인사청문회에서는 주로 정책검증 중심으로 운영되어야 하는데 우리의 제도는 이러한 운영방식과 거리가 멀다. 그리고 미국에서 대통령의 고위직 공무원임명에 대한 의회의 동의절차는 단지 대통령에 대한 견제의 의미만을 가지는 것이 아니라 사전에 대통령과 의회가 협의를 통하여 대통령의 인사에 대해 최적의 공직자가 선정될 수 있도록 의회가 협력한다는 의미를 가진다. 즉 인사청문회는 의회와 대통령간의 견제뿐만 아니라 상호 협의와 협력을 통해 이루어지는 것이 핵심을 이룬다.[63] 이 점에서도 우리의 인사청문회는 국회와 정부간의 사전협의나 협력관계는 찾아보기 어렵다.

---

61) 미국의 인사청문회제도에 관하여는 김일환/장인호, 미국 연방헌법상 인사청문회제도, 미국헌법연구 제21권 제3호, 2010, 205면 이하.

62) 손병권, 앞의 논문, 20면 이하.

63) 김일환/장인호, 앞의 논문, 232면.

Ⅳ. 국회의 재정통제기능과 그 문제점

1. 국회의 재정통제에 관한 헌법규정

(1) 재정의회의결주의

국가의 재정작용은 그 성질상 집행작용을 의미하지만 국민의 재산권 등의 기본권에 미치는 영향 때문에 입헌민주주의국가에서는 재정작용에 대하여 국민의 대표기관인 의회로부터의 의결을 원칙으로 하고 있다. 이러한 재정의회의결원칙에 따라 의회는 국가의 재정작용과 관련하여 국민의 납세의무의 내용과 한계를 법률로써 명시하게 되었으며, 조세의 부과·징수의 절차도 법률로써 규정하도록 함으로써 정부의 재정행위에 대하여 통제와 감시가 행해지게 된 것이다. 현행 헌법상 국회의 재정에 관한 통제기능과 권한으로서 조세입법권(제59조)을 비롯하여 예산의결권(제54조 제1항)과 결산심사권(제99조), 정부의 중요 재정행위에 대한 일련의 동의권·승인권(제55조, 제58조) 등을 규정하고 있다. 이러한 국회의 재정통제기능은 넓은 의미의 국정통제기능에 포함시킬 수 있지만 그 의미와 효과 때문에 학계에서는 별도로 취급하는 것이 일반적이다. 국회의 재정통제기능 중에서 예산안에 대한 국회의 심의·의결은 그 자체로서 정부의 정책집행에 대해 광범위한 통제가 가능하게 되고 정부에 대한 통제의 실효성을 높일 수 있기 때문에 선진국일수록 정부활동에 대한 직접적인 통제보다는 예산·결산을 통한 간접적 통제가 강화되고 있는 경향을 볼 수 있다. 최근 우리나라에서도 국회의 재정통제기능의 중요성에 대한 관심이 고조되고 있는 것도 이와 같은 맥락에서 이해될 수 있다.[64]

(2) 조세법률주의와 재정통제기능

헌법 제38조는 "모든 국민은 법률이 정하는 바에 의하여 납세의 의무를 진다"고 규정하고, 헌법 제59조는 "조세의 종목과 세율은 법률로 정한다"고 규정하여 조세법률주의를 선언하고 있다. 재정의회의결 원칙을 전제로 한 조세법률주의는 국회의 재정통제기능의 핵심적 요소이다. 헌법상의 조세법률주의는 오늘날의 실질적 법치주의 시대에 있어서 '실질적 조세법률주의'를 의미하므로 조

64) 장영수, 국회 기능의 합리화 방안, 헌법학연구 제16권 제3호, 2010, 347면.

세법률주의는 과세요건이 형식적 의미의 법률로 명확히 정해질 것을 요구할 뿐만 아니라 나아가 조세법의 목적이나 내용이 기본권보장의 헌법이념과 이를 뒷받침하는 헌법상의 여러 원칙에 합치될 것을 요구한다.[65] 이러한 실질적 조세법률주의에 의한 조세입법권은 곧 국가 재정에 대한 국회의 강력한 통제기능을 수행하는 것을 의미한다. 조세법률주의는 조세의 '종목과 세율'뿐만 아니라 조세의 근거, 납세의무자, 과세대상, 과세절차에 대해서도 법률로써 정할 것을 요구한다.[66] 또한 조세법률주의는 과세요건 법률주의와 과세요건 명확주의를 핵심적 내용으로 한다.[67] 과세요건 법정주의는 또한 소급과세금지의 원칙을 그 내용으로 한다. 소급과세금지원칙은 새로운 입법으로 과거에 소급하여 적용해서는 안 된다는 원칙을 말한다. 다만 조세의무를 경감하는 세법조항에 대해서는 조세공평의 원칙에 어긋나지 않는 한 소급효가 적용될 수 있다.[68]

(3) 예산심의·확정권과 결산심사권

전술한 바와 같이 예산안의 심의·의결권은 정부의 정책집행에 대해 광범위하게 통제가 이루어지는 수단을 의미하기 때문에 그것은 재정 자체에 대한 통제기능 뿐만 아니라 국정통제기능으로서의 성격을 가진다고 할 수 있다. 예산은 정부의 시정계획(施政計劃)을 위한 재정적 기초가 되는 것이므로 예산안에 대한 국회의 의결은 곧 정부의 시정계획에 대한 국회의 동의를 의미하게 된다.

헌법 제54조 제1항에 "국회는 국가의 예산안을 심의·확정한다"라고 하여 국회의 법률의결권(제53조)과 별도로 예산의결권을 규정함으로써 우리 헌법은 미국이나 영국 등의 예산법률주의를 채택하지 아니하고, 예산을 법률과 다른 특수한 형식으로 의결하는 '예산특수형식주의' 내지 '예산비법률주의'를 채택하

65) 헌재 1997. 10. 30. 96헌바14.

66) 헌재 1995. 11. 30. 91헌바1등.

67) 헌법재판소는 "조세법률주의는 과세요건 법정주의와 과세요건 명확주의를 그 핵심적 내용으로 하고 있는 바, 과세요건 명확주의는 과세요건을 법률로 규정하였다고 하더라도 그 규정내용이 지나치게 추상적이고 불명확하면 이에 대한 과세관청의 자의적인 해석과 집행을 초래할 염려가 있으므로 그 규정내용이 명확하고 일의적이어야 한다는 것을 말하며, 과세요건 법정주의는 납세의무를 성립시키는 납세의무자, 과세물건, 과세표준, 과세기간, 세율 등의 모든 과세요건과 부과·징수절차는 모두 국민의대표기관인 국회가 제정한 법률로 규정하여야 한다는 것을 말한다"고 판시하고 있다. 헌재 1999. 3. 25. 98헌가11.

68) 대판 1983. 4. 26. 81누423.

고 있는 것이 특징이다. 이와 같이 예산과 법률은 형식을 달리하고 성립절차를 달리함은 물론이고 성립시기도 달리하는 경우도 없지 않기 때문에 법률을 집행함에 있어 그에 필요한 예산의 뒷받침이 없거나 예산에는 지출이 계상되어 있지만 지출의 근거가 될 법률의 규정이 없는 경우가 있을 수 있다. 이러한 예산과 법률의 불일치를 해결하는 사전적 방법으로는 모든 지출을 예산안에 반영하도록 하고 예산안과 근거법령을 동시에 제출하도록 하는 것이 필요하다.[69] 그리고 영국의 경우처럼 예산을 수반하는 의원입법을 금지하는 방법도 양자의 불치를 해소하는 방법이 될 수 있다.[70] 양자의 불일치에 대한 사후적 해결방안으로는 법률의 시행을 유예하거나 필요한 법률을 지체없이 제정하여야 하며, 헌법상 예비비제도와 추가경정예산제도 등에 의한 해결을 고려할 수 있다.[71] 예산안의 심의·의결에 있어 정부는 회계연도 마다 예산안을 편성하여 회계연도 개시 90일전까지 국회에 제출하여야 하며, 국회는 정부가 제출한 예산안에 대하여 회계연도 개시 30일전까지 이를 의결하여야 하지만(제54조 제2항), 이 예산안의 심의·의결기한에 관한 헌법규정은 실제로 거의 준수되지 않고 있는 것이 문제이다.

국회는 예산의결권과 함께 결산심사권을 갖는다. 결산심사는 예산집행에 대한 사후심사적 성격을 갖는 것이므로 국회가 결산심사를 하는 것은 당연하다.[72] 헌법은 제99조에 “감사원은 세입 세출의 결산을 매년 검사하여 대통령과 차년도국회에 그 결과를 보고하여야 한다”라고 하여 감사원의 국회에 대한 결산검사보고의무를 규정하고 있는데, 이 결산검사보고의무는 국회의 결산심사권을 전제로 하여 규정한 것이라 할 수 있다. 이 헌법규정에 따라 국가재정법은 제61조에 “정부는 감사원의 검사를 거친 결산 및 첨부서류를 다음 연도 5월 31일까지 국회에 제출하여야 한다”고 규정하고 있으며, 국회법도 제128조의2에서

69) 이에 관하여 국회법은 의원 또는 위원회가 예산 또는 기금상의 조치를 수반하는 의안을 발의 또는 제안하는 경우에는 그 의안의 시행에 수반될 것으로 예상되는 비용에 대한 추계서를 아울러 제출하도록 하고, 정부가 예산상의 조치를 수반하는 의안을 제출하는 경우에도 그 의안의 시행에 수반될 것으로 예상되는 비용에 대한 추계서와 재원조달방안에 관한 자료를 의안에 첨부하여야 한다고 규정하고 있다(동법 제79조의2).

70) 정종섭, 앞의 책, 1093면.

71) 권영성, 앞의 책, 905면.

72) 허영, 앞의 책, 901면.

감사원의 검사를 거친 결산을 국회에 제출하도록 정부에 요구하고 국회는 결산에 대한 심의·의결을 차년도 국회의 정기회 개최전까지 완료하도록 규정하고 있다. 그리고 결산의 심사결과 위법 또는 부당한 사항이 있는 때에는 국회는 본회의 의결 후 정부 또는 해당기관에 변상 및 징계조치 등 그 시정을 요구하고, 정부 또는 해당기관은 시정요구를 받은 사항을 지체없이 처리하여 그 결과를 국회에 보고하도록 규정하고 있다(동법 제84조 제2항). 이러한 헌법과 국회법 등의 규정을 통해 볼 때 국회의 결산심사는 감사원의 결산검사보고에 대한 형식적 심사를 의미하는 것이 아니라 예산집행의 적정성 및 적법성에 대한 실질적인 심사를 의미한다고 보는 것이 타당하다.[73]

2. 국회의 재정통제기능의 문제점

(1) 예산·결산심사의 형식적 기능

국회의 재정통제기능의 문제점으로는 첫째, 예산안에 대한 심사기능이 형식적으로 이루어짐으로써 실질적인 재정통제를 기대하기 어렵다는 것이다. 국회법은 예산안의 심의절차를 1) 정부의 시정연설의 청취, 2) 소관상임위원회의 예비심사, 3) 예산결산특별위원회의 종합심사, 4) 국회본회의의 심의·확정이라는 4단계를 거치도록 하여 예산안에 대한 심의가 실질적이고 적정하게 이루어지도록 규정하고 있다(제84조). 그렇지만 실제로 그 심의과정은 정부가 편성하여 제출한 예산안에 대해 국회의원들이 전문적 지식을 바탕으로 세부적 사항에 대한 심도있는 토론을 행하는 것을 기대하기 어려운 것이 현실이다. 국회의 상임위원회와 예산결산특별위원회 소속 의원들의 예산에 관한 전문성부족 및 형식적 심사는 국회의 예산심사권의 한계를 노정하고 있다.[74] 그리고 예산심의 자체가 경제적이고 정치적인 합리성에 기초하여 이루어지는 것이 아니라 단순히 각 정당의 입장을 대변하는 '당파적 차원'에서 다루어져 온 것이 문제이다. 예산심의가 국민적 가치와 수요에 가장 잘 부합될 수 있는 최적의 예산안을 확정하기 위한 발전적 논쟁과 협의를 배제한 채 오로지 당리당략에 따라서 여야

73) 동지; 정영화, 앞의 논문, 331면.

74) 국회 예산심사제도의 현황과 문제점에 관하여는 박정수, 국회 예산제도 평가와 개선방안, 이화여자대학교 사회과학연구논총 제29권 제1호, 2013, 311면 이하; 김용만, 앞의 논문, 131면 이하.

간에 이전투구를 벌리는 것에 불과하였다고 볼 수 있다.[75] 우리의 정당정치가 여야간에 토론과 타협의 정치문화가 정착되지 못한 상황에서 예산심의의 당파적 성격은 쉽게 합의를 도출할 수 없게 되며, 결국 법정기한에 쫓겨 다수당에 의한 일방적인 안건처리가 관행화되어 온 것이 현실이다. 헌법상 예산안에 대한 최종 의결시한(12월 2일)을 준수하지 못하는 국회의 위헌적인 예산안처리의 관행은 더욱 심각한 문제로 지적되어 왔던 것이다.[76] 이러한 문제점을 해결하기 위하여 최근 국회법을 개정하여 예산안 등의 심사를 매년 11월 30일까지 마쳐야 하며 이 기한 내에 심사를 마치지 아니한 때에는 원칙적으로 그 다음날에 위원회에서 심사를 마치고 바로 본회의에 부의된 것으로 본다는 본회의 자동부의조항을 규정하게 되었다(동법 제85조의3).[77]

둘째, 국회의 결산심사과정에서도 여전히 문제가 제기될 수 있다. 현행 국회법은 결산심사에 있어서 예산안의 심의·의결과 동일한 절차를 규정하고 있음에도 불구하고 현실적으로 결산에 대한 국회의 통제방식은 역사적 관행에 의거하여 그 심사가 형식적으로 이루어지는 것이 문제로 지적되고 있다. 결산이 국가의 예산집행의 결과를 정확하게 파악하고 예산집행의 적법성을 검증하며 차기 예산편성과 운영에 반영될 수 있는 정보와 자료를 제공할 수 있다는 점에서 결산심사는 예산안의 경우와 마찬가지로 엄격하게 행해져야 할 것이다. 이 점에서 헌법상 재정의회의결원칙에 입각한 정부의 재정작용에 대한 국회의 실질적인 통제기능이 활성화되기 위해서는 결산에 대한 심사의 강화가 요구된다.[78]

---

75) 김용만, 앞의 논문, 132면.

76) 지난 제15대 국회에서 제18대 국회에 이르기까지(1996~2011) 새해 예산안을 법정시한 내에 처리한 것은 1996년과 2002년 두 차례뿐이었다. 특히 2000년 이후부터는 거의 매년 회계연도 개시일(1월 1일) 직전에 새해 예산안이 가까스로 국회 본회의를 통과함으로써 차기년도 예산운용에 큰 차질을 초래하였다. 이러한 법정시한을 준수하지 못하는 예산안처리의 문제는 예산심의에 있어 정치적 쟁점과 예산을 연계하는 당파적 성격의 문제와 함께 예산심의기간의 부족 등이 주요 원인이 되고 있다. 박정수, 앞의 논문, 315면 이하; 김용만, 앞의 논문, 135~136면.

77) 이 예산안 등의 본회의 자동부의 조항은 2012년 5월 25일 신설되어 2014년 5월 30일부터 시행하게 되었다.

78) 정영화, 앞의 논문, 340면.

(2) 예산특별형식주의의 문제점

우리 헌법상 예산제도는 예산특별형식주의 내지 예산비법률주의를 채택하고 있어서 예산과 법률의 불일치로 인한 문제뿐만 아니라 세출에 대한 국회의 실질적 통제기능을 확보하기 어려운 것이 문제점으로 지적되고 있다. 이러한 문제점을 해결하기 위해서는 서구의 각국에서 채택하고 있는 예산법률주의를 도입해야 한다는 것이 학계의 지배적 견해이다.[79] 예산법률주의가 도입됨으로써 지출근거법률과 지출예산의 이원화로 인한 예산과 법률의 불일치 문제가 해소될 수 있고, 현행의 예산의결주의에서는 예산이 법률이 아니기 때문에 예산내용에 대해 공식적인 접근이 허용되지 않지만 예산법률주의에서는 예산정보의 공개가 완벽하게 이루어지게 되는 장점이 있게 된다. 예산정보에 대한 공개는 예산에 대한 민주적 통제의 관점에서 필요한 것이며 정부의 예산처분의 자유에 대한 제어가 가능해진다.[80] 이러한 예산법률주의의 장점들에 비추어 볼 때 예산법률주의의 도입은 긍정적으로 검토할 필요가 있다.[81]

Ⅴ. 국회의 국정통제기능의 평가와 개선방안

1. 국정통제기능 전반에 대한 평가

현행 헌법상 국회의 국정통제기능 전반에 대한 검토 결과 우리 국회의 국정통제기능은 다음과 같은 몇 가지 측면에서 긍정적인 평가와 함께 비판적이고 부정적인 시각에서의 평가를 동시에 받을 수 있다고 하겠다. 첫째, 1987년 헌법 시행 이후 국회의 국정통제기능은 구 헌법의 국정통제기능에 비하여 그 제도나 운용면에서 상당히 강화되고 합리적으로 개선되었다는 점에서 긍정적으로 평가될 수 있다. 과거 권위주의시대의 국회의 권한과 기능과 비교하면 현행 헌법상 국회의 지위가 크게 신장되었으며 국회의 국정통제권한이 확대되어 실질적인 행정부에 대한 견제가 가능하게 됨으로써 헌법상 권력분립원리가 제대로 작동

79) 장영수, 앞의 논문(주64), 349면; 박재창, 앞의 책, 81면; 권해호, 예산법률주의 도입방안 연구, 국회예산결산특별위원회 연구용역보고서, 2005.

80) 정종섭, 앞의 책, 1093면.

81) 헌법연구자문위원회, 앞의 보고서, 146~147면.

하고 있음을 인정할 수 있다. 특히 권력구조와 정당과의 관계에서 '여소야대'의 분점정부가 빈번하게 출현하게 됨으로써 국회의 행정부에 대한 통제기능이 크게 활성화되었음을 부정할 수 없다. 다만 분점정부에서의 국회와 정부의 대립과 갈등은 국정통제기능이 정쟁의 도구로 이용되는 문제가 있다. 반면에 '여대야소'의 상황에서는 집권당에 의한 권력의 통합현상으로 인하여 국회의 행정통제기능이 약화되는 문제점이 있으며 여기에 헌법상 국회의원의 국민대표자의 지위와 자유위임의 원칙이 실질적으로 적용되지 못하는 문제가 있다. 둘째, 국회의 행정부에 대한 통제기능에 있어서 국정감사권의 부활과 인사청문회제도, 특별검사제도 등의 도입으로 대통령 우월형의 통치구조가 국회와 대통령간의 권력적 균형이 유지되는 형태로의 변화를 볼 수 있다. 오히려 인사청문회제도를 통한 대통령의 인사권에 대한 강력한 통제수단은 행정의 효율적 수행을 방해하는 역기능의 문제가 우려되고 있다. 셋째, 국회의 재정통제기능에 있어서는 예산심의와 결산심사과정의 형식적 기능의 문제점은 여전히 개선되지 못하고 헌법상 재정민주주의와 재정의회의결원칙의 정신이 구현되지 못하고 있다는 점에서 부정적 평가를 면하기 어렵다.[82)]

2. 행정통제기능의 합리화를 위한 개선방안

국회의 행정통제기능이 강화되고 활성화되는 것은 우리 헌법상 권력분립원리의 구현이라는 점에서 당연히 요청되는 것이지만 그 통제기능이 권력적 균형을 벗어나 행정부의 고유한 권한의 영역을 침해하거나 행정에 대한 지나친 간섭을 초래하고 의회와 행정부가 일상적으로 마찰과 충돌의 대결구도를 유지하게 되면 행정부의 원활하고 효율적인 정책수행을 저해하게 되고 국정수행의 안정을 기할 수 없게 된다. 국회의 인사청문회제도는 대통령의 인사권 남용을 억제하는 수단으로서 중요하지만 청문회과정이 정쟁의 도구로 이용되거나 공직후보자의 기본권을 침해하는 정도로 운용되어서는 곤란하다. 따라서 인사청문회는 공직수행능력과 정책검증에 중점을 두는 방향으로 그 운영방식을 개선해 나가야 할 것이다. 대통령의 인사권 남용을 통제하기 위한 인사청문회제도의 합리화를 위해서는 미국의 인사청문회제도의 장점적 요소를 반영하도록 하는

82) 장영수, 앞의 논문(주64), 347면 이하.

것이 필요하다고 본다. 인사청문의 대상과 기간을 확대하는 것을 검토할 필요가 있으며 청문대상자의 도덕성 검증은 예비심사절차에서 다루도록 하며 위원회에서의 본심사는 고위공직자로서의 정책수행능력과 전문성 등을 검증하는 것을 중심으로 하는 것이 바람직하다. 인사청문회의 운용에 있어서도 국회는 기본적으로 대통령의 인사권을 존중하는 태도가 필요하며 대통령은 당파적 인사에서 벗어나 국회와의 사전협의를 통해 청문회를 통과할 수 있는 자를 선정하는 것이 중요하다.[83)]

또한 특검제도입에 있어서도 대통령측근 등의 권력형비리 의혹이 제기될 때마다 특검제를 실시하는 것은 권력분립원리에 위배되는 문제가 제기될 수 있으므로 한시적 특검제 실시는 보충적 성격을 가지는 것으로 예외적으로 활용되어져야 할 것이며, 상설특검제 도입도 특검제 자체가 정치적으로 변질될 수 있는 등의 단점이 있으므로 신중한 검토가 필요하다고 본다.[84)]

헌법상 권력분립원리의 기본정신은 권력 상호간의 견제와 균형을 통한 권력의 남용과 자의적 행사를 막는 데 있는 것이지 권력간의 대립과 충돌을 통해 국정의 효율적 수행을 저지하는 데 있는 것이 아니다. 국가작용에 있어서 상호 분리·독립된 권력기관간의 협력과 공화관계가 요구되는 측면에서는 공화와 협력을 유지하는 것이 권력분립의 이념에 부합하는 것이라 할 수 있다.[85)] 따라서

83) 김일환/장인호, 앞의 논문, 232~233면.

84) 우리의 검찰개혁과 특별검사제의 한계에 관하여는 백광훈/신동일/천현, 바람직한 검찰개혁의 방향, 형사정책연구 제14권 제2호, 2003; 윤영철, 검찰개혁과 독립된 특별수사기관의 신설에 관한 소고, 홍익법학 제13권 제1호, 2012, 62면 이하. 특별검사제의 개선방안에 대해서도 미국의 특별검사제에서 시사점을 얻을 수 있을 것이다. 즉 특별검사를 법원이나 변협에서 추천하여 대통령이 임명하는 것이 아니라 사법부가 임명하도록 하는 방안을 생각할 수 있다. 미국의 경우 특별검사의 독립성보장이라는 측면에서 의회가 특별검사 임명을 요구하면 법무부장관은 예비조사를 거쳐 특별재판부에 임명을 제청하고 그에 대해 특별재판부가 임명권을 행사한다. 다만 행정부에 의한 견제를 보장하기 위하여 특별검사에 대한 해임권은 법무부장관이 갖는 것이다. 미국의 특별검사제도에 대해서는 이재석, 특별검사제도에 관한 고찰, 대구대 사회과학연구 제6집 제3호, 1999, 412면 이하.

85) 권력분립원리의 본질은 그 역사적 성립배경에서 볼 때 시민적 자유를 확보하기 위해 권력의 집중을 방지하고 권력의 분리 배분을 통한 견제와 균형을 유지함과 동시에 당시 대립하는 사회적 세력(군주, 귀족, 시민계급 등)을 제도화하고 정치적으로 통합하기 위한 국가기구의 구성원리라는 점을 인식할 때 권력분립은 대립하는 정치세력간의 견제와 균형뿐만 아니라 정치적 이해조정과 통합의 의미도 내포되어 있음을 간과해서는 안 될 것이다. 정만희, 앞의 책, 6~7면.

헌법상 국회의 권력통제기능은 정부와의 일상적인 대결구도에서 정쟁의 도구로써만 이용되어서는 안 되고, 권력적 견제와 아울러 사회적 통합을 위한 협력관계도 유지되도록 하는 것이 중요하다고 할 것이다.[86] 다만 대통령제원리에 있어서 의회와 대통령간의 갈등문제는 우선적으로 대통령의 지도력을 통해 의회지도자 특히 야당 지도자들과의 대화와 토론으로 해결하려는 태도가 무엇보다도 중요하다. 이 점에서는 미국 대통령제의 운용이 우리에게 시사하는 바가 크다고 본다. 미국의 대통령은 의회 지도자들과의 소통을 통해 리더십을 발휘하며 분점정부 하에서도 야당지도자들과의 대화와 토론으로 주요 정책결정과 의안처리에 초당적 협력을 구하면서 의회와 정부간의 견제와 균형을 유지되도록 한다.[87] 정당도 소속의원에 대한 당의 기율이 약하기 때문에 의원은 양심에 따른 자유투표가 보장되고 있으며 의회주의의 운영에 있어 분점정부의 상황 여부와 관계없이 심각한 갈등과 대립 없이 국정수행이 가능하게 된다.

3. 재정통제기능의 활성화를 위한 개선방안

국회의 재정통제기능의 활성화 내지 강화를 위한 개선방안으로 고려되어야 할 사항은 다음과 같다. 첫째, 예산심의의 실질화를 위해서는 예산결산특별위원회를 상임위원회로 전환하는 것이 필요하고, 예산심의의 보좌기구의 강화가 요구된다. 예산심의의 보좌기구로 2004년 설립된 국회예산정책처를 적극 활용하여 정부예산안에 대한 독자적인 분석 평가와 대안을 제시하는 것이 요구된다. 국회가 재정통제기능을 충실히 수행하기 위해서는 국가재정에 관한 정보를 충분히 수집하고 분석하는 능력을 갖추어야 하는데 이러한 능력은 국회의원 개인의 역량에만 의존할 수 없으므로 국회의 재정통제기능을 효과적으로 지원하는 기구를 설치하는 것이 필요하게 된다.[88] 그리고 예산심의기간을 대폭 확대

---

86) 이 점에서 현행 헌법상 권력분립원리에 기초한 국회와 정부간의 견제와 균형의 요소는 동시에 양자간의 공화와 협력을 의미한다고 볼 수 있다. 권영성 교수는 대통령의 헌법기관(대법원장, 헌법재판소장, 국무총리, 감사원장)구성에 국회의 사전동의를 얻도록 하는 것이나 대통령의 조약체결, 사면권행사, 정부예산안 등에 대하여 국회가 동의하거나 심의·의결하는 것은 대통령의 권한에 대한 견제이면서 대통령과 국회간의 공화와 협조를 의미한다고 기술하고 있다. 권영성, 앞의 책, 759면.

87) 미국 대통령제에 있어 대통령의 의회에 대한 지도력에 관하여는 정만희, 앞의 논문(주44), 196~197면; 최명/백창재, 현대 미국정치의 이해, 서울대학교 출판부, 2001, 378면 이하.

88) 정종섭, 앞의 책, 1038면.

하여 턱없이 부족한 심사일정을 조정하여 보다 심도 있는 예산심의가 이루어지도록 해야 할 것이다.[89] 예산결산특별위원회를 상임위원회로 전환하게 되면 예산안에 대한 심의기간이 연장되는 효과를 가져올 수 있다.[90] 둘째, 현행의 예산비법률주의를 예산법률주의로 변경하여 지출의 용도·목적 내용·제약·권한·책임 등을 법률로 규정함으로써 예산의 투명성과 책임성, 효율성 등을 크게 제고하고 재정민주주의를 확립할 수 있도록 해야 한다. 그러나 예산법률주의의 도입은 헌법개정을 전제로 하는 문제이므로 이에 관한 장기적인 연구검토가 필요하다. 셋째, 결산심사를 통한 재정통제기능을 강화하기 위해서는 결산에 대한 국회의 엄격한 감독과 심사가 이루어져 결산의 국회의결원칙의 헌법정신이 구현되어야 한다. 예산결산특별위원회가 예산심사에만 중점을 두면서 결산심사는 감사원의 결산보고서에 대한 형식적인 심사에 그치는 것이 문제이므로 감사원의 회계검사기능을 국회로 이관하는 것을 검토할 필요가 있다.[91]

Ⅵ. 맺음말

현행 헌법의 통치구조에 있어서 국회는 국정통제기관으로서의 지위에서 헌법과 법률에 규정된 일련의 권한행사를 통해 행정부와의 관계에서 권력적 균형을 유지하고 있다. 국회의 국정감사권과 인사청문회제도는 대통령의 권한 남용에 대한 효과적인 통제기능을 수행하고 있으며, 과거 헌정사에 있어서 헌법상의 장식물로 간주되었던 탄핵제도가 이제는 헌법상 가장 강력한 행정통제수단임을 확인하게 되었다. 그러나 이러한 국정통제기능은 불합리하게 행사되거나 남용되는 경우에는 오히려 국가기관간의 갈등과 대립을 초래하고 국정운용의 효율성과 안정성을 침해하는 문제가 있으므로 그 합리적 운용방안에 대한 논의가 필요하게 되는 것이다.

다른 한편, 헌법상 규정된 국회의 국정통제권이 특정 영역에서는 여전히 발휘되지 못함으로써 대통령의 권한남용 억제를 위한 국회의 통제기능 활성화가 요구되고 있음을 깊이 인식할 필요가 있다. 예컨대 대통령의 사면권행사에

89) 박정수, 앞의 논문, 319면 이하; 김용만, 앞의 논문, 138면 이하.
90) 헌법연구자문위원회, 앞의 보고서, 151면.
91) 헌법연구자문위원회, 앞의 보고서, 147, 154면.

대한 국회의 통제에 있어서 사면법상 특별사면의 경우에는 일반사면과 달리 국회의 동의를 거치지 않기 때문에 이 점에서 국회의 통제기능이 약화되는 측면이 있다. 국무총리나 국무위원에 대한 국회의 해임건의권의 경우에도 해임건의가 대통령에 대한 구속력이 없기 때문에 그 행정통제기능으로서의 효과에 의문이 제기되고 있다. 그러나 이 해임건의권에 관한 헌법조항의 취지를 실질적인 행정통제기능의 관점에서 적극적으로 해석하는 태도가 필요하다고 본다. 그리고 국회의 국정통제기능과 관련하여 재정통제기능이 강조되어야 할 것이다. 우리 헌법상 국회의 재정에 대한 통제기능은 행정부에 대한 통제기능에 비하여 실효성이 약한 것이 문제이므로 실질적인 재정통제기능의 강화가 요구된다. 예산심의·의결과 결산심사가 형식적인 절차에 그치지 않도록 하기 위해서는 예산결산특별위원회를 상임위원회로 전환하고 심의기간을 확대하는 등의 제도적 개선방안과 함께 국회가 재정관련 정보를 충분히 수집하고 분석하는 역량을 갖추는 것이 중요하며 국회의 재정통제기능을 효과적으로 지원할 수 있는 기구를 활성화하는 것이 필요하다.

국회의 국정통제기능은 정당정치와의 결합관계 속에서 양면성을 띠게 되는 문제가 있다. 국회의 국정통제기능은 '여소야대'의 분점정부 상황에서 더욱 활성화될 수 있다는 점에서 분점정부는 긍정적으로 평가될 수 있다. 그렇지만 그 통제기능이 야당에 의한 정쟁의 도구로 이용되는 경우에는 정국의 교착상태로 인해 국정운용의 효율성과 안정성을 해치게 되는 문제가 있다. 반면에 여소야대와 반대되는 '여대야소'의 통합정부 상황에서는 권력의 집중현상으로 권력분립원리가 구현되기 어렵고 국회의 국정통제기능이 형해화될 우려가 있다. 그러므로 국회의 권력통제기능이 정당정치와의 결합관계와 상관없이 정상적으로 작동될 수 있도록 하는 것이 매우 중요하며, 그렇게 하기 위해서는 국회의원들이 정당기속에서 벗어나 국민의 대표자의 지위에서 국가이익우선의 헌법적 의무를 준수하는 것이 절실히 요구된다. 이에 관하여는 미국의 정당정치의 실제 및 대통령과 의회와의 관계에 관한 헌법운용에서 상당한 시사점을 찾을 수 있다고 본다.

결국 우리 헌법상 국회의 국정통제기능에 관한 문제는 그 제도 자체의 문제라기보다는 제도운용의 문제가 핵심이 되고 있다고 할 수 있다. 따라서 앞으로의 국회의 정부에 대한 통제기능의 합리화와 활성화를 위해서는 제도적 개선 방안의 모색과 아울러 '견제와 균형' 및 '공화와 협력'의 권력분립 정신에 입각하여 국회와 정부가 정파적 이익보다는 국가이익을 우선하는 자세로 국정을 운용해 나가는 것이 중요하다.

〈본 장의 글은 『헌법학연구』 제20권 제3호(한국헌법학회, 2014. 9) 193~239면에 게재된 논문임〉

제 8 장 국회의원의 정당기속과 자유위임

Ⅰ. 머리말

서구에서의 근대 입헌주의헌법의 성립은 국민주권원리에 입각하여 대의제 민주주의 내지 대표민주제를 통치구조의 기본원리로 채택하게 되었으며, 여기서 대의제 원리는 의회 의원의 국민대표성과 자유위임(무기속위임)의 원칙을 본질적 요소로 하고 있음은 주지하는 바와 같다. 의원의 국민대표성은 지역선거구에 의해 선출된 의원이 그 선거구의 대표가 아니라 전체 국민의 대표자의 지위를 갖는 것을 의미한다. 자유위임의 원칙은 전체 국민의 대표자의 지위에 있는 의원은 자신을 선출해 준 선거구 유권자를 비롯한 어느 누구의 지시나 명령에 구속되지 않고 자유로운 지위에서 오직 자기의 양심에만 구속되는 것을 의미하였다. 이러한 전국민대표성과 자유위임에 기초한 의원의 자유와 독립은 근대 의회제원리의 핵심을 이루는 것이며 오늘날 민주주의국가의 헌법원리로서도 그대로 적용되고 있음은 물론이다.

그러나 현대의 민주주의에 있어서 이러한 고전적 대의제 원리는 정당제의 발달에 따라 그 구조변질이 불가피한 현상으로 나타나게 되었다. 제2차 대전 이후 각국은 정당을 헌법에 명문화하게 됨으로써 정당의 헌법적 편입의 시대, 즉 정당국가화 경향이 본격적으로 전개되게 되었다. 국가적 작용에 있어서 헌법외적 현상에 불과했던 초기의 정당이 오늘날의 민주정치에서 수행하고 있는 헌법적 기능은 민주정치 그 자체의 변용을 초래하게 된 것이다. 그 변용의 내용은 한 마디로 표현한다면 “자유주의적 대의제 내지 고전적 의회제 민주주의로부터 정당국가적 민주주의에로의 이행”이라고 할 수 있다. 정당국가적 민주주의(parteienstaatliche Demokratie)의 현실을 강조하는 라이프홀츠(G. Leibholz)에 의하면 정당국가에 있어서 국민의 일반의사는 종래의 대표제원리에 의하는 것이 아니라 오히려 정당을 통해서만 형성된다고 하고, 정당에 의한 국민의사의 매개·통합작용이 정당국가의 본질인 이상 정당은 국민과 동일시되며 다수당의 의사가 곧 국민의 일반의사로 간주된다는 것이다. 따라서 의회는 자유로운 토론에 기초한 다수결의 장으로서의 본래의 성격을 상실하고 그것은 정당의 명령에 구속을 받는 의원이 집합하여 이미 당론으로 결정된 것을 등록하는 장소에 지나지 않는다고 한다. 따라서 의원은 의회제 하에서 인정된 전국민의 대표자로서 자기의 양심에 따라 자유롭고 독립하여 행동하는 것이 아니라 정당의 강제와 규율에 복종하게 되고 정당에 반하는 행동을 할 수 없게 된다는 것이다.[1)]이러한 정당국가적 경향은 전통적 대의제 민주주의원리와 대립하는 것으로서 이 대립·충돌하는 양자를 조화적으로 실현하는 것이 현대 헌법학의 과제의 하나라 하지 않을 수 없다. 이에 관한 대표적 헌법문제로는 정당제를 전제로 한 비례대표의원의 당적변경·이탈의 경우 그 의원의 의원직상실 여부에 관한 논의가 이미 독일의 바이마르헌법 시대부터 전개되어 왔으며, 오늘날 각국에서도 이 문제에 관한 논의는 정당국가적 현실에서의 의원의 지위의 변질에 관한 본질적 문제로서 다루어지고 있다.[2)]

한국헌법에 있어서도 국민주권의 원리와 대의제 민주주의를 기본원리로 채택하고 있으며 국회의원의 국민대표성과 자유위임 내지 무기속위임의 원칙에 관한 근거규정을 두고 있다. 현행 헌법 제46조 제2항에 “국회의원은 국가이익을 우선하여 양심에 따라 직무를 행한다”고 규정하고 있는 것을 비롯하여 제7조

1) G. Leibholz, Der Strukturwandel der modernen Demokratie, in: ders, Strukturprobleme der modernen Demokratie, 1958, S. 93ff; 주수만 역, 현대민주정치론, 서문당, 1979, 144면 이하; G. Leibholz, Verfassungsstaat－Verfassungsrecht, 1973; 권영성 역, 헌국국가와 헌법, 박영사, 1976, 93면 이하; 정만희, 정당법론, 동아대출판부, 1985, 19~24면.

2) 바이마르헌법시대 이후의 독일과 오스트리아, 일본 등에서의 자유위임원리와 의원직상실 문제에 관한 헌법논의로는 山本悅夫, 國民代表論, 向學社. 1997, 26면 이하 참조.

제1항의 공무원의 "국민전체에 대한 봉사자"로서의 지위, 제45조의 국회의원의 면책특권에 관한 규정도 국회의원의 국민대표성과 자유위임의 원칙을 전제로 한 것으로 해석되고 있다.[3] 나아가 국회법은 제114조의2에 "의원은 국민의 대표자로서 소속정당의 의사에 기속되지 아니하고 양심에 따라 투표한다"라고 하여 자유위임에 입각한 자유투표의 원칙을 규정하고 있다. 한편 우리 헌법은 정당국가적 경향을 지향하는 입장에서 제8조에 정당조항을 두고 있으며 정당법과 정치자금법 등에 의하여 정당에 대한 법적 규제와 함께 정당재정의 국고보조 등 일련의 국가적 보호를 규정하고 있다. 이와 같이 헌법에 직접 정당제도를 명문화함으로써 정당국가적 민주주의를 지향하는 헌법현실에 있어서 의원은 국민대표자의 지위와 함께 정당대표자 내지 정당원으로서의 지위를 동시에 갖게 됨으로써 이 두 가지 지위가 서로 충돌하는 문제가 제기되어 왔다. 이는 곧 고전적 대의제 민주주의의 구조나 기능의 변질을 초래하는 심각한 헌법문제의 대두를 의미하는 것이며, 그에 따라 의회제 민주주의원리와 정당국가적 현실간의 대립과 모순을 어떻게 조화적으로 실현시킬 것인가의 문제는 우리의 정치현실에 있어서도 중요한 헌법적 논점이 되고 있다고 할 수 있다.

우리의 공직선거법상 비례대표 의원의 경우 소속 정당을 이탈·변경하는 때에는 의원직을 상실하도록 규정(제192조 제4항)하고 있는 것도 의원의 자유위임보다는 정당국가적 민주주의에서의 의원의 정당기속을 반영하는 것임은 말할 것도 없다. 그러나 비례대표 의원의 경우 당적이탈·변경으로 의원직상실을 규정하는 것에 대해서는 의원의 자유위임의 원칙상 허용되기 어렵다고 보는 반론이 있다.[4] 그리고 당론과 다른 견해를 가진 소속 국회의원을 당해 교섭단체의 필요에 따라 다른 상임위원회로 전임(사·보임)하는 조치에 대하여 헌법재판소는 특별한 사정이 없는 한 헌법상 용인될 수 있는 '정당내부의 사실상의 강제'의 범위내에 해당한다고 판시한 바 있다.[5] 이러한 헌법재판소 판례의 태도는 의원

3) 헌법재판소도 자유위임의 원칙과 관련하여 "헌법 제7조 제1항, 제45조, 제46조 제2항의 규정들을 종합하면 헌법은 국회의원을 자유위임의 원칙하에 두었다고 할 것이고"라고 판시하고 있다. 헌재 1994. 4. 28. 92헌마153, 판례집 6－1, 153.

4) 계희열, 당적변경과 의원직, 금랑김철수교수화갑기념 『현대법의 이론과 실제』, 1993, 113면 이하.

5) 헌재 2003. 10. 30. 2002헌라1.

의 자유위임보다는 의원의 정당기속이라는 헌법현실을 강조하는 입장이라고 할 수 있다. 그 밖에 최근의 통진당해산심판사건에서 위헌정당해산결정의 효과로서 소속의원의 의원직 상실을 명한 헌법재판소 결정도 의원의 국민대표성과 자유위임보다는 의원의 정당기속의 현실을 우선하는 입장으로 비춰지고 있다고 할 수 있다. 헌법재판소는 엄격한 요건 아래 위헌정당으로 판단하여 정당해산을 명하는 것은 헌법을 수호한다는 방어적 민주주의의 관점에서 비롯된 것이므로 이러한 비상상황에서는 국회의원의 국민대표성은 부득이 희생될 수밖에 없다고 하고, 해산정당 소속의 국회의원의 의원직을 상실시키지 않는 것은 결국 정당해산제도가 가지는 헌법수호기능이나 방어적 민주주의 이념과 원리에 어긋나는 것으로 정당해산결정의 실효성을 확보할 수 없게 된다고 판시하였다.[6] 이러한 헌법재판소의 입장은 이 문제에 관한 기존의 학계의 다양한 논의와는 상당한 거리가 있는 것이라 하지 않을 수 없다.[7][8]

최근 헌법재판소의 위헌정당해산청구 사건을 계기로 하여 정당해산의 효과로서 소속 정당 의원의 의원직 상실여부에 관한 구체적 입법이 시급히 행해져야 함은 물론이지만 그 입법론적 보완·정비를 위한 전제로서 의원의 자유위임과 정당기속의 헌법문제에 대한 재검토가 근본적으로 요청된다고 하겠다. 본고에서는 대의제원리와 자유위임의 원리의 성립과정과 현대헌법적 의의를 재조명하고, 오늘날의 정당국가적 민주주의에 있어서 의원의 지위의 변질에 따른 의원의 정당기속에 관한 구체적 문제들을 관련학설과 헌법재판소 판례의 분석을 통하여 검토하고 한국의 현 헌법상황에 있어서 대의제원리와 정당제 민주주

6) 헌재 2014. 12. 19. 2013헌다1.

7) 종래 학계에서의 정당해산과 소속의원의 의원직상실 문제에 관한 주요 문헌으로는 김문현, 정당해산심판에 관한 소고, 성균관법학 제19권 제2호, 2007, 1면 이하; 이성환·정태호·송석윤·성성제, 정당해산심판제도에 관한 연구, 헌법재판소, 2004, 264면 이하; 전민형, 정당해산심판 결정의 유형과 법적 효과, 안암법학 제44호, 2014, 109면 이하; 최희수, 위헌정당해산제도에 관한 연구, 정당과 헌법질서, 심천계희열박사 화갑기념논문집, 1995, 444면 이하; 정만희, 정당해산심판의 헌법적 쟁점－정당해산심판의 요건과 효력을 중심으로－, 공법연구 제42집 제3호, 2014, 105면 이하.

8) 통진당해산결정에 대한 긍정적 입장에서의 판례평석에 관하여는 장영수, 통합진보당 해산결정의 주요 쟁점, 법조 2015. 3.(702호), 109면 이하; 정부의 통진당해산심판청구에 대한 비판적 견해로는 한상희, 위헌정당해산심판제도, 그 의미와 문제점 -통합진보당 사건과 관련하여－, 민주법학 제54호, 2014.

의의 규범조화적 해석의 필요성을 제시하도록 한다.

Ⅱ. 대의제 민주주의와 자유위임의 원칙

1. 국민주권원리와 대의제민주주의

국민주권원리에 기초한 근대 입헌주의헌법은 민주주의를 국가의 구성원리로 하여 전개되어 왔다. 헌법의 기본원리로서 민주주의란 국가의 의사결정은 국가구성원이며 주권의 주체인 국민에 의해 결정되어야 한다는 것을 의미한다. 즉 국가공동체의 문제는 공동체의 구성원이 결정할 때 정당화된다는 원리를 뜻한다. 이 점에서 민주주의는 한마디로 국민주권에 기초한 '국민의 자기지배' 내지 '국민에 의한 통치'(government by the people)의 원리를 의미한다. 이러한 민주주의원리에 의한 국가의사결정의 방식은 국민이 직접 국가의사를 결정하는 방식과 국민이 대표자를 선정하여 그들로 하여금 국가의사를 결정하게 하는 방식이 있다. 전자는 직접민주주의 방식이며 후자는 간접민주주의 내지 대의제민주주의(대표민주제) 방식에 해당한다. 근대입헌주의 국가에서의 민주주의는 간접민주주의 내지 대의제민주주의를 원칙으로 채택하게 되고 예외적으로 직접민주주의적 요소를 가미하고 있는 것이 일반적이다.[9)]

주지하는 바와 같이 대의제민주주의는 역사적으로 서구 입헌주의의 전개과정에서 의회주의 내지 의회제를 본질적 요소로 하여 발전하게 된 것이다. 의회제의 기원은 중세의 등족회의에서 찾을 수 있으나 근대 의회제는 17세기 영국의 시민혁명의 단계에서 그 성립시기를 찾을 수 있다. 의회주의(parliamentarism)는 국민에 의해 민주적으로 선거된 의원들로 구성된 합의체로서의 의회가 국민의 대표기관의 지위에서 다수결원리로써 입법·재정·국정통제 등에 관한 국가

9) 민주주의를 현실적 관점에서 볼 때 의회주의를 중심으로 하는 대의민주주의는 불가피한 것이기 때문에 여기에 치자(治者)와 피치자(被治者)가 존재하게 되고 소수의 엘리트에 의한 지배가 행해질 수밖에 없다. 따라서 민주주의의 당위성으로서 '국민에 의한 지배' 내지 '국민의 자기지배'의 원리는 현실적으로 국민의 신탁에 의한 지배, 즉 국민의 신임에 기초한 대표자에 의한 통치를 의미하게 된다. 말하자면 대의제민주주의에 있어서 모든 권력의 행사는 국민이 행사하는 것이 아니라 국민의 신임에 기초하여 국민이 위탁한 것을 대표자가 행사하게 되는 것이다. 대의민주주의의 불가피성에 관하여는 계희열, 헌법상(상), 박영사, 2005, 221면 이하.

의사를 결정하는 정치방식을 의미한다.[10] 의회주의의 구성원리로는 국민대표의 원리와 다수결원리를 본질적 요소로 하고 있다. 즉 의회는 한편으로는 국민을 대표하는 성격을 갖고 있으며 여기서 국민과 대표자의 관계는 명령적 위임이 금지되는 '자유위임'내지 무기속위임을 원칙으로 하게 된다. 자유위임의 원칙에 의해 의원은 선거인으로부터 독립된 법적 지위를 갖게 되며 선거인의 지시나 명령에 구속되지 않는 자유로운 지위에서 국정에 참여하게 된다.[11] 그러나 국민대표와 자유위임의 원리는 오늘날의 헌법현실에 있어서는 그 본래의 의미가 크게 왜곡되고 있음을 부정하기 어렵다. 국민대표의 원리는 현대의 다원적인 국민의 의사와 이익을 실제로 공정하고 효과적으로 의회에 반영할 수 있는 제도 내지 기술이 요청되지만 이러한 대표의 실현은 선거법 내용의 불완전성에 의해 제약을 받고 있다. 더욱이 20세기의 행정국가의 등장은 정부에 대한 의회의 입장을 상대적으로 저하시키게 되었으며, 나아가 현대의 정당국가적 경향은 고전적 의회주의와 자유위임원칙의 변질을 초래하게 되어 의회주의의 위기론이 대두되기에 이른 것이다. 이러한 의회주의의 기능저하와 의회의 권위상실은 현대의 민주주의국가에 거의 보편적인 현상으로 나타나고 있다.[12]

2. 대의제 원리의 핵심요소로서 자유위임 원칙의 전개

(1) 자유위임의 원칙의 의미

일반적으로 자유위임(freies Mandat, free mandate)의 원칙은 '명령적 위임의 금지' 또는 '강제위임금지'의 원칙과 같은 의미로 사용되고 있다. 근대 입헌주의 국가에 있어서 국민주권에 입각한 국민대표제 내지 대의제원리의 채택은 그 당연한 귀결로서 자유위임의 원칙을 요청하게 되었다. 자유위임이란 의회 의원은 자신을 선출해 준 선거구 선거인의 대표를 의미하는 것이 아니라 전국민의 대표자를 의미하기 때문에 선거인의 지시나 명령에 구속되지 않고 오직 자기의 양심에만 구속되는 자유로운 지위에서 의정활동에 참여하는 것을 말한다.

이러한 근대 의회제에 있어서 자유위임의 원칙은 근대 이전의 의회에 해당

10) 의회주의의 원리에 관하여는 정만희, 헌법과 통치구조, 법문사, 2003, 19면 이하 참조.

11) 정만희, 앞의 책(주10), 21면 이하.

12) 정만희, 앞의 책(주10), 27면 이하.

하는 중세의 등족회의에서의 '명령적 위임'과 본질적으로 구별되는 개념이다.[13] 명령적 위임이란 중세 유럽의 등족회의를 구성하는 각 신분적 집단의 대표자와 그 집단 간의 관계를 의미하는 것이었다. 등족회의는 신분적·직업단체적·지방적 대표자들로 성립되었으며 그것은 당시 사회의 신분적 집단(귀족·승려·시민)을 비롯한 직업단체(각종 길드), 지방적 집단의 연합으로 성립된 것을 반영한 것이었다. 여기서 의회는 각 집단의 특수이익을 국왕에 전하는 자문기관에 불과하였으며 의회의 역할은 사회를 구성하는 제집단의 특수이익을 대표하는 데 있었다. 따라서 각 집단의 대표자는 자기가 대표하는 집단의 이익을 충실히 국왕에 전달하도록 요구받게 되었으며 집단과 그 대표자 사이의 법적 관계는 사법상의 대리관계 내지 위임관계를 의미하였다. 즉 대표자는 그 선출모체인 집단의 대리인에 불과하며 집단과 대리인 사이에는 기속적 위임의 관계가 성립하고 대리인은 집단의 명령에 법적으로 구속되는 것이다. 여기서 각 신분적 집단의 대리인은 수권범위 밖의 행위로 인하여 위임자인 집단에게 손해를 발생시킨 경우에 대리인은 배상책임을 부담하였으며 대리인의 의무위반의 경우 계약내용에 따라 언제든지 계약을 해제(파면)할 수 있었다. 국왕으로부터 자문을 받은 문제에 대해 집단으로부터의 명령이 불명확하거나 존재하지 않는 경우에는 재량의 범위를 넘어 자유롭게 답신하는 것이 허용되지 않았으며 자기가 대표하는 집단에 다시 묻지 않으면 안 되었던 것이다. 말하자면 대표자(대리인)는 집단의 의사표명의 도구에 지나지 않았으며 제집단은 그 대표자를 통하여 의회에 존재하였으며 그것은 대표제라기보다는 명령적 위임을 수단으로 하는 직접제를 의미하는 것이었다.[14]

이러한 명령적 위임의 제도는 중세 신분제의회가 근대 의회제로 이행하게 됨에 따라 부정되게 되었다. 명령적 위임의 금지는 의회에 있어서 심의의 신속화라고 하는 실질적인 이유뿐만 아니라 의회가 국민 전체를 대표하는 국민대표기관으로서의 성격으로부터 의회 의원은 선거인의 지시나 명령에 구속되는 것이 허용되지 않게 되었다는 데에서 그 이유를 찾을 수 있다. 다시 말하면 자유위임원칙을 인정하는 현실적 이유로는 다양하고 가변적인 국민의사로부터 대의

---

13) 정만희, 정당국가와 무기속위임의 원칙, 동아법학 제16호, 1993, 11면 이하.

14) 高橋和之, 國民代表, 芦部信喜 編, 憲法の基本問題, 1988, 19면.

기관의 의사결정의 자주성과 독립성을 보장하여 의회에서의 다수형성을 용이하게 하여 신속한 국가의사결정을 가능하게 하는 데 있으며, 자유위임원칙의 이념적 근거는 국민의 대표자로서의 인격이나 능력, 자질의 우수성 등에 있는 것이 아니라 그 대표자로 하여금 소속선거구의 선거인이나 소속계층 또는 소속정당의 개별적 의사와 부분이익에 구속되지 않고 국민 전체의 이익을 위한 국가의사를 결정할 수 있도록 하는 데 있는 것이다. 여기에서 자유위임의 원칙은 이른바 '경험적 국민의사'에 대한 '추정적 국민의사'의 우선원칙이 적용되고 국민의 부분이익보다는 전체이익을 우선해야 하는 것을 의미하게 된다.[15] 그러나 오늘날 보통선거제가 확립된 대중민주주의시대에 있어서는 추정적 국민의사의 우선원칙은 수정이 불가피하게 되었으며 경험적·현실적 국민의사도 존중하여 양자의 조화적 실현을 기하는 것이 현대 대의제민주주의의 과제로 인식되고 있다고 할 수 있다.[16] 따라서 현대국가의 자유위임원칙은 근대의 고전적 의미의 무제한적인 자유위임으로 해석되기 어려우며 선거를 통해 형성된 국민의 의사를 존중하면서 의원의 양심에 비추어 그 국민의 의사를 따르는 것이 국민전체의 이익이 되지 않는다고 판단될 때 자신의 독자적 판단에 의해 행동할 수 있다는 의미로 해석될 수 있다는 것이다.[17]

(2) 영국의 근대 의회제와 자유위임 원칙의 성립

서구에서 근대 의회제의 성립에 따른 국민대표제와 자유위임의 원칙은 의회제의 모국인 영국에서 17세기경부터 서서히 생성되어 18세기에 확립되었다고 볼 수 있다. 영국 의회는 중세로부터 근대에 이르기까지 오랜 기간동안 서서히 그 지위를 향상시켜 왔지만 최초에는 순전히 국왕의 자문기관에 지나지 않았으

15) 자유위임 또는 무기속위임의 원칙에 관한 상세한 내용은 허영, 헌법이론과 헌법, 박영사, 2001, 768면 이하; 정종섭, 대의제에 관한 비판적 연구, 연세대학교대학원 박사학위논문, 1989, 181면 이하.

16) 이 점에서 현대 민주국가의 대의제원리는 추정적 국민의사와 경험적 국민의사를 동시에 존중하지 않으면 안되게 되었으며 그에 따라 대의제도의 본질적 골격을 그대로 유지하면서 경험적 국민의사를 최대한 존중하기 위해 정당국가원리와 직접민주제요소가 채택되어 양자의 조화적 실현에 노력하게 되었다고 할 수 있다. 이러한 대의제의 현대적 실현형태에 관한 설명은 허영, 한국헌법론, 박영사, 2007, 660면.

17) 자유위임원칙의 현대적 의미와 그 한계에 관하여는 박경철, 당적이탈·변경시 의원직상실의 법리, 헌법학연구 제7권 제4호, 2001, 87면 이하.

며 조세동의권을 계기로 하여 의회는 입법권을 수중에 넣게 됨으로써 완전한 정치권력으로서의 지위를 갖게 되었다. 그리하여 국왕이 점하고 있던 국정상의 지위는 명예혁명을 계기로 의회가 국왕과 함께 또는 국왕에 대신하여 차지하게 되었다. 여기에서 의회는 이미 과거와 같은 계급적 특수이익을 국왕에 대해 대표하는 기관이 아니며, 전국민 또는 국가의 이름으로 국민의 일반의사를 표명하는 국가권력기관의 지위를 갖게 된 것이다. 따라서 대표자는 이미 과거의 특수이익의 대표자에 만족할 수 없게 되고 그 직책은 특수이익을 대표하는 동시에 일반이익을 대표하는 입장에 서게 되었다. 그리하여 근대 의회의 의원은 부분이익 내지 특수이익에 법적으로 구속되어서는 안 되게 되었다. 의원은 의회에서의 토론을 통하여 특수이익과 일반이익을 매개하게 되지만 토론의 결과로서 일반의사가 도출되기 위해서는 대표자가 특수이익에 구속되지 않고 오로지 자기의 양심에 따라 자유롭게 투표하는 것이 요구되었다. 여기서 대표자는 자기의 선출모체인 집단의 대리인이 아니며 전국민의 대표자라고 하는 국민대표의 관념이 성립하게 된 것이다.

영국에서 국민대표원리의 성립은 영국 의회의 권력획득과정 자체가 극히 장기적이고 완만하게 전개된 것과 마찬가지로 서서히 점진적으로 형성되어진 것이므로 그 성립시점을 명확하게 판단하는 것은 어렵지만 일반적으로 18세기 후반 에드먼드 버크(Edmund Burke)가 선거전에서 행한 유명한 브리스톨 연설(1774)에서 이 관념이 전형적으로 표현되고 있다고 한다. 버크에 의하면 의회는 공통의 이익을 위한 전국민의 합의체이며 의원은 일단 선출되면 전국민을 대표하여 독립적으로 행동하고 자신의 양심에만 책임을 진다는 것이다. 이러한 버크의 이론에 대해 뢰벤슈타인은 의회 의원이 선거권자의 지시나 명령에 구속되지 않는 '진정한 대표위임'(authentic representative mandate)을 의미한다고 하였다.[18] 이러한 버크의 사상은 자유위임원칙을 기반으로 근대 대의제이론의 효시로 간주되고 있다.[19]

18) K. Loewenstein, British Cabinet Government, Oxford Univ. Press, 1967, p.93.

19) 버어크의 대의제이론에 관하여는 Karl D. Bracher, The Crisis of Modern Parliaments, in: Macrid & Brown, Comparative Politics, The Dorsey Press, 1977, p.395.

(3) 프랑스의 국민주권이론과 자유위임의 원칙

영국에서 장기간에 걸쳐 관행적으로 확립된 국민대표의 관념은 프랑스에서는 1789년에 시작된 프랑스 대혁명 속에서 일거에 확립하게 되었다. 그렇기 때문에 프랑스의 국민대표이론은 보다 체계적 이론으로 정밀화되어 그 자체가 교의적 색채를 강하게 띠고 있으나 국민대표의 본질을 보다 선명하게 표현한 것이라고 볼 수 있다. 그 가장 큰 특징은 국민대표를 국민주권론과 결합시킨 점에 있다.

프랑스 혁명 전 구체제(앙시앙 레짐)의 군주주권론 하에서는 국왕이 주권자이었으나 혁명의 결과 국민이 주권자로서 국왕의 지위를 대신하게 되었다. 그런데 여기서 '국민'이란 어떠한 개념을 의미하는 것인가가 문제되었다. 앙시앙 레짐의 도식에서는 일방에 국왕이 있고 다른 일방에 집단 연합체적 사회로부터 구성된 국민이 있었다. 이러한 의미의 국민이 직접 그대로 국왕을 대신하여 주권자가 된 것은 아니었으며 이 앙시앙 레짐적 국민은 혁명의 가운데에서 부정·해체되어 새로운 '국민' 관점으로 변질되기에 이르렀다. 즉 사회의 구성단위이었던 신분적 집단이 해체되고 개개인이 새로운 구성단위로 승인된 것이다. 여기서의 국민은 중간적 집단에 의해 매개되지 않고 직접적으로 개개인의 집합체로서 성립된 것을 의미한다. 근대 프랑스 의회의 전신인 삼부회가 혁명의 초기에 그 신분적 구성이 부정되어 국민의회로 변신하게 된 것은 바로 국민관념의 변화를 상징하는 사건이었다.

주권자로서의 국민이 개개인의 집합체로서 관념되는 경우 그 국민의 개념에 관하여는 당시 구체적으로 인민(peuple)주권론과 국민(nation)주권론의 구별이 있었다. 루소(Rousseau)의 사회계약론에 입각한 인민주권에 있어서는 주권의 주체는 사회계약에 참가하는 시민의 총체, 즉 유권자의 총체로 보는 것이었으나, 시에예스(Sieyes)의 국민주권에 있어서는 주권의 주체가 인민과 구별되는 국적 보유자의 총체로서 시민의 총체보다 한층 더 추상적인 관념인 것이다. 이러한 두 원리의 구별은 프랑스 혁명의 역사적 대항관계 속에서 출발한 것이었으나 1791년 프랑스헌법은 시에예스의 국민(nation)주권론에 입각하여 의원의 국민전체의 대표성과 함께 명령적 위임의 금지를 규정하게 되었다.[20)]

---

20) 인민주권론에 의하면 국가의사(일반의사)의 결정은 전체 시민의 참가에 의해서만 가능하

국민주권론에 의해 의원은 자기 선거구의 특수이익을 대표하는 것이 아니라 전국민의 이익을 대표하는 것이 되었으며, 의원은 선거구에 의해 선출되더라도 주권의 행사를 헌법에 의해 국민으로부터 직접적으로 부여받은 것이 되고 자기의 선거구의 의사로부터 자유롭게 그 권한을 행사하는 것이 되었다. 또한 선거인의 역할은 그의 선거구의 특수이익의 대리인을 선발하는 것이 아니라 전국민의 대표자를 선출하는 것이므로 선거인도 일반이익의 입장에서 누가 대표자로 적합한지를 판단할 수 있는 자격을 가져야 했던 것이다. 이러한 능력을 갖추기 위해서는 그 나름의 교양과 재산이 필요하다고 하면 그러한 조건에 의한 선거권의 제한은 당연히 인정될 수밖에 없었던 것이다. 즉 개인은 주권을 갖는 것이 아니기 때문에 선거권은 주권의 행사라는 의미가 아니라 오히려 공무의 수행에 지나지 않기 때문에 선거권을 제한하는 것은 이론상 문제가 없는 것이었다. 그리하여 1791년 프랑스헌법은 시에예스의 국민주권론의 기본구조를 채택하여 국민대표제와 명령적 위임금지를 규정하였으며 국민대표의 선출에 있어서는 제한선거를 채택하였던 것이다. 국민주권의 헌법 하에서 보통선거제가 채택된 것은 20세기에 들어와서 가능하게 되었다.

(4) 독일의 대의제와 자유위임의 원칙

영국이나 프랑스에 비해 대의제의 발전이 뒤늦게 이루어진 독일에 있어서 자유위임 내지 강제위임금지의 원칙은 1850년의 프로이센헌법, 1871년 비스마르크헌법, 그리고 1919년 바이마르헌법에서 이에 관한 명문규정을 볼 수 있다. 특히 바이마르헌법은 제21조에 "의원은 전국민의 대표자이다. 의원은 오직 자기의 양심에 따르며 위임에 구속되지 아니한다"라고 하여 의원의 국민전체의 대표자의 지위와 자유위임의 원칙을 규정하였다.[21] 전후의 독일기본법

다고 하여 직접민주제를 원칙으로 하고 예외적으로 명령적 위임에 의한 의회제를 인정하게 된다. 루소의 인민주권론은 민중의 정치참가를 확보하여 민중해방에 봉사하는 원리로 전개되었다고 할 수 있다. 인민주권과 국민주권의 개념 및 구별에 관하여는 한태연, 헌법학, 법문사, 1983, 141면 이하; 권영성, 헌법학원론, 법문사, 2010, 132면 이하. 杉原泰雄, 國民代表, 憲法學の基礎概念 I, 勁草書房, 1983, 97면 이하.

21) 바이마르헌법은 1919년 제정당시 영국과 프랑스 등 이웃나라들의 대의제를 수용하였으나 직접민주주의적 통치제도를 이상으로 삼고 제정된 것이라고 보는 견해가 있다. 프랑스의 의회제에서 철저히 배척되었던 의회해산제도를 채택하고 대통령의 직선제와 강력한 지위를 규정한 것 등은 국민투표적 직접민주제의 성격이 강한 통치구조를 의미하는 것이며

도 제38조 제1항 제2문에 "의원은 전국민의 대표자로서 명령과 지시(Auftrage und Weisungen)에 구속되지 않으며 오직 자신의 양심에만 따른다"라고 규정하여 바이마르헌법상의 자유위임원칙의 규정과 문언상 표현은 동일하지 않지만 그 내용은 같은 것으로 규정하였다. 이 기본법상의 의원의 국민대표성과 자유위임조항은 기본적으로 다음과 같이 해석되어 왔던 것이다. 먼저 의원이 '전국민의 대표자'라는 것은 국민대표제의 원리로부터 국민의 의원에 대한 자유위임 내지 무기속위임이 당연히 인정된다는 것이며 동시에 연방의회도 국민대표의 성격을 갖는다는 것이다. 여기서 자유위임은 선거구의 선거인에 대해서만이 아니라 모든 종류의 조직화된 이익단체에 대하여도 의원의 독립과 자유를 보장한다는 것으로 해석되는 것이다. 그리고 의원이 명령이나 지시에 구속되지 않는다는 규정은 자유위임의 법적 효과를 의미하는 것으로 명령이나 지시 자체가 금지된다는 것을 의미한다. 이러한 자유위임에 관한 규정으로부터 의원활동의 자유와 독립이 보장되며 의원활동의 자유는 의원의 원내에서의 발언과 표결에 대한 면책특권으로서 강하게 보장되는 것이다. 또한 자유위임은 의회 의석의 유지라는 점에서도 의원을 보호한다. 즉 자유위임은 의원에게 특정의 행위를 강제하기 위하여 의원의 지위를 그의 자유의사에 반하여 박탈하는 것을 금지한다는 의미를 가진다.

이러한 자유위임의 원칙의 채택은 기본법 제정 이전의 바이마르헌법시대부터 부정적 견해가 없지 않았으며 고전적 자유위임원칙의 규정에 대해서는 정당국가론자들로부터 시대착오적인 19세기의 선언적 유물이이라고 비판받기도 하였다.[22] 그럼에도 불구하고 정당이나 교섭단체, 그 밖의 세력으로부터 의원의 의사형성에의 영향으로부터 의원을 보호하여야 한다는 의견이 압도적이었기 때문에 자유위임의 원칙은 의원의 자유와 독립을 보장하기 위하여 그대로 채택된 것이다. 그러나 이 자유위임의 조항과 함께 독일기본법은 제21조에 정당조항을 동시에 규정하게 됨에 따라 두 조항간의 긴장관계와 충돌이라는 헌법상황이 현실적으로 대두하게 되었다. 특히 1970년대에 들어서 독일에서 의원들의

이러한 대통령의 의회해산권에 대해 칼 슈미트는 의회의 의사보다는 국민의 의사를 존중하기 위한 바이마르헌법의 핵심제도라고 평가하였다고 한다. 허영, 앞의 책(주16), 654면.

22) 독일에서의 자유위임원칙 조항의 채택에 대한 비판적 견해의 소개로는 계희열, 앞의 논문(주4), 113면 이하.

소속정당 이탈·변경에 따른 의원내각제 운영상의 중대한 문제점이 제기되면서 의원의 정당기속의 강화를 위해 당적변경 의원에 대한 의원직상실의 입법화에 관한 논의가 활발하게 전개됨으로써 자유위임과 의원의 정당기속에 관한 헌법 해석론이 헌법학의 주요 과제로 등장하게 되었다.

(5) 소 결

서구에서의 근대적 의회제의 성립으로 형성된 국민대표원리와 자유위임원칙은 중세적 등족회의에서의 신분제 계급의 특수이익의 대표와 강제위임 원칙의 부정에서 출발된 것을 의미한다. 영국의 근대 의회제는 중세적 등족회의가 명예혁명을 계기로 점진적으로 국민대표기관으로 발전하면서 18세기 후반 버크의 이론에 의해 자유위임원칙이 확립되었다. 프랑스의 경우는 시민혁명의 결과 구체제를 타파하면서 시에예스의 국민주권원리가 채택됨에 따라 의원의 국민전체의 대표성과 자유위임원칙이 확립되었다. 독일은 대의제의 후발국가아면서 바이마르헌법과 전후 기본법에 자유위임원칙을 명문화한 것이 특징이다. 독일 기본법상 대의제의 자유위임원칙에 관한 헌법해석은 오늘날 정당국가와 대의제원리를 둘러싼 헌법문제의 이해에 커다란 영향을 미치고 있음을 부정할 수 없다.

3. 한국헌법과 자유위임의 원칙

우리 헌법상 국회의원은 국민전체의 대표자로서의 지위를 갖는다. 국회가 헌법상 국민대표기관의 지위를 가지므로 국회의 구성원인 의원은 자신을 선출한 유권자의 명령적 위임에 구속을 받지 않고 오로지 자기의 양심에 따라 전체 국민을 위하여 행동하여야 하는 자유위임의 관계에 있기 때문에 국회의원도 국민대표성을 가지는 데에는 의문의 여지가 없다. 우리 헌법은 국회의원의 국민대표성에 관한 직접적인 명문규정을 두고 있지 않으나, 헌법 제7조의 "국민전체에 대한 봉사자"로서의 공무원의 지위에 관한 규정과 헌법 제45조의 국회의원의 면책특권에 관한 규정 및 헌법 제46조 제2항의 "국회의원은 국가이익을 우선하여 양심에 따라 직무를 수행한다"는 규정에서 국회의원의 국민전체의 대표자의 지위를 인정하는 근거를 찾을 수 있다.[23] 이와 같이 국회의원은 국민대표

23) 헌재 1994. 4. 28. 92헌마153, 판례집 6-1, 153.

자로서 선거민의 위임에 구속되지 않고 오로지 자기의 양심에 따라 전체국민의 이익을 위하여 행동하여야 하는 것을 의미하므로 선거시의 선거공약에 법적으로 구속되지 아니한다. 따라서 국회의원은 적극적으로 자신의 정치적 도의적 양심에 따라 공익을 지향하는 국민전체의 의사를 형성하여야 하며, 소극적으로는 자신이 속한 정당의 의사나 자신을 선출한 유권자의 의사 및 사회의 부분이익을 관철하려는 각종 이익단체의 의사로부터 독립하여야 하는 것이다.[24)]

그러나 국회의원의 국민대표자의 지위와 자유위임을 인정하면서도 다른 한편 의원의 지역대표성의 인정여부를 둘러싼 논의가 있다. 국회의원이 지역단위의 선거구에서 선출된다고 해서 지역대표로서의 지위를 갖는다고 볼 수 없음은 이미 각국에서의 근대 의회제의 성립과정에서 확립된 자유위임의 원칙으로부터 당연한 것이다. 다만 현실적으로 지역구의원은 선거과정에서 선거구민의 의사에 사실상 기속되는 점이 있음은 부정할 수 없다고 하더라도 그 이유 때문에 의원의 지역대표자의 지위를 법적으로 인정할 수 없는 것이다. 이와 관련하여 헌법재판소는 국회의원선거구획정과 인구불평등에 관한 헌법적 판단에 관한 1995. 12. 27. 95헌마224등 사건에서 제시된 국회의원의 지역대표성을 인정하는 견해(재판관4인 의견)[25)]는 타당하다고 볼 수 없다.[26)]

Ⅲ. 정당국가화와 의원의 정당기속 문제

1. 정당국가의 등장과 대의제 민주주의의 구조변질

근대적 정당의 발생은 근대국가의 성립이라고 하는 역사적 조건하에서 언론과 집회의 자유의 인정 및 시민계급의 대두와 그 시민층의 정치적 거점인 의회의 발달에 기인한 것이라 할 수 있다. 정당은 의회내의 회파로부터 출발하여 선거인과 의회를 매개하는 조직으로 성장하여 오늘날에는 정치권력의 획득과 유지를 목적으로 결합된 정치적 행동통일체로서, 그것은 국민과 국가기관을 매개하는 '중개적 권력체'의 지위에서 국민의 정치적 의사형성에 참여하는 중요한

24) 전광석, 한국헌법론, 집현재, 2015, 677면.
25) 헌재 1995. 12. 27. 95헌마224등, 판례집 7－2, 786.
26) 같은 취지로는 전광석, 앞의 책, 678면.

공적 기능을 수행하게 되었다. 그러나 의회제의 전개과정에서 초기의 정당은 국가로부터 적대시 내지 무시의 단계를 벗어나지 못하였다. 서구에서 근대적 대중정당이 형성·발전하게 된 것은 선거권의 비약적 확대를 가져온 19세기 후반이지만,[27] 당시 고전적 대의제원리에 의하면 의원은 선거민에 대한 책임에 구속되지 않고 전국민의 대표로서 양심에 따라 활동하는 것이었으며, 의원은 교양있는 국민의 선량(選良)으로서 의회내에서의 자유로운 토론을 통해 국민의 일반의사가 결정된다고 생각하였기 때문에 이러한 의원의 자유와 독립을 구속할 위험성이 있는 정당에 대해서는 국가의 태도도 부정적일 수밖에 없었다.[28]

그 후 20세기에 들어와 서구의 선거제도에 있어 정당을 전제로 한 비례대표제가 채택됨으로써 정당은 비로소 합법화의 단계에 진입하게 되었고, 제2차 대전 이후 각국은 정당제도를 헌법에 명문화하게 되어 정당의 헌법적 편입의 시대, 즉 정당국가화 경향이 본격적으로 전개되게 되었다. 정당이 헌법조항에 편입하게 된 것은 헌법생활에 있어서 정당이 강력한 정치권력을 담당한다는 인식에 기초하여 정당국가적 현실과 전통적 대의제민주주의의 헌법을 조화시켜 양자 사이에 존재하는 긴장을 제거하기 위한 것이라고 할 수 있다. 말하자면 각국 헌법은 정당에 대하여 현대적 민주주의에 어울리는 지위를 부여하고 다른 일반 결사와 구별되는 정당의 존재를 승인하여 그 정당활동을 보장함과 동시에 그 헌법적 한계를 규정하게 된 것이다. 요컨대 정당의 헌법적 편입은 정당정치의 법적 승인뿐만 아니라 정당을 통해 나타나는 정치권력이 헌법의 테두리 밖에서 헌법의 파괴를 초래한 역사적 경험에 기초하여 정당의 조직과 활동의 보장과 그 법적 규제를 포함하는 정당의 헌법제도화로의 결단을 의미하는 것이라 할 수 있다.[29]

---

27) 근대적 의회제와 정당제의 모국인 영국의 경우 1832년 선거법개혁으로 중산층의 선거권이 인정되었고 1867년 선거법개혁으로 노동자계급에도 선거권이 확대되자 일반대중의 선거인은 조직화된 대중정당을 통해 정치과정에 참여하는 것이 가능하게 되었다. 따라서 영국에서의 1867년 선거제도개혁은 대중적 정당조직이 형성되는 시점으로 헌정사적 의미가 크다. 이에 관하여는 K. Loewenstein, Poltical Power and the Governmental Process, 2nd ed., Chicago Univ. Press, 1965, p.99.

28) 미국의 경우 헌법의 제정은 반정당적 환경 속에서 제정되었으며 미국의 초기 역사에 있어서 정당은 정치적 파벌(fractions) 내지 유해한 도당(pernicious faction)으로 간주되었다. 정만희, 앞의 책(주1), 36면.

29) 정만희, 앞의 책(주1), 39면 이하.

이와 같이 국가적 작용에 있어서 헌법외적 현상에 불과했던 초기의 정당이 오늘날의 민주정치에서 수행하는 기능의 중요성은 민주정치 그 자체의 변용을 초래하게 되었다. 그 변용의 내용은 국가에 따라 다양하게 나타날 수 있지만, 극히 개괄적으로 표현한다면 그것은 전술한 라이프홀츠(G. Leibholz)의 표현처럼 "자유주의적 대의제 내지 고전적 의회제민주주의로부터 정당국가적 민주주의에로의 이행"이라고 말할 수 있다. 이러한 정당국가적 민주주의 특징에 관하여는 라이프홀츠에 견해에 따라 다음과 같이 설명될 수 있다. 첫째, 정당국가적 민주주의는 국민투표적 민주주의의 합리화된 발현형태로서 직접민주제의 대용물을 의미한다. 정당국가에 있어서 국민의 일반의사는 종래의 대의제원리에 의하는 것이 아니라 정당을 통해서만 형성되므로 정당은 국민과 동일시되며 의회의 다수당의 의사가 국민의 일반의사로 간주된다. 둘째, 의회는 자유로운 토론에 기초한 다수결의 장으로서의 본래의 성격을 상실하고, 정당의 명령에 구속되는 의원이 집합하여 이미 당론으로 결정된 것을 등록하는 정당대리인의 집회소에 불과하다. 셋째, 따라서 의원은 이미 의회제하에서 인정된 전국민의 대표자로서 자기의 양심에 따라 자유롭고 독립하여 행동하는 것이 아니므로 의원은 강제위임금지의 원칙이 적용되지 않고 정당의 강제와 규율에 복종하게 된다. 넷째, 선거가 의원 개인을 선출하는 것이 아니라 오히려 국민투표적 성격을 갖는 것으로 어느 정당에게 권력을 위임할 것인가를 결정하는 행위를 의미한다. 이러한 정당국가적 민주주의의 특징은 고전적 대의제 민주주의원리에 대립되는 현상을 의미하는 것이다.[30]

2. 의원의 자유위임과 정당기속의 긴장관계

(1) 독일에서의 의원의 정당기속에 관한 헌법논의

고전적 의미의 자유위임의 원칙은 현대국가에 있어서 정당의 의회(의원) 지배라고 하는 정당국가적 현실과 모순·충돌되는 중대한 헌법문제가 제기되는데 구체적으로는 비례대표제의 채택에 따른 의원의 정당기속과 자유위임의 충돌문제가 독일에서 제기되었다. 독일의 경우 바이마르헌법은 대의제원리에 기

30) G. Leibholz, a.a.O.(주1), S. 93f; 정만희, 앞의 책(주1), 19면 이하.

초한 의원의 자유위임원칙(제21조)을 명문화하였으며 선거제도에 있어 비례대표제를 채택하게 되었다. 비례대표제의 채택으로 정당의 후보자명부에 의해 당선된 의원은 전적으로 소속 정당의 도움으로 선출된 자를 의미하였다. 그러나 그 비례대표 의원이 정당을 탈당하는 경우에도 의원직을 계속 유지하였고 이러한 당적이탈의 빈번한 현상은 정국의 혼란까지 초래하게 되어 당시 많은 학자들이 이 문제를 직접 논의하게 되었다.

이에 대해 비례대표의원의 의원직상실을 주장하는 긍정설은 비례대표제와 자유위임의 원칙은 상호 모순되며 비례대표 선거의 사상에는 원칙적으로 명령적 위임이 내포되어 있다는 논거를 기초로 하여 정당후보자명부에 의해 선출된 의원이 그 소속 정당을 떠나는 경우 의원직을 박탈하는 것은 논리적으로 타당하며 그 의원직상실에 관한 법규정은 당연한 것이라고 하였다.[31] 반대로 의원직상실을 부정하는 입장에서는 대의제에 있어서 의원의 독립성이 헌법적으로 인정되고 있는 한, 의원의 자주성을 어떠한 형태로든 침해하거나 의원의 정당에 대한 종속관계를 초래할 수 있는 법은 허용될 수 없으며 오직 의원의 결정의 자유를 강화할 수 있는 법만이 허용될 수 있다고 주장하였다. 즉 자유위임의 원리가 명시적으로 규정되어 있는 한 탈당의원의 의원직박탈은 허용될 수 없다는 것이다.[32]

전후 서독 기본법의 제정과정에서도 바이마르헌법상의 자유위임의 원리는 그대로 유지되었으며(제38조 제1항 제2문),[33] 여기에 새로운 정당조항(제21조)이 채택됨에 따라 자유위임의 원리의 실질적 의미에 대하여는 소극적 입장이 대두되기도 하였다. 즉 현대의 대중민주주의에 있어서 정당조직이 불가결의 요소라고 한다면 의원의 지위도 그에 따라 변질되지 않으면 안 되며, 기본법에 있어서 자유위임 내지 명령적 위임의 금지는 19세기의 선언적 유물에 불과하다는 것이

31) 당시 긍정설의 견해는 켈젠(H. Kelsen), 안쉬츠(Anschutz) 등에 의해 주장되었다. H. Kelsen, Vom Wesen und Wert der Demokratie, 2 Aufl., 1929, S. 42; 정만희, 앞의 논문(주 13), 16면.

32) 라이프홀츠(G. Leibholz) 등의 부정설의 입장에 관하여는 계희열, 앞의 논문(주4), 113면 이하.

33) 독일 기본법 제38조의 제1항은 "독일연방의회의 의원은 보통, 직접, 자유, 평등 및 비밀선거에 의하여 선출된다. 그들은 국민전체의 대표자이고 명령과 지시에 구속되지 않으며 자신의 양심에만 따른다"라고 규정하고 있다.

다. 말하자면 현대 정당국가에 있어서 의원의 자유와 독립은 하나의 의제(擬制)에 지나지 않으며, 의원에 대한 정당강제를 수반하는 명령적 위임이 필연적으로 요구된다고 하더라도 결코 잘못된 일이 아니라는 것이다. 그리하여 정당명부식 비례대표제에 의해 선출된 의원이 그의 자유의사에 따라 탈당하여 다른 정당에 입당하는 경우에는 의원직을 상실하도록 하여야 한다고 주장되었던 것이다.[34]

그러나 당시 학계의 입장은 정당의 명령적 위임 내지 당의구속에 어느 정도 한계를 긋고 있었으며 헌법에 자유위임이 규정되어 있는 한 의원의 소속 정당으로부터의 탈당으로 인한 의원직박탈은 허용될 수 없다고 보는 견해가 다수적 견해라고 할 수 있다. 오늘날 정당국가적 현실에 있어서 정당과 헌법의 관계에 관하여 뢰벤슈타인(K. Loewenstein)은 전국민을 대표하는 의원이 정당명부에 의해 선출되기 때문에 정당의 명령이나 기율에 복종하여야 한다는 사실은 무시되어야 한다고 주장한다. 헌법상 의원이 국민 전체를 대표한다는 추상적 의미는 그 현실적 효과로서 의원이 그를 선출한 선거인에 의한 책임추궁을 받지 아니하며 그가 자유의사에 따라 정당에 대한 충성(party allegiance)을 변경할 수 있는 것이라고 한다. 요컨대 정당정치의 현실에서 의원이 정당명부에 의해 선출된 경우에도 그의 의사에 따라 당적을 이탈할 수 있으며, 전국민의 대표자로서의 의원은 정당의 명령이나 지시에 기속되지 않는다는 것이다.[35] 말하자면 독일 기본법상 자유위임의 원리에 관한 헌법적 해석은 정당국가적 현실에서 의원이 소속 정당을 탈당하더라도 의원직을 박탈하는 것은 허용되지 않으며 그 의원이 정당후보자명부에 의한 비례대표 의원의 경우에도 마찬가지로 허용될 수 없다는 것이 학계의 지배적 견해라고 할 수 있다.[36]

34) 그리하여 정당후보자명부에 의해 선출된 의원이 자유의사로 정당을 탈당하는 경우 의원직을 상실시키도록 하는 입법이 시도되어 1953년 바이에른 주의회와 1970년 브레맨 주의회가 의원직상실을 규정하려 하였으나 결국 부결되고 말았다. 상세는 계희열, 앞의 논문(주4), 113면 이하.

35) K. Loewenstein, op. cit.(주27) p.65.

36) 독일에서 바이마르헌법 시대 이후 정당제도를 전제로 한 비례대표제의 채택을 계기로 하여 비례대표 의원의 당적변경의 경우 의원직의 상실여부를 둘러싼 학계의 논의는 한마디로 서로 대립하는 헌법적 가치로서 현대적 정당국가적 민주주의와 고전적 대의제 민주주의의 두 이념 중에서 어느 것을 우선할 것인가의 문제에 관한 것이다. 정당국가적 민주주의를 강조하는 입장에서는 고전적 대의제원리로서 자유위임의 원리는 크게 제약을 받게

(2) 정당국가화와 의원의 정당기속의 정도

정당국가화에 따른 의원의 정당기속은 불가피한 현상이라 하더라도 그 정당기속의 범위나 정도는 각 나라의 정당정치의 실제에 있어서 차이가 있다고 할 수 있다. 독일 등과 같이 헌법상 정당조항을 채택한 국가에 있어서는 정당의 헌법적 편입과 헌법제도화에 따라 정당국가적 경향을 지향함으로써 의원의 정당소속원으로서의 지위와 정당기속이 강화될 수밖에 없으나 헌법상 정당조항을 채택하고 있지 않고 정당을 일반적 사결 결사의 일종으로 취급하는 국가에 있어서는 의원의 정당기속은 헌법상 정당국가를 지향하는 경우와는 달리 현실적으로 약화될 수밖에 없으며 의원의 정당강제에 관한 입법은 허용되기 어려울 것이다.

오늘날 정당제 민주주의가 보편화되어 있는 현대국가적 상황에서 의원의 소속정당에 대한 기속성이 가장 약한 나라로는 미국을 들 수 있다. 미국의 경우에는 2세기 이상의 정당제도를 경험하면서도 연방의회 의원들의 정당기속은 다른 국가들에 비해 상대적으로 약화되어 있다고 할 수 있다. 미국의 정당제도는 연방국가적 특성에 따라 정당조직이 지방분권화되어 있으며 정당소속 의원에 대한 정당기율이 약한 것이 특징이다.[37] 그렇기 때문에 의원은 당론에 구속되지 않고 자유로운 지위에서 활동할 수 있으며 의안심의와 표결에 있어서도 자유투표 내지 교차투표(cross-voting)가 상당한 수준에서 보장되고 있다. 다시 말하면 미국의 의회주의는 비록 정당제 민주주의에 현실에 있어서도 의원의 대의활동이 정당에 대한 충성보다는 국가이익을 우선하여 양심에 따라 표결에 참여함으로써 자유위임의 대의제 정신이 서구의 정당국가에 비해 제대로 실현되고

되는 것이 불가피하다고 하고, 대의제원리의 헌법이념을 우선하는 입장에서는 오늘날 정당국가의 현실 속에서도 자유위임원리는 여전히 존중되어야 한다는 것이다.

37) 미국의 양대정당은 연방규모의 조직력이 약하며 대통령선거시 외에는 전국적인 응집력을 찾아볼 수 없고 정당의 중앙통제력은 거의 미치지 못하여 소속 의원에 대한 정당의 제재도 미약하다. 상원의원은 특히 정당으로부터의 독자성이 강하다. 이러한 미국 정당제의 특성은 연방제로부터의 영향에서 기인하는 바가 크다. 특히 1913년의 연방수정헌법 제17조에 의한 상원의원의 직선제채택은 정당의 결속력에 결정적인 타격을 가하였으며, 대통령후보지명을 위한 직접예비선거제도의 도입은 정당의 보스와 정당조직이 정치과정을 지배할 수 없게 됨에 따라 정당에 대한 충성과 결속을 크게 약화시키게 된 것이다. 상세는 정만희, 앞의 책(주10), 124면 이하.

있다고 할 수 있다. 이러한 의원의 "정당에 대한 충성과 결속력의 약화"(decline of party loyalty and cohesion)는 전통적인 대의제원리와 자유위임의 관점에서는 오히려 긍정적으로 평가될 수 있으며, 이 점이 미국의 정치과정에서 의회의 행정부에 대한 통제기능이 실질적으로 작동하게 되는 요인이 되고 있다. 그러나 다른 한편 이러한 의원의 정당에 대한 결속력의 약화는 정치과정의 긴장과 대립관계를 가져오고 미국의 외교 및 국가안전보장 등에 관한 주요정책의 일관성이 무너지는 원인이 되고 있다는 비판적 입장에서 최근의 헌법개혁논의에서는 정당의 결속과 책임을 강화하는 방향으로의 정치제도개혁방안이 제시된 바 있다.[38]

일본의 경우에도 미국헌법과 마찬가지로 헌법상 정당조항을 채택하고 있지 않은 것이 특징이며 정치적 결사로서의 정당을 일반결사의 일종으로 보고 헌법상 결사의 자유에 의해 보호를 받는 것으로 이해되고 있다. 그렇지만 일본의 정치과정에서 정당은 의회제민주주의의 불가결의 공적 요소이며 국회의원의 활동거점인 동시에 의회활동의 주체로서 간주되고 있다.[39] 일본헌법상 의원은 '전국민의 대표'(제43조)로서의 지위를 갖지만 정당정치의 현실은 선거과정에서의 정당공천과 정당지원이 당락을 좌우하게 되기 때문에 현실적으로 의원은 소속정당의 당의강제(黨議强制)에 복종하게 된다. 이러한 의원의 정당기속은 비례대표제 선출의원과 관련하여 현실문제로 제기된 바 있다. 일본에 있어서도 1980년대에 들어와 비례대표의원의 당적 이탈변경에 따른 의원자격문제가 논의되었으나 학계의 지배적 견해는 비례대표의원의 당선후 당적이탈행위는 의원자격의 상실이라는 법적 책임을 발생시키는 것이 아니라고 하고, 그것은 도의적 정치적 책임의 문제로 보아야 한다는 것이다.[40] 일본의 현행 선거법은 우리나라의 공직선거법 제192조 제4항과 같은 비례대표의원의 당적이탈·변경의 경우

38) 미국헌법 제정 200주년을 맞아 초당파적 헌법제도개혁논의기구로서 학계·정계·법조계 등 전국적 저명인사들로 구성된 '헌법제도검토위원회'(Committee on the Constitutional System)가 결성되고 1987년 이 위원회는 보고서를 채택하였는데 그 내용은 근본적인 헌법구조의 변화의 필요성을 강조하면서 헌법제도와 정치기구의 개혁방안을 제시하고 있다. 이 헌법제도검토위원회의 보고서에 관한 내용은 정만희, 미국의 헌법제도 개혁논의, 앞의 책(주10), 120면 이하 참조.

39) 大石眞, 議會法, 有斐閣アルマ, 2001, 40면.

40) 淺野一郎, 比例代表制選出議員の黨籍離脫と議員資格, 法學セミナ 362호, 1985, 26~30면; 山本悅夫, 앞의 책(주2), 132면 이하.

의원직상실을 규정하고 있지 않기 때문에 이 점에서 의원의 정당기속의 정도는 약하다고 볼 수 있다.

우리나라의 경우 의원의 자유위임과 정당기속을 보면 1962년 제3공화국헌법이 철저한 정당국가를 지향하면서 의원의 정당기속을 헌법에 직접 규정하였다. 즉 당시 헌법 제38조는 국회의원은 당적을 이탈·변경하는 경우와 소속정당이 해산된 때에는 그 자격이 상실된다고 규정하였다. 그리고 국회의원선거와 대통령선거의 입후보자격을 정당공천을 요건으로 하여 무소속입후보를 금지하였다(제36조 제3항, 제64조 제3항). 헌법에서 직접 의원의 당적이탈·변경과 정당해산의 경우 의원직상실을 규정한 것은 그 입헌례를 찾아보기 어려운 것으로서, 그러한 정당국가원리는 대의제원리와 의원의 국민대표성에 반하는 것이며 헌법규범체계상 문제가 있는 것이라 하지 않을 수 없다.[41] 그 후 1972년 제4공화국헌법에서부터는 정당해산시 의원직상실과 정당공천의 필수적 요건 등을 폐지하여 1962년 헌법의 철저한 정당국가적 경향이 완화되었다.

3. 자유위임원리의 정당국가적 해석론

위와 같은 정당국가의 출현에 따른 의원의 정당기속과 전통적인 자유위임원리와의 모순·충돌은 제거하기 어려운 것으로서 현대 서구민주주의의 구조상의 특징으로 보는 입장에 대하여 새로운 관점에서 자유위임의 원리는 오늘날의 정당국가적 현실과 대립하는 것이 아니라 그것과 조화될 수 있는 현대적 해석이 가능하다는 견해도 제기된다. 즉 의원이 정당의 결정에 따라 행동하는 경우에도 그 소속정당이 '국민전체에의 지향성(指向性)'에 의해 정당화되는 한, 의원은 '전국민의 대표자'인 것이라고 한다. 오히려 정당의 매개를 통함으로써 오늘날의 의원은 의제적(擬制的)으로 국민의 대표자가 아니라 실질적으로 국민의 대표자가 될 수 있다고 한다. 말하자면 자유위임의 원리는 의회제민주주의의 이념을 표명하는 것이지만 그것이 정당제민주주의와 결코 대립하는 것은 아니라고 한다. 따라서 의원은 오늘날 국민의 대표자로서의 지위와 동시에 구체적인 정당조직의 대표자로서의 '2중적 지위'를 갖는 것이며, 정당국가적 현실에 따라 의원의 자유와 독립이 제약을 받는 경우에도 본질적인 의원의 지위의 독립은

41) 성낙인, 헌법학, 법문사, 2015, 255면 이하.

보장되지 않으면 안 된다는 것이다.[42)]

자유위임의 정당국가적 해석론에 의하면 현대의 정당제 민주주의에 있어서 의원은 개인의 능력이나 공적 등 인물본위로 선출되는 것이 아니라 정당을 통해 선출되고 정당의 지시에 따라 행동하는 정당의 대표임을 부정할 수 없다고 하더라도 자유위임의 원리는 여전히 그 현대적 의의를 갖는 것이라고 한다. 따라서 자유위임은 의원이 정당의 명령에 구속되는 것을 법적으로 승인하지 않음으로써 그러한 구속을 제한하는 의미를 가지며 의원에게 정당의 규율에 대항할 수 있는 권리를 부여하는 것이라고 한다. 즉 자유위임의 원리는 의원이 자기의 신념에 반하여 표결하거나 의사표현을 하도록 압력을 받는 것으로부터 의원을 보호하는 것을 의미하며 정당의 의원에 대한 명령을 약화시키는 작용을 한다는 것이다. 그리하여 헷세(K. Hesse)는 자유위임의 원리는 당내에서의 자유롭고 활발한 토론을 가능하게 함으로써 당내민주주의의 실현을 가능하게 하며 나아가 그것은 정당의 민주화를 위한 전제이며 수단이라는 중요한 의미를 내포하게 된다고 주장한다.[43)]

이와 같은 입장에서 헷세는 독일기본법 제38조 제1항 제2문에 규정된 전체국민의 대표자로서의 지위와 자유위임의 원리에 관한 조항은 고전적 독일헌법의 전통적 형식을 채택하고 있지만 이러한 형식의 이해가 오늘날에도 여전히 독일 초기입헌주의시대에 있어서와 동일하여야 한다는 것을 의미하지는 않는다고 한다. 이러한 고전적 자유위임원리에 관한 규정은 과거의 체계적 관련 속에서 해석되어야 하는 것이 아니라 현대의 헌법체계적 관련 속에서 해석되어져야 한다고 본다. 따라서 기본법은 제21조의 정당조항과 제38조 제1항 제2문의 자유위임규정에서 의원의 지위는 정당의 활동 없이는 이해될 수 없고, 또한 반대로 의회에서의 여러 정당의 협력에 있어서는 의원의 자유위임이 중요하다는 것을 분명히 하고 있다는 것이다. 따라서 자유위임은 의회 내에서 정치적 의사형성을 할 때 정당의 협력을 배제하는 것이 아니고, 의원이 정당이나 교섭단체가 추구하는 지침에 구속되는 것을 배제하는 것도 아니라고 한다. 그렇지만 자유위임은 이러한 구속을 제한하는 것이며 정당과 교섭단체 내부의 자유로운 정치

42) 정만희, 앞의 논문(주13), 18면.

43) K. Hesse, Die Normative Kraft der Verfassung, Staat und Recht, Heft 222, 1959, S. 22; 계희열 역, 헌법의 규범력, 헌법의 기초이론, 1988, 26면.

과정의 요소를 의미하게 된다는 것이다.[44] 또한 자유위임은 의원과 정당의 관계 이외에서 오늘날에도 중요한 의의를 가진다고 한다. 의원은 선거인이나 이익단체의 위임에 구속되지 않으며 의원에 대한 일반적·기속적 위임은 배제되고, 의원은 선거시에 국민이 결정한 정치적 기본노선에 얽매이지 않는다는 것이다.[45]

우리 헌법의 해석에 있어서도 정당조항에 담겨져 있는 정당국가원리에 따라 전통적인 대의제원리에 입각한 국회의원의 국민대표자의 지위와 자유위임적 대의활동이 크게 변질됨으로써 의원의 자유위임원칙이 정당국가적 원리와 조화적으로 실현될 수 있는 헌법해석론이 필요한 것임은 독일의 경우와 마찬가지라고 할 수 있다. 이 문제에 관한 헌법재판소의 판례는 많지 않으나 몇몇 판례에 나타난 헌법재판소의 태도를 보면 기본적으로 의원의 자유위임과 정당국가적 원리의 대립관계를 규범조화적으로 해석하려는 태도를 취하고 있다고 할 수 있으나, 한편으로는 정당국가적 민주주의를 강조하면서 의원의 국민대표성을 희생하는 것을 용인하는 입장이 아닌가의 의문이 들기도 한다.[46]

Ⅳ. 현행 헌법상 의원의 자유위임과 정당기속의 충돌문제

1. 국회의원의 2중적 지위에 관한 논의

우리 헌법상 국회의원의 지위에 관한 논의에 있어서도 국민대표자의 지위와 정당대표자의 지위를 아울러 갖는 2중적 지위를 인정하는 것이 통설적 견해라 할 수 있다. 국회의원은 전체 국민의 대표자로서 자유위임의 원칙에 따라 활

---

44) K. Hesse, Grundzuge des Verfassungsrechts des Bundesrepublik Deutschland, 20 Auflage; 계희열 역, 통일독일헌법원론(제20판), 2001, 박영사, 364면 이하.

45) 계희열 역, 앞의 책(주44), 367면.

46) 후술하는 바와 같이 1994. 4. 28. 92헌마153 결정에서는 비례대표의원의 당적이탈로 의원직을 당연히 상실하는 것은 아니라고 하면서도 별도의 법률규정이 있는 경우는 별론으로 한다고 판시하였고, 2003. 10. 30. 2002헌라1 결정에서는 국회의원의 의사에 반하여 의원의 소속 상임위원회를 변경시키는 것은 정당의 사실상의 강제로 허용된다고 하여 의원의 자유위임보다 정당기속을 우선하는 입장을 보이고 있다. 특히 2014. 12. 19. 2013헌다1 결정에서는 정당해산결정의 효과로서 법률의 근거가 없는 소속의원의 의원직상실을 결정함으로써 의원의 자유위임과 정당기속의 조화적 실현보다는 정당국가적 원리에 입각한 의원의 정당기속을 우선하는 태도를 보이고 있다.

동하게 되는 것이지만 동시에 정당국가적 민주주의의 현실에 있어서 국회의원은 대부분 특정 정당에 소속하는 정당원으로서 정당기율에 기속되는 점을 부인하기 어렵다. 우리나라의 의회주의에 있어서 국회의 의사결정은 의원들의 자유로운 토론과 표결로써 이루어지는 것이 아니라 각 정당 소속 의원들이 정당 수뇌부의 지시와 명령에 따라 움직이는 거수기에 지나지 않게 된다. 그러므로 국회의원은 국민대표자의 지위를 가지지만 동시에 소속 정당의 이익을 위해 활동하는 정당원 내지 정당대표자의 지위를 갖는다고 볼 수밖에 없다. 여기서 현실적으로 국회의원이 정당소속원으로서 정당수뇌부의 지시통제에 따르는 한, 국회의원은 국민대표자의 지위에서 정당구성원의 지위로 전락할 수밖에 없다는 견해도 제시되고 있다.[47] 이와 같이 국회의원의 2중적 지위를 인정하게 되는 경우 그러한 의원의 2중적 지위가 서로 대립하고 충돌하게 된다는 데에 문제가 있다. 국민의 대표자로서 의원은 명령적 위임에 구속되지 않고 자유롭고 독립된 지위에서 활동하는 것이 보장되어야 하지만, 정당원 내지 정당대표로서 의원은 사실상 소속 정당의 의사에 기속될 수밖에 없으므로 의원의 자유위임적 대의활동을 기대할 수 없게 된다.

이 문제에 관하여 국내 학설은 의원의 이러한 2중적 지위가 충돌하는 경우에는 국민대표자의 지위가 정당대표자의 지위에 우선한다고 보는 것이 지배적 입장이다.[48] 국회의원은 대의제원리에 입각하여 국민 전체의 대표자이기 때문에 비록 국회의원이 정당의 당원이라 할지라도 정당의 이익을 전체 국민의 이익에 우선시킬 수 없는 것이다. 헌법상 국회의원은 국가이익을 우선하여 양심에 따라 직무를 수행할 의무가 있으며(제46조 제2항), 국회법에 따라 자유투표제(제114조의2)가 보장되기 때문에 의원은 국민의 대표자로서 소속 정당의 의사에 기속되지 아니하고 국민 전체의 이익을 우선해야 하는 것이다. 또한 의원은 정당국가적 현실에 있어서도 탈당의 자유가 보장되고 의회의 표결에 있어 비밀투표가 보장되어 있으므로 국민의 대표자로서의 지위가 정당대표자로서의 지위에 우선하는 것은 당연하다고 할 것이다. 다시 말하면 국회의원의 국민전체의 대

47) 성낙인, 앞의 책(주41), 438면.

48) 권영성, 앞의 책(주20), 943면; 김철수, 헌법학개론, 박영사, 2007, 1294면; 허영, 앞의 책(주16), 922면; 정종섭, 헌법학원론, 법문사, 2014, 1164면.

표자의 지위는 헌법상 국민주권과 대의제원리를 구성하는 핵심적 요소로서 '규범적 지위'를 의미하는 것이지만, 정당대표로서의 의원의 지위는 헌법상 국민대표자의 지위와 동일한 수준에서 인정될 수 있는 것은 아니라고 할 것이며, 정당대표자의 지위는 일정한 법적 지위를 갖는 것으로 볼 수 있다고 하더라도,[49] 그것은 정당국가적 민주주의의 현실에서 나타나는 '사실상의 지위'에 가깝다고 할 수 있다.[50] 의원은 전체국민을 대표하는 헌법기관이기 때문에 전체국민의 이익을 희생시키지 않는 범위 내에서만 소속 정당의 정책과 결정에 기속되는 것을 허용할 수 있다고 할 때 의원의 정당기속보다는 언제나 자유위임적 대의활동이 우선하는 효력을 갖는다고 보아야 하며 이 점에서 정당대표자의 지위는 스스로 일정한 한계를 가질 수밖에 없다고 할 것이다.[51]

그렇지만 이러한 국민의 대표자의 지위가 우선한다고 하더라도 현실적으로 의원이 국가이익보다 정당의 이익을 우선하는 정당기속적 활동을 하는 경우 그에 대한 법적 제재가 어려운 문제가 있으며,[52] 우리의 정치현실에 있어서 국민대표자의 지위와 정당대표자의 지위가 서로 충돌하게 될 때 언제나 국민대표자의 지위와 자유위임원칙이 우선한다고 볼 수 없는 상황들이 나타나기도 한다. 이하에서는 의원의 정당기속과 자유위임의 충돌에 관한 구체적 문제들을 관련 헌법재판소 판례와 학설을 중심으로 분석하도록 한다.

---

49) 공직선거법에 비례대표의원이 당적을 변경하는 경우의원직을 상실하도록 규정하고 있는 것이라든지 정당공천후보자에 대하여 무소속후보자보다 많은 특권을 부여하고 있는 것에서 볼 때 국회의원의 정당소속원으로서의 지위는 단순한 사실상의 지위에 머무는 것이 아니라 법적 지위로 볼 수도 있다는 견해가 있다. 성낙인, 앞의 책(주41), 438면.

50) 국회의원이 헌법상 국민의 대표자의 지위를 갖는 것은 헌법의 최고원리로서 국민주권원리와 대의제원리에 입각하여 당연히 인정되는 것이지만 정당의 대표자로서의 지위는 국회의원의 헌법상 지위로서 당연히 인정된다고 보기 어렵다. 우리 헌법이 정당조항을 채택하여 정당제 민주주의를 도입하고 복수정당제를 자유민주적 기본질서의 구성요소로 삼고 있다고 하더라도 정당의 구성원이며 대표자인 국회의원의 지위가 국민의 대표자의 지위와 동일한 수준에서 헌법상 보장된다고 보기 어렵기 때문에 의원의 국민대표자의 지위와 정당대표자의 지위는 상호 대립·충돌하는 관계가 아니라 국민대표자의 지위를 침해하지 않는 한도에서 정당대표자의 지위가 인정되는 것이라고 볼 수 있다.

51) 허영, 앞의 책(주16), 922면.

52) 이 점에서 헌법 제46조 제2항의 국회의원의 '국가이익우선의 의무'는 법적 의무라기보다는 정치적 도의적 의무의 성격을 가진다고 볼 수밖에 없다고 할 것이다.

2. 비례대표제와 의원직상실의 문제

(1) 비례대표 의원에 대한 공직선거법의 태도

우리나라의 경우 1990년대 이후 많은 의원들이 당적을 옮겨 다녔으며 심지어 전국구 비례대표제 의원까지도 소속 정당을 옮기는 현상이 나타남으로써 이른바 '철새정치인'들의 이합집산에 대한 국민의 비판적 여론이 거세게 일기도 하였다. 이러한 의원의 당적이탈·변경에 대한 법적 제재로서 의원직 박탈여부가 문제될 수 있다. 지역구 의원의 경우 당적을 옮겨 다니더라도 의원직을 박탈하기 어려운 것은 자유위임의 원리에 비추어 당연한 것이라 하더라도 비례대표제에 의해 선출된 의원은 당적을 이탈·변경하는 경우 의원직을 상실시킬 수 있는 것이 아닌가의 논의가 제기되어 왔다.

우리의 국회의원 선거제도에 있어서 비례대표제는 1962년 제3공화국헌법에서 최초로 도입되었으나 1972년 헌법에서 폐지되었다가 그 후 1980년 헌법에 의해 다시 도입된 것이다.[53] 1980년대 비례대표제의 운영은 비례대표 의원이 임의로 당적을 이탈·변경하더라도 의원직을 그대로 유지하도록 하였으나 1980년대말부터 빈번한 당적 이탈·변경이 문제됨에 따라[54] 1994년 3월 제정된 공직선거법에 의해 비례대표 의원의 당적 이탈·변경의 경우 의원직상실을 최초로 규정하게 되었다. 현행 공직선거법 제192조 제4항은 "비례대표국회의원 또는 비례대표지방의원이 소속정당의 합당·해산 또는 제명 외의 사유로 당적을 이탈·변경하거나 2 이상의 당적을 가지고 있는 때에는 국회법 제136조(퇴직) 또는 지방자치법 제78조(의원의 퇴직)의 규정에도 불구하고 퇴직된다. 다만, 비례대표국회의원이 국회의장으로 당선되어 국회법 규정에 의하여 당적을 이탈한

53) 1962년 헌법은 "국회의원 후보가 되려는 자는 소속정당의 추천을 받아야 한다"고 규정하여 무소속 출마를 금지하였으며(제36조 제3항), "국회의원은 임기중 당적을 이탈하거나 변경한 때 또는 소속정당이 해산된 때에는 그 자격을 상실한다. 다만 합당 또는 제명으로 소속이 달라지는 경우에는 예외로 한다"고 규정하여(제38조) 임의 탈당의 경우 의원직을 상실하도록 함으로써 의원의 정당기속을 강화하는 정당국가적 경향을 지향하였다. 그러나 이러한 정당국가적 조항들은 1972년 헌법에 의해 폐지되었다

54) 제13대 국회(1988－1992)에서 당적을 임의로 변경한 의원은 56명이었으며, 제14대 국회에서는 84명, 제15대 국회에서는 85명으로 늘어났으며 제13대 국회에서 제15대 국회까지를 보면 전체 의원 중 22.52%가 당적을 이탈·변경하였다고 한다. 오호택, 의원의 당적변경에 대한 실증적 고찰, 헌법학연구 제7권 제2호, 2001, 230~231면.

경우에는 그러하지 아니하다"라고 규정하고 있다. 이 규정은 지역구국회의원과 비례대표국회의원을 구별해서 비례대표국회의원의 경우 그 자유위임적 대의활동보다는 정당기속 내지 교섭단체기속과 국민의 정당선택권을 존중하고 보호하기 위한 제도라 할 수 있다.[55]

(2) 학설 및 판례

비례대표제 의원의 당적이탈·변경의 경우 의원직상실 여부에 관하여 국내 학설은 이를 긍정하는 입장과 부정하는 입장으로 견해가 대립하고 있다. 의원직 상실을 부정하는 입장은 비록 지역구와 전국구 의원간에 사실상의 차이가 인정된다고 하더라도 의원의 헌법상의 지위는 의원직의 취득방법과 상관이 없으며 일단 선출된 이후에는 지역구의원이나 전국구의원은 똑같은 헌법상의 지위를 갖는다고 한다. 따라서 전국구 비례대표제 의원에 대해서만 탈당하는 경우 의원직을 상실시키는 차별은 허용되지 않는다고 본다.[56] 그리고 국민의 국회의원에 대한 위임에는 결코 당선 당시의 소속정당에 충실하라는 실질적인 내용이 포함되어 있지 않으며 선거의 결과 나타난 정치적 세력분포가 존속력을 갖는 것도 아니라는 이유에서 당적 이탈·변경의 경우 의원직상실은 정당화될 수 없다는 견해도 있다.[57]

이에 대해 긍정설의 입장은 정당명부에 따른 비례대표제 당선의원의 경우에는 지역구의원에 비해 정당기속성에 차이가 있으므로 당적 이탈·변경의 경우 선거법 등에 의원직상실을 규정할 수 있다고 한다. 그때그때의 정치적 이해에 따라 행동하는 저질정치인들을 정계에서 추방함으로써 정계를 정화할 필요가 있기 때문이라는 것이다.[58] 그 밖에 공직선거법의 위 조항(제192조 제4항)이 비례대표의원의 탈당과 당적변경을 구별하지 않고 모두 의원직상실을 규정하고 있는 것이 문제라는 견해도 있다. 즉 비례대표의원의 탈당의 경우에는 의원직

55) 허영, 앞의 책(주16), 923면.

56) 계희열, 앞의 논문(주4), 131면; 김철수, 앞의 책(주48), 1298면; 정종섭, 앞의 책(주48), 1194면; 정만희, 앞의 논문(주13). 23면.

57) 전광석, 앞의 책(주24), 97면.

58) 긍정설의 입장으로는 권영성, 앞의 책(주20), 945면; 허영, 앞의 책(주16), 923면; 강경근, 국민주권과 자유위임, 헌법판례연구(3), 2001, 103면. 긍정설의 입장 중에는 비례대표의원뿐만 아니라 모든 의원의 당적이탈·변경 및 합당, 정당의 자진해산의 경우에도 소속의원의 의원직상실을 규정해야 한다는 견해도 있다. 박경철, 앞의 논문(주17), 116면.

상실로 이어질 필요가 없으나, 당적변경의 경우에는 정당에 대한 배신과 유권자의사에 대한 왜곡이 용인될 정도를 넘기 때문에 의원직이 상실되어야 한다는 것이다.[59)]

비례대표의원이 실제로 소속정당을 이탈·변경하여 공직선거법에 따라 의원직이 상실된 사례는 아직 없으며 이 법률조항의 위헌여부에 관한 헌법소송이 제기된 바가 없기 때문에 이 문제에 대한 헌법재판소의 입장은 정확하게 알 수가 없다. 다만 공직선거법에 비례대표의원의 의원직상실 규정이 채택되기 이전의 1994. 4. 28. 92헌마153 사건에서 헌법재판소는 비례대표의원이 소속정당을 이탈·변경하는 경우에 "별도의 법률규정이 있는 경우는 별론으로 하고 당연히 국회의원직을 상실하지는 않는다"고 판시한 것을 볼 수 있다.[60)] 이러한 입장은 비례대표의원에게도 지역구의원과 마찬가지로 전국민의 대표자의 지위와 자유위임을 인정하면서도 비례대표의원의 정당기속을 전제로 한 별도의 의원직상실에 관한 법률규정을 두는 것은 허용될 수 있다는 의미로 이해될 수도 있다고 하겠다. 이 결정의 소수의견에서도 지역구국회의원과는 달리 전국구 국회의원의 경우 자유위임의 원칙이 적용될 수 없기 때문에 당적을 이탈·변경하는 경우 국회의원의 신분을 상실시키는 입법의무가 있음을 밝히고 있다.[61)]

(3) 사 견

비례대표 의원의 당적 이탈·변경의 경우 의원직상실을 규정한 것은 정당국가적 민주주의에 있어서 비례대표 의원은 오로지 정당명부에 의해 당선되는 자이므로 보다 엄격한 정당조직상의 강제가 불가피하며, 지역구의원의 경우 유권자가 정당과 관계없이 인물중심으로 선출할 수 있는 권리가 있는 반면 비례대표의원의 경우 유권자는 정당명부와 정당의 정강·정책을 보고 투표하기 때문에 정당명부식 비례대표 의원의 경우 당적을 이탈·변경하게 되면 의원직을 상실토록 해야 한다는 것이다. 더욱이 비례대표의원뿐만 아니라 지역구 의원의 경우에도 당적 이탈·변경시 의원직을 박탈해야 한다는 견해[62)]에 비추어 보면

59) 김학성, 헌법학원론, 피앤씨미디어, 2014, 864면.

60) 헌재 1994. 4. 28. 92헌마153, 판례집 6-1, 415면.

61) 헌재 1994. 4. 28. 92헌마153, 판례집 6-1, 430면 이하.

62) 의원의 당적 이탈변경시 지역구의원과 비례대표의원의 구분없이 모두 의원직상실을 주장

비례대표의원의 의원직상실규정은 일면적 타당성을 가진다고 할 수 있다. 그러나 비례대표의원과 지역구의원을 구분하여 비례대표의원의 경우에만 당적이탈·변경시 의원직상실을 규정하는 것은 헌법상 국민의 대표자로서 지역구의원과 동일한 지위를 갖는 비례대표의원을 그 선출방법상의 차이만을 이유로 의원직상실을 규정하는 것은 평등의 원칙에 위배되며 비례대표의원의 자유위임을 침해하는 것이 된다. 아무리 정당국가적 민주주의를 강조한다고 하더라도 헌법상 명문의 근거조항 없이 당적 이탈·변경의 경우 비례대표의원의 의원직상실을 법률로 규정하는 것은 의원의 자유위임에 관한 헌법 제46조 제2항에 위배되며 대의제 민주주의에 반하는 것이 된다.[63] 이 점에서 공직선거법 제192조 제4항은 의원의 자유위임보다는 정당기속을 우선하는 규정으로서 문제가 있다고 하겠으며, 이러한 규정은 서구에서는 그 입법례를 찾아보기 어려운 것이다.

3. 의원의 상임위원회 소속변경과 자유위임의 문제

(1) 국회의 상임위원회제도와 의원의 사·보임행위

정당제 민주주의에 있어서 의원의 정당기속과 자유위임이 문제되는 또 하나의 경우는 상임위원회 소속 의원을 그 의원의 의사에 반하여 사임시키고 다른 상임위원회 소속으로 보임하는 조치가 의원의 자유위임원리에 위배되는 것이 아닌가의 문제이다. 정당국가적 현실에 있어서 원내에 의석을 확보한 정당은 정당의 정강정책을 소속의원을 통하여 최대한 국정에 반영하고 소속의원으로 하여금 의정활동을 효율적으로 할 수 있도록 권고·통제할 필요가 있게 됨에 따라 국회법은 국회에 20인 이상의 소속의원을 가진 정당은 하나의 교섭단체가 된다고 규정하고, 국회내 상임위원회의 구성은 교섭단체 소속의원수의 비율에

하는 독일에서의 학설은 정당국가적 논리에 비추어 정당에 의해 공천된 자는 선거후에도 계속 정당에 대한 충성을 다해야 하며, 유권자가 희망한 원내에서의 세력분포가 의원의 자발적 탈당에 의해 변경되어서는 안 된다는 점, 의원내각제에 있어서는 여야간의 의석수의 차이가 작은 경우 정부의 운명이 소수의 의원에 의해 좌우되는 결과를 초래한다는 점, 의원이 자기양심에 따라 소속정당의 정책을 더 이상 따를 수 없는 경우 의원직을 그만두고 다음 선거에서 새로운 정당의 공천을 받아 입후보하는 것이 타당하므로 당적변경시 의원신분을 박탈하는 것이 오히려 의원에게 양심의 자유와 정당변경의 자유를 인정하는 것이라는 견해들이 제시되고 있다. 이에 관한 독일학설의 소개로는 김문현, 정당국가현상과 대의제 민주주의, 공법연구 제24집 제4호, 1996, 123~125면.

63) 같은 취지로는 김문현, 앞의 논문(주62), 125면.

의하여 각 교섭단체대표의원의 요청으로 의장이 선임 및 개선한다고 규정하여(제33조 제1항, 제48조 제1항), 국회운영에 있어 교섭단체의 역할을 제도적으로 보장하고 있다. 헌법재판소는 "교섭단체는 정당국가에서 의원의 정당기속을 강화하는 하나의 수단으로 기능할 뿐만 아니라 정당소속 의원들의 원내 행동통일을 기함으로써 정당의 정책을 의안심의에서 최대한으로 반영하기 위한 기능도 갖는다"고 판시하고 있다.[64]

상임위원회는 의원 가운데서 소수의 위원을 선임하여 구성되는 국회의 내부기관인 동시에 본회의의 심의 전에 회부된 안건을 심사하거나 그 소관에 속하는 의안을 입안하는 국회의 합의제기관으로서 위원회의 역할은 국회의 예비적 심사기관으로서 회부된 안건을 심사하고 그 결과를 본회의에 보고하여 본회의의 판단자료를 제공하는 데 있다. 현행 국회법 제48조 제1항은 국회내 상임위원회의 구성에 관하여 "상임위원은 교섭단체 소속의원수의 비율에 의하여 각 교섭단체대표의원의 요청으로 의장이 선임 및 개선한다"고 규정하고 있다. 국회의장은 헌법 제48조에 따라 국회에서 선출되는 헌법상의 국가기관으로서 헌법과 법률에 의하여 국회를 대표하고 의사를 정리하며, 질서를 유지하고 사무를 감독할 지위에 있고(동법 제10조), 이러한 지위에서 본회의 개의일시의 변경, 의사일정의 작성과 변경, 의안의 상정, 의안의 가결선포 등의 권한을 행사한다.[65] 상임위원의 선임 또는 개선은 이와 같은 국회의장의 직무 중 의사정리권한에 속하는 것이다.

이러한 국회 상임위원회제도의 운영과정에서 실제로 국회의장이 교섭단체대표의원의 요청에 따라 특정 상임위원회 소속 의원을 그 의원의 의사에 반하여 사임시키고 다른 상임위원회로 보임한 행위에 대해 당해 의원이 청구인이 되어 국회의장을 피청구인으로 하여 청구인의 법률안 심의·표결 권한 침해를 이유로 헌법재판소에 권한쟁의심판을 청구한 사례가 있으며 이 사건에서 헌법재판소는 권한쟁의심판청구의 적법성을 인정하였다.[66]

64) 헌재 2003. 10. 30. 2002헌라1, 판례집 15-2, 17, 30.
65) 헌재 1997. 7. 16. 96헌라2, 판례집 9-2, 154, 163~164.
66) 헌재 2003. 10. 30. 2002헌라1.

(2) 헌법재판소 판례

헌법재판소는 2003. 10. 30. 2002헌라1 국회의원과 국회의장간의 권한쟁의 심판사건에서 당론과 다른 견해를 가진 소속 국회의원을 당해 교섭단체의 필요에 따라 보건복지위원회에서 다른 상임위원회로의 전임(사·보임)하는 조치는 특별한 사정이 없는 한 헌법상 용인될 수 있는 "정당내부의 사실상 강제"의 범위내에 해당한다고 판시함으로써 정당국가에서의 의원의 사실상 정당기속을 인정하고 있다. 그러나 이 사건에서 재판관 1인의 반대의견으로 국회의장이 청구인을 보건복지위원회에서 퇴출시킨 것은 헌법과 국회법이 청구인에게 보장한 법률안에 대한 심의·표결 권한을 침해하고, 또한 국회법 제40조가 규정하고 있는 2년의 임기의 상임위원으로 활동할 수 있는 권한을 침해한 것이라는 주장은 주목될 필요가 있다.

「무릇 국회의원의 원내활동을 기본적으로 각자에 맡기는 자유위임은 자유로운 토론과 의사형성을 가능하게 함으로써 당내민주주의를 구현하고 정당의 독재화 또는 과두화를 막아주는 순기능을 갖는다. 그러나 자유위임은 의회내에서의 정치의사형성에 정당의 협력을 배척하는 것이 아니며, 의원이 정당과 교섭단체의 지시에 기속되는 것을 배제하는 근거가 되는 것도 아니다. 또한 국회의원의 국민대표성을 중시하는 입장에서도 특정 정당에 소속된 국회의원이 정당기속 내지는 교섭단체의 결정(소위 '당론')에 위반하는 정치활동을 한 이유로 제재를 받는 경우, 국회의원 신분을 상실하게 할 수는 없으나 "정당내부의 사실상의 강제" 또는 소속 "정당으로부터의 제명"은 가능하다고 보고 있다. 그렇다면, 당론과 다른 견해를 가진 소속 국회의원을 당해 교섭단체의 필요에 따라 다른 상임위원회로의 전임(사·보임)하는 조치는 특별한 사정이 없는 한 헌법상 용인될 수 있는 "정당내부의 사실상 강제"의 범위 내에 해당한다고 할 것이다.

또한 앞에서 본 교섭단체의 역할에 비추어 볼 때, 국회의장이 국회의 의사(議事)를 원활히 운영하기 위하여 상임위원회의 구성원인 위원의 선임 및 개선에 있어 교섭단체대표의원과 협의하고 그의 "요청"에 응하는 것은 국회운영에 있어 본질적인 요소라고 아니할 수 없다.

따라서 교섭단체대표의원의 "요청"이 헌법 또는 법률에 명백히 위반되는 것이 아닌 한, 교섭단체대표의원이 상임위원의 개선에 있어 청구인의 주장대로 "당해 위원이 위원회의 구성원으로서의 지위를 계속 유지하기에 적합하지 않다고 판단될 만한 불법 또는 부당한 사유를 가지고 있는 경우에" 한하여 그의 개선을 요청할 수 있다고 볼 것은 아니다. 교섭단체대표의원의 상임위원 개선 "요청"이 헌법 또는 법률에 위반되는 것이 아닌 한 국회의장이 이에 따르는 것은 정당국가에서 차지하는 교섭단체의 의의와 기능을 고려할 때 입법취지에도 부합하는 것이다.

피청구인은 법 제48조 제1항에 규정된 바와 같이 청구인이 소속된 한나라당 "교섭단체대표의원의 요청"을 서면으로 받고 이 사건 사·보임행위를 한 것으로서 하등 헌법이나 법률에 위반되는 행위를 한 바가 없다. 부수적으로, 상임위원회 위원의 임기는 2년으로 한다는 법 제40조 제1항의 규정을 두고 그 기간 동안 사·보임을 할 수 없다고 해석하는 것은, 보임 또는 개선된 상임위원의 임기는 전임자의 잔임기간으로 한다고 규정한 같은 조 제3항에 비추어 받아들일 수 없다. 나아가, 비록 청구인이 피청구인에게 이 사건 사·보임 요청을 거부해 줄 것을 바라는 서한을 보냈다고 하여 피청구인이 이에 기속될 의무가 있는 것은 아니다.

요컨대, 피청구인의 이 사건 사·보임행위는 청구인이 소속된 정당내부의 사실상 강제에 터잡아 교섭단체대표의원이 상임위원회 사·보임 요청을 하고 이에 따라 국회의장인 피청구인이 이른바 의사정리권한의 일환으로 이를 받아들인 것으로서, 그 절차·과정에 헌법이나 법률의 규정을 명백하게 위반하여 재량권의 한계를 현저히 벗어나 청구인의 권한을 침해한 것으로 볼 수 없다.」[67]

재판관 권성의 반대의견

「…오늘날 대의제 민주주의에 있어서 국회의원의 국민대표성이 정당국가적 현실에 의하여 사실상 변질되고 의원의 정당에의 예속이 일반적인 경향이라고 하더라도, 이러한 현상이 헌법규범상의 대의제 민주주의를 보충하는 현실의 한 모습에 그치는 정도를 넘어서서, 대의제 민주주의 원리를 부정하고 그 틀을 뛰어 넘는 원칙의 변화를 의미한다면 이것은 결단코 용납될 수 없는 일이다. 근대 민주주의의 역사를 살펴보더라도 민주주의는 국회의원을 "국민의 대표"로 간주하는 대의제 민주주의를 그 핵심적 기본원리로 삼아 출발한 것이었고 다만, 투표권의 확대로 민주주의가 대중적 민주주의로 변모하면서 민주주의의 효율성을 높이는 하나의 유용한 장치로서의 정당의 역할이 긍정되어 정당국가적 민주주의가 받아들여지게 된 것일 뿐, 민주주의 핵심적 기본원리로서의 대의제 민주주의 자체가 폐기된 것은 결코 아

67) 판례집 15-2, 17, 33~34.

니기 때문이다. 그러므로, 대표적으로 이 사건과 같이 양자의 이념이 충돌하는 경우에는 자유위임을 근본으로 하는 대의제 민주주의 원리를 우선시켜야만 한다. 특히 국회 본래의 사명인 입법을 위한 심의·표결에 관한 한, 본회의에 있어서든 상임위원회에 있어서든, 국회의원이 양심에 따라 독립하여 표결하는 권한은 불가침, 불가양의 권한이라 할 것인데 이러한 불가침의 권한을 보장하는 것이 바로 대의제 민주주의에 따른 자유위임의 원리라고 할 것이다.

… 따라서 한나라당 교섭단체대표의원의 요청에 따른 피청구인의 이 사건 사·보임행위는 우선 국민의 대표인 국회의원으로서 상임위원회에서 '건강보험의 재정통합' 여부라는 중요한 쟁점, 즉 국민건강보험법중개정법률안에 관한 심의·표결 권한을 침해하였음이 명백하다. 국회의원은 한 정당의 대표만이 아니므로 전체국민의 이익을 희생시키지 않는 범위 내에서만 소속정당의 정책과 결정에 기속된다고 보아야 하고, 따라서 이 사건의 경우 '정당기속' 내지 '교섭단체기속'보다는 자유위임관계가 우선하는 효력이 있다고 보아야 하기 때문이다. 특히 정당내 의사결정과정의 민주화가 일천한 우리나라의 경우, "의원에 대한 정당적 통제"의 관대한 허용은 '정당국가'라는 부차적 명분을 내세워 "자유위임에 따른 국민대표성의 구현"이라는 대의제 민주주의의 시원적(始原的) 헌법규범을 침해할 수 있게 될 것이고, 자칫 우정있는 설복을 쉽게 포기하는 정당의 자제력 약화를 초래할 우려가 있다고 할 것이다.

또한, 법 제48조는 상임위원의 '개선'은 교섭단체대표의원의 요청이 있는 경우 국회의장이 이를 할 수 있는 것으로 규정하고 있고 그 외 특별한 요건을 규정하지 않고 있으나, 그렇다고 하더라도 일반적이고 내재적인 한계는 법률해석상 당연히 있다고 보아야 한다. 물론, 다수의견과 같이 국민의 정치활동의 자유 및 정당의 단체자치는 존중되어야 하고 정당이 정당으로서 충분히 기능하기 위하여는 구성원간의 이념적 용해점이 존재해야 하므로 내부에서의 분쟁처리를 자율적으로 행할 필요가 있고, 또한 교섭단체대표의원 등 정당간부들이 상임위원회 위원의 "선임 내지는 배정" 문제에 관하여 소속의원들의 의견을 조율할 필요성이 있다는 점은 수긍할 수 있는 일이다. 그러나, 일단 상임위원회의 위원으로 배정되었다면 법이 보장하는 임기 동안에는 본인의 의사에 반하여 강제로 상임위원회에서 배제할 수는 없다고 보아야 한다. 즉, 국회의원은 2 이상의 상임위원회의 위원이 되고(법 제39조 제1항) 상임위원회 위원의 임기는 2년이므로(법 제40조), 청구인의 경우 보건복지위원회의 상임위원으로 배정되었기 때문에 특별한 사정이 없는 한 2년 동안은 동 위원회의 위원으로 활동할 수 있는 권한이 주어진 것이라고 해석해야 마땅하다.

따라서 본인이 계속 동 위원회에서 활동하기를 원하고 있다면 법 제48조 제6항과 같은 사유, 즉 "의원이 기업체 또는 단체의 임·직원 등 다른 직을 겸하게 되어 그 직과 직접적인 이해관계를 가지는 상임위원회의 위원으로 계속 활동하는 것이 공정을 기할 수 없는 현저한 사유가 있다고 인정하는 때"나 기타 "그 위원회와 관련하여 위법하거나 부당한 행위를 한 사실이 인정되는 경우"가 아닌 한 본인의 의사에 반하여 강제로 위원회에서 사임시킬 수는 없다고 보아야 할 것이다. 그렇다면 국회의장의 청구인에 대한 이 사건 사·보임행위는 국회 보건복지위원회에서 국민건강보험법중개정법률안에 대하여 심의·표결할 청구인의 권한을 침해하고 아울러 특별한 사정이 없는 한 동 위원회의 상임위원으로서 2년의 임기 동안 활동할 수 있는 청구인의 권한을 역시 침해한 것이라 할 것이다.」[68]

(3) 사 견

이 사건에서 헌법재판소의 다수의견에 의하면 자유위임은 의회 내에서의 정치의사형성에 정당의 협력을 배척하는 것이 아니며, 의원이 정당과 교섭단체의 지시에 기속되는 것을 배제하는 근거가 되는 것도 아니라고 설시하고 있다. 또한 특정 정당에 소속된 국회의원이 정당기속 내지는 교섭단체의 결정에 위반하는 정치활동을 한 이유로 제재를 받는 경우, 국회의원 신분을 상실하게 할 수는 없으나 "정당내부의 사실상의 강제" 또는 소속 "정당으로부터의 제명"은 가능하다고 보고 있다. 그렇기 때문에 당론과 다른 견해를 가진 소속 국회의원을 당해 교섭단체의 필요에 따라 다른 상임위원회로의 전임(사·보임)하는 조치는 특별한 사정이 없는 한 헌법상 용인될 수 있는 "정당내부의 사실상 강제"의 범위내에 해당한다고 주장한다. 여기서 헌법재판소는 헌법상 자유위임의 원칙이 의원의 정당기속을 배제하는 근거가 되지 않는다고 보고, 의원에 대한 정당기속은 의원의 신분상실에 이르지 않는 한 광범위하게 정당내부의 사실상의 강제를 허용할 수 있다는 입장을 취하고 있음을 볼 수 있다. 이러한 태도는 대의제 원리와 자유위임원칙의 중요성보다 정당국가적 현실의 의원에 대한 정당기속의 불가피성을 강조하는 입장으로서 학계의 지배적 견해와는 상당한 거리가 있음

68) 판례집 15-2, 17, 37~39.

을 부정하기 어렵다. 오히려 위 결정의 반대의견에서 제시된 바와 같이 "정당기속 내지 교섭단체기속보다는 자유위임관계가 우선하는 효력이 있다"고 보는 것이 타당하다고 하겠으며, "특히 정당내 의사결정과정의 민주화가 일천한 우리나라의 경우, 의원에 대한 정당적 통제의 관대한 허용은 정당국가라는 부차적 명분을 내세워 '자유위임에 따른 국민대표성의 구현'이라는 대의제 민주주의의 시원적(始原的) 헌법규범을 침해할 수 있게 되는 문제가 있다"고 할 것이다.[69]

4. 정당해산결정과 의원직상실문제

국회의원의 자유위임과 정당기속의 충돌에 관한 핵심적인 문제는 정당해산결정의 효과로서 의원직상실여부에 관한 것이다.

(1) 의원직 상실여부에 관한 학설대립

정당해산의 효과로서 그 정당소속의원의 의원직상실여부에 관한 학계의 논의는 정당법이나 관련 법률에서의 입법적 미비 내지 공백 때문에 그 해석론적 필요성에 의해 제기된 것이다. 이에 관한 학계의 견해는 의원직상실설과 의원직유지설이 팽팽하게 맞서고 있으며 그 중간적 입장의 절충설도 제기되고 있다. 의원직상실설은 1950년대 독일에서의 정당해산심판결정에 관한 연방헌법재판소의 판례와 학설에 근거[70]하고 있는 것으로 국내 학설의 다수적 견해에 가깝다고 할 수 있다. 의원직상실설에 의하면 정당국가적 민주주의에 있어서 정당활동의 실질적 주체인 의원의 자격을 상실하게 하는 것이 방어적 민주주의에 입각한 정당해산제도의 헌법정신에 합치되는 것이라고 한다. 다시 말하면 위헌정당임을 이유로 해산된 정당에 소속하는 의원들의 의원직을 계속 보유하게 하는 것은 정당제민주주의 원리와 모순되고 방어적 민주주의 원리에도 위배될 뿐만 아니라 위헌결정 그 자체를 무의미하게 만들기 때문에 의원직을 상실하는

69) 판례집 15-2, 17, 38~39.

70) 독일연방헌법재판소는 1952년 나치후계정당인 사회주의국가당(SRP)에 대한 정당해산결정에서 실정법적 근거가 없음에도 불구하고 해산되는 정당 소속의원의 의원자격 상실을 명한 바 있다. BVerfGE 2, 1(73f). 당시 라이프홀츠(G. Leibholz) 등의 학계의 유력한 견해도 정당국가적 민주주의에 있어서 의원은 정당의 재정적·기술적 도움으로 의원에 당선될 뿐만 아니라 선거는 인물보다 정당을 선택하는 것이기 때문에 해산된 정당에 소속된 의원이 의원직을 상실하는 것은 당연하다는 입장을 취하였다. G. Leibholz, a.a.O.(주1), S. 116f.

것으로 보아야 한다는 것이다.[71]

이에 대하여 의원직유지설은 정당이 해산되더라도 소속의원의 자격은 그대로 유지되고 무소속의원으로 남는다는 견해이다. 다만 국회의 징계나 자격심사에 의하여 그 직을 상실하게 할 수 있다는 것이다.[72] 이 견해는 국회의원은 국민의 대표자로서 자유위임의 원칙에 의해 그 지위가 보장되어야 하므로 아무리 정당제 민주주의 하에서 의원의 정당기속을 인정하더라도 정당해산과 함께 의원자격을 상실하게 할 수는 없다고 보는 것이다. 특히 정당해산의 효과로서 의원직상실에 관한 헌법의 특별규정 없이 독자적 정당성을 가진 의원에 대하여 집단책임을 물어 그 신분의 상실을 당연히 가져온다고 보기는 어렵다는 것이다.[73] 같은 맥락에서 헌법기관인 국회의 부분기관인 국회의원이라는 국가기관의 지위를 박탈하기 위해서는 반드시 헌법에 규정이 있거나 헌법에 규정된 제명절차에 의해서만 가능하다는 것이다.[74] 그 밖의 의원직유지설의 논거로는 과거 제3공화국헌법은 제38조에 국회의원은 소속정당이 해산된 때에는 그 자격을 상실한다는 규정을 두고 있었지만 현행 헌법이나 법률에는 자격상실에 대하여 아무런 명문 규정이 없기 때문에 현행법상 정당이 해산되더라도 의원직은 상실되지 않는 것으로 해석되어야 한다는 견해가 있다.[75]

그리고 의원직상실설과 의원직유지설 사이의 절충적 견해로는 정당소속 국회의원을 지역구의원과 비례대표의원을 구분하여 비례대표의원은 정당을 기반으로 하여 당선되어 정당기속이 강하므로 의원직을 상실케 하고 지역구의원은 정당보다 개인적인 자질을 기준으로 국민적 의사가 부여된 것이므로 의원직을 유지한다는 견해가 있으며,[76] 정당해산으로 소속의원은 모두 의원직을 상실하는 것이 아니라 의원 개개인의 활동을 중심으로 위헌적 정당활동에 참여하지

---

71) 권영성, 앞의 책(주20), 197면; 허영, 앞의 책(주16), 290면; 성낙인, 앞의 책(주41), 245면; 정종섭, 앞의 책(주48), 1528~1529면. 장영수, 통합진보당 해산결정과 소속 국회의원의 의원직상실 문제, 고려법학 제76호, 2015, 139면.

72) 김철수, 앞의 책(주48), 231면; 구병삭, 신헌법원론, 박영사, 1995, 224면; 양건, 헌법강의, 법문사, 2011, 177면.

73) 김문현, 앞의 논문(주7), 13면.

74) 전민형, 앞의 논문(주7), 506~507면.

75) 이성환·정태호·송석윤·성선제, 앞의 논문(주7), 265면.

76) 구병삭, 앞의 책(주72), 224면.

않은 의원의 경우에는 선별적으로 의원직을 유지하도록 해야 한다는 견해도 있다.[77] 그 밖에 공직선거법상 비례대표국회의원 또는 비례대표지방의회의원이 소속정당의 합당·해산 또는 제명 외의 사유로 당적을 이탈·변경하거나 2 이상의 당적을 가지고 있는 때에는 퇴직된다는 규정(제192조 제4항)에서의 '해산'은 자진해산만을 의미한다고 해석할 근거가 없으므로 정당의 강제해산의 경우에도 비례대표의원의 의원직이 당연히 상실되는 것은 아니며 국회에서 당해 의원을 제명하는 방법으로 퇴직시킬 수 있다는 견해도 있다.[78]

(2) 헌법재판소 판례

헌법재판소는 2014. 12. 19. 2013헌다1 통진당해산사건에서 재판관 9인 중 8:1의 다수의견으로 헌법재판소의 해산결정으로 위헌정당이 해산되는 경우에 그 정당 소속 국회의원이 그 의원직을 유지하는지 상실하는지에 대하여 헌법이나 법률에 명문의 규정이 없지만 정당 소속 국회의원은 모두 그 의원직이 상실되어야 한다고 판시하였다. 헌법재판소의 의원직상실의 논거로는 첫째, 국회의원의 자유위임의 한계로서 헌법이 추구하는 민주적 기본질서의 존중과 실현, 둘째, 정당해산심판제도의 본질적 효력, 셋째, 정당해산결정의 실효성 확보를 제시하고 있다. 이에 관한 헌법재판소 결정문의 내용은 다음과 같다.

> 「가. 국회의원의 국민대표성과 정당기속성
>
> (1) 국회의원은 어느 누구의 지시나 간섭을 받지 않고 국가이익을 우선하여 자신의 양심에 따라 직무를 행하는 국민 전체의 대표자로서 활동을 하는 한편(헌법 제46조 제2항 참조), 현대 정당민주주의의 발전과 더불어 현실적으로 소속 정당의 공천을 받아 소속 정당의 지원이나 배경 아래 당선되고 당원의 한 사람으로서 사실상 정치의사 형성에 대한 정당의 규율이나 당론 등에 영향을 받아 정당의 이념을 대변하는 지위도 함께 가지게 되었다.
>
> (2) 공직선거법 제192조 제4항은 비례대표 국회의원에 대하여 소속 정당의 '해산' 등 이외의 사유로 당적을 이탈하는 경우 퇴직된다고 규정하고 있는데, 이 규정의 의미는 정당이 스스로 해산하는 경우에 비례대표 국회의원은 퇴직되지 않는다는 것으로서, 국회의원의 국민대표성과 정당기속성 사이의 긴장관계를 적절하게

77) 최희수, 앞의 논문(주7), 473면.

78) 양건, 앞의 책(주72), 177면.

조화시켜 규율하고 있다.

나. 정당해산심판제도의 본질적 효력과 의원직 상실 여부

(1) 헌법재판소의 해산결정에 따른 정당의 강제해산의 경우에는 그 정당 소속 국회의원이 그 의원직을 상실하는지 여부에 관하여 헌법이나 법률에 아무런 규정을 두고 있지 않다. 따라서 위헌으로 해산되는 정당 소속 국회의원의 의원직 상실 여부는 위헌정당해산제도의 취지와 그 제도의 본질적 효력에 비추어 판단하여야 한다.

(2) 정당해산심판제도의 본질은 그 목적이나 활동이 민주적 기본질서에 위배되는 정당을 국민의 정치적 의사 형성과정에서 미리 배제함으로써 국민을 보호하고 헌법을 수호하기 위한 것이다. 어떠한 정당을 엄격한 요건 아래 위헌정당으로 판단하여 해산을 명하는 것은 헌법을 수호한다는 방어적 민주주의 관점에서 비롯되는 것이고, 이러한 비상상황에서는 국회의원의 국민대표성은 부득이 희생될 수밖에 없다.

(3) 국회의원이 국민 전체의 대표자로서의 지위를 가진다는 것과 방어적 민주주의의 정신이 논리 필연적으로 충돌하는 것이 아닐 뿐 아니라, 국회의원이 헌법기관으로서 정당기속과 무관하게 국민의 자유위임에 따라 정치활동을 할 수 있는 것은 헌법의 테두리 안에서 우리 헌법이 추구하는 민주적 기본질서를 존중하고 실현하는 경우에만 가능한 것이지, 헌법재판소의 해산결정에도 불구하고 그 정당 소속 국회의원이 위헌적인 정치이념을 실현하기 위한 정치활동을 계속하는 것까지 보호받을 수는 없다.

(4) 만일 해산되는 위헌정당 소속 국회의원들이 의원직을 유지한다면 그 정당의 위헌적인 정치이념을 정치적 의사 형성과정에서 대변하고 또 이를 실현하려는 활동을 계속하는 것을 허용함으로써 실질적으로는 그 정당이 계속 존속하여 활동하는 것과 마찬가지의 결과를 가져오게 될 것이다. 따라서 해산정당 소속 국회의원의 의원직을 상실시키지 않는 것은 결국 위헌정당해산제도가 가지는 헌법수호의 기능이나 방어적 민주주의 이념과 원리에 어긋나는 것이고, 나아가 정당해산결정의 실효성을 제대로 확보할 수 없게 된다.

(5) 이와 같이 헌법재판소의 해산결정으로 해산되는 정당 소속 국회의원의 의원직 상실은 정당해산심판제도의 본질로부터 인정되는 기본적 효력으로 봄이 상당하므로, 이에 관하여 명문의 규정이 있는지 여부는 고려의 대상이 되지 아니하고, 그

국회의원이 지역구에서 당선되었는지, 비례대표로 당선되었는지에 따라 아무런 차이가 없이, 정당해산결정으로 인하여 신분유지의 헌법적인 정당성을 잃으므로 그 의원직은 상실되어야 한다.

다. 소 결

그러므로 정당해산심판제도의 본질적 효력에 따라, 그리고 정당해산결정의 취지와 목적을 실효적으로 확보하기 위하여, 피청구인 소속 국회의원들에 대하여 모두 그 의원직을 상실시키기로 한다.」[79)]

(3) 학설 및 판례에 대한 평가

생각건대 위헌정당해산과 소속의원의 의원직 상실여부에 관한 지금까지의 국내의 다수적 견해와 헌법재판소 판례의 입장은 독일에서의 1950년대 정당해삼심판에 관한 판례와 학설을 근거로 하여 거의 무비판적으로 받아들여진 것이라는 점을 부인하기 어렵다. 정당해산제도가 바이마르헌법시대의 나치정당의 출현과 헌법질서의 붕괴를 거울삼아 전후 독일기본법에 방어적 민주주의정신에 입각한 헌법질서의 수호를 목적으로 하는 것으로서, 그 정당해산심판의 실효성을 확보하기 위해서는 정당소속 의원의 의원직을 박탈하여야 한다는 논리는 타당성과 설득력을 갖는 것이었다. 그리고 독일의 경우는 1950년대 두 차례의 정당해산심판사건 이후 연방선거법의 개정으로 정당해산의 효과로서 의원직상실을 명문으로 규정하게 됨으로써 의원직상실여부에 관한 논의는 일단락 짓게 된 것이다.

그러나 독일에서의 정당해산심판사건 이후 60여년이 지난 현시점에서 우리나라의 정당해산심판에 관한 논의에 과거 독일의 판례와 학설이 여과되지 않고 그대로 수용되어야 할 이유를 찾기 어려우며, 이번의 통진당 해산심판을 계기로 한국의 정치상황과 국민의 정치의식수준 등을 감안하여 이 문제에 대한 근본적인 재검토가 필요하다고 본다.[80)] 다시 말하면 전후의 냉전체제의 시대적

---

79) 헌재 2014. 12. 19. 2013헌다1, 판례집 26－2하, 1, 113－114.

80) 필자도 이 문제에 대하여 종래의 다수적 견해인 의원직상실설을 추종해 왔으나 최근 정당해산심판이우리 사회의 현실문제로 대두됨에 따라 이 문제에 대한 인식이 조금 바뀌게 되었다. 즉 기본적으로는 정당해산결정의 효과로서 의원직상실이 필요하고 그 의원직상실의 입법이 요구되지만 그 구체적 입법이 없는 상황에서 헌법재판소가 의원직상실을 명

배경과 독일에 특수한 헌정사적 경험을 바탕으로 한 방어적 민주주의 이론이 오늘날 우리의 헌법수호에 관한 이론으로 타당하다고 하더라도 그러한 독일에서의 판례와 이론에 전적으로 구속될 필요가 없다고 보며, 우리의 헌법규범의 통일적 해석을 통해 한국의 정치적 상황에 적용될 수 있는 새로운 법리를 구성하는 것이 중요하다고 할 것이다.

그렇게 본다면 정당해산결정의 효과로서 당해 정당소속 의원의 의원직상실이라는 결론을 실정법의 근거조항 없이 헌법재판소가 직권으로 내릴 수 있는 것은 아니라고 보며, 앞으로의 이 문제에 대한 입법론적 정비와 해결에 있어서도 신중을 기해야 한다고 본다. 정당해산의 효과로서 정당 소속 의원의 의원직 상실 여부에 관한 견해의 대립은 기본적으로 방어적 민주주의에 기초한 헌법수호의 실효성확보라는 공익적 목적과 국회의원의 국민대표성과 자유위임의 원칙이라는 헌법원리의 충돌을 의미하며 이 경우에 어느 법익과 헌법적 가치를 우선할 것인가의 문제인 것이다. 이 점에 관하여 필자의 기본적 견해는 이번 헌법재판소의 결정에 대해 비판적 입장을 취하면서 대립하는 두 가지의 법익을 조화롭게 실현하는 방안을 찾아야 한다는 것이다. 이러한 관점에서 필자는 다음과 같은 견해를 제시한다.

첫째, 국회의원이 헌법기관으로서 정당기속과 무관하게 자유위임에 의한 정치활동을 할 수 있는 것은 헌법적인 테두리 안에서 헌법이 추구하는 자유민주적 기본질서를 존중하고 실현하는 것을 전제로 주장할 수 있는 논리이므로 "국회의원이 자유위임을 악용해서 위헌적인 정당에 소속해서 위헌적인 정치활동을 하는 것까지 자유위임의 논리로 보호받을 수 없다"[81]고 할 것이다. 따라서 헌법의 수호를 위한 방어적 민주주의의 이념과 원리에 따라 해산되는 위헌정당의 구성원인 의원의 자격을 박탈하여 부득이하게 의원의 국민대표성을 희생시켜야 한다는 헌법재판소의 논리는 타당하다고 할 수 있다. 학계의 논의 중에서 방어적 민주주의는 가치구속적인 실질적 원리로서 가치상대적인 형식적 자유위임원리에 우선한다는 견해도 이를 뒷받침해주고 있다.[82] 그리고 한국의 후진적

하는 결정을 내릴 수 있는 권한이 있는지에 대해서는 의문이 있다고 보는 것이다. 정만희, 앞의 논문(주7), 105면 이하 참조.

81) 허영, 헌법소송법론, 박영사, 2009, 290면.

82) 이 견해에 의하면 대의제와 자유위임의 원칙은 국민주권과 민주주의를 실현하기 위한 통

정당정치의 현실은 정당소속 의원의 정당에의 기속이 강하며 의원들은 철저하게 정당기율에 복종하는 것을 부정할 수 없다. 국회법상 의원의 자유위임에 입각한 자유투표의 원칙(제114조의2)을 규정하고 있지만 실제로 국가이익을 우선한 자유투표 또는 교차투표의 가능성은 낮다고 할 때 자유위임원칙을 이유로 정당해산시 정당과 의원을 분리하는 논리는 정당화되기 어렵다.

따라서 정당해산결정시 원칙적으로 소속의원의 의원직 상실을 규정하는 입법은 필요하며 정당성을 갖는다고 할 수 있다. 헌법재판소의 통진당해산결정에 대해 논란이 컸던 이유도 정당해산의 효과로서 의원직상실여부에 관한 입법의 미비가 결정적인 요인이 되었다고 보기 때문에 이에 관한 입법을 서둘러야 할 것이다.[83)]

둘째, 정당해산의 효과로서 의원직상실을 규정하는 경우에도 소속의원 전원에 대해 예외 없이 일률적으로 적용하는 것은 곤란하다고 할 것이다. 방어적 민주주의의 결과로서 의원직상실의 효과를 인정한다고 하더라도 방어적 민주주의의 적용상의 한계가 준수되어야 할 것이므로 의원직상실의 여부는 정당해산절차 개시 시점에 의원의 정치활동이 정당의 목적이나 활동과 객관적으로 관련되어 있었는지를 기준으로 의원 개인별로 판단하여야 할 것이다. 따라서 의원이 정당의 위헌적인 목적이나 활동과 객관적인 연관성이 없다는 증거를 제시하면 의원직상실을 면할 수 있도록 해야 할 것이다. 정당의 위헌적 활동에 대해 소속 의원이 어느 정도 깊이 관여했는지 또는 적극적으로 반대의사를 표명했는지에 따라 의원직상실문제를 각기 달리 결정할 수 있다고 할 것이다.[84)]

셋째, 해산되는 정당의 소속 의원들 중에서 지역구의원과 비례대표의원을 구분하여 의원직상실 여부를 판단할 것인가의 문제는, 비례대표의원은 지역구

치구조의 조직원리이며 국가의사결정의 원리로서 자유위임의 원칙은 민주주의의 일정한 가치를 전제로 하는 개념이 아니며 가치상대적 민주주의와도 조화될 수 있는 의미에서 '형식적 원리'라 할 수 있지만, 방어적 민주주의는 민주주의의 내용이 자유민주주의라고 하는 가치에 기속될 것을 요구하는 것으로서 이러한 민주주의에 투쟁하는 민주주의의 적에 대해서는 더 이상의 관용을 베풀지 않겠다는 헌법제정자의 의지를 반영하고 있는 점에서 '실질적 원리'에 해당하므로 이러한 실질적 원리가 형식적 원리에 우선한다고 보는 것이다. 최희수, 앞의 논문(주7), 472면.

83) 정당해산의 효과로서 의원직상실을 명문화하는 입법의 필요성을 강조하는 입장으로는 장영수, 앞의 논문(주71), 122면 이하.

84) 같은 취지로는 최희수, 앞의 논문(주7), 473면.

의원에 비하여 실제로 정당기속이 강할 수밖에 없으며 현행 공직선거법에 비례대표의원의 경우 당적을 이탈·변경하는 경우 의원직상실을 규정(제192조 제4항)하고 있는 점에서 볼 때 정당해산시 비례대표의원의 의원직상실을 규정할 수 있다고 볼 수도 있으나,[85] 다른 한편 비례대표의원도 지역구의원과 마찬가지로 헌법상 국민의 대표자의 지위를 갖는 점에서는 차이가 없으므로 비례대표의원을 차별적으로 의원직을 상실시키는 것은 평등원칙에 위배되어 공무담임권을 침해하는 문제가 제기될 수 있다. 따라서 이 문제에 관하여는 양자를 구분하지 않고 동일한 기준으로 판단하는 것이 타당하다고 본다. 비례대표의원의 경우 과거의 1인1표제 선거제도하에서는 지역구의원과 달리 유권자의 직접선거에 의해 선출된 것이 아니었으므로 의원의 정당기속성이 훨씬 강했다고 볼 수 있으나 2001년 헌법재판소 결정[86] 이후 비례대표의원도 1인2표제에 의해 정당명부에 대한 국민의 직접선거로 선출되기 때문에 지역구의원과 같은 민주적 정당성을 부여받고 있으므로 양자의 국민대표성에는 본질적 차이가 없는 것이다. 따라서 정당해산의 효과로서 의원직상실을 규정하는 경우에는 지역구의원과 비례대표의원을 구분할 필요는 없다고 할 것이다.

넷째, 정당해산결정의 효과로서 정당소속 의원의 의원직상실에 관한 실정법적 근거가 없는 경우에 헌법재판소가 직권으로 의원직상실을 결정하는 것은 헌법재판소의 권한을 벗어나는 것이라 하지 않을 수 없다. 헌법재판소는 통진당해산결정에서 "만일 해산되는 위헌정당 소속 국회의원들이 의원직을 유지한다면 그 정당의 위헌적인 정치이념을 정치적 의사 형성과정에서 대변하고 또 이를 실현하려는 활동을 계속하는 것을 허용함으로써 실질적으로는 그 정당이 계속 존속하여 활동하는 것과 마찬가지의 결과를 가져오게 될 것"이라고 하여 정당해산결정의 실효성을 제대로 확보하기 위해 그 의원직은 상실되어야 한다

---

85) 공직선거법 제192조 제4항은 "비례대표국회의원 또는 비례대표지방의회의원이 소속정당의 합당 해산 또는 제명 외의 사유로 당적을 이탈 변경하거나 2 이상의 당적을 가지고 있는 때에는 … 퇴직된다"라고 규정하고 있는데 여기의 해산은 헌법 제8조 제4항에 근거한 강제해산이 아니라 정당의 자진해산을 의미하는 것으로 보아야 할 것이다. 본 조항의 해산을 강제해산을 포함하는 것으로 해석한다면 정당의 강제해산으로 그 정당소속 비례대표의원은 의원직을 유지하고 이탈 변경할 수 있는 것이 되겠지만 그렇게 해석하는 입장은 거의 없다. 다만 양건 교수는 위 조항의 해산에 강제해산이 포함된다고 보고 비례대표의원은 의원직을 유지한다고 한다. 양건, 앞의 책(주72), 173~174면.

86) 헌재 2001. 7. 19. 2000헌마91.

고 판시하고 있다.[87] 그러나 여기서 정당해산결정의 실효성확보는 당연히 요구되는 것이지만 그렇다고 해서 의원직상실을 직접 헌법재판소가 판단하는 것은 허용되기 어렵다고 하겠다. 헌법재판소가 정당해산심판을 통해 헌법질서를 수호하는 것이 그 본질적 기능이라 하더라도 국민주권원리에 기초한 국회의원의 국민대표성을 박탈하는 권한을 실정법적 근거 없이 행사하는 것은 직권남용의 우려가 있다고 할 것이다.[88] 국민의 대표자로서의 민주적 정당성을 확보하고 있는 의원의 신분에 관하여 헌법은 그 자격심사와 징계는 권력분립원리에 입각하여 국회의 자율권에 속하는 것으로 보장하고 있으며, 그 의원의 자격심사와 제명 등의 징계에 대하여는 법원에 제소할 수 없다고 규정(제64조 제2항, 제4항)하고 있기 때문에 헌법재판소의 정당해산심판의 효과로서 의원직상실을 헌법이나 법률에 직접 규정하고 있지 않는 한 헌법재판소의 정당해산심판은 당해 정당의 해산에 국한되어야 할 것이며, 그 정당소속의원의 자격상실여부에 관한 판단은 국회의 자율적 심사에 맡기는 것이 타당하다고 할 것이다.[89]

다섯째, 그러므로 위 통진당해산결정에서 헌법재판소는 국회의원의 국민대표성과 자유위임을 존중하여 실정법적 근거 없는 소속의원의 의원직상실을 결정할 것이 아니라 정당해산결정과 함께 정당법상 정당해산의 효과로서 규정된 대체정당금지와 잔여재산 국고귀속을 명하는 것에 그치도록 하고, 국회가 정당해산결정 직후 지체없이 당해 정당소속 의원에 대한 자격심사와 제명 등의 징

87) 판례집 26-2하, 1, 113.

88) 이 점과 관련하여 헌법에 정당해산심판 인용결정시 국회의원직을 상실하도록 하는 명문규정이 없는 상태에서 이를 법률로 규정하는 것은 위헌이라는 주장도 있다. 즉 헌법기관인 국회의 부분기관인 국회의원이라는 국가기관의 지위를 박탈하기 위해서는 반드시 헌법에 규정이 있거나 헌법에 규정된 제명절차에 따라야 한다는 것이다. 이준일, 헌법학강의, 홍문사, 2011, 242면; 전민형, 앞의 논문(주7), 507면.

89) 이러한 견해에 대해 반대하는 입장에서는 국회의 자율권은 무제한적으로 행사되어서는 안 되는 것이며 위헌정당해산으로 인한 의원직상실문제도 국회의 자율권에 맡겨두기에 적합한 사항이 아니고 현실적으로 국회의 자격심사 및 제명 의결을 기대하기 어렵다고 한다. 장영수, 앞의 논문(주), 129면. 그러나 필자의 생각은 국회의 자율권행사에 한계가 있는 것은 당연하지만 정당해산결정의 효과로서 실정법적 근거가 없는 의원직상실 여부에 관한 사항이야말로 국회의 자율권에 관한 헌법 제64조 제2항에 따라 의원의 자격심사 및 제명 등이 행해져야 한다고 본다. 이석기 등의 내란음모선동사건과 관련하여 국회 내에서 자격심사 및 제명에 대한 논의가 있었지만 실제로 진전이 없었다는 것은 국회의 동료의원에 대한 자격심사와 제명에 대한 소극적 태도와 국회의 무능 등이 문제인 것이지 그것 때문에 정당해산의 효과로서 의원자격심사의 권한을 부정할 수 없다고 하겠다.

계절차를 밟는 것이 대의제원리와 권력분립원리 및 국회의 자율권보장의 헌법정신에 부합하는 것이라 할 수 있다. 헌법재판소가 정당해산결정을 선고하는 것 자체로써 이미 방어적 민주주의의 정신에 입각한 헌법의 예방적 수호의 효과를 상당한 정도 가져오게 되는 것이며, 헌법재판소는 당해 정당소속 의원의 의원직상실을 명할 것이 아니라 의원직의 '정지' 를 선언하면서 국회의 제명 등 징계절차를 지체없이 이행할 것을 요구하는 것이 국민적 정당성을 가진 국회의 권위를 존중하는 것이 되며 권력분립원리에 바탕을 둔 국회와 헌법재판소 간의 권력적 균형을 유지할 수 있는 것이라고 본다.

요컨대 통진당해산심판이 청구된 시점에 정당해산효과의 핵심적 문제인 소속의원의 의원직상실여부에 관한 실정법적 근거를 미리 마련되지 못한 입법적 미비가 이 사건의 헌법재판소 결정에 대해 많은 논란을 야기하게 되었다는 점을 지적하지 않을 수 없으며, 헌법재판소가 정당해산결정의 실효성확보를 강조한 나머지 법률의 근거 없이 의원직상실을 결정한 것은 의원의 국민대표성과 자유위임원리를 본질적으로 침해하게 된다는 우려를 금하기 어렵다. 대의제원리와 의원의 국민대표성 못지않게 헌법질서의 수호를 위한 방어적 민주주의가 중요한 의미를 가진다고 하더라도 국민주권원리에 기초한 의원의 국민대표성을 희생하면서 헌법의 민주적 기본질서를 수호한다는 논리는 곧 방어적 민주주의의 한계를 벗어나는 것이 아닌가의 의문이 없지 않다.

V. 맺음말

현대의 정당국가적 민주주의에 있어서 국회의원의 정당기속과 자유위임의 긴장관계 내지 충돌문제는 헌법학의 근본과제의 하나임에 틀림없다. 근대 입헌주의헌법의 성립 이래 국민주권의 이념에 기초한 고전적인 대의제원리의 핵심적 징표로서 의원의 국민대표성과 자유위임(무기속위임)의 원칙은 오늘날에도 여전히 헌법상 통치구조의 기본원리로서 기능하는 것이다. 영국 등 서구의 의회주의의 전통 속에서 확립된 자유위임의 원칙의 의미는 중세적 신분제 의회의 명령적 위임의 금지에서 출발된 개념으로 의회의원은 선거구의 지역대표가 아니라 전국민의 대표로서 국민전체의 이익을 위해 활동하며 의원은 선거민이나 그 밖의 단체의 지시나 명령으로부터 독립하여 자유로운 지위에서 양심에 따라 활동한다는 것이다.

그러나 19세기 후반에서 20세기에 들어와 보통·평등선거제도의 보편화에 따른 대중민주주의의 전개는 필연적으로 정당제민주주의를 채택하게 되고 그에 따라 전통적 대의제원리가 변질되는 상황을 맞게 되었다. 오늘날 정당은 민주정치의 중심적 위치에서 결정적인 역할을 담당하게 됨에 따라 국회의원은 소속정당의 당론이나 정당기율에 철저하게 예속됨으로써 의원은 국민의 대표자로서 자유와 독립된 지위에서의 의정활동을 기대할 수 없게 되었다. 정당국가적 현실에서 의원의 정당기속과 자유위임의 대립은 독일에서 비례대표의원의 당적이탈·변경의 경우 의원직상실여부에 관한 헌법논쟁에서 구체화되었으며 이 문제는 1990년대에 들어와 한국에서도 헌법논의가 이어지게 되었다.

우리나라의 현행 헌법하에서 제기되는 의원의 자유위임과 정당기속의 긴장관계에 관한 구체적 문제로는 크게 다음의 세 가지를 들 수 있다. 첫째, 독일에서의 논의와 마찬가지로 국회의원의 당적이탈·변경시 의원직상실여부에 관한 문제이다. 우리나라의 경우 현행 공직선거법은 제192조 제4항에 비례대표의원의 당적이탈·변경시 의원직상실을 규정하여 의원의 정당기속을 폭넓게 인정하는 입법태도를 보이고 있다. 헌법재판소는 공직선거법에 비례대표의원의 의원직상실 규정이 채택되기 이전의 1994. 4. 28. 92헌마153 사건에서 비례대표의원이 소속정당을 이탈·변경하는 경우에 "별도의 법률규정이 있는 경우는 별론으로 하고 당연히 국회의원직을 상실하지는 않는다"고 판시하였다. 그러나 국내 학설은 이를 긍정하는 입장과 부정하는 입장으로 견해가 대립하고 있다.

둘째, 국회의원의 상임위원회활동과 관련하여 특정 의원의 자유의사에 반하여 소속 상임위원회를 사임시키고 다른 상임위원회로 보임하는 행위가 의원의 자유위임적 대의활동을 침해하는 것이 아닌가의 문제이다. 헌법재판소는 2003. 10. 30. 2002헌라1 국회의원과 국회의장간의 권한쟁의심판에서 당론과 다른 견해를 가진 소속 국회의원을 당해 교섭단체의 필요에 따라 보건복지위원회에서 다른 상임위원회로의 전임(사·보임)하는 조치는 특별한 사정이 없는 한 헌법상 용인될 수 있는 "정당내부의 사실상 강제"의 범위내에 해당한다고 판시함으로써 의원의 사실상 정당기속을 상당한 정도로 인정하고 있다.

셋째, 의원의 정당기속과 자유위임에 관한 핵심문제로는 위헌정당해산결정의 효과로서 정당소속 의원의 자격상실에 관한 것이다. 헌법재판소는 2014. 12. 19. 2013헌다1 통진당해산사건에서 헌법재판소의 해산결정으로 위헌정당이 해산되는 경우에 그 정당 소속 국회의원이 그 의원직을 유지하는지 상실하는지에 대하여 헌법이나 법률에 명문의 규정이 없지만 정당 소속 국회의원은 모두 그 의원직이 상실되어야 한다고 판시하였다. 이 결정의 논거는 해산정당 소속 국회의원의 의원직을 상실시키지 않는 것은 결국 위헌정당해산제도가 가지는 헌법수호의 기능이나 방어적 민주주의 이념과 원리에 어긋나는 것이고, 나아가 정당해산결정의 실효성을 제대로 확보할 수 없게 된다는 것이다.

위의 세 가지 구체적 쟁점에 대한 헌법재판소의 판례를 보면 한마디로 정당국가적 민주주의의 가치를 고전적 대의제원리에 우선하는 것으로 간주하는 태도가 아닌가 생각된다. 비례대표의원의 당적이탈시 의원직상실에 관한 판례에서 헌법재판소는 분명한 입장을 밝히지 않고 있으나 비례대표의원의 정당기속을 전제로 한 별도의 의원직상실에 관한 법률규정을 두는 것은 허용될 수 있다는 태도를 취한 것으로 볼 수 있다. 그러나 의원직상실규정은 의원의 정당기속의 헌법적 허용한계를 벗어나는 것이라 하겠다. 또한 의원의 자유의사에 반하여 소속 상임위원회를 변경하는 것이 자유위임원칙에 반하지 않는다고 판단하는 것은 지나치게 정당기속을 용인하는 것으로 문제가 있다. 특히 정당해산의 효과로서 의원직상실을 결정한 것은 의원의 국민대표성과 자유위임의 희생을 통한 정당국가적 원리와 방어적 민주주의를 우선하는 태도라 하지 않을 수 없다. 헌법재판소는 기본적으로 정당제 민주주의에 있어서 의원에 대한 사실상의 정당강제가 헌법상 허용되는 범위 안에 있다고 하면서도 헌법상 허용되는 의원의 정당기속의 범위와 한계를 명확하게 제시하지 못하고 있는 것이 문제이다. 헌법재판소는 헌법상 대의제원리 내지 자유위임원칙과 정당국가적 민주주의의 대립과 긴장관계를 양자택일이 아닌 양자의 실제적 조화의 원칙에 따른 헌법해석의 태도를 견지하는 것이 요구된다고 하겠다.

끝으로 자유위임의 원칙은 현대의 정당국가적 현실에서도 여전히 통치구조의 기본원리로서 규범력을 가지는 것이며, 그것은 언제나 정당국가와 대립하는 것이 아니라 양자가 조화될 수 있는 해석이 가능하다고 본다. 자유위임원칙은 의원이 자기의 신념에 반하여 표결하거나 의사표현을 하도록 압력을 받는 것으로부터 의원을 보호하는 것을 의미하며 정당의 의원에 대한 명령을 약화시키는 작용을 한다. 그러므로 자유위임의 원리는 의원의 당내에서의 자유롭고 활발한 토론을 가능하게 함으로써 당내민주주의가 실현될 수 있는 전제조건이며 수단으로서 중요한 의미를 가진다는 점을 인식할 필요가 있다.

〈본 장의 글은 『헌법재판연구』 제2권 제1호(헌법재판소 헌법재판연구원, 2015. 6) 117~164면에 게재된 논문임〉

제 9 장 선거구획정의 기본문제

-국회의원 선거구획정의 문제점에 관한 비교법적 검토-

Ⅰ. 머리말

지난 2012년 4월 11일 제19대 국회의원선거에 적용된 개정공직선거법상의 선거구획정의 내용은 종전의 지역선거구획정에 상당한 수정·변경이 행해지고 지역구 의석수가 1석 증가한 것을 특징으로 한다. 그러나 새로 조정된 선거구획정은 그 기준과 원칙의 적용에 있어서 적지 않은 문제점을 노정하였으며, 국회의원 의원정수가 299인에서 300인으로 증가한 것에 대해서는 위헌성의 논란이 일기도 하였다. 선거구획정의 내용을 보면 종전의 245개 지역선거구를 기준으로 하여 3개 선거구가 신설되고 2개 선거구가 통합·폐지되어 전체 지역선거구의 수는 246석으로 1석이 증가하게 되었다. 그리고 7개 선거구를 재조정하면서 한 선거구의 동(洞)이 인근의 다른 선거구로 편입되는 등 국민의 생활권을 무시한 대규모의 자의적 선거구획정은 노골적인 게리맨더링의 등장이라는 비난을 피하기 어려웠다.[1]

각국에서의 선거구획정의 문제는 본래 의회주의의 전개과정에서 볼 때 그것은 선거제도를 구체화하는 의회의 정치적 재량과 자율적 판단에 의해 행해지는 정치문제(political question)의 성격을 갖는 것으로서 사법심사의 대상에서 제외되는 것으로 간주되었으나,[2] 그 후 1960년대에 접어들어 도시화의 전개과정

1) 조선일보 2012. 2. 28. A4면.

2) 1946년의 Colegrove v. Green사건에서 연방대법원은 선거구획정문제는 특히 정치적 성격

에서 도시와 지방 또는 농촌 간의 심각한 인구불균형이 나타남에 따라 선거구획정이 선거구간 유권자의 투표가치의 불평등을 초래하게 되고 투표가치의 불평등은 곧 헌법상 평등선거의 원칙에 위배되고 투표권의 평등을 침해하는 문제를 제기함에 따라 선거구획정은 중요한 헌법문제의 하나로 인식하게 되었다. 그리하여 서구의 민주주의국가에서는 선거구획정의 기준으로서 인구비례원칙을 우선적으로 적용하게 되었고 선거구간 인구편차의 문제는 사법적 심사의 대상으로 다루어지게 된 것이다.

우리나라의 경우에도 1980년대까지 선거구획정문제는 헌법적 관심사가 되지 못하고 학계의 태도도 소극적이었으나, 1990년대 후반부터 선거구획정문제가 헌법소송의 대상으로 취급되었다. 1995년 헌법재판소는 선거구간 인구편차가 전국 지역구평균인구수 기준으로 상하 60%(최대선거구와 최소선거구의 인구비율 4 : 1)을 초과하게 되면 위헌이라고 판시하였으며,[3] 그 후 2001년에는 획기적인 판례변경이 이루어져 헌법재판소는 지역구평균인구수 기준 상하 50%(최대선거구와 최소선거구간의 인구비율 '3 : 1')의 인구편차를 합헌성 판단기준으로 제시하였다.[4]

이번의 제19대 총선의 선거구획정도 이러한 '3 : 1' 내지 '상하 50%'의 인구편차기준을 준수하기 위해 노력하였다는 점에서는 긍정적으로 평가될 수 있다고도 할 수 있으나 여전히 적지 않은 문제점들이 지적될 수 있다. 예를 들면 새로 독립선거구로 신설된 세종특별자치시는 인구 9만여 명으로 선거구획정위원회가 제시한 인구하한선(103,469명)에 훨씬 미달하는 것이다. 그리고 인구상한선(310,406명)을 초과하는 선거구의 경우 선거구를 분구하는 경우와 분구하지 않고 경계조정을 통해 인구편차를 조정하는 경우가 있으나 그 선거구 분구의 기준이 명확하지 않으며, 선거구를 분구하지 않고 경계를 조정하는 방법은 선

이 강한 것으로서 사법에 의한 판단이 적합하지 않다고 하여 '정치문제'(political question)의 법리를 적용하였다. 즉 본 사건은 법원을 정쟁에 말려들게 하는 것이며 선거구획정은 하원의 배타적 권한에 속하는 것이므로 사법부는 '정치의 덤불'(political thicket)에 개입해서는 안 된다고 판시하였다. 328 U. S. 549, 556; K. M. Sullivan/Gerald Gunther, Constitutional Law, 15th ed., 2004, p. 33. 미국의 정치문제의 법리에 관한 소개는 정만희 미국헌법상 정치문제의 법리, 『동아법학』 제21호, 1996, 1면 이하 참조,

3) 헌재 1995. 12. 27. 95헌마224.

4) 헌재 2001. 10. 25. 2000헌마92등.

거구획정의 기본원칙으로서 인구기준 이외의 비인구적 요소에 대한 고려가 부족한 것이 아닌가의 의문도 제기된다. 행정구역의 기준을 무시한 자의적 행정구역분할이나 선거구간 지리적 거리 등은 게리맨더링의 성격이 농후하다고 지적되고 있다.[5] 특히 선거구획정위원회가 국회에 제출한 권고안이 제대로 반영되지 않은 채 여야합의로 선거구획정을 단행한 것에 대해서는 선거구획정위원회제도에 대한 근본적 재검토의 필요성이 제기되고 있다.

본고에서는 이번의 제19대 총선의 선거구획정과정에서의 논의를 계기로 하여 선거구획정의 헌법적 의미와 기본원칙을 재검토하고, 선거구획정의 기준에 관한 각국의 사례를 분석하여 우리의 선거구획정의 기준과 절차에 관한 개선방향을 제시한다. 그리고 주요 국가의 중립적인 선거구획정위원회제도의 비교분석을 통하여 우리의 선거구획정위원회의 구성과 기능상의 문제점을 검토하며, 특히 우리의 선거구획정위원회제도의 취약점으로 지적되는 위원회획정안의 국회에 대한 기속력 확보방안을 제시하도록 한다. 마지막으로 선거구획정문제와 관련된 국회의원 정수의 증원문제에 대해 언급하도록 한다.

Ⅱ. 선거구획정의 헌법적 의의와 기준

1. 국민대표의 원리와 선거구제도

근대 입헌주의헌법의 성립 이래 각국은 국민주권원리를 이념적 기초로 하여 그 국민주권원리의 구현방법으로 대표민주주의 내지 대의제원리를 채택하게 되었으며 대의제의 구성원리로서 선거제도는 선거구제와 선거구획정을 그 기본적 요소로 하고 있다. 선거구(constituency) 제도는 선거인단 구성의 기초가 되는 지역적 단위를 의미한다. 의회주의의 모국인 영국의 선거구제가 지역적 선거구제를 중심으로 하게 된 것은 의원이 당초에는 지방단체의 대표였다는 데에서 유래한다. 영국에서의 하원(House of Commons)은 본래 지방단체인 군(county) 또는 도시(borough)의 대표자의 의회였으며 그 의원도 전 국민의 대표자가 아닌 지방단체의 대표이었다. 따라서 당시에는 인구요소를 선거구획정과 의원정수에 반

---

5) 성낙인, 시대변화에 순응한 공직선거법의 정립, 헌법학연구 제18권 제2호, 2012, 68~69면.

영하는 것은 전혀 고려하지 않았으며, 16세기 이후 하원의 세력이 강화된 것에 대항하여 국왕은 실체가 없는 소위 부패선거구(rotten borough)를 설치하여 왕당파가 전유하는 선거구를 확보하는 등 선거구간의 불균형은 매우 극심한 상태였다. 그리하여 1832년 선거법에 의해 선거구의 대개혁이 이루어지기 시작하여 단체대표를 개인대표로 전환시키게 되었고 1884년의 선거법개혁에 의해 1선거구 1인대표의 소선거구제를 채택하게 되었으며 단체대표의 관념은 사라지게 되었다.6)

그러한 과정을 거치면서 선거구제는 오늘날 전 국민을 대표하는 의원을 선출하는 선거절차상의 편의적·지역적 단위에 불과하게 되었으며, 선거구제를 통해 선출되는 의원은 그 선거구의 대표자를 의미하는 것이 아니라 전 국민의 대표자로서의 지위를 갖게 되었다. 따라서 선거구의 유권자와 의원의 관계는 무기속위임의 원칙 내지 강제위임금지의 원칙이 적용되어 선거구의 유권자는 의원에 대한 명령이나 강제를 할 수 없으며 의원도 유권자에 대하여 법적 책임을 지지 아니하는 자유로운 지위에서 의정활동을 하게 된다. 이러한 국민대표의 원리에 입각한 의회제민주주의에 있어서 선거구제는 국민대표를 선출하는 선거인단의 지역적 구성단위로서의 의미를 가지며 선거구를 통해 선출된 의원은 그를 선출한 유권자의 이익의 대표가 아니라 국민 전체의 이익을 대표하는 지위를 갖는다.

그러나 이러한 국민대표원리 하에서 강제위임금지가 원칙이라 하더라도 사실상 어느 정도의 유권자에 대한 의원의 종속을 부정하기 어렵다. 의원이 차기선거에서 동일 선거구로부터 당선을 희망하는 경우에는 의원과 선거구의 긴밀한 관계가 사실상 지속되는 경향이 강하게 나타나며 전 국민을 대표하는 의원이 아니라 지역이익을 대표하는 의원으로서 활동하게 되는 문제가 있다. 명령적 위임의 금지에 기초하여 유권자에 대한 의원의 법적 무책임을 긍정하면서도 의원의 유권자에 대한 정치적 책임을 부정하기 어렵게 된다. 즉 국민의 대표자로서의 의원은 지역선거구 유권자에 대해 사실상 종속되고 유권자의 추상적 일반적 위임에 기속되는 현실은 당연한 것으로 받아들여지고 있다고 할 수 있다.7) 특히 한국의 단원제 국회의 현실에서는 의원의 국민대표성과 함께 지역대

6) 정만희, 헌법과 통치구조, 법문사, 2003, 355~356면.

7) 정만희, 앞의 책, 23면.

표성도 강하게 나타나고 있으므로 선거구획정에 있어 인구기준만으로 엄격하게 적용하기 어려운 측면이 있음을 부정할 수 없다.[8)]

2. 선거구획정의 의의와 기준

(1) 선거구획정과 평등선거의 원칙

선거구는 선거인단에 의한 국민대표 선출의 지역적 단위를 의미하지만 선거구의 획정은 우선 의원정수를 전제로 하여 의원정수와 불가분의 관계에서 제기되는 문제이다. 국회의원 정수의 증감과 변동에 따라 선거구는 새롭게 구획·조정되어야 하며 선거구의 재편성과정에서도 의원정수가 변동될 수 있기 때문이다. 그리고 선거구획정에 있어서 기본적으로 고려되어야 하는 사항은 선거구의 인구수에 관한 것이다. 선거구의 획정은 다수대표제 선거제도 하에서 대표자를 선출하기 위하여 전국을 지역의 단위로 분할하여 정하는 것으로서 여기에는 각 선거구마다 균등하게 유권자수를 배분하는 것도 포함되는 것이다.[9)] 즉 오늘날의 민주적 선거제도에 있어서 평등선거원칙의 적용은 선거구획정에 있어 선거구간의 인구비례원칙이 적용됨으로써 선거구간 유권자의 투표가치의 평등이 보장되어야 함을 의미한다.

본래 선거구획정문제는 의회의 고유한 권한으로서 그것은 고도의 정치성을 띠는 것으로 사법심사의 대상에서 제외되는 이른바 정치문제로 간주되어 왔음을 부인할 수 없다. 그러나 오늘날 민주선거제도의 내용으로서 선거구획정을 의회의 정치문제로 이해하는 경우는 거의 없으며, 인구불균형의 선거구 획정은 선거구간 유권자의 투표가치의 평등을 침해하고 평등선거의 원칙에 반한다고 판단하여 중요한 헌법문제로 파악하고 있다. 즉 헌법상 평등선거의 원칙은 선거권을 갖는 유권자가 다른 유권자와 평등하게 투표한다는 '1인1표'(one man one vote)의 원칙뿐만 아니라 더 나아가 유효하게 투표된 한 표는 다른 한

8) 헌법재판소도 "단원제를 채택하고 있는 우리나라의 경우 국회의원이 법리상 국민의 대표이기는 하나 현실적으로는 어느 정도의 지역대표성도 겸하고 있다"고 하면서 이 점이 인구의 도시집중으로 인한 도농간의 인구편차의 현실과 함께 선거구획정에 있어 인구비례의 원칙을 완화해야 할 필요의 근거라고 판시하고 있다. 헌재 2001. 10. 25. 2000헌마92등, 판례집 13-2, 502, 513.

9) 정종섭, 『헌법학원론』(제7판), 박영사, 2012, 890면.

표와 평등하게 평가되어져야 한다는 '1표1가'(one vote one value)의 원칙을 요청하는 것이다. 말하자면 모든 선거인은 스스로 유효한 투표를 통해 선거 결과에 대하여 동등한 영향을 미치는 '투표의 성과가치의 평등'이 실현되어야 하는 것이 평등선거의 원칙의 요청이라 할 수 있다.[10] 따라서 불평등한 인구 비례에 따른 선거구획정은 유권자 1인의 투표가치가 표면상 평등함에도 불구하고 특정 선거구의 투표가치는 다른 선거구의 투표가치에 비해 몇 분의 1밖에 되지 않는 경우가 발생하게 되므로 선거인의 투표가치의 불평등을 초래하게 된다.[11]

따라서 선거구획정은 기본적으로 인구비례의 원칙에 따라 획정되어야 하는 것이지만 국가공동체 내에서 인구수는 고정적 개념이 아니기 때문에 전체인구의 증가나 지역간 인구변동에 따라 선거구간의 인구불균형이 심화될 수 있으므로 국가는 정기적인 인구조사의 결과에 따라 선거구를 그때그때 재조정할 필요가 있게 된다. 따라서 선거구제에 의한 국민대표의 선출에 있어서는 항시 인구비례의 원칙이 엄격하게 적용된 선거구획정이 유지되어야 하며 소선거구제의 경우 각 선거구간에 유권자수 또는 인구수는 수적으로 동일하도록 획정하는 것이 가장 이상적이라고 할 수 있다.[12]

그렇지만 현실적으로 구체적인 선거구획정에 있어서 엄격한 인구기준만으로 선거구를 획정하는 것은 사실상 불가능하며 비인구적 요소에 대한 고려도 불가피하게 요구된다고 할 수 있다. 말하자면 선거구획정은 인구의 균형뿐만 아니라 그 나라의 "행정구역, 지세, 교통사정, 생활권 내지 역사적, 전통적 일체

10) 헌재 1995. 12. 27. 95헌마224, 판례집 7-2, 760, 771.

11) 투표가치의 평등에 관한 것은 정만희, 선거구인구불균형과 평등선거, 동아법학 제5호, 1987, 216면.

12) 선거구획정에 있어서 이상적으로 선거구간 인구의 수적 평등(mathematical equality)을 요구하고 있는 나라는 미국이다. 1960년대 후반이후 미국의 연방의회 하원선거구획정은 연방대법원판결에 의해 거의 절대적 수적 평등을 요구하고 있음을 볼 수 있는데, Kirkpatrick v. Preisler(1969) 사건에서는 인구편차 '3.13%'(인구비율 1.06 : 1)을 위헌이라고 판시한 바 있다. 그러나 1970년대 이후 주의회의 선거구획정에서는 인구편차의 범위가 다소 완화되어 Mahan v. Howell(1973) 사건에서 16.4%의 인구편차를 인정한 것을 볼 수 있다. 미국의 선거구획정의 헌법문제에 관한 상세는 Jerry R. Parkinson, Notes: Reapportionment: A Call for a Consistent Quantitative Standard, 70 Iowa L. Rev. 663 (1985); John R. Low-Beer, The Constitutional Imperative of Proportional Representation, 94 Yale L. J. 163 (1984); 渡辺重範編, 選擧と議席配分の制度, 成文堂, 1989, 39면 이하 참조.

감 등 여러 가지 정책적·기술적 요소"[13)]가 고려될 수 있는 것이므로 인구수의 평등만을 기준으로 한 선거구획정은 곤란하게 된다. 따라서 이러한 비인구적 요소를 반영한 선거구간 인구편차의 허용기준이 요구되는 것이다.

(2) 선거구 법정주의와 게리맨더링의 문제

선거구의 획정에 있어서는 인구비례의 원칙 이외에 선거구의 형상이 매우 중요한 고려의 대상이 된다. 선거구의 형상에 대하여는 그것이 당리당략을 위해 불합리하고 불공평한 선거구획정의 결과로 선거구가 기형적인 형태로 나타나는 것을 방지할 필요가 있으므로 이른바 게리맨더링(gerrymandering)을 배제하는 것이 요구된다. 이를 위해서는 우선 선거구의 획정이 행정부의 단독적 의사에 의해 자의적으로 정해져서는 안 되기 때문에 의회의 의결을 요하는 법률에 의해 정해지도록 하고 있다. 즉 선거구법정주의에 의하여 행정부의 자의를 방지할 수 있게 된다. 그러나 이러한 선거구법정주의도 입법부의 자의를 방지하는 데에는 여전히 문제가 있으므로 선거구의 획정을 이해관계인인 의원들에게 맡길 것이 아니라 공정한 선거구획정을 기대할 수 있는 제3자적 기관으로서 선거구획정위원회에 위임하는 것이 바람직하게 된다.

우리 헌법재판소는 95헌마224등 사건에서 "선거구의 획정은 사회적·지리적·역사적·경제적·행정적 연관성 및 생활권 등을 고려하여 특단의 불가피한 사정이 없는 한 인접지역이 1개의 선거구를 구성하도록 함이 상당하며 이 또한 선거구획정에 관한 국회의 재량권의 한계"라고 하면서, 이와 같은 원칙을 무시한 채 특단의 불가피한 사정이 있다고 볼 만한 사유를 찾아볼 수 없는데도 접경지역이 없이 완전히 분리되어 있는 지역을 1개의 선거구로 획정한 것은 재량의 범위를 일탈한 자의적 선거구획정으로 정당한 선거권을 침해하는 것이라고 판시한 바 있다.[14)] 그러나 96헌마54 사건에서는 지난 제15대 국회의원선거에서 인접하지 아니한 인천 계양구 계양1동과 강화군 이원을 하나의 선거구로 구성한 것에 대해 입법당시 국회의원선거가 임박한 상태에서의 시간부족, 이 선거구란의 한시적 성격 등 특수한 사정을 고려하여 합헌으로 판시하였다.[15)]

---

13) 헌재 1995. 12. 27. 95헌마224, 판례집 7−2, 760, 772.

14) 헌재 1995. 12. 27. 95헌마224등, 판례집 7−2, 760, 788~789.

15) 헌재 1998. 11. 26. 96헌마54. 판례집 10−2, 742, 743.

게리맨더링의 문제는 일찍이 19세기 초부터 미국의 연방의회 선거구획정 과정에서 제기된 것이나 미국에서는 1970년대 이후 최근 1990년대에 이르기까지도 게리맨더링의 위헌여부문제가 드물지 않게 연방대법원의 심판대상이 되어 왔다. 연방대법원은 게리맨더링에 대해 1970년대 초까지는 소극적 태도를 보여 왔으나,[16] 1980년대에 들어와서는 게리맨더링의 문제를 헌법상 평등보호조항에 근거하여 정면으로 다루게 되었다. 연방대법원은 게리맨더링을 판단하는 기준에 대해서 여러 가지 조건과 표지를 제시하고 있으나 아직 일반화된 명확한 기준이 제시되지 못하고 있다고 할 수 있다. 1983년의 Karcher v. Dagget 판결에서 스티븐스 대법관은 게리맨더링의 조건으로 "극히 불규칙한 선거구의 형상, 지형적 조밀성의 수학적 기준으로부터의 일탈, 선거구획정안 작성과정에서의 반대의견의 배제, 명백한 당파성 기준을 이용한 결과 획정안에 대한 충분한 선택이유가 결여된 것" 등을 제시하고 있다.[17] 1986년의 Davis v. Bandemer 판결에서는 게리맨더링으로 인정될 수 있는 것은 "선거구획정으로 특정 정치적 집단에 대하여 의도적인 차별이 있고 실제로 그 정치적 집단에 대한 차별적 효과가 있음을 입증하여야 한다고 하고, 인디애나 주의회선거구획정에 관한 법률이 민주당지지의 투표효과를 약화시키는 것이므로 위헌이라고 판시하였다.[18] 그러나 1990년대에는 일부 주에서 정치적 차별을 받아온 인종적 소수파(흑인)가 다수를 점하고 있는 지역에서 그들의 대표자가 선출될 수 있도록 하기 위한 '인종적 게리맨더링'의 선거구획정에 대해 연방대법원은 1993년 Shaw v. Reno판결에서 당해 선거구에 거주하는 소수자인 백인 유권자의 평등한 투표권을 침해한다고 하여 위헌판결을 내리는 적극적 태도를 보이고 있다.[19] 이와 같은 미국의 판례들

16) 1973년의 White v. Weiger 판결에서 연방대법원은 현직의원간의 경쟁을 최소화하기 위한 선거구획정은 그 자체로서 불공정한 것이라 할 수 없다고 판시하였으며, 같은 해의 Gaffney v. Cummings 판결에서는 과거 3회의 선거의 투표결과에 기초하여 2정당에 의석을 비례적으로 할당하기 위한 의도로 선거구를 재편성한 것에 대해 합헌이라고 판시하였다.

17) 462 U. S. 725, 745~765.

18) 478 U. S. 109. 이 사건에서 인디애나주 하원선거에서 민주당은 51.9% 득표하였으나 하원의석 100석 중 43석만을 획득하게 되자 민주당은 공화당이 주도한 선거구획정이 게리맨더링이라고 주장한 것이다. Kathleen M. Sullivan/ Gerald Gunther, op. cit., pp.855~859.

19) 게리맨더링에 관한 상세는 Richard G. Niemi, The Relationship between Votes and Seats: The Ultimate Question in Political Gerrymandering, 33 UCLA L. Rev. 185 (1985); Martin Shapiro, Gerrymandering, Unfairness, and the Supreme Court, 33 UCLA L. Rev. 227 (1985) 참조.

에 근거하여 보면 게리맨더링의 기본적 요건 내지 표지로서 선거구의 기형적인 형상, 지형적 조밀성(compactness)의 결여, 당파적 이익을 위한 특정 정치적 집단에 대한 차별적 의도, 선거구획정과정에 반대의견의 배제 등이 제시되고 있음을 알 수 있다.[20)]

우리나라의 경우 과거의 역대 선거구획정에 있어 게리맨더링을 헌법문제로 이해하지 않았으나, 1995년 헌법재판소 결정으로 처음으로 게리맨더링의 위헌성을 인정받게 되었다. 2012년 제19대 총선에서의 불합리한 선거구획정의 사례를 보면 앞으로도 게리맨더링의 문제제기는 쉽게 예상할 수 있으므로 헌법재판소는 헌법상 금지되는 게리맨더링의 명확한 개념정립을 전제로 하여 선거구획정에 관한 입법권남용의 억제와 투표권의 평등한 보호라는 입장에서 적극적 판단이 요구된다고 할 것이다.[21)]

3. 선거구간 인구편차의 합헌성 판단기준

(1) 선거구획정과 인구편차에 관한 각국의 사례

미국의 경우 선거구획정에 따른 인구불균형에 있어서 평등선거의 원칙상 허용되는 인구편차(population deviation)의 범위에 관하여 연방대법원의 판례는 일률적 기준을 찾아보기 어렵다. 그러나 연방의회선거의 경우 각 주의 의원정수배분을 위한 선거구획정은 주의회선거의 선거구획정에 비하여 엄격한 선거구간 수적 평등을 요구하고 있음을 일반적인 특징으로 하고 있다.

연방대법원은 1960년대부터 각 주에서의 선거구획정과 인구불균형문제에 대하여 종전의 소극적이고 비개입적인 태도를 버리고 사법적극주의적 입장에서 위헌판결을 내리게 되었다. 1962년의 Baker v. Carr사건에서 테네시 주의회의 하원의원선거구획정에서 최대인구선거구와 최소인구선거구간의 인구격차가 23배가 넘는 것은 위헌이라고 판결하여 처음으로 선거구획정에 관한 소송이 연방법원에 속한다는 것을 명확히 하였다. 그 후 1964년의 Reynolds v. Sims사건의

20) 게리맨더링의 기준으로서 지형적 조밀성이론에 관하여는 David Butler & Bruce Cain, Congressional Redistricting: Comparative and Theoretical Persepective, 1992, pp.72ff.

21) 게리맨더링에 관한 국내의 연구로는 강희원, 선거구획정기준과 게리맨더링, 대한정치학회보 제12집 제1호, 2004, 321면 이하; 강희원, 제17대 국회의원선거구의 조밀성 측정과 GIS, 한국정치학회보 제40집 제2호, 2006, 99면 이하 참조.

판결에서는 알라바마 주의회의 2.4배의 선거구간 인구격차를 위헌으로 판단하였다. 그리고 연방하원선거의 의원정수배분과 선거구획정에 관한 판례인 Wesberry v. Sanders사건[22]에서는 조지아주의 연방의원선거구획정에 엄격한 인구비례원칙의 적용을 요구하였으며, 선거구간의 인구편차는 그것이 정치적·경제적·지리적·사회적 이익을 의회에 대표시킬 필요성이 인정되기 때문에 정당화될 수 있다는 주의회의 주장을 배척하였다. 특히 1969년의 Kirkpatrick v. Preisler사건[23]에서는 미주리주의 연방하원선거구에 있어 선거구평균인구수로부터 3.13%를 초과하지 않는 인구편차(최대선거구와 최소선거구간의 인구비율 1.06 : 1)를 위헌이라 하여 엄격한 수적 평등을 요구하고 있음을 볼 수 있다. 본 판결에서 연방대법원은 "절대적 평등을 달성하기 위한 최선의 노력을 다했음에도 불구하고 근소한 편차가 불가피한 경우 그러한 편차만이 허용될 수 있다"고 판시한 것이다.[24] 연방의회선거의 선거구획정에 비해 주의회선거의 경우에는 인구편차의 기준이 덜 엄격하다고 할 수 있으나, 1967년의 Swann v. Adams사건[25]에서는 주의회선거의 최대선거구와 최소선거구간 인구편차 '1.3 : 1'을 위헌이라고 하면서 엄격한 수적 평등으로부터 허용되는 편차는 그것이 "무시해도 될 만한 '사소한 것'(de minimis)이거나 합리적인 주정책에 의해 정당화되지 않으면 안 되는 것"이라고 하여 Reynolds사건에 비해 엄격한 기준을 제시한 바 있다.[26] 그러나 1973년의 Mahan v. Howell사건[27]에서는 16.4%의 인구편차를 합헌으로 인정하면서 앞의 Kirkpatrick판결에서의 엄격한 기준은 주의회의원선거의 선거구획정 문제에 적용할 수 없다고 판시하였다.[28]

독일의 경우는 연방선거법(Bundeswahlgesetz)에 연방의회의 선거구획정의 인구기준을 규정하고 있다. 연방선거법 제3조 제1항은 "한 선거구의 인구수는 선거구의 평균인구수로부터 상하 각 100분의 25를 초과하는 편차를 보여서는

---

22) 376 U. S. 526 (1969).
23) 394 U. S. 526 (1969).
24) 394 U. S. at 531.
25) 385 U. S. 440 (1967).
26) 385 U. S. at 444.
27) 410 U. S. 315 (1973).
28) 410 U. S. at 322.

아니되며, 편차가 100분의 33 1/3을 초과하게 되면 새로운 선거구획정이 이루어져야 한다”고 규정하였다. 연방헌법재판소는 1963년 이 선거구획정의 인구편차기준에 대해 합헌이라고 판시하였다.[29] 그 후 1996. 11. 15. 개정된 연방선거법 제3조 제1항 제3호는 선거구획정시 준수하여야 할 원칙의 하나로서 “한 선거구의 인구수는 선거구의 평균인구수로부터 상하 각 100분의 15를 초과하는 편차를 보여서는 아니 되며, 편차가 100분의 25를 초과하게 되면 새로운 선거구획정이 이루어져야 한다”고 규정함으로써 원칙적으로 상하 편차 15%를 허용한도로 하되, 상하 편차 25%는 반드시 준수해야 할 최대허용한도로 함으로써 탄력적인 입법을 하고 있는 것이 특징이다. 이러한 연방법률에 의한 선거구획정의 인구편차기준의 제시는 미국의 경우처럼 주의회의 전권으로 선거구획정이 행해지고 사법부의 사법심사의 판단에 따라 그 기준이 정해지는 것과 구별된다.

일본의 경우를 보면 1960년대에는 참의원선거의 선거구획정문제를 입법정책의 당부의 문제에 그치며 위헌문제를 제기하지 않는다고 판단하였으며,[30] 1971년의 참의원선거에서 의원 1인당의 인구격차가 4.9배에 달한 것에 대해 선거무효소송이 제기되었으나 그러한 인구격차가 위헌무효가 아니라고 단정하기는 어렵다고 하면서도 선거의 결과에 변동을 가져올 우려가 없다는 이유로 청구기각을 하여 커다란 반향을 불러일으킨 바 있다.[31] 그 후 1976년 최고재판소는 중의원(衆議院)의원선거의 정수배분규정에 대해 선거구간 인구격차 4.99 : 1에 대해 위헌이라는 획기적인 판결을 내리게 되었다.[32] 그러나 이 판결은 선거의 효력에 관하여는 사정판결의 법리에 따라 유효하다고 판시하였으며, 인구격차 ‘4.99 : 1’이 위헌이라고 하면서 인구편차의 허용한도에 대해서는 구체적인 명시를 하지 않았다. 1985년에도 최고재판소는 중의원선거구 인구격차 ‘4.40 : 1’을 헌법에 위반하는 선거구획정기준이라고 하면서도 무효로 하지 않고 상고를 기각하였다.[33]

---

29) BVerGE 16, 140.

30) 最大判 昭和 39.2.5. 民集 18卷 2号, 270면.

31) 東京高裁判 昭和 48.7.31. 判例時報 709호.

32) 最大判 昭和 51.4.14. 民集 30卷 3号, 223면.

33) 1985년의 최고재판소 판결의 소개로는 정만희, 의원정수불균형 위헌판결, 동아법학 제11호, 1990, 45면 이하 참조.

그 후 1990년대에 들어와 일본은 선거구제의 개혁과 동시에 인구비례를 기준으로 하는 선거구획정을 제도화하는 획기적인 선거법개혁을 단행하였다. 일본의 선거구제는 전통적으로 1925년의 선거법이래 중선거구제를 채택하여 왔으나, 1994년 선거법개혁을 통해 소선거구제 비례대표제를 도입하게 되었고 소선거구 중의원정수 300인을 각 도·도·부·현(都道府縣)의 인구비례에 따라 배분하게 되었다. 선거구획정에 관하여는 '중의원선거구획정심의회설치법'을 제정하여 그 구체적 내용을 규정하고 있다. 이 법률에 의한 선거구획정기준은 첫째, 각 도·도·부·현에의 의원정수배분은 우선 중의원의원총수 300인중 47명을 각 도·도·부·현에 1명씩 균등배분하고 나머지 253명은 인구비례에 따라 각 도·도·부·현에 배분하며, 둘째, 각 선거구간의 인구균등을 도모하여 인구격차가 2배 이상 되지 않는 것을 기본으로 하며, 셋째, 행정구역, 지세, 교통 등의 사정을 총합적으로 고려하여 합리적으로 선거구를 획정한다고 규정하고 있다(동법 제3조). 이 법률에 의해 일본은 중의원선거제도의 발족 이래 105년 만에 중립적인 제3자기관에 의해 정기적으로 선거구를 획정하는 제도를 확립하게 된 것이다.[34]

그렇지만 이러한 새로운 선거구획정제도하에서도 몇 가지 문제점이 지적되고 있다. 첫째, 선거구획정심의회설치법에 의한 선거구획정기준에 따라 인구격차가 2배를 초과하지 않을 것을 기본으로 하고 있으나 1994년의 심의회 권고안에는 2배 이상의 인구격차가 있는 선거구가 28개나 존재하였다. 그리고 1995년의 국세조사결과에 의하면 최대격차가 2. 309배에 달하게 되고 격차 2배 이상의 선거구가 60개가 되었다. 즉 법률에 의한 선거구획정기준으로서 2배를 초과하지 않는 인구편차가 현실적으로 준수되지 못하고 있는 것이 문제점으로 드러나게 되었다.[35] 이러한 문제점은 선거구획정기준을 제시하고 있는 법률 자체에도 문제가 있다는 지적이 있다. 즉 인구의 평등화를 최우선의 기준으로 하면서도 각 도·도·부·현에 1명씩의 의석을 우선적으로 균등배분하고 나머지 의석을 인구비례에 따라 배분하도록 규정한 것이 결과적으로 인구기준 이외의 행정구역, 지세 등 비인구적 요소를 고려한 선거구획정을 하게 되면 2 : 1의 인구편차

34) 森脇俊雅,『小選擧區制と區割り』, 芦書房, 1998, 238면 이하.

35) 森脇俊雅, 전게서, 242면.

기준을 준수할 수 없도록 만드는 원인이 된다는 것이다.[36]

(2) 우리나라의 선거구획정과 인구편차허용기준

가. 선거구획정에 관한 국회의 재량권과 그 한계

대의제민주주의에 있어서의 선거제도는, 무엇보다도 선출된 대표자를 통하여 국민의 의견이나 이해가 공정하고도 효과적으로 국정에 반영되도록 하는 것이 중요하다고 하겠으나, 다른 한편 정치적 안정의 요청이나 나라마다의 역사적·사회적·정치적 상황 등도 고려하여 각기 그 나라의 실정에 맞도록 결정되어야 하는 것이고, 거기에 논리필연적으로 요청되는 일정한 형태가 있는 것은 아니다. 따라서 선거제도의 중요한 요소인 선거구를 획정함에 있어서도 1인 1표와 투표가치 평등의 원칙을 고려한 선거구간의 인구의 균형뿐만 아니라, 그 나라의 행정구역, 지세, 교통사정, 생활권 내지 역사적, 전통적 일체감 등 여러 가지 정책적·기술적 요소가 고려될 수 있을 것이다.

우리 헌법은 제41조 제1항에서 국회의원선거에 있어서의 평등선거의 원칙을 선언하면서도 그 제3항에서 "국회의원의 선거구와 비례대표제 기타 선거에 관한 사항은 법률로 정한다"고만 규정함으로써 구체적인 선거제도와 선거구의 획정에 관한 구체적 결정을 국회의 재량에 맡기고 있으며, 이에 따라 공직선거및선거부정방지법은 국회의원지역선거구의 획정에 관하여 제21조 제2항에서 "하나의 국회의원지역선거구에서 선출할 국회의원의 정수는 1인으로 한다", 제25조 제1항에서 "국회의원지역선거구는 시·도의 관할구역 안에서 인구·행정구역·지세·교통 기타 조건을 고려하여 이를 획정"한다고 각 규정하고 있다.

따라서, 헌법이 요구하는 투표가치의 평등은 선거제도의 결정에 있어서 유일, 절대의 기준이라고는 할 수 없으며, 국회는 구체적인 선거제도를 정함에 있어서 합리적인 다른 정책적 목표도 고려할 수 있는 것이지만, 적어도 선거구의 획정에 있어서는 인구비례의 원칙을 가장 중요하고 기본적인 기준으로 삼아야 할 것이고, 여타의 조건들은 그 다음으로 고려되어야 할 것이다. 왜냐하면 선거구의 획정에 있어서 투표가치의 평등이 확보되는 것은, 국민주권의 원리(헌법 제1조)에 따른 대의제 민주주의에 있어서 국가의사형성의 정당성을 밑받침하는

36) 森脇俊雅, 전게서, 243면.

중심적인 요소를 이루는 것임에 반하여, 그 여타의 요소들은 그 성질상 이러한 국가의사의 정당성과는 직접적 관계가 없는 것으로서, 투표가치의 평등은 여타 고려요소와는 다른 본질적인 중요성을 갖고 있기 때문이다.

따라서 선거구획정에 관한 국회의 재량권에는 이러한 헌법적 요청에 의한 한계가 있음을 유의하여야 한다. 그러므로, 국회가 결정한 구체적인 선거제도의 구조 아래에서 발생한 투표가치의 불평등이 발생한 경우에, 그것이 헌법이 요구하는 투표가치 평등의 원칙에 반하는지의 여부를 판단할 때에는, 이러한 불평등이 위에서 본 바와 같은 헌법적 요청에 의한 한계내의 재량권행사로서 그 합리성을 시인할 수 있는지의 여부를 검토하여, 국회가 통상 고려할 수 있는 제반사정, 즉 여러가지 비인구적 요소(非人口的 要所)를 모두 참작한다고 하더라도 일반적으로 합리성이 있다고는 도저히 볼 수 없을 정도로 투표가치의 불평등이 생긴 경우에는 헌법에 위반된다고 하여야 할 것이다.[37]

나. 인구편차 허용기준에 관한 헌법재판소의 판례

우리나라에서는 1980년대에 이르기까지 선거구획정에 따른 인구불균형문제에 대해서는 학계의 관심도 소극적이었으며, 이에 관한 선거소송도 거의 찾아볼 수 없었다.[38] 그러나 헌법재판소 시대가 전개되면서 선거구획정문제가 헌법문제로 다루어지게 되었다. 1995년 헌법재판소는 최초로 선거구획정과 투표가치의 평등문제에 대한 헌법적 판단을 내리게 됨으로써 선거구획정문제가 더 이상 국회의 정책적 판단에 따른 입법재량의 범위에 속하는 것이 아니며 사법심사의 대상이 되는 법적 문제라는 것이 확인되었다.

1) 인구편차의 허용기준 제시(선거구평균인구수 기준 상하 60%)

헌법재판소는 1995년 공직선거법상 국회의원선거구 구역표에 의한 선거구 구획으로 인하여 선거구간의 인구편차가 심하여 헌법상 보장된 청구인들의 평등권과 선거권이 침해되었다고 주장하는 95헌마224등 사건에서 선거구간 인구편차의 허용기준에 관하여 "현재 우리나라의 제반 여건 아래에서는 적어도 국회의원의 선거에 관한 한, 전국 선거구의 평균 인구수(전국의 인구수를 선거구수로 나눈 수치)에 그 100분의 60을 더하거나 뺀 수를 넘거나 미달하는(즉, 상하

---

37) 헌재 1995. 12. 27. 95헌마224등, 판례집 7-2, 760, 773.

38) 정만희, 앞의 논문(주4), 216면.

60%의 편차를 초과하는) 선거구가 있을 경우에는, 그러한 선거구의 획정은 국회의 합리적 재량의 범위를 일탈한 것으로서 헌법에 위반된다"고 판시하였다.[39) 즉 최대인구선거구와 최소인구선거구간 인구비율이 '4 : 1'을 초과할 경우에는 위헌이라고 판시한 것이다.[40)

헌법재판소는 헌법이 요구하는 투표가치의 평등은 선거제도의 결정에 있어서 유일, 절대의 기준이라고는 할 수 없으며, 국회는 구체적인 선거제도를 정함에 있어서 합리적인 다른 정책적 목표도 고려할 수 있는 것이지만, 적어도 선거구의 획정에 있어서는 인구비례의 원칙을 "가장 중요하고 기본적인 기준"으로 삼아야 한다고 하고, 국회가 결정한 구체적인 선거제도의 구조 아래에서 발생한 투표가치의 불평등이 헌법이 요구하는 투표가치 평등의 원칙에 반하는지의 여부를 판단할 때, 이러한 불평등이 헌법적 요청에 의한 한계 내의 재량권 행사로서 그 합리성을 시인할 수 있는지의 여부를 검토하여, 국회가 통상 고려할 수 있는 제반 사정, 즉 여러 가지 비인구적(非人口的) 요소를 모두 참작한다고 하더라도 일반적으로 합리성이 있다고는 도저히 볼 수 없을 정도로 투표가치의 불평등이 생긴 경우에는 헌법에 위반된다고 판시하고 있다.[41)

2) 인구편차 허용기준의 변경(선거구평균인구수기준 상하 50%)

헌법재판소는 2001. 10. 25. 2000헌마92등 사건에서 종전의 95헌마224등 사건의 결과와는 달리 선거구간 인구편차의 허용한계를 평균인구수 기준 '상하 50%'(이 경우 상한인구수와 하한인구수의 비율은 3 : 1)의 편차를 기준으로 위헌여부를 판단하여야 한다고 판시하였다.[42) 헌법재판소는 우선 인구편차의 허용기

39) 헌재 1995. 12. 27. 95헌마224등, 판례집 7－2, 760, 779.

40) 이 헌법재판소 결정에 대한 판례평석으로는 성낙인, 국회의원선거구획정에 있어서 인구편차의 기준, 서울대학교『법학』제43권 제1호, 2002, 86면 이하.

41) 헌재 1995. 12. 27. 95헌마224등, 판례집 7－2, 760, 773.

42) 이 사건 선거구구역표의 선거구별 인구편차를 보면, 최소선거구인 "경북 고령군·성주군 선거구"의 인구수는 90,190명인데 비하여, 청구인이 거주하는 "경기 안양시 동안구 선거구"의 인구수는 328,383명으로서 그 3.64배에 이르고 있고, 최대선거구인 "경기 의정부시 선거구"의 인구수는 350,118명으로서 그 3.88배에 이르고 있다. 최소선거구 인구수의 2배 이상의 인구를 갖는 선거구는 모두 154개에 이르고 있고, 그 중 3배 이상의 인구를 갖는 선거구는 45개에 달한다. 또한 전국 선거구의 평균인구수는 208,917명(전국 인구수 47,424, 300명÷선거구수 227개)으로서, 청구인이 거주하는 "경기 안양시 동안구 선거구"는 이로부터 +57%의 편차를 보이고 있고, 최소선거구인 "경북 고령군·성주군 선거구"는

준을 제시함에 있어 최소선거구의 인구수를 기준으로 할 것인가, 아니면 전국 선거구의 평균인구수를 기준으로 할 것인가에 관하여 이미 위 95헌마224등 결정에서 독일연방선거법의 규정이나 독일연방헌법재판소의 판시기준 등의 예에 따라 전국 선거구의 평균인구수를 기준으로 하여 인구편차의 허용기준을 제시한 바 있으므로 이에 따라 전국 선거구의 평균인구수를 기준으로 하여 인구편차의 허용기준을 검토한다고 판시하고 있다.[43)]

또한 인구편차의 허용한계를 제시함에 있어 고려되어야 할 우리나라의 특수사정에 관하여, "단원제를 채택하고 있는 우리나라의 경우 국회의원이 법리상 국민의 대표이기는 하나, 현실적으로는 어느 정도의 지역대표성도 겸하고 있다는 점 및 인구의 도시집중으로 인한 도시와 농어촌간의 인구편차와 각 분야에 있어서의 개발불균형이 현저한 우리의 현실을 선거구간의 인구비례의 원칙을 완화해야 할 필요의 근거로 들 수 있다"고 하면서도, 반면에 소선거구제와 결합한 다수대표제 하에서는 사표가 많이 발생하기 마련인데, 거기에 덧붙여 선거구간 인구수의 현저한 편차까지도 허용한다면, 이는 곧바로 대의제민주주의의 기본을 흔드는 결과를 초래할 수도 있다는 점 역시 간과해서는 안된다는 점을 지적하고 있다. 그리고 구체적으로 선거구 획정에 대한 입법재량의 한계, 즉 헌법상 용인되는 각 선거구 사이의 인구편차의 한계를 어디까지 용인할 것인가는 인구비례의 원칙 이외에 고려되어야 할 2차적 요소들을 얼마나 고려하여 선거구 사이의 인구비례에 의한 투표가치 평등의 원칙을 완화할 것이냐의 문제라고 판시하고 있다.

−57%, 최대선거구인 "경기 의정부시 선거구"는 +68%의 편차를 보이고 있다. 평균인구수로부터 상하 33 1/3%의 편차(이 경우의 상한 인구수와 하한 인구수의 비율은 2 : 1이다)를 벗어나는 선거구가 모두 81개이고, 그 중 상하 50%의 편차(이 경우의 상한 인구수와 하한 인구수의 비율은 3 : 1이다)를 벗어나는 선거구만도 30개에 이르고 있다. 특히 상하 60%의 편차(이 경우의 상한 인구수와 하한 인구수의 비율은 4 : 1이다)를 벗어나는 선거구도 10개(모두 상한선을 초과한 경우임)에 달하는바, 이는 헌법재판소가 위 95헌마224등 결정 당시 제시한 헌법합치적 기준인 상하 60%의 편차를 정면으로 위반한 것이다. 판례집13−2, 502, 512~513.

43) 헌법재판소는 인구편차의 허용범위에 관하여 선거구 평균인구수를 기준으로 하여 상하편차(50%)를 제시하고 그것을 선거구 최대인구수와 최소인구수의 인구비율로 환산(3 : 1)하여 설명하고 있으나 이는 최대인구수와 최소인구수 비율을 기준으로 하면서 그것을 평균인구수 기준의 인구편차로 환산하는 것과 항상 일치하는 것은 아니다. 양건, 『헌법강의』, 법문사, 2011, 346~347면.

헌법재판소는 인구편차의 허용한계에 관한 다양한 견해 중 현시점에서 선택가능한 방안으로 상하 33 1/3% 편차를 기준으로 하는 방안, 또는 상하 50% 편차(이 경우 상한 인구수와 하한 인구수의 비율은 3 : 1)를 기준으로 하는 방안이 고려될 수 있다고 하고, 이 두 가지 기준 중 상하 33 1/3% 편차 기준이 선거권 평등의 이상에 보다 접근하는 안임은 말할 필요도 없으나, 위 기준에 의할 때 행정구역 및 국회의원정수를 비롯한 인구비례의 원칙 이외의 요소를 고려함에 있어 적지 않은 난점이 예상된다고 하였다.[44] 따라서 선거구획정에 따른 선거구간의 인구편차의 문제를 다루기 시작한지 겨우 5년여가 지난 시점에서 너무 이상에 치우친 나머지 현실적인 문제를 전적으로 도외시하기는 어렵다고 할 것이므로, 평균인구수 기준 '상하 50%'의 편차를 기준으로 위헌 여부를 판단하기로 한다고 판시하였다.[45]

한편, 헌법재판소는 그 후 2007년 시·도의회의원 선거구획정의 위헌여부에 관한 사건에서 시·도의회의원 지역선거구간 인구편차의 허용기준을 평균인구수 기준 상하 60%(최대인구수와 최소인구수의 비율 4 : 1)로 판단하였는데, 여기서는 위의 국회의원선거의 경우와는 조금 다른 관점에서 선거구획정의 고려요소를 제시하고 있다. 즉 "시·도의원은 지방주민 전체의 대표이면서 지역대표성도 겸하고 있고, 인구의 도시집중으로 인한 도시와 농어촌간의 인구편차와 각 분야에 있어서의 개발불균형이 존재하는 우리나라의 특수성을 고려할 때 시·도의원의 선거구획정에 있어서는 행정구역 등도 인구비례원칙에 못지않게 함께

---

44) 헌법재판소는 "이 사건 선거거구역표 중 평균인구수로부터 상하 50%의 편차를 벗어나는 선거구는 30개이나, 상하 33 1/3%의 편차를 벗어나는 선거구는 모두 81개에 이르고 있는 상황이므로, 선거구를 재조정함에 있어서 상하 33 1/3% 편차 기준을 채택하는 경우 예기치 않은 어려움에 봉착할 가능성이 매우 크다는 점은 쉽게 예상할 수 있다"고 판시하고 있다. 판례집 13-2, 502, 515.

45) 그러나 헌법재판소는 앞의 95헌마224등 결정에서 재판관 3인의 보충의견에서 밝힌 바와 마찬가지로, "국회가 지역선거구의 획정을 함에 있어 인구 이외에 행정구역, 국회의원 정수, 도농간의 인구격차 등 다른 요소를 고려하여 배분할 수 있다 하더라도, 헌법상의 요청인 평등선거의 원칙에 비추어 원칙적으로 지역선거구획정에 따른 선거구간의 인구의 편차는 적어도 최대선거구의 인구가 최소선거구의 인구 2배를 넘지 않도록 조정해야 함이 마땅하다 할 것이고, 앞으로 상당한 기간이 지난 후에는 인구편차가 상하 33 1/3%(이 경우 상한 인구수와 하한 인구수의 비율은 2 : 1), 또는 그 미만의 기준에 따라 위헌 여부를 판단하여야 할 것"이라는 점을 명백히 밝히고 있다. 판례집 13-2, 502, 516.

고려해야 할 필요성도 크다고 할 것이다"라고 판시하고 있다.[46] 도시와 농어촌 간의 심각한 인구불균형과 시도의원의 강한 지역대표성을 고려할 때 국회의원 선거와 지방선거에 있어 선거구획정의 고려요소와 인구편차의 허용기준에 차이를 두는 헌법재판소의 입장은 타당하다고 본다.

4. 현행법상 선거구획정의 기준과 절차의 개선방향

(1) 인구편차 허용범위의 명문화

2001년 헌법재판소의 판례(2000헌마92등)에 의해 확립된 평균인구수 기준 상하 50%의 인구편차는 이번 제19대 총선에서도 그대로 적용되었으나, 앞으로의 인구편차 허용한계에 관해서는 근본적인 재검토가 필요하다고 본다. 헌법재판소는 위의 사건에서 인구편차 허용한계를 평균인구수 기준 상하 50%(상한인구수와 하한인구수 비율 3 : 1)로 제시하면서도 "앞으로 상당한 기간이 지난 후에는 인구편차가 상하 33 1/3%(상한인구수와 하한인구수 비율 2 : 1) 또는 그 미만의 기준에 따라 위헌 여부를 판단하여야 한다"라고 밝힌 바 있으나 그 헌재결정이 있은 후 10년여가 지난 시점에서도 상하 50% 기준을 그대로 적용한 것은 문제가 있다고 본다. 2012년 총선에 상하 50% 기준을 적용한 것 자체가 위헌이라고 할 수는 없지만 2001년 당시 헌법재판소결정의 기본취지에 비추어 볼 때 이번에는 인구편차의 허용기준을 새롭게 검토했어야 하는 것이 아닌가의 의문이 남는다. 각국의 입법례와 판례에서도 확인되고 있는 바와 같이 평균인구수 기준 상하 25%의 인구편차를 규정하고 있는 것이 대세이며 미국의 경우는 매우 엄격한 인구의 수적 평등을 적용하고 있음은 전술한 바와 같다.

따라서 앞으로의 선거구획정의 인구편차는 인구비율 '2 : 1' 내지 '상하 33 1/3%' 이하의 기준이 적용되도록 해야 할 것이다. 그러나 우리의 공직선거법은 선거구획정의 인구편차의 허용기준을 구체적으로 규정하고 있지 아니하고 선거구획정과 가장 직접적인 이해관계를 갖는 국회가 이를 결정하도록 하는 문제점이 지적되고 있으므로,[47] 독일의 경우처럼 공직선거법에 직접적인 인구편차의 허용한계를 명문화하는 것을 입법론적 개선방안으로 고려할 필요가 있다.

---

46) 헌재 2007. 3. 29. 2005헌마985등, 판례집 19-1, 287, 302~303.

47) 계희열, 『헌법학(상)』, 박영사, 2005, 312면.

(2) 선거구 유권자의 참여를 위한 공청회절차의 보장

우리의 선거구획정제도는 서구 각국의 제도와 비교할 때 선거구의 통합이나 분구, 경계조정 등이 문제되는 경우 관련되는 당해 선거구 유권자의 의견이 반영되는 공청회절차가 보장되어 있지 않다는 점이 문제이다. 선거구획정위원회의 획정안이 국회의 입법과정에서 존중되고 사실상 기속력을 갖기 위해서도 사전에 선거구획정과 관련하여 해당 선거구 주민의 이의나 대안이 있는 경우에는 지역공청회를 개최하여 충분히 지역주민의 의사를 반영한 획정안이 국회에 제출되어야 한다. 선거구획정이 인구기준만으로 기계적으로 이루어지는 작업이 아니므로 지리적 조건 등에 의한 선거구획정에는 선거구의 지역감정과 주민의식 등을 고려하는 것이 요구된다.

이번의 제19대 총선의 선거구획정결과를 보면 선거구의 통합, 분구, 경계조정의 기준적용이 모호하고 명확하지 않다는 이유로 많은 비판을 받고 있는 것도 선거구획정과정에 있어서 지역주민의 공청회를 통한 절차적 정당성을 확보하지 못하고 정치적으로 여야간의 협상으로 처리되었기 때문이라고 할 수 있다.[48] 선거구획정에 있어서 인구기준 이외의 역사적 지리적 조건, 교통 등 비인구적 요소를 고려한 합리적 기준이 적용되기 위해서는 지역선거민의 의사가 최대한 반영될 수 있는 지역공청회절차가 전제되어야 하는 것이 중요하다. 이 점에서 전술한 영국의 선거구획정위원회의 지방공청회제도는 우리의 제도개선에 시사하는 바가 크다.

(3) 권역별 의원정수와 인구불균형 문제

국회의원 선거구획정에 있어서 제기되는 또 하나의 문제점은 영남, 충청, 호남 등 권역별로 볼 때 유권자의 투표가치가 차별적으로 나타나고 있다는 점이다. 즉 전국적으로는 각 선거구간 인구편차가 평균인구수 기준 상하 50%(최대

48) 제19대 총선의 선거구획정을 보면 선거획정위원회의 원안과 달리 남해군·하동군 선거구(104,342명)는 인구하한선을 초과하였지만 인접한 사천시선거구(133,145명)와 통합되었으며, 담양·곡성·구례군 선거구(133,831명)도 인구하한선을 넘겼으나 인접한 3개의 선거구로 각각 편입되었다. 반면 인구상한선을 초과한 원주시 선거구(320,329명)는 갑·을선거구로 분구하면서 이천시·여주 선거구(313,831명)는 분구하지 않았고 선거구획정위원회 원안의 분구대상인 용인시기흥구 선거구(367,700명)와 천안시을 선거구(317,285명)는 분구되지 않고 경계조정에 그쳤다. 김종갑, 앞의 보고서, 18~19면.

선거구와 최소선거구간 인구비율 3 : 1)의 허용범위 안에서 획정되지만, 권역별 인구불균형에 따른 유권자의 투표가치의 불평등이 심각한 문제로 제기될 수 있는 것이다. 권역별 선거구당 평균인구수를 보면 충청 215,087명, 영남 194,020명, 호남 169,266명으로 투표가치의 불평등이 나타나고 있으며 영호남지역보다 충청지역이 과소대표되고 있음을 알 수 있다.[49] 이와 같은 권역별 또는 시도별 선거구의 인구편차는 지역갈등의 문제를 더욱 조장할 우려가 있으므로 앞으로의 선거구획정에 있어서는 권역별 투표가치의 불평등 해소에 대한 고려도 필요하다고 본다. 권역간 또는 시도간의 인구편차가 3 : 1 내지 상하 50%의 허용한계를 넘지 않기 때문에 위헌성의 문제는 제기되지 않는다고 하더라도 과소대표되고 있는 지역의 의원정수와 선거구를 재조정하는 것이 국가균형발전의 관점에서도 필요하다고 할 것이다.[50]

(4) 기타의 개선방안

공직선거법은 선거구획정의 핵심적 기준이 되는 인구수의 산정기준일에 관한 명문 규정을 두고 있지 않고 단지 "최근 인구통계"(동법 제4조)에 의하도록 하고 있는 것이 문제로 지적되고 있다. 그리하여 매번 선거구획정의 인구기준일이 동일하지 않게 되고, 인구기준일의 여하에 따라 분구 또는 통합대상의 선거구분포가 달라질 수 있으므로 자의적인 선거구획정이 되지 않기 위해서는 인구기준일을 법정화하고 합리적인 기간을 설정하는 것이 필요하다.[51] 현행법은 선거구획정위원회의 보고서 제출기한을 선거일전 6개월로 하고 있으므로 인구기준산정일은 선거일전 1년 이내의 기간안에 충분한 보고서작성기간이 보장될 수 있도록 합리적으로 정해져야 할 것이다.

그 밖에 선거구획정의 주기와 관련하여 기존과 같이 매 4년마다 선거구획정을 할 것이 아니라 미국이나 캐나다가 채택하고 있는 매 10년 선거구 획정주

49) 권역간 선거구 인구편차는 −18%(호남)에서 +13%(경기)의 범위를 나타내고 있으며, 시도별로는 대전(+22%)이 가장 높고 전남(−23%)이 가장 낮고, 충남>영남>호남의 순으로 선거구 평균인구수의 차이를 보이고 있다. 김종갑, 앞의 보고서, 19~22면 참조.

50) 우리나라의 단원제 국회하에서 의원의 인구대표성과 지역대표성을 조화롭게 해결할 수 있는 선거구획정방안을 제시한 논문으로는 김형준·김도종, 국회의원 선거구획정의 제도개혁에 관한 연구, 대한정치학회보 제11집 제2호, 2003, 55~58면.

51) 김종갑, 앞의 보고서, 28면.

기를 채택하는 것이 지역구 의원의 대표성과 책임성을 높이기 위해서도 바람직하다고 본다.52)

Ⅲ. 선거구획정위원회의 법적 지위와 기능

1. 선거구획정기관의 정치적 중립성의 요청

선거구제는 오늘날 국민대표의 선출을 위한 기술적 방법을 의미하지만 그 선거구의 획정과 조정에 있어서 현직 의원들의 다수파에 의한 정략적이고 당파적 이익을 우선한 불합리하고 자의적인 선거구획정이 행해지는 위험성이 크며 그 결과 공정한 선거를 보장할 수 없게 되고 유권자의 평등한 선거권을 침해하게 되는 문제가 있으므로 선거구의 획정작업은 더 이상 입법권자인 의회의 전속적 권한으로 맡길 것이 아니라 실질적으로 중립적이고 제3자적인 기관에 의해 획정작업이 이루어지도록 하고 의회는 단순히 그것을 입법화하는 형식적 기능을 행사하도록 하는 방안이 현대의 민주적 선거제도에 있어서 중요한 과제로 부상하게 되었다. 그러나 현실적으로 선거구획정의 주체가 되는 중립적 기관의 구성방법이나 그 기관에 의한 선거구획정안의 효력 내지 기속력의 정도에 있어서는 각국의 제도는 동일하지 않으며 다양한 유형들이 존재하고 있다. 특히 우리의 선거구획정위원회의 위상과 기능강화를 위해서는 주요 국가의 선거구획정위원회제도에 관한 검토가 중요한 의미를 가진다. 우리의 현행 공직선거법상 선거구획정위원회제도(제24조)는 과거에 비해 정치적 중립성이 제고되었으나, 선거구획정위원회가 국회에 소속되어 있으며 국회의장이 교섭단체대표의원과 협의하여 위원을 구성함으로써 소수정당의 의사가 반영되기 어려우므로 엄격한 정치적 중립성을 확보한 것으로 보기 어려운 문제가 있다.53)

---

52) 김형준·김도종, 앞의 논문, 61면.

53) 국회의원선거구획정위원회, 『제19대 국회의원지역선거구 획정안 마련을 위한 공청회 자료집』(2011. 10. 14), 23~24, 40~41면

2. 각국의 선거구획정위원회제도 개관

(1) 미 국

미국의 경우 연방하원의원선거와 주의회 상하원선거에 관한 선거구획정은 각 주의회에 의해 실시된다. 그 절차는 기본적으로 주의 법률제정절차와 동일하며, 다만 각 주에 있어서 선거구획정에 관한 구체적인 절차와 시기에는 차이가 있으나 그 기본적 절차는 다음과 같이 일반화하여 요약할 수 있다. 우선 주의회내에 선거구획정을 위한 실무작업을 담당하는 소위원회 내지 그룹을 설치하여 당해 소위원회 내지 실무그룹은 공개청문회를 개최하거나 관계자의 의견을 청취하여 원안을 작성한다. 그렇게 작성되어 제출된 원안은 주의 상하양원의 심의를 거쳐 주의회를 통과한 선거구획정안은 주지사에 송부되어 주지사의 서명으로 확정된다.

그러나 현실에 있어서 선거구획정문제는 현역의원의 정치생명뿐만 아니라 정당이나 각종 단체의 정치적 영향력을 좌우하는 것이 되기 때문에 위의 절차는 원활하게 진행되지 못하는 경우가 적지 않다. 선거구를 재구획하는 것은 주의회의 합의와 주지사의 승인이 필요한 것이지만 주의회의 상하양원의 다수당이 다른 경우 합의도출이 어렵고, 주의회의 합의가 성립한 경우에도 주지사가 반대하여 거부권을 행사할 수 있으므로 주의회의 다수당과 주지사가 속한 정당이 다른 경우에는 때때로 거부권이 행사되기도 한다. 또한 선거구획정안이 주의회를 통과하고 주지사가 서명한 경우에도 모든 절차가 완료되는 것은 아니며 연방투표권법 제5조에 의해 알라바마, 알래스카, 아리조나, 캘리포니아, 플로리다 주 등을 포함한 16개주는 선거구획정안에 대해 연방법무성의 심사를 받아 승인되지 않으면 안 된다.[54] 이러한 주들에서는 과거 소수인종에 대한 심각한 정치적 차별이 있었기 때문에 선거구획정에 의해 소수인종의 대표선출이 침해되지 않도록 연방법무성에 의한 통제를 인정하는 것이다.

이러한 절차를 거쳐 선거구획정안은 발효되지만 마지막으로 선거구획정안에 대해서 선거인은 주민투표나 집행정지를 구하는 소송을 청구할 수 있다. 즉

54) 연방투표권법 제5조의 규정에 의한 16개주는 위의 5개주 이외에 조지아, 루이지아나, 미시간, 미시시피, 뉴햄프셔, 뉴욕, 노스캐롤라이나, 사우스캐롤라이나, 사우스다코타, 택사스, 버지니아주가 포함된다.

주의회를 통과하고 주지사가 승인한 선거구획정안에 대해 반대하는 유권자는 일정수의 서명을 얻어 주민투표를 청구할 수 있으며, 또한 선거구획정안의 내용의 부당성을 이유로 법원에 그 선거구획정의 실시를 정지시키는 소송을 청구할 수 있다. 이와 같이 선거구획정안은 주의회의 의결만이 아니라 주지사의 동의, 연방법무성의 승인, 주민투표나 집행정지소송을 거쳐 비로소 확정되는 매우 엄격한 절차를 두고 있음이 미국의 선거구획정절차의 특징이라 할 수 있다.

1990년 국세조사에 기초하여 1992년 각주에서 실시된 연방의회 하원의원 선거구 재구획의 경우를 보면 연방을 구성하는 50개주 중에서 알라스카, 델라웨어, 몬타나 등 7개주는 1의석만이 배정되어(1주 1선거구) 선거구획정이 필요없게 되었으며, 나머지 43개주에 있어서는 통상의 법률제정절차에 따라 선거구획정이 행해진 것이 30개주, 기본적으로 주법률제정절차에 따르면서 통상의 절차와 다른 방식을 채용한 주가 9개주, 그리고 초당파적 위원회 내지 제3자기관에 위임한 방식을 채택한 것이 4개주가 되었다. 초당파위원회 내지 제3자기관 방식을 채택한 주(하와이, 코네티컷, 아이오와, 와싱톤주) 중에서 코네티컷주(6의석)는 주의 상하양원의 양당의 지도자가 선임하는 8인위원회가 선거구획정안을 작성하는데, 일정기간 내에 선거구획정안을 작성하지 못하는 경우에는 같은 절차로 새로운 8인을 위원으로 선임하고 그 8인위원회가 1인을 추가로 선임하여 구성한 9인위원회에 의해 획정안을 작성한다. 8인위원회 또는 9인위원회에 의한 획정안이 의회를 통과하면 주지사는 거부권을 행사하지 못하도록 규정하고 있는 것이 특징이다. 아이오와주(5의석)는 주의회가 선임한 5인의 무당파의 위원으로 구성되는 제3자위원회가 선거구획정안을 작성한다. 주의회는 2회까지 이 위원회안을 거부할 수 있지만 3회째의 표결에서도 부결되면 주최고법원이 판단하게 된다. 와싱톤주(9의석)는 주상하양원의 양당지도자가 1인씩 4인을 선임하고 이렇게 선임된 4인위원이 나머지 1인을 위원장으로 선임한다. 주의회는 5인위원회안을 기본적으로 존중하고, 의원 3분의 2 이상의 찬성으로 부분적인 변경만이 가능하도록 하고 있다.[55]

그러나 이러한 초당파위원회에 의한 선거구획정도 완전한 중립적 기관에 의한 선거구획정방식으로 보기는 어렵고 주의회에 의한 개입의 여지가 남아있

55) 森脇俊雅, 전게서, 35~36면.

는 제도라고 할 수 있다.

(2) 영 국

영국은 미국의 선거구획정제도와 달리 중립적이고 제3자기관인 선거구획정위원회제도를 두고 있는 대표적인 국가이다. 영국의 선거구획정위원회(Boundary Commission)는 비교적 원활하고 안정적으로 선거구획정을 실시하고 있으며 각국의 선거구획정제도의 모델이 되고 있다고 할 수 있다. 선거구획정위원회는 1944년 의석재배분법(Redistribution of Seats Act)에 의해 성립되었으며 이 법률에 의해 잉글랜드, 스코틀랜드, 웨일즈, 북아일랜드에 각각 선거구획정위원회가 설치되고 각 선거구획정위원회는 영국의회의 하원의장을 위원장으로 하는 5인의 위원으로 구성된다. 위원은 호적장관, 측량장관, 내무장관 등에 의해 추천되는데 위원장인 하원의장은 명목적 지위만을 가지며 통상 고등법원 판사 중에서 임명되는 부위원장이 각 위원회의 실질적인 위원장 역할을 수행한다.

1944년 법률에 의거한 선거구획정위원회는 임기 5년의 상설위원회로서 선거구획정안을 작성하는 데에는 다음과 같은 원칙을 준수하도록 하였다. 즉 전체로서 591개 정도의 선거구를 기준으로 하여, 스코틀랜드는 71개 이상의 선거구, 웨일즈는 35개 이상의 선거구수를 유지하여야 하고, 선거구경계는 지방행정구역을 침해해서는 안 된다는 것이다. 그리고 각선거구의 선거인수는 전국평균선거인수(electoral quota)의 '25% 이내'의 정도로 하고, 지방행정구역은 평균인구수로부터 현저한 일탈을 피하기 위하여 필요한 경우에는 분리할 수 있으며, 선거구의 규모, 형상, 교통수단 등을 포함하는 특별한 지리적 조건이 있는 경우에는 위의 조건에서 벗어나는 것을 허용한다는 것 등이다.[56)]

선거구획정위원회의 임무는 관할하의 각선거구의 선거인수의 추이를 조사하고 선거구재구획안을 작성하여 내무장관에게 보고서를 제출하는 것이다. 내무장관은 이 보고서를 수리하여 의회에 제안한다. 획정위원회는 전적으로 권고기관이지만 내무장관은 위원회의 권고를 최대한 존중하고 있다. 실제로 내무장관이 획정위원회의 보고서를 수정하는 것이 허용되는 것은 그 보고서의 내용에

---

56) 여기서 각선거구 선거인수의 기준으로 '전국평균인구수 25% 이내'는 지나치게 엄격하다는 이유로 1946년법에 의해 폐지되고 "선거구 선거인수는 지방행정구역의 존중에 관한 원칙을 고려하면서 가능한 한 전국평균인구수에 근접하여야 한다"라고 변경되었다.

중대한 위법성이 있는 경우와 사소한 자구수정을 하는 정도로 한정되어 있다고 보는 것이 학계의 견해이다.[57)]

선거구획정의 구체적 절차는 우선 선거구획정위원회가 각선거구의 선거인수의 상황을 조사하고 선거구의 재편성에 관한 제1차안(First Proposal)을 작성하여 당해 선거구에 통지한다. 이에 대하여 당해 선거구에 소재하는 지방정부 또는 100인 이상의 선거인의 이의가 있을 때에는 지방공청회를 개최하여야 한다. 지방공청회의 개최는 미리 획정위원회에 의해 지방신문을 통해 일시, 장소 등이 공고되며 위원회의 원안에 대한 이견이나 대안이 있는 경우 공청회개최 전에 미리 의견을 제출하도록 요구받는다. 공청회에서의 여러 의견과 대안을 청취하여 획정위원회의 위원보(Assistant Commissioner)는 보고서를 작성하여 획정위원회에 제출하고 획정위원회는 이 보고서를 검토하여 수정안을 작성하여 당해 선거구에 통지한다. 이 수정안에 대해서도 당해 선거구의 의견을 들을 수 있지만 공청회를 다시 개최할 것인가는 획정위원회의 재량에 맡겨져 있다. 지방공청회는 재판적 형식과 절차로 운영되며 획정위원회는 공청회의 논의를 중시하고 공청회를 주재한 위원보의 의견도 존중한다. 그리하여 공청회를 거친 선거구획정 원안은 70−80% 정도가 수정되는 것이 일반적이다. 획정위원회는 선거구회획정의 원칙을 준수하면서도 선거구 주민의 의견을 수렴하고 반영한 수정안을 작성하는데 노력하기 때문이다.[58)]

영국의 선거구획정위원회제도에도 문제가 없는 것은 아니다. 위원회의 보

57) David Butler, The Redrawing of Parliamentary Boundaries in Britain, Pippa Norris, Ivor Crewe, David Buttler and David Broughton, eds., British Elections and Parties Yearbook, 1992, p.138.

58) 선거구획정안을 작성하는데 있어서 가장 중요한 판단기준은 선거구간 평등한 인구규모와 지리적 형상이라 할 수 있으나, 평등한 인구기준과 지리적 형상의 배려는 사실상 양립하기 어려운 문제가 되고 있다. 영국은 지형적으로 작은 섬들이 많기 때문에 지리적 위치를 무시한 채 기계적으로 선거인수를 기준으로 선거구를 획정하는 것은 어려운 문제이며, 스코틀랜드 북부의 산악지대는 인구감소가 진행되고 있기 때문에 이 경우에도 기계적으로 인구기준만으로 선거구를 획정하게 되면 매우 광대한 구역이 하나의 선거구에 포함되는 문제도 있게 된다. 획정위원회는 인구통계와 지도를 자료로 하여 외부의 압력과 요구에 좌우되지 않기 위해 '테이블 위에서의 작업'에만 한정하게 되면 선거구의 지역감정과 주민의식 등을 무시한 획정안이라는 비판을 받게 되므로 공청회절차를 통해 지역의 의견을 충분히 취합하여 원만한 해결이 되도록 노력한다는 점에서 공청회절차는 매우 중요한 의미를 가진다. 森脇俊雅, 전게서, 110~111면.

고서가 의회에 제출되어 통과하는데 수년간 지체되기도 하며, 위원회보고서를 당리당략에 의해 내무장관이 의회에 상정하지 않는 경우도 드물게 있다. 영국 4개 지역 중 잉글랜드의 의석수는 인구수에 비해 과소대표되는 문제가 있으며, 선거구수가 지속적으로 증가하여 1950년 625개이었던 것이 1995년에는 659개로 늘어났다. 의회는 의석수의 증가를 위한 획정위원회의 재량권행사를 폭넓게 인정하고 있는 것도 문제라 할 수 있다.[59]

(3) 캐나다

캐나다의 경우 의원정수배분과 선거구획정제도는 영국의 영향을 크게 받고 있지만 캐나다의 고유한 역사적 지리적 자연적 조건에 의해 의원정수배분과 선거구획정의 전개과정은 매우 어려운 문제점들을 노정하여 온 것이 특징이다. 1867년 연방국가로 탄생된 캐나다는 각주의 독립성과 지역주의가 강하고 광대한 영토 중에서 인구가 집중된 남부의 일정지역과 인구수가 아주 적은 넓은 북부의 양방에 타당한 선거구획정기준을 설정하는 것은 매우 어려운 과제로 존재해 왔다. 1867년 헌법은 10년마다의 국세조사에 기초한 의원정수배분과 선거구획정을 실시하도록 규정하고 연방하원의 구성은 각주의 인구비례에 따라 각주에 의석이 배분되도록 하였다. 그러나 정기적인 국세조사에 의한 의석재배분은 인구밀도가 적은 주들에게는 불만을 사게 되었고, 1951년의 국세조사의 결과 각주의 인구변동에 따른 의석재배분으로 3개 주의 경우에는 연방하원의석수가 감소하게 됨에 따라 '15% 조항'을 규정하여 어느 주도 인구변동에 따른 의석배분에 있어서 각주에 할당된 의석수의 15%이상 감원되지 않도록 하였다.

캐나다에 있어서 정기적인 의원정수배분에 의한 선거구의 재구획은 1951년까지는 연방하원 스스로 의회내에 위원회를 설치하여 실시하여 왔으나 그러한 의회 자체의 선거구획정은 당리당략에 좌우되고 게리맨더링이 횡행하게 됨에 따라 그와 같은 선거구획정에 대한 비판은 독립적 제3자기관에 의한 선거구획정을 요구하게 되었다. 그 결과 1964년에 각주에 연방하원 선거구획정위원회를 설치하게 되었으며, 이 획정위원회는 3인의 위원으로 구성되는데 위원장 1인은 판사 중에서 임명되고, 나머지 2인은 여당과 야당 제1당의 추천으로 각각

59) David Butler, op. cit., pp.7~10; Robert Blackburn, The Electoral System in Britain, 1995, p.116, 134.

임명되도록 하였다. 그러나 이러한 정당추천방식은 군소정당의 강한 반대에 부딪쳐 2인의 위원은 하원의장이 추천하는 자로 구성하도록 변경되었으며 실제로는 각 정당간의 합의로 선출되는 것이 관행으로 되어 있다.[60]

캐나다의 선거구획정위원회(Electoral Boundary Commission)는 영국의 제도와 마찬가지로 공청회를 통해 선거인의 의사를 반영하는 기회를 갖도록 하고 있다. 획정위원회는 공청회에서 표명된 획정위원회의 원안에 대한 의견이나 이의를 받아들여 원안을 수정할 수 있으며, 공청회를 거쳐 작성된 최종보고서는 연방선거관리위원장에게 제출된다. 선거구획정위원회의 획정작업에 있어서 주요한 규준이 되는 인구평등의 원칙은 비교적 엄격히 적용되고 있다. 캐나다의 자연적·지형적 조건을 고려하더라도 선거구평균인수로부터 일정한도의 일탈만을 허용하고 있으며, 원칙적으로 25%의 범위 내에서 인구편차를 허용하고 있다.

(4) 독 일

독일은 1956년 연방선거법 개정에 의해 선거구획정을 규정하게 되었다. 각 주는 연방의회의원의 선출에 소선거구제를 채택하고 있으며 선거구의 획정에 관하여 상설기구인 선거구획정위원회(Wahlkreiskommission)가 설치되어 있다. 상설위원회로 설치된다는 것은 선거구획정위원회가 의회의 각 입법기마다 의원의 임기동안 존재하여야 한다는 것과 의회의 선거구획정을 지속적으로 감시하여야 한다는 법적 임무를 수행한다는 의미를 가진다. 이 위원회는 연방통계국장관, 연방행정재판소 재판관 등 7인으로 구성되어 선거구의 인구변동을 조사하고 보고서를 정부에 제출하도록 되어 있다. 선거구획정위원회는 연방의회의 입법기 개시로부터 1년 6개월 이내에 보고서를 연방내무장관에게 제출하며 연방내무장관은 지체 없이 이 보고서를 연방의회에 송부하고 관보에 공표한다.

선거구획정위원회 보고서의 내용은 연방의회의 선거구획정에 관한 법률안 제출을 위한 예비적 작업이며 본질적 기반이 된다. 다만 선거구획정위원회의 보고서를 수정하여 법률안으로 제출하거나 또는 수정 없이 법률안으로 제출하

60) 캐나다의 연방의회 선거구획정제도에 관한 상세한 것은 Elections Canada, Representation in the Federal Parliament, 1993; R. K. Carty, The Electoral Boundary Revolution in Canada, American Review of Canadian Studies, Vol.. No. 3, 1985, pp.237~287.

는 것은 전적으로 법률안제출권을 갖는 기관에 의해 결정된다.[61] 이처럼 독일의 경우 상설기구로 전문성 있는 선거구획정위원회가 구성되어 있지만 그 위원회의 보고서가 연방의회에 대한 법적 기속력을 행사하지 않는 것이 특징이다. 이는 연방선거법에 선거구획정의 핵심적 기준(인구편차허용범위)에 관한 명문규정을 두고 있기 때문이라고 할 수 있다. 선거구획정위원회의 보고서가 수정되어 법안으로 제출되더라도 법률에 의한 획정기준을 준수하여야 하기 때문에 자의적인 선거구획정안이 의회를 통과하기 어렵기 때문에 획정위원회의 보고서제출이 형식적 성격을 갖는 것이라 하더라도 문제가 크게 되지 않음을 알 수 있다.[62]

(5) 소 결

미국의 선거구획정에 관한 제도는 기본적으로 정치의 장(場)인 주의회를 중심으로 주의 입법절차와 마찬가지 방법으로 행해지고 있는 것이 특징이며, 일부 소수의 주에서만 중립적 제3자기관에 의한 선거구획정이 실시되고 있음을 볼 수 있다. 제3자기관에 의한 선거구획정의 경우 위원회의 획정안은 사실상 구속력을 가지며 주의회는 위원회의 획정안을 존중하도록 제도적 장치를 두고 있다. 영국과 캐나다는 중립적 제3자기관에 의한 선거구획정위원회를 일정한 임기를 가진 상설기구로 채택하고 있는 것이 특징이다. 특히 선거구획정절차에 있어서 위원회의 원안에 대한 당해 선거구의 공청회를 통해 지역선거민의 의견과 대안을 청취하여 수정안으로써 최종 선거구획정이 이루어지는 것이 일반적이다. 독일도 중립적 전문가로 구성된 상설기구로서 선거구획정위원회를 두고 있는 것이 영국이나 캐나다와 유사하다. 요컨대 주요 민주국가의 선거구획정은 공정한 선거제도확립을 위해 중립적 제3자기관에 의한 선거구획정위원회를 상설기구로 설치하고 있다는 것이 일반적 특징이라 할 수 있으며, 특히 이러한 획정위원회의 활동에는 선거구획정의 원칙이 준수되지만 동시에 당해 선거구의

---

61) Wolfgang Schreiber, Handbuch des Wahlrechts zum Deutschen Bundestag, Band I, Kommentar zum Bundeswahlgesetz, 1980, S. 133; 渡辺重範 編,『選擧と議席配分の制度, 成文堂, 1989, 144~147면.

62) 이 점에서 우리나라의 선거구획정위원회의 권고안에 대한 기속력확보방안으로 생각할 수 있는 것이 독일의 경우처럼 공직선거법에 선거구획정기준으로서 인구편차의 허용한도를 구체적으로 명문화하는 것이다.

지역공청회를 개최하여 지역주민의 의사를 최대한 수렴하여 반영한다는 점을 주목할 필요가 있다.

3. 현행법상 선거구획정위원회의 법적 지위와 기능

(1) 선거구획정위원회의 구성

현행 공직선거법에 의하면 국회의원선거구획정위원회는 국회의장이 교섭단체대표의원과 협의하여 11인 이내의 위원으로 구성하되, 학계·법조계·언론계·시민단체 및 선거관리위원회가 추천하는 자 중에서 위촉하여야 한다고 규정하고(동법 제24조 제2항), 국회의원과 지방의회의원 및 정당의 당원은 국회의원선거구획정위원회 및 자치구·시·군의회선거구획정위원회의 위원이 될 수 없다고 규정하고 있다(동법 제24조 제4항). 이러한 선거구획정위원회의 구성은 2004년 공직선거법개정을 통해 이루어진 것으로 현직의원과 당원 등 정치인을 배제시킴으로써 위원회의 중립성과 독립성 확보를 기대할 수 있게 되었다는 점에서 긍정적으로 평가될 수 있다.

제19대 국회의원 선거구획정위원회 구성을 보면 국회의장 추천 2인, 한나라당 추천 4인, 민주당 추천 4인, 중앙선관위 추천 1인을 포함한 11인 위원으로 구성되어 있어서 당파적 편향성을 벗어나 어느 정도 정치적 중립성을 기대할 수 있다고 볼 수 있으나, 국회의장이 집권여당에서 추천되는 점을 감안하면 전체 11인의 위원 중에서 과반수인 6인이 사실상 여당으로부터 추천된다는 것을 의미하게 되므로 정치적 중립성의 관점에서 문제가 없지 않다고 본다.[63] 따라서 선거구획정위원회의 구성은 국회의장이 국회교섭단체대표와의 협의를 거쳐 구성하는 것보다는 교섭단체를 구성하지 못한 소수정당에게도 참여의 가능성을 보장해주는 것이 바람직하며 국회의장의 추천권은 배제하는 것이 타당하다고 본다. 그리고 선거구획정위원회를 국회소속 하에 둘 것이 아니라 중앙선거관리위원회 안에 독립적 기구로 설치하는 것이 바람직하다고 할 것이다.

또한 우리의 선거구획정위원회는 상설기구로 설치되는 것이 아니고 일시적인 위원회이며 선거일을 앞두고 급조된 탓으로 활동기간이 짧고 촉박하여 획정안을 졸속으로 처리하는 경향이 지적되고 있으므로 영국이나 캐나다 등의 경

63) 국회의원선거구획정위원회, 앞의 공청회자료집, 23면.

우처럼 상설위원회로 구성되는 것이 요구된다. 선거구획정위원회가 상설기구로 운영되면 시간의 구애를 받지 않고 자율적으로 활동할 수 있으며 충분한 자료 검토와 심도있는 논의가 이루어질 수 있어서 위원회의 위상과 권한을 강화할 수 있다.64)

(2) 선거구획정위원회의 법적 성격과 기능

가. 중립적 제3자기관성 여부

선거구획정위원회의 법적 성격에 관하여 영국 등과 같은 중립적인 제3자기관의 지위를 인정할 수 있는가가 문제된다. 헌법재판소는 선거구획정위원회의 법적 성격에 관하여 '국회내부의 비상설회의체기관'으로 봄이 상당하다고 판시한 바 있다. 즉 선거구획정위원회는 국회내부기관이므로 획정위원회의 선거구획정안 제출행위는 국회의 기관내부의 행위에 불과하다고 보고 있다.65) 그러나 이 헌법재판소 결정 당시의 헌법소원심판의 대상이었던 공직선거법은 2004년 개정법률 이전의 구 법률 규정으로서 구 공직선거법과 국회규칙에 의한 선거구획정위원회의 구성은 9인으로 하고 그중 4인은 국회의장이 각 교섭단체대표의원과 합의하여 선임하는 국회의원 4인과 같은 방식으로 위촉하는 국회의원 외의 자 5인으로 구성하도록 되어 있었다. 따라서 당시의 선거구획정위원회는 4인의 국회의원이 포함되고 나머지 5인도 각 교섭단체의 합의만으로 학계나 시민단체 등의 추천 없이 국회의장이 위촉하였기 때문에66) 그것은 국회내부기관의 성격을 가지는 것으로 보는 것이 타당하다. 그러나 2004년 개정법률에 의한 선거구획정위원회의 구성은 그 이전과 달리 중립성과 독립성을 확보하기 위하여 국회의원을 전부 배제하고 또한 학계·법조계·시민단체 등에서 추천하는 자 중에서 위촉하는 것으로 변경되었으므로 그 법적 성격을 국회내부기관으로 보기는 어렵다고 할 수 있다. 획정위원회 위원이 국회의장에 의해 위촉된다는 점에서 국회와의 관련성을 전혀 배제할 수 없지만 국회의원이나 정치적 인물이 아닌 자들 중에서 전문성을 가진 인사들로 위원회를 구성하기 때문에 그 위원

64) 김종갑, 앞의 보고서, 29면.

65) 헌재 2004. 2. 26. 2003헌마285, 판례집 16－1, 327, 335.

66) 구 공직선거법(1994. 3. 16. 법률 제4739호로 제정된 것) 제24조 및 선거구획정위원회구성 및운영등에관한규칙 제3조 참조.

회는 국회내부기관이 아니라 중립성과 독립성을 가진 제3자기관으로 보는 것이 타당하다고 본다. 다만 앞에서 언급한 바와 같이 위원회의 중립성을 제고하기 위해서는 국회의장의 위원 2인 추천권 및 국회의장과 국회교섭단체와의 협의로 위원을 추천하는 현행 방식은 재고되어야 할 것이다.

나. 선거구획정위원회의 기능과 그 한계

선거구획정위원회의 기능 내지 권한과 관련하여 공직선거법은 선거구획정위원회가 동법에 규정된 기준에 따라 선거구획정안을 마련하면 그 보고서를 "국회의원선거일 전 6개월까지" 국회의장에게 제출하도록 하고(동법 제24조 제7항), 국회가 국회의원지역선거구에 관한 규정을 개정할 때에는 "선거구획정위원회의 선거구획정안을 존중하여야 한다"라고 규정하고 있다(동법 제24조 제10항). 여기서 국회는 선거구획정위원회의 획정안을 "존중하여야 한다"라고 규정하고 있는 것에 대해서는 그 실효성의 확보라는 관점에서 의문이 제기된다. 즉 선거구획정위원회의 획정안의 효력이 국회에 대한 '기속력'을 갖지 못하기 때문에 국회가 선거구획정위원회의 획정안을 존중하지 않고 국회 스스로 새로운 획정안을 만들어 통과시키는 경우 중립적인 선거구획정위원회의 기능은 전혀 발휘되지 못하게 되고 자의적이고 정략적인 선거구획정이 확정되는 문제가 있게 된다.[67] 선거구획정위원회의 원안이 단순히 '권고안'에 그치게 되고 정치적 타협에 의해 그 원안이 변경될 소지가 다분히 있으므로 선거구획정위원회의 구성에 중립성이 보장된다 하더라도 그 의미는 크게 축소될 수밖에 없다.[68]

선거구획정위원회가 공정하고 중립적인 입장에서 선거구획정작업을 수행하기 위해 국회로부터 독립된 제3자기관의 지위를 가지도록 했음에도 불구하고 그 선거구획정안이 단지 국회에 대한 형식적 권고안에 그치고 법적 기속력을 갖지 못한다는 점에서 획정위원회의 기능상의 한계가 인정된다.

획정위원회의 획정안이 국회에 대한 구속력을 가지고 그 원안대로 입법이 행해지도록 하면 그것은 국회의 입법권을 침해하게 되는 문제가 제기될 수 있으므로 공직선거법 제24조 제10항은 단지 권고적 효력만을 인정하고 있다고 할

67) 헌법재판소도 공직선거법상 선거구획정위원회의 획정안은 국회를 기속하는 것이 아니라고 판시하였다. 헌재 2004. 2. 26. 2003헌마285. 판례집 16-1, 327, 335.

68) 김종갑, 앞의 보고서, 24면.

수 있다. 그러나 현실적으로 위원회의 권고안이 존중되지 않고 매번 무시 내지 경시되는 경우에는 획정위원회의 존립근거가 부정되는 것과 다름없다고 할 것이므로 여기에 국회의 입법권과 선거구획정위원회의 기능·권한을 어떻게 조화적으로 실현할 것인가가 선거구획정위원회제도의 핵심적 과제라 아니할 수 없다. 생각건대 선거구획정위원회의 획정안의 효력으로 국회에 대한 기속력을 인정하게 되면 그것은 국회의 입법권의 제한을 의미하게 되지만, 국회입법권의 행사에도 합헌성의 원칙이나 입법재량의 기속성 등에 의한 일정한 한계가 있으므로 헌법상 공정한 선거제도와 평등선거원칙의 확보를 위하여 입법권의 행사에 제약을 가하는 것은 정당화된다고 할 수 있다.

4. 선거구획정위원회 획정안의 효력 확보방안

(1) 선거구획정위원회의 상설기구화

전술한 바와 같이 우리의 선거구획정위원회는 상설기구가 아니라 선거때마다 일시적으로 운영되는 것이므로 선거구획정에 관한 충분하고도 신중한 관련자료와 정보의 조사·검토, 선거구주민의 의견수렴을 위한 공청회활동 등을 통한 합리적인 선거구획정안을 작성하는 것이 곤란하다고 할 수 있다. 선거구획정위원회의 원안이 실질적인 권고안으로서 국회를 사실상 기속하기 위해서는 획정위원회의 구성이 중립적인 제3자기관으로 설치되어야 할 뿐만 아니라 그 위원회가 영국, 독일 등과 같이 성설기구로 운용되어야 하는 것이 필요하다. 독일의 예처럼 국회의원의 임기 개시에 맞춰 4년 임기의 상설위원회를 구성하며 보고서제출도 위원회구성 후 1년 6개월 내지 2년 이내에 제출하도록 하는 것이 바람직하다고 본다.

(2) 국회에 대한 기속력 확보방안

현행 공직선거법 제24조 제10항은 국회는 선거구획정위회의 획정안을 "존중하여야 한다"라고 규정하고 있어서 위원회 획정안의 구속력 확보방안이 문제이다. 첫째는 현행 규정하에서 위원회의 획정안을 실제로 국회가 존중하고 국회가 원안대로 통과시키는 사실상의 기속력에 대한 정치적 관행을 확보하는 것이다. 다만 여기서 국회가 획정안에 사실상 기속되기 위한 전제조건으로 획정안이 국회에 제출되기 전에 선거구획정의 기준과 원칙에 대한 국민적 공감대가 형성되고, 영국의 경우처럼 선거구주민의 의견수렴을 위한 실질적인 공청회절차가 확보되어야 한다. 그러나 획정위원회의 원안이 국회를 사실상 기속하는 정치적 관행의 확립은 한국의 정치문화적 현실에서는 기대하기가 쉽지 않다고 본다. 따라서 위원회의 획정안이 사실상 구속력을 갖기 위해서는 독일의 경우처럼 선거구획정의 핵심적 기준으로서 인구편차의 허용범위에 관한 구체적 규정을 공직선거법에 명문화하는 것이 중요하다고 본다.

둘째는 획정위원회의 원안에 대해 국회의 수정이 불가피하다고 판단되어 원안에 대한 수정의결을 허용하는 경우에도 위원회 원안의 핵심적 내용은 수정할 수 없도록 하고 그 밖의 부분적인 수정만을 인정하여 국회의 입법권과 획정위원회의 권고안을 상호 존중하는 방안을 생각할 수 있다. 그리고 국회의 수정의결을 억제할 수 있는 방안으로 국회법을 개정하여 획정안에 대한 특별정족수의결 및 수정동의의 요건강화를 규정하는 것을 고려할 수 있다.[69] 이러한 방식은 미국의 몇몇 주에서 채택하고 있는 중립적 선거구획정위원회제도가 참고될 수 있다.[70] 선거구획정의 개선방안의 논의 중에는 선거구획정위원회의 획정안에 대하여 국회가 수정의결할 수 없도록 공직선거법을 개정하여야 한다는 주장[71]이 있으나, 이는 국회의 입법형성의 자유를 지나치게 제한하게 되는 문제가 있다고 본다.

셋째는 획정위원회의 원안을 국회가 무시하고 여야간의 협상으로 정략적이고 자의적인 선거구획정안이 통과되는 것을 막기 위해 대통령의 법률안거부권을 활용하는 방법이 있다. 미국의 사례에서 본 바와 같이 연방하원의원 선거구획정에 관한 연방입법은 대통령의 거부권행사를 통해 통제될 수 있는 것이므

69) 헌법 제49조는 국회의 의사절차에 관한 다수결원리를 규정하여 “국회는 헌법 또는 법률에 특별한 규정이 없는 한 재적의원 과반수의 출석과 출석의원 과반수의 찬성으로 의결한다”라고 하고 있으므로 국회법상의 의결정족수규정(제109조)에 이를 반영하고 국회의 수정동의요건(제95조)을 강화하는 국회법개정을 고려할 수 있다.

70) 예컨대 미국의 코네티컷주의 경우 중립적 선거구획정위원회의 안이 주의회를 통과하면 주지사는 거부권을 행사하지 못하며, 아이오와주의 경우는 획정위원회안을 주의회는 2회까지 거부할 수 있으며 3회째 부결되면 주최고법원이 개입하여 판단한다. 와싱톤주는 선거구획정위원회안을 기본적으로 존중하고 주의회의원 3분의 2 이상의 찬성으로 획정위원회안에 대한 부분적인 변경만을 허용하고 있다.

71) 김래영, 개정 공직선거법의 문제점과 개선방안, 공법학연구 제13권 제2호, 2012, 18면.

로 우리의 대통령제 하에서도 국회의 자의적 입법안에 대해서는 대통령의 거부권이 적극적으로 행사되어야 하는 것이 요구된다. 즉 선거구획정위원회의 원안을 존중하지 않는 국회의 법안처리에 대해서는 원칙적으로 대통령의 거부권이 행사된다는 헌법적 관행을 확립해 가는 것이 필요하다고 본다.[72] 반면에 획정위원회안을 존중하여 통과된 법안에 대해 대통령이 거부권을 행사하는 것도 자제되어야 하는 것은 위의 경우와 마찬가지로 중요하다고 본다.

Ⅳ. 선거구획정과 국회의원 정수 문제

1. 국회의원정수에 관한 헌법과 법률규정

우리 헌법은 제41조 제2항에 "국회의원의 정수는 법률로써 정하되, 200인 이상으로 한다"라고 하여 구체적인 의원정수는 법률사항으로 위임하고 있다. 그리하여 공직선거법은 의원정수를 299인으로 규정해 왔으나, 이번에 19대 총선을 위한 공직선거법개정(2012. 2. 29. 공포·발효)으로 300인으로 개정되었다. 의원정수 299인은 1988년 제13대 국회 때부터 정해져 왔으며, 제16대 국회(의원정수 273인)를 제외하고는 제18대 국회에 이르기까지 그대로 유지되어 왔으나 이번에 의석 1석이 증설된 것이다. 헌정사에 있어서 1948년 건국헌법은 국회의원정수에 관한 규정을 두지 않았으며, 1962년 제5차 개정헌법(제3공화국헌법)에 최초로 의원정수에 관한 규정을 두어 "국회의원의 수는 150인 이상 200인 이하의 범위에서 법률로 정한다"(제36조 제2항)고 규정하였다. 그 후 1969년 제6차 개정헌법에서는 동조항을 "국회의원 수는 150인 이상 250인 이하의 범위 안에서 법률로 정한다"라고 규정하여 의원정수의 상한선을 50인 확대하였다. 1972년 유신헌법에서는 국회의원 정수에 관한 규정을 삭제하였으며, 1980년 헌법(제77조 제2항)에 와서 현행 헌법상의 의원정수에 관한 규정과 동일한 규정을 두게 된 것이다.

헌법과 법률에 근거한 역대 국회의원의 정수는 제헌국회 200인, 제2대 국

72) 그러나 대통령의 법률안거부권은 법률안의 내용적 위헌성을 전제로 하지 않고 대통령의 정치적 판단과 의지에 따라 행사될 수 있는 것이지만 현실적으로 여당의 태도와 달리 중립적 입장에서 거부권을 행사하기는 용이하지 않을 것이다.

회 210인으로 구성되어 서서히 증가 주체를 보이다가 제6대 국회와 제7대 국회에서는 의원정수가 오히려 감소되어 175인으로 줄었다가 다시 제8대 국회부터 증가하여 제11대와 제12대 국회에서는 276인으로 늘어났으며 제13대 국회부터 299인으로 증원되었다.[73)]

2. 국회의원 정수 300인의 위헌성여부에 관한 논의

현행 헌법의 국회의원 정수에 관한 규정은 “법률로써 정하되, 200인 이상으로 한다”라고 하여 의원정수의 하한선 200인만을 규정하고 있는 것이 특징이다. 이러한 규정은 1980년 헌법의 국회의원정수규정을 그대로 계승한 것이고 그동안 이 헌법규정에 따라 법률은 의원정수를 300인 미만으로 규정해 왔다. 이 점에서 국회의원 숫자는 299명이 마지노선이라는 것이 일반적 인식이며 헌법상 200명 이상의 의미는 300명 이상 무한대로 증원할 수 있다는 의미보다는 ‘200명대’를 의미한다고 보아야 한다는 견해도 있다.[74)] 그러나 이 헌법규정에 근거하여 현실적으로 300인 이상이 되지 않는 한도에서 법률에 의원정수를 규정해 온 것이 헌법규범의 해석에 근거한 것이라고 할 수 없으며, 그것은 정치권에서의 묵시적 합의에 바탕을 둔 것이거나 국민의 국회의원 정수 증원에 대한 부정적 시각을 반영한 것이라고 이해할 수 있다. 따라서 역대 선거구획정위원회가 선거구의 재구획과 관련하여 비례대표의석을 줄이는 한이 있어도 의석수 300인을 넘지 않는 한도에서 선거구를 조정해온 것이 의원정수에 관한 헌법해석의 관행에 의한 것이라고 보기 어렵다. 그러므로 현행 헌법 제41조 제2항의 문언해석상 의원정수를 300인 또는 그 이상으로 법률에 규정하더라도 위헌이라고 할 수 없다.[75)]

생각건대 헌법은 국회의원의 정수에 관하여 하한선만을 정하고 국회의 규모에 관한 구체적인 내용은 국회의 입법형성권에 위임하고 있으며, 그 입법형

73) 김선화, 국회의원 정수의 적정성과 위헌논쟁, 국회입법조사처 『이슈와 논점』 제391호(2012. 2. 24), 2면.

74) 성낙인, 앞의 논문, 65면.

75) 국회의원 정수를 300인으로 증원한 것에 대해서는 “위헌논의는 쉽지 않지만 국회구성권을 가진 국민들의 공감대적 동의가 필요한 문제이며, 우리의 고유한 헌법사적 배경에서는 이 증원을 간과할 수 없다”는 비판적 견해가 있다. 조소영, 국호의원 정수에 관한 헌법적 고찰, 공법학연구 제13권 제2호, 2012, 44면 이하.

성권의 한계는 200인 미만으로 국회를 구성해서는 안 된다는 것으로 해석할 수 있다. 또한 헌법의 개방성이라는 특성상 국회의원의 정수를 200인 이상으로 한다는 규정은 미래의 정치상황에 따라 국회의 규모를 확대해 나갈 수 있도록 탄력적으로 헌법을 적용할 수 있게 규정한 것으로 이해할 수 있다.[76] 이러한 규정이 처음 채택된 1980년 헌법의 개헌논의에 관한 국회의 심의과정에서도 의원정수의 상한에 대해여는 의도적으로 제한을 두지 않은 것을 알 수 있다.[77] 다만 입법자의 자의적 헌법해석과 입법재량권의 남용을 막기 위해서는 의원정수의 상한선을 헌법에 명문화하는 것이 필요하다고 볼 수도 있겠으나, 다른 한편 의원정수의 상한선 제시는 오히려 상한선에 이르기까지 의원정수를 쉽게 증원해 나가는 문제가 나타날 수 있으므로 신중을 기해야 할 것으로 보인다. 따라서 앞으로 헌법개정이 현실화되는 경우에는 국회의원정수에 관한 문제는 헌법규범의 개방성과 현실적응성을 확보하면서 탄력적으로 적용될 수 있도록 현행의 규정방식처럼 하한선만을 규정하는 것이 바람직할 것이다.

국회의원 정수의 위헌성 문제는 별론으로 하고, 한국의 국회의원의 적정수에 관한 논의에도 다양한 견해가 있을 수 있으나,[78] 미국이나 일본의 인구대비 의원정수와 비교할 때 우리의 의원정수 300인은 결코 적지 않다고 본다. 미국의 경우 하원의원 435명이나 일본의 중의원(하원) 의원 300인과 비교할 때 우리의 의원정수는 인구대비를 기준으로 할 때 상대적으로 많다고 할 수 있다. 미국과 일본은 양원제 국가이므로 양원의원 총수를 기준으로 우리의 단원제 국회의원수와 단순 비교하는 것은 타당하지 않다고 본다. 우리나라의 의회주의의 현실

76) 1980년 헌법개정논의에 관한 법제처의 '헌법연구반보고서'에 의하면 당시 국회의원정수에 관한 국회의 개헌논의에 있어서 공화당안은 200인 이상 300인 이하의 범위안에서 법률에 위임하는 것이었고, 신민당안은 의원정수를 단순히 법률에 위임하는 것이었다. 그리고 의원정수를 헌법에 규정할 것인가에 관하여 "의원정수를 헌법에 규정하는 경우 정당의 당리당략에 이용될 우려가 없는 것이 장점이며, 단점으로는 국회의원정수의 변경이 필요하게 될 경우 헌법을 개정해야 한다는 것"이라고 하고, "의원정수를 법률에 위임하는 경우는 인구증가나 시대적 요청에 용이하게 부응할 수 있는 장점이 있고, 정당의 당리당략에 이용되어 의원정수가 정해지기 쉬운 단점이 있다"고 기술하고 있다. 법제처, 『헌법연구반 보고서』, 1980, 264면.

77) 김선화, 앞의 보고서, 3~4면.

78) 우리나라의 의원정수는 미국과 일본을 제외하고는 디른 민주주의 국가와 비교할 대 상당히 작은 규모라는 연구결과도 있다. 강원택, 국회의원 선거제도의 개혁: 의원정수 및 선거구획정문제를 중심으로, 국가전략 제8권 제3호, 2002, 135~138면.

과 국회의 기능에 대한 국민의 부정적 시각과 정서에 비추어 의원정수를 늘려 나가는 것은 국민의 정치적 의사에 반하게 되는 것이므로 신중을 기해야 할 것이다.

V. 맺음말

선거제도의 기본요소로서 선거구제도는 선거구획정을 핵심적 내용으로 하며 선거구획정은 오늘날 주요한 헌법문제로 인식되고 있다. 일반적으로 소선거구제 다수대표제를 채택하고 있는 각국의 국회의원선거제도에 있어서 선거구획정은 선거구간의 인구규모의 평등을 우선적 기준으로 삼고 있다. 선거구간 인구불균형의 선거구획정은 결과적으로 선거구 유권자의 투표가치의 불평등을 초래하고 그것은 헌법상의 평등선거의 원칙에 위배되거나 투표권행사의 평등을 침해하는 위헌문제를 제기하기 때문이다.

그러나 선거구획정은 인구기준만으로 획일적이고 기계적으로 이루어지기 어렵고 행정구역이나 지리적 조건, 교통, 선거구민의 의식 등 비인구적 요소를 고려하지 않을 수 없으므로 선거구간의 인구편차를 허용하지 않을 수 없다. 미국의 경우는 인구편차의 허용범위를 최소화하고 거의 절대적인 수적 평등을 요구하고 있으나, 독일을 비롯한 많은 국가에서 인구편차의 허용범위를 평균인구수 기준 상하 25%로 하고 있으며, 일본도 1990년대부터 33 1/3%를 규정하고 있다. 이러한 인구편차의 허용범위에 관한 추세를 보면 우리의 인구편차의 합헌성기준으로 '상하 50%'의 인구편차나 '3 : 1'의 인구비율 기준은 '33 1/3%'나 '2 : 1' 이하로 축소되어야 하며, 입법론적 개선방안으로는 독일의 경우처럼 공직선거법에 인구편차의 허용한계를 명문화하는 것이 필요하다고 본다.

선거구획정위원회의 구성에 있어서도 주요국가의 사례에서 본 바와 같이 상설기구화하는 것이 필요하며 정치적 중립성확보를 보다 더 강화할 수 있는 방안을 검토해야 할 것이다. 우리의 선거구획정위원회제도는 획정위원회가 작성한 원안이 국회의 입법과정에서 존중되지 못하고 단지 권고안에 그치게 되어 중립적 기구로서 획정위원회가 실질적 기능을 수행하지 못하고 있다는 데에 문제가 있다. 획정위원회의 원안이 입법과정에서 존중되고 사실상의 기속력을 갖도록 하기 위해서는 전문성과 중립성을 확보한 상설기구로서의 활동이 보장되어야 하고 선거구 주민의 의사가 반영될 수 있는 공청회절차가 보장되어야 할 뿐만 아니라 국회가 위원회획정안을 존중하고 원안대로 처리하는 정치적 관행을 확립해 나가는 것이 필요하다. 즉 선거구획정위원회의 실질적 입법기능과 국회의 형식적 입법기능을 선거구획정절차에서의 관행으로 형성해가는 것을 고려할 수 있다. 전술한 바와 같이 선거구획정의 핵심적 기준이 되는 인구편차의 허용범위를 법률로 직접 규정하게 되면 국회는 위원회획정안에 사실상 기속되는 결과를 가져오게 되며 국회의 획정안에 대한 수정은 부분적이고 사소한 내용에 한정될 수밖에 없을 것이다.

끝으로 선거구획정과 관련된 국회의원정수의 증원은 현행헌법의 해석상 위헌문제를 제기하는 것은 아니라 할 수 있으나, 국회의원의 적정수 문제는 국민의 국회에 대한 의식이나 감정, 총인구수 대비 의석수의 비율 등에 근거해서 판단해야 할 뿐만 아니라 향후 통일헌법시대의 국회의 구성을 고려하여 현시점에서의 의원정수 증설은 자제되어야 할 것이다.

〈본 장의 글은 『공법학연구』 제13권 제3호(2012. 8) 117~154면에 게재된 논문임〉

제10장 오픈 프라이머리(완전국민경선제) 도입론의 헌법적 검토

Ⅰ. 서 설

최근 정치권에서 정당의 공직선거후보자추천제도의 개선방안과 관련하여 이른바 완전국민경선제의 도입, 즉 미국형 오픈 프라이머리(open primary)의 도입의 필요성에 관한 논의가 강하게 제기되고 있다. 특히 이번의 오픈 프라이머리 도입론은 2016년 제20대 총선을 앞두고 여당 지도부를 중심으로 하여 거론되고 있는 것이 특징이다. 우리나라의 정당정치와 선거과정에 있어서 대통령선거의 후보자지명의 방식으로 미국의 오픈 프라이머리 정신을 반영한 국민경선제를 도입한 것은 2002년 대선에서 처음 채택한 바 있으나 당시의 국민경선제는 완전 개방형 국민경선제가 아니라 일반 유권자의 일부만 경선에 참여하는 것이었으며 국회의원선거에서는 제한적으로 적용된 것이었다.[1] 그러나 이번에 제시된 오픈 프라이머리는 모든 국민이 정당공천과정에 참여하는 완전 개방형 국민경선제를 의미하며 대통령선거뿐만 아니라 국회의원선거의 공천과정에도 적용되도록 하는 획기적인 공천개혁방안이라는 점에서 새로운 정치적 이슈로서 국민적 관심사가 되기에 충분하다고 할 수 있다.

한국의 정당정치의 문제점이며 동시에 민주적 선거제도 확립의 걸림돌로 간주되어 온 것이 각급선거에서의 정당공천과정의 폐쇄성과 비민주성이었으며

1) 2002년 처음 채택된 국민경선제에 관하여는 정만희, 정당의 민주적 공천제의 법리－국민경선제의 법적 문제를 중심으로－, 「공법학연구」 제4권 제1호, 2002, 43면 이하.

당지도부에 의한 하향식 공천과 음성적 공천헌금 등의 문제는 정당정치의 후진성과 낙후성을 대변해 주는 것이었음을 부정하기 어렵다. 2012년 실시된 제19대 국회의원선거의 경우 각 정당의 공천심사위원회에 의한 지명이나 전략공천의 방식은 일반 당원의 의사를 반영한 상향식의 민주적 공천과는 거리가 먼 것이었으며 국민의 정치불신이 증폭되는 원인을 제공하였다. 따라서 우리의 정당공천의 민주화와 합리화를 위한 개혁방안을 확립하는 것은 한국 정당정치와 선거제도의 선진화를 위한 시급한 국가적 과제라 하지 아니할 수 없다. 더욱이 우리 헌법상의 정당조항(제8조 제2항)에 비추어 정당의 민주적 공천과정의 확보는 헌법이 요구하는 당내민주주의의 핵심적 과제이며, 공직선거법(제47조 제2항)에도 "정당이 후보자를 추천할 때에는 민주적 절차에 따라야 한다"고 선언하고 그 민주적 절차로서 당내경선에 관한 규정을 두고 있다. 그럼에도 불구하고 현실의 정치과정에서 정당공천의 실제는 민주적 공천의 규범적 요청과는 괴리가 크기 때문에 정당공천제도의 개혁은 입헌민주주의의 발전을 위한 시대적 과제임을 부정할 수 없다고 하겠다.

다만 정당공천의 민주화를 위한 개혁방안으로 거론되는 미국식 오픈 프라이머리의 도입은 아무리 여론의 지지를 얻을 수 있다고 하더라도 성급하게 제도화할 것이 아니라 심도있는 연구검토를 거쳐 신중하게 도입여부를 판단하여야 할 문제라고 본다. 왜냐하면 오픈 프라이머리의 도입 취지가 정당민주주의와 참여민주주의의 관점에서 바람직하더라도 그것이 헌법상 보장된 정당의 자유를 침해하는 것이 되어서는 안 되기 때문이다. 정당의 공직선거후보자추천이 정당 내부의 자율적 판단의 문제로 본다면 이러한 공천과정에 법률로써 오픈 프라이머리와 같은 제도를 규정하는 것은 정당활동의 자유를 침해하는 문제가 발생할 수 있다. 반면에 정당의 공천을 위한 예비선거과정은 본선거와 불가분의 관계에서 선거과정의 필수부분을 의미하므로 이 점에서는 정당의 공천과정을 법률로써 규율하는 것이 가능하게 된다. 따라서 정당의 공천과정에 대한 법적 규제는 국민의 자발적·임의적 결사로서 정당의 자유를 침해하지 않는 범위에서 이루어져야 하며 동시에 선거과정을 통해 국민의 정치적 의사형성에 참여하는 정당의 공적 기능을 유지하기 위한 것이어야 할 것이다. 이 점에서 정당이 선거에 참여하여 국민의 정치적 의사를 형성하는 '공적 지위'와 국민의 자발적 결사로서의 정당의 '자유로운 지위'를 조화적으로 실현하는 것이 정당규제의 헌법적 과제라 하지 않을 수 없다.[2)]

미국에 특유한 정당의 민주적 공천제도로서 20세기 초부터 형성되어 전개되어온 예비선거제도(primary election)는 각 주마다 그 유형과 방식이 동일하지 않지만 일반적으로 당원만이 소속정당의 예비선거에 참여하는 폐쇄형 예비선거(closed primary)와 당원뿐만 아니라 일반 시민도 참여할 수 있는 개방형 예비선거(open primary)로 구분되고 있다. 그 중에서 폐쇄형 예비선거제도는 오늘날 미국 전역의 과반수 이상의 주에서 채택하고 있으며, 개방형 예비선거는 20개 주 정도에서 실시되고 있다. 개방형 예비선거제도는 1970년대부터 1980년대까지는 위스콘신주를 비롯하여 9개 주에서만 실시되었으며,[3)] 그 후 점차 확대되어 가는 경향을 보이고 있으나 그것이 미국의 보편적인 예비선거제도에 해당한다고 보기 어렵다.[4)] 이러한 오픈 프라이머리를 미국의 정당제도의 정치문화적 배경과 다른 한국의 정치상황에 그대로 도입한다는 것은 상당한 모험이 수반되는 것이며 그 부작용도 적지 않을 것으로 예상된다고 할 것이다. 특히 미국헌법은 우리 헌법 제8조와 같은 정당조항을 두고 있지 않으며 정당은 헌법상 일반결사의 일종으로서 결사의 자유의 보호대상이 되고 있을 뿐이다. 그러나 우리 헌법상 정당조항은 결사의 자유에 대한 특별조항으로서 정당의 설립과 활동의 자유가 일반결사에 비해 특별한 보호를 받고 있으므로 미국의 각 주에서의 정당규

2) 정당의 헌법상 지위에 관하여 헷세(K. Hesse)교수는 자유의 지위(Status der Freiheit), 평등의 지위(Status der Gleichheit), 공공의 지위(Status der Öffentlichkeit)로 표현하면서 자유의 지위는 대외적인 국가로부터의 자유와 대내적 자유인 정당 내부에서의 자유로운 정치적 의사형성의 보장(당내민주주의의 확립)을 의미한다고 하고, 공공의 지위는 정당이 국가기관과 밀접하게 결합하면서 국민의 정치적의사형성에 참여하는 지위를 의미한다고 기술하고 있는데 이러한 '자유의 지위'와 '공공의 지위'를 조화적으로 실현하는 것이 정당법의 기본과제라 하지 않을 수 없다. 헷세의 정당의 지위에 관한 이론의 상세한 내용은 계희열, 「헌법학(상)」, 박영사, 2005, 271면 이하.

3) 1970년대부터 초기의 개방형 예비선서제도를 채택한 주는 미시간, 미네소타, 아이다호, 몬타나, 노스 다코타, 버몬트, 위스콘신, 하와이 주 등 9개 주에서 제한적으로 실시되었다. Paul A. Beck & Frank I. Sorauf, Party Politics in America, 7th ed., 1992, p.236.

4) 2012년 미국 대선의 경우 오픈 프라이머리를 실시한 주는 전체 50개 주 중에서 20개 주에 불과하며 나머지 주들은 폐쇄형 예비선거와 코커스 등의 방식으로 경선을 실시하였다고 한다. 즉 과반수 이상의 주에서 당원을 중심으로 후보경선을 실시하고 있다는 것이다. 이정진, 오픈 프라이머리 도입 논의와 시사점, 국회입법조사처 「이슈와 논점」(2012. 6), 3면 참조.

제가 우리나라의 경우에도 동일하게 적용될 수 있는 것은 아니라고 하겠다. 더욱이 미국의 예비선거제도에 관한 판례들을 보면 주법률로 오픈 프라이머리를 법제화하더라도 그것이 정당의 당규로 정한 폐쇄형 예비선거에 우선할 수 없다고 판시한 것이 있으며, 개방형 예비선거의 한 유형에 해당하는 포괄형 예비선거(blanket primary)에 대해 정당의 결사의 자유침해를 이유로 위헌이라고 판단한 사건들이 있음을 볼 때 오픈 프라이머리의 도입은 신중을 기해야 하는 문제라 하지 않을 수 없다.[5)]

본고에서는 한국의 정당정치개혁의 핵심과제를 의미하는 정당공천과정의 민주화를 위한 방안으로 최근 제기되고 있는 오픈 프라이머리 도입론에 대하여 헌법상 정당조항과의 관련 하에 그 위헌성 여부를 검토하고 바람직한 민주적 정당공천과정의 기본방향을 제시하도록 한다.

Ⅱ. 한국의 정당공천제도와 오픈 프라이머리 도입론

1. 정당공천과정에 관한 입법의 태도

(1) 헌법상 정당조항과 당내민주주의의 요청

우리 헌법 제8조의 정당조항에는 제1항에서 정당설립의 자유와 복수정당제보장을 규정하고 제2항에서 "정당은 그 목적·조직과 활동이 민주적이어야 하며, 국민의 정치적 의사형성에 참여하는데 필요한 조직을 가져야 한다"고 규정하고 있다. 여기서 제2항 전단의 규정은 정당 내부질서의 민주화 내지 당내민주주의 실현의 헌법적 근거조항을 의미한다. 현대 민주주의에 있어서 정당이 국민의 정치적 의사형성에 참여하는 공적 기능을 수행하기 위해서는 정당의 조직과 활동이 민주적이어야 할 뿐만 아니라 정당의 의사결정이 민주주의원칙에 따

5) 미국의 예비선거제도에 관한 연방대법원의 일련의 판례에 대한 분석은 정만희, 정당의 자유와 법적 규제-미국 정당의 후보자지명과정에의 통제를 중심으로-, 심천계희열박사화갑기념논문집 「정당과 헌법질서」, 1995, 252면 이하; 정만희, 미국의 예비선거제도에 관한 연방대법원판례, 「동아법학」 제31호, 2002, 41면 이하; 도회근, 미국의 예비선거에서 유권자 참여의 한계, 「공법연구」 제32집 제4호, 2004, 137면 이하; 이상돈, 미국의 프라이머리(예비선거) 제도에 관한 연구, 중앙대학교 「법학논문집」 제34집 제3호, 2010, 5면 이하.

라 행해져야 하는 것을 요구한다.[6] 특히 당내민주주의 실현의 핵심적 과제인 정당의 공직선거후보자 추천은 당지도부에 의한 하향식 지명을 배제하고 일반 당원의 상향식 의사결정과정을 통해 민주적으로 이루어져야 하는 것이 헌법 제8조 제2항에 근거한 당내민주주의의 헌법정신에 부합되는 것이다.[7] 이러한 헌법 제8조 제2항에 근거한 정당의 당내민주주의 실현의 헌법적 요청에 따라 당내민주주의의 핵심과제로서 정당공천의 민주화를 위한 제도적 장치가 강구되어야 하는 것이다.

이처럼 정당공천절차의 법적 규제는 정당민주주의의 확립을 위해 요구될 뿐만 아니라 그 공천절차가 동시에 선거과정의 '필수부분'을 의미하는 것이므로 민주적 선거제도의 확립과 유권자의 선거에의 참여를 보장하는 참여민주주의의 관점에서도 중요한 의미를 가진다고 할 수 있다.[8] 정당정치의 전개과정에서 초기에는 정당의 후보자추천이 사적 결사인 정당 내부의 문제로서 정당이 자율적으로 결정할 수 있는 것이었지만 오늘날의 정당국가적 민주주의에 있어서 정당이 선거에 참여함으로써 국민의 정치적 의사형성에 참여하는 공적 기능을 수행하는 정치현실에서는 정당의 공천과정은 선거과정의 제1단계이며 구성부분을 의미하게 된다. 따라서 민주적 선거제도의 확립을 위해서는 선거과정의 필수부분으로서 정당의 공천과정에 대한 법적 규제가 요구되는 것은 당연하다고 할 것이다.[9]

---

6) 정당의 내부질서 내지 정당의 의사결정이 민주주의원칙에 합치하여야 한다는 것은 헌법원리로서 자유와 평등의 원칙이 적용되는 것을 의미하며 그것은 정당 내부에서의 자유로운 의사형성과 구성원의 평등한 참여권이 보장되는 것을 원칙으로 한다. 상세는 정만희, 헌법과 통치구조, 법문사, 2003, 516면.

7) 정만희, 앞의 책(주6), 515면 이하.

8) 참여민주주의의 관점에서 일반 유권자의 예비선거에의 참여확대를 강제하는 입법의 필요성을 강조하는 입장으로는 도회근, 미국의 예비선거제도에서 유권자 참여의 한계(주5), 156~157면.

9) 미국의 정당제도의 전개과정을 보면 20세기초부터 각 주는 법률로써 정당의 후보자추천과정을 규제하여 왔으며 후보자추천방법으로서 당원들에 의한 예비선거에 대해 연방대법원은 공직선거과정으로 보지 않고 단지 사적인 정당 지지자들에 의한 후보자선택의 방법이라고 하였으나, 1941년 United States v. Classic, 313 U.S. 299 판결을 계기로 정당의 후보자지명방법인 예비선거는 '본선거의 구성부분'이며 헌법에서 규정하는 선거에 해당한다고 판시하였다. 그리하여 미국에서 정당의 지위는 뢰벤슈타인의 표현대로 '헌법외적·사적조직'(extra－constitutional private organization)에서 사실상의 '주의 기관'(state organ)으로 변질되었으며 정당활동의 공적 성격을 인정받게 된 것이다. K. Loewenstein, Political

다만 정당의 공천절차에 관한 법적 규제는 헌법상 보장되는 정당의 자유[10]를 침해하는 것이 되어서는 안 되기 때문에 여기에 정당의 법적 규제의 한계를 인정할 수밖에 없다. 따라서 정당의 민주적 공천절차 확보를 위한 법적 규제는 정당의 자유를 보장하면서 동시에 정당의 민주적 내부질서 및 민주적 선거제도를 유지할 수 있도록 양자가 조화적으로 실현될 수 있는 방향으로 이루어져야 하는 과제를 안게 되는 것이다. 이 점에서 미국형 오픈 프라이머리와 같은 완전국민경선제의 법제화는 정당의 자유와 자율성을 본질적으로 침해하지 않는 범위에서 행해져야 한다는 헌법적 한계를 인식하는 것이 중요한 의미를 가지게 된다.

(2) 정당의 민주적 공천절차에 관한 법률규정

헌법 제8조 제2항의 당내민주주의 내지 정당의 민주적 내부질서에 관한 조항에 근거하여 정당법은 "정당은 민주적인 내부질서를 유지하기 위하여 당원의 총의를 반영할 수 있는 대의기관 및 집행기관과 소속 국회의원이 있는 경우에는 의원총회를 가져야 한다"고 규정하고 있으며(동법 제29조 제1항), 정당의 강령 및 당헌 등의 공개를 규정하고 있다(동법 제28조). 그러나 당내민주주의 구현의 핵심과제로서 정당의 공직선거후보자추천의 민주적 절차에 관하여는 현행 정당법은 직접 명문규정을 두고 있지 아니하다.[11] 다만 공직선거법은 2005년 개정법률에 "정당이 후보자를 추천하는 때에는 민주적인 절차에 따라야 한다"고 하여 일반원칙조항(동법 제47조 제2항)을 두고 있으며, 정당의 후보자추천을

Power and the Governmental Process, 1965, p.370. 미국의 예비선거제도에 관한 상세는 정만희, 앞의 책(주6), 614면 이하; 정만희, 미국의 대통령예선제도, 「동아법학」 창간호, 1985, 351면 이하.

10) 정당의 자유의 헌법적 근거조항인 헌법 제8조 제1항은 "정당설립의 자유, 정당조직의 자유, 정당활동의 자유 등을 포괄하는 정당의 자유를 보장하고 있으며, 이러한 정당의 자유는 국민이 개인적으로 갖는 기본권일 뿐만 아니라 단체로서의 정당이 가지는 기본권이기도 하다." 헌재 2004. 12. 16. 2004헌마456, 16-2(하), 618(625).

11) 그러나 2005년 정당법개정 이전의 구 정당법에는 공천절차에 관한 규정을 두어 제31조 제1항에 "정당의 공직선거후보자의 추천은 민주적이어야 한다"라고 하고 제2항에서 "정당의 공직선거후보자추천에는 후보자를 추천할 공직선거의 선거구를 관할하는 해당 당부 대의기관의 의사가 반영되도록 하여야 하며, 그 구체적인 절차는 당헌으로 정한다"라고 규정하고 있었다. 이러한 정당법의 규정은 2005년 개정법에 의해 삭제되고 공직선거법에만 정당의 후보자추천에 관한 규정을 두게 되었다.

위한 '당내경선실시'조항을 신설하여 "정당은 공직선거후보자를 추천하기 위하여 경선(이하 '당내경선'이라 한다)을 실시할 수 있다"라고 규정하고 있다(동법 제57조의2 제1항). 여기서 당내경선을 실시하는 경우 경선후보자로서 당해 정당의 후보자로 선출되지 아니한 때에는 당해 선거구와 같은 선거구에서는 후보자로 등록될 수 없다고 규정하고 있다(동법 제57조의2 제1항, 제2항).[12] 그리고 당내경선은 당원과 당원이 아닌 자에게 투표권을 부여하여 실시하는 당내경선도 인정하며 그 경선방법은 공직선거법이 규정하는 방법에 의해서만 할 수 있다(동법 제57조의3). 그리고 당내경선사무 중 경선운동, 투표 및 개표에 관한 사무의 관리를 당해 선거의 관할선거구 선거관리위원회에 위탁할 수 있다고 규정하고 있다(동법 제57조의4 제1항). 이와 같이 공직선거법은 정당의 후보자추천에 있어서 민주적 절차를 준수해야 할 의무를 규정하고 있으며, 그 민주적 공천절차로서 공직선거법이 정하는 당내경선을 실시할 수 있다고 규정하고 있다. 당내경선의 방법으로는 당원뿐만 아니라 비당원의 경우에도 경선에 참여할 수 있는 법적 근거를 제시하고 있고 당내경선을 대체하는 방법으로 여론조사를 포함할 수 있도록 규정하고 있다(동법 제57조의2 제2항).

이와 같은 당내경선에 관한 규정을 둔 것 자체가 과거에 비해 정당공천과정의 민주화를 위해 진일보한 내용이라 할 수 있으나 당원 또는 비당원이 참여하는 당내경선이 필요적 공천절차로 규정한 것은 아니며, 또한 각 정당이 민주적 공천절차를 이행하지 않은 경우 당해 정당에 대한 법적 제재가 없다는 것이 특징이다. 그렇기 때문에 우리의 최근 국회의원 선거과정을 보면 정당의 민주적 공천절차의 실태는 오히려 비민주적이고 폐쇄적인 정당공천의 구시대적 관행으로 회귀하는 것이 아닌가의 의문이 제기되는 것이다.

2. 정당의 공천과정의 현황과 문제점

(1) 대통령선거의 후보자결정을 위한 국민참여경선

한국의 대통령선거와 정당후보자추천의 민주화에 있어서 2002년 12월 제

12) 이 규정은 당내경선제도의 실효성을 확보하기 위한 것이라 할 수 있으나 당내경선에서 탈락한 후보자가 당해 선거의 같은 선거구에 출마할 수 없도록 강제하는 것은 그 후보자의 피선거권과 공무담임권을 지나치게 제한하는 것이 아닌가의 의문이 제기될 수 있다고 본다.

16대 대통령선거과정은 국민참여경선제를 최초로 도입하였다는 점에서 헌정사적 의의가 매우 큰 것이었다. 당시 민주당과 한나라당은 획기적으로 정당공천의 민주화를 실현하기 위하여 당원과 대의원은 물론 일반 유권자도 참여하는 비밀투표를 통해 정당의 최종 대선 후보를 결정함으로써 우리나라의 민주적 공천제도 발전의 전기를 마련하였던 것이다. 이러한 국민참여경선제의 도입은 미국식의 예비선거제(primary election)의 원리를 반영한 것으로 낙후된 한국의 정당정치와 선거문화의 개혁이라는 관점에서 긍정적으로 평가되었던 것이다.13)

2007년과 2012년의 대통령선거에서도 후보자결정을 위한 국민참여경선제가 실시되었다. 2007년 대선의 경우 한나라당은 국민참여선거인단을 확대하여 전체 유권자수의 0.5%이상인 23만 여명으로 하였고 그 구성은 전당대회 대의원(20%), 일반당원(30%), 국민선거인(30%), 여론조사(20%)로 하여 총 선거인단수의 80%는 당원·대의원과 일반국민의 투표로 하고 나머지 20%를 여론조사로 반영하도록 한 것이 특징이다.14) 통합신당은 선거인단 여론조사와 국민여론조사를 반영한 예비경선과 지역경선, 모바일투표, 여론조사를 반영한 본경선의 2단계의 경선과정을 실시하였으며, 예비경선에서 사실상 모든 유권자가 참여할 수 있도록 하여 미국형 오픈 프라이머리와 유사한 방식을 도입하였다.

그러나 이러한 국민참여경선제도의 도입은 그 운영과정에서 적지 않은 문제점을 노정하게 되었음을 부정하기 어렵다. 정당후보들의 지지조직 동원선거와 대리투표가 문제되었고, 당원이나 정당지지자의 의견이 아닌 일반여론조사 결과의 반영은 정치적 대표성을 왜곡하고 정당의 정강정책이나 이념적 지향성을 무시하는 것으로 정당정치의 발전에 도움이 될 수 없다는 부정적 평가도 나

13) 민주당은 2002년 당헌개정으로 국민참여경선제를 채택하여 대통령후보를 선출하는 선거인단은 최소한 인구 1,000명당 1인 이상으로 구성(7만명 이내)하며 그 선거인단은 전국대의원대회 대의원(20%), 일반당원 선거인(30%), 국민일반을 대상으로 한 공모당원선거인(50%)으로 구성하여 비밀투표(선거인단 총수 69,021명 중 32,631명 투표)로 노무현후보를 최종 대통령후보로 선출하였다. 한나라당도 전당대회 대의원(30%), 일반당원 선거인(20%), 일반국민을 대상으로 한 신규모집당원 선거인(50%)으로 구성된 5만인 이내의 전국선거인단의 비밀투표(선거인단 총수 48,339명 중 25,786명 투표)로 이회창후보를 선출하였다. 당시 국민참여경선제의 의의와 문제점에 관하여는 정만희, 앞의 논문(주1), 43면 이하 참조.

14) 이러한 국민참여경선방식에 의해 당시 박근혜후보가 선거인단 투표에서 승리하였으나 여론조사결과의 반영으로 이명박후보가 근소한 차이로 박근혜후보를 누르고 최종후보로 선출되었다.

타나게 되었다.[15)]

(2) 국회의원선거와 지방선거의 하향적 공천방식

국회의원선거의 공천과정에 있어서도 2002년 대통령선거의 국민참여경선제가 크게 영향을 미치게 되어 2004년 국회의원선거에서는 부분적으로 채택되기는 하였지만 국민참여형 상향식 공천제도를 도입하여 비교적 긍정적인 평가를 받았다. 그러나 이러한 민주적 공천제도는 지속적으로 채택되지 못하고 2008년과 2012년 총선에서는 오히려 종전의 비민주적이고 하향적인 공천방식으로 회귀하는 것이 되었다고 해도 과언이 아니다.

각 정당은 당헌·당규상 공천방식으로 원칙적으로 민주적 경선방식을 다양하게 규정하고 있으나 실제로 경선을 실시한 경우는 많지 않았으며, 2008년 국회의원 선거에서는 한나라당과 통합민주당은 당헌에서 원칙적으로 규정하고 있는 경선방식을 사실상 포기하고 전면적인 공천심사위원회에 의한 심사를 실시하였다. 공천심사위원회의 독자적 심사가 객관성을 인정받을 수 있다고 하더라도 그 구성에 있어서 위원들이 당지도부에 의해 임명된다는 점에서 그것은 민주적 공천방식이라고 보기 어렵다.[16)] 2012년 제19대 총선에서도 새누리당은 전체 지역구의 80%를 선거인단 경선으로 후보를 결정하겠다는 약속을 이행하지 않고 주로 공천위원회결정과 전략공천 등으로 후보를 지명하였으며 실제로 선거인단 경선은 14곳의 지역구에 불과하였다.[17)]

지방선거의 경우에도 국회의원선거와 마찬가지로 공천심사위원회가 주도하는 공천방식을 취하고 있으며 민주적 경선방식을 채택한 경우는 드물다고 할 수 있다. 2010년 지방선거를 보면 한나라당과 민주당은 광역단체장 후보 중 대부분은 단수추천 또는 전략공천하였고 국민참여경선은 겨우 두세 곳에서 실시되었을 뿐이다. 이와 같이 각 정당은 국회의원선거와 지방선거에 있어

---

15) 2007년 대선과정의 국민참여경선제도의 문제점에 관하여는 김형호, 2007년 대선의 국민참여 경선제도에 대한 비판적 고찰, 경희대학교 대학원「교황논집」제48집, 2011, 219면 이하.

16) 도회근, 정당의 공직선거후보자 추천제도 개선방안 연구,「헌법학연구」제17권 제2호, 2011, 243면.

17) 19대 총선의 후보공천과정에 관하여는 윤종빈, 19대 총선후보 공천과정과 결과, 그리고 쟁점,「한국정당학회보」제11권 제2호, 2012, 5면 이하.

서 대통령선거의 경우와는 달리 국민참여경선제가 사실상 시행되지 않고 주로 공천심사위원회에 의한 폐쇄적이고 하향적인 공천이 이루어지고 있음을 볼 수 있다.

3. 오픈 프라이머리 도입론의 대두

(1) 중앙선거관리위원회의 공천개혁 방안

제20대 국회의원선거를 앞두고 정치개혁의 필요성이 제기되고 있는 가운데 중앙선거관리위원회는 지난 2011년에 이어 2015년 2월 정당의 후보자추천의 민주성 강화를 위한 국민경선 실시방안을 제안하였다.[18] 중앙선관위의 개혁안에 의하면 대통령선거와 국회의원선거 및 지방자치단체장 선거에 있어서 본선거의 선거일 전 일정기일(대통령선거는 본선거 선거일 전 90일 이후 첫 번째 토요일, 그 밖의 선거는 본선거 선거일 전 40일 이후 첫 번째 토요일)에 국민경선을 실시하는데 대통령선거의 경우는 국회 교섭단체 구성 정당 모두가 참여하는 경우에 한하여 실시하고, 그 밖의 선거는 국회 교섭단체 구성 정당 중 어느 하나의 정당이라도 참여하면 해당 정당에 대하여 실시하는 것을 제안하고 있다. 경선에 참여하는 경선선거권자는 해당 본선거의 선거권이 있는 국내 거주 국민으로서 경선선거인명부작성기준일(경선일 전 19일) 현재 주민등록이 되어 있는 사람으로 하고, 경선투표는 읍·면·동마다 경선투표소를 설치하고, 투표절차는 선거구안에 설치된 어느 경선투표소에나 가서 투표할 수 있도록 하되 하나의 정당을 선택하여 투표하도록 하고 있다. 선거구선거관리위원회는 개표결과를 취합하여 해당 정당에 통지하고 국민경선에서 선출된 사람을 후보자로 추천하도록 의무화하는 것을 제안하고 있다. 경선선거인명부작성, 투·개표관리 등 경선관리비용은 국가가 부담하고 경선투표·개표 참관인 수당은 해당 정당이 부담하도록 하고 있다.[19]

이러한 중앙선관위의 국민경선제 제안은 완전개방형 국민경선제를 법제화하는 것으로 미국형의 오픈 프라이머리를 대통령선거뿐만 아니라 국회의원선거와 지방선거에 모두 도입하는 것을 의미한다. 다만 대통령선거의 경우 국회 교

18) 중앙선거관리위원회, 정치관계법 개정의견(2015. 2).

19) 중앙선거관리위원회, 정치관계법 개정의견 (2015. 2.), 7~9면.

섭단체를 구성한 정당이 모두 참여하는 경우에 한하여 국민경선을 실시하는 것으로 각 정당간에 국민경선실시의 합의가 이루어지지 않으면 국민경선은 사실상 실시하기 어렵게 된다.

(2) 정치권의 완전국민경선제의 유형별 도입론

정치권에서도 최근 새누리당을 중심으로 미국형의 오픈 프라이머리의 도입을 강하게 주장하고 있으며 의원들이 발의한 공직선거법 개정법률안 중에는 오픈 프라이머리를 비롯한 여러 방안들이 제시하고 있다. 오픈 프라이마리 도입론은 미국에서 상당수의 주에서 실시하고 있는 제도로서 정당의 공천과정에 당원과 함께 비당원인 일반유권자의 참여를 허용하는 것으로 선거절차는 주법으로 규정하고 주정부가 선거인명부작성 등 선거관리를 담당한다. 이러한 오픈 프라이머리는 우리가 2002년 대통령선거에서부터 채택한 국민참여경선제와 비교할 때 차이점이 있는데, 국민참여경선제는 일반 국민이 참여할 수 있는 선거인단의 인원수가 제한되어 있고 당원 및 대의원과 일반 국민의 참여 비율이 정해져 있으나, 이번에 제시된 오픈 프라이머리는 일반 국민(유권자)이 아무런 제약 없이 한 정당의 공천과정에 참여할 수 있게 함으로써 정당공천의 민주성과 공정성을 더욱 강화시키는 것을 목적으로 한다.

이러한 오픈 프라이머리 도입론 뿐만 아니라 완전국민경선제의 도입에 관한 새로운 방안으로 오픈 프라이머리의 유형과 구별되는 '톱투 프라이머리'(top two primary) 또는 '런오프 프라이머리'(run off primary)의 방식을 주장하는 의견도 제시되고 있다. 톱투 프라이머리는 유권자들이 정당과 관계없이 프라이머리에 참여하여 투표하고 예비선거후보자들 중에서 다수득표자 두 명이 본선거에 진출하는 방식을 말한다. 이 방식은 유권자가 한 정당의 프라이머리에 참여하는 것이 아니고 정당과 무관하게 후보를 선출하는 것이기 때문에 동일정당 소속의 후보자 2인이 본선거에 진출하게 되는 경우도 발생한다. 런오프 프라이머리는 결선투표방식으로서 톱투 프라이머리와 유사하지만 예비선거에서 과반수득표를 한 경우 본선거 없이 당선이 확정되는 제도를 말한다. 오픈 프라이머리와 구별되는 이러한 제도들은 예선후보자의 소속정당은 참고사항에 불과하고 인물중심으로 후보자를 선출하는 것이 되므로 '비정당적 예비선거'(non-partisan primary)의 성격을 가진다.[20]

Ⅲ. 오픈 프라이머리 법제화의 헌법문제

1. 정당의 민주적 공천의 방법과 유형

(1) 공천과정에 대한 법적 규제와 정당의 자율적 규제

정당의 공직선거후보자 선출과정은 본래 국민의 자발적 조직이며 임의적 결사인 정당의 내부문제에 속하는 것으로 국가가 법률로써 정당공천과정을 규율하기 어려웠으나 정당정치가 발달하고 정당이 공직선거에 참여함으로써 국민의 정치적 의사형성에 참여하는 것을 그 본질적 기능으로 하게 됨에 따라 정당의 공천과정은 정당의 내부문제만이 아니라 공직선거과정의 필수적 구성부분으로 간주됨으로써 그 공천과정은 법적 규제의 대상이 되는 것이 가능하게 되었다. 정당의 공천과정을 법률로써 규정하는 있는 대표적인 국가로는 독일과 미국 등을 들 수 있으며, 정당의 자율적 규제로써 정당의 공천제도를 유지하는 나라는 영국과 일본 등이라 할 수 있다. 독일의 경우는 기본법상 정당조항에 근거하여 제정된 정당법에 의해 정당의 후보자결정은 비밀투표에 의할 것을 규정하고 있으며, 연방선거법에도 정당의 후보자추천은 비밀투표로 결정하도록 규정하고 있다. 연방의회의원선거의 경우 지역구 후보자는 그 선거구의 당원집회에서 투표로 결정되며 당원수가 많은 선거구에서는 대의원대회에서 결정된다. 비례대표제 후보자결정에 있어서는 주단위로 후보자명부가 작성되는데 각 정당의 주대표자회의에서 투표로 후보자명부의 순위가 결정된다.[21]

미국의 경우는 정당의 공천과정이 초기에는 정당의 내부문제로서 자율적으로 결정하였으나 당시 정당의 코커스(caucus)나 당대회(convention)는 소수

20) 국회 정치개혁특별위원회에 회부된 공천개혁 관련 법률안 가운데 나경원의원안(2015. 4. 17)은 새누리당의 오픈 프라이머리안에 해당하고, 새정치민주연합의 박영선의원안은 톱투 프라이머리방식(2012. 10. 26) 내지 런오프 프라이머리방식(2015. 4. 15)을 제안하고 있다. 이정진, 오픈 프라이머리 법제화 논의와 쟁점, 국회입법조사처「이슈와 논점」(2015. 8) 참조.

21) 독일 연방선거법은 정당의 후보자등록시 후보자선출집회의 장소, 집회형식, 참가당원수, 비밀투표의 결과 등을 기재한 서면을 제출하도록 요구하고 있으며 관할 선거관리위원회는 이 규정을 준수하지 않는 후보자등록을 수리하지 않도록 하고 있다(제21조 제6항, 제26조 제1항).

의 당지도부에 의한 비민주적이고 폐쇄적인 후보자지명의 폐해가 문제됨에 따라 각 정당은 일반당원들에 의한 상향적인 후보자추천방식으로 예비선거제도(primary election system)를 채택하게 되었다. 그리고 각 주에서의 각 정당의 예비선거 실시과정에서 당원의 참가자격제한을 둘러싸고 법적 문제가 제기됨에 따라 각 주는 법률로써 예비선거의 절차와 방법 등을 규정하게 되었으며 오늘날의 예비선거제도가 법제화되기에 이른 것이다.[22] 각 주에서 채택된 예비선거제도의 구체적 내용과 방식은 동일하지 않으나 크게 두 가지의 방식으로 구분될 수 있는데, 하나는 정당에 등록된 당원만이 참여하는 폐쇄형 예비선거(closed primary)이며 또 하나는 당원뿐만 아니라 일반 국민도 참여할 수 있는 개방형 예비선거(open primary)이다.[23]

영국의 경우에는 정당공천과정이 법률에 의해 직접 규제를 받는 것이 아니라 각 정당의 정치적 관행에 의해 자율적인 규제가 이루어지고 있는 것이 특징이다. 공천과정의 특징은 기본적으로 상향식으로 지구당 당원의 의사로 결정되지만 중앙당에 의한 어느 정도의 통제가 이루어지고 있다는 점이다. 보수당의 경우 하원의원 후보추천과정은 먼저 중앙당에서 전국으로부터 입후보의 지원자를 모집하여 당의 중앙사무국에서 일차적으로 객관적인 심사를 통해 엄선된 후보자 리스트를 작성한다. 이렇게 작성된 후보자 리스트를 각 지구당에 통보하여 각 지구당은 이 리스트를 중심으로 엄격한 심사를 하여 6명 정도로 지원자를 압축하고 지구당의 집행위원회가 다시 면접을 통해 마지막으로 선택된 3명 이내의 후보자를 지구당 당원들이 질의응답을 거쳐 당원 전원의 비밀투표로 최종후보자를 결정한다. 노동당의 경우도 중앙당에 의해 작성된 후보자 리스트

---

22) 미국에서의 예비선거의 법제화는 1903년 위스콘신주에서 최초로 강행법규로 채택되었고 이 위스콘신주법은 그 후 각 주의 예비선거법의 제정에 큰 영향을 미치게 되었다. 이러한 예비선거의 법적 성격에 관하여 연방대법원은 1921년 Newberry v. United States 판결에서는 단지 임의적·사적 결사인 정당의 지지자들에 의한 후보자선택방법에 지나지 않는다고 하여 그것을 공직선거의 구성부분으로 보지 않았으나 그 후 1941년의 United States v. Classic 판결에서 "예비선거는 본선거의 필수부분이며 본선거의 결과에 중대한 영향을 미치는 것으로서 헌법상의 선거에 해당한다"고 판시하여 예비선거를 헌법적 관심사로 끌어올리게 된 것이다. 상세한 내용은 정만희, 미국헌법상 정당의 지위, 「고시연구」 1985. 12월호, 55면 이하; 정만희, 앞의 책(주6), 608면 이하 참조.

23) 미국의 예비선거제도에 관한 정치학적 접근으로는 안순철, 「미국의 예비선거」, 단국대학교출판부, 2005.

중에서 지구당이 심사하여 5명 내지 15명으로 리스트를 압축하여 지구당의 모든 당원에 의한 비밀투표로 후보자를 결정한다. 그러나 후보자선정은 여기서 일반당원의 투표로 확정되는 것이 아니라 최종적으로는 중앙당의 전국집행위원회의 승인을 받아야 하며, 경우에 따라서는 전국집행위원회의 승인이 거부될 수도 있다. 그렇기 때문에 노동당에서는 후보자선정이 간혹 당내분쟁의 불씨가 되기도 한다.[24]

(2) 정당공천과정의 참가자격에 의한 개방형과 폐쇄형

유렵형의 정당공천제도는 기본적으로 정당의 당원에 의한 상향적 후보자 추천절차를 채택하고 있는 것이 특징이다. 독일의 경우는 연방선거법과 정당법에 의해 당원에 의한 비밀투표를 규정하고 있으며 영국의 경우에는 정치적 관행에 의해 정당내부의 자율적 규제로 당원의 투표에 의한 상향식의 후보자선정 절차를 두고 있는 점에서 차이가 있을 뿐이다. 이에 반해 미국의 경우에는 1900년대 초부터 각 주에서 민주적 공천절차가 다양하게 전개되어 왔으며 그 방식은 당원에 의한 폐쇄적 예비선거를 많은 주에서 채택하였고 당원뿐만 아니라 일반 국민의 예비선거 참여를 허용하는 개방형 예비선거제도를 도입한 주는 소수에 불과하였으나, 오늘날에는 개방형 예비선거제도를 채택하고 있는 주가 20여개 정도로 확대되고 있다.[25] 개방형 예비선거는 일반 유권자도 하나의 정당을 선택하여 자유롭게 후보자선정의 예비선거에 참여하는 것이 기본적인 유형이지만 일부 주에서는 이러한 오픈 프라이머리에서 한 걸음 더 개방된 제도를 도입하고 있다. 즉 주의 공직선거 전반에 걸쳐 모든 후보자들에 대해 그들의 소속정당에 관계없이 정당을 교차해 가면서 예비선거에 참여할 수 있는 일괄형 예비선거(blanket primary)의 방식이 채택되기도 하였다. 미국의 정당정치와 선

---

24) 영국 정당의 공천제도에 관한 상세는 Robert Blackburn, The Electoral System in Britain, St. Martin's Press, 1995, pp.214~222.

25) 미국의 예비선거제도에 있어서 개방형과 폐쇄형의 구별기준은 기본적으로 주 법률로 예비선거에 참여하는 자의 정당등록을 요구하느냐의 여부에 따라 정해진다. 폐쇄형은 일정기간(8일~1년) 당원으로 등록되지 않은 자는 예비선거 참여를 배제하지만 개방형은 당원등록 없이 자유롭게 하나의 정당의 예비선거에 참여할 수 있다. 일부 주(애리조나, 콜로라도, 아이오와, 캔자스, 로드아일랜드 등)에서는 예비선거 당일에 정당등록을 조건으로 참여할 수 있도록 하고 있다. 이러한 유형은 준폐쇄형 프라이머리로 분류할 수 있지만 사실상 개방형에 가깝다고 할 수 있다. 상세는 안순철, 앞의 책(주23), 76면.

거제도에 있어서 정당의 민주적 공천절차를 확보하기 위하여 당원뿐만 아니라 일반 유권자의 예비선거 참여를 인정하게 된 것은 유권자의 선거참여의 확대를 목적으로 한 것이다.

(3) 정당체계의 특성 등에 따른 공천제도의 유형화

정당의 공천제도는 각국의 정당정치와 정당체계의 특성과의 관련 하에 그 구체적 내용이 영향을 받게 된다고 할 수 있다. 영국이나 독일 등 유럽의 정당체계는 일반당원을 중심으로 하는 확고한 원외정당조직을 기반으로 하기 때문에 정당의 후보자추천과정에서 소속 당원의 적극적 참여 속에 상향적인 공천과정을 유지할 수 있다. 특히 영국의 노동당과 같이 당원이 납부하는 당비 중심으로 정당운영이 이루어지는 경우 당원 이외의 일반 유권자의 당내경선과정에의 참여는 정당의 정체성을 침해하게 되므로 철저하게 당원 중심의 후보자추천이 이루어질 수밖에 없다. 그러나 미국의 정당은 유럽과 같은 확고한 대중정당조직을 갖추지 못하고 있으며 국민의 정치적 무관심과 당원수의 감소 등으로 정당정치의 활성화를 위해서는 정당의 공천과정에 당원이 아닌 일반 유권자의 참여를 유도하여 공천절차의 민주성을 강화할 필요가 있게 된다.

또한 정당의 공천제도는 각 국가의 정부형태의 여하에 따라 적지 않은 영향을 받게 되는 점을 부인하기 어렵다. 영국이나 독일 등의 의원내각제 정부형태는 전통적으로 의회주의와 민주적 정당제도를 전제로 하여 운용되는 것이기 때문에 정당의 지도자와 의회선거후보자의 추천은 조직화된 정당구성원들의 상향적 의사결정에 의해 이루어지는 것이 일반적이지만, 대통령제 하에서 각 정당의 대통령후보지명절차는 국가원수와 행정부수반으로서의 지위를 갖게 되는 대통령후보자의 자질과 당선가능성에 대한 국민적 검증과 판단을 거치는 것이 필요하다고 할 수 있으므로 그러한 검증절차로서 일반 국민이 참여하는 오픈프라이머리의 도입이 제도화되는 것이라 할 수 있다.26)

(4) 소 결

각국에서의 정당 공천제도는 법률로써 민주적 공천과정을 규율하는 유형

---

26) 정부형태에 따른 정당공천시스템의 유형화에 관하여는 박상철, 정당공천의 헌법적 의미와 유형분석, 「유럽헌법학회연구논집」 제3호, 2008, 251면 이하.

과 정당의 자율적 규제로 이루어지는 유형이 있는데, 우리의 정당공천제는 헌법상 정당조항에 근거한 당내민주주의의 요청에 따라 법률로써 민주적 정당공천과정의 최소한을 규율하는 방식을 취하는 것이 인정된다. 법률에 의해 정당공천의 민주적 절차를 규정하는 경우에도 당적을 가진 평당원들에 의해서만 행해지는 폐쇄형 예비선거의 유형과 당원뿐만 아니라 일반 유권자의 참여를 인정하는 개방형 예비선거(오픈 프라이머리)의 두 유형이 있다. 우리의 정당공천 개혁의 모델로 생각하고 있는 오픈 프라이머리는 일반 유권자의 선거참여를 확대시키며 비민주적이고 폐쇄적인 공천과정의 폐해를 방지할 수 있다는 점에서 바람직하다고 할 수 있다. 더욱이 유럽형의 확고한 대중정당조직의 정당체계를 갖추지 못하고 의원내각제가 아닌 대통령제 정부형태를 취하고 있는 우리나라와 같은 경우에는 미국형의 오픈 프라이머리 도입이 타당하다고 볼 수 있다. 그러나 오픈 프라이머리는 동시에 정당의 자유와 정체성을 침해하게 되는 점에서 문제가 있게 된다. 이 점에서 정당공천의 민주적 개혁방안은 오픈 프라이머리 도입에만 초점을 맞출 것이 아니라 우리의 헌법체계와 조화를 이룰 수 있는 방안들을 모색하는 태도가 필요하다고 하겠다.

2. 오픈 프라이머리 도입론 분석

(1) 오픈 프라이머리 도입의 찬반논의

최근 정치권에서 미국형 오픈 프라이머리 도입의 주장이 강하게 제기되는 가운데 오픈 프라이머리에 대한 찬반논의가 가열되고 있다. 오픈 프라이머리의 찬반논의는 곧 이 제도의 장점과 단점에 관한 논의를 의미한다. 오픈 프라이머리 도입을 찬성하는 입장은 우리의 정당공천제도의 폐해를 극복하기 위해서는 모든 국민이 경선과정에 참여하는 오픈 프라이머리를 도입함으로써 공천의 민주성과 개방성·투명성을 제고할 수 있다는 것이다. 정당공천과정에의 완전국민경선제 도입은 당지도부에 의한 하향적이고 폐쇄적인 공천(낙하산공천, 밀실공천)을 배제하여 공천의 공정성과 투명성을 확보하고 많은 유권자의 관심과 참여를 통해 결과적으로 정당의 지지기반의 확대를 기대할 수 있다는 것이다. 더욱이 한국의 정당정치가 정당활동에 적극적으로 참여하고 당비를 납부하는 진성당원이 극소수인 현실에서 오픈 프라이머리의 도입은 일반 유권자에 의한 정당의 지지기반을 확대해 나갈 수 있는 대안이라고 보는 것이다.[27] 요컨대 오픈 프라이머리 도입의 찬성론자들은 일반 국민의 정당의 후보선출과정에 참여함으로써 후보선출방식의 정당성을 높이고 궁극적으로는 참여민주주의의 가치를 진작시킬 수 있으며, 정당의 선거 경쟁력을 제고할 수 있다는 점에서도 중요한 정치적 효과를 기대할 수 있다고 주장한다. 그리고 당원수의 감소와 진성당원의 확보가 어려워지는 정당정치의 현실에서 오픈 프라이머리의 도입은 정당의 현실변화에 대처하고 정당의 생존을 모색하는 효율적인 방안이라고 주장한다.[28]

이에 대해 오픈 프라이머리 도입을 반대하는 입장은 정당의 후보자추천은 정당의 내부문제로서 정당의 고유한 권한에 속하므로 오픈 프라이머리를 도입하게 되면 정당의 자율성을 침해하게 되고 정당의 기능과 책임성이 약화된다는 것이다. 오픈 프라이머리는 당원의 권한과 역할을 축소시킴으로써 장기적으로 정당 기반을 약화시키게 되고, 조직선거와 동원선거의 가능성으로 인해 선거비용이 확대되고 정치신인에게 불리한 제도가 된다는 것이다. 즉 오픈 프라이머리의 도입은 후보자의 자질이나 정책적 입장보다는 대중적 지지도에 민감하게 반응하게 되므로 정책선거보다는 대중적 인기에 영합하는 인물선거로 전락할 가능성이 높으며 선거과정이 지나치게 길어지게 되어 선거비용의 증대로 인해 금권정치로 타락할 가능성이 존재한다는 것이다.[29] 그리고 정당의 이념적 기반의 부재, 정당정체성의 불명확성, 정당조직의 비민주성 등의 문제를 안고 있는 한국적 상황에서 오픈 프라이머리의 도입은 정당의 응집력을 약화시키게 되어 정당의 이념에 기초한 정책표출능력의 약화로 이어지고 결국 정당이 일관된 정책노선을 견지하기 어렵게 되어 정당의 본래의 기능인 사회적 이익의 수렴과 조직화가 어렵게 된다고 지적한다.[30] 그 밖에 오픈 프라이머리는 반대정당에

27) 이정진, 앞의 글(주20), 2면.

28) 오픈 프라이머리 도입의 찬성론으로는 박효종, 후보자경선이 정당민주화와 정치민주화에 끼친 영향 및 발전적 운영방안, 선거관리 제48호, 2002, 66~67면; 모종린/전용주, 후보경선제, 본선경쟁력 그리고 정당민주화, 한국정치학회보 제38집 제1호, 2004, 239면; 정진민, 정책정당 실현을 위한 내부조건, 「통일로」 제163호, 2002, 100면.

29) 이현우, 미국 예비선거 경험과 한국의 완전국민경선제, 「시대정신」 제33호, 2006, 161~162면; 김진하, 미국 대통령후보자 선출과정: 개방형경선제 도입 적절성에 관한 비판적 고찰, 「정책연구」 통권 151호, 2006, 93~94면.

30) 김종갑, 오픈프라이머리 도입논의와 한국적 수용가능성, 「사회과학연구」 제15집 제2호, 2007, 231면.

의한 역선택으로 정당공격(party raiding)의 수단으로 이용될 수 있다는 문제점[31)]이 있으며, 전국적 동시투표가 아닌 순회투표를 실시할 경우 프론트 로딩(front-loading)의 문제가 있다는 것이다.[32)]

요컨대 오픈 프라이머리 도입론은 한국의 정당정치와 공천제도의 획기적 개혁을 위한 방안으로서 공천과정의 민주성과 개방성·공정성을 확보할 수 있는 제도이면서 동시에 선거과정에의 국민적 관심과 참여를 확대해 나갈 수 있다는 참여민주주의의 관점에서 긍정적으로 평가될 수 있다. 반면에 오픈 프라이머리의 도입과 법제화는 정당의 정체성을 약화시키고 조직선거와 인물선거 및 금권선거의 우려가 있을 뿐 아니라 법리적 측면에서도 정당의 자유와 자율성을 침해하는 문제가 제기되므로 신중한 검토가 필요하다고 할 것이다. 왜냐하면 오픈 프라이머리의 법제화는 국가가 정당의 공천과정에 개입하여 구체적 경선절차와 방법, 일정 등을 법률에 의해 규율하게 되는 것이므로 이는 헌법상 정당의 자유로운 지위를 침해하는 문제가 있게 된다.

(2) 오픈 프라이머리 법제화의 합헌성문제

정당공천제도의 개혁방안으로 제시된 중앙선거관리위회의 정치관계법 개정의견이나 정치권에서 제안한 공직선거법개정법률안 등에 의하면 공직선거법에 경선일자, 경선방식, 경선대상, 투표소설치, 선거관리위원회에 의한 경선관리 등을 규정하고, 경선방법으로는 당원뿐만 아니라 일반 국민이 참여하는 완전국민경선제의 채택을 내용으로 하고 있다. 이러한 완전국민경선제 내지 오픈 프라이머리의 법제화는 그 긍정적 측면과 함께 부정적 측면의 양면성이 있음을 주의할 필요가 있다. 오픈 프라이머리의 법제화는 그 긍정적 기대효과가 있는 반면에 그것이 헌법상 보장된 정당의 자유를 지나치게 제한하는 것이 아닌가 하는 위헌성문제가 제기되기 때문이다. 정당의 후보자추천이 정당의 내부질서

31) 정당공격의 전술은 개방형 예비선거제도를 채택하는 경우 특정 정당의 예비선거에 반대정당의 당원이 참여하여 약체 후보를 선출시키으로써 본선거에서 패하도록 하는 것을 말한다. 이러한 정당공격을 막기 위해 뉴욕주는 폐쇄형 예비선거를 취하면서 당원의 등록요건으로 대통령예선의 경우 예비선거 실시 8개월전, 그밖의 예선은 11개월전에 등록하도록 하였는데, 이러한 주법이 당원의 예비선거 투표권을 침해한다는 주장에 대해 연방대법원은 그러한 당원의 대기기간의 제한은 정당공격에 대한 합리적인 입법조치로서 합헌이라고 판시한 바 있다. Rosario v. Rockefeller, 410 U.S. 752 (1973).

32) 미국에서 예비선거의 '프론트 로딩'의 문제점에 관하여는 안순철, 앞의 책(주23), 103면 이하.

의 문제이면서 선거과정의 필수부분으로 인식하는 경우에 당원에 의한 상향적인 후보자추천과정을 확보하기 위하여 당원에 의한 비밀투표의 공천절차를 법률로써 규율하는 것은 가능하다고 할 것이다. 헌법상 정당내부질서의 민주화의 요청에 따라 당내민주주의와 공천과정의 민주화를 위한 이러한 정도의 법적 규제는 과잉금지의 원칙에 위배된다고 볼 수 없으므로 정당의 자유를 침해하는 것이라 할 수 없다. 따라서 미국에서의 폐쇄형 예비선거(closed primary)를 법제화하는 것은 위헌성문제가 제기되기 어렵다.

그러나 당원뿐만 아니라 일반 유권자가 하나의 정당을 선택하여 그 정당의 후보선출을 위한 경선에 자유롭게 참여하는 오픈 프라이머리의 법제화는 국가권력으로부터 자유로운 지위에 있는 정당의 자율성을 침해하는 것이 될 수 있다. 미국의 경우 헌법상 정당조항을 두고 있지 않지만 정당의 설립과 활동의 자유는 정치적 결사의 자유에 의해 보호되고 있으며,[33] 후술하는 바와 같이 오픈 프라이머리를 규정한 주의 법률에 대해 정당의 결사권침해를 이유로 위헌이라고 판시한 연방대법원 판례들도 볼 수 있다. 즉 정당이 후보자선정을 위한 예비선거에서 정당소속 당원에게만 선거권을 부여하고 하는데 국가(주)가 강제로 예비선거 참가자격을 개방하도록 하는 것은 위헌이라는 것이다. 국내의 학계에서도 미국형 오픈 프라이머리를 법제화하는 것에 대해 위헌성의 문제를 제기하는 견해가 있다. 즉 "법률로 국민경선을 강제하는 것은 위헌의 소지가 있지만 정당이 스스로 당헌·당규로 국민경선제를 강제하는 것은 당의 자율적 선택이므로 아무 문제가 되지 않으며 오히려 바람직하다"는 것이다.[34]

---

33) 미국헌법은 정당조항을 두고 있지 않지만 연방대법원판례에 의해 개인의 자유로운 정당결성권은 국민의 기본권으로 인정되어 왔다. Sweezy v. New Hampshire, 354 U.S. 234(1957) 판결에서 Warren 대법관은 "미국의 통치형태는 모든 국민이 정치적 표현과 정치적 결사의 권리를 갖는다는 것을 전제로 성립된 것이다"라고 하면서 정당의 결성권은 수정헌법 제1조의 '집회의 권리'(right of assembly)에 포함되는 것이라고 판시하였다. 학계에서도 정당의 자유는 언론출판의 자유, 집회의 자유, 선거권 등에 관한 헌법적 보장의 부산물로 인정되는 것으로 보고 있다. David Fellman, Constitutional Rights of Association, in Philip B. Kurland ed., Free Speech and Association: The Supreme Court and the First Amendment, Univ. of Chicago Press, 1975, p.54.

34) 도회근, 앞의 논문(주16), 260면.

(3) 사 견

생각건대 정당의 공천절차로서 오픈 프라이머리의 법제화에 관한 논쟁은 근본적으로 정당공천의 성격을 정당의 내부문제로 보고 국민의 임의적·사적 결사로서 정당의 자유로운 지위와 자율권을 존중할 것인가, 아니면 정당공천이 선거과정의 필수부분이므로 유권자의 선거참여의 확대를 통한 공정하고 민주적인 선거제도의 확립의 관점에서 볼 것인가라는 두 개의 대립되는 헌법적 가치의 충돌문제를 의미한다. 한국의 정당정치와 공천과정의 비민주성과 폐쇄성에 비추어 후보자선정절차의 공정성과 투명성 개방성을 통한 민주적 선거제도 확립을 위해 완전국민경선제를 법제화하는 것은 목적의 정당성이 인정될 수 있다. 그렇지만 헌법상 정당은 본질적으로 국민의 자발적 결사로서 국가권력으로부터 자유로운 지위에 놓이기 때문에 정당의 내부문제에 국가가 개입하는 데에는 한계가 있게 마련이며 정당의 후보자추천의 방법을 법률로써 강제하는 것은 과잉금지의 원칙에 위배되는 문제가 있다. 미국에서의 정당의 자유에 대한 헌법적 보장은 결사의 자유보장과 같은 수준에서 이루어지고 있으나, 우리 헌법은 제8조의 정당조항을 두어 일반결사와 달리 정당에 대해 특별한 보호를 인정하고 있다는 점에서 미국의 각 주에서의 정당규제법의 내용이 한국의 헌법체계 하에서 그대로 적용될 수 있는 것은 아니라고 할 것이다.[35] 따라서 정당의 공천과정에 대한 법적 규제는 정당의 자유보장과 민주적 선거제도의 확립이라는 서로 대립되는 두 헌법적 가치를 조화적으로 실현할 수 있도록 해야 하며, 미국형 오픈 프라이머리를 도입하는 경우에도 그 구체적인 유형과 방식은 우리의 법체계와 균형을 이룰 수 있는 것이어야 한다.

---

35) 우리 헌법은 결사의 자유보장(제21조 제1항, 제2항)과 동시에 결사의 자유에 대한 특별조항으로 제8조에 정당조항을 규정하여 고도의 정당국가적 민주주의를 지향하고 있으며, 정당의 본질은 국민의 자발적 조직(정당법 제2조)으로서 국가로부터 자유로운 지위에 있는 것이기 때문에 정당의 설립과 활동의 자유는 미국헌법하에서 집회(결사)의 자유에 근거하여 보장되는 정당의 자유보다는 높은 수준에서 보장을 받는 것으로 이해할 수 있다. 더욱이 헌법 제8조 제1항의 "정당설립의 자유와 복수정당제 보장"은 정당조직의 국가화·관제화 금지는 물론이고 서로 다른 사회적 조건과 정치적 견해를 가진 여러 정당의 존재를 인정함으로써 다원적 정당제의 성립을 보장하는 것으로서 이는 당연히 정당의 자율성 보장을 전제로 하는 것이므로 법률에 의한 정당공천과정에의 일률적 규제는 헌법적 한계를 가질 수밖에 없다.

3. 미국에서의 오픈 프라이머리 제도와 그에 관한 위헌논쟁

(1) 예비선거제도 규제에 관한 주 입법의 전개

미국에 있어서 정당의 후보자선출을 위한 예비선거제도는 정당내부의 문제로서 주 법률에 의한 규제의 대상이 되지 아니하였으나 1903년 위스콘신주에서 최초로 정당의 예비선거과정을 전반적으로 규율하는 법률을 제정한 이후 각 주에서는 예비선거를 법제화하기 시작하였다. 정당에 대한 입법적 대처의 초기에는 예비선거의 법적 성격에 대하여 연방대법원은 "예비선거는 공직에 대한 선거가 아니라 정당지지자들에 의한 단순한 후보자의 선택방법에 불과하고 아무리 그것이 본선거의 결과에 영향을 준다 하더라도 헌법에서 규정하는 선거에 해당하지 않으며 연방의회의 연방선거 규율권은 예비선거에까지 미치지 않는다"고 판시하였다.[36] 그러나 이러한 견해는 1940년대에 들어와 United States v. Classic 판결[37]을 계기로 수정되어 예비선거는 '선거과정의 필수부분'을 구성하고 특히 사실상 민주당 일당지배하에 있는 주에 있어서는 예비선거가 본선거의 결과에 중대한 영향을 미친다고 하는 인식에 기초하여 예비선거도 본선거와 마찬가지로 헌법 제1조 제2항에서 규정한 '선거'에 해당한다고 함으로써 예비선거과정을 헌법적 관심사로 끌어올리게 되었다. 1944년 Smith v. Allwright 판결[38]에서는 주법률이 본선거 투표용지에 후보자명기재의 요건으로 예비선거에 의한 정당후보자 지명을 규정한 것을 근거로 주법의 상세한 규율하에서 예비선거를 집행하는 정당을 '주의 기관'(state organ)으로서의 성격을 인정함으로써 예비선거가 사적 결사의 단순한 내부 행사에 불과하다는 종전의 견해를 배척하게 되었다.

(2) 오픈 프라이머리의 채택과 정당의 자유와의 충돌문제

미국에서 오픈 프라이머리 제도와 관련한 연방대법원 판례는 1980년대부터 주(州) 법률과 정당의 규약 간의 다툼에서 등장하고 있다. 그 최초의 판례인 1981년 La Follette 사건[39]에서는 개방형 오픈 프라이머리를 취하고 있는 위스콘

36) Newbery v. United States, 256 U.S. 232 (1921).

37) 313 U.S. 299 (1941).

38) 321 U.S. 649 (1944).

39) Democratic Party of the United States v. Wisconsin ex rel. La Follette, 450 U.S. 107 (1981).

신주법과 이와 반대로 폐쇄형 예비선거를 정하고 있는 전국민주당 규약 사이의 우열의 문제에 대하여 연방대법원은 정당후보자의 선출과정에 대한 적절한 참가자격요건을 결정하는 것은 입법부도 사법부도 아닌 정당이라고 하여 정당의 결사로서의 조직윤곽을 확정할 권리를 인정하였다. 1986년의 Tashjian 사건[40]에서는 주의 법률이 폐쇄형 예비선거를 규정하고 있음에도 이에 반하여 당원뿐만 아니라 무소속 유권자에게도 예비선거의 투표에 참여시키는 정당의 규약이 문제가 되었다. 연방대법원은 La Follette 판결을 발전시켜 주의 법률에 의한 정당규제가 필수적인 주의 이익을 달성하기 위한 필요최소한도의 제약은 아니라고 하면서 예비선거에의 참가자격 결정권은 정당의 자치에 해당하는 것으로 주의 규제입법에 우선한다고 판단하였다. 이 판결에서 연방대법원은 수정헌법 제1조, 제14조의 결사의 권리를 근거로 하여 정당이 주법의 규정에 반하여 예비선거에의 참가자격자의 범위를 비당원에게로 확장하는 것은 정당의 결사권으로서 인정된다고 판시하였다.

위의 두 판결에서 알 수 있듯이 연방대법원은 주 법률에 의해 정당의 예비선거과정을 개방형으로 규정하더라도 정당이 당헌·당규로 폐쇄형 예비선거를 정한 경우에는 정당의 결사의 자유를 우선하여 주법률로써 당내경선과정에 개방형을 강제할 수 없다고 판시하였고, 그와 반대로 주법률이 폐쇄형 예비선거를 규정하고 있더라도 정당이 개방형 예비선거를 채택한 경우에는 주 법률에 우선하여 정당의 개방형 예비선거가 인정되며 이는 정당의 결사권에 의해 보장된다는 것이다. 이러한 판례의 입장은 주의 법률로써 정당의 민주적 후보지명과정을 확보하기 위한 예비선거제도를 규정할 수 있지만 정당이 폐쇄형 예비선거를 택할 것이지 아니면 개방형 예비선거를 택할지는 정당이 자율적으로 결정할 수 있는 것이며, 그것은 헌법상 보장된 결사의 자유에 근거한 것이라고 보는 것이다. 따라서 폐쇄형 예비선거를 채택한 정당에 대해 법률로써 개방형 예비선거를 강제하는 것은 정당의 결사권을 침해하는 것으로 허용될 수 없다는 것이 연방대법원의 태도이다. 이러한 주법률에 의한 예비선거 규제와 연방대법원의 판례의 태도는 우리의 정당공천제의 개혁방안에 관한 논의에 있어 중요한 시사점을 주는 것이라 할 수 있다.

40) Tashjian v. Republican Party of Connecticut, 479 U.S. 208 (1986).

(3) 오픈 프라이머리의 새로운 유형과 그에 대한 위헌논쟁

가. 포괄형 예비선거(블랭킷 프라이머리)

오픈 프라이머리의 유형에 속하는 것으로 볼 수 있으면서 일반적인 오픈 프라이머리와 구별되는 이른바 '포괄형' 내지 '일괄형' 예비선거제도(blanket primary)에 대해서도 그것이 정당의 결사권을 침해하는 것이 아닌가의 문제가 제기되었다. 포괄형 예비선거제도는 1935년 워싱턴주에서 최초로 도입되었고 그 후 1996년 캘리포니아주가 뒤늦게 채택하였는데, 이 제도는 주의 공직별로 투표용지에 모든 정당의 후보자명이 인쇄되고 일반 유권자는 공직별로 정당을 변경해 가면서 자유롭게 투표하는 것(예컨대 주지사에는 민주당, 하원의원은 공화당처럼 정당구분을 넘어서 오픈 프라이머리 이상으로 자유로운 선택을 허용하는 것)이 인정되는 제도를 말한다. 이러한 포괄형 예비선거제도는 유권자에 대해 사전에 지지정당 표명을 요구하지 않을 뿐만 아니라 정당간에 교차투표를 인정하는 것이므로 정당의 구심력이 약화되고 결사권 침해의 가능성이 크며, 특히 전국정당은 대통령후보지명에 포괄형 도입을 강하게 반대하기 때문에 포괄형 예비선거는 주 및 지방단계의 공직선거에 한정되어 실시되었다. 워싱턴주 법률에 의한 포괄형 예비선거제도에 대하여 워싱턴주 민주당은 정당간의 교차투표를 가능하게 하는 포괄형 예비선거가 정당의 결사의 자유를 침해하는 위헌적인 제도라고 주장하여 제소하였다.[41] 이 사건에서 주 대법원은 전원일치로 원고가 실질적인 결사권침해를 입증하지 못했고 또한 주에는 포괄형 예비선거를 실시함에 필수적인 이익이 있다고 하여 원고의 소를 기각하였다. 법원은 예비선거에 관한 상세한 주법규정에 의해 정당은 '주의 기관'(state organ)의 성격을 갖게 된다고 판시하면서, 정당이 이처럼 '공적 성격'을 겸하는 이상 일반의 결사와 동렬에 놓이는 것은 아니며 정당활동의 중요성으로부터 볼 때 정당이 자유롭게 어떤 종류의 사람을 예비선거에서 배척하는 것이 가능한 사적 조직은 아니라는 Allwright 판결의 선례를 답습하였다. 그리하여 정당이 임의적 결사이기 때문에 예비선거의 투표자격을 당원에게 한정해야 한다는 정당의 주장은 배척되었다.

위싱턴주에 이어 캘리포니아주도 1996년부터 위싱턴주와 같은 포괄형 예

41) Heavey v. Chapman, 93 Wash. 2d 700, 611 P. 2d 1256 (1980).

비선거제도를 도입하였는데 여기서도 포괄형 예비선거제도의 위헌성이 문제되었다. 캘리포니아주 법률은 정당에 가입하지 않은 유권자를 포함한 모든 유권자는 후보자의 정당소속에 관계없이 어떠한 후보에게도 투표할 수 있다고 규정함으로써 예비선거의 투표용지에는 모든 정당의 후보가 기재되어 있고 유권자는 아무런 제약없이 각 공직별로 정당에 관계없이 어느 후보에게도 투표할 수 있었고 가장 많이 득표한 예비후보자가 각 정당의 본선 후보로 결정되었던 것이다. 그러나 포괄형 예비선거에 관한 새로운 법률규정은 당시 캘리포니아주의 민주당과 공화당 및 군소정당의 당규와 충돌하는 것이었다. 각 정당은 이러한 포괄형 예비선거제도가 위헌이라고 주장하면서 연방지방법원에 소를 제기하였다. 연방지방법원은 새로운 제도로 인해 정당에 가입해 있지 않은 유권자의 의사가 정당후보 결정에 반영될 수 있음을 인정하면서도 이 제도로 인해 원고인 각 정당이 받게 되는 결사의 자유에 대한 제약은 심각한 것이 아니라서 선거의 민주적 성격을 강화하려는 주의 이익은 이러한 제약을 정당화한다는 이유로 포괄형 예비선거제도를 합헌이라고 판단하였다. 1999년 연방항소법원도 이 지방법원의 판결을 지지하여 원고측 항소를 기각하였다.[42]

캘리포니아주의 포괄형 예비선거제도에 관한 획기적인 판결은 2000년 6월 California Democratic Party v. Jones 사건에서 연방대법원이 포괄형 예비선거제도는 정당의 결사의 자유를 심각하게 침해한다는 이유로 연방항소법원의 판결을 번복하고 위헌이라고 판시한 것이다.[43] 이 판결에서 연방대법원은 주가 정당의 내부절차를 규율할 수 있지만 그러한 경우에도 헌법이 정하는 한계를 벗어날 수 없다고 하고, 유권자는 정당에 가입할 수 있는 자유가 있기 때문에 폐쇄형 프라이머리를 채택한다고 해서 정당에 가입하지 않은 사람들이 참정권을 제한받게 된다고 주장할 수 없으며, 오히려 비당원의 선거참여로 당원들의 자기결정권이 침해된다고 지적하였다. 즉 헌법상 결사의 권리는 반드시 '결사를 하지 않을 권리'(right not to associate)를 포함하며 정당의 후보자추천절차에서 정치적 신념을 달리하는 사람을 배제할 수 있는 권리(right to exclude)보다 중요

42) 984 F. Supp. 1288 (1997); 169 F. 3d 646 (1999). 캘리포니아주의 포괄형 예비선거제도에 관한 연방지방법원 판례는 이상돈, 앞의 논문(주5), 20면 이하.

43) 530 U.S. 567 (2000).

한 것은 없다고 판시하였다.[44] 그리고 캘리포니아의 포괄형 예비선거는 정당후보자가 그 정당에 가입하지 않은 유권자에 의해 결정되거나 심지어 다른 정당에 가입한 유권자에 의해 결정되는 결과를 초래할 가능성이 있다는 점을 지적하였다. 이 사건에서 캘리포니아주는 포괄형 예비선거가 정당에 대한 제약이 심각하지 않다고 주장하였으나 이에 대해 연방대법원은 그러한 주장은 헌법이 보장하는 결사의 자유에 관한 헌법해석을 행하여 온 기존의 판례에 반하며 포괄형 예비선거제도가 정당화하기 위해서는 그 제도 도입의 엄격한 필요성이 입증되어야 하지만 캘리포니아주는 그것을 입증하지 못했다고 판시하였다.[45]

캘리포니아주의 포괄형 예비선거제도에 대한 위헌판결은 워싱턴주의 포괄형 예비선거제도에도 직접 영향을 미치게 되었으며 주 정당들은 포괄형 예비선거가 위헌이라는 선언적 구제를 구하는 소송을 제기하였고 결국 연방대법원은 포괄형 예비선거가 위헌이라는 연방항소법원의 판결에 대한 상고를 기각하여 워싱턴주의 포괄형 예비선거제도는 무효화되었다.[46]

나. 톱 투 프라이머리(top two primary)

전술한 바와 같이 워싱턴주는 포괄형 예비선거제도가 위헌판결을 받았음에도 불구하고 주민들이 정당에 관계없이 프라이머리에 참여할 수 있는 제도를 유지하기를 강력히 희망하였기 때문에 당시 루이지애나주에서 채택된 '톱 투 프라이머리'(top two primary)[47]의 도입에 관한 주민발안이 통과되어 2004년부터

---

44) 이 판결은 정당의 후보자추천은공통의 정치적 신념을 가지고 있는 사람들끼리만 할 수 있고 그렇지 않은 사람을 그 과정에서 배제할 수 있다고 판단한 것이다. 따라서 당원만이 참여하는 폐쇄형 예비선거는 인정되지만 비당원인 일반 유권자와 다른 정당의 당원까지 참여할 수 있는 캘리포니아주의 블랭킷 프라이머리는 위헌이라고 판시한 것이다.

45) Jones 판결에 관한 내용은 이상돈, 앞의 논문(주5), 21면 이하; 도회근, 정당의 국민참여형 공천제 정착을 위한 헌법적 과제, 「공법연구」 제34집 제3호, 2006, 236면 이하.

46) Certiorari denied, 540 U.S. 1213 (2004).

47) 톱 투 프라이머리는 루이지애나주에서 1975년 최초로 도입한 제도로서 주의 공직후보자는 정당소속이나 무소속임을 밝히면서 예비선거에 출마하고 일반 유권자는 자신의 당적 여부에 관계없이 어느 후보에게나 투표할 수 있다. 예비선거에서 투표자의 과반수를 얻은 후보가 있으면 그 후보가 본선거를 치루지 않고 바로 당선자로 확정되며, 과반수를 얻은 후보가 없는 경우에는 상위 다수득표자 두 명을 상대로 결선투표(run off)를 하게 되며, 이 결선투표가 본선거가 되는 것이다. 다만 대통령선거에서는 이 방식을 적용하지 않고 폐쇄형 예비선거를 실시하였다. 루이지애나주의 이러한 톱 투 프라이머리 방식은 '런 오프' 프라이머리(run off primary)라고도 불린다. 그러나 이러한 톱 투 프라이머리는 2008년

톱 투 프라이머리를 시행하게 되었다. 이 제도는 포괄형 프라이머리와 마찬가지로 유권자들이 당적에 관계없이 모든 공직의 프라이머리에 참여해서 공직별로 어느 정당의 후보이든지 상관없이 한 사람의 후보에게만 투표하고 그 결과 다수득표자 두 명이 본선거에 출마하는 방식을 말한다. 이 제도에 의하면 같은 정당출신 후보 두 명이 본선거에 출마할 수도 있기 때문에 유권자가 본선거에서 정당후보를 선택하는 권리가 침해당하게 되는 문제가 있는 것이다.

워싱턴주의 톱 투 프라이머리의 위헌여부에 대하여 연방지방법원과 연방항소법원은 정당의 결사의 자유 침해를 이유로 위헌이라고 판시하였으나,[48] 연방대법원은 2008년 연방항소법원의 판결을 파기하고 톱 투 프라이머리가 헌법에 합치한다고 판결하였다.[49] 연방대법원은 이 제도는 시행도 하지 않았기 때문에 그렇게 법령의 문면만 보고 위헌이라고 주장하는 것은 설득력이 없으며, 워싱턴주의 프라이머리는 앞의 Jones 판결에서 위헌으로 판시한 캘리포니아주의 포괄형 예비선거와 동일하지 않으며 톱 투 프라이머리는 정당이 추천하는 후보를 선출하는 것이 아니라고 강조하였다. 즉 워싱턴주의 톱 투 프라이머리는 정당의 지명절차와 무관하게 이루어지기 때문에 비정당적 프라이머리이며 정당의 결사의 자유를 심각하게 제한하는 것이 아니라고 판시하였다. 이러한 연방대법원의 판결에 따라 워싱턴주는 2008년 8월 톱 투 프라이머리 제도에 의한 선거를 실시하였는데, 그 결과 주 상원의원 두 개 선거구와 주 하원의원 다섯 개 선거구에서 두 명의 동일정당 후보간에 본선거에서 다투는 일이 발생하게 되었다.[50]

(4) 요 약

전술한 바와 같이 미국의 각 주에 있어서 정당의 후보자지명과정에 대한 법적 규제는 그 지명과정이 공직선거의 구성부분으로 인식되면서 가능하게 되

주법률에 의해 폐지되고 상·하원의원선거는 폐쇄형 프라이머리로 바뀌게 되었다. 다만 주지사와 주의원, 시장 등의 선거는 여전히 런 오프 프라이머리를 실시하고 있다.

48) 연방항소법원은 워싱턴주의 톱 투 프라이머리는 정당이 자신들의 후보로 뽑고 싶지 않은 사람을 그 정당의 후보로 선출하게 되기 때문에 이로 인하여 정당의 '결사를 하지 않을 권리'(right not to associate)를 침해하기 때문에 위헌이라고 판시한 것이다.

49) Washington State Grange v. Washington State Republican Party, et al., 552 U.S. 2008 (2008).

50) 이상돈, 앞의 논문(주5), 27면.

었고 주법률에 의한 예비선거에 참여하는 정당은 사적 결사와 국가(주)의 기관(state organ)으로서의 이중적 성격을 인정받게 되었다. 연방대법원은 주 법률에 의해 정당의 예비선거과정을 개방형으로 규정하더라도 정당이 당헌·당규로 폐쇄형 예비선거를 정한 경우에는 정당의 결사의 자유가 우선하기 때문에 주법률로써 당내경선과정에 개방형을 강제할 수 없다고 판시하였고, 그와 반대로 주 법률이 폐쇄형 예비선거를 규정하고 있더라도 정당이 개방형 예비선거를 채택한 경우에는 주 법률에 우선하여 정당의 개방형 예비선거가 인정되며 이는 정당의 결사권에 의해 보장된다고 하였다. 그리고 개방형의 유형 중에서 포괄형 예비선거제도(블랭킷 프라이머리)는 정당의 결사의 자유를 침해하는 것으로 위헌이며, 톱투 프라이머리는 비정당적 프라이머리로서 합헌성을 인정받고 있다. 이러한 판례들을 볼 때 연방대법원은 기본적으로 정당의 결사의 자유보장을 공천과정에 대한 법적 규제에 따른 공적 이익에 우선하는 태도를 취하고 있다고 할 수 있다.

Ⅳ. 한국형의 민주적 정당공천제도의 확립방안

1. 정당공천의 법적 성격에 따른 개방형의 허용여부

우리나라의 정당공천제도 개혁의 필요성과 당위성에 대하여는 국민적 공감대가 형성되어 있으나 그 구체적 방법으로써 미국형 오픈 프라이머리의 도입 여부에 관하여는 의견이 대립되고 있다. 그러나 오픈 프라이머리의 법제화는 법리적 검토가 전제되어야 하는 문제임은 전술한 바와 같다. 오픈 프라이머리의 도입과 법제화를 주장하는 입장은 정당공천과정을 정당의 내부문제로 보는 것에서 벗어나 선거과정의 구성부분으로 인식하고 정당의 후보자추천과정에 일반 유권자의 폭넓은 참여를 통해 정당 지도부에 의한 폐쇄적이고 하향적인 공천을 배제함으로써 선거과정의 첫 단계인 후보자지명과정에서부터 민주성과 공정성을 확보하는 것을 그 목적으로 하는 것이다.

그러나 오픈 프라이머리에 대한 비판적 입장은 정당의 공천과정이 오늘날 선거과정의 필수부분으로 간주된다고 하더라도 그것은 정당 내부의 의사결정의 문제이므로 정당이 당헌·당규에 의해 자율적으로 공천절차를 정하여야 하며 후보자선출에의 참가자격은 정당의 구성원인 평당원과 대의원 등으로 한정해야 한다는 것이다. 다만 헌법상 요청되는 당내민주주의의 실현을 위해 그 핵심과 제로서 정당공천과정의 민주화가 요구되며, 그 구체적 방법은 일반 당원에 의한 상향적 의사결정방식을 채택해야 하는 것이다. 그러므로 당원이 아닌 일반 국민의 공천과정 참여는 정당의 자율성을 침해하게 되고 헌법상 보장된 정당의 조직과 활동의 자유를 지나치게 제한하게 된다는 것이다.

따라서 오픈 프라이머리의 법제화의 논의에 있어서는 우선 정당공천의 법적 성격을 분명히 하는 것이 중요한 의미를 가지는데, 정당공천의 성격은 한마디로 정당의 내부문제임과 동시에 공직선거의 구성부분이라는 양면성을 가지는 것으로 보아야 할 것이다. 먼저 정당의 공천은 정당내부의 의사결정의 문제임을 부정할 수 없다. 국민의 자발적 조직이며, 사적·임의적 결사인 정당은 국가권력으로부터 자유로운 지위에서 정당의 후보자추천을 자율적으로 결정할 수 있다. 다만 정당의 민주적 내부질서(당내민주주의)의 요청에 따른 일정한 제약을 받을 수 있으며 당내민주주의 실현의 전제조건인 정당의 민주적 공천절차 확보를 위하여 당원들에 의한 비밀투표[51] 등을 법으로 규정할 수 있지만, 비당원인 일반 국민의 당내경선 참여를 정당에 강제하는 것은 곤란하다.[52] 비당원의 참여는 정당의 자유와 당원의 결사의 자유 또는 당원이 비당원과 '결사를 하지 않을 권리'(right not to associate) 등을 침해하게 되기 때문이다.[53] 그렇지만 정당이 스스로 당내경선에 당원뿐만 아니라 일정 범위의 일반 국민을 참여시키

51) 독일의 경우 정당의 후보자추천(Aufstellung von Wahlbewerbern)에 관하여 정당법과 연방선거법에 법제화하고 있는데 정당법은 정당의 후보자추천은 당원대회나 대의원대회에서 비밀투표로 결정하여야 한다고 규정하고 있으며, 특히 연방선거법은 비밀투표에 의한 후보자결정은 최종적인 것으로 주의 당집행부나 연방정부가 개입할 수 없도록 규정하고 있다. 이러한 당원에 의한 비밀투표의 규정은 우리나라의 정당의 후보자추천절차에 있어서도 공직선거법에 그대로 적용하는 것을 검토할 필요가 있다고 할 것이다. 정만희, 앞의 책(주6), 571면.

52) 이 점에서 현행 공직선거법도 제47조에 정당후보자추천은 "민주적 절차에 따라야 한다"고 규정하면서도 후보자추천을 위한 당내경선에 관하여는 제57조의2 제1항에 "당내경선을 실시할 수 있다"라고 하여 강행규정이 아닌 임의규정의 형식으로 명문화한 것이 아닌가 생각된다.

53) 앞의 Jones 사건에서의 위헌판결(주41)과 워싱턴주의 톱투 프라이머리에 대한 연방항소법원의 위헌판결(주46) 참조.

는 것은 정당공천의 공정성과 민주성을 확보하고 대중적 원외정당조직을 확대해 나가기 위해서 바람직하다고 볼 수도 있다.

다른 한편, 현대의 정당국가적 민주주의에 있어서 정당은 국민의 정치적 의사형성에 참여하는 공적 기능을 수행하며, 정당의 공천은 공직선거에 참여하는 후보자를 선정하는 과정으로서 선거의 구성부분임에 틀림없다. 이 점에서 정당의 공천과정은 공직선거법에 의한 규율대상이 될 수 있다. 따라서 국가는 민주적 선거제도를 유지하기 위해서 선거과정의 구성부분인 정당의 공천과정에 대해 민주적인 절차를 유지할 수 있도록 법률로써 일정한 규제를 하는 것은 가능하게 된다. 그렇다고 해서 정당공천과정의 공정성과 민주성을 확보하기 위한 목적으로 미국형 오픈 프라이머리나 블랭킷 프라이머리와 같은 완전개방형 경선의 실시를 법제화하는 것은 정당의 본질에 해당하는 국민의 자발적 조직이며 임의적 결사로서의 정당의 '자유로운 지위'를 침해하게 되는 문제가 제기된다.

따라서 우리 헌법 하에서 민주적 정당공천의 방법으로서 유권자의 참여를 인정할 수 있더라도 미국형의 오픈 프라이머리의 법제화는 정당의 자유 및 당원의 결사의 권리와 직접 충돌하게 되는 위헌성 문제를 야기할 수 있으므로 신중하게 접근해야 할 것이다. 그렇다면 정당공천의 개혁방향은 기본적으로는 당원 중심의 상향적 의사결정방식을 유지하는 것이 중요하며, 동시에 정당공천이 곧 선거과정의 구성부분을 의미하므로 선거과정의 민주적 정당성 제고를 위해 일정 범위의 국민을 참여시키는 것은 허용되더라도 그 허용의 범위가 문제로 남게 된다. 결국 이 문제는 정당의 결사의 자유와 일반 유권자의 선거참여로 얻게 되는 공적 이익이라는 대립하는 두 가치 중에서 어느 것을 우선할 것인가의 문제라 할 수 있다. 정당국가적 민주주의에 있어서 정당의 자유의 헌법적 가치가 중요하지만 유권자의 후보자선출과정에의 참여를 통한 선거의 공정성과 민주적 정당성의 제고라는 가치 또한 중요하므로 이 양자의 조화적 실현을 기대할 수 있는 선에서 일반 유권자의 경선참여의 범위가 정해져야 할 것이다. 이 점에서 정당의 자유는 유권자의 참여이익보다 항상 우선하는 가치로 보기 어렵지만 동시에 정당의 자유는 한국의 헌법체계 하에서 강한 보장을 받고 있으며 그 제한은 최소한에 그쳐야 하는 것이므로 완전개방형인 오픈 프라이머리를 그대로 도입하여 법제화하는 것은 허용되기 어렵다고 할 것이다.

2. 민주적 공천절차의 법제화의 범위와 정도

전술한 바와 같이 정당의 민주적 공천을 실현하기 위하여 당원의 당내경선뿐만 아니라 일반 국민의 경선참여를 인정하는 경우에 어느 정도의 개방형을 법률로써 규정할 수 있는지가 문제된다고 할 것이다. 현행 정당법은 정당의 민주적 후보자추천에 관한 규정을 삭제하였으며 공직선거법에 정당의 후보자추천은 민주적이어야 한다고 규정하고 있으나 이 규정은 강행규정으로 보기 어렵고 단지 선언적 의미를 가지는 훈시규정에 불과하다.[54] 그리고 당원과 비당원이 참여하는 당내경선을 실시할 수 있다는 임의규정의 형식을 취하고 있음을 볼 수 있다. 이러한 정당에 대한 민주적 공천과정을 요구하는 규정은 정당의 공천절차에 관한 법적 책임과 의무를 부과하는 것이 아니라 단지 도의적 정치적 책임을 규정한 것이라 볼 수 있다. 그것은 정당의 본질이 국민의 자발적 조직으로서 국가권력으로부터 자유로운 지위를 갖는 것이기 때문에 정당의 내부문제인 공천과정을 법으로 강제하기 어렵기 때문이다. 그렇지만 다른 한편 정당의 공천과정은 선거과정의 필수부분으로서 공정하고 민주적인 선거제도를 확보하기 위해서 공천과정에 대한 법적 규제가 가능하게 된다. 그 경우에도 독일의 선거법과 같이 당원에 의한 상향적인 의사결정방법으로 비밀투표를 규정할 수 있으나 비당원인 일반 국민의 참여를 무제한적으로 인정하기 어렵다. 미국의 경우 각 주에서 정당이 당규로서 채택된 폐쇄형 예비선거에 반하여 주 법률로써 개방형 프라이머리를 규정한 것의 효력을 인정하지 않는 연방대법원 판례에서도 정당의 자유 내지 당원의 결사의 권리가 선거과정을 규율하는 주의 이익에 우선하는 것이라는 점을 분명히 하고 있다.[55]

---

54) 서울 민사지방법원은 2000카합 489 사건에서 구 정당법상 민주적 공천절차에 관한 규정을 훈시규정으로 이해하고 있다. 그러나 이렇게 훈시규정으로 이해하게 되면 실제로 정당의 비민주적 공천이 행해지는 경우 이에 대한 법적 제재가 사실상 불가능하게 되어 정당의 민주적 공천절차를 규정한 입법취지가 무색하게 되는 문제가 있다. 이 점에서 정당의 민주적 공천절차의 준수가 법적 의무로서의 성격을 갖기 위해서는 비록 훈시규정의 형식으로 규정되었다고 하더라도 이를 강행규정의 성격으로 해석하는 태도가 필요하다고 할 것이다. 정만희, 앞의 책(주6), 554면. 같은 입장으로는 전광석, 한국헌법론, 집현재, 2015, 127면.

55) Democratic Party of the United States v. Wisconsin ex rel. La Follette, 450 U.S. 107 (1981); California Democratic Party v. Jones, 530 U.S. 567 (2000).

이 점과 관련하여 국내 학설 중에는 헌법에 정당조항이 없는 미국과 달리 우리나라 헌법은 정당조항을 두고 있고 정당의 자유와 함께 정당의 책임과 의무까지 규정하고 있으므로 우리나라에서는 유권자의 참여권을 확대하는 입법의 가능성이 미국보다 오히려 더 크다고 보는 견해가 있다.[56] 그러나 이러한 유권자의 참여권을 확대하는 입법가능성에 대해서는 찬성하기 어렵다고 할 것이다. 우리 헌법에 정당조항을 두고 있고 정당의 자유와 함께 정당의 책임과 의무를 규정하고 있다고 하더라도 헌법에서 요구하는 정당의 책임과 의무는 제8조 제2항에 근거한 정당의 조직에 있어서의 민주주의원리에의 적합성, 즉 당내민주주의에 관한 의무이며 여기서 정당내부조직의 민주화 요청은 정당내부질서의 내용적 확정의 의미에서 정당의 자유를 규율하는 것이 아니라 오히려 정당의 내적 자유를 보장하려는 데에 그 목적이 있는 것이다.[57] 따라서 정당의 구성원인 일반당원의 의사를 존중하면서 당원의 후보자추천과정에의 참여를 보장하기 위한 방법으로 정당규제가 요구되는 것이지 비당원인 유권자가 참여하는 후보경선의 실시가 정당의 의무로 규정되어야 하는 것은 아니다. 우리 헌법에서 규정하는 정당에 대한 책임과 의무는 기본적으로 정당의 목적과 활동이 헌법의 기본질서로서의 민주적 기본질서에 위배되어서는 안 된다는 헌법질서의 수호의무에 관한 것이 중심이 되는 것이며, 그러한 정당활동의 헌법적 한계 내에서 정당의 자유는 최대한 보장되어야 하는 것이기 때문에 정당의 자유를 제한하게 되는 일반 유권자의 경선참여의 입법가능성이 미국의 경우보다 더 크다고 보는 것은 우리 헌법 제8조의 해석상 인정하기 어렵다.

그러므로 정당내 공천과정에 일반 유권자의 참여를 확대하도록 강제하는 입법은 신중을 기해야 할 것이며, 결국 오픈 프라이머리와 같은 정당의 공천과정에의 일반 유권자의 참여를 대폭 확대하는 것은 법률로써 강제할 것이 아니라, 정당법과 공직선거법은 정당공천의 민주적 원칙을 선언하고 비당원의 경선참여에 관하여는 정당의 당헌·당규에 위임하여 정당이 자율적으로 결정할 수 있도록 하는 것이 타당하다.[58] 다만 공직선거법의 후보경선절차에 관한 규정을

56) 도회근, 앞의 논문(주5), 157면.

57) 정만희, 앞의 책(주6), 510면.

58) 도회근 교수는 개방형 예비선거제도의 일반적 도입은 위헌성이 높지만 특정 정당의 영향력이 압도적인 선거구의 경우에는 개방형 예비선거를 강제하는 것도 헌법에 위반되지 않

구체화할 필요가 있으며 적어도 당원의 비밀투표의 원칙을 명문화하고 그 위반에 대한 법적 제재를 규정할 필요가 있다. 일반 국민의 참여를 허용하는 경우에도 미국형 오픈 프라이머리 제도는 곤란하고 예비선거 당일 당원등록을 요건으로 하는 '준폐쇄형 예비선거'를 채택할 수 있는 근거를 마련하는 것은 가능하다고 할 것이다.

3. 정당의 자율적 오픈 프라이머리 도입 가능성

결국 정당의 민주적 공천과정에 관한 구체적 내용은 정당의 당헌·당규에 의해 자율적으로 정해질 수밖에 없으며 각 정당은 정당민주주의의 헌법정신과 참여민주주의의 이론에 입각하여 당원 중심의 상향적인 후보자추천방식을 확립하면서 그 후보자추천의 민주성과 공정성·개방성을 강화하기 위하여 일반 유권자의 참여를 확대해 나가는 방안을 도입하는 것은 가능하다고 할 것이다.

정당이 스스로 그 공천절차를 정하는 데 있어서 법률에서 규정하는 정당공천절차의 민주적 요청에 부합되어야 할 것이며 폐쇄적이고 비민주적인 공천절차는 허용되기 어렵다. 따라서 정당이 비민주적 공천절차를 채택하는 경우에는 그에 대한 최소한의 법적 제재가 필요하다고 할 것이며, 독일의 경우처럼 당원의 비밀투표에 의한 후보자추천 절차를 거치지 않은 경우에 선거관리위원회가 후보자등록 접수를 거부하는 방법 등을 고려할 수 있다. 그와 반대로 정당이 민주적 공천제도를 지향하면서 미국의 완전개방형 오픈 프라이머리 제도나 포괄형 프라이머리 등의 도입을 당헌·당규로 채택하는 경우에 그것이 헌법과 법률에 위배된다고 판단되는 때에는 그 효력을 인정할 수 있는가의 문제가 제기될 수도 있다. 당원이 아닌 일반 유권자의 참여확대로 전체 선거인단 중에서 당원투표의 비중이 지나치게 적은 경우에는 정당의 정체성과 당원의 정당의사결정에의 참여권이 침해되는 문제가 있으므로 당원과 일반 국민의 참여의 비율을 1:1로 제한할 필요가 있다.[59] 유권자의 경선투표 뿐만 아니라 여론조사 방식을

는다고 판단하고 있다, 앞의 논문(주45), 242면. 그러나 특정 정당의 영향력이 압도적인 선거구의 경우라도 개방형 예비선거를 법으로 강제하는 것은 허용되기 어렵다고 할 것이며, 정당이 자율적으로 결정하는 것은 가능하다고 본다.

59) 당원투표의 비율보다 일반 국민의 경선참여 비율이 높게 되면 정당의 정체성과 기능의 약화를 초래하게 되지만 참여민주주의의 관점에서는 긍정적인 측면이 있으므로 일반 국민

혼합하는 제도가 검토될 수 있으나 휴대전화를 통한 여론조사 방식은 바람직하다고 보기 어렵다. 그리고 미국의 극소수 주에서 채택된 바 있는 비정파형 예비선거 또는 톱 투 프라이머리의 도입도 검토할 수 있으나 이 제도는 정당간의 합의에 의해 채택할 수 있는 것이기는 하지만 그것은 정당제민주주의에 있어서 정당의 역할을 무력화시키고 한국적 정당정치의 병폐인 지역정당의 문제를 고착화시킬 우려가 있다. 그리고 톱 투 프라이머리가 미국에서는 합헌판결을 받았다고 하더라도 그 성립 배경과 조건이 전혀 다른 제도를 우리의 정치현실에 도입하는 것은 어려운 문제라고 할 것이다.

V. 결 어

정당의 공직선거후보자추천제도의 공정성과 민주적 정당성 확보는 우리의 정당정치개혁과 민주적 선거제도의 확립을 위한 핵심과제임에 틀림없다. 최근 정치권에서 제기된 정당공천개혁의 방안으로 미국형의 오픈 프라이머리(완전국민경선제) 도입과 법제화의 논의는 국민적 관심사가 되고 있으나 이 새로운 제도 도입논의에 있어서는 먼저 법리적 검토가 전제되어야 한다. 미국의 예비선거제도의 도입은 정당공천의 민주화를 위해 그 필요성이 인정되지만 그 구체적 유형으로서 오픈 프라이머리를 법제화하는 것은 헌법상 보장된 정당의 자유와의 관계에서 위헌성 문제가 제기될 수 있다. 우리 헌법체계에 있어서 정당의 자유는 미국의 경우보다 높은 수준으로 보장을 받고 있다고 할 것이므로 오픈 프라이머리와 같이 정당의 자유와 당원의 결사권을 크게 제한하는 제도의 도입은 신중을 기해야 할 것이다. 따라서 정당의 민주적 공천제도의 확립을 위해서는 당원의 비밀투표에 의한 상향적 경선방식을 원칙으로 하면서 일반 유권자의 참여를 허용하더라도 그 참여의 범위와 정도는 정당과 당원의 자율권을 침해하지 않는 한도에서 인정되어야 한다. 그러므로 미국의 상당수의 주에서 채택하고 있는 당원 중심의 폐쇄형 예비선거제도를 도입하는 것은 위헌성문제가 제기되

의 경선참여의 확대는 먼저 정당조직과 당원의 수를 대폭 늘리면서 그에 비례하여 일반 국민의 참여를 허용하는 것이 바람직하다. 이와 반대로 정당의 조직과 당원수가 축소되는데 일반 국민의 경선참여만을 확대해 가게 되면 이는 정당제민주주의를 부정하는 결과가 되는 것이다.

지 않으나 완전개방형 예비선거를 법제화하는 것은 위헌성을 면하기 어렵다고 본다.

그렇다면 정당의 민주적 공천제도를 확립해 나가기 위한 개선방안으로는 현행 공직선거법의 정당후보 경선조항을 당원중심의 비밀투표로 하는 것을 강행규정으로 명확히 하고 그 위반에 대한 법적 제재를 규정하는 것을 검토할 필요가 있다. 그리고 정당은 당헌·당규에 의해 일반 유권자의 경선참여를 허용하는 경우에도 정당조직과 당원수의 확대를 위해 노력하는 것을 전제로 하여 일반 국민의 경선참여를 확대해 나가는 것이 바람직하다고 할 것이다.

〈본 장의 글은 『동아법학』 第69호(동아대학교 법학연구소, 2015. 11) 1~41면에 게재된 논문임〉

제 11 장 정당법상 정당의 자유제한의 문제점

Ⅰ. 머리말

한국헌법사에 있어서 정당에 관한 규정을 최초로 헌법에 명문화한 것은 1960년 헌법이었으며, 1962년 제3공화국헌법은 헌법총강에 정당제도에 관한 일반조항(제7조)을 설치하여 고도의 정당국가를 지향하였다. 그 후 헌법상 정당조항은 커다란 변화 없이 유지되면서 현행헌법에 이르고 있다.[1] 현행헌법 제8조의 정당조항을 보면 제1항에 "정당설립의 자유와 복수정당제"를 보장하고 있다. 복수정당제의 보장은 정당설립의 자유의 당연한 귀결을 의미하는 것으로 우리 헌법의 '자유민주적 기본질서'의 본질적 구성요소에 해당한다.[2] 제2항은 "정당은 그 목적 조직과 활동이 민주적이어야 하며, 국민의 정치적 의사형성에 참여하는데 필요한 조직을 가져야 한다"라고 하여 정당의 헌법적 임무와 기능에 관하여 규정하고 있다. 제3항에서는 이러한 헌법적 기능을 수행하는 정당에 대한 국가적 보호와 국고보조제도를 규정하고 있으며, 제4항에서는 정당활동의 헌법적 한계로서 위헌정당해산제도를 명문화하고 있다. 이러한 정당조항은 무엇보다도 '헌법상 제도보장'으로서 정당제도의 보장이라는 의미와 함께 정치적 기본권으로서 정당의 자유를 보장한다는 점에서 그 의의가 있다. 특히 정당설립의

1) 한국헌법상 정당조항의 변천에 관하여는 정만희, 『정당법론』, 동아대출판부, 1984, 68면 이하.

2) 헌법재판소도 복수정당제도를 우리 헌법의 자유민주적 기본질서의 구성요소로 보고 있다. 헌재 1990. 4. 2. 89헌가113, 판례집 2, 49, 64면.

자유와 복수정당제보장은 자유민주적 기본질서의 핵심적 구성요소가 되는 것으로서 헌법개정금지조항을 의미한다. 또한 정당조항은 일반결사의 자유보장에 관한 헌법 제21조 제1항에 대한 특별규정으로서의 성격을 가지며, 위헌정당해산에 관한 규정은 독일 기본법의 영향을 받은 것으로 이른바 '방어적 민주주의'(streitbare Demokratie)의 정신에 입각한 헌법의 예방적 수호라는 헌법보장제도로서의 의미도 포괄하고 있다.[3]

이러한 헌법상의 정당조항을 근거로 정당활동의 보장과 그 제한을 구체화하는 단행법률로서 정당법이 제정되어 있다. 정당법은 1962년 12월 최초로 제정되어 오늘에 이르기까지 여러 차례 개정과정을 거쳐 왔으며 2005년 8월에는 전면개정이 이루어진 바 있다. 1962년의 정당법은 정당이 국민의 정치적 의사형성에 참여하는데 필요한 조직을 확보하고 정당의 민주적 조직과 활동을 보장함으로써 민주정치의 건전한 발전에 기여함을 목적으로 제정된 것이었으나, 당시 정당의 설립과 조직요건에 관한 규정들은 결과적으로 정당설립의 자유에 대한 '강한 통제법규'로서의 성격을 갖는 것이었다.[4] 이러한 정당설립의 엄격한 요건에 관한 규정들은 그 후 점차 완화되고 개선되어 왔지만 여전히 정당설립의 자유라는 헌법적 관점에서는 문제가 있는 것이다.

현행 정당법상 정당의 조직과 활동을 규율하는 일련의 규정들은 헌법상 보장된 정당의 자유라는 기본권적 가치의 측면에서 볼 때 상당한 긴장관계를 드러내고 있으며 헌법원리와 조화되기 어려운 위헌성의 문제가 제기되기도 한다. 예컨대 정당설립의 자유가 헌법의 명문규정으로 보장되고 있음에도 불구하고 정당법은 정당등록제(제4조)와 그 등록요건으로서 일정한 조직기준(제17조, 제18조)을 요구함으로써 사실상 정당설립의 자유를 제한하고 있다. 그러나 정당등록요건에 관한 정당조직의 규모라든지 법정당원수 규정에 대해서는 이전부터 끊임없는 위헌성의 논의가 전개되어 왔다. 아울러 정당등록취소제도(제44조)를 통한 정당의 존립과 활동의 제한도 독소조항에 해당하는 것으로서 심각한 문제를 안고 있다. 정당등록취소제도는 헌법 제8조 제4항의 '정당존립의 특권'을 보장하는 위헌정당해산제도의 헌법정신에 위배되는 문제가 있으며, 특히 등록취소

---

3) 권영성, 『헌법학원론』, 법문사, 2010, 188~189면

4) 정만희, 앞의 책, 97면.

사유 중 선거결과 의석을 얻지 못하고 일정 득표율을 얻지 못한 것을 이유로 하는 등록취소규정에 대해서는 정당의 설립과 활동의 자유를 지나치게 제한하는 위헌성문제가 제기되고 있다. 헌법재판소는 현행 정당법상 정당등록제와 등록요건에 대하여 헌법에 위반되지 않는다고 판시하였으며,[5] 정당등록취소규정의 기본권침해여부에 관한 헌법소원심판사건에서는 각하결정을 하였으나, 이 사건에서 3인의 재판관은 등록취소규정이 정당설립의 자유를 침해하여 헌법에 위반된다는 반대의견을 제시하였다.[6]

또한 2004년 정치개혁입법에 의해 단행된 중요한 조치 중에는 정당의 지구당조직의 폐지가 문제될 수 있다. 지구당의 폐지는 정당의 자유, 특히 정당설립에 있어 정당조직선택의 자유를 침해하는 것으로 위헌성의 의심이 농후하다고 할 수 있다. 지구당폐지를 단행하게 된 배경으로 고비용 저효율의 정당구조개혁이라는 정치적 목적은 정당하다고 볼 수 있으나, 그 방법에 있어서 지구당의 전면적 폐지는 정당의 자유를 본질적으로 침해하거나 과잉금지의 원칙에 위배되지 않는다고 볼 수 없다. 이에 대해 헌법재판소는 지구당폐지가 정당의 조직과 활동의 자유를 제한하는 것이지만 그 자유를 본질적으로 침해하는 것이 아니어서 위헌이라 볼 수 없다고 판시하고 있다.[7] 그 밖에 정당의 민주적 내부질서확보의 요체로서 정당공천의 민주적 절차에 관한 제도라든지 정당의 운영자금에 대한 국고보조제도 등도 정당의 자유보장의 관점에서는 위헌성의 의문이 제기될 수 있으므로 그에 관한 헌법적 검토가 필요하다.

본고에서는 오늘날 정당국가적 민주주의하에서 국민의 정치적 의사형성에 참여하는 정당의 기능을 확보하기 위한 전제로서 중요한 의미를 갖는 '정당의 자유'라는 헌법적 가치의 실현이라는 관점에서 정당법상의 정당규제조항들을 분석하도록 한다. 그리고 이에 관한 최근 헌법재판소의 판례들을 비판적 시각에서 평석하고 앞으로의 입법개선의 방안도 제시하도록 한다.

---

5) 헌재 2006. 3. 30. 2004헌마246.
6) 헌재 2006. 4. 27. 2004헌마562.
7) 헌재 2004. 12. 16. 2004헌마426.

Ⅱ. 정당의 자유의 헌법적 보장

1. 정당의 자유와 정당의 헌법적 기능

현행헌법 제8조의 정당조항은 제1항에서 "정당의 성립은 자유이며 복수정당제는 보장된다"라고 규정하여 정당설립의 자유와 함께 정당설립의 자유의 '당연한 법적 산물'인 복수정당제를 보장하고 있다.[8] 헌법은 국민의 자유권적 기본권의 일환이며 정치적 기본권으로서의 성격이 강한 언론·출판의 자유와 집회·결사의 자유를 보장하고 있으며, 나아가 결사의 자유에 대한 특별법적 규정의 성격을 갖는 정당설립의 자유를 동시에 보장하고 있다.[9] 정당설립의 자유의 헌법적 보장은 오늘날 대중민주주의시대에 있어서 대의제민주주의의 필수불가결의 요소로 간주되는 정당의 공적 기능의 중요성을 인식하고 그 정당의 기능과 활동을 최대한 보장하기 위해서 정당제도를 헌법상의 제도보장으로 규정하게 됨에 따라 그 정당제도의 보장에 부수하여 정당의 설립과 활동의 자유가 헌법상의 기본권으로 보장되게 된 것을 의미한다. 그리고 우리 헌법은 정당설립의 자유보장과 함께 "정당은 … 국민의 정치적 의사형성에 참여하는데 필요한 조직을 가져야 한다"(제8조 제2항 후단)라고 하여 정당의 헌법상의 기능으로서 '국민의 정치적 의사형성에의 참여'를 명문화하고 있는 것이다.

정당은 국민의 이익을 위하여 책임 있는 정치적 주장이나 정책을 추진하고 공직선거의 후보자를 추천 또는 지지함으로써 국민의 정치적 의사형성에 참여하는 것을 본질적 기능으로 하고 있다. 헌법재판소도 이러한 정당의 기능에 관하여 "정당은 정치적 결사로서 국민의 정치적 의사를 적극적으로 형성하고 각계각층의 이익을 대변하며, 정부를 비판하고 정책적 대안을 제시할 뿐만 아니라, 국민 일반이 정치나 국가작용에 영향력을 행사하는 매개체의 역할을 수행하는 등 현대의 대의제민주주의에 없어서는 안 될 중요한 공적 기능을 수행하고 있다"고 판시하고 있다.[10] 헌법은 정치현실에서 수행하는 이러한 정당의 기

8) 헌재 1999. 12. 23. 99헌마135, 판례집 11-2, 800, 813면.

9) 권영성, 앞의 책, 188면.

10) 헌재 1996. 8. 29. 96헌마18 등 (병합), 판례집 8-1, 323, 337면; 헌재 1996. 8. 29. 96헌마99, 판례집 8-2, 199, 207면.

능을 직접적으로 헌법에 명문화함으로써 정당의 활동을 헌법적 수준에서 보장하게 되고, 이와 같은 정당의 헌법제도화는 본래 국민의 자발적·사적 결사에 지나지 않았던 정당을 국민과 국가기관을 매개하는 중개적 권력체(仲介的 權力體)로서 헌법상의 지위를 갖도록 한 것을 의미한다.

이러한 정당의 기능의 중요성에 따라 정당은 일반결사와는 달리 그 존립뿐만 아니라 활동 등에 있어서 정치적 특권을 부여받게 되고, 헌법상 정당은 헌법재판소의 위헌정당해산심판에 의하여 해산되는 경우를 제외하고는 강제해산 당하지 않는 존립상의 특권뿐만 아니라 그 운영에 필요한 자금을 국가로부터 보조받는 재정상의 특권을 부여받고 있다(제8조 제3항, 제4항). 그 밖에 정당은 선거공영제에 따라 선거에 관한 경비를 원칙적으로 부담하지 아니할 권리를 가진다(제118조 제2항). 특히 정당은 헌법 제8조 제2항에 근거한 국민의 정치적 의사형성에 참여하기 위하여 공직선거의 후보자를 추천하고 그들의 당선을 위한 선거운동에 있어서의 특권을 가진다.

2. 정당의 자유의 내용

(1) 정당의 헌법상 지위와 정당의 자유

정당의 헌법상 지위에 관하여는 견해가 나뉠 수 있으나 통설적 견해는 국민과 국가기관 사이의 중개적 권력체로 보고 있음은 주지하는 바와 같다. 정당의 본질은 국민의 자발적 조직으로서 사적 결사의 일종으로 결코 국가기관이나 헌법기관이 될 수 없으나, 그 정당이 수행하는 기능은 국민의 정치적 의사형성에 참여한다는 공적 기능을 담당하고 있다. 따라서 정당을 국민과 국가기관 사이의 중개적 권력체로 간주하는 것은 타당하다.

한편 정당의 헌법상 지위를 정당이 국민의 정치의사형성에 적정하게 참여하기 위한 '전제'로서 이해하는 입장에서는 정당은 '자유의 지위'와 '평등의 지위' 및 '공공의 지위'로 파악하는 견해도 주목되고 있다(독일의 K. Hesse교수의 이론).[11] 여기서 '자유의 지위'(Status der Freiheit)는 대외적 자유와 대내적 자유를 포함하는데, 대외적 자유는 국가의 침해와 영향으로부터의 자유를 의미한다. 정당의 자유의 지위가 보장되어야 하는 것은 정당에 대한 국가적 간섭을 배제하

11) 계희열, 『헌법학』(상), 박영사, 2005, 271면 이하.

고 정당을 자유로운 조직체로 유지하는 경우에만 정당은 그에게 부과된 국민의 정치의사형성의 담당자로서 또한 중개자로서 임무를 수행할 수 있기 때문이다. 정당의 대내적 자유란 정당 내에서 자유로운 정치의사형성이 가능해야 한다는 것을 의미하며, 자유로운 정치의사형성이 가능하기 위해서는 당내민주주의가 확립되어야 한다. 따라서 정당의 대내적 자유란 곧 당내민주주의를 의미한다.[12)]

말하자면 정당에게 헌법상 요구되는 국민의 정치의사형성에 참여하는 기능과 임무를 수행하기 위해서는 정당은 국가로부터의 간섭과 영향에서 철저히 배제되어야 하며, 정당내부에 있어서도 당원의 자유로운 의사형성을 가능하게 하기 위한 당내민주주의가 확보되어야 하는 것이 정당제도를 보장하고 있는 헌법의 기본정신이라 할 수 있다.

(2) 정당설립의 자유

정당의 자유는 첫째, 정당설립의 자유를 의미한다. 정당은 민주정치의 불가결의 요소인 국민의 자유롭고 공개된 정치적 의사형성을 가능하게 하는 것이므로 국가로부터 자유로운 지위에 서 있지 않으면 안 되므로 정당설립의 자유는 정당의 설립에 있어서 국가로부터의 자유를 의미하며 여기에서 정당조직의 국가화와 관제화(官製化)가 금지된다. 즉 국민은 누구나가 원칙적으로 국가의 간섭을 받지 아니하고 정당을 설립할 권리를 국민의 기본권으로 보장받고 있다.[13)] 그러므로 정당의 설립에는 사전에 국가권력에 의해 제한을 받을 수 없으며 정당설립의 허가제는 위헌을 면할 수 없다.[14)]

헌법상 정당제도를 규정하고 있지 않은 경우에도 정당설립의 자유는 헌법상 기본권보장을 근거로 보장되고 있다. 미국헌법의 경우 우리와 같은 정당조항은 없으며 기본권조항에도 언론의 자유와 집회의 자유만 규정하고 있으나, 정당결성권은 헌법상의 기본권으로 당연히 보장되는 것으로 보고 있다. 연방대법원은 정당결성권 내지 정당설립의 자유는 통치형태 및 그 본질에 고유한 것으로 헌법에 명문규정을 요하지 않는다고 보고 있다. 특히 워렌 대법원은 미국헌법의 통치형태는 모든 국민의 정치적 표현과 정치적 결사(political expression

12) 계희열, 앞의 책, 274면.

13) 헌재 1999. 12. 23. 99헌마135, 판례집 11－2, 800, 812

14) 김철수, 『헌법학개론』, 박영사, 2007, 217면.

and association)에 관한 권리에 관한 권리를 갖는다는 것을 전제로 성립된 것이라고 하고, 정당의 자유에 대한 침해는 동시에 정당의 지지자의 자유에 대한 침해를 의미한다고 하였다.[15] 말하자면 미국과 같이 헌법상 정당에 관한 직접적인 명문규정이 없는 경우에도 정당설립의 자유는 언론의 자유와 집회의 자유 또는 선거권의 헌법적 보장의 부산물로서 인정되며, 또는 그것은 통치형태에 고유한 것이라고 보는 것이다.[16]

(3) 정당조직과 정당활동의 자유

헌법 제8조 제1항이 명시하고 있는 "정당의 설립은 자유이며…"라는 규정은 "정당설립의 자유"뿐만 아니라 설립될 정당의 조직형태를 선택할 '정당조직 선택의 자유'와 그와 같이 선택된 조직을 결성할 '정당조직의 자유' 및 '정당활동의 자유', '정당해산의 자유' 등을 포함하는 정당의 자유를 정하고 있다고 할 수 있다.[17] 헌법재판소도 "헌법 제8조 제1항은 정당설립의 자유, 정당조직의 자유, 정당활동의 자유 등을 포괄하는 정당의 자유를 보장하고 있으며, 이러한 정당의 자유는 국민이 개인적으로 갖는 기본권일 뿐만 아니라, 단체로서의 정당이 가지는 기본권이기도 하다"고 판시하고 있다.[18]

따라서 헌법 제8조 제1항이 명시하는 정당설립의 자유는 설립할 정당의 조직형태를 어떠한 내용으로 할 것인가에 관한 정당조직 선택의 자유 및 그와 같이 선택된 조직을 결성할 자유를 포함한다. 이러한 정당조직의 자유는 정당설립의 자유에 개념적으로 포괄될 뿐만 아니라, 정당조직의 자유가 완전히 배제되거나 임의적으로 제한될 수 있다면, 정당설립의 자유가 실질적으로 무의미해지기 때문이다. 또한 헌법 제8조 제1항은 정당활동의 자유도 보장한다. 정당의 설립만이 보장될 뿐 설립된 정당이 언제든지 다시 금지될 수 있거나 정당활동이 임의로 제한될 수 있다면, 정당설립의 자유는 사실상 아무런 의미가 없기 때

15) Sweezy v. New Hampshire, 354 U. S. 234, 250 (1957).

16) David Fellman, Constitutional Rights of Association, in Philip B. Kurland ed., Free Speech and Association, 1975, p.54; 정만희, 정당의 자유와 법적 규제 －미국정당의 후보자지명 과정의 통제를 중심으로－, 심천계희열박사화갑기념논문집, 『정당과 헌법질서』, 1995, 255~256면.

17) 성낙인, 『헌법학』, 법문사, 2011, 225면; 정종섭, 『헌법학원론』, 박영사, 2007, 134면.

18) 헌재 2004. 12. 16. 2004헌마456, 판례집 16－2(하), 618, 625면.

문이다.[19] 이와 같이 헌법 제8조 제1항은 정당설립의 자유, 정당조직의 자유, 정당활동의 자유 등을 포괄하는 정당의 자유를 보장하고 있다.

(4) 정당의 자유의 헌법적 한계

헌법 제8조 제2항은 "정당은 그 목적·조직과 활동이 민주적이어야 하며, 국민의 정치적 의사형성에 참여하는 데 필요한 조직을 가져야 한다"고 규정하고 있다. 이 규정은 헌법 제8조 제1항에 의하여 정당의 자유가 보장됨을 전제로 하여, 그러한 자유를 누리는 정당의 목적·조직·활동이 민주적이어야 한다는 요청, 그리고 그 조직이 국민의 정치적 의사형성에 참여하는 데 필요한 조직이어야 한다는 요청을 내용으로 하는 것으로서 정당에 대하여 정당의 자유의 한계를 부과한 것이다. 또 이 규정은 정당의 핵심적 기능과 임무를 국민의 정치적 의사형성에 참여하는 것으로 선언하면서 동시에 그러한 기능과 임무를 민주적인 내부질서를 통하여 수행할 수 있도록 그에 필요한 입법을 해야 할 의무를 입법자에게 부과하고 있다.[20]

또한 헌법 제8조 제4항은 "정당의 목적이나 활동이 민주적 기본질서에 위배될 때에는 정부는 헌법재판소에 그 해산을 제소할 수 있고, 정당은 헌법재판소의 심판에 의하여 해산된다"고 하여 정당의 목적과 활동의 헌법적 한계를 명시적으로 밝히고 있다. 정당의 활동은 헌법에 의하여 최대한 보장되지만 그 활동이 헌법의 테두리를 벗어나 헌법의 기본질서를 파괴하려는 경우에는 이른바 '방어적 민주주의'의 정신에 입각하여 그 정당활동의 자유는 허용되지 않게 된다.

요컨대 정당의 자유는 그 설립과 조직선택에 있어서 뿐만 아니라 그 활동에 있어서도 자유가 보장되지만 정당의 기능에 관한 규범적 요청으로서 국민의 정치적 의사형성에 참여하는 기능을 수행하여야 하는 점에서 정당은 설립과 조직선택의 자유에 있어서 일정한 법적 제약을 받게 되는 한계가 있으며, 나아가 정당의 활동은 헌법의 테두리 안에서 보장되는 것이므로 헌법의 기본질서를 위반하는 정당활동은 허용될 수 없다는 헌법내재적 한계가 인정된다. 여기에 정당의 자유가 그 헌법적 한계를 벗어나지 않도록 정당의 자유에 대한 법적 제한

---

19) 헌재 1999. 12. 23. 99헌마135, 판례집 11－2, 800, 812 ; 1996. 3. 28. 96헌마9등, 판례집 8－1, 289, 304면 ; 2001. 10. 25. 2000헌마193, 판례집 13－2, 526, 537면 참조.

20) 헌재 1999. 12. 23. 99헌마135, 판례집 11－2, 800, 812~813면.

이 불가피하게 되는 것이다.

Ⅲ. 정당법상 정당의 자유제한의 위헌성여부

1. 헌법 제8조의 구체화로서 정당법 규정

(1) 정당의 법적 개념정의

헌법 제8조의 정당조항을 구체화하기 위한 단행법률로서 정당법이 제정되어 있으며, 이 정당법에 의해 정당의 성립과 운영, 정당의 입당·탈당, 정당활동의 보장 등을 규정하고 있다. 정당법의 목적에 관하여는 제1조에 "이 법은 정당이 국민의 정치적 의사형성에 참여하는데 필요한 조직을 확보하고 정당의 민주적인 조직과 활동을 보장함으로써 민주정치의 건전한 발전에 기여함을 목적으로 한다"라고 규정하여 정당의 공적 기능으로서의 국민의 정치적 의사형성에 참여하는데 필요한 조직의 확보와 정당의 민주적 조직과 활동의 보장이 정당법의 기본 목적임을 강조하고 있다. 그리고 정당의 개념정의에 관하여 제2조에 "이 법에서 정당이라 함은 국민의 이익을 위하여 책임있는 정치적 주장이나 정책을 추진하고 공직선거의 후보자를 추천 또는 지지함으로써 국민의 정치적 의사형성에 참여함을 목적으로 하는 국민의 자발적 조직을 말한다"라고 규정하고 있다. 이러한 정당법상의 정당의 개념정의는 정당보호를 위한 헌법의 규범구조와 대체로 부합된다고 할 수 있다.

헌법재판소는 헌법 제8조와 정당법 제2조에 근거한 정당의 법적 개념징표를 "① 국가와 자유민주주의 또는 헌법질서를 긍정할 것, ② 공익의 실현에 노력할 것, ③ 선거에 참여할 것, ④ 정강이나 정책을 가질 것, ⑤ 국민의 정치적 의사형성에 참여할 것, ⑥ 계속적이고 공고한 조직을 구비할 것, ⑦ 구성원들이 당원이 될 수 있는 자격을 구비할 것 등"을 제시하고 있다.[21] 헌법재판소에 의한 이러한 개념징표의 제시는 학계에서의 그것과 거의 동일하다고 할 수 있다. 여기서 한 가지 문제되는 것은 정당의 법적 개념징표의 요소를 최소한의범위안에서 제시하느냐 아니면 그 범위를 확대하여 열거하느냐에 따라 정당에 대한

21) 헌재 2006. 3. 30. 2004헌마246, 판례집 18-1(상), 412면.

법적 규제의 가능성과 범위는 차이게 있게 된다는 점이다. 예컨대 헌법재판소가 제시한 정당의 개념징표로서 "계속적이고 공고한 조직의 구비"가 정당의 법적 개념징표의 필수적인 요소로 본다면 정당의 그러한 조직기준에 관한 내용이 정당법에 반영될 수밖에 없지만, 필수적 요소로 보지 않는다면 정당에 대한 제한의 폭은 축소될 수 있는 것이다. 말하자면 정당의 법적 개념징표의 요소가 확대될수록 그만큼 정당에 대한 법적 규제의 폭도 확대될 수밖에 없기 때문에 정당의 법적 개념의 정의는 헌법 제8조의 정당조항의 해석범위 안에서 이루어져야 하는 것이다.

(2) 정당의 성립요건

헌법 제8조 제1항에 의해 정당설립의 자유가 보장되고 있지만 정당법에 의해 정당설립의 자유는 일정한 제한을 받게 있다. 정당법상 정당은 중앙당이 중앙선거관리위원회에 등록함으로써 성립하는데 여기의 등록에는 정당법 제17조(법정 시·도당수) 및 제18조(시·도당의 법정당원수)의 요건을 구비하여야 한다(제4조). 정당의 창당활동은 발기인으로 구성된 창당준비위원회가 이를 행하며(제5조), 창당준비위원회가 창당준비를 완료한 때에는 그 대표자는 관할 선거관리위원회에 정당의 등록을 신청하여야 한다(제11조). 정당의 등록요건에 해당하는 정당의 조직기준에 관하여는 5이상의 시·도당을 가져야 한다고 규정하고 있으며(제17조), 시·도당의 법정당원수는 당해 시·도당의 관할구역안에 주소를 둔 1천인 이상의 당원을 가져야 한다고 규정하고 있다(제18조).

이러한 정당의 성립에 관한 등록요건은 국민의 정치적 의사형성에 참여하는데 필요한 정당의 조직을 확보하기 위하여 군소정당과 지역정당을 배제하고 전국적 정당조직을 확보한다는 데에 그 목적이 있다고 할 수 있다. 그러나 이러한 정당의 등록제는 정당설립의 자유를 지나치게 제한하는 것이 아닌가의 의문이 제기될 수 있다. 정당의 등록제가 비록 정당의 기능을 수행하는데 필요한 최소한의 조직기준에 관한 정당사무를 처리하기 위한 확인적 성격만을 가지며, 그것이 창설적 효력을 가지지 않는다고 하더라도 정당의 등록요건의 여하에 따라서는 실질적인 정당설립에 대한 국가적 간섭을 의미하고 국민의 정당설립의 자유에 대한 침해를 가져오게 되는 문제가 있다. 현행 정당법은 과거 군사정부와 권위주의시대의 정당법에 비해서 정당의 등록요건이 대폭 완화되어 있어서 현행의 등록요건이 정당의 자유를 본질적으로 침해하는 것이 아니라고 볼 수 있으며 헌법재판소도 현행의 정당등록제도에 대해 합헌성을 인정하고 있다.[22)]

(3) 정당의 운영과 당내민주주의 유지

정당법은 제5장 '정당의 운영'에서 정당의 민주적 내부질서 내지 당내민주주의 확보를 위한 규정들을 두고 있다. 정당법 제28조는 정당의 강령과 당헌의 공개 및 당헌에의 규정사항을 정하고 있으며, 제29조 제1항은 정당의 기구에 관하여 "정당은 민주적인 내부질서를 유지하기 위하여 당원의 총의를 반영할 수 있는 대의기관 및 집행기관과 소속 국회의원이 있는 경우에는 의원총회를 가져야 한다"라고 규정하고 있다. 이러한 규정들은 헌법 제8조 제2항에 근거한 정당의 조직과 활동의 민주화의 요청을 반영하고 있는 것이다.

그리고 정당법은 당원의 정예화와 정당의 재정자립을 도모하기 위하여 당비납부제도의 설정·운영을 의무화하고 있으며, 당비납부의무를 이행하지 아니하는 당원에 대한 권리행사의 제한 등을 규정하고 있다(제31조). 정당의 재산 및 수입·지출 등 재정에 관한 사항은 따로 법률로 정한다고 규정하고 있는데(제34조), 이에 관한 단행법률로 제정된 정치자금법에 의하여 정당재정에 대한 규제가 이루어지고 있으며 헌법 제8조 제3항에 근거한 국고보조금의 배분기준과 지급방법 등을 규정하고 있다.

(4) 정당활동의 보장

정당활동의 자유는 헌법과 법률에 의하여 보장된다(제37조 제1항). 정당의 활동은 정당법 제2조의 정당의 개념정의에서도 나타나고 있는 바와 같이 공직선거의 후보자를 추천 또는 지지함으로써 국민의 정치적 의사형성에 참여하는 것뿐만 아니라, 정당이 자당의 정책이나 정치적 현안에 대한 입장을 인쇄물 시설물 광고 등을 이용하여 홍보하는 행위와 당원을 모집하기 위한 활동은 통상적인 정당활동으로 보장되고 있다(제37조 제2항). 그리고 정당은 국회의원지역구 및 자치구·시·군, 읍·면·동별로 당원협의회를 둘 수 있다. 다만 누구든지 시·도당 하부조직의 운영을 위하여 당원협의회 등의 사무소를 둘 수 없다(제37

22) 헌재 2006. 3. 30. 2004헌마246.

조 제3항).

그러나 정당의 활동을 실질적으로 보장하기 위해서는 각 정당의 사정에 맞도록 정당의 조직을 자율적으로 선택할 수 있어야 한다고 볼 때 정당법에 의한 정당조직형태의 강제는 문제가 있다고 할 수 있다. 지구당의 폐지는 일반 당원들에 의한 상향적 의사형성을 방해하게 되는 우려가 있으며, 또한 지구당을 폐지하고 당원협의회를 둘 수 있다고 하면서 당원협의회의 사무소를 둘 수 없도록 한 것도 정당활동의 자유를 침해하는 것이 아닌지의 의문이 제기될 수 있다.

2. 정당등록제도의 위헌성문제

(1) 정당등록제도의 의의와 법적 성격

현행 정당법에 의하면 정당은 중앙당이 중앙선거관리위원회에 등록함으로써 성립하며, 정당의 등록에는 법정 시·도당수(제17조)와 시·도당의 법정당원수(제18조)의 두 가지 요건을 구비하여야 한다(제4조). 정당의 등록요건으로서 법정시·도당수는 5 이상의 시·도당을 가져야 하며, 각 시·도당의 법정당원수는 1천명 이상의 당원을 가져야 한다고 규정하고 있다. 이러한 정당의 등록요건은 과거 정당법제정 이래의 정당등록요건에 비해서 상당히 완화된 기준이라고 할 수 있다.[23)]

헌법상 정당은 그 설립의 자유와 복수정당제가 보장되어 있으므로 정당의 설립에 대하여 사전적 허가제 등의 제한을 가할 수 없으나, 정당은 선거에의 참

---

23) 1962년 제정된 최초의 정당법 제25조(법정지구당수)는 "정당은 국회의원선거법에 의한 지역선거구 총수의 3분의 1 이상에 해당하는 지구당을 가져야 한다.", 제26조(지구당의 분산)는 "전조의 규정에 의한 지구당은 서울특별시, 부산시와 도 중 5 이상에 분산되어야 한다.", 제27조(지구당의 법정당원수)는 "지구당은 50인 이상의 당원을 가져야 한다"고 규정하였다. 1969. 1. 23. 법률 제2089호 개정법에서는 법정지구당 수가 국회의원선거법에 의한 지역선거구 총수의 2분의 1 이상으로(제25조), 지구당은 100인 이상의 당원을 가져야 하는 것으로(제27조) 강화되었고, 1980. 11. 25. 법률 제3263호 개정법에서는 법정지구당 수가 국회의원선거법에 의한 지역선거구 총수의 4분의 1 이상으로(제25조), 지구당은 30인 이상의 당원을 가져야 하는 것으로(제27조) 규정되었으며, 1989. 3. 25. 법률 제4087호 개정법에서는 법정지구당수가 국회의원선거법에 의한 지역선거구 총수의 5분의 1 이상으로(제25조), 지구당은 30인 이상의 당원을 가져야 하는 것으로(제27조) 규정되었고, 1993. 12. 27. 법률 제4609호 개정법에서는 법정지구당 수가 국회의원선거법에 의한 지역선거구 총수의 10분의 1 이상으로(제25조), 지구당은 30인 이상의 당원을 가져야 하는 것으로(제27조) 규정되었다.

여를 통해 국민의 정치적 의사형성에 참여하는 공적 기능을 수행하는 것이므로 그 조직과 설립에 일정한 규모의 요건을 갖출 것을 요구하는 정당의 등록제를 채택하고 있다. 즉 정당이 국민의 폭넓은 지지를 얻으면서 정치적 의사형성에 참여하기 위해서는 지속적이고 공고한 조직, 특정 지역에 편중된 조직이 아닌 전국적으로 분산된 조직을 필요로 하기 때문에 그러한 조직의 최소한을 확보하기 위한 정당의 등록제는 정당의 자유에 대한 합리적 제한으로서 정당화될 수 있다고 본다. 다시 말하면 올바른 정당제도의 육성과 질서유지를 위하여 최소한의 필요한 조건을 갖추게 하는 등록제는 허용된다고 보는 것이 통설이다. 여기서 정당의 등록의 성격이 문제되는데, 등록을 정당의 창설적 효력을 부여하는 것으로 이해하게 되면 이는 정당설립의 자유라는 헌법정신에 위배되는 것이 되므로, 정당의 등록은 단지 '확인적 성격'의 등록을 의미하는 것으로 이해되고 있다. 따라서 정당의 등록요건을 구비하여 정당등록신청을 한 경우에 그 정당의 등록신청을 받은 중앙선거관리위원회는 형식적 요건이 구비된 이상 그 등록을 거부할 수 없는 것은 물론이다. 또한 어떤 정치적 결사가 비록 국민의 정치적 의사형성에 참여하려는 의도를 가지고 정당으로 활동하고자 하더라도, 중앙선거관리위원회에 정당으로 등록되지 않는 한 정당법상의 정당으로 인정받지 못하게 된다.

헌법재판소의 판례도 정당등록제도는 헌법적으로 정당화된다고 하면서 그 등록의 성격에 관하여 "정당등록제도는 정당임을 자처하는 정치적 결사가 일정한 법률상의 요건을 갖추어 관할 행정기관에 등록을 신청하고, 이 요건이 충족된 경우 정당등록부에 등록하여 비로소 그 결사가 정당임을 법적으로 확인시켜 주는 제도"라고 하여 확인적 성격을 인정하고 있다. 그리고 이러한 정당의 등록제도는 어떤 정치적 결사가 정당에 해당되는지의 여부를 쉽게 확인할 수 있게 해 주며, 이에 따라 정당에게 부여되는 법률상의 권리·의무관계도 비교적 명확하게 판단할 수 있게 해 주는 점에서 정당등록제는 법적 안정성과 확실성에 기여한다고 평가하고 있다.[24)]

그러나 정당의 등록요건을 너무 엄격하고 까다롭게 정하여 사실상의 허가제를 인정한 것과 같은 효과가 나타나는 경우에는 정당설립의 자유를 본질적으

24) 헌재 2006. 3. 30. 2004헌마246, 판례집 18-1(상), 404, 413면.

로 침해하는 것이 되어 허용될 수 없다고 할 것이다.[25] 일부 소수 견해는 정당의 등록은 헌법적 의미의 정당의 개념요소가 아니기 때문에 등록을 정당성립요건으로 하는 것과 정당법이 헌법이 요구하는 것 이상의 수량화된 조직요건만을 요구함으로써 신생정당의 진입을 어렵게 만든 것은 정당설립의 자유를 침해하는 것으로 위헌이라는 보는 입장도 있다.[26] 또 다른 견해는 정당등록요건을 갖추지 못한 정당은 정치과정에 전혀 참여하지 못하게 됨에 따라 정당설립의 자유를 심하게 제한 받게 되고 전국규모의 조직화되지 못한 소수자의 정치활동에 대한 지나친 규제가 될 것이므로 정당의 등록은 정당에 대한 국고보조 등과 관련된 일정한 법률상의 혜택을 받기 위한 조건으로 이해되어야 하며 정당의 정치활동 자체가 가능하기 위한 요건으로 인정되어서는 안 된다는 견해도 있다.[27]

생각건대 정당등록제는 정당에 대한 헌법적 요청으로서 국민의 정치적 의사형성에 참여하는 기능을 수행할 수 있는 최소한의 조직기준을 확인하는 것이며 군소정당의 난립을 억제하여 정치적 질서유지를 위한 것이라는 점에서 정당화될 수 있으나, 정당등록의 요건 여하에 따라 정당설립의 자유에 대한 본질적 침해의 위험성이 초래되므로 그 등록요건은 정당설립의 자유를 침해하지 않는 범위에서 최소한의 기준을 규정하여야 한다. 결국 정당등록제도의 위헌성문제는 등록제도 그 자체의 위헌성문제가 아니라 그 등록요건의 위헌성문제이며 그 등록요건이 위헌으로 판단되면 등록제도 자체도 위헌을 면할 수 없게 되는 것이다.

(2) 정당의 조직기준의 위헌성여부

이러한 정당등록의 요건으로서 정당의 조직기준의 규정(5 이상의 시·도당의 설치 및 각 시·도당의 1천명 이상의 당원수)은 일반결사와는 다른 특수한 정치적 결사로서의 정당에 대한 헌법적 요청으로서 정당이 국민의 정치적 의사형성에 참여하는 공적 기능을 수행하도록 하기 위한 것임은 전술한 바와 같다. 오늘날

25) 허영, 『한국헌법론』, 박영사, 2008, 529면.

26) 정태호, 정당설립의 자유와 현행정당등록제의 위헌성에 대한 관견, 『인권과 정의』 2005. 3월호, 97면 이하.

27) 장영수, 『헌법학, 홍문사, 2007, 269~270면.

정당은 대의제 민주주의의 불가결의 요소로서 선거에 참여하고 국가기관의 구성에 참여함으로써 국민과 국가기관을 매개하고 국민주권원리의 구현에 기여하는 중요한 공적 기능을 수행하기 때문에 그 정당의 규모는 전국적으로 분산된 조직의 최소한을 갖출 것이 요구된다. 따라서 군소정당의 난립과 지역정당의 출현을 방지하고 전국적 정당조직을 통한 다수 국민의 정치적 의사형성에 참여하는 정당의 기능을 확보하기 위해서 정당설립에 일정한 조직기준을 요구하는 정당등록제를 채택하는 것은 그 목적의 정당성이 인정된다고 할 수 있다. 특히 한국의 정당정치의 병폐로 간주되는 지역주의 내지 지역균열구도에 바탕을 둔 지역정당성의 문제점을 극복하고 광범위한 국민대중의 지지를 받는 민주적 정당정치를 기대하기 위하여 정당의 성립에 일정한 조직상의 기준을 요구하는 것은 정당설립의 자유와 양립될 수 없는 것은 아니라고 할 수 있다. 더욱이 정당은 일반결사와 달리 헌법과 법률에 의하여 국가의 보호를 받으며 정당의 재정에 대한 국고보조금을 제공받는 등의 특권을 가지므로 정당에 대해 요구하는 일정한 규모의 법적 기준은 정당의 특권에 따른 의무로서 정당화된다고 할 수 있다.

종래 학계에서는 이러한 정당의 조직기준과 등록제에 대해 합헌이라고 보는 견해가 지배적이었으며, 헌법재판소도 정당설립의 자유에 대한 그러한 제한은 헌법상 정당의 표지를 구현하기 위한 합리적인 제한으로서 정당화된다고 판시하고 있다.28) 그러나 이에 대하여 최근 부정적 입장에서 위헌성을 주장하는 견해도 제시되고 있다. 즉 현행 정당법상의 일정한 규모의 확보를 요건으로 하는 정당등록제도는 사실상 허가제와 다를 바 없으며 그 자체 정당설립의 자유를 과잉적으로 침해하는 위헌적인 규정이라고 보는 것이다.29) 말하자면 정당이 선거에 참여하여 국민의 폭넓은 지지를 얻어 선거에서 승리하고 궁극적으로 정권획득을 도모하기 위해서는 일정한 규모를 갖추어야 하겠지만 이는 철저히 당해 정당 내부의 문제이며, 군소정당의 후보난립을 방지하고 의회의 안정적 다수세력형성을 위해서는 기탁금제도와 비례대표의석배분과정에서의 저지조항 등이 마련되어 있기 때문에 이와는 별도로 정당에 대해서 처음부터 일정한 조

28) 헌재 2006. 3. 30. 2004헌마246, 판례집 18-1(상), 404, 415면.
29) 이종수, 최근 판례들에 나타난 헌법재판소의 정당관, 헌법판례연구 [8], 2006, 169면.

직규모를 요건으로 사전적으로 정당설립을 통제하는 것은 정당설립의 자유 자체를 지나치게 제한하는 것이라고 한다.[30]

(3) 헌법재판소 판례의 입장

헌법재판소는 정당법상 정당의 등록요건에 관한 제한규정이 정당설립의 자유를 침해하는 것인가의 여부에 대하여 입법목적의 정당성과 목적과 수단간의 비례성을 인정하여 헌법위반이 아니라고 다음과 같이 판시하고 있다. "정당에게 5 이상의 시·도당을 요구한 제25조의 규정은 특정 지역에 지역적 연고를 두고 설립·활동하려는 이른바 '지역정당'을 배제하려는 취지로 볼 수 있고, 각 시·도당에게 1천인 이상의 당원을 요구한 제27조의 규정은 아직 당원을 충분히 확보하지 못하여 일정규모 이상 국민의 지지를 받지 못하거나 이익을 대변하지 못한다고 판단되는 이른바 '군소정당'을 배제하려는 취지로 볼 수 있다. 우선 우리 헌법의 대의민주적 기본질서가 제기능을 수행하기 위해서는 의회 내의 안정된 다수세력의 확보를 필요로 한다는 점에서, 군소정당의 배제는 그 목적의 정당성이 인정될 수 있으며, 다만 지역정당의 배제가 정당한 목적으로 인정될 수 있는가에 대해서는 이론이 제기될 수 있으나, 지역적 연고에 지나치게 의존하는 정당정치풍토가 우리의 정치현실에서 자주 문제시되고 있다는 점에서 볼 때, 단지 특정지역의 정치적 의사만을 반영하려는 지역정당을 배제하려는 취지가 헌법적 정당성에 어긋난 입법목적이라고 단정하기는 어렵다."[31] 헌법재판소는 이 법률조항의 입법목적은 이른바 지역정당과 군소정당을 배제하려는 것으로 정당하다고 판단한 것이다.

입법목적과 수단의 비례성에 관하여 헌법재판소는 이 법률조항은 '지역정당' 및 '군소정당'을 배제하려는 취지이며, 이와 같은 규정내용은 특정 지역에만 조직이 형성되는 것을 막고, 5개 이상의 시·도에 각 조직이 구성되고 그 조직 내에 일정 수 이상의 당원이 활동할 것을 요구함으로써 선거단체 및 소규모 지역정치단체들이 무분별하게 정당에 편입되는 것을 억제하기에 적합한 수단이라고 판시하고 있다. 한편 이 사건 법률조항은 헌법 제8조 제2항이 규정하고 있는 바 "국민의 정치적 의사형성에 참여하는데 필요한 조직" 요건을 구체화함에 있

---

30) 이종수, 앞의 논문, 169면.

31) 헌재 2006. 3. 30. 2004헌마246, 판례집 18-1(상), 414면.

어서 5개 이상의 시·도당 및 각 시·도당마다 1,000명 이상의 당원을 갖추도록 규정하고 있는바, 이와 같이 전국 정당으로서의 기능 및 위상을 충실히 하기 위해서 5개의 시·도당을 구성하는 것이 필요하다고 본 입법자의 판단이 자의적이라고 볼 수 없고, 각 시·도당 내에 1,000명 이상의 당원을 요구하는 것도 우리나라 전체 및 각 시·도의 인구를 고려해 볼 때, 청구인과 같은 군소정당 또는 신생정당이라 하더라도 과도한 부담이라고 할 수 없다는 것이다. 따라서 이 사건 법률조항이 비록 정당으로 등록되기에 필요한 요건으로서 5개 이상의 시·도당 및 각 시·도당마다 1,000명 이상의 당원을 갖출 것을 요구하고 있기 때문에 국민의 정당설립의 자유에 어느 정도 제한을 가하는 점이 있는 것은 사실이나, 이러한 제한은 "상당한 기간 또는 계속해서", "상당한 지역에서" 국민의 정치적 의사형성 과정에 참여해야 한다는 정당의 개념표지를 구현하기 위한 합리적인 제한이라고 할 것이므로, 그러한 제한은 헌법적으로 정당화된다고 판시하고 있다.[32)]

(4) 사 견

필자는 현행 정당법상 정당등록요건으로서의 5 이상의 시도당과 각 시도당의 1천명 이상의 당원수 규정은 위헌으로 보기 어렵다고 판단하며 따라서 헌법재판소 판례의 입장은 기본적으로 타당하다고 본다. 과거의 구 정당법상의 정당등록요건에 관한 규정들에 비해 현행의 법률규정은 정당등록요건이 상당히 완화되어 정당설립의 자유 제한의 정도가 축소된 것도 구 법상의 제한규정의 위헌성을 의식한 입법개선이 이루어진 것이라 할 수 있으며, 그 정도의 정당의 자유제한은 입법자의 입법형성의 재량을 벗어난 것이라 보기 어렵다.[33)] 군소정당의 난립을 배제하기 위한 입법목적은 정당하다고 할 수 있으며, 한국정당정치의 고질적 병폐인 지역주의 문제를 감안할 때 지역정당의 배제를 위한 입법목적도 정당하다고 할 수 있다.

---

32) 헌재 2006. 3. 30. 2004헌마246, 판례집 18−1(상), 414~415면.

33) 2011년 12월 28일 현재 중앙선거관리위원회에 등록된 정당은 한나라당, 민주통합당, 자유선진당, 미래희망연대, 통합진보당 등 21개 정당이며, 창당준비위원회 결성신고된 정당도 녹색사회민주당 등 12에 이르고 있는 것을 보더라도 현실적으로 현행 정당법상 정당등록요건이 정당설립의 자유에 대한 과도한 제한으로 보기 어렵다는 것을 반증하는 것이라 할 수 있다.

그러나 정당설립의 자유의 헌법적 보장은 정당설립뿐만 정당의 조직형태 선택의 자유를 포함하는 것이므로 일정수의 시·도당의 설치나 그 법정당원수를 법률규정으로 강제하는 것은 근본적으로 정당의 '국가로부터의 자유'와 합치되기 어려운 문제가 있으므로 신중을 기해야 할 것이며, 앞으로의 입법개선이 행해지는 경우 정당의 조직형태의 선택은 정당의 내부문제로서 정당의 자율에 맡기는 것이 바람직하다고 본다. 다만 정당의 기능의 중요성에 비추어 정당이 전국적 규모의 조직과 일정수의 당원을 확보하는 것은 필요한 것이므로 그러한 전국적 조직을 갖춘 정당에게는 국고보조금의 배분지급의 대상이 되도록 하여 전국정당화를 유도하는 방안을 검토할 수 있을 것이다. 말하자면 정당의 설립단계에서부터 일정한 법적 조직기준을 요구하여 사실상 신생정당의 설립을 억제할 것이 아니라 정당설립은 비교적 자유롭게 허용하고 정당의 자발적이고 자율적인 의사결정으로 전국적 규모의 정당으로 성장해 나갈 수 있도록 국가가 재정적 지원을 하는 것이 바람직하다고 할 것이다. 현행의 국고보조금 배분제도는 정당의 의석수와 득표율을 기준으로 한 것으로 기성정당과 대정당에 유리하고 군소정당과 신생정당에게 차별적 대우를 하게 되는 점에서도 문제가 있으므로 정당의 득표율과 함께 정당의 조직 및 진성당원수, 소속의원의 전국적 분포 등도 주요 배분기준으로 삼는 것을 검토할 필요가 있다.

3. 정당등록취소의 위헌성문제

(1) 정당등록취소제도의 문제점

현행 정당법은 정당등록제도와 함께 등록취소제도를 규정하고 있다(제44조). 즉 정당이 정당법 제44조 제1항의 제1호에서 제3호의 등록취소사유에 해당하게 되면 당해 선거관리위원회는 그 정당의 등록을 취소하는데, 그 등록취소사유는 다음의 세 가지로 규정하고 있다. 첫째, 정당법 제17조(법정시·도당수) 및 제18조(시·도당의 법정당원수)의 요건을 구비하지 못하게 된 때, 다만 요건의 흠결이 공직선거의 선거일 전 3월 이내에 생긴 때에는 선거일 후 3월까지, 그 외의 경우에는 요건흠결시부터 3월까지 그 취소를 유예한다. 둘째, 최근 4년간 임기만료에 의한 국회의원선거 또는 임기만료에 의한 지방자치단체의 장선거나 시·도의회의원선거에 참여하지 아니한 때, 셋째, 임기만료에 의한 국회의원선거에 참여하여 의석을 얻지 못하고 유효투표총수의 100분의 2 이상을 득표하지 못한 때이다. 그리고 정당법 제41조 제4항은 정당의 등록취소규정에 의하여 등록취소된 정당과 같은 명칭은 등록취소된 날부터 최초로 실시하는 임기만료에 의한 국회의원선거의 선거일까지 정당의 명칭으로 사용할 수 없다고 규정하고 있다.

위의 정당등록취소사유 중에서 첫째 사유는 정당등록제도를 전제로 한 그 당연한 결과라고 볼 수도 있다. 그러나 정당등록 당시의 등록요건을 등록 이후의 사정으로 유지하지 못하게 된다고 해서 반드시 정당등록을 취소하는 것이 헌법에 합치하는 것인지의 의문이 제기될 수 있다. 정당의 자유는 정당설립의 자유뿐만 아니라 정당의 존립과 활동의 자유를 포함하는 것이며, 특히 헌법 제8조 제4항의 정당해산제도는 헌법재판소의 위헌정당해산결정 이외에는 어떠한 경우에도 정당을 강제해산시킬 수 없다는 '정당존립의 특권'을 의미하는 것이므로 이 점에서 정당의 등록취소는 정당존립의 특권을 보장하는 헌법에 위배되는 문제가 있다. 특히 정당등록요건을 겨우 충족시킨 이른바 '한계정당'의 경우 정당설립 이후의 운영과정에서 등록요건에 부분적으로 미달하게 되는 요인이 발생하면 3개월의 유예기간을 거쳐 즉각 등록취소를 하는 것은 권력에 의한 야당탄압의 수단으로 악용될 우려가 있으며, 이는 정당존립의 자유를 보장하는 헌법정신과 조화될 수 없는 것이 된다. 더욱이 세번째 등록취소사유인 정당이 선거에서 실패한 경우, 즉 선거에서의 의석을 얻지 못하고 유효투표총수의 100분의 2 이상을 얻지 못한 경우 그 정당의 등록을 취소하는 것은 본질적으로 정당의 자유를 침해하는 것이라 하지 않을 수 없다.[34] 특정 정당이 선거에서 유권자의 지지를 얻지 못하여 의석을 확보하지 못하고 일정한 득표율을 얻지 못하였다고 해서 그 정당을 등록취소시키는 것은 사실상 정당해산을 의미하는 것으로, 이는 헌법 제8조 제4항의 위헌정당해산제도와의 관계에서도 체계정당성의 원리에 부합하지 않는 것이 된다. 이러한 정당등록취소제도는 헌법이 예견하지 않은 '작은 정당해산제도'(Kleinparteivervot)로 기능하게 된다는 지적은 타당하다고 본다.[35]

34) 성낙인, 앞의 책, 227면.

35) 이종수, 앞의 논문, 174면; 이종수, 정당제민주의와 현안문제, 『헌법학연구』 제13권 제2호,

(2) 헌법재판소 판례의 입장

헌법재판소는 정당법상 등록취소규정과 명칭사용금지규정의 기본권침해여부에 관한 헌법소원심판사건(2006. 4. 27. 2004헌마562)에서 재판관의 다수의견으로 기본권침해의 직접성을 인정하지 않고 각하결정을 하였다. 그러나 재판관 3인의 반대의견은 이 정당법규정들이 청구인의 기본권침해의 직접성을 인정하면서 이 규정들은 정당설립의 자유를 침해하여 헌법에 위반된다고 하였다.[36)]

헌법재판소에 의하면, 우리 헌법 제8조 소정의 '정당의 특권과 자유'의 주체가 될 수 있는 정당은 정당법 소정의 요건을 구비하여 중앙선거관리위원회에 등록함으로써 성립되고 정당법 소정의 등록취소사유에 해당되는 경우 중앙선거관리위원회의 등록취소에 의하여 비로소 소멸하게 된다고 한다. 그러므로 등록취소사유에 해당하는 경우 등록취소규정에 의하여 곧바로 정당이 소멸하여 그 결과 기본권이 침해되는 것이 아니라 위 규정 소정의 등록취소사유에 해당되는지 여부에 대한 중앙선거관리위원회의 심사 및 그에 이은 등록취소라는 집행행위에 의하여 비로소 정당이 소멸하게 된다고 본다. 그리고 중앙선거관리위원회의 정당에 대한 등록취소처분이 행정소송의 대상이 됨은 명백하다고 할 것이고 그 정당 등록취소처분의 취소소송절차에서 위 규정에 의한 등록취소사유(예컨대 소정의 득표율에 미달되었는지 여부)에 대한 사실관계 확정과 더불어 얼마든지 위 규정에 대한 위헌 여부의 제청을 구할 수 있는 것이며 그 외 달리 그러한 절차경유가 곤란하거나 부당하다고 볼 사정 또는 그러한 절차의 경유가 실효성이 없다고 볼 사정은 찾아보기 어렵다고 한다. 따라서 이 사건 등록취소 규정은 기본권 침해의 직접성을 결하고 있으므로 그에 대한 위헌확인 청구는 부적법하다는 것이다.[37)]

이에 대해 재판관 송인준, 재판관 주선회, 재판관 조대현의 반대의견에 의하면 이 사건이 적법요건을 갖추고 있어 본안 판단을 하여야 하며, 이 사건 심판대상조항은 정당설립의 자유를 침해하여 헌법에 위반된다고 보고, 아래와 같이 그 이유를 밝히고 있다.

2007, 122~127면.

36) 헌재 2006. 4. 27. 2004헌마562, 판례집 18-1(상), 574면.

37) 헌재 2006. 4. 27. 2004헌마562, 판례집 18-1(상), 579~581면.

"헌법은 제8조 제2항에서 "정당은 그 목적·조직과 활동이 민주적이어야 하며, 국민의 정치적 의사형성에 참여하는 데 필요한 조직을 가져야 한다"고 규정하고 있는바 이러한 헌법규정 및 해석으로부터 파악될 수 있는 헌법상 정당의 개념을 확정해보면, 헌법적 의미의 정당이란 선거가 선출된 대표자에게 민주적 정당성을 매개해줄 수 있도록 유권자가 자유롭고 공개적인 의사형성의 과정에서 판단을 내릴 수 있고 새로운 정치적 표상이 국민의 정치의사 형성과정에서 실현될 수 있도록 언제든지 새로운 정당을 결성할 수 있는 가능성을 전제로 국민의 정치적 의사형성에 영향을 미치고 정권을 획득하는 것을 목적으로 선거에 참여하는 것을 비롯하여 "상당한 기간", "상당한 지역에서" 국민의 정치의사형성에 참여하는 결사를 말한다(헌재 2006. 3. 30. 2004헌마246, 공보 114, 553, 557 참조).

헌법재판소는 이와 같은 헌법상 정당개념을 법률로 구체화하여 1천 인 이상의 당원을 가진 5 이상의 시·도당을 가져야 한다고 정한 정당법상의 등록요건규정에 대하여 "상당한 기간 또는 계속해서", "상당한 지역에서" 국민의 정치적 의사형성 과정에 참여해야 한다는 헌법상 정당의 개념표지를 구현하기 위한 합리적인 제한으로서 헌법상 정당화된다고 판시한 바 있다(헌재 2006. 3. 30. 2004헌마246, 공보 114, 553, 557).

헌법 제8조 제4항은 "정당의 목적이나 활동이 민주적 기본질서에 위배될 때에는 정부는 헌법재판소에 그 해산을 제소할 수 있고, 정당은 헌법재판소의 심판에 의하여 해산된다"고 규정하고 있는바, 이는 '방어적 민주주의'의 한 요소를 규정함과 아울러 헌법 스스로가 되도록 정당의 금지를 민주적 정치과정의 개방성에 대한 중대한 침해로 이해하여 오로지 제8조 제4항의 엄격한 요건 하에서만 정당설립의 자유에 대한 예외를 허용하여 민주적 정치과정의 개방성을 최대한으로 보장하려는 것으로 정당의 정치적 내용 및 활동에 관하여는 헌법재판소가 위헌성을 확인한 경우에만 정치생활의 영역에서 축출될 수 있게 하려는 것이다(헌재 1999. 12. 23. 99헌마135, 판례집 11-2, 800, 814-815).

그런데 이 사건 등록취소규정은 아직 원내에 진출하지 못하고 득표율이 저조하다는 이유로 헌법상 정당의 개념 표지를 갖추고 적법하게 그 요건을 충족하여 등록된 정당을 사후적인 등록취소를 통해 그 존립을 불가능하게 하는 것으로 정당의 개념표지와는 무관한 국회의원총선거에서의 결과적 성공이라는 우연한 사정에 기초하여 정당을 소멸시킴으로써 정당의 존속을 불가능하게 하고, 계속적으로 진지하게 정당활동을 수행하는 과정에서 국민대중의 지지를 획득하여 보다 굳건한 정당으로 성장할 수 있는 신생정당들을 정치생활의 영역으로부터 축출하여 신생정당의 진입을 가로막으며 소수의견의 정치적 결집을 봉쇄하고 기성의 정당체제를 고착화시키는 데 기여하므로 정당설립의 자유를 제한함에 있어 헌법상 준수하여야 할 비례성을 지키지 못하고 있다. 예컨대 이 사건 등록취소 규정에 의하여 제16대 총선거 직후 등록이 취소되었던 민주노동당은 재등록 후 바로 다음 17대 총선거에 참여하여 원내 제3당의 지위를 차지하였는바 이는 이 사건 등록취소규정이 정당설립의 자유 제한에 있어서 적정한 비례성을 지키고 있지 못하다는 점을 현실적으로 입증하는 분명한 사례라 할 것이다. 따라서 이 사건 등록취소규정이 적법하게 등록요건을 갖추어 등록한 정당을 국회의원총선거에서 지지가 미미하다는 우연한 결과에 근거하여 등록을 취소함으로써 정당을 소멸시키는 것은 헌법상 보장된 정당설립의 자유를 침해하여 헌법에 위반된다 할 것이다."[38]

(3) 소 결

정당법상 정당등록취소사유 중에서 세 번째 사유(제44조 제1항 제3호)인 선거의 실패를 이유한 등록취소는 위헌성이 농후하므로 입법개선이 필요하다고 본다. 위 사건의 재판관 3인의 반대의견에서 제시된 바와 같이 선거결과 원내에 진출하지 못하고 득표율이 저조하다는 이유로 헌법상 정당의 개념 표지를 갖추고 적법하게 그 요건을 충족하여 등록된 정당을 사후적인 등록취소를 통해 그 존립을 불가능하게 하는 것은 정당의 개념표지와는 무관한 국회의원총선거 결과의 우연한 사정에 기초하여 정당을 소멸시킴으로써 정당의 존속을 불가능하게 하고, 신생정당들을 정치생활의 영역으로부터 축출하여 신생정당의 진입을 가로막는 것이 된다. 이는 또한 소수의견의 정치적 결집을 봉쇄하고 기성의 정당체제를 고착화시키는 데 기여하므로 정당설립의 자유를 과도하게 제한하는 것이라 하지 않을 수 없다. 또한 선거결과 의석과 일정 득표율을 확보하지 못한

38) 헌재 2006. 4. 27. 2004헌마562, 판례집 18-1(상), 583~585면.

정당이 등록취소된 직후 정당재건작업을 진행하는 경우에는 군소정당에 대한 불필요한 시간적·경제적 제약만 가해진다는 점에서도 이 등록취소사유는 삭제하는 것이 타당하다.[39]

그리고 정당법 소정의 정당등록취소사유 중 정당의 등록요건 미달의 경우(제44조 제1항 제1호) 3월의 유예기간은 너무 짧다고 생각되므로 6월 또는 1년 이상으로 확대할 필요가 있다고 본다.

4. 지구당폐지의 위헌성문제

(1) 지구당폐지의 의미와 문제점

2004년 정치개혁입법의 일환으로 정당법을 개정하여 지구당을 폐지하게 되었다. 지구당폐지의 배경은 무엇보다 지구당 운영으로 인한 고비용을 줄이고 지구당위원장의 지구당운영의 사당화경향을 타파하여 유권자의 참여를 증대시키고 지방정당조직의 사적 요소를 제거하여 정당을 공적 조직으로 만들려는 것이었다고 할 수 있다.[40] 1962년 12월 최초로 제정된 정당법에 의해 탄생된 지구당조직은 지난 30여 년간 유권자의 정치참여를 도와주는 측면보다 돈을 받고 일하는 이른바 '품삯 당원'의 횡포로 풀뿌리 정당조직이 뻗어나가는 데 방해가 되었으며, 지구당운영비의 조달을 둘러싼 비리연루 및 지구당의 중앙당과 당지도부에 대한 예속화 등은 한국정당정치의 고질적 병폐로 지적되어 왔기 때문에 정당개혁조치의 하나로 지구당폐지를 단행하게 된 것이다.[41]

그러나 학계에서는 지구당폐지에 대해 부정적 견해가 대두되고 있다. 필자의 견해도 위헌론의 입장에서 이 문제에 접근할 필요가 있다고 본다. 정당이 국민의 정치적 의사형성에 참여하는 헌법적 기능을 수행하기 위해서는 정당의 조직이 기본적으로 전국적인 조직을 갖춰야 하며, 당원과 국민의 정치적 의사를 '밑에서부터 위로 향하여' 형성할 수 있는 상향적 조직을 가져야 한다. 즉, 국민의 정치적 의사형성에 참여하는 민주적 정당의 조직은 상향식의 의사형성을 가

39) 김수갑, 정당법의 문제점과 개선방안, 『공법연구』 제33집 제5호, 2005, 199면.

40) 김용호, 최근 한국정당의 개혁조치에 대한 평가, 『한국정당학회보』 제7권 제1호, 2008, 198면.

41) 지구당폐지에 관한 상세한 논의는 김용호, 앞의 논문, 198~200면; 이현출, 정당개혁과 지구당 폐지, 『한국정당학회보』 제4권 제1호, 2005, 91면 이하 참조.

능하게 하는 '지역단위의 상향식 조직'이어야 한다. 그러나 종래의 지구당이 폐지된 상황에서 중앙당과 시·도당의 조직만으로 상향식의 정치적 의사형성을 기대하기 어렵다는 견해는 타당하다고 할 수 있다.[42] 지구당운영의 현실적 폐해가 아무리 크다고 해서 지구당조직을 전면적으로 폐지하는 법적 강제는 정당설립의 자유, 정당의 조직형태를 선택할 자유를 침해하게 되는 문제가 있다.

헌법 제8조 제1항이 명시하는 정당설립의 자유는 설립할 정당의 조직형태를 어떠한 내용으로 할 것인가에 관한 정당조직 선택의 자유 및 그와 같이 선택된 조직을 결성할 자유를 포괄하는 '정당조직의 자유'를 포함함은 전술한 바와 같다. 정당조직의 자유는 정당설립의 자유에 개념적으로 포괄될 뿐만 아니라 정당조직의 자유가 완전히 배제되거나 임의적으로 제한될 수 있다면 정당설립의 자유가 실질적으로 무의미해지기 때문이다. 또 헌법 제8조 제1항은 정당활동의 자유도 보장하고 있기 때문에 위 조항은 결국 정당설립의 자유, 정당조직의 자유, 정당활동의 자유 등을 포괄하는 정당의 자유를 보장하고 있다.[43] 따라서 정당법에 의한 지구당의 폐지의 강제는 헌법상 보장된 정당의 설립과 조직 및 활동의 자유를 침해하는 것이 아닌가의 의문이 제기될 수밖에 없다. 지구당 폐지의 목적이 아무리 고비용 저효율의 정당구조를 개선하는 데에 있다고 하더라도 정당의 본질로서 국민의 자유로운 자발적 결사로서 정당의 조직과 활동의 자유를 최대한 보장하기 위해서는 정당의 조직형태에 국가가 관여하는 것은 가급적 배제되어야 한다. 정당조직의 최소단위로서 지구당의 존치여부는 정당의 자율에 맡기는 것이 타당하며 법률로써 지구당설치를 금지하는 것은 정당의 자유보장에 관한 헌법정신에 위배된다고 할 수 있다.

(2) 지구당폐지의 위헌여부에 관한 판례

헌법재판소는 이 문제에 대해 지구당폐지에 관한 법률조항이 정당의 조직과 활동의 자유를 제한하는 것이라고 하더라도 그 자유를 본질적으로 침해하는 것은 아니며 과잉금지의 원칙에도 위배되는 것이 아니어서 위헌이라고 볼 수 없다고 판시하고 있다.

헌법재판소는 2004. 12. 16. 2004헌마456 사건에서 이 사건 법률조항들은 정

42) 계희열, 앞의 책, 271면.

43) 헌재 2004. 12. 16. 2004헌마456, 판례집 16-2(하), 618면.

당의 조직 중 기존의 지구당과 당연락소를 강제적으로 폐지하고 이후 지구당을 설립하거나 당연락소를 설치하는 것을 금지하고 있으므로 정당조직의 자유와 정당활동의 자유를 포함한 정당의 자유를 제한한다고 한다. 그러나 이 사건 법률조항들이 정당으로 하여금 그 핵심적인 기능과 임무를 전혀 수행하지 못하도록 하거나 이를 수행하더라도 전혀 비민주적인 과정을 통할 수밖에 없도록 하는 것이라면 정당의 자유의 본질적 내용을 침해하는 것이 되지만, 지구당이나 당연락소(이하 '지구당'이라고만 한다)가 없더라도 이러한 기능과 임무를 수행하는 것이 불가능하지 아니하고 특히 교통, 통신, 대중매체가 발달한 오늘날 지구당의 통로로서의 의미가 상당부분 완화되었기 때문에, 본질적 내용을 침해한다고 할 수 없다고 판시하고 있다.[44]

그리고 과잉금지원칙의 위배여부에 관하여 헌법재판소는 "첫째, 이 사건 법률조항들의 입법목적인 '고비용 저효율의 정당구조를 개선함'은 그 정당성을 인정할 수 있고, 둘째, 지구당 폐지는 위 입법목적을 달성하는데 효과적이고 적절한 수단일 뿐만 아니라, 지구당을 강화할 것인가 여부에 관한 선택은 헌법의 테두리를 벗어나지 않는 한 입법자가 합목적적으로 판단할 당·부당의 문제에 그치고 합헌·위헌의 문제로까지 되는 것은 아니어서 지구당을 폐지한 것에 수단의 적정성이 있는가 하는 것은 상대적으로 완화된 심사기준에 의하여 판단하여야 하므로, 수단의 적정성을 인정할 수 있으며, 셋째, 지구당을 폐지하지 않고서는 문제점들을 해결할 수 없다는 한국정당정치의 현실에 대한 입법자의 진단이 타당할 뿐만 아니라 이 사건 법률조항들하에서도 정당활동을 할 수 있는 길이 있으므로 침해의 최소성을 인정할 수 있고, 넷째, 이 사건 법률조항들이 달성하려는 공익과 이로 인하여 침해되는 사익 사이에 현저한 불균형이 있다고 보기 어려워 법익의 균형성을 인정할 수 있으므로, 비례원칙에 반하지 아니한다"고 판시하였다.[45]

(3) 판례에 대한 비판

헌법재판소는 정당법상의 지구당폐지가 목적의 정당성이 인정되고 비례의 원칙에 위배되지 않는다고 판시하고 있으나, 비례의 원칙의 적용에 있어 수긍

44) 헌재 2004. 12. 16. 2004헌마456, 판례집 16-2(하), 618, 627면.
45) 헌재 2004. 12. 16. 2004헌마456, 판례집 16-2(하), 618, 628-630면.

하기 어려운 점을 지적할 수 있다. 지구당폐지가 고비용 저효율 정당구조의 개선이라는 정당한 목적을 달성하기 위한 적정한 수단이라고 하지만, 고비용 저효율의 정당구조개선은 기본적으로 정당의 정치자금을 통제하는 것이 실효성 있는 방법이라 할 것이며, 지구당의 폐지를 강제하여 시·도당만으로 국민의 정치적 의사를 상향적으로 형성 반영하는 것은 사실상 기대하기 어렵다. 고비용 정당조직의 문제점은 정치자금제도의 근본적 개혁과 정치인 및 유권자의 의식개혁이 우선되어야 할 과제이지, 지구당조직 자체를 폐지함으로서 해결되어야 하는 것은 아니므로 그것은 방법과 수단의 적정성에 위배되는 것이라 하지 않을 수 없다. 지구당조직이 과다한 정치비용을 소요한다고 해서 정당간의 사정을 고려하지 않고 수십년간 유지되어온 지구당조직을 일률적으로 폐지하는 것은 본질적으로 국민의 임의적·자발적 결사인 정당의 조직선택의 자유를 침해하는 것이 되며, 고비용 정당구조개선이라는 목적달성을 위한 적정한 방법이라고 하기 어렵고 침해의 최소성원칙에도 합치되기 어렵다고 본다.

법익의 균형성원칙의 적용에 있어서도 헌법재판소 판례는 문제가 있다고 본다. 실제로 각 정당들은 지구당을 폐지한 결과 지구당 대신 당원협의회라는 비상설 조직을 운영하면서 시·도당 사무실을 이용하지만, 정당법은 중앙당과 시·도당의 유급사무직원인 상설인력을 제한(제30조)하고 있기 때문에 시·도당의 조직마저 약화되어 지구당의 기능을 흡수하지 못하고 있는 실정이다.[46] 말하자면 지구당이 폐지됨에 따라 시·도당이 지방정당의 단위조직으로서 상향적 의사형성기능을 수행해야 하는데 실제로는 그렇지 못하다는 것이 문제이다. 따라서 지구당을 폐지함으로써 나타나는 정당조직의 토대약화와 정당의 지역적 조직에 의한 상향적 의사형성기능의 저하에 따른 불이익은 고비용 정당조직개선으로 얻게 되는 이익에 비해 결코 적다고 할 수 없다.

또한 지역구에서 국회의원을 배출한 정당은 국회의원 후원회 사무실을 당원협의회 사무실로 활용하면서 사실상의 지구당조직을 운영하게 되지만, 국회의원을 배출하지 못한 정당에게는 그렇게 할 수 없으므로 이는 정당간의 차별로서 기회균등의 원칙에 위배되는 문제도 있다.

헌법재판소 판례의 기본입장은 고비용 정당조직의 개혁이라는 공적 가치

46) 김용호, 앞의 논문, 199면.

의 중요성에 무게를 두고 국민의 자발적 결사로서의 정당의 자유로운 지위에 대한 광범위한 법적 규제를 정당화하는 데 있다고 볼 수 있다. 그러나 고비용 정당구조의 개혁은 지구당의 폐지만으로 그 목적을 달성할 수 있는 것은 아니며, 지구당의 폐지는 정당의 헌법적 임무로서 국민의 정치적 의사형성에 참여하는 기능을 저해하게 될 뿐만 아니라, 헌법상의 기본권으로서 정당설립의 자유와 정당조직선택의 자유를 과도하게 침해하는 것으로 헌법에 위반된다고 하겠다.

(4) 입법론적 제안

따라서 정당조직의 활성화를 통한 정당의 공적 기능을 제고하기 위해서는 종전의 국회의원지역구단위의 지구당은 설치되는 것이 필요하다고 본다. 정당이 상향적으로 국민의 정치적 의사를 형성하기 위해서는 국회의원지역선거구를 단위로 하는 정당의 하부조직에서부터 일반당원과 유권자의 의사가 정당의 중간조직인 시·도당의 의사결정에 반영되어야 하는 것이 불가피하다. 지구당조직이 없는 시·도당의 조직만으로 일반당원과 유권자의 의사를 상향적으로 형성하는 것은 현실적으로 어렵다고 할 수 있다. 이 점과 관련하여 일부 견해는 지구당조직을 인정하면서 지구당의 운영조직을 정당법에 명시하여 최소한의 인원으로 운영하게 하고 이를 위반하는 경우에 강력한 처벌을 하게 하는 방안을 제시하고 있다.[47)]

생각건대 지구당의 폐지가 고비용 정당구조의 개선에 일정 부분 도움이 되었다는 점에서 긍정적 측면이 없지 않으나, 지구당의 존치여부를 정당의 자율에 맡기지 않고 법적 강제에 의해 전면적으로 금지시킨 것은 비례의 원칙에 위반하여 정당설립과 활동의 자유를 침해하는 것으로 문제가 있다. 다만 지구당조직의 운영에 있어서의 자금운용과 그 투명성확보는 당비를 내는 진성당원수를 점차 확대해 나가는 한편 정치자금법에 의한 정당재정의 통제를 강화해 나가는 것이 중요하다. 그리고 진성당원의 양성은 정당의 지방조직의 토대로서의 지구당조직에서부터 이루어져야 하는 것이 바람직하므로 진성당원의 양성과 지구당조직은 불가분의 관계에 있다고 할 수 있다.

47) 김수갑, 앞의 논문, 196면; 박명호, 개정 정당법의 검토－지구당과 당내경선제의 보완을 중심으로, 『헌법학연구』 제10권 제2호, 2004, 56면.

그러므로 앞으로의 각 정당에 있어서 지구당의 존치여부는 법률로써 일률적으로 규정할 것이 아니라 정당의 자율적 판단과 선택에 맡기는 것이 바람직하며, 지구당조직을 허용하는 경우에도 정당의 등록요건에 지구당의 수를 그 기준으로 삼을 필요는 없다고 할 것이다.

5. 기타의 정당의 자유 제한문제

(1) 정당의 민주적 공천절차와 정당의 자유

정당의 공직선거후보자추천절차에 관한 법률규정은 정당의 내부문제에 대한 국가적 간섭으로서 정당의 자유를 제한하는 것이 아닌가의 문제가 제기될 수 있다. 2005년 정당법이 전면 개정되기 전의 구 정당법은 제31조 제1항에 "정당의 공직선거후보자의 추천은 민주적이어야 한다"라고 하고, 제2항에 "정당의 공직선거후보자추천에는 후보자를 추천할 공직선거의 선거구를 관할하는 해당 당부 대의기관의 의사가 반영되도록 하여야 하며, 그 구체적인 절차는 당헌으로 정한다"라고 규정하여 정당의 민주적 공천절차를 명문화한 바 있다. 현행 정당법은 이러한 공천절차에 관한 규정을 삭제하고, 대신에 공직선거법에 제6장의2를 신설하여(2005. 8. 4) 정당의 후보자추천을 위한 당내경선규정들을 두고 있다. 구 정당법상의 공천절차에 관한 규정은 선언적 의미를 갖는 것에 불과하고 그 구체적인 절차를 당헌에 백지위임하는 것이었다.[48] 현행 공직선거법상의 당내경선조항도 "정당은 공직선거후보자를 추천하기 위하여 경선을 실시할 수 있다"(제57조의2 제1항)라고 하여 임의규정의 형식을 취하고 있으나, 당내경선을 실시한 경우의 경선후보자로서 당해 정당의 후보자로 선출되지 아니한 경우의 당해 선거구에서의 후보자등록금지(동조 제2항)라든지, 당내경선운동의 방법제한(제57조의3), 당원 등 매수금지(제57조의5) 등은 강행규정에 해당한다.

정당의 공천문제는 그것을 정당내부의 의사결정문제로 보는 경우에는 정당의 자율적 판단에 맡기는 것이 정당의 자유로운 지위에 부합된다고 할 수 있다.[49] 그러나 오늘날 정당국가적 민주주의에 있어서 정당의 공천과정은 공직선

48) 정만희, 『헌법의 기본문제』, 세종출판사, 2001, 157면.

49) 헌법재판소도 정당의 대통령선거 후보자선출은 "자발적 조직 내부의 의사결정에 지나지 아니한다"고 하고 정당은 공권력의 주체에 해당하지 아니하므로 대통령선거 후보경선과

거의 제1단계이며 필수적 과정으로 이해되고 있으므로 정당의 사적 내부문제만으로 볼 수 없다. 여기에 정당의 공천절차에 대한 법적 규제의 가능성을 인정하게 되는 것이다.[50] 더욱이 헌법상 정당의 당내민주주의의 요청은 당내민주주의의 요체로서 정당공천절차의 민주화를 위한 법적 규제의 필요성이 인정되는 것이므로 이러한 공천절차에 관한 규정들은 정당의 자유에 대한 일정한 제한을 가져오게 되더라도 그 본질적 침해로 볼 수 없다. 오히려 한국의 정당민주화를 위하여 당내경선절차에 관한 법적 규제를 강화할 필요가 있다는 주장이 설득력을 얻고 있다. 정당의 당내경선을 강행규정으로 해야 한다는 주장과 비민주적인 정당공천이 행해진 경우에 그에 대한 통제수단의 필요성 등이 주장되고 있다.[51]

그렇지만 정당의 민주적 공천과정확보를 위한 법적 강제는 정당의 자유보장과 조화를 이룰 수 있는 선에서 행해져야 점에서 그 한계가 인정된다. 법률로써 정당의 당내경선절차를 구체적으로 정하여 강제하는 것은 정당의 자율성과 국가로부터 자유로운 지위를 침해할 우려가 있으므로 신중을 기해야 할 것이다. 예컨대 공직선거법 제57조의2 제2항은 정당이 당내경선을 실시하는 경우 경선후보자로서 당해 정당의 후보자로 선출되지 아니한 자는 후보자로 선출된 자가 사퇴하거나 자격을 상실한 경우를 제외하고는 당해 선거의 같은 선거구에서는 후보자로 등록할 수 없다고 규정하고 있는데, 이는 정당의 당내경선제도의 실효성 있는 정착을 위한 것이라 할 수 있지만, 이러한 당내경선에 불복한 당원에 대한 법적 제재는 피선거권과 공무담임권을 침해하는 위헌성의 문제가 제기될

정에서 여론조사결과를 반영한 것을 헌법소원심판의 대상이 되는 공권력의 행사에 해당한다 할 수 없다고 판시하고 있다. 헌재 2007. 10. 30. 2007헌마1128; 헌재 2007. 12. 4. 2007헌마1275.

50) 미국의 경우 정당의 민주적 공천과정을 의미하는 예비선거(primary)는 20세기 이후 각주의 법률에 의하여 규제되고 있는데 이러한 예비선거과정에 대한 법적 규제는 정당의 예비선거가 본선거와 불가분의 관계에서 선거과정의 '필수부분'을 의미하는 것으로 보기 때문이며, 이러한 예비선거과정에서의 정당의 공적 기능은 본래 '헌법외적 사적 조직'(extra-constitutional organization)에 불과했던 정당의 지위를 사실상의 국가기관(state organ)의 성격으로 변질시키게 된 것을 의미한다. 상세는 K. Loewenstein, Political Power and the Governmental Process, 2nd ed., 1965, p.370: 정만희, 미국의 예비선거제도에 관한 연방대법원판례, 『동아법학』 제31호, 2002, 41면 이하.

51) 정만희, 정당의 민주적 공천제의 법리, 『공법학연구』 제4권 제1호, 2002, 60면 이하; 김수갑, 앞의 논문, 199~201면.

수 있으며 정당의 활동에 대한 국가의 지나친 간섭이 될 수 있다. 당내경선에 불복한 자에 대해서는 정당의 자율적 판단에 맡기는 것이 바람직하며 이러한 경선불복자에 대해서는 유권자에 의한 정치적·도의적 책임을 묻게 하는 것이 타당하다고 생각된다.

그 밖에 정당의 공천문제와 관련하여 지방선거에서 후보자의 정당공천을 배제하거나 정당표방을 금지하는 입법이 정당활동의 자유를 침해하는 것이 아닌가의 문제가 있다. 헌법재판소는 지방선거에서 정당표방금지에 대하여 처음에는 합헌이라고 판단하였으나,[52] 그 후 판례를 변경하여 정당표방금지는 입후보자의 정치적 표현의 자유를 침해하는 것으로 위헌이라고 판시하였다.[53]

(2) 정당에 대한 국고보조제도

헌법 제8조 제3항의 후단은 "국가는 법률이 정하는 바에 의하여 정당운영에 필요한 자금을 보조할 수 있다"고 하여 정당운영자금에 대한 국고보조제도를 규정하고 있다. 이 국고보조제도는 1980년 헌법에서 최초로 채택된 것으로, 정당에 대한 정치자금의 적정한 제공을 보장하여 정당의 자금조달과정과 결부된 정치적 부패를 방지하고, 나아가 정당의 보호·육성을 도모하는데 그 의의가 있다.[54]

그러나 다른 한편 정당의 국고보조제도는 정당의 국가로부터의 자유를 침해하게 되는 문제성을 내포하고 있다고 할 수 있다. 각국의 경우를 보더라도 우리처럼 정당의 운영자금에 대한 직접적 국고보조를 인정하는 나라는 거의 없다. 미국은 대통령선거의 경우 정당의 후보자에게 연방자금에 의한 선거자금을 보조하는 것을 인정하지만 정당의 운영자금에 대한 국고보조는 허용하지 않고 있다. 독일의 경우는 전후 정당의 재정난을 해결하기 위한 방법으로 국가에 의한

52) 헌재 1999. 11. 25. 99헌바28.

53) 헌재 2003. 1. 30. 2001헌가4. 그러나 이 판례변경은 기초의회의원선거에서의 정당활동의 자유를 인정한 점에서 의의를 찾을 수 있지만, 지역실정에 맞는 순수한 지방자치의 실현이라는 관점에서는 문제가 있다고 할 수 있다. 이에 관하여는 정만희, 지방선거와 정당참여에 관한 헌법적 고찰, 『공법연구』 제33집 제1호, 2004, 18면 이하.

54) 헌법재판소는 국고보조금제도에 대하여 정당이 정치자금을 마련함에 있어 정치자금의 기부자인 각종 이익집단으로부터 부당한 영향력을 배제하여 정치부패를 방지하며 정당간의 자금조달의 격차를 줄여 공평한 경쟁을 유도하고 정당의 재정압박을 완화하여 정당의 원만한 기능을 보장하는데 그 입법목적이 있다고 설명한다. 헌재 2006. 7. 27. 2004헌마655.

직접적 또는 간접적 재정지원을 하였으나 이들 국고보조제도는 1960년대부터 정당의 국가로부터의 자유를 침해한다는 이유로 위헌결정을 받은 바 있다. 다만 정당의 선거비용보조는 국가기관의 구성을 위한 제도로서 허용된다고 하였다. 그 후 1990년대에 들어와서 연방헌법재판소 판례는 정당의 선거비용뿐만 아니라 정당활동비용에 대해서도 부분적 국고보조를 인정하고 있다.[55]

우리나라의 정당에 대한 국고보조제도는 헌법에 직접적인 근거조항을 두고 있으므로 위헌성의 문제는 제기되지 않으나, 현실적으로 각 정당에 배분 지급되는 국고보조금의 증대는 정당의 보호·육성을 벗어나 정당의 국가로부터의 자유를 침해하고 정당의 국가에 대한 종속을 초래하게 될 우려가 있다. 그러므로 각 정당에 지급되는 국고보조금의 총액은 독일의 경우처럼 각 정당이 스스로 조달할 수 있는 운영자금을 초과해서는 안 될 것이며, 부분적인 정당재정의 보조에 그쳐야 할 것이다.[56] 또한 각 정당에 대한 국고보조금의 배분방법이 정당의 의석수와 득표율을 기준으로 하게 되면 기성정당과 대정당에 유리하고 신생정당과 군소정당에 절대 불리하게 되어 정당간의 기회균등을 침해하게 되는 문제가 있다.[57] 국고보조제도가 정당자금의 적정한 제공을 보장하여 건전한 정당제도의 보호·육성에 있다면 각 정당의 의석수와 득표율만을 배분기준으로

55) 독일에서는 이미 1960년대부터 정당에 대한 국고보조는 정당의 국가로부터의 자유를 침해한다고 하여 위헌판결(BVerfGE 20, 56ff)을 받고 금지되어 왔으나, 1992년 연방헌법재판소 판결에서는 정당의 선거비용뿐만 아니라 정당활동비용에 대한 국고보조는 허용된다고 하면서, 다만 정당의 국가로부터의 자유원칙을 고려하여 정당활동비용의 부분적 보조만이 허용된다고 판시한 바 있다. 즉 정당의 국고보조의 합헌성기준으로서 '절대적 상한'과 함께 정당의 국가로부터의 자유를 확보하기 위한 '상대적 상한'을 제시하여 국고보조금의 총액은 정당의 노력으로 자기조달할 수 있는 수입총액을 초과할 수 없다고 하였다(BVerfGE 85, 264, NJW 1992, S. 2545f). 그에 따라 연방의회는 1993년 정당법을 개정하여 국고보조의 연간총액을 2억3천마르크라는 절대적 상한으로 설정하고, 각 정당에의 국고보조금은 당해정당이 매년 자기조달할 수 있는 수입총액을 초과할 수 없도록 하였다. 국고보조금의 각 정당에의 배분기준은 정당의 비례대표선거에서 획득한 유효투표 1표당 1마르크(500만표까지는 1표당 1.3마르크)와 각 정당이 매년 당비, 기부 등으로 자기조달한 자금의 50%를 보조할 수 있다고 규정하였다. 이에 관한 상세한 내용은 한국법제연구원, 『주요국가의 정치자금법제』, 1997, 119면 이하.

56) 정만희, 정치개혁입법의 과제와 전망, 『동아법학』 제25호, 1999, 11면 이하.

57) 헌법재판소는 현행의 정치자금법상 국고보조금 배분기준(제27조)에 대하여 그것이 교섭단체 구성여부에 따라 보조금의 배분규모에 차이가 있더라도 그러한 차등 정도는 각 정당간의 경쟁상태를 현저하게 변경시킬 정도로 합리성을 결여한 차별이라고 보기 어렵다고 판시하였다. 헌재 2006. 7. 27. 2004헌마655.

할 것이 아니라, 전술한 바와 같은 정당조직의 전국적 분산의 정도, 정당소속의 원과 일반당원의 전국적 분포, 당비수입 등도 주요 기준으로 삼는 것을 검토할 필요가 있다고 본다.

Ⅳ. 맺음말

정당국가적 민주주의의 지향을 의미하는 헌법상의 정당조항은 정당설립의 자유와 복수정당제 보장을 비롯하여 정당의 헌법적 임무로서 국민의 정치적 의사형성에의 참여 및 그러한 정당활동에 대한 국가적 보호와 정당활동의 자유의 헌법적 한계 등을 명문화하고 있다. 이러한 헌법상의 정당조항을 구체화하는 정당법은 정당의 성립과 운영, 당원의 지위, 정당활동의 보장 등을 규정하고 있으며, 정당설립과 관련하여 등록제와 등록요건 및 등록취소규정 등을 규정하고 있다. 그러나 그 정당등록에 관한 규정들이 헌법상 보장되는 정당의 자유와 합치되기 어려운 점이 있지 않은가의 의문이 제기된다. 더욱이 고비용의 정당구조개선의 입법목적에 의해 규정된 지구당조직의 폐지는 정당조직선택의 자유와 정당활동의 자유를 침해하는 심각한 문제를 안고 있다고 본다.

정당의 자유의 헌법적 의미와 가치를 강조하는 입장에서 보면 이러한 정당의 자유제한에 관한 일련의 규정들 중에서 선거결과의 의석수와 득표율을 이유로 하는 정당등록취소와 지구당폐지는 정당의 자유를 과도하게 제한하는 것으로 위헌성을 면하기 어렵다고 본다. 헌법재판소는 한국의 정당정치의 낙후성과 병폐를 해소하기 위한 정당규제입법에 대하여 입법자의 광범한 입법형성의 자유를 인정하는 입장에서 합헌성판단을 하고 있으나 이러한 헌법재판소의 입장에 대하여는 비판의 여지가 없지 않다.

말하자면 군소정당과 지방정당의 배제라든지 고비용 정당구조개혁을 위한 정당규제의 이익도 중요하지만, 정당의 본래의 헌법적 기능과 임무 수행의 전제조건으로서, 그리고 국민주권원리의 구현수단으로서 중요한 기본권적 가치를 가지는 '정당의 자유'는 그에 못지 않거나 오히려 보다 더 큰 법익이라고 하지 않을 수 없다.

끝으로 앞으로의 정당법개정논의에 있어서는 헌법재판소의 합헌성판단과 관계없이 국민주권의 이념과 정당의 자유의 가치를 존중하고 실현하는데 그 초점을 맞춰야 할 것이며, 그러한 방향으로 입법개선이 이루어져야 할 것이다.

〈본 장의 글은 『동아법학』 제54호(동아대학교 법학연구소, 2012. 2) 107~147면에 게재된 논문임〉

제12장 정당해산심판의 헌법적 쟁점
- 정당해산심판의 요건과 효과를 중심으로 -

Ⅰ. 머리말

정부는 2013년 11월 5일 국회의 원내 제2 야당인 통합진보당에 대해 헌법상 민주적 기본질서에 위배되는 위헌정당으로 판단하여 헌법재판소에 정당해산심판을 청구하였다. 정당해산심판 청구와 함께 통합진보당 소속 국회의원들에 대한 의원직상실을 청구하였으며 정당활동정지 가처분 신청도 제기하였다. 헌법상 정당해산조항에 근거하여 정부가 정당해산을 제소한 것은 한국 헌정사상 최초의 일로서, 이 사건에 대한 헌법재판소의 심판이 어떠한 방향으로 결론이 나든지 간에 그 종국결정은 앞으로의 국정운영과 정당정치의 향방에 커다란 영향을 미칠 것으로 예상된다. 특히 본 사건의 헌법재판소 결정으로 우리 사회에서 진보정당의 활동이 허용되는 헌법적 한계가 제시된다는 점에서 국민적 관심사가 되고 있다.[1)]

1) 통합진보당은 2011년 12월 6일 중앙선거관리위원회에 등록함으로써 창당되었는데 기존의 민주노동당과 국민참여당, 새진보통합연대가 통합하여 창당된 진보정당으로 2012년 총선에서 10% 정당득표율로 비례대표의석 6석을 얻었으며 광역자치의회 의원수도 21명에 이른다. 정부는 통진당의 강령과 당헌 등에 나타난 당의 이념으로서 진보적 민주주의는 북한의 인민민주주의 개념과 일치하고 경제와 통일노선도 북한 체제와 매우 흡사하여 우리 헌법의 자유민주적 기본질서에 반한다고 판단하여 정당해산심판을 청구한 것이다. 통진당해산심판청구에 대한 보수언론과 진보언론은 상반된 입장을 보이고 있는데, 통진당사건은 한국사회의 이념과 헌법에 관한 중요한 시험으로 정치권은 공방을 자제하고 헌재결정을 차분히 기다려야 한다는 입장과 정부의 통진당해산제소는 민주주의의 근간을 뒤

한국 헌정사에 있어서 헌법상 정당조항이 최초로 채택된 것은 1960년 헌법(제2공화국헌법)이며 이 헌법의 정당조항은 1949년에 제정된 독일 기본법상의 정당조항의 영향을 크게 받은 것이었다. 특히 현행 헌법 제8조 제4항의 정당해산규정은 독일 기본법의 정당해산조항(제21조 제2항)과 상당히 유사하며, 그러한 이유로 우리 헌법의 정당조항의 해석에 있어서 독일의 헌법이론과 판례가 상당 부분 영향을 미치고 있음을 부정하기 어렵다. 독일에서는 기본법상 정당조항의 채택 이후 1952년과 1956년 두 차례에 걸쳐 연방헌법재판소의 정당해산심판으로 나치후계정당인 사회주의국가당(SRP)과 독일공산당(KPD)에 대해 정당해산결정을 내린 바 있다.[2] 그러나 오늘날 독일 이외의 민주주의국가에서 정부의 제소로 정당해산심판이 행해지는 사례는 흔치 않기 때문에 이번에 통진당에 대한 해산심판청구를 계기로 과거 독일에서의 정당해산의 사례에 대하여 관심이 집중되는 이유가 있는 것이다.

이번의 정당해산심판사건에 있어서 핵심적 쟁점은 크게 두 가지로 볼 수 있다. 하나는 통진당 당원들의 그동안의 활동이나 당헌·당규 또는 강령 등에 나타난 통진당의 목적이나 활동이 과연 위헌정당해산의 실질적 요건인 헌법의 "민주적 기본질서에 위배될 때"에 해당하는가의 문제이며, 또 하나는 헌법재판소에 의한 정당해산결정이 내려지는 경우 통진당 소속 국회의원의 의원직 상실 여부에 관한 문제이다. 첫 번째의 쟁점은 학설상 다툼이 있는 정당해산의 실체적 요건으로서 '민주적 기본질서'라는 불확정개념과 그 민주적 기본질서의 '위배'의 의미를 어떻게 명확하게 규정할 것인가의 문제이고, 그와 관련하여 통진당의 목적과 활동에 관한 객관적인 사실관계를 입증하는 것이 중요한 요소가 될 것이다. 두 번째의 쟁점은 헌법재판소가 만약 통진당에 대해 위헌정당해산결정을 내리는 경우에 그 정당해산의 효과로서 소속의원의 자격상실여부에 관하여는 법률에 명문규정이 없기 때문에 헌법재판소가 이 문제를 어떻게 판단할

흔드는 것으로 이는 권력남용이며 헌법무시행위라고 강하게 비판하는 입장이 대립하고 있다. 중앙일보 2013.11월 6일자 30면과 한겨레신문 2013년 11월 6일자 35면 참조.

2) 독일의 1952년과 1956년의 정당해산심판사건에 관하여는 권영성, 정당의 해산–서독사회주의국가당(SRP)의 위헌판결, 고시연구 1982. 1월호, 181면 이하; 이성환 외, 정당해산심판제도에 관한 연구(헌법재판연구 제15권), 2004, 42면 이하; 박병섭, 정당해산제도에 대한 헌법적 고찰 –독일 기본법을 중심으로–, 민주법학 제9권 제1호, 1995, 223면 이하.

것인가에 관한 것이다. 위헌정당해산의 효과로서 의원직상실여부 문제는 학계에서도 견해가 여러 가지로 갈리고 있다. 다수설은 의원직상실로 보는 것이고, 소수설은 정당이 해산되더라도 소속의원은 무소속의원으로 남는 것을 인정해야 한다는 것 등이 있다. 의원직유지를 주장하는 견해에 따르게 되면 정당해산결정의 실효성을 기대할 수 없으며 정당해산조항의 헌법적 취지에 반하게 된다는 비판을 면하기 어렵게 된다. 그러나 다수설의 경우에도 비판의 여지가 없는 것은 아니다. 다수설의 논거는 주로 과거 독일의 정당해산에 관한 연방헌법재판소의 판례를 근거로 하고 있으나 우리나라의 현시점에서 60년 전의 독일의 정치상황과 시대적 배경을 전제로 한 판례이론을 그대로 받아들일 수 있는가에 관하여는 회의적 시각도 없지 않다.

종래 국내 학계에서의 정당제도에 관한 논의와 연구는 주로 정당법상 정당의 자유제한의 문제라든지 정당공천과 당내민주주의문제, 공직선거법상의 선거운동제한과 관련한 정당규제를 중심으로 하여 왔으며 정당해산제도에 관해서는 크게 관심을 갖지 않았기 때문에 심도 있는 연구성과의 집적이 이루어지지 못했다고 볼 수 있다. 그것은 지난 25년여 동안 헌법재판소가 위헌법률심판을 비롯한 수많은 헌법소송사건들을 처리해 왔으나 정당해산심판사건은 단 한 건도 제기된 바 없었으며, 헌법상의 정당해산제도가 우리의 정치과정에서 현실문제로 쉽게 등장하리라고 생각하지 못한 데에서 기인한 것이라 할 수 있다. 그러나 최근에 와서 정당해산제도에 대한 관심이 높아지고 이에 관한 연구논문들이 발표되고 있음을 볼 수 있는데,[3] 이러한 연구성과물의 내용을 보면 후술하는 바와 같이 정당해산제도의 이중적 성격에 있어 헌법질서의 수호보다 정당보호를 강조하는 입장에서 정당해산의 실질적 요건을 엄격히 해석하는 경향이 비교적 강하게 나타나고 있다고 할 수 있다.[4]

---

3) 현행헌법상의 정당해산제도에 관한 최초의 논문으로는 최희수, 위헌정당해산제도에 관한 연구, 심천 계희열박사 화갑기념논문집 「정당과 헌법질서」, 1995, 444면 이하가 있으며, 그 후 최근까지의 정당해산제도에 관한 주요 논문으로는 이성환 외, 앞의 책; 김문현, 정당해산심판에 관한 소고, 성균관법학 제19권 제2호, 2007; 이성환, 정당해산심판의 절차의 문제점과 개선방향, 세계헌법연구 제10호, 2004; 송석윤, 정당해산심판의 실체적 요건, 서울대학교 법학 제15권 제1호, 2010; 박규환, 정당해산 심판기준에 관한 연구, 헌법학연구 제14권 제4호, 2008; 전광석, 정당해산에 대한 헌법적 및 정치적 이해, 헌법판례연구 제13호, 2012 등 참조.

본고에서는 먼저 통진당 해산심판사건을 계기로 정당해산제도의 헌법적 의의와 본질을 재검토하고 위의 두 가지 쟁점에 대한 학계의 논의를 정리한 후 필자의 견해를 제시하도록 한다. 그리고 현행 정당해산제도에 관한 법률규정의 미비를 보완하기 위한 입법론적 필요성에 대해 간단히 언급하도록 한다.

Ⅱ. 정당해산제도의 헌법적 의의와 본질

1. 정당에 대한 헌법적 태도의 두 가지 유형

오늘날의 대의제민주주의는 정당제민주주의를 의미하며 정당은 현대민주정치에 있어서 필수불가결의 요소로 간주되고 있다. 정치적 결사로서의 정당은 그 본질에 있어서 국민의 자발적 결사이지만 국민과 국가기관 사이에서 국민의 다양한 정치적 의사를 수렴하고 집약하여 국민적 여론을 형성함으로써 정당은 국민의 의사를 국가의사결정에 반영하며 선거과정에 참여함으로써 국민의 정치적 의사형성에 참여하는 기능을 수행한다.[5] 이처럼 정당이 수행하는 공적 기능 때문에 국가는 정당활동을 일반의 사적 결사에 비하여 특별한 보호를 하게 된다. 그리하여 제2차 대전 이후 독일을 비롯한 유럽의 각국에서는 헌법에 직접 정당조항을 규정하여 정당의 설립과 활동의 자유를 헌법상의 기본권으로 보장하고 일반결사에 인정되지 않는 여러 가지 특권을 부여하게 되었다. 그렇지만 그와 동시에 정당활동의 보장도 헌법질서 내에서 인정되어야 하는 것이므로 정당활동이 헌법적 한계를 벗어난 경우에는 그러한 정당은 국가권력에 의해 강제해산되도록 하는 정당해산제도를 채택하게 된 것이다. 이러한 정당해산제도의 헌법규범화는 과거 바이마르공화국헌법 시대의 나치정당의 출현 및 국가의 정당에 대한 가치상대주의적 내지 중립적 태도로 인하여 결국 국가와 민주주의 헌법질서 자체가 붕괴된 역사적 경험에 기초하여 민주주의를 수호하기 위해서는 민주주의의 적에 대해 자유를 허용할 수 없다는 이른바 '방어적 민주주

4) 특히 통합진보당 해산심판이 청구된 이후 이 심판청구에 대한 강도 높은 비판적 입장을 취하는 논문으로는 김종철, 민주공화국과 정당해산제도, 동아대학교 법학연구소 동계학술대회 발표논문집(2013. 12), 1~20면 참조.

5) 정당의 기능에 관하여는 정만희, 헌법과 통치구조, 법문사, 2003, 485~486면.

의'(streitbare Demokratie) 정신에 근거한 것이다. 따라서 오늘날 정당제 민주주의가 보편화된 시대에 정당해산제도를 헌법에 명문화하고 있는 나라는 독일을 비롯하여 헌법상에 정당조항을 두고 있는 일부 국가에 국한될 뿐이다.[6] 헌법상 정당조항에 근거하여 정당해산을 빈번하게 단행한 국가로는 터키를 들 수 있다. 터키는 1961년 헌법에 정당해산제도를 도입한 이후 2009년에 이르기까지 무려 27개 정당이 해산되었다.[7] 칠레도 1980년 군부쿠데타 이후 헌법을 개정하여 정당해산제도를 규정하였으나 이 제도는 정치적 반대자를 합법적으로 제거하는데 악용되고 있다.[8]

반면에 정당정치가 보편화되어 있는 정당제 민주주의 국가들 중에는 헌법상에 정당조항을 두지 않고 있는 나라들도 상당수 있다. 미국과 일본 등이 대표적인 경우에 해당하는데, 이러한 경우는 정당은 일반의 사적 결사와 마찬가지로 법적 취급을 받게 되는 것이다. 다만 정치과정에서의 정당의 공적 기능의 중요성에 비추어 정당활동에 대하여 일정한 국가적 보호를 받으며 법률에 의한 일정한 규제가 이루어지게 된다. 미국의 경우 정당은 대통령선거에서 선거비용에 대한 국고보조를 받으며 대통령후보지명을 위한 예비선거(primary election) 과정에도 국고보조를 받는다. 이는 선거과정에 참여하는 정당의 기능이 국가기관구성을 위한 공적 과제에 참여하는 것이므로 국가로부터의 재정적 지원이 허용되는 것을 의미한다. 또한 정당의 예비선거에 대해 각 주(州)는 법률로써 그 예비선거과정에 대한 일정한 규제를 행하고 있다.[9] 그러나 미국에서의 정당의 자유는 헌법상 결사의 자유보장을 근거로 보장되는 것이지만 그 예외로서 공산

---

6) 서구에서 정당제도를 헌법에 편입하여 헌법상 정당조항을 규정하고 있는 국가들 중에서도 정당해산제도에 관한 명문규정을 두고 있지 않은 나라들도 상당수 있으며 독일처럼 정당해산조항을 채택한 경우가 예외적인 것이라 할 수 있다. 프랑스는 1958년 제5공화국 헌법 제4조에 정당조항을 채택하여 정당의 자유보장과 함께 "정당과 단체는 국가주권과 민주주의 원칙을 존중하여야 한다"라고 규정하고 있을 뿐 정당해산제도를 도입하지 않은 것이 독일 기본법의 정당조항과 구별된다. 위의 국가주권과 민주주의원칙의 존중조항은 법적 효력을 갖는 것이 아니라 정치적 윤리적 효력만을 가지는 것으로 해석 운용되고 있다. 정만희, 헌법 제8조, 주요법령에 대한 주석서발간Ⅰ, 한국헌법학회, 2007, 206면.

7) 터키의 정당해산제도에 관하여는 송석윤, 정당해산제도의 딜레마, 세계헌법연구 제16권 제3호, 2010, 77면 이하.

8) 박병섭, 앞의 논문, 234면 이하 참조.

9) 미국의 정당에 대한 법적 규제에 관하여는 정만희, 정당의 자유와 법적 규제, 심천 계희열 박사 화갑기념논문집「정당과 헌법질서」, 1995, 252면 이하.

주의 활동을 하는 공산당의 설립은 연방법률에 의해 금지되고 있다. 미국의 정당정치는 전통적으로 양당제가 확립되어 있기 때문에 급진적 진보성향의 정당 출현이나 정당해산이 현실문제로 제기되기는 어렵다고 할 수 있다. 다만 1940년대 이후 연방법률의 제정에 의하여 공산주의적 활동과 공산당을 철저히 규제해 온 것을 볼 수 있다. 1940년 외국인등록법에 해당하는 Smith Act를 제정하여 폭력에 의한 정부전복에 관련되는 모든 행위를 처벌할 수 있게 되었고, 1950년의 파괴활동방지법(McCarran Act)과 1954년의 공산주의자단속법(Communist Control Act)에 의해 공산당을 인정하지 않고 공산주의자에 대한 법적 보호를 거부하는 등 반민주정당에 대한 규제가 강화되었다. 또한 각 주(州)의 법률에 의한 정당규제도 주로 예비선거과정을 규율하기 위한 것이 일반적이나, 정당의 명칭과 관련하여 공산당(Communist Party)이라는 정당명칭은 정부를 폭력적으로 전복할 것을 주장한다는 암시로 그러한 명칭을 사용하지 못하도록 한 캘리포니아주 법이 위헌판결을 받은 바 있다.[10] 미국의 경우 공산당에 대한 규제입법의 위헌성 여부에 관한 연방대법원의 태도는 구체적이고 폭력적인 국가전복행위에 대한 선동행위만을 제재할 수 있다는 것을 명확히 하고, 추상적인 이론의 주창과 구체적인 폭력적 행위에 대한 선동(advocacy of abstract doctrine and advocacy directed at promoting unlawful action)을 구별하고 있음을 볼 수 있다.[11]

일본의 경우에도 헌법상 정당조항을 두고 있지 않으며, 정당법도 제정되어 있지 않다. 다만 정당자금에 대한 국고지원에 관한 법률이 있을 뿐이다. 정당의 자유는 헌법상 결사의 자유에 의해 보장되고 있으며, 국회법과 공직선거법은 정당의 존재를 당연한 것으로 전제하고 있다. 일본은 다당제 하에서 일본공산당 등과 같은 사회주의적 성향의 정당이 설립되어 활동하고 있으나, 헌법상 정당해산조항이 없기 때문에 제도적으로 정부가 제소하여 정당해산심판을 다툴 수 없다. 다만 국가의 안전보장과 질서유지 차원에서 입법적 근거하에 행정권의 행사로 정당을 해체시키는 것은 가능하다. 그리하여 일본은 1952년 '파괴활동방지법'을 제정하여 폭력주의적 파괴활동을 하는 정당이나 단체를 규제하고 나아가 그러한 폭력적 파괴활동을 하는 정당이나 단체에 대해 공안심사위원회

---

10) Communist Party of U.S. of America v. Peek !942) 20 Cal. 2d 536, 127 P.2d 889.

11) Yates v. United States, 354 U.S. 298 (1957).

는 해산지정을 할 수 있다.[12] 그러나 파괴활동방지법으로 정당이 해산된 사례는 없다. 이와 같이 일본의 정치현실을 보면 사회주의노선의 좌파정당이 설립되더라도 그 활동이 합법적이며 정치적 영향력이 미미한 군소정당에 불과하므로 정치과정에서 선거를 통해 유권자에 의한 통제가 이루어지고 있을 뿐이다.

여기서 한 가지 생각할 수 있는 것은 헌법상 정당조항이 채택되어 있지 않고 정당해산제도가 규정되어 있지 않은 국가들의 유형과 그와 반대로 헌법상 정당조항을 두고 정당해산이 제도화되어 있는 국가들의 유형 중에서 어느 쪽이 국가권력에 의한 정당해산이 용이하게 행해질 수 있으며, 어느 유형이 정당의 존립과 활동의 자유보장에 유리한 제도인가에 관한 문제이다. 헌법의 정당해산조항은 방어적 민주주의의 입장에서 헌법의 예방적 수호를 목적으로 하는 것이지만 동시에 이 헌법조항을 근거로 하지 않고서는 어떠한 경우에도 정당을 강제해산시킬 수 없다는 정당존립의 특권이라는 의미를 아울러 가지므로 이 점에서 정부의 정당해산 제소권이 남용되지 않는다는 전제하에서 정당해산제도는 정당의 존립을 침해하는 것이라 할 수 없다. 다만 정당해산조항을 정치적 목적으로 이용하여 그 제소권을 남용한다면 이는 정당해산조항의 폐지론의 정당화 근거가 될 수도 있다. 반면에 헌법상 정당해산조항이 없는 경우에 정당의 활동이 국가의 존립이나 헌법질서를 위태롭게 할 때에는 일반적인 결사의 자유 제한에 관한 법치국가원리에 따라 행정권의 행사로 그 정당은 해체될 수 있다. 이 경우는 오히려 헌법의 직접적 근거조항 없이 정부가 야당탄압의 목적으로 특정 정당을 해체시킬 수도 있는 것이다. 그러나 오늘날 헌법상 정당조항을 두고 있지 않은 민주주의국가들에 있어서도 정당이 국가권력에 의해 강제 해산되는 경우는 쉽게 찾아보기 어렵다.

그렇게 본다면 헌정운용과정에서 특정정당이 국가권력에 의해 강제해산될 수 있는 것은 헌법상 정당해산조항을 두고 있는 경우에만 해당되는 것은 아니므로 현실적으로 정당해산의 문제는 정당에 대한 헌법적 태도 여하에 따라 직접 영향을 받는 것은 아니라고 할 수 있다. 아무튼 우리 헌법의 정당조항의 해석에 있어서는 후술하는 바와 같이 헌법상 정당조항의 채택과정의 헌법사적 배

12) 일본의 파괴활동방지법에 의한 단체의 해산지정(제7조)은 사법적 해산의 방식이 아니라 행정적 해산의 제도를 채용하고 있는 것이 특징이다. 이에 관하여는 大石眞, 憲法講義Ⅱ, 有斐閣, 3007, 154~155면.

경을 이해할 때 정당해산조항은 오히려 일반 결사와 구별되는 정당의 존립과 활동을 고도로 보장하기 위한 장치로 이해될 수 있으며, 이러한 관점에서 우리 헌법상의 정당조항과 정당해산제도의 의의를 긍정적으로 이해할 필요가 있다고 본다.

2. 정당제도의 헌법적 편입과 정당해산조항의 채택

(1) 독일 기본법상 정당제도의 보장과 정당해산조항

1949년에 제정된 독일기본법은 정당제도를 헌법에 편입하여 제21조에 정당조항을 규정한 것이 특징이다. 그것은 바이마르공화국시대의 나치정당의 출현으로 정당의 자유가 부정되고 민주주의 헌법질서가 파괴된 역사적 경험이 기본법의 제정과정에 중요한 배경으로 작용하게 된 것을 의미한다. 기본법 제21조 제1항은 “정당은 국민의 정치적 의사형성에 참여한다. 정당의 설립은 자유이다. 정당의 내부질서는 민주적 원칙에 부합하여야 한다. 정당은 자금의 출처와 사용에 대해 그리고 그 재산에 대해 공개적으로 보고해야 한다”라고 규정하고 있으며, 동조 제2항은 “목적이나 추종자의 행태에 있어서 자유민주적 기본질서를 침해 또는 폐제하려 하거나 또는 독일연방공화국의 존립을 위태롭게 하려고 하는 정당은 위헌이다. 위헌성의 문제에 대해서는 연방헌법재판소가 결정한다”라고 규정하고 있다. 이 정당조항의 내용은 제1항에서 정당의 헌법적 기능과 정당설립의 자유를 보장하고 정당의 민주적 내부질서에 관한 의무와 정당자금의 공개의무를 규정하고 있으며, 제2항에서 위헌정당해산제도를 규정한 것이다.

이러한 정당조항의 등장은 현대적 대의제 민주주의에 있어서 불가결의 요소인 정당의 공적 기능의 중요성을 전제로 하여 정당정치의 법적 승인의 단계를 넘어서는 것을 의미할 뿐만 아니라 정당을 통해 나타나는 정치권력이 헌법의 테두리 밖에서 헌법의 파괴를 초래한 경험을 되살려 정당의 조직과 활동의 법적 규제를 포함하는 정당의 헌법제도화를 의미한다.[13] 특히 과거 바이마르헌법의 정당방임체제와 가치상대주의를 바탕으로 정당활동에 대해 거의 무제한의 자유를 허용한 결과 급진적인 헌법적대적 정당의 출현으로 민주주의와 헌법 자체가 파괴된 쓰라린 경험을 거울삼아 전후의 기본법은 정당조항을 신설하여 정

13) 정만희, 정당법론, 동아대학교출판부, 1985, 39면.

당의 자유에 대한 헌법적 보장과 함께 정당의 헌법적 임무 등을 규정하고 전체주의정당과 같은 위헌정당에 대해 국가가 투쟁적 내지 방어적 자세를 취하는 결단을 내리게 된 것이다.[14] 다시 말하면 독일 기본법 제21조 제2항의 정당의 강제해산조항의 헌법적 의의는 민주주의의 이름으로 민주주의를 파괴하려는 목적으로 활동하는 헌법적대적 정당에 대해서 헌법의 핵심을 이루는 기본질서이며 근본가치인 자유민주적 기본질서를 수호하기 위하여 더 이상의 관용을 베풀지 않는다는 '방어적 민주주의'(streitbare Demokratie)[15]의 헌법정신을 천명한 것이며 이는 곧 헌법제정자의 근본적 결단에 의한 것이라고 할 수 있다. 헷세(K. Hesse) 교수는 정당해산조항이 예방적 헌법보호에 있어서 매우 커다란 의미를 가진다고 하면서 "민주주의에서의 정치적 세력들의 자유로운 활동도 그 적대자들이 민주주의를 수단으로 하여 민주주의를 폐제하고자 하는 곳에서 그 한계를 찾아야 한다"고 보았으며 "독일 기본법은 자유민주주의의 한계문제를 투쟁적 민주주의로 결단을 내림으로써 해결하려고 한 것이다"라고 기술하고 있다.[16]

이러한 독일 기본법에 채택된 정당해산제도는 독일의 특수한 역사적 경험에 바탕을 둔 것으로 서구 민주주의국가에서의 일반적인 제도로 보기는 어렵다고 할 수 있다. 따라서 독일에서의 정당해산제도는 방어적 민주주의에 기초한 자유민주주의 헌법질서의 수호라는 관점이 강조되는 것이라 할 수 있으며, 이 점에서 정당보호와 정당특권으로서의 성격은 상대적으로 약하다고 볼 수도 있다.[17] 그러나 독일 기본법상 정당해산의 요건에 대한 연방헌법재판소의 엄격한 해석태도나 학계의 입장에 비추어 볼 때 정당보호의 측면이 결코 민주주의의 수호에 비해 약하다고 단정하기 어렵다.

14) 정만희, 앞의 책, 90면.

15) 방어적 민주주의의 사상적 기원은 프랑스혁명당시 생 쥐스트(Saint Just)의 "자유의 적에게는 자유가 없다"라는 명제에서 구할 수 있으나, 현대적 의미에서는 1930년대 후반 민주주의의 상대주의적 가치중립성에 대한 자제론 내지 한계이론으로서 등장하였다. 방어적 민주주의에 관한 상세는 계희열, 헌법학(상), 박영사, 2005, 242~247면; 정극원, 독일의 헌법수호제도, 세계헌법연구 제14권 제3호, 2008, 487면 이하.

16) Konrad Hesse, Grundzuge des Verfassungsrechts der Bundesrepublik Deutschland; 계희열 역, 서독헌법원론 (제15판), 삼영사, 1987, 405면.

17) 이성환, 앞의 논문(주3), 193~194면.

(2) 한국헌법상 정당해산조항의 의미

가. 1960년 헌법의 정당조항의 채택과 그 변천과정

우리나라 헌법에 정당조항이 최초로 등장한 것은 제2공화국헌법(1960년 헌법)에서 찾아볼 수 있다. 1948년 건국헌법은 정당에 관한 아무런 규정을 두지 않았으며 정당에 대한 묵시적인 태도를 취하였다. 그리하여 헌법은 정당을 일반결사에 포함시켜 취급하였으며 일반결사와 다른 특별한 지위를 인정하지 않았다. 다만 당시 국회법상 인정된 교섭단체 및 교섭단체에 입각한 위원회의 구성은 사실상 정당의 존립을 전제로 한 것이었다. 제2공화국헌법은 제13조 제1항의 언론·출판·집회·결사의 자유 조항에 이어 제2항에 정당조항을 신설하여 "정당은 법률이 정하는 바에 의하여 국가의 보호를 받는다. 단 정당의 목적이나 활동이 헌법의 민주적 기본질서에 위배될 때에는 정부가 대통령의 승인을 얻어 소추하고 헌법재판소의 판결로써 그 정당의 해산을 명한다"라고 규정하여 일반결사와 다른 정당의 특수한 지위를 인정하였다. 이러한 규정은 이승만 대통령의 자유당시대에 행해진 야당탄압의 쓰라린 경험을 바탕으로 행정부의 자의적 권력으로부터 야당탄압을 방지하기 위하여 헌법의 수호자인 헌법재판소의 판결에 의해서만 정당을 해산시킬 수 있도록 한 점에서 의미가 큰 것이었다. 즉 1960년 헌법에 정당에 관한 규정이 필요하게 된 것은 "정당의 자유가 일반적 집회·결사와 동일하게 취급됨으로써 정당의 해산이 정부의 행정처분의 대상이 될 때 정부의 야당탄압을 방지할 수 없기 때문에 헌법에 정당에 관한 조항을 설치하여 일반적인 집회·결사의 자유와 분리하여 정당의 자유에 대해 좀 더 고도의 보장을 하기 위한 것"이었다.[18] 다시 말하면 1960년 헌법의 정당조항에 나타난 정당해산규정은 헌법제도로서 정당의 존립을 고도로 보장한다는 데에 그 의의가 있었다고 할 수 있다.[19]

그 후 1962년의 제3공화국헌법은 제7조에 정당에 관한 일반조항을 둔 것이 특징이다. 동조 제1항에 "정당의 설립은 자유이며 복수정당제는 보장된다"라고 하고, 제2항에 "정당은 그 조직과 활동이 민주적이어야 하며 국민의 정치적 의사형성에 필요한 조직을 가져야 한다"라고 규정하였다. 제3항에는 정당해산에

18) 한태연, 신헌법, 법문사, 1960, 53~54면.
19) 김철수, 현대헌법론, 박영사, 1979, 525면.

관하여 "정당은 국가의 보호를 받는다. 다만 정당의 목적이나 활동이 민주적 기본질서에 위배될 때에는 정부는 대법원에 그 해산을 제소할 수 있고 정당은 대법원의 판결에 의하여 해산된다"라고 규정하였다.[20] 그리고 제4공화국헌법(1972년 헌법)과 제5공화국헌법(1980년 헌법)에서도 정당조항은 거의 그대로 유지되었으며, 다만 정당해산심판에 있어 정부의 제소에 대해 헌법위원회가 결정하도록 규정하였다. 1987년에 개정된 현행헌법상 정당조항도 1980년 헌법과 거의 동일하지만 정당해산심판기관이 헌법위원회에서 헌법재판소로 바뀐 것에 차이가 있을 뿐이다.

나. 정당해산조항의 헌정사적 의미

이와 같이 우리 헌법상에 정당조항이 최초로 등장한 배경은 이승만정부 시대의 야당탄압이라는 역사적 경험에 기초하고 있다는 점을 부정할 수 없으며, 이러한 야당탄압의 경험을 바탕으로 야당의 존립과 자유를 보장하기 위하여 일반 결사와는 달리 정당의 해산요건과 절차를 헌법에 직접 규정하여 이 헌법절차에 의하지 아니하고는 어떠한 경우에도 정치적 목적으로 정당을 해산할 수 없도록 한 것이 정당해산제도의 본질적 성격이라 할 수 있다. 거기에다 1949년 독일에서의 기본법 제정과 정당조항(제21조)의 채택이 우리나라 1960년 헌법의 정당조항에 영향을 크게 끼쳤음도 부정할 수 없다. 따라서 정당해산조항의 헌법적 의의는 우선적으로 현대의 정당제 민주주의에 있어서 일반 결사와 다른 정당의 존립과 자유에 대한 특별한 보호에 있다고 할 수 있으며 여기서 정당의 보호는 특히 야당과 소수당에 대한 헌법적 보호를 의미한다. 다시 말하면 한국헌법상 최초로 규정된 1960년 헌법의 정당해산조항은 독일 기본법상의 정당해산조항의 영향을 받은 것은 사실이지만, 그렇다고 해서 당시 독일에서의 방어적 민주주의이론에 입각한 헌법의 수호를 우선적 목적으로 하는 것이라고 보기 어렵고, 한국헌정사의 특유한 경험에 바탕을 둔 행정부의 권력으로부터 정당존립을 보호한다는 헌법적 가치를 우선적으로 실현하는 제도로 보는 것이 옳다고

---

20) 제3공화국헌법의 사법제도는 구 헌법의 헌법재판소제도를 폐지하고 미국형의 사법심사제(judicial review)를 도입하여 대법원이 일반재판과 함께 헌법재판의 핵심적 내용을 의미하는 위헌법률심사권을 행사하도록 하였다. 그리고 헌법재판의 유형 중에서 정치적 성격이 강한 탄핵심판은 탄핵심판위원회가 관장하도록 하였으나 정당해산심판을 대법원의 관할로 한 것은 그 입헌례를 찾아보기 어려운 것이라 할 수 있다.

할 수 있다. 그리고 정당활동의 국가적 보호는 그 활동의 헌법 내재적 한계를 전제로 한 것이므로 헌법의 기본질서에 위배되는 정당활동까지 보호되는 것은 아니며 정당해산조항은 헌법질서 수호를 위한 방어적 민주주의 정신에 입각한 것이라는 점에서도 그 의의를 찾을 수 있다.[21)]

3. 정당해산제도의 이중적 성격

(1) 방어적 민주주의에 의한 헌법질서의 수호

헌법상 정당해산제도의 명문화는 첫째로 정당의 활동을 헌법상 최대한 보장하면서 동시에 그 정당활동의 헌법적 한계를 명확하게 제시하여 그 한계를 벗어난 정당활동을 부정함으로써 헌법질서를 사전적·예방적으로 수호하도록 한다는 데에서 그 헌법정신을 찾을 수 있다. 주지하는 바와 같이 독일 기본법상 정당조항의 등장이 바이마르헌법 시대의 나치의 출현에 의한 민주주의체제의 붕괴를 경험 삼아 민주주의와 자유의 적에게는 자유를 허용할 수 없다는 '방어적 민주주의'(streitbare Demokratie) 정신에 기초한 것이라 할 때 정당해산제도는 헌법의 기본질서를 수호하는 중요한 기능을 담당한다. 방어적 민주주의이론은 한마디로 민주주의에 있어서 관용의 한계를 전제로 한 개념이라 할 수 있다. 본래 민주주의 내지 자유민주주의는 상대주의적 세계관에 입각하여 서로 의견을 달리하는 정치적 집단의 존재를 인정하고 서로 다른 정치적 견해 사이의 타협에 의해 국가의사를 형성해 나가는 것을 본질로 한다. 자유민주주의에 있어서 이러한 타협은 정치에 있어서의 관용(寬容) 정신을 기초로 한다. 그러나 이러한 관용에 기초한 타협의 민주주의에는 일정한 한계가 있음을 부정할 수 없다. 비록 민주주의가 그 관용으로 인하여 민주정치에 있어서 적과 동지의 구별이 없다 하더라도 민주주의의 존재 그 자체까지를 부정하는 자에 대해서는 '민주주의의 적'으로 인정할 수밖에 없는 것이다. 따라서 민주주의에 있어서 적과 동지를 구별하지 않는다는 것은 민주주의적 정치질서에 참가하기 위하여 투쟁하는 모든 정치집단이 민주주의의 공통적 기초를 승인하는 경우에 있어서만 그러하다는 것을 의미한다. 그와 반대로 특정 개인이나 집단이 민주주의의 공통적 기초를 인정하지 않고 민주주의 그 존재까지를 파괴하려고 할 때에는 그것은 민주

---

21) 동지(同旨); 최희수, 앞의 논문, 452면.

주의가 관용을 베풀 수 없는 민주주의의 적으로 간주된다. 따라서 비록 민주주의가 개인의 자유를 존중하는 자유의 정치를 의미한다고 하더라도 그 민주주의에 있어서도 '자유의 적에 대한 자유'(Freiheit fur die Feinde der Freiheit)는 허용되지 않는다는 것을 의미한다.[22)]

여기서 수호되어야 하는 헌법의 기본질서란 한마디로 말해서 '자유민주적 기본질서'를 의미한다고 할 수 있다. 즉 헌법적대적 정당으로부터 헌법질서를 수호한다는 것은 광의의 개념으로서 모든 헌법상의 질서를 의미하는 것이 아니라 헌법질서 중에서 핵심적인 정치적 질서로서 자유민주적 기본질서를 수호한다는 의미로 이해해야 하는 것은 후술하는 바와 같다.

(2) 정당의 존립과 특권의 보호

헌법상 정당해산제도는 정치적 목적에 의한 권력자의 야당탄압을 방지하기 위한 것으로서 정당존립을 보호한다는 데에 그 중요한 헌법적 기능이 인정된다. 정당도 일반 결사의 일종이지만 정치과정에서 정당이 수행하는 공적 기능의 중요성에 비추어 일반결사에 비해 정당의 활동의 자유를 고도로 보장해야 하는 필요성이 인정되고 특히 행정부의 자의적인 권력행사로 인하여 야당이나 소수정당이 탄압받는 것을 방지하기 위해서는 일반결사의 경우에 비해 정당에 대한 특별한 보호가 요구된다. 그리하여 헌법상 정당활동의 헌법적 한계를 명시하고 그 한계를 벗어난 정당활동에 대한 법적 제재로서 정당해산제도을 규정하면서 그 정당해산의 절차는 중립적 국가기관에 의한 헌법재판절차를 통해서만 해산시킬 수 있도록 함으로써 그 해산심판절차에 의하지 아니하고는 어떠한 경우에도 정당을 강제해산시킬 수 없도록 하고 있다. 이와 같이 정당해산조항은 정당활동의 헌법적 한계를 전제로 한 정당의 의무에 관한 것이면서 동시에 특별히 정당의 존립을 헌법적으로 보호하고자 하는 정당특권(Parteienprivileg)에 관한 규정이라 할 수 있다.[23)]

현대의 정당국가적 민주주의와 다원적 민주주의에 있어서 정당이 국민과 국가기관 사이에서 국민의 다양한 정치적 의사형성에 참여하는 기능의 중요성은 정당의 설립과 활동의 자유를 정치적 기본권으로서 보장하게 되고, 정당설

22) 한태연, 앞의 책, 119면.
23) 정만희, 앞의 책, 497면.

립의 자유는 그 당연한 귀결로서 복수정당제를 헌법상 보장하게 되는 것이다. 복수정당제의 보장은 일당독재를 부정하는 것뿐만 아니라 상이한 정치적 조건과 정치적 견해를 가진 여러 정당의 존재를 인정함으로써 다원적 정당제를 보장하는 것이다.[24] 따라서 야당의 존재나 정치적 이견의 존중은 복수정당제 보장의 전제가 되는 것이며, 이러한 야당의 보호는 정당해산제도의 기능에 의해서 확보되어지는 것이다.

우리나라의 경우 1960년 헌법에 최초로 정당제도와 정당해산조항을 규정한 것도 이승만 정부시대의 야당탄압에 대한 역사적 경험과 그에 대한 반성으로 정당의 존립과 활동의 자유를 보다 더 보장하기 위한 것이 주된 목적이었다고 할 수 있다. 이승만정부는 1958년 2월 야당인 진보당(進步黨)에 대하여 단지 공보실장의 성명으로 정당등록취소를 명하였으며 진보당의 조봉암을 비롯한 당간부들을 국가보안법 위반으로 구속하였다. 당시 정부의 진보당에 대한 정당등록취소이유에서 밝힌 바대로 "진보당의 당간부들이 북한 괴뢰집단이 밀파한 간첩과 파괴공작대들과 항상 접선하여 왔기 때문에 대한민국의 합법적인 정당으로 인정할 수 없으며, 공산당비밀당원과 공산당동조자들을 국회의원에 당선시켜 그들을 통하여 대한민국을 음해파괴하려고 기도하였다"[25]고 하더라도 정당의 해산이 일방적인 행정처분에 의해 행해졌다는 점에서 정부의 야당탄압이라는 의혹이 제기되기도 하였기 때문에 4.19 민주혁명에 의한 1960년 헌법에서는 야당탄압방지와 정당존립 보호의 요청에 따라 정당해산조항이 도입되었던 것이라 할 수 있다. 이 점에서 본다면 우리 헌법상의 정당해산제도의 채택은 독일의 경우처럼 바이마르헌법시대의 헌법적대적 정당에 대한 방어적 민주주의의 입장에서 정당해산조항이 규정된 것과는 그 정치적 상황과 배경에 차이가 있음을 알 수 있다.

최근 21세기에 접어들어 서구에서의 정당해산제도에 관한 논의에 있어서 정당해산의 요건에 엄격한 심사기준이 강조되고 있는 경향[26]도 정당해산제도

24) 정만희, 헌법과 통치구조, 법문사, 2003, 496~497면.

25) 중앙선거관리위원회, 대한민국정당사 제1집(1945년~1972년), 1973, 234면.

26) 유럽평의회의 산하기구로 베니스위원회는 2000년부터 정당제도에 관한 지침과 규약을 발표해 오면서 정당해산요건에 비례의 원칙 등 엄격한 기준을 제시하고 있으며, 이 기준이 유럽인권법원에서도 반영되고 있음을 볼 수 있다. 이에 관하여는 송석윤, 앞의 논문(주3),

가 헌법의 예방적 수호보다 정당보호 쪽으로 무게중심이 옮겨가고 있는 추세를 보이고 있음을 말해주고 있다고 할 때, 우리 헌법의 정당해산조항의 해석에 있어서도 정당보호로서의 기능과 성격이 경시되거나 무시되어서는 안 될 것이다.

(3) 방어적 민주주의 및 정당보호의 한계

방어적 민주주의 이론에 입각한 정당해산제도는 정치과정에서 정당의 활동으로부터 헌법질서를 예방적으로 수호한다는 것을 본질적인 기능으로 하고 있으나 현실적으로 헌법의 예방적 수호의 명분하에 정당해산 제소권을 남용하게 되면 이는 오히려 정당해산제도의 또 하나의 목적이며 기능인 정당존립의 보호라는 헌법적 가치를 침해하게 되는 문제가 있게 된다. 특히 정당해산제도의 본질이 헌법의 '예방적' 수호에 있음을 강조하는 입장에서는 정당해산의 실질적 요건의 해석에 엄격한 기준보다 완화된 기준을 적용할 수 있게 되는 위험성이 예상될 수 있다. 다른 한편 오늘날의 정당국가적 민주주의와 다원적 민주주의에 있어서 정당의 기능의 중요성을 강조하여 정당의 존립과 자유를 최대한 보장하고 정당의 목적이나 활동에 대해 국가가 가치중립적 태도를 취하게 되면 헌법에 의해 수호되어야 하는 자유민주적 기본질서를 위태롭게 하여 결국 헌법질서를 파괴하게 되는 심각한 상황이 초래될 수 있다. 이와 같이 정당해산제도의 본질적 기능의 양면성에서 나타나는 그 기능상의 모순과 대립은 곧 정당해산제도의 헌법적 딜레마를 의미하게 되는 것이다. 다시 말하면 정당해산제도가 자유민주주의라는 헌법의 기본질서를 수호하기 위한 것이지만 그 헌법질서를 수호하기 위해서는 정당의 정치적 자유를 제한함으로써 비로소 가능하다는 것이 문제이다. 자유민주주의의 기본전제인 정치적 자유를 제한하는 대가로 자유민주주의를 수호한다는 것 자체가 정당해산제도의 문제점이며 모순인 것이다. 이러한 정당해산제도는 정당정치를 위축시키게 되고 모든 정치적 조류를 포용하지 못하게 됨으로써 정치생활은 활력을 잃고 후퇴하게 되는 위험성이 지적된다.[27] 여기에서 정당해산제도의 본질로 간주되는 '헌법의 수호'와 '정당의 보호'라는 양자의 대립적 가치를 어떻게 조화롭게 실현할 것인가가 현대적 정당국가에 있어서의 근본적인 헌법과제라 아니할 수 없다. 말하자면 오늘날의 다원적

38면 이하.

27) 계희열, 헌법학(상), 박영사, 2005, 299~300면.

민주주의에 있어서 정당의 존재는 필수적이므로 특별히 보호되어야 하지만 이러한 다원적 민주주의의 헌법질서를 파괴하려는 세력에 대해서까지 파괴의 자유가 무제한으로 인정될 수 없는 것은 당연한 것이다. 하지만 정당해산제도는 일반적인 개인이나 결사에 대한 제재와는 달리 다원적 민주주의 자체의 범위를 축소시키는 제도를 의미하기 때문에 매우 신중한 접근이 요구되는 것이다.[28)]

따라서 국가의 정당해산제소권은 헌법상 보장되는 정당의 자유를 침해하지 않도록 남용되거나 오용되지 않고 신중하게 행사되어야 하며, 동시에 정당의 자유는 정치적 기본권으로 최대한 보장되어야 하지만 그 자유도 상대적 자유이며 헌법내재적 한계 속에서 보호되는 것임을 깊이 인식할 필요가 있다. 여기서 정당해산의 실체적 요건으로서 민주적 기본질서 내지 자유민주적 기본질서의 개념은 동시에 기본권으로서의 정당활동의 자유의 제한에 관한 '개별적 헌법유보'[29)]로서의 의미를 가지는 것이므로 그 개념의 해석은 매우 엄격하게 이루어져야 함은 물론이다.

Ⅲ. 현행법상 정당해산심판의 요건과 효과

1. 정부의 정당해산 제소

(1) 정당해산심판 청구절차

헌법 제8조 제4항에 따라 현행 정당해산심판을 청구할 수 있는 제소기관은 정부이다. 여기서 정부는 행정부를 의미하며 행정부의 수반은 대통령이기 때문에 정당해산 제소권은 정부의 권한이며 곧 대통령의 권한을 의미한다. 헌법상 정당해산의 제소는 국무회의의 심의사항으로 규정하고 있으므로(헌법 제89조 제14호) 대통령은 국무회의의 심의를 거쳐 헌법재판소에 정당해산을 제소할 수 있다. 따라서 국무회의의 심의를 거치지 않고 대통령이 헌법재판소에 정당해산을 제소하는 것은 절차상 중대한 하자가 있는 위헌적인 행위로서 무효라 할 것이다.[30)]

28) 송석윤, 앞의 논문(주7), 84~85면.

29) 권영성, 앞의 책, 347면.

30) 대통령의 국법상의 행위의 방법으로 부서나 국무회의심의를 거치지 않은 경우 그 대통령

정부의 권한에 속하는 중요한 사항으로서 정당해산제소를 대통령이 직접 주재하지 않은 국무회의에서 심의를 거쳐 제소하는 경우에 절차상의 하자가 문제될 수 있다. 이번 통진당 해산심판청구의 경우 대통령이 국무회의의 심의절차에 관여하지 않은 것은 매우 중대한 절차상의 하자라고 주장하는 입장이 있다. 정당해산제소는 헌법수호제도로서 국민의 대표자인 대통령이 적극적으로 국민의 대표행위를 수행해야 하는데 외유 중 간략한 보고와 전자결재로 수동적으로 처리할 사항이 아니라는 것이다.[31] 생각건대 국무회의의 필요적 심의사항으로 정당해산제소와 같은 중대한 안건을 대통령이 직접 주재하지 않은 것은 바람직하다고 볼 수 없으나 대통령의 해외순방 중 국무총리가 국무회의 부의장의 자격으로 국무회의를 주재할 수 있는 것이므로 그 절차 자체가 절차상의 중대한 하자로 보기 어렵다고 할 것이다. 그렇지만 위헌정당해산제소가 일상적인 대통령의 국법상의 행위로 볼 수 없는 극단적 조치라고 할 때 대통령이 헌법수호자의 지위에서 주도적으로 국무회의를 주재하고 정당해산제소의 불가피성을 국민에게 직접 설명하는 것이 옳다고 하겠다.

(2) 정당해산제소권의 성격

정부의 정당해산제소권 내지 정당해산심판청구의 성격에 관하여는 학계의 견해가 나뉘고 있는데, 정부가 정당해산을 제소할 것인가의 여부는 정부의 자유재량사항 내지 정치적 재량으로 보는 것이 다수설이다.[32] 즉 정부의 제소권 행사는 정치적 재량에 속하는 일로서 위헌정당의 해산을 제소하는 것이 정부의 기속적인 의무는 아니라고 본다. 그러나 이 견해에 대하여 일부 학설은 정당해산심판을 청구하는 것은 정부의 권한이며 의무로 보는 견해도 있다.[33] 그 밖에 절충설의 입장으로 정당해산사유에 해당하는지 여부에 대한 판단의 문제와 해산사유에 해당한다고 판단한 경우 그 제소여부에 관한 문제를 구별하여 해산사

의 행위의 효력여부에 관하여 적법요건설과 유효요건설로 나뉘고 있으나, 국무회의의 심의절차는 대통령의 독주와 전제를 방지하는 기관내 통제기능을 수행하는 것이므로 심의절차를 거치지 않은 행위는 절차적 정당성확보의 관점에서 무효로 보는 것이 타당하다. 정만희, 헌법강의Ⅱ, 세종출판사, 2013, 274면.

31) 김종철, 앞의 논문, 15면 이하.

32) 김철수, 앞의 책, 230면; 허영, 한국헌법론, 박영사, 2009, 842면; 성낙인, 헌법학, 법문사, 2013, 234면; 양건, 헌법강의, 법문사, 2009, 173면.

33) 권영성, 앞의 책, 196면.

유에 해당하는지의 여부에 관한 판단은 정부의 재량의 여지가 있으나, 해산사유에 해당한다고 판단한 이상 그 제소여부는 정부의 재량문제로 볼 수 없고 그 경우에 정당해산심판을 청구하는 것은 정부의 의무라고 보는 견해가 있다.[34] 독일의 연방헌법재판소 판례도 연방정부가 정당해산심판을 청구하는 것은 정치적 재량에 속하는 것으로서 보아 연방헌법재판소는 이러한 재량의 범위를 명백하게 위배했는지의 여부만을 판단할 뿐이라고 판시한 바 있다.[35]

생각건대 정당해산심판청구가 정부의 정치적 재량에 속한다고 보는 경우에는 위헌의 가능성이 높은 정당에 대해 정치적 방식으로 대응할 것인가 아니면 해산심판을 청구할 것인가를 형량하여 선택할 수 있게 되는데, 그렇게 되면 헌법적으로 보장되는 범위 안에 있는 정당과 해산되어야 하는 위헌정당 사이에 제3의 범주에 속하는 헌법적대적 정당이 존재하게 됨을 의미한다. 이러한 불확실한 상황을 제거하기 위해서는 정당해산의 실체적 요건이 충족되고 그에 관한 증거가 충분하다면 정부는 해산청구를 해야 하는 헌법적 의무가 발생한다고 보는 관점에서는 정부의 제소권을 권한임과 동시에 의무로 보는 견해도 타당하다고 할 수 있다. 하지만 정부의 정당해산제소를 법적 의무로 보기 위해서는 정당해산의 요건에 충족되는 명확한 증거가 전제되어야 하는데 해산요건 자체가 추상적이고 불명확한 경우에는 명확한 증거를 인정하는 것이 어려우며, 또한 정당해산제소를 법적 의무로 보기 위해서는 제소기관에 이를 강제할 수 있는 수단이 존재해야 하는데 그 강제수단이 없다는 점에서 법적 의무로 보기 어려운 측면이 있는 것이다.[36]

따라서 정부의 정당해산제소권 행사에 의한 제소여부·제소시기 등의 결정은 기본적으로 정부의 정치적 판단에 속하는 것으로 재량사항으로 보는 것이 타당하며, 다만 정당의 목적이나 활동이 민주적 기본질서에 위배되어 해산사유에 해당하고 그에 관한 명확한 증거를 확보한 것으로 판단한 경우에는 행정부의 수반인 대통령은 동시에 헌법수호자의 지위에서 해산심판을 청구해야 하는 의무를 지게 된다. 여기서 정부의 해산제소의무는 정부가 해산제소를 하지 않

34) 김문현, 앞의 논문, 9~10면.

35) BVerfGE 5, 85 (113).

36) 이에 관한 독일에서의 논의는 송석윤, 앞의 논문(주7) 80-81면 참조.

은 경우 그 제소를 강제할 수 없으므로 법적 의무라기보다는 정치적·도의적 의무로서의 성격을 가진다고 볼 수 있다.

2. 정당해산의 실질적 요건으로서 민주적 기본질서의 위배

(1) '민주적 기본질서'의 헌법해석론

현행 헌법 제8조 제4항은 "정당의 목적이나 활동이 민주적 기본질서에 위배될 때에는" 정부는 헌법재판소에 그 해산을 제소할 수 있다고 규정하고 있어서 정당해산의 실체적 요건으로 '민주적 기본질서의 위배'의 해석문제가 정당해산제도의 핵심적 쟁점이 되고 있다. 우선 민주적 기본질서의 개념에 관하여 학계의 입장은 크게 두 가지 견해로 나뉘고 있는데, 하나는 여기의 민주적 기본질서는 헌법전문과 헌법 제4조에 규정하고 있는 '자유민주적 기본질서'와 동일한 의미로 이해해야 한다는 견해로서 학계의 다수설이라 할 수 있다.[37] 또 하나는 헌법 제8조 제4항의 민주적 기본질서는 자유민주적 기본질서와 구별되는 것으로 그것은 자유민주적 기본질서와 사회민주적 기본질서를 포괄하는 상위의 개념으로 이해해야 한다는 견해가 그것이다.[38]

정당해산의 요건으로서 민주적 기본질서를 협의의 자유민주적 기본질서의 의미로 해석하는 견해는 우리 헌법의 정당해산조항이 독일 기본법의 정당조항을 모방한 것이며 독일 기본법상 정당해산요건을 '자유민주적 기본질서'(freiheitliche demokratische Grundordnung)로 규정하고 있기 때문에 우리의 정당해산의 실질적 요건도 같은 의미로 해석할 수 있다는 것이다.[39] 이 견해에 의하면 정당해산의 요건을 자유민주적 기본질서뿐만 아니라 사회복지국가원리를 내용으로 하는 사회민주적 기본질서를 포괄하는 개념으로 이해하게 되면 정당의 강제해산의 사유를 확대하는 것이 되어 타당하지 못하다는 것이다. 즉 정당해산의 요건은 정당의 존립과 활동의 자유의 한계를 의미하며 동시에 정당의 자유를 최대한 보장하기 위한 것이므로 정당해산의 구실을 극소화하기 위해서는 민주적 기본질서를 제한적으로 해석해야 한다는 것이다. 정당해산의 요건을 사

37) 권영성, 헌법학원론, 법문사, 2010, 195~196면; 계희열, 앞의 책(주27), 297~298면; 장영수, 헌법학, 홍문사, 2007, 282면.

38) 김철수, 헌법학개론, 박영사, 2007, 229면.

39) 계희열, 앞의 책(주27), 298면.

회민주적 기본질서를 포괄하는 개념으로 이해하게 되면 자유민주적 기본질서를 부정하는 정당은 물론 사회민주주의에 찬동하지 않는 자유주의적·보수주의적 정당도 해산대상이 되는 결과를 초래하게 되는 문제가 있다. 그리고 우리의 헌법전문에 국가적 이념으로서 자유민주적 기본질서를 더욱 확고히 하는 것을 강조하고 있는 것은 자유민주적 기본질서야말로 헌법질서 중에서 중핵이 되는 것이며 어떠한 경우에도 수호하지 않으면 안 되는 헌법의 최후보루를 의미하는 것이므로 정당해산조항과 관련해서도 자유민주적 기본질서를 부정하는 정당의 활동에 대해서 국가가 방임할 수 없다는 자유민주주의에 대한 신념고백을 규정한 것이라고 한다.[40]

한편 헌법 제8조 제4항의 민주적 기본질서를 헌법전문의 자유민주적 기본질서와 구별해야 한다는 견해는 헌법조문의 문리적 해석에 치중한 견해라 할 수 있는데, 민주적 기본질서의 개념은 자유민주주의와 사회민주주의의 총합개념으로 민주주의적 기본원리의 의미로 이해할 수 있다는 것이다.[41] 우리 헌법의 기본원리가 자유민주주의뿐만 아니라 사회복지국가원리 내지 사회적 시장경제질서를 포함하고 있기 때문에 민주적 기본질서는 자유민주적 기본질서와 사회민주적 기본질서를 총칭하는 개념으로 해석할 수 있다는 것이다. 따라서 이 견해에 의하면 사회정의와 사회적 복지국가원리에 어긋나는 극단적인 정당 예컨대 빈익빈 부익부를 추구하거나 경제적 평등실현을 위한 경제조정까지를 반대하는 정당도 강제해산의 대상이 될 수 있게 된다.[42]

그 밖에 제3의 견해로는 헌법전문과 헌법 제4조의 평화통일조항에서의 자유민주적 기본질서와 헌법 제8조 제4항의 민주적 기본질서는 표현을 달리 하고 있지만 헌법이 지향하는 기본적인 질서가 자유민주주의에 입각한 사회복지국가원리를 도입하고 있으므로 민주적 기본질서와 자유민주적 기본질서는 상호 별개의 충돌하는 개념이 아니라 '상호융합적인 개념'으로 이해하는 입장이 있다.[43] 이 견해는 민주적 기본질서는 곧 자유민주적 기본질서를 의미하고 자유민주적 기본질서에 사회복지국가원리도 포함된다고 보고 사회민주주의와 자유

40) 권영성, 앞의 책, 196면.
41) 김철수, 앞의 책, 229면.
42) 김철수, 앞의 책, 229면.
43) 성낙인, 헌법학, 법문사, 2013, 233면; 홍성방, 헌법학, 현암사, 2008, 91~93면.

민주주의를 이념적으로 구별할 실익이 없다는 것이다. 그 외에도 여기의 민주적 기본질서는 대한민국헌법이 정하고 있는 헌법질서를 의미한다고 보는 견해도 있다.[44)]

이와 같이 정당해산의 실질적 요건에 관한 '민주적 기본질서'의 해석을 둘러싸고 학계의 견해는 여러 가지로 갈리고 있으나, 필자는 헌법 제8조 제4항의 '민주적 기본질서'는 곧 협의의 '자유민주적 기본질서'를 의미하는 것으로 해석하는 것이 타당하다고 본다. 생각건대 헌법 제8조 제4항의 '민주적 기본질서'의 개념을 이해하기 위해서는 먼저 한국헌법의 제정과 그 후의 개헌과정에 관한 헌법사적 이해가 필요하다고 본다. 1948년 건국헌법에는 정당조항을 채택하지 않았으며, 1960년 헌법에 의한 최초의 정당조항의 채택은 당시 독일 기본법상 정당조항(제21조)을 모방한 것이라는 점은 부정할 수 없는 사실이다.[45)] 독일 기본법상 정당조항의 해산요건으로 '자유민주적 기본질서'의 개념을 우리 헌법에 도입하는 과정에서 '민주적 기본질서'라고 규정한 것으로 추정할 수 있으며, 그것을 독일의 '자유민주적 기본질서'와 다른 의미로 의식적으로 규정했다고 보기는 어렵다.[46)] 1960년 헌법의 정당조항도입이유 설명에 관한 당시 국회의 헌법개정회의록에 의하면 "여기서 헌법의 민주적 기본질서에 위반되는 정당이라 하는 것은 공산당이나 일당독재를 꿈꾸는 '파시스트' 당이나 왕정복고를 꾀하는 정당 등이 우리 헌법의 기본질서에 위반되는 정당으로 생각이 되는 것"이라고 기술하고 있음을 볼 수 있다.[47)] 이러한 설명은 당시 우리 헌법의 '민주적 기본질서'가 공산당이나 일당독재의 전체주의를 부정하고 국민주권원리에 위배되는 군주주권과 군주정을 부정한다는 의미로 해석될 수 있으므로 이는 곧 우리 헌법의 핵심적인 정치질서로서 자유민주적 기본질서의 의미로 기술한 것이라고 할 수 있다. 이 점과 관련하여 1960년 헌법에 신설된 정당조항의 '민주적 기본질서'의 본질에 관하여 당시 한태연 교수는 "헌법의 민주적 기본질서는 정당조

44) 정종섭, 헌법학원론, 박영사, 2013, 1526면.

45) 1960년 6월 11일 국회 헌법개정회의록에 의하면 당시 헌법개정안기초위원장인 정헌주의원이 정당조항도입에 대한 이유설명에서 "본 개헌안은 이태리헌법 및 서독헌법의 전례에 따라서 제13조 제2항에 정당에 관한 규정을 신설했습니다"라고 설명하고 있음을 볼 수 있다. 국회헌법개정회의록(제4대 국회), 1968, 57면.

46) 앞의 헌법개정회의록, 51면 이하, 154면 이하.

47) 앞의 헌법개정회의록, 57면 이하.

항에만 적용되는 규정이 아니라 우리 헌법질서에 있어서의 모든 행위의 통일적 규준이 되는 것이며, 국민의 기본권에 대해서 민주적 기본질서는 기본권의 제1차적 제한을 의미하는 이른바 일반적인 헌법유보에 관한 조항"이라고 언급하면서 "민주주의는 이념적으로 자유주의적 요소를 제거하고 도저히 생각할 수 없고 현실적 민주주의는 자유주의적 요소를 가진 자유민주주의뿐이며 자유민주주의의 위기는 곧 민주주의의 위기"[48]라고 기술한 것을 보더라도 민주적 기본질서는 자유민주적 기본질서의 의미로 규정된 것이라고 할 수 있다.

그리고 건국헌법과 1960년 제2공화국헌법에는 헌법의 기본질서로서 '자유민주적 기본질서'라고 하는 명문규정을 두고 있지 않았으며, 단지 헌법전문에 '민주주의제제도의 수립'이라는 표현만 찾아 볼 수 있을 뿐이다. 그 후 '자유민주적 기본질서'를 헌법의 중핵적 질서로 최초로 규정한 것은 1972년 헌법이다. 따라서 1972년 헌법에서부터 정당해산의 실질적 요건으로서 '민주적 기본질서'는 곧 '자유민주적 기본질서'를 의미하는 것으로 해석하는 것이 더욱 명확하게 되었다고 볼 수 있다.[49] 다만 1972년 헌법 이후 '자유민주적 기본질서'를 헌법상 최고의 이념적 가치로 규정하면서도 정당조항의 정당해산요건으로서의 '민주적 기본질서'를 '자유민주적 기본질서'로 수정하지 않고 기존의 표현이 그대로 유지되어 옴에 따라 그 해석론을 둘러싸고 학설의 대립을 초래하게 된 것이다. 1972년 헌법 채택 당시 정당조항의 '민주적 기본질서'를 '자유민주적 기본질서'로 수정하지 않은 것이 의도적으로 '자유민주적 기본질서'와 개념구별을 하기 위한 것이라고 보기 어려우며, 단지 헌법개정과정에서 당해 조항의 수정필요성을 간과한 과오(過誤)라고 볼 수밖에 없다.

요컨대 현행 헌법 제8조 제4항의 '민주적 기본질서'는 곧 우리 헌법질서의 중핵을 의미하는 '자유민주적 기본질서'로 이해하는 것이 타당하다고 할 것이다. 민주적 기본질서를 자유민주적 기본질서와 사회민주적 기본질서를 포괄하

48) 한태연, 앞의 책, 91~93면.

49) 1972년 헌법이 시행된 직후 발간된 헌법교과서에서 문홍주 교수는 헌법 제7조 제3항의 "민주적 기본질서라 함은 헌법상의 자유민주적 기본질서를 말한다. 이것은 국민주권원칙과 국민의 기본적 인권을 보장하는 제원리 즉 권력분립제도·법치주의·복수정당제 등을 의미한다. 그러므로 민주적 기본질서의 위배라 함은 헌법을 지배하고 있는 자유민주주의 원리에 위배함을 말한다"라고 기술한 것에서도 그러한 헌법해석이 잘 드러나 있다. 문홍주, 한국헌법, 해암사, 1974, 149~150면.

는 광의의 개념으로 이해하는 견해는 헌법의 문리적 해석을 중시하는 입장이라 할 수 있으나, 그러한 해석방법은 결과적으로 정당해산의 대상을 지나치게 확대하는 것이 되고 정당존립과 자유의 보호라는 정당해산제도의 기본취지를 훼손하는 것이 되므로 타당하다고 보기 어렵다. 그리고 오늘날 자유민주적 기본질서의 개념에 자유민주주의와 함께 사회복지국가원리가 포함된다고 하고 자유민주적 기본질서와 민주적 기본질서를 상호융합적 개념으로 보는 견해도 결과적으로 정당해산의 대상이 되는 정당의 범위가 확대되는 것은 앞의 견해와 마찬가지가 되므로 이 역시 문제가 있다고 본다.

그렇다면 정당해산의 실질적 요건으로서 '자유민주적 기본질서'의 명확한 개념과 그 개념구성적 요소가 무엇인가가 문제로 남게 되는데, 이에 관하여는 헌법재판소 판례가 참고될 수 있다. 정당해산심판의 판단의 기준이 되는 헌법 제8조 제4항의 민주적 기본질서의 의미에 관하여 헌법재판소가 직접 판단한 사건은 아직 없으나, '자유민주적 기본질서'에 대해 헌법재판소가 판단한 것을 보면 다음과 같다.

> "자유민주적 기본질서에 위해를 준다 함은 모든 폭력적 지배와 자의적 지배 즉 반국가단체의 일인독재 내지 일당독재를 배제하고 다수의 의사에 의한 국민의 자치, 자유·평등의 기본원칙에 의한 법치주의적 통치질서의 유지를 어렵게 만드는 것이고, 이를 구체적으로 말하면 기본적 인권의 존중, 권력분립, 의회제도, 복수정당제도, 선거제도, 사유재산과 시장경제를 골간으로 한 경제질서 및 사법권의 독립 등 우리의 내부체제를 파괴·변혁시키려는 것이다."[50]

위와 같은 헌법재판소의 판례는 독일 기본법의 정당해산요건으로서의 자유민주적 기본질서에 관한 연방헌법재판소의 개념정의와 상당히 유사하다고 할 수 있다.[51] 다만 우리의 헌법재판소는 자유민주적 기본질서를 헌법질서의 핵심

50) 헌재 1990. 4. 2. 89헌가113.

51) 독일 연방헌법재판소는 1952년 사회주의국가당 해산심판사건에서 "자유민주적 기본질서란 모든 폭력과 자의적 지배를 배제하고 그때그때의 다수의사에 따른 국민의 자기결정과 자유 및 평등에 기초한 법치국가적 통치질서를 말한다"고 정의하고 이 질서를 구성하는 요소로는 "기본법에 구체화된 기본적 인권, 무엇보다도 그 자유로운 발현을 위한 인격권의 존중, 국민주권, 권력분립, 정부의 책임성, 행정의 합법성, 사법권의 독립, 복수정당의 원리와 헌법적인 야당의 구성권과 행동권을 가진 모든 정당의 기회균등이 포함된다"고

적인 정치적 질서로 이해하면서도 여기에 "사유재산과 시장경제를 골간으로 하는 경제질서"를 포함하고 있는 것이 독일의 판례와 차이가 있는 부분이다. 이러한 개념정의 자체도 매우 추상적이고 광범하기 때문에 현실적으로 어떠한 정당이 자유민주적 기본질서에 위배되어 해산되는 정당인가를 판단하는 것은 결코 쉬운 일이 아니다. 그렇지만 기본적으로 정당해산사유가 되는 정당이란 공산당 일당독재의 전체주의 정당이나 국민주권원리와 기본권보장을 이념으로 하는 자유민주주의 정치질서를 부정하거나 침해하는 정당이 그에 해당되며, 자본주의적 자유시장경제질서를 부정하는 정당도 해산사유에 해당될 수 있을 것이다. 헌법재판소의 2001년 판례도 "어떠한 정당이 외형상 민주적 기본질서를 추구한다고 하더라도 그 구체적인 강령 및 활동이 폭력적 지배를 추구함으로써 자유민주적 기본질서를 위반되는 경우 우리 헌법질서에서는 용인될 수 없는 것이다. … 형식적으로는 권력분립·의회제도·복수정당제도·선거제도를 유지하면서 실질적으로는 권력집중을 획책하여 비판과 견제기능을 무력화하고, 자유·비밀선거의 외형만을 갖춰 구성된 일당독재를 통하여 의회제도를 형화화하거나, 또는 헌법상 보장된 기본권을 인정하지 아니함으로써 사유재산 및 시장경제질서를 부정하는 공산주의를 신봉하는 정당이나 집단은 우리 헌법의 이념과 배치되고 이러한 이념을 추구한 정당 또는 단체와 그 구성원들의 활동도 헌법과 법률에 의하여 보호되지 아니한다고 할 것이다"라고 판시하고 있다.[52]

(2) 민주적 기본질서 '위배'의 정도와 심사기준

정당의 목적이나 활동이 민주적 기본질서에 위배(違背)될 때에는 정부의 해산제소와 헌법재판소의 심판에 의해 해산되는데, 여기서 민주적 기본질서에 '위배될 때'의 의미에 관한 해석이 문제된다. 추상적이고 불확정개념인 민주적 기본질서의 의미가 구체적으로 확정된다고 하더라도 정당의 목적이나 활동이 어느 정도 민주적 기본질서에 위배되어야 해산되는가의 판단은 어려운 문제이다. 단지 정당의 목적이나 활동이 민주적 기본질서의 내용에 부분적으로 위배된다고 해서 바로 해산심판을 청구하거나 해산결정을 내린다면 이는 정당의 존립과 자유를 보호하는 정당해산제도의 헌법정신에 반하는 것이 된다. 여기서

하였다. BVerfGE 2, 1(12).

52) 헌재 2001. 9. 27. 2000헌마238.

'정당의 목적이나 활동'은 정당의 당헌·당규나 강령, 정당간부의 활동 등에 비추어 판단할 수 있으나, 정당의 일부 당원 또는 일부 추종자들의 일탈행동이 그 위헌성을 판단하는 기준이 되어서는 안 되며 정당의 전체적 성격을 기준으로 판단하여야 한다.

이와 같이 헌법 제8조 제4항의 '민주적 기본질서에 위배될 때'의 해석은 정당해산제도의 남용을 막기 위하여 엄격한 기준에 따라 이루어져야 하는 것이다. 따라서 정당이 자유민주적 기본질서에 계속 대항해서 투쟁하는 경향을 보이거나 그 투쟁이 계획적으로 추진되는 것을 인식할 수 있는 경우라고 해서 바로 정당해산을 선언할 수 없다고 본다. 정당의 해산은 자유민주적 기본질서의 침해 또는 폐제의 '구체적 위험'이 있어야 하는 것이다.[53] 이 점에서 정당의 조직의 범위나 강도, 당원의 수나 활동 등이 국민의 정치적 의사형성에 미치는 영향이 미미한 경우에는 그 정당의 목적이나 활동이 민주적 기본질서에 위배된다고 하더라도 굳이 해산할 필요가 없다고 보는 것이 독일 판례의 태도이다.[54] 그리고 예컨대 사회주의적 계획경제를 추구하는 정당이나 군주제를 찬성하는 정당이라 하더라도 합법적인 수단을 통해 활동하여 자유민주적 기본질서에 위해가 없다면 해산하기 어려울 것이다.[55] 정당해산은 헌법의 민주적 기본질서를 단지 비판하거나 다른 유형의 기본질서를 대안으로 제시하는 것을 금지하는 것이 아니라 민주적 기본질서에 대한 구체적인 위협이 있을 때 그 위협을 제거함으로써 헌법질서를 수호하기 위한 제도이기 때문이다.

따라서 정당해산심판에 있어서 정당의 목적이나 활동이 민주적 기본질서에 위배된 것으로 판단하여 해산결정을 하기 위해서는 민주적 기본질서를 침해 또는 폐제하려는 구체적 위험이 존재하여야 하며, 그 구체적 위험을 전제로 하여 기본권제한에 관한 일반원칙인 비례의 원칙이 적용되어야 할 것이다.[56] 정당해산심판에 있어서 비례의 원칙의 적용은 최근 유럽에서의 정당해산심판기준에 관한 논의에서도 강조되고 있다. 이 점에 관해서는 2000년 1월 유럽평의회(Council of Europe)의 산하기구인 베니스위원회(Venice Commission)가 발표한

53) 계희열, 앞의 책, 295?면.

54) BverfGE 91, 262(273); 91, 276(290).

55) 송석윤, 앞의 논문(주3), 60면.

56) 동지(同旨): 송석윤, 앞의 논문(주3), 43면, 60면; 박규환, 앞의 논문, 499~500면.

정당해산가이드라인(Guidelines on Prohibition and Dissolution of Political Parties and Analogous Measures)을 주목할 필요가 있다. 이 위원회가 채택한 7개항의 지침 중 다음과 같은 제3항에서 제6항까지의 핵심내용은 우리에게 시사하는 바가 크다고 하겠다.

> "3. 정당의 금지 또는 강제해산은 폭력의 사용을 주창하거나 민주적 헌정질서를 전복하기 위한 정치적 수단으로 폭력을 사용하고 그렇게 함으로써 헌법에 의해 보장되는 권리와 자유를 손상시키는 정당의 경우에만 정당화될 수 있다. 정당이 헌법의 평화적 변경을 주창한다는 사실만으로는 그 정당을 금지하거나 해산하기에 충분하지 않다.
>
> 4. 정치적·공적 활동 및 정당활동의 영역에서 정당에 의해 권한을 부여받지 않은 구성원들의 개별적 행위에 대하여 전체로서의 정당(political party as a whole)에 대해 그 책임을 물을 수 없다.
>
> 5. 특별히 극단적인 조치로서의 정당의 금지 또는 강제해산은 최대한 자제하면서 행사되어야 한다. 정당해산을 사법기관에 제소하기 전에 정부 또는 관련 국가기관은 각국의 특수한 사정을 고려하여 그 정당이 자유민주적 정치질서나 개인의 권리에 실제적으로 위험을 제기하는지(whether the party really represents a danger to the free and democratic political order), 그리고 그 위험을 예방하기 위하여 보다 덜 극단적인 조치(less radical measures)가 있는지를 판단하여야 한다.
>
> 6. 정당의 금지 또는 강제해산은 사법기관에 의한 위헌판단의 결과이어야 하고, 본질상 예외적인 것(exceptional nature)으로 파악되어야 하며 비례성의 원칙(principle of proportionality)에 따라 규율되어야 한다. 그러한 어떤 조치도 단지 그 개별 구성원뿐만 아니라 정당 자체가 위헌적인 수단을 사용하거나 사용을 준비하여 정치적 목적을 추구한다는 충분한 증거에 근거(based on sufficient evidence)를 두어야 한다."[57]

이러한 베니스위원회의 정당해산에 관한 지침은 한마디로 정당해산심판요

57) European Commission for Democracy through Law(Venice Commission), Guidelines on Prohibition and Dissolution of Political Parties and Analogous Measures, 2000. pp.4~5. 이 가이드라인의 내용에 관한 국내소개는 송석윤, 앞의 논문(주3), 38~41면; 김종철, 앞의 논문, 4면 이하; 정당해산에 관한 베니스 위원회 지침/김종서 옮김. 정당의 금지와 해산 및 유사 조치에 관한 지침(2013. 11. 13) 참조.

건으로 실제적 위험의 존재가 확인되어야 하고 비례의 원칙 내지 과잉금지원칙이 준수되어야 한다는 것이며, 정부의 제소 자체도 이러한 요건이 엄격히 적용되어야 한다는 것을 의미한다.[58] 이러한 정당해산의 엄격한 기준은 유럽인권법원의 결정에 크게 영향을 미치고 있음을 볼 수 있다. 유럽인권법원은 2003년 터키의 해산정당이 제소한 사건에서 정당해산의 엄격한 심사기준으로 제시된 비례의 원칙은 정당해산이 그 정당한 목적을 추구하는데 '불가피할' 뿐만 아니라 '긴절한 사회적 필요'가 있는 적절한 수단이어야 한다고 하여 피해의 최소성과 법익의 균형성까지를 요구하고 있다.[59]

상술한 바와 같이 정당해산심판에 있어서 엄격한 기준에 관한 최근의 논의는 각국의 정당해산제도의 운용에 상당한 영향을 미칠 수 있다고 보며, 우리의 정당해산에 관한 심사기준의 확립에도 이러한 원칙들은 크게 참고가 되어야 할 것이다. 그렇다면 정당해산심판이 헌법질서의 수호를 위하여 정당의 자유 내지 정당원의 표현의 자유를 박탈 또는 제한하게 되는 것이므로 여기서 대립하는 두 개의 법익, 즉 헌법질서의 수호와 정당의 자유보호를 형량하여 민주적 기본질서의 위배여부를 판단하여야 할 것이다. 정당의 활동에 의해 민주적 기본질서가 침해되는 위험이 있다는 이유로 그 위헌적인 정당활동의 정도와 경중을 가리지 아니하고 그 정당을 해산하게 되면 이는 정당의 자유를 지나치게 제한하는 것이 되므로, 불가피하게 정당을 해산시키는 것이 정당화될 정도의 민주적 기본질서에 대한 중대한 위협 내지 침해가 인정되는 경우라야 비로소 정당을 해산시킬 수 있다고 할 것이다. 그러므로 정당의 활동에 의해 침해되는 민주적 기본질서에 대한 구체적 위험의 정도보다 헌법상 고도의 보장을 받아야 하는 정당의 존립과 활동의 자유를 박탈함으로써 피해를 보게 되는 법익이 크다고 판단될 때에는 그 정당은 해산되기 어렵다.

그러나 다른 한편 정당해산제도의 본질에 있어서 '헌법의 예방적 수호' (praventiven Schutz der Verfassung)를 강조하는 보수적 입장에서는 '민주적 기본

58) 정당해산에 관한 베니스위원회의 지침은 직접적인 법적 구속력을 갖는 것은 아니지만 "이 위원회가 입헌민주주의의 세계적인 보편적 기준을 제시하려고 노력하고 있다는 점과 우리나라가 이 위원회의 정회원국이라는 점을 고려할 때 우리헌법조항을 해석하는 데 참고할 만한 가치가 있다"고 할 것이다. 송석윤, 앞의 논문(주3), 41면.

59) 송석윤, 앞의 논문(주7), 76~77면 참조.

질서에 위배될 때'의 해석에 엄격한 기준을 요하지 않는다고 보고 비례의 원칙을 심사기준으로 삼을 필요가 없다는 견해도 주장될 수 있다.[60][61]

(3) 소 결

정당해산의 실질적 요건으로서 민주적 기본질서의 위배 여부에 관한 판단에 있어서는 1950년대 독일의 판례나 이론에 전적으로 의존할 수 없으며 최근 유럽에서의 새로운 정당해산심판기준에 관한 논의가 반영될 수 있는 방향으로 적극 검토할 필요가 있다. 특히 민주적 기본질서 위배의 정도에 관한 판단기준으로는 비례의 원칙이 적용되어야 할 것이다. 예방적 헌법수호의 기능과 정당보호의 기능 중에서 전자(前者)를 우선하기보다는 양자(兩者)의 조화적 실현을 위한 균형있는 판단이 요구된다고 할 것이다. 우리 헌법의 정당조항의 해석에 있어서는 우리 사회의 특수한 정치적 상황과 역사적 조건 및 국민의 정치의식 수준 등을 감안하여 헌법규범과 헌법현실의 괴리가 나타나지 않도록 우리 헌법이 살아있는 '규범적 헌법'으로 기능할 수 있는 해석이 요구된다고 할 것이다.

통진당 해산심판사건의 경우 현재 심리가 진행중이고 사실관계의 입증이 확정되지 않은 시점에 과연 통진당의 목적이나 활동이 민주적 기본질서에 위배되어 위헌정당으로 해산될 것인지는 전혀 예측하기 어려운 상황이다. 그렇지만 통진당이 우리 헌법의 민주적 기본질서에 위배되는 위헌정당인가의 여부는 자유민주적 기본질서를 위태롭게 하는 실제적 위험의 존재를 인정할 수 있는 충분한 증거가 있는지의 여부에 달려있으며, 자유민주적 기본질서를 위협하는 실제적 위험이 있다고 하더라도 그 위험의 정도에 관하여는 엄격한 비례의 원칙이 적용되어야 할 것이다. 여기에 정당의 조직과 당원의 규모, 의석수 등의 정

---

60) 독일의 경우에도 비례의 원칙의 적용여부에 관하여 학계의 견해가 나뉘고 있으며, 정당해산제도의 예방적 성격을 강조하여 비례의 원칙의 적용에 반대하는 입장으로는 입센, 자이페르트, 슈트라인츠, 슈톨베르크 등의 견해가 있다고 한다. 송석윤, 앞의 논문(주7), 83면 참조.

61) 우리나라의 경우 대한민국의 영토가 남북으로 분단되고 북한은 여전히 대남적화노선을 고수하면서 우리 자유민주체제의 전복을 획책하고 있는 반국가단체인 현실에 비추어(헌재 1993. 7. 29. 92헌바48), 우리 사회의 이른바 종북·좌파세력의 활동을 크게 우려하는 입장에서는 독일에서의 1950년대 냉전체제의 상황과 우리의 현 정치상황이 본질적으로 다를 것이 없다고 판단할 수 있으며, 이러한 보수적 관점에서는 정당해산제도의 예방적 헌법수호의 기능을 강조하여 해산심판기준으로 엄격한 비례의 원칙을 적용할 필요가 없다는 견해도 가능할 것이다.

치과정에서의 영향력이 고려될 수 있다.

3. 정당해산의 효과로서 의원직 상실여부

(1) 정당해산의 효과

정당해산의 효과에 관하여 현행 정당법은 해산된 정당의 대표 및 간부는 그 정당의 강령 또는 기본정책과 동일하거나 유사한 대체정당을 창설하지 못하도록 하고(동법 제42조), 해산된 정당의 명칭과 같은 명칭은 다시는 정당의 명칭으로 사용하지 못하게 규정하고 있다(동법 제43조 제2항). 또한 해산된 정당의 잔여재산은 국고에 귀속되도록 규정하고 있다(동법 제41조 제3항). 그러나 이 정당재산의 필요적 국고귀속 규정은 재산권의 몰수라는 점에서 기본권으로서의 재산권보장에 위배되는 문제가 제기될 수 있다. 따라서 재산의 몰수 여부는 원칙적으로 임의적 몰수로 하고 정당을 범죄단체로 볼 수 있는 경우에만 헌법재판소의 결정으로 몰수할 수 있도록 하는 것이 바람직하다고 할 것이다.[62] 그리고 정당해산의 효과로서 해산되는 정당소속 국회의원의 자격상실 여부에 관하여는 현행 정당법이나 다른 법률에 명문규정이 없다. 이는 입법적 미비(未備)로서 그에 관한 규정을 명문화할 필요가 있다.

(2) 의원직 상실여부에 관한 학설

정당해산의 결과 그 정당소속의 의원직상실여부에 관하여 학계의 견해는 의원직상실설과 의원직유지설이 대립하고 있다. 의원직상실설은 1950년대 독일에서의 정당해산심판결정에 관한 연방헌법재판소의 판례와 학설에 근거하고 있다고 할 수 있다. 연방헌법재판소는 1952년 나치후계정당인 사회주의국가당(SRP)에 대한 정당해산결정에서 실정법적 근거가 없음에도 불구하고 해산되는 정당 소속의원의 의원자격 상실을 명한 바 있다.[63] 당시 라이프홀츠(G. Leibholz) 등의 학계의 유력한 견해도 정당국가적 민주주의에 있어서 의원은 정당의 재정적 기술적 도움으로 의원에 당선될 뿐만 아니라 선거는 인물보다 정당을 선택하는 것이기 때문에 해산된 정당에 소속된 의원이 의원직을 상실하는 것은 당

62) 이성환 외, 앞의 책, 256면 이하.

63) BVerfGE 2, 1(73F); 5, 85(392).

연하다는 입장을 취하였다.[64] 국내 학설의 다수견해도 이러한 독일의 판례와 학설을 근거로 하여 정당국가적 민주주의에 있어서 정당활동의 실질적 주체인 의원의 자격을 상실하게 하는 것이 방어적 민주주의에 입각한 정당해산제도의 헌법정신에 합치되는 것이라고 이해하고 있다. 다시 말하면 위헌정당임을 이유로 해산된 정당에 소속하는 의원들의 의원직을 계속 보유하게 하는 것은 정당제민주주의 원리와 모순되고 방어적 민주주의 원리에도 위배될 뿐만 아니라 위헌결정 그 자체를 무의미하게 만들기 때문에 의원직을 상실하는 것으로 보아야 한다는 것이다.[65]

이에 대하여 의원직유지설은 우리의 공직선거법은 무소속입후보를 허용하고 있으므로 정당이 해산되더라도 소속의원의 자격은 그대로 유지되고 무소속의원으로 남는다는 견해이다. 다만 국회의 징계나 자격심사에 의하여 그 직을 상실하게 할 수 있다는 것이다.[66] 그리고 국회의원은 국민의 대표자로서 자유위임의 원칙에 의해 그 지위가 보장되어야 하므로 아무리 정당제 민주주의 하에서 의원의 정당기속을 인정하더라도 정당해산과 함께 의원자격을 상실하게 할 수는 없다고 보는 것이다. 특히 정당해산의 효과로서 의원직상실에 관한 헌법의 특별규정 없이 독자적 정당성을 가진 의원에 대하여 집단책임을 물어 그 신분의 상실을 당연히 가져온다고 보기는 곤란하다는 것이다.[67] 국회의원의 자격유지의 문제는 국회의 자율적 결정사항이므로 국회의 자격심사나 제명처분에 의해서만 의원의 자격을 상실한다는 견해도 있다.[68]

그 밖의 견해로는 정당소속 국회의원을 지역구의원과 비례대표의원을 구분하여 비례대표의원은 정당을 기반으로 하여 당선된 자이므로 의원직을 상실케 하고 지역구의원은 정당보다 개인적인 자질을 기준으로 국민적 의사가 부여된 것이므로 의원직을 유지한다는 절충적 견해가 있으며,[69] 또 다른 견해는 정

---

64) G. Leibholz, Der Strukturwandel der modernen Demokratie, in: ders, Strukturprobleme der modernen Demokratie, 1958, S. 116f.

65) 권영성, 앞의 책, 197면; 허영, 앞의 책, 290면; 정종섭, 앞의 책, 1528~1529면.

66) 김철수, 앞의 책, 231면; 구병삭, 신헌법원론, 박영사, 1995, 224면.

67) 김문현, 앞의 논문, 13면.

68) 헌법재판소, 헌법재판실무제요, 245면.

69) 구병삭, 앞의 책, 224면.

당해산으로 소속의원은 모두 의원직을 상실하는 것이 아니라 의원 개개인의 활동을 중심으로 위헌적 정당활동에 참여하지 않은 의원의 경우에는 선별적으로 의원직을 유지하게 한다는 견해도 있다.[70)]

이러한 정당해산의 효과와 의원직상실여부에 관한 학계의 논의는 정당법이나 관련법률에서의 입법적 미비 내지 공백 때문에 그 해석론적 필요성에 의해 제기된 것이지만, 정당해산제소가 현실문제로 등장한 이상 이에 관한 논의는 앞으로의 헌법재판소의 판단에 필요한 참고자료가 될 수 있는 문제이며 향후 정당해산제도의 보완을 위한 입법방향을 결정할 수 있는 중요한 문제이다.

(3) 사 견

생각건대 위헌정당해산과 소속의원의 의원직 상실여부에 관한 지금까지의 국내의 다수견해는 독일에서의 1950년대 정당해산심판에 관한 판례와 학설을 근거로 하여 거의 무비판적으로 받아들여진 것이라는 점을 부인하기 어렵다. 정당해산제도가 바이마르헌법시대의 나치정당의 출현과 헌법질서의 붕괴를 거울삼아 전후 독일기본법에 방어적 민주주의정신에 입각한 헌법질서의 수호를 목적으로 하는 것으로서 정당해산심판의 실효성을 확보하기 위해서는 정당소속의원의 의원직을 박탈하여야 한다는 논리는 타당성과 설득력을 갖는 것이었다. 그리고 독일의 경우는 1950년대 두 차례의 정당해산심판사건 이후 연방선거법의 개정으로 정당해산의 효과로서 의원직상실을 명문으로 규정하게 됨으로써 의원직상실여부에 관한 논의는 일단락 짓게 된 것이다.

그러나 독일에서의 정당해산심판사건 이후 60여년이 지난 현시점에서 우리나라의 정당해산심판에 관한 논의에 과거 독일의 판례와 학설이 여과되지 않고 그대로 수용되어야 할 이유를 찾기 어려우며, 이번의 통진당 해산심판을 계기로 한국의 정치상황과 국민의 정치의식수준 등을 감안하여 이 문제에 대한 근본적인 재검토가 필요하다고 본다. 다시 말하면 전후의 냉전체제의 시대적 배경과 독일의 특수한 헌정사적 경험을 바탕으로 한 방어적 민주주의 이론이 오늘날 한국의 헌법정치에 그대로 적용되기는 어렵다고 보기 때문에 그러한 독일에서의 판례와 이론이 우리의 당면과제를 해결하는데 참고는 되더라도 전적

---

70) 최희수, 앞의 논문, 473면.

으로 그것에 의존할 필요는 없으며, 우리의 헌법규범의 통일적 해석을 통해 한국의 정당정치적 상황에 적용될 수 있는 새로운 법리를 구성하는 데에 초점을 맞춰야 할 것이다.

그렇게 본다면 정당해산결정의 효과로서 당해 정당소속 의원의 의원직상실이라는 결론을 쉽게 내릴 수 없다고 보며, 앞으로의 이에 관한 입법에 있어서도 소속의원 전원에 대한 의원직상실을 규정하기 어렵다고 본다. 이 문제에 대한 학설의 대립은 기본적으로 방어적 민주주의에 기초한 헌법수호의 실효성확보라는 법익과 국회의원의 국민대표성 및 자유위임의 원칙이라는 법익의 충돌을 의미하며 이 경우에 어느 법익과 헌법적 가치를 우선할 것인가의 문제인 것이다. 이 점에 관하여 필자의 기본적 견해는 대립하는 양 법익을 조화롭게 실현하는 방안을 찾아야 한다는 것이다. 따라서 원칙적으로는 정당해산의 결과로서 소속의원의 의원직을 상실시키도록 하고, 예외적으로 의원 개개인의 활동이 정당의 목적이나 활동과 객관적 연관성을 가지지 않는 경우에는 의원직을 유지시키도록 하는 방안의 논거를 다음과 같이 생각할 수 있다.

첫째, 국회의원이 헌법기관으로서 정당기속과 무관하게 자유위임에 의한 정치활동을 할 수 있는 것은 헌법적인 테두리 안에서 헌법이 추구하는 자유민주적 기본질서를 존중하고 실현하는 것을 전제로 주장할 수 있는 논리이므로 "국회의원이 자유위임을 악용해서 위헌적인 정당에 소속해서 위헌적인 정치활동을 하는 것까지 자유위임의 논리로 보호받을 수 없다"고 할 것이다.[71] 또한 대의제와 자유위임의 원칙은 국민주권과 민주주의를 실현하기 위한 통치구조의 조직원리이며 국가의사결정의 원리로서 "자유위임의 원칙은 민주주의의 일정한 가치를 전제로 하는 개념이 아니며 가치상대적 민주주의와도 조화될 수 있는 의미에서 형식적 원리라 할 수 있지만, 방어적 민주주의는 민주주의의 내용이 자유민주주의라고 하는 가치에 기속될 것을 요구하는 것으로서 이러한 민주주의에 투쟁하는 민주주의의 적에 대해서는 더 이상의 관용을 베풀지 않겠다는 헌법제정자의 의지를 반영하고 있는 점에서 실질적 원리에 해당하므로" 이러한 실질적 원리가 형식적 원리에 우선한다고 볼 수 있다.[72] 그리고 한국의 후진적

71) 허영, 헌법소송법론, 박영사, 2009, 290면.
72) 최희수, 앞의 논문, 472면.

정당정치의 현실은 정당소속 의원의 정당에의 기속이 강하며 의원들은 철저하게 정당기율에 복종하는 것을 부정할 수 없다. 국회법상 의원의 자유위임에 입각한 자유투표의 원칙(제114조의2)을 규정하고 있지만 실제로 국가이익을 우선한 자유투표 또는 교차투표(cross－voting)의 가능성은 낮다고 할 때 자유위임원칙을 이유로 정당해산시 정당과 의원을 분리하는 논리는 정당화되기 어렵다. 따라서 정당해산시 원칙적으로 의원직 상실을 규정하는 입법은 정당하다고 할 수 있다.

둘째, 그렇지만 방어적 민주주의의 결과로서 의원직상실의 효과를 인정한다고 하더라도 방어적 민주주의의 적용상의 한계가 준수되어야 할 것이므로 의원직상실의 여부는 정당해산절차 개시 시점에 의원의 정치활동이 정당의 목적이나 활동과 객관적으로 관련되어 있었는지를 기준으로 의원 개인별로 판단하여야 할 것이다. 따라서 의원이 정당의 위헌적인 목적이나 활동과 객관적인 연관성이 없다는 증거를 제시하면 의원직상실을 면할 수 있도록 할 수 있다.[73)]

셋째, 소속 의원들 중에서 지역구의원과 비례대표의원을 구분하여 의원직 상실 여부를 판단할 것인가의 문제는, 비례대표의원은 지역구의원에 비하여 실제로 정당기속이 강할 수밖에 없으며 현행 공직선거법에 비례대표의원의 경우 당적을 이탈·변경하는 경우 의원직상실을 규정(제192조 제4항)하고 있는 점에서 볼 때 정당해산시 비례대표의원의 의원직상실을 규정할 수 있다고 볼 수 있으나[74)], 다른 한편 비례대표의원도 지역구의원과 마찬가지로 헌법상 국민의 대표자의 지위를 갖는 점에서는 차이가 없으므로 비례대표의원을 우선적으로 의원직을 상실시키는 것은 평등원칙에 위배되어 공무담임권을 침해하는 문제가 제

---

73) 그러나 의원의 개인별 활동에 대하여 정당의 위헌적 활동과의 객관적 연관성을 개별적으로 판단하는 것은 현실적으로 어려운 문제이므로 그 구체적인 판단기준에 관한 연구검토가 필요하다고 하겠다.

74) 공직선거법 제192조 제4항은 "비례대표국회의원 또는 비례대표지방의회의원이 소속정당의 합당 해산 또는 제명 외의 사유로 당적을 이탈 변경하거나 2 이상의 당적을 가지고 있는 때에는… 퇴직된다"라고 규정하고 있는데 여기의 해산은 헌법 제8조 제4항에 근거한 강제해산이 아니라 정당의 자진해산을 의미하는 것으로 보아야 할 것이다. 본 조항의 해산을 강제해산을 포함하는 것으로 해석한다면 정당의 강제해산으로 그 정당소속 비례대표의원은 의원직을 유지하고 이탈 변경할 수 있는 것이 되겠지만 그렇게 해석하는 입장은 거의 없다. 다만 양건 교수는 위 조항의 해산에 강제해산이 포함된다고 보고 비례대표의원은 의원직을 유지한다고 한다. 양건, 앞의 책, 173~174면.

기될 수 있다. 따라서 이 문제에 관하여는 양자를 구분하지 않고 동일한 기준으로 판단하는 것이 입법재량의 범위에 속한다고 볼 수 있다.

4. 법률의 근거 없는 의원직상실의 헌법재판소결정은 가능한가?

위에서 고찰한 바와 같이 정당해산의 경우 소속의원의 의원직 상실여부에 관하여 의원의 자유위임원칙에 근거한 의원직유지설은 타당하다고 볼 수 없으므로 법률로써 정당해산의 효과로서 의원직상실을 원칙적으로 규정하는 것은 입법형성의 자유에 해당하는 것으로서 문제될 것이 없다. 다만 정당소속의원 전원에 대해 일률적으로 의원직을 박탈하는 것은 곤란하며 의원 개인별 활동이 정당의 위헌적 활동과 관련이 없다는 것이 객관적으로 입증이 되는 경우에는 예외적으로 의원직상실에서 제외시키도록 하는 입법도 가능할 것이다.

그러나 이번의 통진당사건의 경우에 정당법이나 헌법재판소법 등에 의원직상실여부에 관한 명문규정이 없음에도 불구하고 헌법재판소가 정당해산결정과 함께 의원직상실을 명하는 결정을 내릴 수 있는지의 문제는 그렇게 간단히 판단할 수 있는 것이 아니라고 본다. 헌법재판소는 헌법상의 권한으로 정당해산심판을 관장하지만 국민의 대표자의 지위를 갖는 국회의원의 자격을 박탈할 수 있는 권한은 권력분립의 원칙상 인정되기 어렵다고 할 수 있다. 헌법상 의원의 자격심사와 제명에 대해서는 국회의 자율권으로 보장되고 있으며, 이에 대해서는 법원에 제소할 수 없도록 규정(제64조 제4항)하고 있는 것도 권력분립원리를 전제로 한 것이기 때문에 헌법재판소가 정당해산결정에 부수하여 의원직상실을 명하는 결정을 내리는 것은 권력분립원리에 위배된다고 할 것이다. 의원직을 상실시키지 않는 경우 정당이 해산되더라도 그 의원들의 활동을 통해 민주적 기본질서에 대한 위협이 계속된다면 이는 정당해산제도의 실효성을 기대할 수 없게 되고 방어적 민주주의정신에도 위배된다는 주장은 타당하다고 볼 수 있지만, 그렇다고 해서 헌법상 통치구조의 기본원리인 대의제원리와 권력분립원리를 침해하면서 의원직상실을 결정하는 것은 정당화되기 어렵다.

그렇다면 정당해산결정을 하더라도 의원직상실에 관한 구체적 법률규정이 없는 한 헌법재판소가 의원직상실을 명할 수 없다고 보는 것이 타당하며, 따라서 해산되는 정당소속 의원의 자격상실여부는 별도로 국회의 자격심사와 징계절차를 통해 자율적으로 해결하는 것이 옳다고 하겠다. 그러나 헌법재판소가 최고의 헌법수호기관으로의 지위에서 정당해산결정과 함께 그 해산결정의 실효성을 확보하기 위해 의원직상실을 결정하더라도 당해 의원들은 그 결정에 불복할 수 없다고 할 것이다.

Ⅳ. 결 어

헌법상 정당해산제도는 헌법적대적 정당으로부터 헌법질서를 예방적으로 수호하기 위한 제도임과 동시에 그 해산심판절차를 헌법재판소의 사법적 절차에 따라 이루어지도록 함으로써 입법권과 행정권에 의한 자의적 해산을 방지하여 정당의 존립과 자유를 보호하는 기능을 수행한다. 이러한 정당해산제도의 이중적 기능 중에서 헌법질서의 예방적 수호에 중점을 두게 되면 결국 정당의 자유 침해를 초래하게 되고 그것은 곧 다원적 민주주의를 부정하게 됨으로써 그 자체가 헌법질서에 대한 중대한 위협이 되는 모순이 나타나게 된다. 이와 같은 정당해산제도의 양면적 성격과 기능은 본질적으로 서로 대립·충돌하는 성질 때문에 정당해산조항의 해석이 딜레마에 빠질 수 있는 문제가 있다. 우리 헌법상의 정당조항은 독일 기본법의 정당조항을 모방한 것으로 독일의 판례와 이론이 우리의 정당조항 해석에 상당한 영향을 미쳐 온 것이 사실이다. 그러나 한국의 헌법사적 배경에 비추어 보면 우리의 정당조항의 채택과 전개과정은 독일의 그것과 거리가 있으며, 1960년 헌법의 정당해산조항은 이승만 정부의 진보당해산의 역사적 경험에 대한 반성으로 정당의 존립과 자유를 고도로 보장하는 입장에서 채택되었다는 점을 간과해서는 안 될 것이다. 따라서 앞으로 우리 헌법의 정당해산조항의 해석에 있어서는 종래의 독일 이론과 판례에 편향된 해석론에서 탈피하여 우리의 헌법현실 및 정치문화적 여건과 조화될 수 있는 새로운 해석방법이 요구된다. 그리고 최근 2000년대에 접어들어 유럽에서의 정당해산제도에 관한 논의로서 '베니스위원회'가 제시한 엄격한 심판기준은 국제사회에 보편적으로 적용될 수 있는 것이므로 우리의 정당조항의 해석에도 긍정적으로 채택될 수 있다고 하겠다.

이번의 통합진보당사건을 계기로 우리의 정당해산제도 전반의 재조명을 위한 학계의 심도있는 연구가 필요하다고 보며, 차제에 정당해산심판에 관한 입법적 미비와 흠결을 보완하는 작업을 서둘러야 할 것이다. 우선 헌법 제8조 제4항과 헌법재판소법 제55조의 정당해산의 실질적 요건에 있어서 불확정개념으로 규정된 “민주적 기본질서에 위배될 때”를 구체적이고 명확하게 규정할 필요가 있으며, 정당법에 정당해산의 효과로서 의원직상실여부에 관한 명문규정을 두어야 하고, 잔여재산의 국고귀속조항도 수정할 필요가 있다고 본다. 해산심판절차에 있어서도 통진당사건의 경험을 통해 드러난 절차적 문제점이 개선 보완될 수 있도록 헌법재판소법에 반영되어야 할 것이다.

〈본 논문은 공법연구 제42집 제3호(한국공법학회, 2014. 2) 105~140면에 게재된 논문임〉

참고문헌

제 1 장 헌법규범과 헌법현실

계희열, 헌법학(상), 박영사, 2005.

계희열, 헌법학(중), 박영사, 2002.

공진성, 통일과정과 헌법적 과제, 헌법연구 제1권 제1호, 헌법이론실무학회, 2014.

권영설, 헌법이론과 헌법담론, 법문사, 2006.

권영성, 헌법학원론, 법문사, 2010.

권영성, 남북통합과 국가형태·국가체제문제, 공법연구 제25집 제4호, 1997.

김문현 외, 현행헌법상 헌법재판제도의 문제점과 개선방안(헌법재판연구 제16권), 2005.

김선택, 헌법과 혁명-시민입헌주의(Civic Constitutionalism), 동아법학 제58호, 2013.

김선택, 대한민국에서 기본권보장의 발전과 과제, 한국공법학회 제145회 학술발표대회 발표논문, 2008.

김선택, 형식적 헌법의 실질적 위헌성에 대한 헌법재판, 법학논집 제32집, 1996.

김승대, 헌법개정과 남북한 통일, 공법연구 제39짖 제2호, 2010.

김철수, 헌법학개론, 박영사, 2008.

김학성, 헌법학원론, 피앤씨미디어, 2014,

김형성, 현행헌법에 있어서 경제민주화의 제도화에 관한 연구, 헌법학연구 제19권 제2호, 2013.

대화문화아카데미, 새로운 헌법 필요한가, 2008.

도회근, 통일헌법의 권력구조, 공법연구 제40집 제2호, 2011.

명재진, 국무총리제의 합리적 운용의 한계와 개헌필요성, 헌법학연구 제13권 제1호, 2007.

박재창, 한국의회개혁론, 오름, 2004.

방승주, 헌법재판소의 입법자에 대한 통제의 범위와 강도, 한국공법학회 제145회 학술대회 발표논문, 2008.

방승주, 소위 이중배상금지규정과 헌법규정의 위헌심사가능성, 헌법소송사례연구, 박영사, 2002.

성낙인, 한국헌법사, 법문사, 2012.

성낙인, 이원정부제(반대통령제)의 구체화를 통한 권력분점의 구현, 제헌61주년 기념 국제학술 대회논문집, 2009.

양 건, 헌법강의, 법문사, 2011.

오호택, 헌법개정절차와 헌법개정의 가능성, 헌법학연구 제13권 제1호, 2007.

이관희, 국정감사제도의 문제점과 개선방안, 공법연구 제27집 제3호, 1999.

이승우, 통일에 대비한 헌법개정의 필요성과 방향, 공법연구 제39집 제2호, 2010.

이준일, 헌법학강의, 홍문사, 2011.

이헌환, 헌법재판제도의 도입배경과 정착 및 발전방향에 관한 연구, 헌법재판연구 창간호, 헌법재판연구원, 2014.

이효원, 통일헌법의 제정방법과 국가조직, 서울대학교 법학 제55권 제3호, 2014.

임지봉, 민주주의와 헌법재판소의 사법적극주의, 한국공법학회 제145회 학술대회 발표논문, 2008.

임혁백, 개헌의 필요성과 실현가능성, 대화문화아카데미 편, 새로운 헌법 필요한가, 2008.

장명봉, 남북한 헌법체제의 비교와 통일헌법의 지향점 및 과제, 공법연구 제37집 제1호, 2008.

장영수, 국회 기능의 합리화 방안, 헌법학연구 제16권 제3호, 2010.

장영수, 통합진보당 해산결정과 소속 국회의원의 의원직상실문제, 고려법학 제76호, 2015.

장영수, 의원내각제 정부형태 도입에 대한 검토의견, 헌법연구자문위원회 참고자료집, 2009.

전광석, 헌법 제4조, 헌법주석(1), 한국헌법학회편, 2013.

정만희, 헌법개정논의 －헌법개정의 필요성과 개헌절차·방법에 관한 검토－, 동아법학 제47호, 2010.

정만희, 국정감사제도의 재검토, 공법학연구 제10권 제1호, 2009.

정만희, 국회의 국정통제기능에 대한 검토, 헌법학연구 제20권 제3호, 2014.

정만희, 미국헌법상 탄핵제도, 공법연구 제30집 제1호, 2001.

정만희, 헌법과 통치구조, 법문사, 2003.

정만희, 국회의원의 정당기속과자유위임, 헌법재판연구 제2권 제1호, 2015.

정만희, 정당의 민주적 공천제의 법리, 공법학연구 제4권 제1호, 2002.

정만희, 대통령제에 있어서 분열정부(divided government)의 헌법문제, 헌법학연구 제14권 제2호, 2008.

정만희, 차기정부의 헌법적 과제, 헌법학연구 제19권 제1호, 2013.

정만희, 현행헌법상 정부형태의 의원내각제적 요소에 대한 검토, 동아법학 제44호, 2009.

정만희, 정부형태에 관한 헌법개정의 방향, 헌법학연구 제14권 제4호, 2008.

정만희, 통일헌법을 위한 단계적 헌법개정, 동아법학 제66호, 2015.

정만희, 헌법개정조항의 개정필요성에 관한 검토, 공법연구 제39집 제2호, 2010.

정종섭, 헌법학원론, 박영사, 2014.

정태호, 사회적 기본권과 헌법재판소판례, 헌법논총 제9집, 1998.

정태호, 인권보장제도로서의 헌법소원의 개념과 실제, 헌법학연구 제14권 제2호, 2008.

한국공법학회, 헌법개정안 연구보고서, 2006.

한국헌법학회, 헌법개정연구, 2006.

함께하는 시민행동, 헌법 다시보기, 87년 헌법 무엇이 문제인가, 2007.

허영, 한국헌법론, 박영사, 2009.

헌법재판소, 헌법재판소에 의한 헌법재판이 우리 사회에 미친 영향, 2010.

홍성방, 헌법재판소결정에 나타난 사회적 기본권, 서강법학연구 제4집, 2002.

Albert, Robert, The Evolving Vice Presidency, 78 Temple Law Review 811 (2005).

Dellinger, Walter, The Legitimacy of Constitutional Change: Rethinking the Amendment Process, 97 Harvard Law Review, 386, 427~430 (1983).

Loewenstein, Karl, Political Power and the Governmental Process, 2nd ed., Univ. of Chicago Press, 1965.

제 2 장 이원정부제 정부형태의 검토

국회미래한국헌법연구회, 『국민과 함께하는 개헌이야기』(2권), 2010.

국회헌법연구자문위원회, 『헌법연구자문위원회 결과보고서』, 2009.

권영성, 『헌법학원론』, 법문사, 2010.

김병규 역, 모리스 뒤베르제, 『정치제도와 헌법 –제2권 프랑스 정치체계』, 삼영사, 1980.

김정기, 프랑스의 이원정부제, 『국민과 함께하는 개헌이야기』(2권), 2010.

김철수, 『헌법학개론』, 박영사, 2010.

김효전, 『헌법정치 60년과 김철수헌법학』, 박영사, 2005.

박찬욱, 정부형태와 개헌과제, 『국민과 함께하는 개헌이야기』(2권), 2009.

성낙인, 『헌법학』, 법문사, 2010.

성낙인, 『프랑스헌법학』, 법문사, 1995.

성낙인, 이원정부제(반대통령제)의 구체화를 통한 권력분점의 구현, 『제헌61주년기념 국제학술대회논문집』, 2009.

성낙인, 반대통령제(이원정부제)의 이론과 현실, 구병삭 편, 『의원내각제의 연구』, 화성사, 1991.

신명순·조정관 공역, 『내각제와 대통령제』, 나남출판, 1995.
양건·백영림·박은정·김재원 외, 『새로운 헌법 필요한가』, 대화문화아카데미, 2008.
오일환, 프랑스 이원정부제 권력구조 분석, 『국민과 함께하는 개헌이야기』(2권), 2009.
이준한, 『개헌과 민주주의』, 한울아카데미, 2007.
장성호, 통일시대의 대한민국헌법 권력구조 모색, 『국민과 함께하는 개헌이야기』(2권).
장영수, 『헌법학』(제2판), 홍문사, 2007.
장영수, 의원내각제 정부형태 도입에 대한 검토, 『헌법연구자문위원회 참고자료집』, 2009.
전학선, 분권형 대통령제 도입을 위한 제언, 『국민과 함께하는 개헌이야기』(2권).
정만희, 『헌법개정연구』, 세종출판사, 2010.
정만희, 정부형태에 관한 헌법개정의 방향, 『헌법학연구』 제14권 제4호, 2008.
정만희, 헌법개정 논의 –헌법개정의 필요성과 개헌절차 방법에 관한 검토– 『동아법학』 제47호, 2010.
정만희 편, 『비교헌법강의』(제2판), 세종출판사, 2009.
정만희, 『현대헌법과 의회주의』, 법문사, 1995.
정재황, 프랑스에서의 동거정부에 대한 헌법적 일고찰, 『공법연구』 제27집 제1호, 1999.
정진민, 『한국의 정당정치와 대통령제 민주주의』, 인간사랑, 2008.
조정관, 순수대통령제로의 권력구조개편을 위한 제안, 『국민과 함께하는 개헌이야기』(2권).
한국헌법학회, 『헌법개정연구』, 2006.
황태연, 유럽의 분권형대통령제와 4년중임 분권형대통령제 개헌방안, 『국민과 함께하는 개헌 이야기』(2권).
山口俊夫, 『概說フランス法(上)』, 東京大學出版部, 1989.
Linz, Juan J. and Valenzuela, The Failure of Presidential Democracy: Comparative Perspectives, The Johns Hopkins University Press, 1994.
Loewenstein, Karl, Political Power and the Governmental Process, 2nd ed., The University of Chicago Press, 1965.
Shugart, Matthew Soberg and Carey, John M., President and Assemblies: Constitutional design and Electoral Dynamics, 1992.

제 3 장 정부형태에 관한 헌법개정의 방향

강원택, 『대통령제, 내각제와 이원정부제』, 인간사랑, 2006.
강현철, 『통일헌법 연구』, 한국학술정보, 2006.

계희열, 『헌법학(상)』, 박영사, 2007.

국회미래한국헌법연구회, 『국민과 함께하는 개헌이야기』(2권), 2010.

국회헌법연구자문위원회, 『헌법연구자문위원회 결과보고서』, 2009.

권영설, 한국헌법 50년의 발자취, 한국헌법학회 헌법학연구, 제4집 제1호, 1998.

권영성, 『헌법학원론』, 법문사, 2010.

김문현, 헌법개정의 기본방향, 공법연구 제34집 제4권 제2호, 2006.

김종철, 대통령 4년 연임제 '원 포인트' 개헌론에 대한 비판적 검토, 헌법학연구 제13권 제1호, 2007.

김철수, 『헌법학개론』, 박영사, 2010.

김철수, 한국헌법 60주년과 헌법개정문제, 한국헌법학회 제145회 학술대회발표논문, 2008.

도회근, 헌법개정의 쟁점과 과제 －공법학자 설문조사 결과분석－, 『공법연구』 제34집 제1호, 2005.

명재진, 국무총리제의 합리적 운용의 한계와 개헌필요성, 헌법학연구 제13권 제1호, 2007.

박수혁, 통일한국에서의 통일헌법상 통치구조에 관한 연구, 통일과 법률 제2호, 2010,

박영림, 헌법개혁과 한국 민주주의, 함께하는 시민운동, 『헌법 다시보기』, 2007.

박찬욱, 정부형태와 개헌과제, 『국민과 함께하는 개헌이야기』(2권), 2009.

박찬욱, 대통령제의 정상적 작동을 위한 개헌론, 진영재 편 『한국권력구조의 이해』, 나남출판, 2004.

성낙인, 『헌법학』, 법문사, 2015.

성낙인, 『프랑스헌법학』, 법문사, 1995.

성낙인, 이원정부제(반대통령제)의 구체화를 통한 권력분점의 구현, 『제헌61주년기념 국제학술대회논문집』, 2009.

성낙인, 한국헌법과 이원정부제, 헌법학연구 제5집 제1호, 1999.

신명순·조정관 공역, 『내각제와 대통령제』, 나남출판, 1995.

양건·백영림·박은정·김재원 외, 『새로운 헌법 필요한가』, 대화문화아카데미, 2008.

오일환, 프랑스 이원정부제 권력구조 분석, 『국민과 함께하는 개헌이야기』(2권), 2009.

오호택, 헌법개정의 절차와 헌법개정의 가능성, 헌법학연구 제13권 제1호, 2007.

이종찬, 한국 권력구조개편의 허상과 실상, 국제평화전략연구원, 『한국의 권력구조논쟁』, 1997.

이준한, 『개헌과 민주주의』, 한울아카데미, 2007.

임지봉, 정부형태 개헌의 필요성과 방향, 한국헌법학회·법제처 공동학술대회 발표논문, 2010.

임혁빈, 개헌의 필요성과 실현가능성, 대화문화아카데미, 『새로운 헌법 필요한가』, 2008.
장성호, 통일시대의 대한민국헌법 권력구조 모색, 『국민과 함께하는 개헌이야기』(2권).
장영수, 의원내각제 정부형태 도입에 대한 검토, 『헌법연구자문위원회 참고자료집』, 2009.
전학선, 분권형 대통령제 도입을 위한 제언, 『국민과 함께하는 개헌이야기』(2권). 2010.
정만희, 『헌법개정연구』, 세종출판사, 2010.
정만희, 『현대헌법과 의회주의』, 법문사, 1995.
정만희, 정부형태에 관한 헌법개정의 방향, 헌법학연구 제14권 제4호, 2008.
정만희, 헌법개정 논의 –헌법개정의 필요성과 개헌절차 방법에 관한 검토–, 동아법학 제47호, 2010.
정만희, 이원정부제 정부형태의 검토 –이원정부제 개헌론에 대한 비판적 관점에서–, 동아법학 제52호, 2011.
정만희, 미국헌법상 정치제도의 개혁논의, 동아법학 제20호, 1996.
정만희, 의원내각제 개헌론에 대한 비판적 분석, 헌법학연구 제6권 제1호, 2000.
정만희, 대통령제에 있어서 분열정부(Divided Government)의 헌법문제, 헌법학연구 제14권 제2호, 2008.
정만희, 현행 헌법상 정부형태의 의원내각제적 요소에 대한 검토, 동아법학 제44호, 2009.
정만희, 통일헌법을 위한 단계적 헌법개정, 동아법학 제66호, 2015.
정재황, 프랑스에서의 동거정부에 대한 헌법적 일고찰, 공법연구 제27집 제1호, 1999.
정재황, 프랑스 대통령에 관한 2008년 헌법개정, 성균관법학 제21권 제1호, 2009.
정종섭, 헌법개정 논의의 쟁점: 필요성, 방법, 내용, 『새로운 헌법 필요한가』.
정종섭, 한국 대통령제의 성공을 실현하기 위한 운영모델, 서울대학교 법학 제43권 제3호, 2002.
정진민, 『한국의 정당정치와 대통령제 민주주의』, 인간사랑, 2008.
조병륜, 이원정부제 개헌의 본질, 세계헌법연구 제14권 제2호, 2009.
조정관, 순수대통령제로의 권력구조개편을 위한 제안, 『국민과 함께하는 개헌이야기』(2권).
한국공법학회,헌법개정안 연구보고서, 2006.
한국헌법학회, 2006 헌법개정연구위원회 최종보고서 『헌법개정연구』, 2006.
한배호, 『한국정치사』, 일조각, 2008.
함께하는 시민행동, 『헌법 다시보기, 87년헌법 무엇이 문제인가』, 2007.
허경, 내각제 개헌의 당위성, 공법연구 제27집 제3호, 1996.
황태연, 유럽의 분권형대통령제와 4년중임 분권형대통령제 개헌방안, 『국민과 함께하는 개헌 이야기』(2권), 2010.

Albert, Robert, The Evolving Vice Presidency 78 Temple Law Review 811, 2005.

Aron, Reymond, Alternation in Government in the Industrialized Countries, Government and Opposition 17 no.1 1981,

Dellinger, Walter, The Legitimacy of Constitutional change: Rethinking the Amendment Process, 97 Harvard Law Review 386, 1983.

Linz, Juan J. and Valenzuela, The Failure of Presidential Democracy: Comparative Perspectives, The Johns Hopkins University Press, 1994.

Shugart, Matthew Soberg and Carey, John M., President and Assemblies: Constitutional design and Electoral Dynamics, 1992.

제 4 장 헌법개정조항의 개정필요성에 관한 검토

계희열, 헌법학(상), 박영사, 2007.

국회헌법연구자문위원회, 헌법연구자문위원회 결과보고서, 2009.

권영성, 헌법학원론, 법문사, 2010.

김선화, 헌법개정의 절차적 방법론, 헌법학연구 제16권 제2호, 2010.

김철수, 헌법학개론, 박영사, 2007.

김철수, 헌법개정, 회고와 전망, 대학출판사, 1986.

대화문화아카데미, 새로운 헌법, 무엇을 담았나, 2010.

성낙인, 헌법학, 법문사, 2010.

성낙인, 프랑스헌법학, 법문사, 1995.

송 우(편), 한국헌법개정사, 집문당, 1980.

양 건, 헌법강의, 법문사, 2009.

오호택, 우리 헌법개정절차의 문제점, 안암법학 제2집, 1994.

오호택, 헌법개정의 절차와 헌법개정의 가능성, 헌법학연구 제13권 제1호, 2007.

유진오, 헌법해의, 명세당, 1949.

장영수, 헌법학, 홍문사, 2007.

정만희, 헌법개정논의, 동아법학 제47호, 2010.

정만희, 대통령제에 있어서 분열정부의 헌법문제, 헌법학연구 제14권 제2호, 2008.

정만희 편, 비교헌법강의(제2판), 세종출판사, 2009.

정종섭, 헌법학원론, 법문사, 2010.

조정찬, 일류국가를 위한 헌법개정의 방향과 과제, 국회미래한국헌법연구회, 국민과 함께 하는 개헌이야기(제1권), 2010.

竹花光範, 憲法改正の法理と手續, 成文堂, 1981.

樋口洋一/吉田善明 編, 解說世界憲法集, 三省堂, 1998.

野口健格, スペインにおける憲法改定手續條項の意義, 慶應義塾大學, 法學政治學論究 제82호, 2009.

Dellinger, Walter, The Legitimacy of Constitutional Change: Rethinking the Amendment Process, 97 Harvard Law Review 386, 1983.

Loewenstein, K., Political Power and the Governmental Process, 1965.

Meyer, David D., Constitutional Change in the American Experience, 헌법학연구, 제16권 제3호, 2010.

Paulsen, Michael Stokes, A General Theory of Article V: The Constitutional Lessons of the Twenty－seventh Amendment, 103 Yale L.J. 677, 1993.

Sundquist, James L., Constitutional Reform and Effective Government, 1992.

Wheare, K.C., Modern Constitutions, 2nd ed., 1966.

제 5 장 통일헌법을 위한 단계적 헌법개정

강원택, 『대통령제, 내각제와 이원정부제』, 인간사랑, 2006.

강현철, 『통일헌법 연구』, 한국학술정보, 2006.

계희열, 『헌법학(상)』, 박영사, 2007.

공진성, 통일과정과 헌법적 과제, 『헌법연구』 제1권 제1호, 헌법이론실무학회, 2014.

국순옥, 통일국가의 헌법과 기본적 인권의 체계, 『공법연구』 제21집, 1993.

권영설, 통일지향적 정부형태로서의 대통령제, 『공법연구』 제27집 제3호, 1999.

권영성, 남북통합과 국가형태 국가체제문제, 『공법연구』 제21집, 1993.

권영성, 『헌법학원론』, 법문사, 2010.

김병록, 통일헌법의 국가형태에 관한 연구, 『공법연구』 제25집 제4호, 1997.

김상겸/정윤선, 독일 통일헌법 제정상의 교훈을 통한 한반도 통일헌법 구상, 『한독사회과학논총』, 제22권 제1호, 2012

김승대, 『통일헌법이론－동서독과 남북한통일의 비교법론』, 법문사, 1996.

김승대, 헌법개정과 남북한 통일, 『공법연구』 제39집 제2호, 2010.

김철수, 한국통일과 통일헌법제정문제, 『헌법논총』 제3집, 헌법재판소, 1992

김철수, 『독일통일의 정치와 헌법』, 박영사, 2004.

김형성, 한반도통일의 헌법적 과제, 『헌법학연구』 제4권 제2호,

도회근, 남북관계의 현실과 국가의 평화통일의무, 『공법연구』 제39집 제2호, 2010.

도회근, 통일헌법의 권력구조, 『공법연구』 제40집 제2호, 2011.
도회근, 헌법 제3조(영토조항)의 해석, 권영성교수정년기념논문집 『헌법규범과 헌법현실』, 법문사, 1999.
도회근, 헌법의 영토와 통일조항 개정론에 대한 비판적 검토, 『헌법학연구』 제12권 제4호, 2006.
박수혁, 통일한국에서의 통일헌법상 통치구조에 관한 연구, 『통일과 법률』 제2호, 2010.
박정원, 통일헌법에 관한 골격구상, 『공법연구』 제27집 제1호, 1998.
변해철, 남북한통합과 통치구조 문제, 『공법연구』 제21집, 1993.
성낙인, 통일헌법상 권력구조에 관한 연구, 『공법연구』 제36집 제1호, 2007.
성낙인, 통일시대를 대비한 헌법과 통일법의 과제, 『세계헌법연구』 제20권 제2호, 2013.
성낙인, 통일헌법의 기본원리 소고, 『서울대학교 법학』 제53권 제1호, 2012.
오호택, 헌법개정절차와 헌법개정의 가능성, 『헌법학연구』 제13권 제1호, 2007.
兪鎭午, 『憲法解義』, 明世堂, 1949.
이승우, 통일에 대비한 헌법개정의 필요성과 방향, 『공법연구』 제39집 제2호, 2010.
이효원, 『남북교류협력의 규범체계』, 경인문화사, 2006.
이효원, 통일헌법의 제정방법과 국가조직, 『서울대학교 법학』, 제55권 제3호, 2014.
이효원, 『통일법의 이해』, 박영사, 2014.
장명봉, 『분단국가의 통일헌법연구－독일과 예멘의 통일사례와 자료』, 국민대 출판부, 1998.
장명봉, 통일법 연구의 동향과 과제, 통일부, 2004.
장명봉, 남북한 헌법체제의 비교와 통일헌법의 지향점 및 과제, 『공법연구』 제37집 제1호, 2008.
장영수, 독일의 통일과정과 의원내각제 정부형태, 『유럽헌법학회연구논집』 제2호, 2007.
전광석, 헌법 제4조, 『헌법주석[1]』, 한국헌법학회 편, 2013.
정만희, 헌법개정조항의 개정필요성에 관한 검토, 『공법연구』 제39집 제2호, 한국공법학회, 2010.
정만희, 헌법개정 논의, 『동아법학』 제47호, 2010.
정영화, 『평화통일과 경제헌법』, 법원사, 1999.
정영화, 분단 이후 정부의 평화통일정책의 비교 및 헌법적 평가, 『공법연구』 제39집 제2호, 2010.
정영화, 남북한 통일과 재산권문제에 관한 헌법적 논의, 『공법연구』 제25집 제4호, 1997.
정종섭, 『헌법학원론』, 박영사, 2014.

정 철, 통일헌법의 권력구조, 『법학논총』 제25권 제2호, 국민대학교 법학연구소, 2012.
최대권, 『헌법학강의』, 박영사, 2001.
최용기, 『통일헌법』, 창원대 출판부, 1996.
표명환, 통일한국의 헌법적 과제 – 북한주민의 재산권형성을 위한 방법론적 기초를 중심으로 하여 –, 『공법연구』 제32집 제2호, 2008.
한국헌법학회, 『헌법개정연구』, 2006.
허 경, 내각제 개헌의 당위성, 『공법연구』 제27집 제3호, 1996.
허 영(편), 『독일통일의 법적 조명』, 박영사, 1994.
허 영, 『한국헌법론』, 박영사, 2009.
홍성방, 『헌법학』, 현암사, 2007.

제 6 장 국회 입법과정의 개선방안에 관한 소고

계희열, 헌법학(상), 박영사, 2005.
국회개혁자문위원회, 국회개혁자문위원회 결과보고서, 2014.
김수용, 우리나라 입법과정의 문제점과 입법평가제도의 활용방안 검토, 공법연구 제39집 제4호, 2011.
김준석 외, 국회선진화법 1년과 정치제도에의 함의, 2013년도 국회사무처 연구용역보고서, 한 국의회발전연구회, 2013.
박영도, 입법평가제도에 관한 연구, 입법학연구 제2집, 2002.
박찬주, 토론종결과 가중다수결, 인권과 정의 제428호, 제429호, 2012.
방승주, 위헌입법의 현황과 대책, 저스티스 통권 제106호, 2000.
성낙인, 헌법학, 법문사, 2016.
음선필, 헌정사에 나타난 의회민주주의, 한국헌법학회·국회 법제실 주최 제헌 68주년 기념학 술대회 발표논문, 2016. 7.
음선필, 국회 입법과정의 분석과 개선방안, 홍익법학 제13권 제2호, 2012.
이헌환, 헌법재판제도의 도입배경과 정차 및 발전방향에 관한 연구, 헌법재판연구 창간호, 2014.
이현출, 국회선진화법 도입 이후의 국회운영평가, 현대정치연구 제7권 제2호, 2014.
임중호, 입법과정의 개선 및 발전방향, 공법연구 제34집 제3호, 2006.
장영수, 국회 기능의 합리화 방안, 헌법학연구 제16권 제3호, 2010.
장영수, 국회선진화법(국회법 제85조, 제85조의2)의 합헌성 여부에 대한 검토, 고려법학 제80호, 2016.

전학선, 입법절차에의 효율성 제고를 위한 방안, 세계헌법연구 제14권 제3호, 2009.
정만희, 국회의원의 정당기속과 자유위임, 헌법재판연구 제2권 제1호, 헌법재판연구원, 2015.
정만희, 헌법과 통치구조, 법문사, 2003.
정만희, 현행헌법상 정부형태의 의원내각제적 요소에 대한 검토, 동아법학 제44호, 2009.
정만희, 국정감사제도의 재검토, 공법학연구 제10권 제1호, 2009.
정만희, 국회의 국정통제기능에 대한 검토, 헌법학연구 제20권 제3호, 2014.
정종섭, 헌법학원론, 박영사, 2015.
정진민, 국회선진화법과 19대 국회의 과제: 국회운영방식과 대통령-국회 관계의 변화를 중심으로, 현대정치연구 제6권 제1호, 2013.
정창화, 입법영향평가제도(GFA)에 관한 연구, 유럽연구 제25권 제2호, 2007.
최대권, 우리나라 법치주의 및 의회주의의 회고와 전망, 서울대학교 법학 제49권 제4호, 2008.
최정인, '국회선진화법' 법안처리 관련규정(국회법 제85조, 제8조의2 등)에 대한 헌법적 검토, 헌법학연구 제22권 제2호, 2016.
허병조, 위헌결정법률에 대한 국회의 입법절차와 입법방향, 헌법학연구 제22권 제1호, 2016.
허　영, 헌법소송법론, 박영사, 2009.
한수웅, 헌법학, 법문사, 2016.
홍완식, 국회선진화법에 관한 고찰, 헌법학연구 제18권 제4호, 2012.
홍완식, 헌법재판소에 의한 입법절차 통제, 공법학연구 제12권 제2호, 2011.
홍완식, 현행 입법과정의 문제점과 개선방향. 법제연구 제37호, 2009.
홍완식, 입법평가의 현황과 과제, 법제와 입법 제2호, 2007.

제 7 장 국회의 국정통제기능에 대한 검토

강원택, 한국 대통령제의 문제점과 제도적 대안에 대한 검토, 진영재 편, 한국권력구조의 이해, 나남출판, 2004.
고문현, 사면권 행사의 실태분석을 통한 사면권 통제방안, 공법학연구 제11권 제2호, 2010.
권영성, 헌법학원론, 법문사, 2010.
권해호, 예산법률주의 도입방안 연구, 국회예산결산특별위원회 연구용역보고서, 2005.
김용만, 예산법률주의도입을 통한 재정민주주의확립에 관한 연구, 한국행정사학지 제30

호, 2012.
김일환/장인호, 미국 연방헌법상 인사청문회제도, 미국헌법연구 제21권 제3호, 2010.
김철수, 헌법학개론, 박영사, 2007.
김철수, 헌법과 정치, 진원사, 2012.
박재창, 한국의회개혁론, 오름, 2004.
박정수, 국회 예산제도 평가와 개선방안, 이화여대 사회과학연구논총 제29권 제1호, 2013.
박진애, 헌법에 합치하는 사면제도의 모색, 헌법학연구 제15권 제3호, 2009.
성낙인, 헌법학, 법문사, 2014.
손병권, 국회 인사청문회의 정치적 의미, 기능 및 문제점, 의정연구 제16권 제1호.
양 건, 헌법강의, 법문사, 2011.
이관희, 국정감사제도의 문제점과 개선방안, 공법연구 제27집 제3호, 1999.
이선우, 인사검증 및 인사청문회제도의 현황과 개선방안, 한국인사행정학회보 제12권 제1호, 2013.
이승우/정만희/음선필, 탄핵심판제도에 관한 연구, 헌법재판연구 제12권, 2001.
이재석, 특별검사제도에 관한 고찰, 대구대 사회과학연구 제6집 제3호, 1999.
장영수, 대통령탄핵의 헌법적 쟁점과 우리의 과제, 고려법학 제42호, 2004.
장영수, 국회의 기능 활성화와 제어, 공법연구 제32집 제5호, 2004.
장영수, 국회기능의 합리화방안, 헌법학연구 제16권 제3호, 2010.
장훈, 20년의 실험－한국정치개혁의 이론과 역사, 나남, 2010.
정만희, 헌법과 통치구조, 법문사, 2003.
정만희, 국정감사제도의 재검토, 공법학연구 제10권 제1호, 2009.
정만희, 대통령제에 있어서 분열정부의 헌법문제, 헌법학연구 제14권 제2호, 2008.
정만희, 현행헌법상 정부형태의 의원내각제적 요소에 대한 검토, 동아법학 제44호, 2009.
정만희, 차기정부의 헌법적 과제, 헌법학연구 제19권 제1호, 2013.
정만희, 미국헌법상의 탄핵제도, 공법연구 제30집 제1호, 2001.
정영화, 헌법상 결산에 대한 국회통제의 비판적 고찰, 세계헌법연구 제14권 제1호, 2008.
정종섭, 헌법학원론, 박영사, 2014.
정종섭/황승흠/황성기, 국가재정에 관한 국회의 기능강화 방안에 관한 연구, 국회예산특별위 원회 연구용역보고서, 2006.
최명/백창재, 현대 미국정치의 이해, 서울대 출판부, 2001.
허 영, 한국헌법론, 박영사, 2008.
헌법연구자문위원회, 헌법연구자문위원회 결과보고서, 2009.

홍완식, 의원입법에 대한 합리적인 통제방안, 저스티스 제106호, 2008.
芦部信喜, 議會政治と國民主權, 法學セミナー 增刊/現代議會政治, 1977.
Elgie, Robert ed., Divided Government in Comparative Perspective, Oxford Univ. Press, 2001.
Loewenstein, K., Political Power and the Governmental Process, 2nd ed., The University of Chicago Press, 1965.
Shugart, Mathew Soberg & Carey, John M., President Assemblies: Constitutional Design and Electoral Dynamics, Cambridge University Press, 1992.

제 8 장 국회의원의 정당기속과 자유위임

강경근, 국민주권과 자유위임, 헌법판례연구(3), 2001.
계희열, 당적변경과 의원직, 금랑김철수교수화갑기념『현대법의 이론과 실제』, 1993.
계희열, 헌법학(상), 박영사, 2005.
구병삭, 신헌법원론, 박영사, 1995.
권영성, 헌법학원론, 법문사, 2010.
김문현, 정당해산심판에 관한 소고, 성균관법학 제19권 제2호, 2007.
김문현, 정당국가현상과 대의제 민주주의,공법연구 제24집 제4호, 1996.
김철수, 헌법학개론, 박영사, 2007.
김학성, 헌법학원론, 피앤씨미디어, 2014.
박경철, 당적이탈변경시 의원직상실의 법리, 헌법학연구 제7권 제4호, 2001.
성낙인, 헌법학, 법문사, 2015.
양 건, 헌법강의, 법문사, 2011.
오호택, 의원의 당적변경에 대한 실증적 고찰, 헌법학연구 제7권 제2호, 2001.
이성환·정태호·송석윤·성성제, 정당해산심판제도에 관한 연구, 헌법재판소, 2004.
이준일, 헌법학강의, 홍문사, 2011.
장영수, 통합진보당 해산결정의 주요 쟁점, 법조 2015. 3(702호).
장영수, 통합진보당 해산결정과 소속 국회의원의 의원직상실문제, 고려법학 제76호, 2015.
전광석, 한국헌법론, 집현재, 2015.
전민형, 정당해산심판 결정의 유형과 법적 효과, 안암법학 제44호, 2014.
정만희, 정당법론, 동아대출판부, 1985.
정만희, 헌법과 통치구조, 법문사, 2003.
정만희, 정당국가와 무기속위임의 원칙, 동아법학 제16호, 1993.

정만희, 정당해산심판의 헌법적 쟁점－정당해산심판의 요건과 효력을 중심으로－, 공법연구 제42집 제3호, 2014.
정종섭, 헌법학원론, 박영사, 2014.
정종섭, 대의제에 관한 비판적 연구, 연세대학교 대학원 박사학논문, 1989.
최희수, 위헌정당해산제도에 관한 연구, 정당과 헌법질서, 심천계희열박사 화갑기념논문집, 1995.
한상희, 위헌정당해산심판제도, 그 의미와 문제점 －통합진보당 사건과 관련하여－, 민주법학 제54호, 2014.
한태연, 헌법학, 법문사, 1983.
허　영, 헌법이론과 헌법, 박영사, 2001.
허　영, 한국헌법론, 박영사, 2007.
허　영, 헌법소송법론, 박영사, 2009.
K. Hesse · 계희열 역, 헌법의 규범력, 헌법의 기초이론, 삼영사, 1988.
K. Hesse · 계희열 역, 통일독일헌법원론(제20판), 박영사, 2001.
G. Leibholz · 주수만 역, 현대민주정치론, 서문당, 1979.
G. Leibholz · 권영성 역, 헌법국가와 헌법, 박영사, 1976.
H. Kelsen Vom Wesen und Wert der Demokratie, 2. Aufl., 1929.
G. Leibholz, Der Strukturwandel der modernen Demokratie, in: ders, Strukturprobleme der modernen Demokratie. 1958.
K. Loewenstein, British Cabnet Government, Oxford Univ. Press, 1967.
K. Loewenstein, Poltical Power and the Governmental Process, 2nd ed., Chicago Univ. Press, 1965.
Karl D. Bracher, The Crisis of Modern Parliaments, in: Macrid & Brown, Comparative Politics, The Dorsey Press, 1977.
高橋和之, 國民代表, 芦部信喜 編, 憲法の基本問題, 1988.
山本悅夫, 國民代表論, 向學社. 1997.
杉原泰雄, 國民代表, 憲法學の基礎概念 I , 勁草書房, 1983.
大石眞, 議會法, 有斐閣アルマ, 2001.
淺野一郎, 比例代表制選出議員の黨籍離脫と議員資格, 法學セミナ 362호, 1985.

제 9 장　선거구획정의 기본문제

강원택, 국회의원 선거제도의 개혁: 의원정수 및 선거구획정문제를 중심으로, 『국가전략』

제8권 제3호, 2002.
강희원, 제17대 국회의원선거구의 조밀성측정과 GIS, 한국정치학회보 제40집 제2호, 2006.
계희열, 『헌법학(상)』, 박영사, 2005.
국회의원선거구획정위원회, 『제19대 국회의원지역선거구 획정안 마련을 위한 공청회 자료집』(2011. 10. 14).
김래영, 개정 공직선거법의 문제점과 개선방안, 『공법학연구』 제13권 제2호, 2012.
김선화, 국회의원 정수의 적정성과 위헌논쟁, 국회입법조사처 『이슈와 논점』 제391호, 2012.
김종갑, 국회의원선거구획정의 문제점과 개선방향, 국회입법조사처 『현안보고서』 Vol. 147, 2012.
김형준·김도종, 국회의원 선거구획정의 제도개혁에 관한 연구, 『대한정치학회보』 제11집 제2호, 2003.
법제처, 『헌법연구반보고서』, 1980.
성낙인, 국회의원선거구획정에 있어서 인구편차의 기준, 서울대학교 『법학』 제43권 제1호, 2002.
성낙인, 시대변화에 순응한 공직선거법의 정립, 『헌법학연구』 제18권 제2호, 2012.
양 건, 『헌법강의』(제2판), 법문사, 2011.
정만희, 미국헌법상 정치문제의 법리, 『동아법학』 제21호, 1996.
정만희, 『헌법과 통치구조』, 법문사, 2003.
정만희, 선거구인구불균형과 평등선거, 『동아법학』 제5호, 1987.
정만희, 의원정수불균형 위헌판결, 『동아법학』 제11호, 1990.
정종섭, 『헌법학원론』(제7판), 박영사, 2012.
조소영, 국회의원 정수에 관한 헌법적 고찰, 『공법학연구』 제13권 제2호, 2012.
森脇俊雅, 『小選擧區制と區割り』, 芦書房, 1998.
渡辺重範 編, 『選擧と議席配分の制度』, 成文堂, 1989.
梅津實 外, 『比較·選擧政治』, ミネルヴァ書房, 1998.
Blackburn, Robert, The Electoral System in Britain, 1995.
Butler, David, The Redrawing of Parliamentary Boundaries in Britain, Pippa Norris, Ivor Crewe, David Buttler and David Broughton, eds., British Elections and Parties Yearbook, 1992.
Carty, R. K., The Electoral Boundary Revolution in Canada, American Review of Canadian

Studies, Vol.. No. 3, 1985

Low-Beer, John R., The Constitutional Imperative of Proportional Representation, 94 Yale L. J. 163, 1984.

Niemi, Richard G., The Relationship between Votes and Seats: The Ultimate Question in Political Gerrymandering, 33 UCLA L. Rev. 185, 1985.

Parkinson, Jerry R., Notes: Reapportionment: A Call for a Consistent Quantitative Standard, 70 Iowa L. Rev. 663, 1985.

Shapiro, Martin, Gerrymandering, Unfairness, and the Supreme Court, 33 UCLA L. Rev. 227, 1985.

Sullivan, Kathleen M. / Gunther, Gerald, Constitutional Law, 15th ed. 2004.

제10장 오픈 프라이머리 도입론의 헌법적 검토

계희열, 헌법학(상), 박영사, 2004

김종갑, 오픈프라이머리 도입논의와 한국적 수용가능성, 「사회과학연구」 제15집 제2호, 2007.

김진하, 미국 대통령후보자 선출과정: 개방형경선제 도입 적절성에 관한 비판적 고찰, 「정책연 구」 통권 151호, 2006.

김형호, 2007년 대선의 국민참여 경선제도에 대한 비판적 고찰, 경희대학교 대학원 「교황논 집」 제48집, 2011.

도회근, 미국의 예비선거에서 유권자 참여의 한계, 「공법연구」 제32집 제4호, 2004.

도회근, 정당의 국민참여 공천제 정착을 위한 헌법적 과제, 「공법연구」 재34집 제3호, 2006.

도회근, 정당의 공직선거후보자 추천제도 개선방안 연구, 「헌법학연구」 제17권 제2호, 2011.

모종린/전용주, 후보경선제, 본선경쟁력 그리고 정당민주화, 「한국정치학회보」 제38집 제1호, 2004.

박상철, 정당공천의 헌법적 의미와 유형분석, 「유럽헌법학회연구논집」 제3호, 2008.

박효종, 후보자경선이 정당민주화와 정치민주화에 끼친 영향 및 발전적 운영방안, 「선거관리」 제48호, 2002.

윤종빈, 19대 총선후보 공천과정과 결과, 그리고 쟁점, 「한국정당학회보」 제11권 제2호, 2012.

이상돈, 미국의 프라이머리(예비선거) 제도에 관한 연구, 중앙대학교 「법학논문집」 제34

집 제3호, 2010.
이정진, 오픈 프라이머리 법제화 논의와 쟁점, 국회입법조사처 「이슈와 논점」, 2015. 8.
이정진, 오픈 프라이머리 도입논의와 시사점, 국회입법조사처 「이슈와 논점」, 2012. 6.
이현우, 미국 예비선거 경험과 한국의 완전국민경선제, 「시대정신」 제33호, 2006.
전광석, 「한국헌법론」, 집현재, 2015.
정만희, 정당의 민주적 공천제의 법리－국민경선제의 법적 문제를 중심으로－, 「공법학연구」 제4권 제1호, 2002.
정만희, 정당의 자유와 법적 규제－미국 정당의 후보자지명과정에의 통제를 중심으로－, 심천계 희열박사 화갑기념논문집 「정당과 헌법질서」, 1995.
정만희, 「헌법과 통치구조」, 법문사, 2003.
정만희, 미국의 대통령예선제도, 「동아법학」 창간호, 1985.
정만희, 미국헌법상 정당의 지위, 「고시연구」 1985. 12월호.
정만희, 미국의 예비선거제도에 관한 연방대법원 판례, 「동아법학」 제31호, 2002.
정진민, 정책정당 실현을 위한 내부조건, 「통일로」 제163호, 2002.
중앙선거관리위원회, 정치관계법 개정의견(2015. 2).
Paul A. Beck & Frank I. Sorauf, Party Politics in America, 7th ed., Harper Collins, 1992.
Karl Loewenstein, Political Power and the Governmental Process, The University of Chicago Press, 1965.
Robert Blackburn, The Electoral System in Britain, St. Martin's Press, 1995.
David Fellman, Constitutional Rights of Association, in Philip B. Kurland ed., Free Speech and Association: The Supreme Court and the First Amendment, Univ. of Chicago Press, 1975.

제11장 정당법상 정당의 자유제한의 문제점

계희열, 헌법학(상), 박영사, 2005.
권영성, 헌법학원론, 법문사, 2010.
김수갑, 정당법의 문제점과 개선방안, 공법연구 제33집 제5호, 2005.
김용호, 최근 한국정당의 개혁조치에 대한 평가, 한국정당학회보 제7권 제1호, 2008.
김철수, 헌법학개론, 박영사, 2007.
박명호, 개정 정당법의 검토－지구당과 당내경선제의 보완을 중심으로, 헌법학연구 제10권 제2호, 2004.
성낙인, 헌법학(제11판), 2011, 법문사.

이종수, 최근 판례들에 나타난 헌법재판소의 정당관, 헌법판례연구 [8], 2006.
이종수, 정당제민주주의의 형안문제의 검토, 헌법학연구 제13권 제2호, 2007.
이현출, 정당개혁과 지구당 폐지, 한국정당학회보 제4권 제1호, 2005.
장영수, 헌법학, 홍문사, 2007.
정만희, 정당법론, 동아대출판부, 1984.
정만희, 헌법의 기본문제, 세종출판사, 2001.
정만희, 지방선거와 정당참여에 관한 헌법적 고찰, 공법연구 제33집 제1호, 2004.
정만희, 정당의 자유와 법적 규제 －미국정당의 후보자지명과정의 통제를 중심으로－심천계희열박사 화갑기념논문집, 정당과 헌법질서, 1995.
정만희, 정치개혁입법의 과제와 전망, 동아법학 제25호, 1999.
정만희, 미국의 예비선거제도에 관한 연방대법원판례, 동아법학 제31호, 2002.
정만희, 정당의 민주적 공천제의 법리, 『공법학연구』 제4권 제1호, 2002.
정종섭, 헌법학원론, 박영사, 2007.
정태호, 정당설립의 자유와 현행정당등록제의 위헌성에 대한 관견, 인권과 정의 2005. 3월호.
한국법제연구원, 주요국가의 정치자금법제, 1997.
허　영, 한국헌법론, 박영사, 2008.
David Fellman, Constitutional Rights of Association, in Philip B. Kurland ed., Free Speech and Association, 1975,
K. Loewenstein, Political Power and the Governmental Process, 2nd ed., 1965,

제12장　정당해산심판의 헌법적 쟁점

계희열, 헌법학(상), 박영사, 2005.
계희열 역, 서독헌법원론, 삼영사, 1987.
구병삭, 신헌법원론, 박영사, 1995.
국회도서관, 헌법개정회의록(제4대 국회), 1968.
권영성, 헌법학원론, 법문사, 2010.
권영성, 정당의 해산-서독사회주의국가당(SRP)의 위헌판결, 고시연구 1982. 1월호.
김문현, 정당해산심판에 관한 소고, 성균관법학 제19권 제2호, 2007.
김종철, 민주공화국과 정당해산제도, 동아대학교 법학연구소 동계학술대회 발표논문집(2013. 12).
김철수, 헌법학개론, 박영사, 2007.

김철수, 현대헌법론, 박영사, 1979.
문홍주, 한국헌법, 해암사, 1974.
박규환, 정당해산 심판기준에 관한 연구, 헌법학연구 제14권 제4호, 2008.
박병섭, 정당해산제도에 대한 헌법적 고찰 –독일 기본법을 중심으로–, 민주법학 제9권 제1호, 1995.
송석윤, 정당해산심판의 실체적 요건, 서울대학교 법학 제15권 제1호, 2010.
송석윤, 정당해산제도의 딜레마, 세계헌법연구 제16권 제3호, 2010.
성낙인, 헌법학, 법문사, 2013.
이성환 외, 정당해산심판제도에 관한 연구(헌법재판연구 제15권), 2004.
이성환, 정당해산심판의 절차의 문제점과 개선방향, 세계헌법연구 제10호, 2004.
장영수, 헌법학, 홍문사, 2007.
전광석, 정당해산에 대한 헌법적 및 정치적 이해, 헌법판례연구 제13호, 2012.
정극원, 독일의 헌법수호제도, 세계헌법연구 제14권 제3호, 2008.
정만희, 헌법과 통치구조, 법문사, 2003.
정만희, 헌법강의Ⅱ, 세종출판사, 2013.
정만희, 정당법론, 동아대학교출판부, 1985.
정만희, 헌법 제8조, 주요법령에 대한 주석발간서Ⅰ, 한국헌법학회, 2007.
정만희, 정당의 자유와 법적 규제, 심천 계희열박사 화갑기념논문집 정당과 헌법질서, 1995.
정종섭, 한국헌법론, 박영사, 2013.
중앙선거관리위원회, 대한민국정당사 제1집(1945년~1972년), 1973.
최희수, 위헌정당해산제도에 관한 연구, 심천계희열박사 화갑기념논문집, 정당과 헌법질서, 1995.
한태연, 신헌법, 법문사, 1960.
허 영, 한국헌법론, 박영사, 2009.
허 영, 헌법소송법론, 박영사, 2009.
홍성방, 헌법학, 현암사, 2008.
大石眞, 憲法講義Ⅱ, 有斐閣, 2007.
European Commission for Democracy through Law(Venice Commission), Guidelines on Prohibition and Dissolution of Political Parties and Analogous Measures, 2000.
Leibholz, G., Der Strukturwandel der modernen Demokratie, in: ders, Strukturprobleme der modernen Demokratie, 1958.

사항색인

판례색인

[저자 약력]

정 만 희(鄭萬喜)

동아대학교 법학전문대학원 교수
법학박사(고려대학교 대학원, 1984)
미국 버클리대학교·일본 동경대학 법학부 등에서 헌법연구
한국헌법학회 회장 역임
한국비교공법학회 회장 역임
국회 헌법연구자문위원회 위원 역임
법무부 변호사시험관리위원회 위원 역임
동아대학교 부총장 역임

주요 저서
헌법과 통치구조[법문사, 2003]
현대헌법과 의회주의[법문사, 1998]
미국의 헌법과 권력구조(편저)[법문사, 1988]
헌법개정연구[세종출판사, 2010]
헌법의 기본문제[세종출판사, 2001]
탄핵심판제도에 관한 연구(공저)[헌법재판소, 2001]
헌법강의(제2판)[동아대학교 출판부, 2017]

헌법개정과 정치제도개혁

초판인쇄　2017년 9월 25일
초판발행　2017년 9월 30일

지은이　정만희
펴낸이　박노일

총괄기획　김중용·최준규
편　집　심성보·김인숙

펴낸곳　pnc publishing and culture 피앤씨미디어
경기도 고양시 일산동구 강송로 153 310-1501
등록 제396-2012-000203호
전　화 070)7550-3758　팩　스 02)718-8554
홈페이지 www.pncmedia.co.kr　이메일 pnc@pncmedia.co.kr
ISBN 979-11-5730-440-0　93360

정 가　30,000원